U0486992

立人天地

领悟年代：
卡夫卡的一生

KAFKA:
Die Jahre der Erkenntnis

【德】莱纳·史塔赫 著
Reiner Stach / 董 璐 译

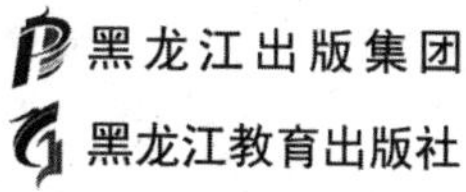

版权登记号：08-2017-004

图书在版编目（CIP）数据

领悟年代：卡夫卡的一生 /（德）莱纳·史塔赫著；
董璐译. -- 哈尔滨：黑龙江教育出版社，2016. 12
ISBN 978-7-5316-9042-9

Ⅰ. ①领… Ⅱ. ①莱… ②董… Ⅲ. ①卡夫卡（Kafka, Franz 1883-1924）—传记
Ⅳ. ①K835.215.6

中国版本图书馆CIP数据核字（2016）第306315号

领悟年代：卡夫卡的一生
LINGWU NIANDAI：KAFUKA DE YISHENG

丛书策划　宋舒白
作　　者　〔德〕莱纳·史塔赫（Reiner Stach）著
译　　者　董 璐 译
责任编辑　宋舒白
装帧设计　冯军辉
责任校对　孙 丽

出版发行　黑龙江教育出版社（哈尔滨市南岗区花园街158号）
印　　刷　三河市华东印刷有限公司
新浪微博　http://weibo.com/longjiaoshe
公众微信　heilongjiangjiaoyu
天 猫 店　https://hljjycbsts.tmall.com
E-mail　heilongjiangjiaoyu@126.com
电　　话　010-64187564

开　　本　700×1000　1/16
印　　张　32.75
字　　数　680千
版　　次　2021年1月第1版第2次印刷
书　　号　ISBN 978-7-5316-9042-9
定　　价　68.00元

目录

Contents

序言

Kafka

布拉格的蚁群

欧洲中部是一片树木繁茂的大地，气候没有特别的可圈可点之处，由于这里不受洋流的影响，倒也风平浪静；这块土地也没有什么值得一提的矿藏或特殊的自然资源。因为战争和瘟疫造成的人口减少，还有几百年来在政治上不断分裂而成的无足轻重的一块块封地，因而使得欧洲中部成了贫穷而空荡荡的中心。

很短的时期，这块土地发出了超越边界的影响力。关于这个世界如何分割、关于新的具有理性特征的经济形式，还有社会的统治方式，都是由其他地方来决定的，历来如此。以世界经济的发展来看，这个地区的居民还是在短短的一两代之内积累了财富。在19、20世纪的相交之际，德意志帝国和奥匈帝国这些繁荣发达的国家，在经过了工业化之后，拥有大量的武装力量，因而这些国家的自我意识也高调地彰显出来了。人们难以把握在这个过程中，新兴的权贵阶层到底有多大规模，但是，正是这些人推动着世界经济的蓬勃发展，并且为政治活动提供着各种赞助。

也正是这个时候，人们突然发现自己被周围贪婪而充满敌意的邻国包围，并且深受威胁。那些老牌的、地位巩固的权力大国，到处炫耀和运用外交上的优势，而且绝不中立，此时，德国和奥地利认识到这个“决定性的危机”的时候，已经太晚了。这两个帝国在长期内达成共识：共同占有和开发、利用这个蒸蒸日上的中心地带——关于这个推测，总是可以源源不断地找到新的证据来证明。

在东部，俄罗斯是一个坚不可摧的庞然大物，那里数以万计的奴隶被送到侵略战争中去；在西部，充满妒忌的法国和不列颠的唯利是图的人们讨论着开发带来的益处，算计着投资回报；在南部，是机会主义者意大利的天下，这个野心勃勃的附庸国一定会不顾曾经立下的同盟条约，而站在多数派那一边。这个包围圈几乎完全闭合，这种压制——终于在1914年8月1日，使德国和奥地利站到一起。这一切记录在当时的报纸上。在短短几天时间，居住在欧洲中心的居民都习惯了一个全新、有趣、朗朗上口的名词——世界大战。

弗兰茨·卡夫卡博士，32岁，未婚，是布拉格职工工伤保险机构（Prager Arbeiter-Unfall-Versicherungs-Anstalt）的犹太职员，在战争开始一年之后，仍然没有意识到战争的存在。他是个头很高、纤细，甚至是动作笨拙的男人；他并没有明显的犹太人的长相，但却显得神经紧张；他饱受头疼和失眠的折磨。但是，总体来看，他完全符合参军的条件，在1915年6月，经过简短的体检后，他得到了体检机构的证明，他完全可以服兵役。不过，他所供职的那家保险机构——实际上是他的上司普福尔（Pfohl）和马施纳（Marschner）出于对他的善意——说他是不可替代的法律方面的专业人士，因而他们向军事管理机构提出申请，只是形式上将卡夫卡登记在适龄男子名册上，同时标明这个人"将无限期地推迟服兵役"。

尽管这次战争还没打多长时间，爱国主义冲动却已经悄悄地消失了。没过多久，卡夫卡博士也去匈牙利度了短假。在那里他一直深入到了喀尔巴阡战线的军队集结地区。在那里到处可见军官、德意志帝国的制服、乡村神职人员、红十字机构的护士、救护专列、按规定停放的大炮，还有主要由波兰人和加利西亚人所组成的衣衫褴褛、零零散散的难民队伍，他们被俄国人逼迫到了战场前线，后又找机会逃离，遇到了那个到此来度假的人。这个人观察到了各种闻所未闻的大事件的准备过程，也看到了事件的结果。它们的本质是什么，大规模的战斗和伟大的解放的本质是什么？

在电影院，从新闻电影周报中看，一切都几乎没有什么改变，痛苦没有减轻、贫困也没有缓解。

卡夫卡绝对不是当时唯一抱有怀疑态度的人。这场战争令人兴奋、充满冒险的关键时刻，新技术带来的变化、盟友关系、卓有成效的强制收容，这一切留在家乡的人们只能从报纸以及少数的几部影片——安静无声地在眼前放映的默片——中得以了解，当然也不用为此付出任何代价。这一切对于普通人的日常生活所造成的影响，是匮乏而且糟糕的食品供应、异乎寻常的通货膨胀、没有暖气的住房、新闻审查、政府机构的刁难、军事化和公共生活的荒芜。新闻媒体将这些称为"家乡战场"，但是这个概念的不实之处是显而易见的，因而没有人将它当真。只有那些真正身处前线的人，才能体验到与战争有关的内容；而那些留在家乡的人只能被动地等待，从矫揉造作的军事战况报道中，获得一些战争的缘起和意义的信息。在日常生活的世界中，出现了深刻的裂缝，造成了恶劣的气氛和危险迫近的感觉。

这道裂缝来自调停过程中出现的新颖而又陌生的难题，这些问题越来越紧迫地呈现在政治家们的眼前，战争持续的时间越长，就越不可能迅速地打赢，就必须更好地将战争"兜售"出去。一个广受欢迎——尽管几乎是鼓动宣传性的思想，是让平民百姓体验到真正战争的味道，让他们感受与参战中订立誓约的盟国紧密联系在一起的感觉。具体的想法是，在后方的家乡复制战争，这并不是用那些可怕的武器，也不是通过展示旗帜来表现战争，这些早在19世纪的战争和大屠杀中落伍了，已经作为历史的纪念品与其他过时的收藏品一起被放在历史博物馆展出了。现在要的不是那些过时的东西，而是要为麻木冷漠的大都市人提供真正的体验，是那种他们早就应该思考、早就应该被告知的经历。

早在战争刚刚开始不久，人们在各个城市的胜利游行中，就携带着缴获的武器，与此同时，一直自诩为“图书和图片的全球展览者”（对文学感兴趣的卡夫卡博士自然也注意到了这一点）的莱比锡人也开启了战争模式，在那里，四位充满敌意、荷枪实弹的士兵警惕地紧盯着观光客的眼睛，这种拙劣的让人精神紧张的做法，使访客们只能充满感激地接受这种打量。自然，其他人不仅震惊，而且还会照葫芦画瓢地跟着这么做，但在1914年的秋天，是不会有人这么想的。因为在那个时候，人们还只是将战争想象为一场大面积、爆炸性、大规模的运动，这是无法人为地仿制的，这就如同无法让人造出大海一样。直到战争逐渐进入僵持阶段，正如军事专家长久以来所预言的那样——战壕开始扮演决定性角色的时候，人们才改变了看法；正如人们可以在任何地方挖地三尺一样，有什么不能够在柏林西部的帝国首相广场上也这么做呢？！因此，到了1915年的夏天，在那里，好奇的人们第一次被允许爬入用木头伪装的、打扫得干净整洁的“瞭望战壕”当中了。[①]

这种战壕当然很快就被其他城市仿建，关于为什么这些壕沟迅速成为吸引普通老百姓的场所，并且立即在各处普及起来，直到今天也令人费解；这些壕沟看上去颇有古典风格，原本是纯粹的防御设施，最后却成了供观赏的展览品，人们像对待令人称奇的科技上的成就一样对待它们。就像躲藏在地下的鼹鼠，人们从战壕里可以连续几周、几个月暗中窥探敌人——这绝对不是充满阳刚气概的、有骑士风度的战争，在那样的战斗里，战士们都装饰得熠熠生辉。采用这种手段，承诺中的速战速决也无法实现了。当然，宣传和文艺表演中的感性煽动发挥了作用，人们渐渐地被说服，相信他们正参与在某个伟大的事件当中。通过讲解，人们了解了构造错综复杂、曲曲折折、迂回反复的壕沟体系，这个系统配备有适于居住的藏身之处、监听通道、电话、铁丝围网，当然也有用于强攻的突围梯。壕沟里的一切都允许人们亲身接触；如果没去现场，也可以从电影新闻周报中追踪这个大事件，在新闻片中可以看到，戴着时髦帽子的来自上流社会的女士们，在穿军装的人陪伴下，沿着围墙一路走下台阶、步入战壕，这样的画面营造了战争的印象。

毫无疑问，人们在布拉格也可以看到诸如此类的景象。

在乘坐公共交通就能很方便到达的一块尚未开发的空地上，人们很容易看到，一条绵延数公里的河流将位于布拉格市北部的皇帝岛（Kaiserinsel）分隔开来，

---

① 在德意志帝国中出现设计越来越复杂的战争设施展览，这对奥匈帝国起到榜样作用。有关这段历史请参见布瑞塔·朗格（Britta Lange）的《展示一场战争：1916年在柏林的“德意志的战争展览”》（*Einen Krieg ausstellen. Die “Deutsche Kriegsausstellung” 1916 in Berlin*），柏林，2003年版。

岛屿的顶部正对着这块空地上的果树园和一个相当宽敞的停车场。这块空地是买不起乡间别墅的布拉格人在夏天的度假场所，不难预料的是，在花园咖啡屋、游乐场和草坪附近，一定出现原汁原味的防御战壕，它因为被当作新颖的娱乐设施而备受欢迎。

这个防御战壕带来了引人注目的轰动效应。尽管这个壕沟几乎没有什么隆重的开幕仪式——开幕式前开始狂风暴雨，整整一周太阳都没有露面，但是蜂拥而来的人们几乎挤不上到达这个战壕的轻轨3号线，仅是在9月28日不用上班的波西米亚人的圣瓦茨拉夫日（Wenzelstag），就有一万人涌向了这个“瞭望战壕”的旋转门。与此同时，周边的啤酒桶被一个个打开，而第51步兵团的小型乐队勇敢地经受了狂风暴雨的洗礼。修建壕沟的这块地方不再是果树园的外围部分，而成为一个独立的消遣之地。最让人称奇的是，人们在这里毫无道德负疚感地娱乐放松，因为入场券自然会给“我们的令人赞叹的士兵”带来益处，就连布拉格的副主教也不失时机地为那里的演出赞助了50克朗。

《布拉格日报》做出的有关“风吹雨打只能对这个战壕设施造成非常微小的影响”的保证，毫无疑问被证明是错误的。连日阴雨导致了伏尔塔瓦河（Moldau）不断涨水，一米一米地超过警戒线，最后淹没了这座辛辛苦苦建成的战壕和它所在的小岛。清除淤泥和碎石块，用了好几周的时间。在11月初，人们又听到了一条令人骄傲的消息——布拉格民众现在将有一座经过改良的、更好的战壕了，除了防御战壕刚刚被加固之外，旁边还修建了一个带屋顶的大型餐厅，在那里每周日都会提供比尔森啤酒（Pilsener）、香肠和进行曲音乐。

卡夫卡博士不是一个富有音乐才华的人，不过倒是一个充满好奇的人。但是，由于他实在没有兴趣全身酸痛地边想入非非、边疲劳至极地坚守在等待的队伍中——那里满是滴着水的雨伞和哭闹纠缠的孩子，因而他基本上错过了这桩引起轰动的大事件。在布拉格的人，当然也去看了有关战壕开幕庆典的新闻电影；相关的风景明信片也得以发行；每个小学生都被教导说，人们不会再遭受痛苦，一切将保持现在的状态。仔细认识现在，可能在当下是值得的。这是因为战争再次成为热门话题，被人们详细地谈论，而很长时间没有出现的有关胜利的捷报，再一次成为每天的标题新闻，几个月以来，有关“当这一切结束之后究竟会怎么样”的问题开始在办公室和街头巷尾被人们悄悄地谈起。

就连一直置身于有关未来何去何从的政治性讨论之外的职员卡夫卡，也不断地感受陌生的兴奋感，而且几乎是非常强烈的兴奋。不过，他有自己的计划。他打算离开布拉格，渴望去西方的大都市——这种渴望从他在巴黎和柏林停留时就已经产生了；在他看来，那些地方与古老的布拉格是完全不同的，布拉格是他的家乡，如同一座令人窒息的后院。他的父母、妹妹们和朋友知道他的这个向往，尽管他几乎没有谈起过。但是，没有人当真。未来的乐章将要奏响，不会忽略已经变得越来越粗鄙的日常生活的每一个瞬间，也同样不会让人忘却恐惧。卡夫卡的两个妹夫都去了前线，如果他们最后能够健康完好地回来，卡夫卡就可以继续他去柏林的盘算了。

即便在国家这个层面，也将未来何去何从的问题强有力地纳入议事日程了。奥匈帝国的统治者与他们的臣民设下这样的赌局：赌获胜的一方如果最后赢了，每年可以得到所下赌注的5.5%的利息，并且最后收回本金；输了的人，失去所有。当然，对于赌博本身的梳理分析是没有任何意义的，因为需要讨论的是军事上失败的可能性，这个话题即便在唯战争技术论者那里，也是一个长久以来不可触碰的禁忌了。人们将这个赌局称为“战争债券”：市民们借钱给他们的国家，以使战争继续下去，并且获得战利品，之后，战争收益将按照一定比例分给上百万的信徒。这样看来，每个人都是战争赢家——从这个角度来看，这种金钱交易就显得更加美好了。此外，没有人考虑一下，到了支付日的时候，可能完全不存在债务人，所捐赠的款项已经再一次被大手大脚地花掉了。新近颁布的“奥匈帝国第三期战争债券”比最乐观的预言还要强有力——人们用50多亿克朗购买那些上面绘有双头鹰、用新艺术风格装饰、盖有公章和最高官方印章、承诺了美好未来、有效期直至1930年的债券。

周期长、利率高，这对于卡夫卡也充满吸引力，尤其是当他想到自己的柏林计划时。在对这种债券收益的可靠性的半信半疑中，他也像同事那样购买了少量的战争债券；最终他所供职的政府部门——职工工伤保险机构——也做出了类似的无可争议的爱国主义行为，这家机构将其非常宝贵的保证金中相当大的一部分——600万克朗——购买了战争债券。尽管如此，卡夫卡一直在犹豫不决，他意识到购买战争债券与他对未来的打算相关。逃离工作、逃离家庭、逃离布拉格，要实现这些梦想，必须要满足这样的前提，即他在过去的两年里积攒下来的大约6 000克朗的薪水，要留下来以备不时之需，而债券利息则用来应付日常花销，他应该只凭借利息就能够养活一个家庭。

卡夫卡前往登记处。那是1915年11月5日，是一个星期五，时间紧迫——因为第二天中午登记处就停止销售债券了，机会也就消逝了。“每个人都应该思考一下”，卡夫卡正好从《布拉格日报》上读到，“选择哪些投资项目才能够在未来获得高收益。认购登记就要结束了，好好利用所剩不多的时间吧”。这听上去很有道理，但是到底应该投入多少呢？关键只是多少的问题。卡夫卡站在登记处门口，然后转过身，大步向家中走去，之后他又掉转头来，满是激动地向登记处跑去，这一次他仍然没有说服自己踏入那间办公室，而是再次往家里走去，这个下午就这样虚度了。现在剩下的只是委托母亲帮他去做购买登记，因为他周六上午要去上班，不能再这样在城里跑来跑去了。他委托母亲用他的名字购买1 000克朗债券。不，这样可能过于谨小慎微了，还是2 000克朗吧。

在第二天的下午——这个时候，卡夫卡的存款已经转交到国家手中[①]，他终于决定去参观皇帝岛上的布拉格防御性战壕。为什么恰恰是这一天呢？是他意识到了某种相关性？是他由于自己第一次对战争有所投入后，而在此刻感觉到了某种责任感？我们并不清楚其中的缘由，有关这次参观经历他写下了一句古怪的话，但也没有对参观行为进行解释，这句话是："看着人们像蚂蚁一样在防御战壕前面和里面挪动着。"一个深陷地下的洞穴和在那里面的大量的相互拥挤的生物，是的，这就是人们最终所看到的一切。

① 有关1915年11月6日是否确实投入了2000克朗这一点，并不能百分之百地确证。报纸每天会公布战争债券的购买清单，第三期战争借款最后一天的购买名单上写着有"K博士5000克朗"。《布拉格日报》，1915年11月7日，晨间版，第5版。这可能就是指卡夫卡，因为转账的银行是捷克贴现银行（Böhmischen Eskompte-Bank），这是布拉格职工工伤保险机构处理主要业务的德式银行。另外，卡夫卡的父母也许以卡夫卡的名义投入了3000克朗，尽管卡夫卡自己可能不知道，请参照《日记》，第771页。而对于这种情况，所公布的清单上大部分只列出投资总额。至于并没有刊登出卡夫卡的全名，如果考虑到这样不会让他对所投入的额度感到尴尬，就完全可以理解了。对此，可以比较一下卡夫卡的同事，另一位也姓卡夫卡的律师——富裕的罗伯特·卡夫卡（Robert Kafka）博士在同一天投入了8000克朗，而一天前埃根·艾文·克什（Egon Erwin Kisch）投了2000克朗，犹太复国主义者罗伯特·威尔特士（Robert Weltsch）和汉斯·科恩（Hans Kohn）各投了500克朗。

第一章
自我放逐

独特总是会被人们误解为孤独。

——卡雷尔·恰佩克（Karel Capek），《流星》（*Der Meteor*）

菲利斯（Felice），别在信里这么说。你错了。在我们之间存在着误解，而我确实在期待着解决方案，但是不是通过书信。（很遗憾）我无法成为另外一个模样，我想象着天平在摇摆不定，而要保持它的平衡只需要稍稍改变重量的分配，我想，我们应该对对方有更多的了解，这是眼下的目标。如果可能的话，我们将在圣灵降临节来讨论这些问题。菲利斯，想一想，我已经感觉到所有令人困窘的思虑和担忧都几乎成为无法承受的、让人憎恶的负担了，最好能将这一切丢开，然后走上一条完全不同的道路，此时此刻，就能沉浸在自然的小环境中，感受其中的幸福，而且首先是愿意创造幸福。但是，这是不可能的，我现在只能担负起这个重担，在不满中颤抖，我也只能眼睁睁地看着面前的失败，或者说，不仅是失败，还有所有希望的消逝和所有负疚感在心中的碾压——我无法回避这一切。另外，菲利斯，你为什么会想到我们在布拉格一起生活，这似乎是你认为最不可能的情况，以前你对此也是非常怀疑的。这些怀疑是怎么被打消的？对此，我完全一无所知。[①]

美国小说家辛西娅·欧芝克在《纽约客》上发表了一篇题目为《成为卡夫卡的不可能性》的文章[②]，这个标题令人惊愕，却也清晰明了，因为它在无意之间令一个神经质、忧郁、拘泥于细节、难以应对每一段恋情而且敏感的人物的生动形象跃然纸上，这样一个人，永远围绕着自己在打转，而且所有的一切对他来说，都是难解的问题。这也是一幅体现了早已打上西方世界教育基础烙印的画像，这个印记如此深刻，以至于卡夫卡最终成为那种不通世故、渴望走向自我的内心世界的典型形象，而这个典型实实在在存在于生活之中。

不可能成为卡夫卡——这是卡夫卡自己微笑着、毫不犹豫地承认的宣言。是

---

① 可能在1915年5月3日写给菲利斯·鲍尔（Felice Bauer）的信。《1914年—1917年书信集》，第132—133页。

② 辛西娅·欧芝克（Cynthia Ozick）：《成为卡夫卡的不可能性》（*The Impossibility of Being Kafka*），载于《纽约客》，1999年1月11日，第80—87页。

的，不可能，这个词可以作为描绘卡夫卡特性的形容词，人们会出其不意地将这个词与他联系起来，他总是为这个词赋予了神秘的言外之意。他似乎并不担心这样说会令人们怀疑他夸大其词，并且朋友和家人将一直跟他对着干。他坚信绝对不能用隐忍的被动性来面对人生的艰难，因此，只有让人们认真对待他的不满，才能带来最终的结果。更确定地说，正是他所成功做出的不可能的声明，往往给他带来了几乎是全面的满足感，有时甚至是完全发自内心的，而不需要他人的推动。卡夫卡展现了一种与不可能之间的完全是实用主义的，有时甚至是具有讽刺色彩的关系，即便只是对他有粗浅了解的人，也会彻底地迷恋上他的这个想法，当然，这种思想也让人们费解。“……对于琐碎的不可能，人们不应该草率地随口说出，”卡夫卡论述着他的矛盾论，“当然，人们也完全看不到宏大的不可能性。”[1]他说得很明白。但是，他真是这么想的吗？

就连马克斯·勃罗德（Max Brod），这位卡夫卡在学生时代早期认识的朋友，最终也无法在这一点上完全理解卡夫卡。勃罗德无数次作为一个极富耐心的人，倾听卡夫卡的哀叹，这既包括对摇摆不定的意志，也包括对从未平息的顾虑的忍耐，这些使得最稀松平常的决定也难以作出。随着勃罗德越来越多地了解，所有堆积在他这位朋友面前的障碍，不只是简单的抑郁症式的幻觉，而是一种压倒性的、永远无法得以实现的要求圆满的意志所导致的，他的耐心也随之减弱了。卡夫卡事无巨细都希望完美，而完美是不可能的，勃罗德既无法辩驳，也无法理解卡夫卡对完美的追求，他从一开始就不以为然地将这种乌托邦式的渴望，看作脱离现实生活，或者是完全不可能存在的。难道只是因为手稿不完美，就要将它扔进火炉吗？

难道一个人因为自己不够圆满，就要放弃一份工作、一次旅行或者一位女性吗？勃罗德觉得这是不负责任的做法，而且从严格的道德标准来看，也是不正确的。卡夫卡的固执僵化最终一定会直指自身，这种固执是自我毁灭性的，它自身也带来了这样的可能性——即它使得最简单的事物成为不可能。

卡夫卡仍然活着。完全不合逻辑的是，这位朋友身上持续存在的文学、社交，以及主要是性爱方面的难题，成为他追寻完美的源头。勃罗德推论指出，是否对完美的追求其实是一切不幸的缘由，接着他又提出了这样的问题，追求完美的意愿为什么没有将所有的事物变得不可能，即日常生活、工作任务，甚至是吃饭进食？“的确如此”，卡夫卡干巴巴地回答道。“尽管对完美的追求只是我的诸多棘手难题中的一小部分，但是在这里，每个部分都是一个整体，对此你说得没错。有些不可能性也的确是存在的，比如进食的不可能性和其他方面的不可能性，只是没有

① 可能在1912年10月31日写给菲利斯·鲍尔的信。《1913年—1914年书信集》，第201页。

结婚的不可能性表现得那么引人注目而已。”[①]是的，这就是卡夫卡。人们无法真正理解他。而勃罗德从这封信既超脱淡泊，又伤心沮丧的字里行间中，却可能会想起来，他几乎没有读过这位朋友的任何一篇文章，其中没有发生不可能的事情。

菲利斯·鲍尔在1915年春天，发现她以前的未婚夫变了，她猜想这可能是因为她自身境况的变化导致她的目光变得犀利了。很长时间以来，她就已经不再是曾经在卡夫卡面前忘乎所以表现出孩子气的那位女士了，她一贯的乐观主义精神，也由于其家庭所遭遇的巨大的不幸被消磨掉了。她深爱着的、唯一的弟弟由于贪污而逃到了美国，之后就杳无音讯。她还能再见到他吗？她的父亲性格软弱，他的日子本来还算过得去，但是突然因心肌梗死而离世，年仅58岁。对此，菲利斯和她的妹妹们的悲伤程度甚至远大于她们的母亲。就连她在柏林林德斯特姆股份有限公司（Berliner Lindström A. G.）的管理职位——她的未婚夫，对于这一点曾经很自豪，仿佛她自己处于这个工作岗位上一般——也在此期间丢掉了。这是因为她计划在1914年的秋天举办婚礼，然后在布拉格开始新的生活——一种不再出去工作，符合传统婚姻习俗的生活，她根据时间安排辞去了工作。但是，仍然还有值得高兴的事情——由于现在一切设计都被打破了，恰好就可以在刚刚成立的“技术型工厂”找个职位了，这是一家并不是非常重要的为精密机器提供配件的企业，正好需要一名不用多老练的销售代表参加德国的贸易博览会，对于这间工厂卡夫卡几乎从来不过问。

卡夫卡对于菲利斯的生活兴趣在不断降低，他曾经在过去的一年里，不断地记述她的生活细节——仿佛吸了毒品一般，但是降低的兴趣绝对不是唯一的，使得菲利斯必须从其他的担忧中单独挑出来说的显著的变化。1月份，菲利斯和卡夫卡在德国边境的博登湖（Bodenbach）见面，希望能够借此机会相互理解，甚至相互原谅。但是卡夫卡一直很拘谨，拒绝一切身体上的亲近，取而代之的是不断提出难缠的问题，令菲利斯无法回答。因而两个人之间的通信也变得拖拖拉拉、没有规律了，有时相隔数周才有回复，与两个人在1912年秋天第一次相见后，由卡夫卡立即开启的热烈的通信洪流相比，现在的信件往来简直是寒酸的涓涓细流了。而尽管如此，卡夫卡还宣称“没有什么改变”。当然在这期间的书信中，几乎每一行文字都做出了相反的证明。

菲利斯的母亲和她的妹妹托妮（Toni）曾经偷偷地——没有任何内疚地——读过一些卡夫卡写来的信，在发生了一件小小的家庭丑闻之后，卡夫卡的信就被收藏在更安全的地方了。但是本章开头所摘录的那封信却完全不必收起来，菲利

---

①《马克斯·勃罗德致卡夫卡》（*Max Brod an Kafka*），1921年1月19日；《卡夫卡致马克斯·勃罗德》（*Kafka an Max Brod*），1921年1月底。载于《马克斯·勃罗德和弗兰茨·卡夫卡：友谊、书信来往》（*Max Brod/Franz Kafka, Eine Freundschaft. Briefwechsel*），法兰克福（美因河畔），1989年，第302、310页。

斯的充满探究精神的母亲，也根本不可能从一个对于任何局外人来说，都是完全无法理解的控诉中，弄清楚那段不幸的关系正处于什么样的状况中。卡夫卡的这封信，似乎是用寥寥数语勾勒了简单的、由细细的虚线构成的轮廓，而这其中却包含了上千声深深的叹息，其中感性的线索，似乎劝说着收信人自己描画出丰富的细节。他既不是要避免模糊性，也不是忌讳暗示。相反，这封一句句由密码和缩略语写成的信，首先是一份内心活动的速记稿，其中充满了反反复复的讨论、一次次的恳求，但是却没有给读这封信的女士一个参照点，让她知道自己是否解码正确。

“在我们之间存在着误解”，卡夫卡写道；但是，是什么误解呢？内心的平衡已经发生了一些偏移；但是是哪方面的平衡，又向何处偏移了呢？“……我想，我们应该对对方有更多的了解”；但是究竟了解什么呢？“这是眼下的目标”；是的，但是是什么目标呢？所有“令人困窘的思虑和担忧”都是“无法承受的”，甚至是“让人憎恶的”；但是，是哪些思虑、哪些担忧呢？“……我现在只能担负起这个重担”；哪个重担？“在不满中颤抖”；对什么不满？“……而且我也只能眼睁睁地看着面前的失败……我无法回避这一切”；但是，是哪些失败呢？卡夫卡将过去的那些年里的抱怨一一编了号，而在这里只是提及了这些代码：这封信如果“干货”能少一些，就能够更明晰易懂些。

这段“辩论”中潜在的滑稽之处，显示了卡夫卡似乎无论如何都要避免不断增强的苍白无力、过于小心谨慎的措辞方式，这会使他们之间的通信慢慢地变得阴郁可憎。他知道，他这样做也为新的指责提供了目标，当然他总会在指控还没说出口的时候，就准备好了辩护。因为，即便没有反思性的意识，他也知道自己做了什么，他的压倒一切的、令人注目的、似乎永不休眠的自我意识，使得他能够控制逃跑的冲动，这种意识也是相对精密细致的。也正因如此，他对于他的措辞的模糊性的辩护也和其他所有文字一样模糊不清：

> 菲利斯，你可以看到，唯一发生的事情就是我的来信变少了，而且有些不一样了。更为频繁和发生改变的信件会带来什么后果呢？你是知道的。我们必须重新开始。但是这个“我们”并不是指“你”，因为只要是只涉及你的，你从始至终一直都是对的；而“我们”意味着我以及我们的关系。但是，书信不适于这样的开始，但是它们是必要的——它们是必要的，不过它们应该与之前不同。

毫无疑问，是不同的。卡夫卡仍然没有说明，它们应该变成什么样子，而且他所选用的公事公办的缩略语，不太可能使菲利斯将未来的情书风格想象为有说服力的，更别说是有吸引力的了。她一直怀疑卡夫卡所使用的，她也一直欣赏和崇拜的修辞艺术，最终可能是特别精明的隐瞒手法，尽管他一而再地强烈反驳，一直否认存在着未能说出口的障碍，但是他在短短的字句中，还是提供了新的能够说明问题的线索：他在逃避，他虚构了影像，他引用，而不表态。他的信件仿佛是围绕着黑洞的中心在打转，在那里隐藏着某些不可言说的东西。

完全有可能菲利斯·鲍尔自己也隐瞒了太多的家务事，这些不能具体、清晰说出口的障碍可能包括：父母的反对、经济困难、一段发生在布拉格的风流韵事、一次严重的疾病。绝对存在着有关这方面的证据。与此同时，卡夫卡曾经几乎非常迫切地将他对阳痿的恐惧也牵扯进来——他没有说太多，只是提及了相关的名词。这些必然会使菲利斯认为，卡夫卡所有的内心折磨，如果在这一个点上得到治愈，那么在未来的共同生活中，会以完全自然的方式顺利进行。在这个问题上她完全弄错了。

关于卡夫卡不会与她讨论解除承诺的决定的预感，是正确的。卡夫卡的生活出现了变化。人们可以精确地说出这个改变所发生的时间，这就是1914年7月12日：这一天，在柏林的阿斯肯纳夏霍夫酒店（Askanischer Hof），卡夫卡与菲利斯的订婚解除了，当时在场的有菲利斯的妹妹埃娜和她的闺中密友格瑞特·布洛赫（Grete Bloch），从那以后，这个日期对卡夫卡来说意味着灾难。这出其不意地让他感觉到了“冰冷”，在他毫无防备、完全蒙在鼓里的时候，他最敏感的地方，似乎是灵魂的核心遭到了袭击，而且是在几个女性见证人面前，这样出丑，是他从孩提时代起，可能根本就没有经历过的；对于所有防御本能在这一次陷入瘫痪的惊恐，也让他一直无法释怀。这个场景就像在众人面前吃了一记耳光一样，深深地烙印在他心里，而且有可能这些情景，在他的内心里一遍遍地重新上演着。当时，他在酒店里几乎没有怎么辩驳，并且最终陷入了沉默——这肯定是不聪明的做法，但是，正如他现在所感觉的那样，这样可能使他免得继续丢脸。更为糟糕的是，他无法忍受这个经历，无论是通过反省，还是通过几乎已经成为固定程式的自责，都无法将之化解。不，他不能原谅她——卡夫卡一定第一次感受到了对菲利斯·鲍尔的憎恨，但他没有提到过这一点。他不能对她说这一点，关于这一点绝对不能说。

这份一点点向外表露，并附着在他文章的毛孔中的恨意，是他无论如何都无法阻挡的。菲利斯·鲍尔当时还不知道小说《审判》，卡夫卡有充足的理由避免她对他的手稿多管闲事；而后来，她惊讶地发现她自己和格瑞特·布洛赫被用相当冷酷的方式刻画着。在这幅画像之外，她只得到这样的辩解——他写信告诉她，他在阿斯肯纳夏霍夫酒店听到了那些“应该是两个人单独相处时不可能说出来的内容”，那净是些“幼稚的恶毒的话语”。而哪怕是在1916年的春天——几乎是两年之后，卡夫卡也无法忘记最后一次见到的菲利斯是坐在给人带来不幸的法官席上的，而这毫无疑问是将她放逐到了邪恶的王国，“基本上，我总是受到野蛮的指控，指控我的最高、血缘上关系最亲近的代表无疑就是我的父亲。”[①]

卡夫卡开始挑衅，菲利斯无法回避。当然，她有足够的理由不受他的诱惑。他明确表现出了对来往信件的不信任——这是他自相矛盾的地方，因为过去是谁曾经更为信任书信的？这种不信任，是由于对于语言的影响力的深刻而根本性的怀疑，这份怀疑通过在阿斯肯纳夏霍夫酒店的变故而得以证明，并变得更加强烈了。卡夫卡彻底认为，本质和真相必须通过亲眼看见、亲身感受、亲自识别，不可能凭借清晰的语言去讲述或阐明。而在他的文学作品中，他诠释着终身不愿谈起的这个问题，不过，那其中主要涉及的还是人类之间的关系；卡夫卡在此期间开始坚定不移地相信人与人之间的关系不是通过词语，而是依靠手势得以存在的。卡夫卡开始逐渐淡忘这个昔日的未婚妻了，这可能是有治愈作用的，他省下了一封充满干巴巴的抱怨的信件，取而代之的是，他决定从日记本中撕下一页日记寄到柏林去——这篇日记可能就是他在变故当天写在纸上的备忘录，其中的语言直截了当、令人惊讶，没有使用任何隐喻，而是直接揭开这个变故的核心，“思考他人与我的关系。我不喜欢，在这里没有任何人完全理解我”。这种理解包括，同样认为一个女人应该在各个方面都有着据说是上帝才有的坚韧。

> 奥特拉会理解一些，甚至很多；马克斯（勃罗德）、F.［菲利克斯·威尔特士（Felix Weltsch）］也理解一些；有时只理解一点点，但是却是相当深入的；但是F.（菲利斯·鲍尔）也许完全不能理解，不可忽视的心灵交流占据着巨大的特殊位置。我有时相信，她是理解我的，只是——例如——她没有意识到这一点而已，在那个时候，我会难以抑制对她的思念，在地铁站上狂热地期望着立即到她身边去，我会想象着从她身边跑过去，而她会抓住我的手让我停住。[②]

她可能什么都不明白。对于卡夫卡来说，写下这句话相当艰难，难到以至于他决定先不写“什么都不”，以后再补充上去，他似乎对签署一份具有法律意义的毁灭性判决犹豫不决。如果他不能通过信件进行基本的交流，那么350多封书信都如同对牛弹琴，而这个曾经应该走进人际关系最亲近的领域的女人，事实上对他来说，亲密程度也就和他的家人与他之间的关系一样；随着他与这位女子之间关系的逐渐疏远，他变成了越来越不动声色的观察者。他的父母完全不能理解他，有关这一点，至少他从母亲那里得到明确的证实——毋庸置疑的是，他从中一定受到了伤

---

①1914年11月1日与2日、1915年4月20日，以及1916年3月初写给菲利斯·鲍尔的信。《1914年—1917年书信集》，第106—107、129、154页。

②1915年5月4日的日记。《日记》，第743页。“E.”这个缩写应该是卡夫卡的妹妹艾丽（Elli），他在写这篇日记的前10天左右，曾和这个妹妹一起去匈牙利旅行，可能在这个时候，他相当详细地谈到了自己的担心。有关于此，请参见莱纳·史塔赫的《卡夫卡：关键年代》（*Kafka. Die Jahre der Entscheidungen*）中《进入无人之地》（*Ins Niemandsland*）一章，法兰克福，2002年，第594—595页。

害；尽管如此，他仍然对被理解抱有期望，这使得他完全无法在社交收支平衡表中，将他父母这一项轧平。当然，在他与父母之间存在着“不可否认的心灵交流”，尽管也存在着可怕的不理解。卡夫卡此时不由自主地产生了这样的想法——要努力将“账”轧平；那么，他在菲利斯·鲍尔内心中真的占据了“特殊的位置”吗？

就卡夫卡的整个人生而言，可以算作是一个独特的、不幸的，但有一定典型性的偶然事件，而双重灾难——精神上和身体上的——都使得有关重新开始的希望每每落空，大多数时候都是祸不单行：在阿斯肯纳夏霍夫酒店的“公开”审判，以及不到三周之后的第一次世界大战的爆发。“德国向俄罗斯宣战了。午后游泳学校，”卡夫卡在日记中简短地写道——仿佛他亲眼看到了第二个灾难；而这段日记记录中的无意为之的诙谐——这方面的内容记录得稍微多了些——事实上恰恰证明了，卡夫卡做了很多努力去消化在柏林的惨败，以使得自己对这个庞大的灾难有所认知。从中可以得出的结论是，卡夫卡的内心极其有力，其力量远大于所有外界向他施加的压力；他最终发展出自己所遵从的内心世界法则；无论是他的人生还是他的作品，都不会偏离尽可能回避那场战争所带来的内心痛苦的方向。

一幅极富诱惑力而且在某种程度上也令人欣慰的图景是：这位天才如同岩石一般的心灵里，却驻扎着一个杂乱无章而粗糙的世界。令人遗憾的是，就连一个梦，卡夫卡—阐释者和卡夫卡—阅读者也会有完全不同的看法。正因为如此，出现了专门的专业，来研究卡夫卡的作品、管理卡夫卡的声望；这些在轻视传记生平方面赫赫有名的人文、社会科学专业致力于对卡夫卡的思想脉络的探索。那些尚未娴熟地掌握研究方法的文科学者，也在将一位经典的欧洲作家的人生和作品构建成一个“精神单元”，确定独立自主的规则，并将“精神上的自治”这个被看作为最高等级的贵族标志赋予这个作家的过程中，暗自感到心满意足。正是这位作家提供了他对这个“冷酷无情的”现实世界不感兴趣，或者说这样的世界无法对他构成重大影响的证据，因而对于这位作家而言，极富诱惑力的是，不经过验证就去相信，并在任何时候都将社会、政治和经济的事件看作令人兴奋的素材，当作独一无二的意识舞台中的场景——直到这些场景被付之一炬，在这个过程中，这位作家似乎无动于衷地专注于他的笔记本。

但是，现实的生活却遵循着另一个逻辑。它迫使人们作出决定，这些决定不仅与人们的心理需求相悖，而且也违逆人们的精神结构，卡夫卡在1914年7月的境况，则为上述逻辑提供了文学史上最引人注目的例证。他动用了所有可以被调动的意志力，避免自己陷入抑郁，这个事件甚至为他带来了幸运——与菲利斯·鲍尔分手导致了多产和“独立自治”的结果。在那时决定——他在人生中还从来没有如此决绝过——不去修复摇摇欲坠的房屋，而是将其完全推倒，然后重建。于是，他决定，辞掉职工工伤保险机构的工作、从父母家搬走、移民到柏林、将写作作为职业。所有的一切——如洪水般向他席卷而来的文学上的幸运和性生活方面的不幸，都通向了这样的决定——它完全是一个必然。最终这个计划确定下来了，诉诸了文字，并且以写给其父母的一封长信的形式公布出来，随后世界大战也向世人宣告。

必须清楚一点——卡夫卡只用了短短的几天就弄明白了这一点，即解除婚姻和战争，这些私人领域和公众生活中的不幸，不仅在时间上赶到一起了，而且它们也都捶打在同一个软肋、同一个痛处之上。因为两者都是灾难性的，它们都打破了最宝贵的人际纽带，使得人们在一瞬间，被扔回到只能对自己抱有指望的境地，这带来了孤独无依的灾难。令人绝望的相互爱恋、相互理解的渴望，对于亲密无间、密切联系的渴求，使卡夫卡要立即烧毁那个与世隔绝的被告的画面，他在自己被审判的过程中受着煎熬，并陷入了无法控制的贪婪之中——“如同一只饥渴的动物”亲吻着一个冷漠的人的脸颊；而所有这些渴望，却只是面对着一个空荡荡的、发出回声的空间。“完完全全的孤独”，他写道。“没有朝思暮想的女人打开房门”，他继续补充了一句“可怕的话”，这可能是菲利斯·鲍尔在阿斯肯纳夏霍夫酒店扔给他的那句话：“你如愿以偿了。”[①]

这样说并不对，卡夫卡完全确定，他从来没有期待过这种空虚。但是，他却不被允许希望这个判决会有所修正，通往上诉法院的路无限期地封锁了。因为这场大规模的战争意味着一个匿名的支配力量正在耀武扬威，对于这个力量，卡夫卡到目前为止，还只认识到它的恐惧一面，这和其他的一切事物一样，在短短的几个小时内突然落到了他的头上。他感觉自己早在几年前就被困在了布拉格，而现在却是的确如此。他怀疑，只凭借信件是无法讲明本质和关键的问题的，在现在则更是完全不可能的了，因为所有来自外国的信件，也包括在德意志帝国内寄送的信件，必须被打开接受审查。他曾经在周末临近的时候，凭着突发奇想，在没有任何规划、没有任何告知的情况下，登上最近一班列车前往柏林，他也会毫无顾忌地推迟这样的旅行；但是现在，开往柏林的火车时刻表发生了很大的变更，并且边界对“有能力服兵役的”人关闭了。最后还有电话——卡夫卡讨厌电话，认为它断章取义、难以达意，将谈话切割为一分钟一分钟的碎片，任何时候打电话似乎都不合时宜，它会使人更加笨手笨脚或者导致越解释越混乱的结果，对电话必须极其小心慎重；但是眼下电话是仅存的最后一种带来接近感的媒介了。另一方面，奥匈帝国国防部认识到允许它的臣民拨打跨国长途电话是非常危险的。因而，这种联系方式也被切断了。

战争令人们无法相见、无法听到对方的声音、无法相互接触。尽管在那个时代，社会迁徙未成为人们的基本权利，但是人们必须适应心平气和地等待，并且

①《审判》，第48页；1914年8月3日的日记。《日记》，第544页。

忘却分离的苦痛。就连最基本的人与人之间的亲近关系，也在战争中随着所有的社会交往的断裂而被隔断了，在短短的几天内就被毁掉了，这些关系是卡夫卡曾经用了数月和数年的时间逐渐构建的，他千辛万苦地探索着不去触碰可能会遭到布拉格警察横加干涉的边界。卡夫卡的出版商库特·沃尔夫（Kurt Wolff）作为军官被送到了比利时前线，他无法继续照料他的作者们，（他认为只是短暂地）将生意转交给一位心地善良、精力充沛、虽然文艺但并不特别敏感的书商——也就是非阅读型的出版人来打理。即便是原本打算帮助卡夫卡去柏林的罗伯特·穆奇尔（Robert Musil），现在也忙于收拾自己的行李了——在战争开始3个星期之后，他作为少校要开赴林茨（Linz），因而，他也暂时中断了与卡夫卡的联络。恩斯特·魏斯（Ernst Weiß）也是同样的情况，他是卡夫卡在混乱的布拉格舞台之外所赢得的唯一的朋友，是唯一一个严肃认真地为卡夫卡提供文学方面建议的人。魏斯也必须从柏林赶往林茨，他是名医生，因而成为庞大的战争机器持续运转的不可或缺的一分子。

同样令卡夫卡失望的是，在他的布拉格朋友圈子里，几乎不剩什么人能让他倾诉失望情绪了。他极其渴望得到来自远方的关注，但是却遭到了拒绝，日常生活已经让他感到无聊乏味。这当中存在着逆反情绪，这种情绪在几乎人人都被迫关注原始的个人利益、成为野蛮的自私自利者的情境下，完全不合时宜。在世界大战的喧嚣中，没有人再有耐心倾听一位失恋者或者一位不写作的作家的抱怨，这种状况既是可以理解，也是难以避免的。

马克斯·勃罗德和菲利克斯·威尔特士都不符合服兵役的条件，但是，他们估计到了情况最糟糕的时候，他们也会被派到战场上去。盲人作家奥斯卡·鲍姆（Oskar Baum）也同样没有上战场，对于他而言，战争到目前为止只是无休止的爱国主义的背景音响和越来越严重的经济危机。所有的人都有一定要“保持联系的”亲戚或朋友，但是，由于死亡危险突然变得难以抵御和迫近，因而人们之间的思念和情感也受到了限制。“在这样的背景下，自然没有人会管弗兰茨的闲事。”就连卡夫卡的母亲也这样写道[①]，她在几天前刚刚得知婚礼被取消了，而且她的这位不幸的儿子为移民计划愁得头发都快要掉光了，但在此时，她要安慰因丈夫突然被送到东部战场某个地方而担忧不已的女儿艾丽和瓦丽（Valli）。

卡夫卡最小的妹妹奥特拉是卡夫卡所信任的人，即便对于她，卡夫卡也得降低要求。因为出现了一位竞争对手：奥特拉有了一个男朋友——其实很久之前就有了。尽管在卡夫卡的日记中找不到任何公开这个秘密的线索，但是这中间的极其矛盾纠结的含义却是显而易见的。奥特拉是卡夫卡第一个，也是唯一一个按照

---

①《朱莉·卡夫卡写给安娜·鲍尔的信》（*Julie Kafka an Anna Bauer*），1914年8月7日。载于《弗兰茨·卡夫卡：在订婚期间写给菲利斯和其他人的信》（*Franz Kafka, Briefe an Felice und andere Korrespondenz aus der Verlobungszeit*），埃里希·海勒（Erich Heller）和荣根·波恩（Jürgen Born）编，法兰克福，1967年，第613—614页。

自己的意愿与他人发生性关系的妹妹——当然是在其父母毫不知情的情况下。她选择的这个男人既不是德国人，也不是犹太人，而且也不富有，他是一个普通的捷克人，一位银行职员，他唯一的资本就是他的职业热情。毋庸置疑，对于奥特拉决绝的独立性的三重证据也唤醒了卡夫卡的自豪：他自己从来没有放弃过任何机会，从一开始就支持奥特拉倔强、越来越自觉地对独立性的追求，现在她向人们证明，她完全能够自由地做出决定，甚至可能真正地逃走——摆脱"家乡里的那些人"。[①]可能正是出于对这种成就的敬佩和尊敬，使得卡夫卡立即寻求与奥特拉未来的丈夫建立友好和谐的关系。

但是，这里面也一定掺杂了妒忌的情感。为了克服这种情绪，卡夫卡所付出的代价是，要将对奥特拉的独一无二的亲密关系转化为公开的、与妹妹的需求相称的同盟关系；关于格里高尔·萨姆沙——小说《变形记》中平庸的主人公——的令人感慨的想象也逐渐成形：随着格里高尔不断地退化为动物，他的社会存在被排除了，被扔回到生物性的存在，在这种存在状态下，他的妹妹却向他展示了更多的关爱。格里高尔对他的妹妹所渴望的，实际上并不是理解，就像一位将要溺死的人不渴求理解一样，更别提对上帝的渴望了。他的愿望是通过共栖式的存在来拯救他的生命。当然，格里高尔的妹妹拒绝了这个要求，而且对他越来越有敌意，这也是卡夫卡眼下所感受到的威胁，这种威胁甚至成为写出《变形记》的直接动因。[②]随着奥特拉的活动范围越来越大，她对生活的领悟越来越超然于普通人群体，这种威胁就越具有致命性：

> ……她的心思不在父母的商店上，而完全放在了盲人学校中，几周前——特别是14天前，她在那里找到了一些好朋友和一个最好的朋友。这是一位年轻的编筐工人，他的一只眼睛是闭着的，而另一只眼睛却睁得很大。他是她最好的朋友，他温柔、善解人意，并且忠诚。她每个星期天和节假日都去看望他，给他读书——尽可能是轻松愉快的内容。但是这是一个有些危险，而且令人心痛的消遣。人们无意中一瞥的事物，盲人对此却表现出极其的敏感。他们触摸服装、抓住袖子、抚摸双手，我感到非常遗憾，尽管这也不是我的错——这个有些误入歧途的女孩说与盲人交往是她最大的幸福。知道吗，她是怎么说的，她说当她想起盲人的时候，她为什么会幸福地清醒过来。[③]

这是在1914年的夏天，这位绝对支持自由解放的哥哥的语调充满了担忧，还

---

①这个概念来自卡夫卡写给菲利斯的一封信，1916年10月19日。《1914年—1917年书信集》，第261页。

②请参阅莱纳·史塔赫的《卡夫卡：关键年代》中《出自对生活的隐喻：变形记》（*Aus dem Leben der Metaphern: Die Verwandlung*）一章，第210页及其后页。

③1914年6月11日写给格瑞特·布洛赫的信。《1914年—1917年书信集》，第85页。

有些道德上的不安，这份委屈没有被人忽略。但是，现在，随着一位真挚诚恳的求婚者出乎意料的出现，卡夫卡突然明白了，他不再是为这个女孩决定"正确的道路"的人了。她已经决定不再从他那里得到建议了。在这件事情上，她做得没错，她基本上成年了，她的父母和媒人的逼近只是一个时间问题。这当然也是为什么……当卡夫卡在1915年的春天租下一间自己的房间的时候，足足过了几个星期，她的妹妹才从父母的时髦服饰用品商店走开几分钟，去看望他。这令他窒息，而且他必然生硬地告诉妹妹，"你要面对的只是，我不再为你操那么多心了（这是有特别原因的），你成天都要待在店里。我会为你做一些调节工作。"[①]这种法律口吻确实可靠地表示出，这件事给卡夫卡带来了特别深的伤害。在这段时间里，他的确将这个妹妹再一次放入那些抛弃他、眼下只顾自己的人群之列。而那个所谓的"特别的原因"并不是什么遥不可及的思想，而是一个名叫约瑟夫·戴维（Josef David）的捷克人，他被称作"佩帕"，他的名字自然不会在家中提起，也不会在任何会被家里人读到的书信上提起。

卡夫卡用了好几个月的时间才真正理解了到目前为止他只是意识到的一点：实际上，既不是共栖共生，也不是专一排他，能够救赎他的，是理解，并且是"对我完完全全的理解"。他再次将奥特拉放到了最高等级。他现在开始认识到，应该重新给予她人性关照，当然这会带走她与他之间的那种窃窃私语，逐渐减弱的亲昵，更重要的是，他感受到，她对他而言现在已经超越了旧有的关联、超越了亲密的死党关系，而成为独一无二的、能够使所有的关系得以长久地保持活力的根基。是否因为无论如何，这位令他信任不疑的妹妹都能够理解卡夫卡在性关系方面的窘迫——他在魏玛、在里瓦，也包括在柏林都经历过的？他是否对此做出过试探，我们无从知道，但是，他似乎绝不可能渴望在这方面得到更多的同情这却是事实。1915年的春天，年轻的奥特拉也理解了思念、痛苦和离别。她的恋人穿上了军装，不得不登上一列增开的火车，前往某个未知的目的地，他挤在车厢里笑着的、喋喋不休闲聊着的、讲着黄色笑话的、绝望地抽着烟的士兵当中，他们似乎还会乘同一辆列车返回。这是奥特拉看到的一切。而她在回来时已经发生了变化。

难以确定的是，奥特拉在多大程度上能够实事求是地承担起哥哥推给她的这些全新而且要求很高的角色。有关的记录很简略，我们只知道他们一起去乡间散步，共同阅读了一些书籍，一起对犹太复国主义、搁浅在布拉格的东欧犹太难民的命运越来越感兴趣，所有这些，可能让他们感觉新生出来的亲昵。值得注意的是，在奥特拉写给约瑟夫·戴维的信中，找不到任何针对这位难以相处的哥哥的或是讽刺或是表示愤怒的只言片语，卡夫卡看待自己家人所喜欢使用的那些"生气的"，似乎面对不同物种的眼神，对于奥特拉来说却是完全陌生的。卡夫卡特别留

① 1915年2月或3月写给奥特拉·卡夫卡的明信片。《1914年—1917年书信集》，第125页。

给她的耐心，在她走向成熟、成为一个女人的那些年间，似乎从未耗尽。如果没有这个最后的支持，卡夫卡能否在战争的头几年里从精神上到身体上幸存下来，有关这一点，一直存有争议，当然没有任何结论是决定性的。不过这也没有什么可争论的。除了一个支撑点、一个停锚处，这个最亲密的人也提供不了更多的了，而且此时卡夫卡用来避免更多伤痛的精神状态，是奥特拉既无法料到，也不能及时理解，更是无法阻止的。没有人能够做到这一点。

> 我为自己寻找一个恰当的藏身之处，然后夜以继日地暗中观察我房子的入口处——这次是从外面。人们可能会说，这真是不可理喻，但是这却给我带来无法言说的喜悦，不止于此，它令我平静。这对我来说，似乎我不是站在自己的房子前，而是站在自己面前，我既能够在睡觉时沉沉地睡去，也能够万分机警地守护自己，这未尝不是一种幸福。我几乎非常出色地既在睡眠的只身无助和缺乏防备中看到了夜的鬼魅，也在清醒的全力作用下平心静气地对它们进行评判。说来也怪，我发现这种状况并不像我一直以为，当我走入自己的房子时，可能再次认为的那样糟糕。

这是来自卡夫卡的小说《地洞》的一个片段，它同样语言简练，一如既往地令人费解，这里面是对画面的无与伦比的浓缩，并具有不可抵御的逻辑魅力。可能所有专注的读者都会不由自主地以自己的想法继续编织这个场景中自相矛盾的暗示：一只獾类动物经过艰巨的劳动，为自己建造了一个迷宫一般的地下堡垒，但是，它没有安静地守在那里面，享受着难以攻克的安全感，相反，这只不幸的动物却走到了堡垒外面，以便能够从外面守护这个要塞。在这里人们感受到了一些荒唐的气息。这如同有人建造了一个富丽堂皇的宫殿，目的是为了之后从旁边**露营扎寨**。

这是一个确实不会带来什么结果的想法，甚至都不可能令人心生同感吗？一栋别墅的作用只能从内部才能感觉到，当然，形式和功能的物质统一——换言之，别墅的美观性——保留了从外部加以观察的可能性。坚守在自己的洞穴当中的那只动物体验到了“安全感”。但是，对于这个成就的心满意足的乐趣，却最大限度地夺走了生活的安全感，因为那份所谓的“无法言说的喜悦”需要从一定距离外俯视。这是对反思、对盘点、对总结分析、对成就设身处地的领会的兴致和乐趣，这种兴致从某种程度上看是人类特有的，如同那些超越常规、离奇的梦想得以实现一样，带来了立竿见影的“非常罕见”的满足感。

> 事态的发展有时使我产生了幼稚的愿望，完全不再回到洞穴里面去，而是将自己安置在洞穴的入口附近，在对入口的观察中度过我的人生，让入口

一直在我的眼皮底下，从这个洞穴是如此坚固，如果我在里面一定很安全的想法中找到我的幸福。①

最后一句的**虚拟式**，正是将讲述者以及读者随着讲述者带到这样的思考中，这个代价的确太高了，白白搭上个人的性命来冒险，太奢侈了，将个人的安危作为演出来观察，简直是荒唐。因而，这只动物最终还是回到了洞穴当中，以便未来仍然可以**在想象中**享受洞穴的功能上的美观——例如，通过对自己讲述这些。

卡夫卡在1923年年底写了这篇小说，此时，他已经可以对自己几乎长达十年的、专心致志的**地洞**行为进行回顾了。这是一项针对自我的孜孜不倦，而且从来无法圆满的工作，它的完成能够让每个人感受自身生活的安全性；换言之，它是防御所带来的幸福和痛苦，卡夫卡用展望和形象的表现对此加以描述，同样，他的描写是如此克制，以至于我们甚至意识**不到**这个故事中的自传性的内核。而这个核心却恰好藏在边缘。

根基是早已在无法确切回忆起来的时间里就打下了的。而卡夫卡是在1914年10月15日开始砌起围墙的。这一天他收到了格瑞特·布洛赫的来信，写信人迫切地说出了自己的感受，并且解释这种感受，她认为卡夫卡与菲利斯·鲍尔之间的关系既在空转，同时又在热运行。她的介入引起了轰动，带来了卡夫卡与菲利斯的暂时分手，由于几个月里双方都不再联系对方，这确定无疑地威胁到两个人之间的关系。菲利斯因此很伤心，但是由于心高气傲，就没有原谅的表示。很容易预料，卡夫卡也很沮丧，这可以轻而易举得到间接的验证，例如，首先是从健谈的马克斯·勃罗德和他的妻子艾莎（Elsa）那里得到证明。这双重的痛苦让格瑞特·布洛赫感觉到道义上的不安，她错误地认为，她可以通过第二次的干涉减弱第一次的介入带来的影响。“您现在一定恨我”，她激情满怀地给卡夫卡写道，卡夫卡甚至会对蹙一下眉头、伸一下小拇指都有所反应。没错，她已经对他有一点点了解。当然，还远不能使她预料到，很快就会降临到她头上的失败。

格瑞特小姐，这真是一个奇怪的巧合，而且我今天恰好收到了您的来信。我不打算说到底是什么巧合，只是与我在今天的夜里——当我在3点左右躺在床上时——产生的一些想法有关。您的来信让我非常惊讶，但同时您给我写信又并不让我惊讶。为什么您不该给我写信呢？您说，我恨您，这不是事实。就算我应该恨所有人，我也不恨您，不仅是因为我没有权利这样做。尽管您作为审判我的法官坐在阿斯肯纳夏霍夫酒店——这令您、令我、令所有人

①《遗作Ⅱ》，第590—591、592页。在这段中，也发现了一处非常有启发性的修改，体现了卡夫卡在思考的最高峰上的摇摆不定：一开始他写道“但是，这却给我带来了无法言说的喜悦，这无疑足以让我兴奋”，而后来改为“但是，这却给我带来无法言说的喜悦，而且不止于此，它令我平静”。

都感到难受，但是事实是，我和您的立场一致，并且直到今天也是如此。

您完全想错了菲利斯。我不会说什么来套取你们交流的细节。我想不起来什么细节——我相信，我的想象力围绕着这个问题四处发散；我是说，我想不起任何能够让我相信您没有弄错的细节。您所指出的这一点是完全不可能的，它只能让我痛苦地想到，可能出于某些令人费解的原因，菲利斯一定是自欺欺人了。但是无论如何，您所说的都是不可能的。

我一直认为您的关心是完全真诚的，并且这本身对您而言是艰难的。对您来说，即便写来上一封信也是不容易的。

对此我衷心地向您表示感谢。

弗兰茨·K[①]

这是一封几乎完全防守姿态的书信：我的与您的来信同时到来的想法与您无关。您给我写信，只是因为没有人能够阻止这个行为。我对您用来作诱饵的菲利斯生活中的细节并不感兴趣。您错以为我恨您，不过，也许在柏林有人恨您吧？对于菲利斯，您也误会了。而且，在您想象能够对我做个评判的时候，您高估了您的能力。我知道，为了给我写信，您必须做出很大的努力，但是，这对您没有什么用处。可能对于“真诚的关心”的承认，讨得了收信人的欢心，格瑞特·布洛赫立即在这句话上——**只是**这句——用红笔做了标注。

通过传统的彬彬有礼却表现出令人惊讶的攻击性，这是前所未有的，在卡夫卡的所有通信中也是绝无仅有的。对此，人们再也不能说这是“努力控制的”进攻，冲击的力量展露无遗，而且通过屈尊的弦外之音，有意地凸显出高傲的情绪。卡夫卡在这里充分发挥他的优势，他知道，这是道德上的优越性——他自己已经是冷酷无情的法官，不再需要来自外人的评判了。[②] 在这里要传递的核心信息就是：离我远些。

卡夫卡在此刻禁止这一类的打扰是有原因的。两个月以来，他经历了如同梦一般的越来越快速走向无节制的——总体来说还是可控的——写作过程。就连珍贵的休假时间——他在1914年的休假，也是在写字台前度过的，尽管不再有望重新在布拉格、奥地利，甚至是在整个星球上再找到如同幽灵般的例外状态，但是他

① 1914年10月15日写给格瑞特·布洛赫的信。《1914年—1917年书信集》，第104—105页。对于格瑞特·布洛赫关于菲利斯·鲍尔谈到了哪一点，无法从已有的文献中推断出来。有关卡夫卡所说的使他痛苦的菲利斯的自欺欺人，至少可以推测，这里所谈论的是放弃婚姻和家庭的问题，具体来说，是永久断绝与卡夫卡的交往这件事。菲利斯·鲍尔曾经口头向卡夫卡表达过这个意向。对此，参见卡夫卡在1914年3月2日写给格瑞特·布洛赫的信。《1913年—1914年书信集》，第338页。

② 有关卡夫卡**明确**写给格瑞特·布洛赫的对于内心法庭的想象内容，参见莱纳·史塔赫的《卡夫卡：关键年代》，第577—578页。

却愿意为写出一篇长篇小说做好准备，并且因此为摆脱公务员的苦役而进行了新的努力。这部长篇小说——《审判》，非常迅速地写好了。

在收到格瑞特·布洛赫的来信前的一两个小时里，卡夫卡又一次思考着自杀这条出路，他尝试性地列出了最后授权处理事务清单，这份清单将在万不得已的时候寄给马克斯·勃罗德，这——没有什么其他的事情——正是所谓的“奇怪的巧合”，这也恰恰是他无论如何都不会透露给这个柏林女人的事情。但是，这时，他并没有感觉迫使他做出诸如此类考虑的沮丧绝望。“14天，基本上写作顺利，”他在日记里这样写道，“对自己的情况完全在掌控中。”按照卡夫卡的标准，这是一个很高的自我夸赞，尤其在这里显示出，对于他来说，成功的写作是与全面且理智现实的自我认知紧密联系在一起的。这种认知可能是苦涩的，甚至是毁灭性的——“我知道，而且相当确定，我孤独一人”，他继续写道，当然，完全认清并承认这一点带来了隐秘的快乐，这种幸福与他在成功地运用语言文字中所获得的喜悦难分伯仲。

他应该是并不想死去的，至少这一天不会想死去，因为在这一天，他理智地审视着他的人生中所剩的选择。

当然，这种敏锐，正好也包含了对自身的需求的领悟——主要是对终结、对死亡的渴望，这是一个永远令卡夫卡紧张焦虑的诉求：如果没有死去，那么就被他人揽入怀抱吧。“……尽管所有这些”，卡夫卡在给格瑞特·布洛赫回信之后记述道，“尽管如此，无穷无尽的诱惑再次出现，我整个晚上都在与这封信周旋，工作被停下来了。”并且，在他通过回忆几乎逐字逐句地将他的冷酷无情的回复，誊写到日记本上之后，他又写下了这段不为人知的后记：

> 为什么会这样？这封信显得非常坚决，之所以这样，只是因为我感到惭愧，因为我觉得无法回复，因为我害怕自己会软弱顺从，而绝不是因为我不想回信。我甚至想不到其他的做法。如果她不再回信，那么对于我们双方来说，这都是最好的；如果她将作出回复，我也会耐心等待。[①]

优柔寡断、口是心非、执拗的处理策略。还有众人皆知的对于所有决定的控诉。这就是他在这次订婚中得到的指控，“野蛮无知的指责”，他这样认为，又不能完全不去理会它们。因而它们被改写为感人的辩护词，卡夫卡希望借此可以避免令人难堪的对峙，不必将自己完全封闭起来。但是，这样的策略并没有发挥作用，于是，卡夫卡现在觉得，不该再对这些指责做出辩解了。

卡夫卡写给格瑞特·布洛赫的书信是最早经他手流传下来的文本，在这封信

---

①所有引文都来自于1914年10月15日的日记。《日记》，第678—680页。

中，从头至尾都是一场化装舞会，虚构的角色扮演，这使得不受拘束的攻击成为可能，甚至可能成功地对当前的情境做出完全相反的释义。如果以卡夫卡自己所强调的对于真相的理解为基础的话，那么这封信就是在撒谎。而且由此体现了卡夫卡剧烈地改变着所运用的策略，他到目前为止都只是游戏般地做出礼貌的姿态，以便与他人保持距离，这是普遍为人们所接受的社交行为，摘下头盔并不意味着威胁，而是表示一种请求——请求人们不要将他逼入绝境。但是现在他不再是游戏，而是严肃认真的了。他不仅仅是要保护自己那个独特而液态化的自我，而且还要保护某个位置、某个地方、某个**地洞**。卡夫卡开始将自己埋藏起来。他从一开始就意识到其中的含义，他像对待一份重要的地契一样，为这封信做了副本，将它保存在自己的文档中。

菲利斯·鲍尔注意到了这个变化，但是，卡夫卡一开始否认，而后又承认了，后来的信件“与之前的有所不同”。有什么样的不同呢？诸如此类的变化是否可以事先确定、策划和预见呢？应该不能。卡夫卡现在意识到什么是他不再期望的——即对于共生的梦想，他告别了这个梦想，即自由自在、开诚布公、无所顾忌地敞开身体和精神、无所不在的宽容、包罗万象的宽恕的梦想。卡夫卡想起了他曾经向菲利斯发出的几乎是幼稚的悲叹，那是在一次出差期间，因为她而魂不守舍。而这种情况将不再会出现。

> 你是否记得大约两年前我写给你的那些信，应该也是现在这个月份，是寄往美因河畔的法兰克福的。我相信，我现在完全不会再这样写了。我的笔尖焦急地将它们写了出来。但是，再不会有这样的信被写出来了。

然后，他就此打住。不再有有伤尊严的抱怨，也没有那种冷嘲热讽、充满魅力，并且间或幽默风趣的自我批评——以前卡夫卡是用这种方式追求菲利斯的，而菲利斯也是由此重新认识卡夫卡的。卡夫卡咬紧牙关，努力控制自我，紧张地探寻着所有的敏感，他担心，痛苦会不断袭来，无法从它面前逃开，于是他用公事公办的语言作为逃避的方式，“在你的最后一封信中讲道，随信附了一张照片。但是它不在信封里。提及这一点并不意味着我想要那张照片。”①

直到回顾此事时，卡夫卡才真正发现，自己所确立的新的策略绝对不是没有代价的，而且根本不能帮助他减轻罪责。对生活在防御状态的人们来说，世界就像是一个战壕体系，他可以非常清晰地观察这个体系，却不能真正地体验它。伪装是相当辛苦的。卡夫卡对自己设置了自我审查——以古怪的方式审视自我，与此同

---

① 1916年1月18日写给菲利斯·鲍尔的信。《1914年—1917年书信集》，第150—151页。

时，他还要小心翼翼地面对来自国家的审查；他需要将自己伪装起来，有意地保持沉默，小心翼翼地区分自己的渴望和所使用的语言，考虑没有风险的表达方式，这都耗费了卡夫卡大量的心力。完全无法确定的是，究竟是对战争的担心，还是办公室中工作负担的突然加重，或者在构筑精神堡垒上所付出的狂热的努力以及由此产生的孤独感，使他付出了更大的牺牲。卡夫卡所付出的身心代价都相当的高：失眠、对噪音越来越敏感、慢性头疼，他成天都在经历着疼痛的袭击、偏头疼，这些症状似乎同时将他的内心燃烧殆尽，而且从柏林特别量身定做的针对这些病痛的"护具"也完全不可能了。心脏绞痛也袭来。卡夫卡日记证明了，他只当作是最危险的极限状态的阶段性的抑郁空虚，现在却成为常态了，而且以难以承受的强度不断袭来。"无论如何都完全是无能为力的"；"感觉几乎是被撕成碎片的不幸的存在"；"就像沙滩上的贝壳一样空洞"；"无法与他人一起生活、交谈"；"彻彻底底的冷漠和沉默……沉闷、无聊，不，不是无聊，只是沉闷、无意义、虚弱"；就连星期天与奥特拉及她的丈夫威尔特士一起野外远足，他也感觉"如同经历身心折磨"，假装感兴趣地与人聊聊天，这的确是不同寻常的训练。①

到底怎样才算胜利呢？比起不断地擦拭自己盔甲上的伤口的迟钝，卡夫卡在阿斯肯纳夏霍夫酒店所承受的蒙羞，难道不是更加痛苦吗？这些一开始还没有展现出来。至少卡夫卡对外的确赢得了一种姿态，他所保持的距离为他带来了坚定性。因而，他建议菲利斯·鲍尔在博登湖重新会面，可以带她想带的人一起去那里，但是对他而言，最好她能单独前往。这个提议正好提醒菲利斯想起一个非常令人尴尬的日期——一年前的订婚纪念日；在这里没有出现"我"，也没有出现"你"，而仿佛是在谈论两个人共同的熟人，似乎正是在这个点上，卡夫卡麻醉着自己的感受，"那么，告诉我，他将带她去哪里；这是无法想象的。他曾经爱着她，而且曾是永不满足的。今天他对她的爱也没有减少，尽管他最终知道了，他无法如此轻而易举地得到她，哪怕在她同意的情况下。"②

她是否对此作出评论，我们无从知晓；卡夫卡可能不会让她产生雄辩的想法。她绝对不再想独自一人前往博登湖，在思考了一阵之后，她打算带两位朋友一起去，其中一位是格瑞特·布洛赫。卡夫卡在读到这个消息的时候，可能听到了自己的心跳；并且在会面日期的数月前，他用恰当的借口回避了这次会面，尽管离会面的日子很近了。但是，现在……无论在他的日记里，还是在所保留下来的信件里，都没有出现反对意见和情绪冲动。事实上，当想到要在1915年的圣灵降临节与他的"女审判官"结伴同行到瑞士的波西米亚地区（Böhmisch），在那里共同度过两天半的假期，而且他们在此期间，还要一起远足去贝德克尔（Baedeker）推荐的几

①1915年2月22日、3月13日、3月23日、4月27日、5月3日、5月14日的日记。《日记》，第728、732、733、734、742、745页。

②1915年4月20日写给菲利斯·鲍尔的信。《1914年—1917年书信集》，第129—130页。

个热门景点观光的时候，卡夫卡实际上还是感到了紧张。他在一定程度上确信，如果10个月前的柏林的那个法庭上，曾经一起坐在审判席的菲利斯的两个女性朋友之一——斯坦尼兹（Steinitz）小姐在场，会禁止卡夫卡和菲利斯相互亲近，如果这样的话，就不会令人想到过去，尤其是不会涉及那次审判，而**正因为**这个原因（可能也是菲利斯的策略）斯坦尼兹小姐这次被邀请了。与之相反，卡夫卡只是与格瑞特·布洛赫表面上和解了。晚上，当他们回到旅店时，发现世界也完全没有进一步扭曲，过去的似乎过去了：意大利刚刚向奥匈帝国宣战了，可能这首先是一个结束，因而谁还想，谁还应该继续如此敏感呢?！

没错，卡夫卡保持他的立场。为了能够暂时保守住秘密，他付出的代价是紧张、疲惫、过劳和神经过敏，这些感觉在战争期间都是不言自明的。但是，卡夫卡也学会了使用后门——他**不在场**，只是站在一旁，横跨在自我观察和自我疏离之间的界限上，并且能够自我怀疑，同时保持理性。“我是一个局外人吗”，他在2月的日记中写道，“在观察我自己和我的生活历程之后，我必须说，一切都将在无效中终结、在无法停止的怀疑中度过、在自我折磨中筋疲力尽。但是，我希望自己是一个参与者”。[1]参与到自己的生活之中？这个概念本身就是矛盾的。但是，卡夫卡却继续迈出了决定性的一步：他离开了地洞，藏到了附近，观察着入口，敛着尾巴抓住那些试图隐藏到洞里的光秃秃的动物，享受来自无法触及的远方的注视。

这是自我观察的极端化的形式，简直是**他对自我的放逐**，这种形式被强烈地表现出来了。卡夫卡非常迅速地发现了恰当的语言表达方式，就在手边，那就是用第三人称说话，用“他”来交谈；对于这种表达方式他现在越来越专业了，并且很快，就已经将它收入他的文学修辞手段的武器库当中了。菲利斯·鲍尔刚刚从旅行返回家中的时候，就已经收到了第一份“试用品”了。

> 亲爱的菲利斯，你不久前刚刚向我提出了几个有关F.新郎的稀奇古怪问题。我现在能够更好地向你做出回答了，因为我在回程的火车上对他进行了观察。这比较容易，因为我们离得非常近——我们两个人几乎坐在一个位置上。我的观点是，他完全迷失在F.那里了。你应该见见他，看看他在漫长的旅途中是如何将对F.的思念都寄托在丁香花之中的（他从来没有在其他的旅行中拿着这类东西），并且想念着她的房间。[……]我相信，我所说的这个人对我比对F.更加信赖。

> 亲爱的菲利斯，看，他说，他感到担心。他说，他在那里待了太长的时间。两天太漫长了。一天之后，人们可能很容易迷失，而两天已经能产生纽带了，

① 1915年2月25日的日记。《日记》，第729页。

断开它会令人痛苦。在同一个屋檐下共眠，在一张桌子旁就餐，两次按照同样的日程生活，在这种情况下，几乎展现出了一种仪式，在它背后是某种信条。

几乎坐在一个位置上。我和这个所提及的新郎。人们无法听得非常确切，听上去几乎是来自久远的过去的回声，仿佛是卡夫卡恰好在讽刺性地模仿着自己的痛苦，并且也起到了调情的作用。不过，在他寄出这张明信片的短短几小时之后，他爬回了安全的地洞，并且在日记本上写道："从上次日记到现在非常不开心。探究原因。探究原因是如此毫无意义，且毫无必要。"[①]此刻，他没有想到更多。卡夫卡又一次用完一本日记本——还有两三页是空白。直到今天依然如此。

这是否误导、蒙蔽了菲利斯·鲍尔呢？可能在短时间内是这样的。因为她同意，在7月再次与卡夫卡到卡尔斯巴德（Karlsbad）温泉共度两天，并且这一次不再需要起保护作用的同伴同行了。他的游戏曾经很顺利。

但是它发展得却不顺利。当菲利斯·鲍尔在散步时给卡夫卡唱歌的时候，正无精打采地过着自己的32岁生日，饱受失眠折磨的后者却一言不发地站在一旁。连她作为礼物带给他的书——《卡拉马佐夫兄弟》、斯特林堡的《地狱》——也没有发挥什么作用，而且她在陀思妥耶夫斯基的那本小说的扉页写下的期许也没有用——"我们可能很快就能一起读它了。"最终，在回程中，他们一起乘火车到乌斯季（Aussig），她再也忍不住了，而这段旅程也成了"的的确确令人讨厌的旅程"。[②]

但是，这一次是带着一段多少给他一些安慰的回忆回到了布拉格。与其他所有的旅行一样，菲利斯·鲍尔这次也将她的照相机带到了卡尔斯巴德，卡夫卡允许她按下几次快门。他们拍下了一些风景名胜，也相互给对方照相。由于卡夫卡非常渴望得到照片，而菲利斯·鲍尔试着给他的照片，他都不满意，因此她非常明智地建议，他应该将胶卷带回布拉格去冲洗，他自己来选择将哪些底片印制成照片。

他正是这么做的。当卡夫卡在几天后去取底片的时候，让人吃惊的事情正等待着他。菲利斯，这位技术专家和摄影爱好者将所有的胶片都装反了，她将感光层朝向后面，保护纸则朝向前面的镜头。他们在卡尔斯巴德的微笑就这样永远消失了。

---

①1915年5月26日和27日写给菲利斯·鲍尔的信。《1914年—1917年书信集》，第136、137页；1915年5月27日的日记。《日记》，第745页。

②1915年8月9日写给菲利斯·鲍尔的信。《1914年—1917年书信集》，第140页。

第二章
卡夫卡未被授予任何文学奖

人们应该为艺术牺牲一切，但艺术自身不在此列。

——卡尔·克劳斯（Karl Kraus），关于赫尔瓦特·瓦尔登（Herwarth Walden）的话

红蓝相间的油布封面的本子，并附有淡蓝色保护页，里面有20页（最后一页没有和书脊装订在一起），纸张是发黄的白色，没有横格线，页角是圆形的；本子高24.85厘米，宽19.8厘米到20厘米；一共有两叠，分别是2页和18页（两叠原本各有20页），它们最开始是用线装订的（两本合订）；红色的切口；透明水印花纹是2a和3a型的；第19页（正面）和20页（背面）是空白的。后来这些页面没再用装订线装订。[①]

卡夫卡是否能够一下子就辨认出这个被极其详细描述的物体，是值得怀疑的。他要么会把别的作家的手稿看作充满灵气的圣物，放在放大镜下仔细观察，例如他在魏玛充满敬意地欣赏着歌德《迷娘曲》的完美无瑕的抄本，他以为那是原件；要么会将那些手稿当作刚刚印刷出来的、被对角描边和边缘修正弄得畸形难看的纸张和本子而随手摆放，例如放在马克斯·勃罗德和恩斯特·魏斯书桌上的那些文本[更不用提放在魏费尔（Werfel）裤子口袋和马甲口袋里的纸条了]。前者直接来自奥林匹斯山，而其他的则是日常俗物。

在20世纪伊始，没有作家，就是卡夫卡自己都无法想象，他的文字遗产会被人们像对待从埃及墓室里发现的纸莎草卷本那样估量、翻印和描述，而且对于承载符号的媒介和材料的兴趣，在那代人看来是完全陌生的。相反，印制成书页一样的日记纸和日记本被看作消费品，当卡夫卡想要将私人的记录和文学笔记分开的时候，就会撕下本子中的几页，这也是完全具有时代性的，在记录时，他会同时从本子的前面和后面开始写起，根据需要交替使用墨水笔和铅笔，最后也会在字里行间加入让人陷入沉思的潦草的涂鸦。这是与当今情形的不同之处。在今天，文本创作过程中的各个版本都会用激光打印机整洁地打印出来，看上去已经和成品一

① 研究《日记》的参考文献卷本，第44页。

样；而在那时，创作过程中的个性化的痕迹是司空见惯的。因而，勃罗德对他的这位朋友在身后留下的纸张没有丝毫忌惮——一直认为他是文学天才，不仅如此，他也是新的信仰的领导人物，他用红笔在上面写上登记注册的信息，有的无可替代的文本，也放心地交由邮局递送，甚至送与他人。[①]当然，勃罗德知道，这些“历史性—批判性的版本”、这些被归档和评论的每一个可以触及的音节，都是标志着这位经典作家身为贵族的证书；而且，他也完全确信——尽管他在想到这一点时，常常伴有不太愉快的感觉，卡夫卡的作品有一天也会被浸入到翻印的定影液当中。但是，勃罗德从来没有想到过，仔细观察卡夫卡在上面写字的那些**纸张**。为什么要观察呢？反正已经有了这些纸张的精确的誊抄本了。因而，勃罗德在语言学研究者到来之前，就已经费力地将“犯罪现场”收拾干净了。

半个世纪之后，卡夫卡的笔记本才被呈现给公众。人们在那上面发现了纸张生产商的透明水印图案，那是按照特定的样式排列的四个叶片的苜蓿叶，这些样式差别不大，只是为了区分“左手”页和“右手”页。这样就保留了一个关键的线索，它可以在很多情况下，在卡夫卡不小心撕掉一页的地方将那一页重新插进来，因此可以为那上面的文章标注日期。那么，还需要其他的证据吗？是不是在这里所有的一切都的的确确是重要的？当有了一切证据的时候，一切就真的是重要的了：宽度、高度、颜色、切口，还有不要忘记——圆形的页角，这构成了一张可以永远流传下去的通缉令一般的典型特征说明清单。然而，原件却正非常缓慢地、无法阻挡地破损下去。现在这些“承载有真迹的载体”被保存在牛津的博德莱图书馆（Bibliotheca Bodleiana）里，同时也由于这是卡夫卡的第十本日记，因而在它上面写上了一个具有科学研究色彩的名称“KBod AI, 10”。

很难相信，当卡夫卡的钢笔笔尖划过这些透明水印图案时，他自己确实注意到了它们。

他可能也没有想到过，有一天会有人一页一页地**数着**上面的单词，只是因为这些词语在相应的手稿页上占有一席之地。这会让他觉得有趣，而勃罗德会费劲地抓抓脑袋。但是，文学研究者马尔库姆·佩斯利需要这些证据，这样他才能够凭借独特的方法处理《审判》中那些单独的段落标号、标注日期；由于这部被列为世界圣典的小说的作者从来不将章节按顺序排列，因而佩斯利所做的是获得了认知上的宝贵的胜利。[②]在这位作家的物质遗产上的非常滑稽的缓慢爬行，所取得的成

① 参看勃罗德与汉斯–约阿希姆·肖珀斯（Hans–Joachim Schoeps）之间的通信，在那里多次提到通过邮局寄送卡夫卡的手稿；载于朱利乌斯·H.肖珀斯（Juliu H. Schoeps）编：《有关卡夫卡和犹太民族的争论》，科尼西斯泰因（Konigstein/Ts.）出版社，1985年。勃罗德在1935年曾送给斯蒂芬·茨威格（Stefan Zweig）卡夫卡的《失踪者》（*Der Verschollene*）的手稿，他还在原稿最后几页空白页面上做了一些笔记；参见研究《失踪者》的参考文献卷本，第43页。

② 参见马尔库姆·佩斯利（Malcolm Pasley）：《手稿的诉说》（*Die Handschrift redet*），载于《马尔巴赫杂志》（*Marbacher Magazin*），第52期，奈卡河畔马尔巴赫（Marbach am Neckar），1990年。

就可能是毫无争议的。同样关键，在最后可能更为重要的一点，是对令人吃惊的答案的喜悦——就像人们从三四个卷本中观察到一次落袋球一样，人们非但没有陷入通常的沮丧，相反这种成功总是引起某种充满快乐的恐慌。我们无论如何不可能拥有佩斯利这位语言专家的如此这般的娴熟技能，也不可能像他经常承诺的那样，曾经“毫不做作地”去观察卡夫卡——这些在今天都只能是幻想了。

结算清单非常糟糕。《审判》和《失踪者》这两部小说没有写完，可能也是不可完成的。《回忆卡尔德班》（*Erinnerungen an die Kaldabahn*）、《乡村教师》（*Der Dorfschullehrer*）、《副检察官》（*Der Unterstaatsanwalt*）、《花园：一个老单身汉》（*Blumfeld, ein älterer Junggeselle*）系列小说，还有两三个开了头的作品，都没有完成，都半途而废了，放眼望去，所见之处都是碎片和废墟。只有那部完全血淋淋的《在流放地》（*In der Strafkolonie*）是值得夸耀的——修改几处后，可以出版。这部小说是因为几个月的坚韧不拔的努力而成功的，也是一个不成熟的果实，为此卡夫卡牺牲了他的睡眠、休假，甚至任何休养的机会，并且完全强忍着头疼、租住的房间里的噪音、由于战争而突然增加的工作负担。由于卡夫卡极其不愿意透露一点**进展中的作品**的信息，因而没有人能够真正了解他的情况，只能尽可能想象着这些努力；只有那些以淡淡的铅笔印迹的形式保留下来的作品的开头，才让人们知道曾经的失败有多大规模。

今天，由于语言创造方面扣人心弦的竞争已经被更为冷硬、更为迅速的媒介所替代，因而写作，准确地说是**必须写作**，则成了一种陈腐过时的热爱。尤其是卡夫卡的名望，使得即便是对他在文章中所表现的绝望产生移情也变得困难了。我们知道，最终他**没有**失败，但是，我们会问，他从中想要得到什么。这里的“最终”，是指要在一定的、能够把握他的人生的整体的历史距离之外，才能产生某种评判，也就是说，只有到了今天，才能够真正地连同当时的时代背景，来通观卡夫卡流动的人生。对于卡夫卡自己而言，他面前还有（可能、也许、希望是）好几十年的处于黑暗中的人生旅程要走，这对他来说不是一个慰藉，就连他得到了，并且接受了文学方面特殊的声望，也无法使他感到宽慰。

为了非常精细地把握独特的、尘世间的存在和身后的重要意义之间的区别，我们必须首先弄清楚，事实上卡夫卡在多大程度实现了他所设定的目标，并且文学方面的成功为他带来什么结果。首先根据他的代表作《审判》，我们可以相当细致地推测出——因为这的确是显而易见的，卡夫卡将这部小说设计为圆形的构造，也就是说，是完全一览无余、形式上可控的结构。在第一页和最后一页一样，主人公约瑟夫·K是孤身一人的，但是在这之间，在一章又一章当中，却记录了约瑟夫·K的社交活动范围，其中有女房东、女邻居、同事和上司、聚餐会友、舅舅、母亲、律师、恋人，当然还有法官本人。卡夫卡是否还设计了其他的法庭场景，或者还打算加入其他来自法庭之外的行踪诡秘的出主意的人，这是我们所不知道的；但是被告人的社会关系几乎已经被完全呈现出来了，而且只是含蓄地加以表现的母亲——资方的走向，也几乎是可以猜出来的。人们绝对不觉得，需要探明某个片段的模糊的轮廓，也不会认为，由于**这个整体**也是如此扑朔迷离，所留下来的漏洞是如此清晰可辨，卡夫卡就必须将它们填补上，以使得这部作品自始至终地遵循内在的、强制性的逻辑线索。

在这个文本之外所存在的出版方面的障碍，也在很久之前被清除了，这主要是由马克斯·勃罗德费心处理的。卡夫卡不需要到任何地方疏通说情，因为他有一个极富影响力的出版商，尽管他已经很久没有听到后者的信息了，此刻这位出版人也根本没有坐在自己在莱比锡的办公室里，但是，正是此人毫不犹豫地接受了这部小说。出版所用的时间——即便按照今天的标准也是非常短的，《审判》在秋天，最晚不过1915年年底就将印出来。尽管没有出现快速的成功——在战争期间公众更想要娱乐，但是卡夫卡仍然得到了最显赫的推荐——从托马斯·曼到罗伯特·穆奇尔都介绍了这部小说，而且从中期来看，卡夫卡也绝对不缺乏作品的朗诵会和新的朋友，表达对其的敬意。当时所出现的感人的画面是：在格林瓦尔德别墅（Grunewald-Villa）的一次招待会上，卡夫卡与他的翻译在交谈，和著名的卡尔·克劳斯坐在同一张咖啡桌旁……卡夫卡的《审判》的出版，无疑使他原本过于逼仄的人生地平线迅速地展开了，他也要去参加大量的（既令人愉快，也是一种负担）社交活动，对此，就连勃罗德也不得不感到羡慕。

“……日日夜夜让我的脑袋像发烧一样的发烫，都完全源于不自由”，卡夫卡在来年总结道，[①]不需要**太多**地衡量徒劳无功所带来的折磨人的感觉——他越是清醒地进行回顾，就越会产生没有保护的不安的感觉。战争在最后一分钟，阻碍了可能出现的解放历程，自身将要枯竭的力量，也正从自由的选择离开，只有看不见的远方。当然他知道，失败既不是不可避免的，也不是不可逆转的。处在触手可及范围内的事物和这个布拉格人的真实状况——对战争的担心和加班加点地工作，令人沮丧地占据着主导地位——所带来的落差是非常可怕的。卡夫卡从1915年1月初开始，就记录了明确的筋疲力尽的症状，因此很快他就将《审判》的手稿放在一边，继续零零星星地写着其他开了头的小说，并不断地尝试着新的故事、扔下旧的故事；最后，在4月9日的日记中，他最后一次谈到了“顺利的写作”；而在5月，卡夫卡甚至连日记也放弃了，从那之后，也拒绝为朋友朗读自己的文章。这就像是在最后一次，长长地呼出一口气之后，接下来的就是令人心生恐怖的静寂。他还没有预感到，这种停滞的状态持续的时间超过了一年半。9月，几经踌躇之后，他决定打开一本新的日记本，从写在那上面的第一句开始，就表明了他对这句话的深信

① 可能在1916年2月中写给菲利斯·鲍尔的信。《1914年—1917年书信集》，第152页。

不疑，这句话是："一切一如既往的不必要"；由于他看不出来在这些页面上重复过去的抱怨有什么意义，因而，只在有特别的大事件、遭遇或阅读体验对他产生影响的时候，才会促使他拿起笔来。日记与日记中间常常有数星期的沉默。直到接近1916年年底的时候，随着他所生活的城市、他的日常生活的世界的外形已经扭曲得无法识别了，卡夫卡才开始重新尝试通过"写作"以不辜负生命。

毫不奇怪，卡夫卡在这种状况下并没有表现多少主动性，来让那些至少已经完成的作品体面地出场。绝对不会出现这种情况。他意识到，他数年的辛劳在读者眼中，只是一个微弱的火花，他知道，文学作品的出版只是提供了一个极简主义的画面，这与宏大得多的构想是不可同日而语的。迄今为止，只有两本书出版，看上去足够单薄：99页的散文集《观察》和只有47页的《司炉》。剩下的其他作品都散见于报纸和杂志，而且并不都是在影响最大的报刊上。甚至《判决》这部卡夫卡唯一的一部没有以极简的形式呈现出来的，他经常也愿意朗读的小说，到此为止，也只出现在勃罗德编辑的、无人问津的文集当中。

卡夫卡竭尽全力地改变着这种状况。他向库特·沃尔夫建议出一本小说集，与此同时还承诺"儿子们"（Die Söhne）暂时定为这本书的题目，书中收录他从1912年以来创作的作品——包括那些在他看来是值得夸耀的成果：《判决》《司炉》《变形记》。当然，他在《变形记》的手稿上花了太多的时间，而沃尔夫没有催促他，没有向他询问进展，也没有做出任何姿态——这无疑是卡夫卡所期望的——让卡夫卡想一想，他究竟记不记得自己在1913年4月做出的"责任性声明"。尽管勃罗德在与沃尔夫的商谈中，自始至终都会提及这位朋友的名字，在两年多的时间里，沃尔夫只是彬彬有礼地寄去书评和出版年鉴，以此来鼓励这个害羞的作者。当然，这在某种程度上还是相当不够的；卡夫卡在1914年8月听说，无论是库特·沃尔夫，还是审稿人弗兰茨·魏费尔（Franz Werfel）都已经卷入战争中去了——此外，沃尔夫的12名职员中，有10名"在战场上"，他料到不可能从莱比锡得到任何形式的"关怀"了。这种想法是对的。这绝对不是这位出版商一反一贯的做法，突然问起卡夫卡的计划和文学作品的有利的时间节点。如果必须要解释为什么某部小说没有一点动静，卡夫卡一定会一如既往地将这种谈话带到其他地方。自从他两次尝试将《变形记》刊印在某本杂志上，却徒劳无功之后，自从这部手稿从半年前就放在《白页》（*Wei ßn Bl ätter*）杂志的编辑勒内·席克勒（Rene Schickele）的书桌上之后，他就不再想谈论任何与出版有关的事情了。他不是一个恳请者。

但是，在1915年10月中旬，勃罗德突然将来自库特·沃尔夫的出版社的一份函件放到了卡夫卡的手中，那是一本刚刚从印刷厂印制出来的《白页》的校样。显然他们是把卡夫卡的地址弄丢了，因而再一次麻烦了他的掌门人。这东西意义重大。而且它来得如此匆忙，以至于出版人本人都没有足够的时间参与这件事情。相反，是一位叫梅耶（Meyer）的人在信上署的名——“全心全意为您服务的梅耶”。当卡夫卡翻阅这本杂志的时候，几乎无法相信自己的眼睛：《变形记》千真万确地印在了那上面，保留了原稿的全部内容，而且看不到校对留下的毛校样的痕迹。

格奥尔格·海恩里希·梅耶，47岁，是一位心地善良、有些过于仔细、有点爱绕圈子的商人，他留着平易近人的络腮胡子，以友好的、家长式的方式与人打交道。这是一个人人都认为毫不做作的人，人们很容易信任他，尽管他常常显得有些夸张的乐观主义，会多少有些令人生疑。这位经验丰富的书商，已经经历了自己的出版社倒闭的遭遇，而且负债累累，这些为业内众所周知。

因而，库特·沃尔夫现在让这个人做经理，并且从战争伊始就让他代表自己，是非常令人吃惊的举动。梅耶没能从自己破产的企业里“带来”一位引领时代的作家。他出版图书非常仔细认真，他的文学图书项目有些单纯幼稚，他尤其看重的是家乡文学——甚至出版过一本名字为《家乡》的杂志，这些都相当怪诞，与冉冉升起的现代氛围格格不入，而他目前恰恰要代表沃尔夫来面对现代。梅耶以前的作者，现在正制造着大量的废品，与此同时，身为最重要的德国出版商的沃尔夫，却坚持不懈地拒绝拥护战争的文学作品，这种局面使得人们无话可说。梅耶只是从破产的财产中拿出了一些珍贵的藏书，除此之外，沃尔夫需要给予他足够的建议，继续坚持自己的关于文学作品的质量标准，保留做出纲领性决策的权力——尽管眼下交流，将书稿寄来寄去是非常困难的，而且同样也很难作出迅速的决定。但是，很快，梅耶前往比利时后方接手了沃尔夫的日常工作，因为这位出版商在1915年被换防到加利西亚（galizische）战区，因而连上述的可能性也被切断了。从现在开始，梅耶几乎是单独负责出版商的日常运营，这其中也包括“联系”作者。

我们可以想见，当这位粗糙随便的梅耶就职时，弗兰茨·魏费尔、库特·品图斯（Kurt Pinthus）和瓦尔特·哈森克莱沃（Walter Hasenclever）互相对望的目光。当然，沃尔夫应该认为他的这个出人意料的决定是正确的。由于梅耶曾经受德国出版协会（Deutschen Verlags-Anstalt）的委托，数年里走访一家家出版社，积累了大量的商业经验，从无数的谈话中他非常准确地认识到，图书零售商需要表达什么，以及实际上要在公众那里“形成”什么印象，他知道，公众的阅读态度和行为，在越来越大的程度上，决定了文化模式和知名度。这些能力显然正是沃尔夫所寻找的。他的出版社所出版的既不是战争抒情诗，也不是战地书信集、来自前线的亲身经历，在这种情况下，如果没有梅耶令人信服的销售建议，那么这家出版社是否能够在战争第一年不会受到经济方面的损伤而幸存下来，是值得怀疑的。梅耶用大版面的广告来影响日报的读者，需要强调的是，这些广告并不是有关出版社的，而是关于某本新出版的书，尽管到目前为止这还是非常少见的；他也用特别折扣来诱惑书商，这恰恰体现了对经济行为的禁忌的打破，这立即招致对于库特·沃尔夫出版社的“美国式销售模式”的责难。订购了30本古斯塔夫·梅林克（Gustav Meyrink）的畅销书《泥人哥连出世记》（*Der Golem*），并且支付了款项的人，可以得到40本书：任何一位书店学徒都可以掰着手指算出来，这意味着如果以商店里的销售价为基础，他们得到了令人难以置信的55%的折扣。梅耶也开始将广告海报贴在街上的广告柱上，这样就使得文学作品第一次被宣示成为纯粹的媒介事件，它的轰动效应堪与电影媲美。广告词大多数都是由梅耶自己起草的，尽管这增强了不可靠的色彩，却也一再唤起人们情感上的期待——这对于一本书来说是最重要的。因此，诺贝尔奖得主拉宾德拉纳特·泰戈尔的作品被宣告为“合适的圣诞节礼物”（他本人应该无法拒绝这个说法）；卡尔·斯特恩海姆的《拿破仑传》（*Napoleon*）是一本用分析的风格展现一位首领的故事，梅耶灵机一动，想起的广告词是：“读这本书就像吃维也纳沙哈蛋糕一样”，这种说法简直是逼着该书的作者去自杀。[①]

任何一个熟悉商业惯例的人都应该马上明白，这种奢侈浪费的宣传已经完全打破了传统的图书预算。梅耶造成的财务上的亏空由谁来填补呢？自然是作者们了，这是一个简单得不能再简单的答案。事实上，梅耶是第一个敢于让作者分担自己书的广告费用的出版人，这在当时完全是引起轰动的冒险，因为广告的经济价值还远不像今天被看得很高，在许多地方，出版项目中根本不存在广告预算。使相关的作者也拥有相应的品位，则是梅耶需要用极大的热情去完成的任务。流传下来的一个故事，说他在必要的时候，会一直追着愤怒的作者到火车站，直到最后一分钟还在说服他们。巨大的成功是显而易见的。就连对财务最为警惕的马克斯·勃罗德都放弃了25%的稿酬，以便能够广泛地为他的小说《蒂科·布拉赫走向上帝之路》（*Tycho Brahes Weg zu Gott*）做广告。

有关文学内容当然是“臭名昭著的”“销售行家”梅耶不去谈论的，他最多也只是翻翻提交上来的作品，就连他记住的作品的标题，也是那些符合易于销售的标准的题目——过了数年之后，他仍然能提起卡夫卡的《罪犯的殖民地》（*Verbrecherkolonie*）。他再三提醒作者们，要认真刻苦地撰写小说，对于卡夫卡的小说，尽管他没有仔细读过一行，但是他保证让这些小说走向“引人注目的成功”；当然，他不会在信件中涉及需要立即作出决定，因此他手上积压了好几打未回复的信件。在最困难的1914年到1915年之交的冬天，梅耶把诗人魏费尔的诗作看作是“库特·沃尔夫荒凉的汤盘上仅有的肥美的明珠”，即便是对于这位作

---

① 卡尔·斯特恩海姆（Carl Sternheim）在1915年8月15日写给西娅·斯特恩海姆（Thea Sternheim）的信；载于卡尔·斯特恩海姆，《书信Ⅱ》，沃夫冈·温德勒（Wolfgang Wendler）编辑，达姆施塔特（Darmstadt），1988年，第175页。

者——同时也是他的同事，从一开始也绝不会向他透露什么的。[①] 相反，对于涉及与公众的关系，以及与之相关的销售机会的媒介事件，梅耶则以他的地震测量仪一般敏锐的第六感和既独特又天真且无所顾忌的积极态度做出回应。

他也是以同样的方式对待卡夫卡的。今天我们无法重构当时的决策过程的——勒内・席克勒开始认为，卡夫卡的《变形记》对于他的杂志来说，终归是篇幅过长了，但是最后他还是决定发表在《白页》上，这很有可能要归功于梅耶的插手。[②]这位编辑再一次建议卡夫卡，这个故事也将作为一个图书单本放在"年少时光"（Der Jüngste Tag）系列中出版，而且会**立即**出版，还会当月就收录到新的文集——《观察》当中。这是出版社多年的沉默之后突然出现的忙碌，而且也是相当古怪罕见的。不过，梅耶早已准备了一个很有说服力的理由，"这样做是为了能够参加马上到来的冯塔纳最佳小说家奖的评选。正如我们从秘密的渠道所获知的那样，今年的这个奖应该由斯特恩海姆的三部小说——《布兹考》（*Busekow*）、《拿破仑》和《舒林》（*Schuhlin*）——而得到。但是，就像众所周知的一样，由于斯特恩海姆是一名富翁，而给予一名百万富翁金钱奖励是不合适的，负责今年颁发冯塔纳奖的弗兰茨・布莱（Franz Blei）授权斯特恩海姆来决定，最值得得到总额为——我猜想的——800马克奖金的人选，他读过您作品，正如您在随信所附的卡片上获悉的，斯特恩海姆真诚地倾心于它们。"

即便对于整个事情有些生气的卡夫卡来说，这也不是一个坏消息。尽管梅耶是"从秘密的渠道所获知"的，但从这样一件意义重大的事件来看，可以猜测是谁的意愿在发挥作用：首先，奖金来自一项基金，是由文学艺术事业赞助者埃里克・施瓦巴赫（Erik Schwabach），即沃尔夫最重要的投资人所资助的；其次，斯特恩海姆、卡夫卡都是沃尔夫的作者；最后，受德国作家保护协会（Schutzverbands deutscher Schriftsteller）的委托办理这项赫赫有名的大奖的批评家弗兰茨・布莱，也是与出版业关系最密切的领域之中的人，他本人在过去的一年正是《白页》的出品人，追本溯源可以算作是斯特恩海姆的"发现者"——所有这些看上去更像是一个个完整的营销行动，很可能是梅耶自己设计出来的。卡夫卡已经知道了梅耶擅

①1916年7月7日格奥尔格・海恩里希・梅耶写给马克斯・勃罗德的信；引自：约阿希姆・翁舍尔德（Joachim Unseld）：《弗兰茨・卡夫卡：作家人生和他发表的作品》（*Franz Kafka: Ein Schriftstellerleben. Die Geschichte seiner Veröffentlichungen*），慕尼黑/维也纳，1982年，第131页。1919年8月1日马克斯・勃罗德写给卡夫卡的信；引自《勃罗德与卡夫卡的通信》（*Brod/Kafka, Briefwechsel*），第267页。1915年2月28日格奥尔格・海恩里希・梅耶写给弗兰茨・魏费尔的信，引自沃尔夫拉姆・戈贝尔（Wolfram Gobel）：《库特・沃尔夫出版社的1913年—1930年：作为出版商的任务的表现主义》（*Der Kurt Wolff Verlag 1913–1930. Expressionismus als verlegerische Aufgabe*），慕尼黑，2000年，第715行。

②《白页》杂志与白书出版社（Der Verlag der Weißen Bücher），以及库特・沃尔夫的出版社之间的组织关系，参见史塔赫的《卡夫卡：关键年代》，第460—461页。因为席克勒出于政治原因迁居瑞士，并且在短时间内多次更换住所，因而他与卡夫卡，以及勃罗德的联系完全中断了。

长于商业运作；与此同时，梅耶还没有清醒地认识到，他在与谁打交道。

> 因而，您可以期待《变形记》将得到：(1)《白页》杂志的稿酬（我不知道，席克勒是否与您商定过这个问题，以及是如何决定的）；(2) 来自《年少时光》的版税，对于小发行量一次性的版税应该是350马克，如果达到《年少时光》的最大发行量，则是800马克——与冯塔纳奖的奖金一样。您真的非常幸运！[①]

遗憾的是，现在正是在卡夫卡完全不产出成果的频率上。梅耶力图使卡夫卡确信，不是他自己，而是席克勒，以及当今的世界的状况，要为卡夫卡没有亲自看到《变形记》的校样负责，但是，这当中绝没有隐藏着对他进行偷袭的意思，也绝不是明目张胆地对作者的权利的蔑视。此外，梅耶也绝对没有打算，为了自己的幸福而阻碍作者的事业追求。由于在向卡夫卡征询意见的信件还在路上，梅耶已经开始着手《变形记》的出版工作了，因而在短短的几天后——这是该作品的作者完全没有想到的，长条校样已经放在他的面前了。无论如何卡夫卡这一次有机会对文章进行大量而细微的加工完善，这对他而言，比版税的多少要重要得多。当然，卡夫卡与沃尔夫所约定的，他接下来出版的书应该是多个小说的合集，则由于梅耶的擅自专断的处理而被取消了。

在短暂的思考，可能也与勃罗德交谈过此事之后，卡夫卡开始对新的情况感到满意。他已经对《变形记》的出版确信无疑了，“特别是”什么时候，以及在哪里出版对于他而言也是“确定的”。[②]在这部小说得以完成的整整3年之后，出版的愿望终于付诸实际了，可能此时任何的拒绝都是没有人能够理解的。尽管卡夫卡无法放弃对梅耶一贯性的嘲讽，但是他仍然提出了有关这本书的设计的建议，甚至一反常态地同意了精装封面，不过他希望在那上面无论如何不要出现不幸的格里高尔·萨姆沙：“这个不行，请不要这样设计！……不能将这只昆虫本身画出来。甚至不能被远远地展现出来。”[③]幸运的是，此信息没有被堆在有待梅耶处理的纸堆里，而是转交给了负责这本书的插画画家[奥托玛·斯塔克（Ottomar Starke），斯特恩海姆的好朋友]那里，并且他照办了。

那个引人注目的冯塔纳奖奖金分配的意义在哪里？荣誉归著名的卡尔·斯特恩海姆，奖金归这位无名的布拉格作家？这正是卡夫卡无法轻易释怀的关键。

---

①格奥尔格·海恩里希·梅耶于1915年10月11日写给卡夫卡的信。《1914年—1917年书信集》，第739—740页。随信附寄的卡尔·斯特恩海姆的卡片并没有流传下来，从其他的传记作品中也无法找到斯特恩海姆讨论卡夫卡的作品的证据。从西娅·斯特恩海姆的1947年3月3日的日记中，甚至可以得到这样的结论，斯特恩海姆从来没有向她说起过卡夫卡，也从没说过授予奖金的情况。

②1915年4月7日卡夫卡写给勒内·席克勒的信。《1914年—1917年书信集》，第128页。

③1915年10月25日卡夫卡写给格奥尔格·海恩里希·梅耶的信。《1914年—1917年书信集》，第145页。

根据您的来信，主要也是从您写给马克斯·勃罗德的信来看，事情是这样的：斯特恩海姆得了奖，他打算将奖金送给——可能是——我。这当然是非常亲切友好的举动，但是这也由此产生了一个有关需求的问题，这不是对奖项和奖金两者的需求，只是涉及对金钱的需求。而在我看来，这与被赠予奖金的人将来是否需要钱完全没有关系，相反，需要去判断的是，他眼下是否需要钱。奖赏或是部分奖赏对于我来说自然是重要的，但是我却完全感觉不到与任何奖赏都无关的金钱本身的重要意义，我认为，我没有权利得到它，因为这对我来说，完全不是眼下迫切的需要。①

就是这样。卡夫卡需要的只是看到他的同事以及对文学感兴趣的老板充满疑问的面孔，因为这些人清楚地知道，一个“在三个等级系统中位于第一级工资待遇”的公务员，每个月的账户上会有多少进账。因此有的时候需要做出解释，为什么在这种情况下还公然地接受金钱馈赠。

卡夫卡希望身处特权阶层的斯特恩海姆收下奖金，因为即便是一位富裕的作家也完全不可能在战争这种充满风险的环境中确保安枕无忧。斯特恩海姆本来也是一位情感脆弱的人，目前，他必须暂时放弃地处布鲁塞尔附近舒适的住所（这绝对不是因为他的比利时邻居的原因，而是由于他的祖国的人——德国占领者所造成的）；而且他的舞台剧的上演也遭到了普鲁士新闻审查官的反对；此外，尤为重要的是，自从他开始接近柏林的**行动**组织以来，他就成为政治上的仇恨对象，受到了军事当局持久的刁难。这些事情很久以来就已经在布拉格传开了。令卡夫卡生气的是那种随随便便、不成体统的通知他获得从属份额的方式。也许不幸，或许并非不幸：为什么赞助人自己不写几句亲切友善的话？为什么本来就认识卡夫卡的弗兰茨·布莱不能通知他，并且事先对这种少见的做法说明缘由？还有，斯特恩海姆的确只是得到了布莱的“同意”吗？

从梅耶那里不可能得到有关这些的准确信息，他对风格方面的问题不感兴趣，只是在努力分散卡夫卡的注意力，并没有认真地去理解卡夫卡在想什么。根据梅耶的经验，当一位作者出乎意料地突然得到从天而降的相当于一个低级公务员半年的薪水时，还需要费尽力气地说服他去接受，这简直是史无前例、不可思议的事情。一个出自文学创作舞台的人——他至少不属于搞写作的百万富翁之流——难道也会有这样的怪癖吗？梅耶在任何时刻都没有怀疑过，卡夫卡最终还是会愿意接受这份馈赠，甚至还会写信给斯特恩海姆致谢。事实上呢？与梅耶所设想的相反，卡夫卡希望的是承认，而不是施舍；自从在柏林蒙羞以后，他就决定，他要不惜一切代价捍卫他的自尊，这是卡夫卡强令自己去做的。因而，他向梅耶就此抱怨：

---

① 1915年10月15日卡夫卡写给格奥尔格·海恩里希·梅耶的信。《1914年—1917年书信集》，第142页。

"……给某个没有直接从他那里得到信息的人写信，并且向他道谢——却不太清楚为什么，完全不是一件容易的事情。"[①]这样做天知道是不是出于对朋友的责备的担心，总之，后者最终发挥了关键作用。当忙碌的梅耶——他几乎夜以继日地在库特· 沃尔夫出版社空荡荡的办公室里履行着自己的职责——在四周后由于工作的重负第一次体力不支倒下的时候，卡夫卡才表示，**在这件事上**梅耶没有责任。

卡夫卡是否从卡尔·斯特恩海姆那里得到了答复是不得而知的。由于斯特恩海姆赠予他的800马克一时半会儿没有什么用途，于是用它购买了战争债。这是卡夫卡曾经得到的唯一文学荣誉。当时他还没能意识到这一点。

可能最令人印象深刻的，是卡夫卡所表现出来的疏离感，这影响着与他同时代的人。卡夫卡竭尽一切尝试在作品中强调它、激发它，甚至"歌颂"它，直到以特殊的方式走向疯狂。当他作为"幸运儿"受到出版社的一位管理者的赞扬的时候——不过这位赞扬者应该对他的作者的精神方面的特征有些模糊的认识，这简直就是司空见惯的残酷无情的讽刺，这再一次闪现着生活与文学之间的摩擦，卡夫卡的确是非常幽默，足以使他能够向朋友们报告这份特殊的赞扬。判断错误和误解所带来的影响，是卡夫卡在很长时间内经历了更加糟糕的情境，例如，维也纳小说家奥托·斯托伊叟从文集《观察》中竟然读出了"细微的、发自内心最深处的喜悦"和"对幽默的特别到位的把握"，[②]这自然是要表达高度的赞扬，但却与文章的初衷南辕北辙，这必然使得卡夫卡对自己的表达能力产生了严重的怀疑。

马克斯·勃罗德再次尝试用最高级的言辞对卡夫卡加以褒赞。"他是我们这个时代最伟大的作家"，在他于1915年4月读完卡夫卡的《审判》的两个章节之后，他在日记本上这样写道。勃罗德完全折服了，因此他也绝对不会强忍住而不去表达口头上的尊崇。[③]卡夫卡尽管完全享受着文章所带来的影响力，却没有因为这样的评判而感到喜悦，这种评判没有对他的自我体验起到任何作用，他也从来没有因此而感到被恭维。的确，人们将他的命运与诸如格里尔帕尔策尔（Grillparzer）、陀思妥耶夫斯基、克莱斯特以及福楼拜等权威人物清晰地联系起来了，他们完全被当作他的"真正的同血缘亲戚"了。但是，这并不是因为他的成就。在文学的历史中，什么时候曾经出现过这类在支出与收入之间的误解？一位没有小说、没有戏剧、没有经典的诗歌的作家，究竟是因为什么而成为伟大的作家呢？难道几个月之后，不会出现更为可信的想法？这种超凡脱俗的宁静是否是为了找到真实的定律？仅是这种

① 1915年10月20日卡夫卡写给格奥尔格·海恩里希·梅耶的信。《1914年—1917年书信集》，第144页。

② 奥托·斯托伊叟（Otto Stoessl）大约在1913年1月30日写给卡夫卡的信；引自卡夫卡在1913年1月31日或2月1日写给菲利斯·鲍尔的信。《1913年—1914年书信集》，第72页。

③ 可以从勃罗德在1917年12月18日写给卡夫卡的一封信中找到证据——在这个证据中也可以看到卡夫卡的拒绝性反应的痕迹："魏费尔认为，你是最伟大的德语作家。如同你知道的那样，我很久以来就是这个看法。而且对此我的心里没有一点怀疑，这绝对不是你所反对的夸张的说法。"《1914年—1917年书信集》，第782页。

比较本身就是可笑的。勃罗德在此期间也应该领悟，与这位神经质的完美主义者赤裸裸表现出来的性格弱点无关，也与缺乏精力和纪律无关，也不只是涉及令人恐惧的、没有结果的担忧。不，内心的“材质”、想象力本身才是一再让卡夫卡“失灵”的原因，而且**这**也是为什么他如此干巴巴地抱怨勃罗德的赞美诗的原因。

不过，弗兰茨·魏费尔胜利了。他几年来一直到处夸赞《变形记》，这是真正令卡夫卡生气的，他只是道听途说过这部小说的内容，在他还是库特·沃尔夫出版社的审稿人的时候，也从来没有关心过该小说的原稿。现在，在这部小说印刷出版之后，他终于补上落下的这一课，并且被震住了。他认识到，他低估了躲在马克斯·勃罗德身后的这个狭长的影子，完全没有认清他。因而，他希望，他必须告诉卡夫卡这些，以对一切进行补救。但是，如何对**这样的**文章的创造者进行褒赞呢？魏费尔完全没有沉溺于慷慨激昂的情绪，而是立即开始尝试。他制造了一种声音——卡夫卡一定手头很紧张。即便对于那些以为自己是太阳的狂妄少年来说，也会认为卡夫卡在他的人生中得到的这封最荒谬、最纯洁、最不加修饰、最真实的知人善任的表扬信，完全是一个偶然的突如其来地降临自己头上：

> 我完全无法向您表达，我有多么震撼，通过您，我的安全感得到了有益的推动，而且（感谢上帝）我感觉自己是那么渺小。
>
> 亲爱的卡夫卡，您是如此纯粹、新颖、独立，而且完整，这使得人们最终必须要结交您，仿佛您已经往生或者永生了一样。这种感觉是在任何活着的人身上找不到的。
>
> 您在最近的作品中所取得的成就，确确实实在此前的作品中是不存在的，也就是说，您通过一个完全特别的、几乎是真实的故事，既有一定的普遍性，又有一定象征性地展现了完整的人类的悲剧。我这样说显得非常愚蠢。所有人，尽管他们与您生活在一起，但是，都一定知道不能将您当一般的同时代的人来对待，他们也会这么做的。
>
> 我深深地感谢您允许我向您表达对您的敬畏之情。[①]

事实上已经往生了。不是一个活着的人。无论如何不是一个同时代的人。卡夫卡一直以来就意识到并且害怕这样。现在他得到了相关的书面证明。

---

① 弗兰茨·魏费尔于1915年11月10日写给卡夫卡的信。《1914年—1917年书信集》，第740—741页。

第三章
平民卡夫卡：战争时期的工作

> 人，必须对事情深思熟虑。
> 事前没有理解，没什么关系，
> 但对事后却有影响。
>
> ——胡安·卡洛斯·奥内蒂（Juan Carlos Onetti），《短暂的人生》（*Das kurze Leben*）

“对俄罗斯的伟大胜利！”（GROSSE SIEG UBER DIE RUSSEN）——这样的巨大的报纸铅字已经很久没有出现在惊讶的布拉格民众面前了，具体来说，9个月来没有过。那时正是一场战争的开始阶段，德国和捷克日报的头版都变成了宣传海报，报社建筑周围呈现出一派不同寻常的景象，沉浸在最新出版的“号外”中的行人们走在马路的中央，报童的叫卖声此起彼伏，这些都显示着，某些闻所未闻的大事件正在发生。之后，大标题又缩减到了平常的格式，战争中非常艰难的日常生活开始了，与之相伴的是大量平凡琐事单调的沙沙声，很少有振聋发聩的新闻了——“和平”这个词也越来越难觅踪影了。

从这些报道中推断出到底发生了什么需要一定的练习。人们必须将它们如马赛克一样拼接起来，必须注意它们所没有提到的内容，必须研究大片的空白区域，这是被战时新闻审查删去的部分；人们也必须学会将总参谋部的命令式的用语翻译为人类的话语，只有这样才能看到灾难的轮廓。奥匈帝国马上就要在一场世界大战中失败了，对于塞尔维亚的“讨伐”也在溃败中结束了，在加利西亚人居住的省份中，俄罗斯军队已经准备好驱逐奥地利的部队和犹太难民。

慢慢地，读者明白了，继续期待一个大字号、洋溢着幸福的大标题不再有任何意义了。相反，人们学会了研究用小字号印刷的内容：“阵亡者”名单，这个名单是按字母顺序排列的，占有报纸的一栏，日复一日地刊登在报纸上；在它旁边是被提拔或者荣获奖章的幸存者名单；紧接着的版面上是寻找走散的难民家庭的寻人启事。在此之前被大多数人随意翻过的经济版面，现在是必读的部分：在那里登载了有哪些食物按照基础价格供给，哪些已经远远超出了令人吃惊的价格，还有哪些完全买不到了。一个鸡蛋：14赫勒（0.14克朗）；一磅黄油：3克朗；一公斤牛肉：5克朗。草莓、桃子、樱桃：破折号，这意味着，只能在黑市上买到。[①]这些是令人沮丧，但至少是可靠的消息，新闻审查还不敢冒险染指这方面的内容。

此外，人们知道，某个山头"被攻占"了，某块前线阵地"被夷为平地"了，几门大炮被缴获了，几百人"被俘虏"了。传达希望的消息已经很长时间听不到了，人们只是为德国人在军事上取得的成功而高兴——他们沉重地打击了法国人、给沙皇的军队以毁灭性的一击、潜艇接二连三地击沉了英国的巡洋舰。这些大事件完全远离人们自身的经验范围，从中也无法判断，是否也只是延缓了整个社会的衰败。显然连德国人自己也没有一次能够收获连续不断的胜利所带来的果实。他们和奥地利的联邦兄弟国一样，分发面包供应卡；来自柏林的旅游者告诉人们，他们所在的城市和布拉格、维也纳和布达佩斯一样脏乱，物价昂贵，人们也开始对假肢和轮椅司空见惯了。

战争是以同样的方式进行的，也是一样的残酷无情。因而"**对俄罗斯的伟大胜利！**"听起来就像冲着一个半聋的人的耳朵吹响的起床号。这是一场梦、一个谣言、一次疏忽吗？显然不是。因为当布拉格人在第二天早上开始他们日常生活的时候，发现这个城市插满了彩旗作为装饰。

当卡夫卡在1915年5月3日浏览《布拉格日报》的头版的时候，他被报纸下半部的、胜利的消息所挡住的次级大标题吸引了注意力，这个标题虽然远不如胜利的消息那样醒目，但却因为与他个人有关而立即引起了他的关注："出生于1878年—1894年的战时后备军启用新的体检标准。"这个标准在战争开始的时候就已经存在了，在这一年才正式公布启用。接着，这篇报道指出，这期间，不同地方的医疗"服务委员会"执行着差异很大的标准。这会导致不公平，现在人们希望加以纠正。

这是一个即便是头脑简单的爱国主义者也能够看穿的谎言。从什么时候开始，政府当局，甚至是军事机构开始关心起公平了？其真相是，从1914年8月开始，仅是在奥地利—匈牙利地区征募参军的500多万男丁——数量巨大的人力资源中，已经消耗了四分之一，或阵亡，或被俘，或失踪。此外，还有成千上万的人因为负伤而无法继续送到前线参战。国家需要后续补充。在新的灾难将要爆发的时候，国家急迫而徒劳地试图不让报纸的读者注意到：中立的意大利，这个纸上的联邦的伙伴正在倒戈，意大利人在很久以前就开始与敌方交涉，后者承诺加入战争将收获巨大的战利品。

因此，这会迫使奥地利帝国军队陷入可以想象到的最坏的情境当中：一场在

① 将这些价格非常粗略地换算成今天的价格，分别是：（以2000年的购买力为基准）一个鸡蛋大约55欧分，一磅黄油约12欧元，买一公斤牛肉大约需要20欧元。

三条战线展开的战争，可以预见，这场战争将全面毁灭哈布斯堡王朝。包括弗兰茨·康拉德·冯·赫岑道夫（Franz Conrad von Hötzendorf）——他是总参谋长，并且是激进的主战派——在内的军事首领，这也证明，同时顶住俄国、塞尔维亚和意大利的攻击是不可能的；他们从一开始就要求，要不惜一切代价通过政治手段避免这场噩梦。事实上，奥地利政府通过开出慷慨大方、唯命是从的条件——这一切必须对自己的国民保密，几近绝望地尝试在罗马定下和谐友好的基调。相应的代价在这期间不断提高，意大利政府叫牌越来越大，所要求的不再只是说意大利语的南蒂罗尔（Südtirol），还有海港城市特里斯特（Triest），同时一只眼睛也在觊觎达尔马提亚（Dalmatien）和阿尔巴尼亚。在维也纳正在商议满足诸如此类的要求是否等同于投降的同时，从巴黎、伦敦和圣彼得堡所给出的"还价"也在持续提高：在大陆和海上给予军事支持、提供煤炭、现金形式的战争伤害补偿……意大利只需要做出选择，付款的是最终的敌人。

有关秘密交易的消息很快也传到了维也纳，最迟在4月中旬时局已经清楚了——通过继续妥协阻止意大利参战不再有任何意义。**我们放弃叫牌**，现在连皇帝也接受了这种状况。就像是继续这桩讨价还价的买卖一样，让意大利军队进驻，然后亲眼看着这个世界如何分配礼物，之后再用军事力量将这些被分出去的东西夺回来，可能也是非常光荣的。

意大利在1915年5月23日下午，向奥匈帝国递交了宣战书，这一天是圣灵降临节。没有人再会对此感到震惊，充其量只是对意大利国王费了很大的努力所签署的一份充满空话套话、完全没有提到具体宣战理由的文件感到有些意外，因为这样等于放弃了目前这个打算获取东西的有利机会。

一两天之后，卡夫卡在早上8点左右来到了布拉格的保护岛（Schützeninsel），那上面的宽广开阔的餐厅区域现在经常被用作军事用途，例如作为入伍新兵的集合地点。这一天是假日，教堂的钟声在城市的上空飘荡，只有很少的人出现在诸如此类的地方。但是，在保护岛上，卡夫卡突然发现自己正处于一个躁动不安、主要由捷克语构成的嘈杂之中。

我们不知道，他在这里待了几个小时，是否碰到了熟人，他是用聊天，还是通过看报纸打发了这些时间；他是否——非常有可能地——唤起了一段回忆：曾经正是在这个地方，他有着完全不同的、充满性冲动的期待。可能这次对他来说是观察的机会。这是一个不现实的场景。许多人坐在他的周围，闲聊着，这与日常的休息日不同，没有让人感觉到对语言、宗教或社会地位的归属感，却感到人们是因为某一个独特的、完全抽象的标准聚合在一起的，即他们所谓的"战时后备军班级"，简言之就是：出生的年份。所有的人有着相同的年龄。因为今天轮到32岁的人。

卡夫卡将要面对的烦琐手续是他已经熟知的，尽管他最后一次与军事机构打交道的经历要追溯到十多年前。那时，军队放弃将他作为“一年义务兵”的培训，当然这是在长时间的深思熟虑和三次鉴定之后所作出的决定。他们最终确认，这个瘦弱、高个子的大学生不能胜任体力上的重负。在一个和平，相对来说甚至是舒适无拘束的时代，在新世纪之初，即便是孔武有力的人也能够不费力气地摆脱兵役。没有人能够预料，在奥匈帝国有一天就连不适宜参军的神经兮兮的人、羸弱者也会被重新抓回来服兵役。

请到这里面对墙壁，脱掉您的衣服，一米八一，请您向前跨一步，站直，双脚并拢，哪里有缺陷吗？家族有什么遗传病？您戴眼镜吗？现在请张开嘴，口腔没有问题，听力同样，请深呼吸，双臂向前伸，双臂水平伸展，现在双臂在背后交叉，请握拳，请交叉双腿，然后向前屈身……最后是可怕的睾丸检查……然后是**评语**：在战争期间适合加入武装战时后备军，等级A。下一位，**请下一位进来**。

一切都真的取决于人，或者取决于男人吗？政客们这样祈祷，军官们相信如此。因而，他们自然将数量众多的人算作战斗力，将一具具躯体看成队伍（有关这些人们在军事学校已经学到了）；但是，时尚人士和时代中的高人向他们指出，就连个体的心理特征本身也要考虑到干扰因素当中（就下属的“性格资料”夸夸其谈显得特别**酷**），这些人面对这样的问题，又退回到一个前后矛盾的问题当中：是否战争实际上不是武器、汽车和原材料的单纯的堆砌，或者20世纪的战争是无法由流水线上的工人来决定胜负的。这是与具有返祖色彩的战争图景相矛盾的，那些图像令人兴奋，不健全的荣誉观念也一直会影响到军事统治集团中持技术专家治国主义观点的上层人物，他们常常会轻信自己的宣传。还在战争刚刚开始的时候，就有将军不能适应远距离杀敌的观念，也就是说**在看不到敌人**的情况下作战。[①]资格老的军官对于大胆试验违反国际法的武器——尤其是毒气——的反感，是众所周知的。**我们是战士，不是室内害虫的灭虫人**。

轻视军事技术无疑是有缘由的，因为这些技术累赘麻烦、不可信，并且易受天气状况影响，不仅不能代替人力，相反还需要大量的保养维护和持续不断的修修补补。德国人要将4 000辆载重货车向西部运动，其中的2/3因为各种故障在到达马恩河之前就抛锚了。在电影新闻周报里被大加赞美的“胖贝塔”（Dicke Berta）是巨型迫击炮，它的炮弹就几乎重达一吨，只能用火车运输，因而必须在战场附近铺设铁轨——这是项危险，被无数次诅咒的艰苦工作。最新发明停滞不前，停留在胎儿阶段，因而很多地方引发的笑话远多于惊恐：例如，在佛兰德（Flandern）出现的催

① 海军上将阿尔弗雷德·冯·提尔皮兹（Alfred von Tirpitz），这位富有影响力的德国海军大臣，提供了有关这种思想的最滑稽的证据，他在1912年仍然坚持战舰上要配备舰艏撞角，尽管很久以来人们就已经明白，未来的海战是凭借鱼雷和重型炮的，也就是说，战斗是在相距几公里之外展开的。

嚏粉、榴弹、东部前线的催泪瓦斯、抛撒长钉子的飞行员（“飞行箭矢”），以及用霰弹枪向下射击，最后还有天下第一的“坦克”，是一个笨重、很容易被缴获的恐龙，在第一次出征时，就以其28吨的体重深陷到泥沼或塌方的土地中了。

人们也很快又有了对技术另外的体验，这是机械具有绝对的、不言自明的强势力量的体验，这样的力量使个体沦落成为听任支配的大众。尤其是那些新颖的、冷却性能优良的机关枪，它们每秒钟射出10发子弹的能力，证明了这是一项恶魔的发明——在战争爆发以来的最初的几个星期里，已经造成了相当多的牺牲，促使人们的思想发生了剧烈的改变。由于仅凭一位机枪手就能够卓有成效地抵御上百人的进攻，因而平衡欧洲范围内可动员、征召的士兵与军官的数量关系比例——证明在各处的布局都是所谓“深思熟虑”——已经不再有意义了。

不过，沉重如铅的机关枪无论如何都是一种防御性的、难以移动的武器，因而只有人们原地不动地守在战壕里，而不是积极主动进攻的时候，这样的武器才能够确信无疑地发挥作用。战斗部队在1914年12月突然遭遇的第二次技术——震惊则更具有持久性，这就是“猛烈的连珠炮火”的引入，毫无疑问地夺走了对个体最后的保护，使得人们无处可逃，也就是说，除了投降以外完全别无选择。**猛烈的连珠炮火**意味着“从所有炮管”里发出的夜以继日、毫不间断、目标精确的大炮射击，是对敌人的生理上和心理上的强暴，使得他们陷入彻底的被动之中，在一无所有的情况下——没有睡眠、没有食物、没有急救员，等待着死亡的来临。所有的军事经验都因此变得陈腐过时了，与此同时也带来了这样的证据，即不必为了加入“现代”战争而在实验室里再研制杀伤性武器了，战争实际上是比拼物质在数量上的优势，这是成功的关键，战争最终是国家工业之间的竞争，要消耗多得难以想象的物质。一个新的概念出现了：**技术装备战**。

因而，就连在1915年春天的、愚弄民众的“对俄罗斯的伟大胜利”，也绝对不是勇敢的战斗的成果，更多地要归功于对战争技术的使用，这项技术德国人已经在西线战场尝试过了，现在奥地利人在德国人的指导下，**事实上**是在德国人的领导下，首次在进攻加利西亚地区大面积用在俄罗斯人身上：秘密地储藏了大量的炮弹；掌握了敌人的飞机位置；之后在那里设置了瞄准目标的密集火力，不仅指向敌人的最前沿阵地，而且也将整个战壕系统变成了死亡区，最终完全被夷为平地。俄国军队最终溃不成军，导致了戈尔利采-塔尔努夫（Gorlice-Tarnów）大屠杀，那是东线的战场，在那里对技术武力的放纵使用，的确拉开了德国和奥匈帝国胜利的大幕，从几个月前就开始“解放”被占领的加利西亚地区，最终开始向华沙开拔。

1915年夏天有许多事情值得欢庆。

菲利斯·鲍尔几乎无法相信自己的眼睛。“你为什么不明白”，她的前未婚夫从布拉格写信说：“对我而言，幸福就是……成为战士，尽管我的健康状况有所限制，但是我依然希望如此。”他继续写道，“你应该祝愿我能够得到所期望的。”[1]恰恰就是这同一个男人：他用蜡封上耳朵，逃脱生活中的噪音，他对不通风的房间和乱七八糟的床铺感到恶心，他固守着自己的特殊的食谱，甚至还声称，他的“身体状况”——更为具体的情况，人们不得而知——使他不能结婚。可能，她已经习惯了卡夫卡的夸大其词、喜欢提出一些奇思怪想的可能性，尤其是那些逃避的方式，例如从窗户里跳出去、通知解除约定、移居国外。现在，显然成为士兵也是其中的一个选项了。从自世纪之交的战争的强有力的折磨中幸存下来的想法，难道不仅没有品位，而且也是近乎愚蠢的吗？她显然完全没有意识到，也没有祝福这只圣餐杯现在能够经过卡夫卡的面前；而现在，她一定知道了，他从很久以来就已经将战争纳入他的怀疑病式的游戏之中了。

当然，卡夫卡是非常认真的，正如他应该展示的那样，他恰恰是带着一种执着密切关注着**这个**项目；这种执着就是，在过去的一年所经历的几件大事，特别是在经历了忍耐多于幸福感的订婚之后，他不再相信任何人了，至少不再相信这个女人——而她却是他的优柔寡断的最大受害者。也许，她在此期间意识到了，当卡夫卡被某个事物的存在的重要性说服之后，他将会重新恢复活力。但是，为什么恰恰是**这个**事物呢？没有人能够明白这一点，当卡夫卡带着喜形于色的“满意”从保护岛回到家中的时候，他也遇到同样或是相似的情况，他可能找不到人分享他的心满意足。如同所有的德意志犹太人一样，可以为爱国主义赋予伟大意义。但是，当必须与唯一的儿子分别，虽然不会说出来，由此却不可避免地令人想到死亡和永久的分离，这可能就完全是另一回事了。因而，很容易被欧洲各种大人物所煽动的为人之父的人，在心中也会暗自怀疑。

现在在事态还没有达到上述地步，就出现了新的障碍，这使得多少是在仓促间购买的战地靴子不得不暂时继续存放在柜子里。正如职工工伤保险机构所强调的那样，他们绝对不像卡夫卡博士本人一样，对其在社会生活中的一无是处深信不疑，他们根本没有想过，要将他们的一位最有能力而且最任劳任怨的职员放手让军队征募走——反正军队已经有足够大的空缺了，而且军队对于适龄男子的渴求，使得保险机构从任何地方都找不到能够胜任工作的替代人选了。

根据计划，在1915年应该对所有的成员企业的缴费额度进行调整，这意味着将几千家企业“重新编制”到不同的“危险等级”中，从几个月之前就像冰雹一样纷纷落下的对于最新决定（其中有卡夫卡签名的不在少数）的抱怨和质疑，都使得人手短缺问题变得雪上加霜。需要尽快处理的信函堆积如山，这关系着保险公司的切身的利益，如果没有及时处理，就会为企业主们提供深受欢迎的停止支付保费的理由。这家保险机构立刻根据卡夫卡的征兵体检报告提出申请，请求免除这

---

①1915年5月3日写给菲利斯·鲍尔的信。《1914年—1917年书信集》，第133页。

位特别有用的公务员连同一位数学家——他为前者做准备工作——的兵役，是完全具有事实依据的，因为这两位先生“在处理涉及公众利益的事务方面是不可或缺，也是不可替代的”，布拉格的军事指挥官领会了这一点——至少部分领会了。阿洛伊斯·古特林（Alois Gütling）是卡夫卡的同事，也是一位诗歌爱好者，与看上去处于公共利益更为中心位置的卡夫卡博士不一样，他只是在接下来的两个月里继续推迟“某个时间”再服兵役，也就是说直到重新审查他的情况的时候。[①]

他应该预料到这些了。当然，他的失望是没有人能够理解的，菲利斯·鲍尔也不能，尽管她对于他的了解远比永远只关心自己的家族事务的他的父母更多一些。可以轻而易举地想见，为什么最近在卡尔斯巴德的那次见面只过了短短数日，卡夫卡就对迫在眼前的未来作出决定，这次见面在不和谐的氛围，甚至是争吵中结束了，卡夫卡再一次提出了基本原则，却没有足够具体的说明，而菲利斯强调的是具有实践意义的常识，在这样的背景下，卡夫卡再次展开的逃跑的尝试，就会被看作是不理性的、缺乏社会责任感的，哪怕还没有完全展现出自杀式的色彩。她难道会相信，他会穿上军装吗？当然，她不会拒绝打出手上的王牌。

这记回击不久之后就到来了。卡夫卡与菲利斯约定，一起去波罗的海度假，这是早在前一年，即在阿斯肯纳夏霍夫酒店的争吵**之前**就计划好的，现在终于要补上了：这是第一次长达3周的共同旅行和共同生活的尝试，前提条件当然是，与卡夫卡最迫切的愿望相反，他仍然是平民百姓，在一定程度上是可以自由出行的。这些条件现在都得到了满足，卡夫卡也的确离开了布拉格——**独自一人**。是的，在1915年7月，征兵体检、索赔、在卡尔斯巴德的会面，这一切都只是在一两个星期前发生的；此时，菲利斯·鲍尔出乎意料地收到了来自波西米亚北部的胡姆堡（Rumburg）的明信片，上面写道：他再也受不了待在那个大城市里了，他必须立即离开，去哪里呢，他一开始想去奥地利的沃尔夫冈湖（Wolfgangsee），那意味着要坐17个小时的火车，现在他正坐在“弗朗克施泰因”（Frankenstein）疗养院里呢。他只在那里待两个星期，然后，到了秋天他们总共能在一起待一周，这是“最糟糕的情况”了。这是一个软弱无力的安慰，菲利斯·鲍尔迅速地对这种情况感到满意，写信告知了新的、更为简朴的旅行计划。这对于卡夫卡来说也是毫无意义的，现在连最后一个星期的共同旅行也很遗憾地被取消了。因为这位被宣称为不可或缺的公务员，从即刻起不再能得到任何假期了。[②]

“1915”这个篇章就结束了。再一次的终结，再一次的告别。他们再次见面是在整整一年之后，而且，这也并没有、完全没有暗示着，将有什么奇迹降临到这对

---

①职工工伤保险机构在1915年6月10日向奥匈帝国驻布拉格军事指挥官提交的申请；军事指挥官在1915年6月21日所做出的答复；参见《公务文件》（*AS Mat*）第860页和第863页。

②大概是在1915年7月20日写给菲利斯·鲍尔的明信片；1915年8月9日写给菲利斯·鲍尔的信。《1914年—1917年书信集》，第138、141页。

人身上。

有关卡夫卡在胡姆堡的停留——“度假”的说法有些过于委婉了——在他的日记中只能找到很少的记录，对于自由自在和亲近大自然的生活的向往——3年前他还曾经怀揣着这样的期待叩响了具有传奇色彩的“永葆”（Jungborn）疗养院的房门，也消逝了，只剩下安安静静地待着的要求。“弗朗克施泰因自然饮食疗法疗养院”离市中心只有30分钟车程，坐落在同样名为弗朗克施泰因的城区内。他轻而易举地就选择了这里，因为，正如他所熟知的，这个地方是波西米亚地区少数几所可以忍受的房屋中最好的；事实上对于那些相当远的目的地，人们既会感到陌生，也会在某种程度上感觉舒适，而在战争期间格外令人疲惫的环境中，人们根本就不再有更多的期望了。胡姆堡在波西米亚的边缘地区，这对于卡夫卡来说，恰恰是他在官僚监控体系中生活的象征，这个城市在波西米亚向德国方向凸出的地方，只要向西、向北、向东走不了几个小时，他的护照就会失效了。

他喜欢这四周起伏绵延的丘陵和仿佛没有边际的安静的森林；这带来温柔、安宁，是心灵慰藉的风景。但是，卡夫卡只用了两三天时间就发现，这次逃离过于匆忙，而且目的地也不是明智的选择。其中一个原因是胡姆堡是他工作职权所管辖的地区。当卡夫卡从众多的观景台中的一个，眺望这个工业小城的时候，分散在这里的303家企业，不可避免地跃入他的眼帘，这是他前不久刚刚“重新编制”过的企业，向他们发去了公函，或是他的部门在过去的一年里，一股脑发出的62份催缴费用通知和8份罚款告示；或（感谢上帝）只是流转到他的办公桌上的7份来自胡姆堡的投诉处理申请……他相当清楚地记着这些数字，这些单据不可避免地使得此刻的疗养地染上了日常的色彩。①

显然这时并不是为身体健康操心的恰当的时机，尽管由于健康状况的退化，使得疗养院变得格外有吸引力。躺卧疗法、饮食疗法、治疗温泉，以及医生的指导，卡夫卡突然觉得所有这些都像是来自于一个被虚拟行为所填充的幻象世界，这不能带来放松，只是无意义地循环往复，“这里几乎是一个新颖的、为身体效劳的机构”，②只有那些**真正**生病的人才能问心无愧地待在这里，也就是说，在他人看来是患有疾病的。卡夫卡对此不感兴趣，现在，他不想关心这些。他甚至是胜任野外作战勤务的，那么他来一家疗养院做什么？他的计划是到军队去，这是他无论如何不会放弃的，那里的人们无法识别，也不能接受不可见的疾病。“……我再也不会去疗养院了”③，短短的几天后，他意识到这一点，在那里他恢复了活力。

---

①这些数据来自主要由卡夫卡编撰的，1915年出版的职工工伤保险机构从1914年1月1日到12月31日在地处布拉格的波西米亚王国的工作报告。《公务文件》，第306—437页。

②1916年5月31日写给菲利斯·鲍尔的明信片。《1914年—1917年书信集》，第166页。

③1915年7月26日写给菲利克斯·威尔特士的明信片。《1914年—1917年书信集》，第138页。

第一次“冲锋”发生在1915年的圣诞夜。卡夫卡已经准备好了，在这天之前，他不仅已经设计好了对各种异议的应对，而且他也向自己发誓，要开诚布公，无论如何都不再让人将工作推卸到他身上了。他带着坦诚的姿态去见他的上司——企业部门的负责人奥根·普福尔（Eugen Pfohl）。

卡夫卡以他一贯的精确度，用不同寻常的非常确定的语气提到，他的精神状态使得他只能在4种可能性中做出选择：要么一切都保持原样，即失眠、头疼、心悸，不知在什么时候最终患上“斑疹伤寒、神经错乱，或者其他什么疾病”（这里的**其他什么疾病**应该是更为强烈的威胁）；要么再一次休假，这个选项并不是真正的解决方案（胡姆堡已经证明了这一点），在战争的环境下，这简直是与公务员的责任感相违逆的特权；要么，第三个选项，就是立即**辞职**（普福尔在此时也应该意识到此事的严重性了），出于家庭的原因，很可惜不能做出这个选择；最后，第四个选择，就是可能产生了使他获得解脱效用的兵役，实现这个可能性的前提是，职工工伤保险机构允许他们的高级员工卡夫卡离开公司，也就是说，刻不容缓地撤回他们向军队指挥官递交的“申诉书”。①

这简直太荒唐了。在之后的几天里，卡夫卡还一直为第一次大大方方地从唇齿之间吐出“辞职”这个词，因此“相当隆重地震撼着这家机构内部的气流”而感到骄傲，毫不夸张地说，尽管一位公务员极有可能不堪工作重负而疯掉，或者死去，但是，他因此自愿放弃养老金的可能性却是相当小的。卡夫卡打破了这个禁忌，当然这是无济于事的。他想扰动气流，可他的上司却岿然不动。因为普福尔从很久以前就已经完全熟悉他的这位副手的神经兮兮的抱怨和摇摆不定，他知道，卡夫卡会受道德压力的影响。即便是他自己答复卡夫卡说，自己也病得很严重，必须立即对造血机能进行极其昂贵的治疗，对此他也只有一周的时间。难道我们不能一起疗养吗？如果卡夫卡离开更长的时间，甚至是永远离开，那么这个部门就会“荒废”了、“崩塌”了……也就是说，他将与自己的上司一起住进疗养院。从此之后不再谈论任何有关服兵役的问题。卡夫卡谢绝了这个一起疗养的计划。

第二次进攻比第一次经过了更为周到的全盘考虑，也做了更好的准备——几个月之后，卡夫卡找到了位置更高的领导。在1916年，这家机构透露说，“被要求暂不服兵役的员工们”仍然不会准休假，只有在例外的情况下，可以休一两天。这条噩耗般的消息，当然是众多消息中他所盼望已久的那一条，因为这样他就有理由写信给总经理了。在信中他同样详细描述了由于过度劳累而遭到损伤的神经，可能的选择——只是这次明智地缩略到了**两个**，这使得更长远的逃避变得困难。

① 1915年12月25日的日记。《日记》，第775页。“因为我的父母和工厂的原因，我现在不能辞职，”卡夫卡写道。他可能想到，卡夫卡家的石棉厂的破产已经迫在眉睫了，他是这家工厂的法人代表，作为债务人他要对此承担偿还责任。如果他在1915年辞职，就意味着他放弃了固定收入，这样的话，就会将偿还责任推给了他的父母。

卡夫卡所给出的两个选项是：要么，如果这场战争在当年秋天结束，那么他请求一个长假，是不带薪的——因为他的疾病不是器官性的，因而是无法得到官方医生证明的；要么，如果战争继续下去，那么他希望去服兵役，因而再次请求取消所提交的申诉书。

3天后，在1916年5月11日，总经理马施纳邀请他的这位员工面谈。这么多年来，他们之间虽然没有发展出友谊，但却是一种彼此相互信任的关系，这是因为两个人都对文学感兴趣，也是由于卡夫卡在工作中所表现出的责任心。因此，也可以毫无戒备地讨论个人问题，无论是在信中，还是在谈话中所不言自明的条件——这些条件先是正式地向**当局**提出过，而后向关系密切的人开诚布公地说过——都是完全不可能实现的。

卡夫卡坚信不疑地展开亲密谈话，同样也被马施纳利用；尽管卡夫卡也完全明白，今天的谈话对他来说简直就是性命攸关的——他在日记中做了详细的记录，他仍然认为自己出乎意料地处于一种实在是很滑稽的情境当中。马施纳也是做了最好的准备而来的——在此之前，他已经与普福尔做了约定，打算采用一套行之有效的策略不去理会卡夫卡的荒唐计划，取而代之的是，唤起他的道义感。他给卡夫卡批了3个星期的休假，并且劝他，**立即**休息，显而易见这个"报价"是违反规定的，卡夫卡也**深知**这一点。马施纳准备为了卡夫卡的康复而亲自承担风险。紧接着，马施纳继续指出，他自己也因为身处完全力所不能及的位置而疾病缠身。卡夫卡曾经每天工作11个小时吗？他是否会为自己的职位或职业生涯感到担心？相反，他马施纳必须得到"敌人"的承认，这些敌手已经打定主意宣告他正走在"人生的下坡路"上。**这**令人抑郁不已。

卡夫卡动摇了。这令他想起他的父亲，他与普福尔，眼前的马施纳一模一样，在面对有理有据的诉苦时，首先是引起抱怨者的恻隐之心，然后用自己的悲惨故事扼杀任何抗议，这些难道不会让他感到不愉快吗？为什么对自己所写的信只字不提呢？难道可能是因为马施纳——他清楚并且欣赏自己的这位下属的文学成就——认为多年没有表达出来的痛苦是微不足道的吗？

卡夫卡紧紧抓住自己仅剩的最后的坚决。不，3个星期的休假对他而言并不够，这根本不是他所期望的。他想要成为军人。无论如何都要逃离办公室，哪怕没有工资，离开半年，或者一整年……哪怕听到这里总经理笑了起来——好的，亲爱的同事先生，让我们下次再谈吧。[①]

① 卡夫卡与马施纳决定性的谈话几乎一字不漏地记录在当天的日记中。《日记》，第785—786页，和写给菲利斯·鲍尔的信件《1914年—1917年书信集》，第159页及后面数页当中了。两份记录都基本上一致地反映了当时的情况。但是，卡夫卡的日记记录中出现了一处明显的错误（而且后来他自己也注意到了）。他将"请求……撤回申诉"一开始写成了"请求……申诉"，这样意思就完全**相反**了。

我第一次看到你的出现，
你是我一直道听途说、遥不可及、令人难以置信的战争之神。
接踵和平的果实而来的是
四处散播的灾难性的行为，
它突然拔地而起。
昨天，它尚且弱小，需要养分，
现在，它已经长成一人高了，
明天，它将超越人们。
那么，这位感情炽烈的神，
将从草根民众那里扯断这种生长，
并且开始收获。

这是在第一次世界大战刚刚爆发的时候写下的充满嘲讽、争议、责备、痛骂的诗歌，当时只影响了大众中的极少数人，他们大多来自拥有良好教育背景的阶层，能够在办公室里通过日报、杂志和图书等途径获得更多消息，感受到了令人窒息的恐怖，从而诉诸文字。**每天**都有上千首诗歌流传。此外，还有有关阴险狡诈的敌人的书信、亲身经历的报道、不胫而走的流言，以及愤怒的情绪。然后是一片爆破云，高耸入天，覆盖住了整个国家，实实在在地令人窒息了。

那部《五首歌曲》(*Fünf Gesänge*)的作者完全不用担心，他的诗歌会被无处不在的杂音湮没。人们期待着这样的诗歌。如果不是赖内・马利亚・里尔克的话，还有谁有能力为整个非同凡响的时刻赋予恰如其分、庄严崇高、一锤定音的表达形式？而岛屿出版社所出版的第一本《战争年鉴》，则的确是为巡视这个大事件而值得一读之书。

在这本年鉴还没有出版的时候，这位作者就已经开始后悔了。"尽管我愿意，但是无论如何我也是拿不出'战争歌曲'的"，他相当清楚地告诉柏林出版商阿历克斯・容克。但是，他不得不承认，"有几首歌曲"已经写出来了，"不应该将它们看作是战争歌曲，我也不会在其他地方再次用到它们"。这是1914年10月，炽热的战争之神刚刚成长了不到3个月的时候。①

里尔克短暂的激昂情绪，在短短的几天之后就开始逐步彻底地冷静，这在他写的信件中有着详细的记录。当人们完全沉浸里尔克的经历和他的类似于范式的

---

① 赖内・马利亚・里尔克在1914年10月19日写给阿历克斯・容克(Axel Juncker)的信。收录于：赖内・马利亚・里尔克的《关于政治的信件》(*Briefe zur Politik*)，由约阿希姆・W.斯陶克(Joachim W. Storck)编著，法兰克福1992年，第97—98页。容克向里尔克的征稿与两本他计划出版的《新战争歌曲集》(*Sammlungen Neue Kriegslieder*)有关，在1914年—1915年的集子中没有里尔克的作品。同样，里尔克也拒绝向岛屿出版社(Insel-Verlag)的第二本《战争年鉴》(*Kriegs-Almanach*)供稿。此外，他拒绝为《短号》(*Cornet*)作曲，他担心这会被滥用在宣传上。参见他在1915年6月15日写给Kurt Stieler的信。同上书，第112—113页。

反应里的时候，肯定会产生震惊，甚至能越过历史时空的栅栏感受到那日常生活中的气氛和节奏。特别是对空洞的神话的表现，令人们一下子就将这种看上去荒唐的有关庄严崇高的修辞，直接理解为哑口无言的表现：这令人震惊的新事物，需要新的文学形式和形象化的展示，而里尔克无法胜任此项重任。

但是，他很快就领悟到，这场战争所带来的真正的、现代性的灾难并不是嘈杂的战斗，也不像弗洛伊德所抱怨的那样，这厄运是将人类动物性的杀戮乐趣合法化了，体现在原本不存在、失去理智、自杀式的，经过冷酷的算计和被算计的集体行为上："破坏性只是战争表象，其实质是战争被交易化、非人性化的世界牟利和滥用了。"里尔克更具体地指出了战争的罪人："这场战争通过鲁莽草率的报纸上的谎言而变成了活生生的、实实在在的事实，人们会有这样的印象，报纸都在不遗余力地鼓吹，一旦发生了战争，就不再会停止下来了，因为可耻的报纸总是永无止境地要抢占先机。"换言之，这场战争完全不是里尔克愿意用他的《五首歌曲》去陪伴的一个暂时的、来去匆匆的事件。在他的歌曲里有这样的唱词："赐福于我，我感动不已……"现在他知道，一切都是"人类的把戏"。[①]

里尔克的记录应该是最重要的见证，因为他不仅仅经受了逐渐清醒过来的过程，而且对此进行了反思。他什么都没有忘记，也描述了其他人为此付出的忍耐被压制、公然欺骗等巨大的代价。例如，斯蒂芬·茨威格从战争伊始就致力于战争宣传，但心里却依然停留在"做一个世界公民的状态"，这是他在十多年后仍然竭力主张的[②]；胡戈·冯·霍夫曼斯塔尔，他佩戴着"一把**磨得很锋利的**军刀"，为他带来了"莫大的快乐"，但是他却把所有时间用来采取摆脱去前线服役的行动上，他对服兵役的那种"极其折磨人的感觉"充满抱怨，后来在一位富有影响力的朋友干涉下，"好在终于摆脱了它"。[③]

里尔克几乎从一开始就意识到，他没有参与到战争中去，进一步而言，这无论是对他，还是其他人而言，没有什么再至关重要了。当1915年11月，他突然宣传自己适合服兵役，几周后，他开始在维也纳的战时后备军保卫团开始训练的时候，已

---

①赖内·马利亚·里尔克在1915年7月12日写给海伦娜·冯·瑙斯提兹（Helene von Nostitz）的信，《关于政治的信件》，第125—126页；1915年8月18日写给埃瑞卡·伊维特·霍普特曼-冯·希尔（Erica Yvette Hauptmann-von Scheel）的信，同上书，第134—135页。

②斯蒂芬·茨威格：《昨日世界》（*Die Welt von Gestern*），法兰克福，1970年，第261—262页。有关茨威格的沙文主义和他对待好友罗曼·罗兰的投机的、政治上不诚实的态度，请参见汉斯-阿尔伯特·瓦尔特（Hans-Albert Walter）的《德国流亡文学：1933年—1950年》（*Deutsche Exilliteratur 1933–1950*），第1.1卷，斯图加特/魏玛，2003年，第520页及其后面几页；有关茨威格在战争最初几个月的恐慌情绪，参见莱纳·史塔赫的《卡夫卡：关键年代》，第528—529页。

③胡戈·冯·霍夫曼斯塔尔（Hugo von Hofmannsthal）、理查德·比尔-霍夫曼（Richard Beer-Hofmann）：《书信往来》（*Briefwechsel*），鲁道夫·希尔施（Rudolf Hirsch）与奥格纳·韦伯（Eugene Weber）编，法兰克福，1972年，第134页。霍夫曼斯塔尔：《与威德尔城的奥托尼·格拉芬·得根菲尔德和朱莉·弗莱弗豪恩的通信》（*Briefwechsel mit Ottonie Gräfin Degenfeld und Julie Freifrau von Wedelstadt*），玛利亚·特里斯·米勒-戴根菲尔德（Marie Therese Miller-Degenfeld）编，第二版，法兰克福，1986年，第314页。

经不再需要掩饰他的惊慌了。当然，他很幸运，因为当时奥匈帝国陆军的指挥官们有一定的识别人才能力，因而到了1916年1月，里尔克被提拔到负责战争档案的岗位，负责处理编写卡片和整理证书。

卡夫卡对于去战场上服役选择的执着，这在他一生中的所有决定中是最令人费解、完全无法从心理动机的角度加以解释的了。在我们看来，较容易接受的解释是，这是在对自己命运漠不关心的情况下，暂时所采取的一个绝望行动，卡夫卡绝对不是第一个住在兵营里、脑子里空空如也的人。当然，不是这样。他所推进的行动是经过深思熟虑、有强烈目标指向性的，甚至是坚决果断的，而且他在过去的几年里一直在推进，他势在必得。即便是马施纳的劝慰性的谈话——他提醒这位失去了理智的下属战争中的伤亡问题，拒绝就卡夫卡的愿望加以讨论，也一口回绝了撤回所提交的申诉书，即便是马施纳本人——毫无疑问对于卡夫卡来说是权威的，也不能说服卡夫卡放弃打算。

> 我要记下来以下事项：我想去参加，实现两年以来一直被抑制的愿望；出于各种各样的原因我一直没有得到自己所希望的悠长的假期，一旦我得到它，我的首选是去休长假。但是，这些无论是出于工作单位一方的考虑，还是出于军方的考虑都是不现实的。[①]

这是在那次决定性面谈后的几个小时之内写下的记录。卡夫卡指出，如同一贯的印象一样，自己的谈话几乎没有产生什么影响。这是因为对方的力量过于强大了，因而这使得他在战胜自身的顾虑和自信地表达意愿方面都显得无能为力。他将得到长假，甚至是好几次休假，尽管这是出于他自己尚未意识到的，但是相反，他是永远不可能穿上军装的了。不过，卡夫卡在1916年8月还是被分配到了“奥匈帝国陆军第28步兵团”（属于臭名昭著的布拉格步兵团管理，曾在上一年由于出现大量的逃兵而临时解散了），然后，又在同一天，被退出军队，显然这是因为职工工伤保险机构提出了新的申请。马施纳是参与这个事件的管理者，他表现出绝不让步的态度，这种游戏在接下来的两年里再次上演：在1917年10月23日申请直到1918年1月1日的卡夫卡的兵役，1918年1月2日取消直到6月30日的兵役，之后，平民卡夫卡（兵役体检表上是这么写的）永久地放弃了对于此事的参与。

卡夫卡并不将这看作一种幸运，也从没有觉得这是被赐予了自由。他应该意识到了，他与代表着特权阶层的奥匈帝国文学家是根本不同的，后者无论是否主张爱国主义，都让人觉得他们在战争档案、战争新闻机构、战争福利事务所或者其他无害的写作组织中无处不在，他很快开始对此进行嘲讽。毫无疑问，人们很

---

①1916年5月11日的日记。《日记》，第786页。

难想象会参与到集体性的“美化英雄”的潮流中去，根据提高新闻价值的目的，把战争行为修饰得散发着荣光；大量的作家和记者“将目标瞄向”得到免服兵役的庇护，将他们的皇帝当作战争的广告文案撰稿人，这中间有一位出于道德上的反感而请求重新被送回部队的人。①不过，卡夫卡根本不需要任何人将他从战火中拉出来，把他送往某一个远离前线的写字台前。如果被“调防”到伊松佐河前线(Isonzofront)的营房一带，几个月里根本逃脱不了“称重”和“运输”工作的话，充其量他也只是与来自政界或军界上层的大人物们礼节性地握过手而已。卡夫卡能够迎来他的34岁生日，很大程度上是需要感谢普福尔和马施纳的。他难道意识不到这一点吗?

尽管在他的日记和信函里一开始几乎没有写到战争的实质，但是至迟在1915年，卡夫卡已经开始**详细地**认识战争的现实了，与里尔克完全一样，他也是在看到狂热的群体时开始逐步清醒的，老城区举行的第二次爱国主义群众游行的队伍就从他的窗下经过，他一眼看穿这是一场有组织的骚动。②之后，他收到了第一手消息，这是他的两位妹夫情绪激动的描述，可能还有一些是来自保险机构的同事的；还有来自胡戈·贝尔格曼(Hugo Bergmann)、奥托·勃罗德和其他布拉格犹太复国主义者的报道，他们大多数都是自愿进行报告的；来自加利西亚的犹太难民的恐怖的经历，他们从1914年秋天就让卡夫卡渐渐清醒过来；作家医生恩斯特·魏斯在后方军队医院的经历；还有克什和魏费尔的日记，他们在一个半公开的圈子里也做过相关的演讲。他对意大利战场——尤其是山地战——的期待最终也被其残酷打碎了，最后，他也从穆奇尔(Musil)那里了解了情况，后者于1916年4月在布拉格的一家疗养所接受治疗，卡夫卡至少拜访过他一次。

就连在布拉格的爱看热闹的人群——他们蜂拥到清扫得整洁干净的“有瞭望口的战壕”中——也不太相信这里会展现战争真相，卡夫卡应该也不会相信。他意识到，奥匈帝国的军队不仅是在战斗，而且也是在扩散着折磨老百姓的瘟疫——他们因为“对间谍的惧怕”，仅仅出于怀疑就将一些人吊死在灯柱和大树上。他知道了有人挨饿、受冻、失眠，还有人满为患的战地医院，了解到阵地妓院和毒气弹，以及他偶然听说的，有很多人亲眼看到过这些残暴行为，他们出现在各个咖啡馆里，就连潜伏在邻桌的秘密警察也拿他们没办法［哈塞克(Hašek)特别喜欢戏弄那些秘密警察］。**什么都没有**听说过、**什么都不**知道是完全不可能的，从1915年

① 事实上，这群人中并没有人公开表达了这样的愿望。这个唯一一个为人所知的反抗事件的主角还是里尔克，他拒绝“美化英雄”。相反，霍夫曼斯塔尔从未在这件事情上退缩；格罗代克(Grodek)将特拉克尔(Trakl)因大屠杀的残酷的自杀刻画为英雄之死，则更是有悖于道德的。参见埃伯哈德·绍尔曼(Eberhard Sauermann)，《文学家的战争关怀：第一次世界大战中奥匈帝国的作家和记者》(*Literarische Kriegsfürsorge. Österreichische Dichter und Publizisten im Ersten Weltkrieg*)，维也纳/科隆/魏玛，2000年，第60—61页。

② 有关卡夫卡在战争伊始的反应，参见莱纳·史塔赫的《卡夫卡：关键年代》，第530—535页。

开始甚至出现了打破新闻审查的禁锢。[①]卡夫卡去了匈牙利的后方进行短暂的旅行——这是第一次，也是唯一的一次，在那里他经历了完全由军队统治的境况，这完全是一次毫无悬念的旅行：因为在沙托奥依奥–乌依海伊和喀尔巴阡山脉阵地之间展现的一切，与他几周之前在《白页》上充满怀疑地读到的内容完全一样。[②]这不是他亲历的一切。因为这位留在职工工伤保险机构的公务员也会因为**工作**接触到战争，这条路径尽管不能深入洞穴，但也足够接近，从而对战争有详细的了解。

化工业：没有胳膊或脚的人可以当杂役、看门人或者工头。

屋顶工：取消腿部缺陷或者腿部残疾者的资格。

印染工：失去一条胳膊或者小臂者将无法雇用。（装高跷形式的义脚者将无法雇用。）

理发师、修面师和制假发师：如果失去小拇指或者一只眼睛——但另一只完好无缺的人可以继续雇用。

面部被毁容，也包括戴眼镜的人都会导致无法胜任这个领域的职业，因为当顾客看到受伤或者毁容的理发师会离开。

非熟练工人：失去一只脚、一只眼睛、佩戴颚部矫正器的人应该可以雇用。

包装材料裁剪工：一只眼睛足矣。如果没有左腿必须装有义肢。

机械工：必须有两条胳膊。精密机械工可以是独臂。

照相业：修版工或复制工可以是少了左臂或者一根手指，或者一只眼睛的人。

木工：如果缺失一只胳膊则无法雇用，即便是只缺一只手。如果少一只眼睛或者下颚则不受妨碍。

制造假牙技工：必须两只手健全，而装有假腿者无妨。[③]

直到1914年秋天之前，军事行动看上去主要是一场有关生与死的赌博：人们无论如何都会因为随处存在的危险而被杀死，或者自杀，参与这场赌博的人还被

---

① 有关新闻审查掩护退却的战斗的一个著名例子，就是1915年6月3日在《布拉格日报》上刊登了一篇题为《毒气弹的作用》（*Die Wirkung der Gasbomben*）的文章，这一天卡夫卡也参加了征兵体检。这篇文章报道了德国军队在佛兰德（于4月22日）对法国军队第一次使用了氯气弹，尽管文章真实地描述了由此造成的身体上的中毒症状，却完全否认这种新武器会导致大规模的死亡。文章只谈到三例死亡，"其中有两个是因为肺结核病"。德国的这次富有成效的进攻究竟造成了多少牺牲者，直到今天也不清楚。

② 参照《白页》第二发行年度第三期（1915年3月）上所发表的一篇亲历文章，第269—284页。有关卡夫卡在1915年4月前往沙托奥依奥–乌依海伊（Sátoralja–Ujhely）的旅行，参见莱纳・史塔赫《卡夫卡：关键年代》的最后一章。

③ 节选自《残疾人的雇用可能性》（*Verwendungsmöglichkeiten für Invalide*）列表，载《工作证明：失业者、职业介绍所、移民和国内垦殖者的杂志》（*Der Arbeitsnachweis. Zeitschrift für Arbeitslosigkeit, Arbeitsvermittlung, Auswanderung und innere Kolonisation*），第九期，维也纳，1915年，第272—279页。

承诺给予荣誉和名望。就是失败者、“阵亡战士”也会被赋予象征性的胜利：他们的死是“英雄之死”，无论他们最后的行动是否是毫无意义或者是自杀性的，都是如此——和以德意志民族神话的风格加以刻画的“来自兰格马克的英雄”（“Helden von Langemarck”）一样，而事实上这些人都只是一些无知的高中生；无论他们是否被谣传已经被榴弹炸死。他们是英雄，只是因为他们参加了共同的事业，也就是说在他们的人生中做了正确的事情，并且敢于投入最昂贵的赌注。这些故事出现在所有的学校课本中，写给绝望的妻子和母亲们的官方唁函中也将这此作为特别的安慰，这些故事的确能够发挥群体安慰剂的作用，成为令人感动的记忆。而且那些英雄气概也进一步夺走了人们的自我保护意识，如同**后来**在恩斯特·荣格的《在钢铁的暴风雨中》（*In Stahlgewittern*）中大篇幅地描写的那样。

有关世界大战的教训，不仅是通过各种大相径庭的方式“落入”人们的手中，人们还要能够存活下来，而且与之相伴的错综复杂的麻烦夺走了英雄主义这个概念日渐式微的灵韵。所谓的教训包括，把自己的性命投入战争的人，可能会腹部中弹、失去一条臂膀、下肢截瘫或者遭到毁容，这样的遭遇随处可见，令人清醒。两个群体——参加战斗的人自己和他们的亲属——都一致性地尽可能不去提及这些危险；此外，一些幼稚单纯的人深信不疑，诸如此类的危险只有**别人**才会遇到，这都是在欧洲的防御性战壕里广为流传的病态现象。另外，战争的操纵者和理论家们一直缄口不提的，相比在战争中受重伤的情况，“阵亡者”更受到欢迎，要为前者付出大量的生活费，除此之外，他们也作为活生生的警告不断地展现在公众的面前。

象征性地将死亡“运输”到人们的视线之外，主要是这也“融洽地”将受伤的风险从人们的视线中排除出去了，因而这在很大程度上使社会对于战争产生了**如此**大规模的后果感到非常诧异。人们认为自己已经装备得相当充分了：有了救护队、战地医院和部队疗养所；也有马耳他式骑兵救护团和特别受到国际法保护的红十字组织；此外，对于不属于医疗护理范畴内的那些人——尽管非常不普及——也有“伤残战士救济所”提供照料。但是没有一个机构是用来对一种大规模出现的现象加以管理，没有负责管理**社会性**后果的部门，人们最终只能充满反感、在各种事件的粗暴的压力下，勉强地认识到战争所产生的社会性影响。

1915年2月，奥匈帝国内政部宣布，职工工伤保险机构的分支机构被额外委托了一项特别的任务，即负责“对从战场上归来的战士的福利救济”。这个行政机构突然冒出的念头，产生于这样的危机局面，当下没有时间重新建立新的社会福利网络，人们只能利用已有的机构，恰好这家机构也是完全建立在社会政治的精密逻辑基础之上的。由于工伤保险机构主要是负责现代技术的受害者的，具体而言，就是为那些在**运用技术履行自己的职责**中受伤的人提供救济的，因此，那些在前线遭受了严重意外的人——即穿着军装的“残疾人”也完全符合条件。受重伤的人、被截肢的人、失明者，以及通过医疗措施不再适合作战，不可避免地“返回家乡”的战士和军官，都属于职工工伤保险机构的负责对象。

这些任务工作量非常大，带来了大量的管理技术方面的费用。主要是需要成立“国立地区中心”，这个机构协调社会救济，并且这个机构又分为多个委员会，他们在对伤残者分门别类进行登记、提供康复治疗、帮助学习新技能和介绍工作——所有这些在奥匈帝国都不可避免的是在行动迟缓、叠床架屋的办事程序和僵化的社会阶层体系中展开的。因此，如果没有“领导听证证明”“残疾人个人履历表”和“战场受伤登记册”，是根本没有办法将流程继续下去的；而在提供帮助者那一边，哪些是地区中心可以负责处理的，哪些是需要专业人士（政客、大学附属医院医生、红十字的代表和军队指挥官）提供咨询的，哪些事实上已经办完了所有的手续的，都有着严格的区分。

布拉格的这个“议程”几乎完全占据了职工工伤保险机构，这家机构的所有员工都在处理此事务，内政部长非常欢迎这项主要应该归功于总经理马施纳的、绝非随随便便想出来的议程。马施纳支持这样的观点，正如工伤事故一样，国家的救助“并不是出自穷人救济机构之手的恩赐”；而是“所有在现代军事竞争中受伤的居民有权提出的合法要求”。[①]人们可能不太愿意听从内政部的意见，在布拉格，“合法要求”和“军事竞争”之类的概念有时也会触动敏感的政治神经。事实上，战争伤残人士的要求在之后的一年里，都尚未有明确的法律规定，就连维也纳批准的书面救助方案，也通常会花上几个月才能传达到布拉格（在此之前连加利西亚的难民可能都已经听说了），因此，马施纳完全没有其他的选择，只能至少是在波西米亚地区通过非官方的赞助基金，在特别急迫的情况下为人们提供**即时**的帮助。

马施纳有关社会救助的立场格外引人注意，这不仅为他所在的机构，也为他个人带来了超过可以忍受范围的工作重负。马施纳是地区中心各个委员会中唯一的需要毫无例外地参加所有会议的成员；他需要决定对哪些员工可以有完成额外任务的过高期望；他要联系形形色色的人，以得到捐助；他通过演讲，甚至是通过一份特别的杂志［《战争伤残人士救济》（*Kriegsbeschädigtenfürsorge*）］宣传、支持新的规定；因为他是一个所谓的“分配委员会”的主席，他每周也都必须要作出上百个对他人至关重要的决定。所有这些当然还需要定期向维也纳汇报。

显而易见，马施纳在这样的情况下，放手让一个工作能力强的专业人士去服兵役甚至是去休一个“漫长、不带薪的假期”，对他而言没有一点点益处；同样不难理解的是，在与卡夫卡的谈话中，他通过让后者认清自己的工作负担，试图将他所操劳的事情具体化，尽管这从修辞学的角度来看可能显得有些幼稚。“他如果不

---

①罗伯特·马施纳：《对于返回家乡的战士提供的女性救济：公共福利演讲集》（*Die Fürsorge der Frauen für die heimkehrenden Krieger, Sammlung gemeinn ü tziger Vortrage*），布拉格德国公共救济知识传播协会（Deutsche Vereine zur Verbreitung gemeinn ü tziger Kenntnisse in Prag）编，布拉格，1916年，第4页。

是如此友好和关切该多好！”卡夫卡在他与马施纳的谈话记录中写道。[①]这中间隐藏着许多他没有意识到的真相。总的来说，由于马施纳抽出时间，并且耐心地去理解卡夫卡的神经方面的病痛及他的逃跑幻想，这已经足以令人惊讶不已了，卡夫卡完全没有弄清楚他的最高上司的工作负荷。

毋庸置疑，事态的发展使得马施纳保护他的这位绝望的职员不受更多工作重负侵扰的期望破灭了。因为对于战争伤残人员的社会救济，使得战争本身也逼近了这家机构一直是安逸平静的走廊里了，而且是以令人大跌眼镜和完全让人目瞪口呆的方式。早上，卡夫卡一如既往地走入办公大楼，在楼梯间他就遇到了十多个残疾人，其中有些人毫无疑问面露惊恐的表情。显然，用匆匆腾出来的等候室疏散蜂拥而来的人群（每天会有80名“残疾人”）是不可能的，不可避免地在那些半公开的、“当事人来来往往”的公用空间看到大量截肢的伤员。也许在其他的地方也会看到诸如此类的情景，正因为如此，社会救济的一项重要的任务恰恰就是，将这些伤残人士“从街上带走”，因为他们在那里会影响民众的情绪——特别是当他们佩戴着战争勋章，袖管里空荡荡的时候。卡夫卡承认这是战争必然带来的结果，但是他仍然和其他人一样更愿意对此视而不见。[②]在自己办公室的门口和组织永远是旧事重提、相当滑稽的集会时，却提供了另外一个集中性的、正式的通过身体让人们想到痛苦经历的场合，这使得处理有关日常工伤事故的文件，现在看来简直像是公务员的田园生活了。

这样的巨大变化为卡夫卡的工作带来了多大的影响，他对周围环境留下了多么详细的印象，这些都只能不健全地加以重构。在大多数情况下，他只是在随手的记录中简略地提到这个话题，而且我们也没有一份用捷克语编撰的这家保险机构的工作报告[③]，因而我们既无法设想在战争期间充斥在办公大楼“纳泼瑞维7号”（Na Porivi 7）里的这种令人沮丧、从某种程度上说也是相当混乱的状况，我们也不知道，为什么这家机构废除了深受人们欢迎的“单一班次”——多年来这一直让卡夫卡感到安慰，从1916年开始，要求员工每天需要上**第二次**班，即每天下午从16点到18点。如果人们无法完成额外的工作，如同工作报告中所展示的那样，可以将它们转交给较低层级的职员去做，尽管那里除了打字员几乎没有什么人了，从而就可以摆脱那些工作。

企业部也得到了属于它的那部分工作：普福尔和卡夫卡接手了康复治疗委员会的日常工作，这意味着，需要尽可能迅速地进行清点：谁具有假肢方面的经验、

---

①1916年5月11日日记。《日记》，第786页。

②1918年5月写给奥特拉·卡夫卡的信。《1918年—1920年书信集》（*Briefe* 1918 - 1920），第44页。

③《呈送波西米亚王国负责返乡战士社会救济的国立地区中心办公厅领导小组》（*An die Leitung der Kanzlei der Staatlichen Landeszentrale f ü r das Königreich Böhmen zur F ü rsorge f ü r heimkehrende Krieger*），载《1917/1918年度布拉格职工工伤保险机构工作报告》（*Tatigkeitsbericht der Prager Arbeiter-Unfall-Versicherungs-Anstalt für die Jahre 1917/1918*）。《公务文件》，第752—759页。

波西米亚地区有哪些慢性病专科医院有能力接收战争伤残人士，哪家医院和疗养所具备相应的扩大、重新改造，甚至是由职工工伤保险机构自己接手管理的条件？这需要进行大量的信件沟通（大部分是由卡夫卡完成的）、专业出版物的介绍、医务工作者的咨询，也同样需要出差和视察——这些无疑也在卡夫卡的信件和日记中**几乎**找不到踪迹，尽管如此，所有这些恰好暗示了，直到战争结束为止，新的工作任务每天额外占用了他好几个小时，并且当涉及残疾人养老金问题时，他的私人生活空间也立即被当作问询之所了。

尤其是，我们也不知道，如果卡夫卡的上司没有突发奇想地任命他为**特别经纪人**、委托他来处理棘手的任务——这需要他在一定程度上放松防守，会是什么状况。

> 在战争爆发后不久，我们这个城市的街道上就呈现出一幅特别的、引起恐慌和同情的景象。其中包括一位从前线回来的战士。他只能凭借双拐向前移动或者被人搀扶着。他的身体不断地晃动着，好像是无休止地打着寒战，像是当他站在平静的街道上忽然想起了在前线的经历。我们也看到别的士兵，他们只能跳着前进；穷困、面色苍白、形容枯槁的人们向前跳着，仿佛一只残酷无情的手从颈部操控着他们，使得他们被这折磨人的行动来回撕扯着。
>
> 人们怜悯地，但或多或少心不在焉地看着他们，而随着这样的景象不断增多，几乎成为市井生活的一部分，人们则更加忽略他们。恰恰没有人能够在此时给出必要的教导，并且说出下面的话……

这是出自部门副主任卡夫卡笔尖的话语，其中有一句是刊登在一份当地报纸上的号召捐赠信的导语。[①]这些的确都是启发性的文字，通过一幅熟悉的画面和归属于其中的感觉逐字逐句地抓住了读者。对此，卡夫卡进行了练习。但是，这的确是一个新题材，通过这种题材他踏入了一个集群性情感的雷区，在这里的确需要一些有关这个问题的严肃性的教导。

人们早已知晓，受伤和其他梦魇般的经历会导致严重的、有些是相当奇怪的“歇斯底里”的反应，其表现与其诱因看上去似乎完全没有关联：哭泣、痉挛、呕吐、表情淡漠、四肢麻木、疼痛幻觉、尿床、惊恐不已——这些症状在1866年和1870年至1871年间的战争中也曾经出现在个体身上。由于火车运输的便利，可以将受到严重工伤意外伤害的人迅速送去救治，尽管身体上算是“治愈者”（在这里

---

①《战争救助的伟大计划需要付诸实现。在说德语的波西米亚地区应该建立精神问题康复中心》，载《胡姆堡日报》（*Rumburger Zeitung*），1916年10月8日。《公务文件》，第494—498页。这篇文章署名是“高级巡视官奥根·普福尔”，但是肯定是卡夫卡写的。与之相关的评论请参见《公务文件》，第894页及其后面几页。

截肢是一个一而再，再而三出现的决定），但他们在心理上却发生了改变或者受到干扰，这使得他们无法继续成为劳动力。到目前为止，科学研究界尚没有对这种情况做出有说服力的解释；这些受害者有时会被贴上“精神低能者”的标签，有时他们也会被怀疑是装病，特别是自从心理层面的受伤也有权申请意外事故保险金以来。从这场世界大战开始，随着“战争神经官能症”的雪崩式的扩散，有关医疗领域在一段时间里至少公开地、按部就班地找出装病的人和“领取社会救济的神经病患者”的现象就发生了全面的变化，有大量的人在心理上和精神运动方面出现了严重的障碍，这些问题是因为机械化的战争所带来的令人惊恐的经历和折磨着神经的密集火力所引发的：面部痉挛、口吃、沉默不语、耳聋和失明，特别是还有卡夫卡所透彻描写的伴有强烈的颤抖和无法控制的离心运动的“歇斯底里的摇摆震颤”——这种病症甚至在许多年之后都不能缓解。很快，患有这种病症的人被称为“战争颤抖者”，实际上他们在1915年就已经属于“市井生活的一个组成部分”了，比起那些公开展露着带血的绷带和袖子里空荡荡的人，对这些群体的习惯和远离要更为困难。战争颤抖者的痛苦似乎是在赤裸裸地展现着、强迫着公众紧盯着那显而易见的伤痛；而国家对此主要是通过拒绝授予紫心伤员勋章而做出了报复。

应该怎么对待这些人？只要他们被送进军队的精神病医院，他们就经常是在克制这种“梦魇式的神经官能症”，而不是在接受治疗，同时，在那里，人们也无法躲开强电流的电击、假手术、窒息疗法和长达一周的完全隔离所带来的恐惧。有关这些偶尔也会导致死亡的折磨只是含糊地，并且是在做了委婉的改写后才告知公众；而且甚至连所谓的拒绝通过交流电进行极其疼痛的“感应电流治疗”（即臭名昭著的“商人疗法”）的专业人士也深信不疑，这基本上是在进行合法的治疗尝试。

当然，有几位医生积极呼吁应该对新的治疗方法进行测试并加以完善，例如布拉格的维纳博士，他就职于设在鲁道菲奴姆（Rudolfinum）的后备役军人医院。当局想通过一些措施阻止梦游般的“返乡战士”回家的旅途，这样的闹剧就发生在离卡夫卡的办公室只有几分钟路程的地方，要把这一切掩藏起来不让布拉格的行人们看到（至少是注意，疼痛的喊叫不要从墙那边穿透出来），可这些却无法瞒住负责康复治疗的保险机构的公务员。不过，卡夫卡本人一直没有耗费什么精力去跟踪精神病科学**实际**的发展情况，他一直和与之相反的世界进行着明确而具体的联系，在那里到处是鲜血、发着冷光的医疗器械、身体上的痛苦和发出不太引人注意的嗡嗡声的设备，古老的和体现最新技术进步的仪器。他知道，这个世界曾经是他想象中的宇宙，但是，自1914年秋天以来，他已将这个世界想象为一个具有异国风格的罪犯流放地了。而现在，只过了两三年的时间，根据当时的概念，他的观点大有改变，现实的世界已经成了行刑室。他从热带丛林里走了出来，回到了布拉格的老城区。[①]

在城堡区宽敞的卫戍部队医院——这是布拉格最重要的主管机构里，人们——谢天谢地——进一步清除这类可治疗的狂怒。一些神经科的医生被要求去完成完全不能胜任的工作——全权处理迅速增加的难题，也就是要以便捷的形式将问题脱手。其中尤其麻烦的是，要将身体受伤的人和战争神经官能症患者安排在同一座建筑里进行治疗，因为人们害怕"传染"。最终，神经问题患者被分配到了地处贝尔韦迪尔（Belvedere）的一所木质简易建筑中，这所房子由士兵看守，是委托"国立地区中心"建造和维护的。这样就诞生了当时有800名病人的"布拉格—贝尔韦迪尔临时精神病院"，在那里，病人们通过电按摩、流汗浴、水晶灯照射、热疗法、水浴疗法进行治疗，这些都是当时的**疗养院**的治疗措施，也是职工工伤保险机构的许多绅士们出于自己的经验而相当信任的。

上述的治疗方法并不是整个波西米亚王国所要求的，而且由于内政部所发放的补贴微薄，所以这些方法也并不现实。亚历山大·马古里斯（Alexander Margulies）是这家"临时精神病院"的院长，他建议收购一家大型疗养院，然后加以改建。但是这只有在获得捐赠的情况下才可行。而在这个饱受通货膨胀折磨的时代，有谁会将自己辛辛苦苦节省下来的钱交给一家无名机构，尽管在那里也有像工伤保险机构里的同样友善的人们？这就像让人们捐出一家银行一样。普福尔和卡夫卡很快认识到，他们的"康复治疗委员会"必须赢得不一样的、不那么官方的形象，才能让大家知道，具有捐赠的价值。少一些措施，多一些博爱。这必须是一家社会福利协会，或者最好是两家协会，分别为两个民众群体服务，这会让事情变得简单，也能唤起"人民"的团结一致。因此，成立了"负责波西米亚地区人民精神疾病疗养院的波西米亚协会"——该协会为捷克病人服务，而"负责德意志波西米亚地区战士和人民精神疾病疗养院的德意志协会"，则面向德裔返乡士兵，每一位受过教育的布拉格人都能够娴熟地读懂这其中的细微的语言差异。

卡夫卡一如既往地再一次接手了宣传事务，的确，他在德意志协会的"筹备委员会"的工作堪称无微不至，在那里，他在国会代表、陆军上尉、内廷枢密官和大实业家之间，再次发现他要及时阻止的事情。马施纳也属于这个精选出来的圈子，并且在他作出新一轮强劲的附有尽可能多且知名的签名的捐献呼吁决定之后，由

---

① 布拉格报纸《波西米亚》以《神奇的疗效：哑巴会说话、聋子听得见、瘫子能走路》（*Wunderbare Heilungen. Der Stumme spricht, der Taube hört, der Lahme geht*）为题报道了维纳博士（Dr. Wiener）的所谓成果（1917年10月9日，晨间版）。不同形式的治疗折磨也被大规模地使用着，例如维也纳的第二卫戍部队医院（Garnisonsspital Nr.II）是由日后的诺贝尔奖获得者、坚持国家社会主义的"种族卫生学家"朱丽叶斯·瓦格纳-尧雷格（Julius Wagner-Jauregg）负责的——这可能是卡夫卡在1917年之前尚未意识到的。与之相关的可靠的报道直到战争结束后才出现在日报上，从此之后，替代了之前的病人广告。《K.R. 艾斯纳、弗洛伊德和瓦格纳-尧雷格对军队中的玩忽职守所进行的调查》（*Einzelheiten bei K.R. Eissler, Freud und Wagner-Jauregg vor der Kommission zur Erhebung militärischer Pflichtverletzungen*），维亚纳，1979年。在德意志帝国的一些州，例如巴伐利亚州，在战争期间就已经禁止使用"商人疗法"了。

谁来起草这份文件并没有让他伤太长时间的脑筋：是的，在我们的机构里就有这样一位公务员，他在语言方面非常擅长，他不只是一位优秀的记录员，而且也写作，甚至还得过一次奖……

人民同志们！

这场包含着所有的人类苦难的世界大战也是一场精神战争，比之前任何一场战争都更像是一场攻心战。在这场精神战争中，人们遭受了太多的痛苦。正如在上个10年的和平岁月中，强大的机器运转比以往任何时候都以更加无与伦比的方式损害在其中劳作的人们的神经一样，今天的战争行为中得到极大发展的机械也为战士们的神经带来了最严重的危害和痛苦。这伤害是以就连报告者本人也无法完全想象的方式进行的。在捷克，1916年6月，以慎重的统计数据为基础，已经可以计算出仅是在德意志波西米亚人中，就有超过4 000名患有精神疾病的战争伤残者。那么，我们还会遇到什么？还有多少精神病人仍躺在捷克之外的疗养院里？有多少精神疾病患者将被从战俘营中放出来？不可预见的痛苦正在这里等待着救赎……[①]

这并不是完全的独创：威廉二世在战争爆发的两年前就已经宣布，在将要到来的灾难中必须要赢得民众，要让他们的神经处于最佳状态。现在似乎是以极其巨大的规模验证了，之前没有任何一场战争会如此这般地“挑动着”平民老百姓的“神经”，而且这次战争持续的时间越长，就越需要有“强健神经”的仙丹——吹嘘它的无边威力的广告，让人们觉得决定性的战役仿佛发生在药房之中。卡夫卡在广告中并没有提供这样的乐观主义，相反，他的修辞是非常精密的：他用人们惯常使用的话，就像所有人应该认识到的那样，这也是具有威胁性的，“战争颤抖者”，在一定程度上，是精神力量被过度利用和耗尽后，产生的合乎逻辑的结果。

要想从这样的广告中发现作者是卡夫卡，那是困难的，也会让人有不愉快的感觉。在一份令所有效忠皇帝的知名人士都满意的声明里，空话、套话是不可能避免的；这份大约有130位市长、医生、律师、大地主、银行家和州法院法官最终签了字的呼吁书（卡夫卡本人却没有在上面签字），也不可能在完全放弃爱国主义装饰语句的情况下，被毫无怨言地接受。而卡夫卡也完全做好了准备，并且在被报社批准发表的呼吁中，他提到了“我们的无往不胜的军队”“热爱祖国的时代”以及“许多表现爱国主义情感的鲜明有力的证据”；他也不会担心做这样的声明，即国家早就在履行对于战争伤残者的责任了。这可能是他这一生中写下来的最随意的

---

①《公务文件》，第498—501页。卡夫卡在1916年10月底撰写了这篇文章。

谎言了。他所写的官方呼吁书，那些关于个体的无法容忍的苦痛、他们的尊严——卡夫卡与社会政治家马施纳的观点一样——也同处于无助的状态中，因而也**需要**帮助，“不，这不是要乞求同情，而是呼吁履行职责”。[①]卡夫卡对于发出这样的道德要求的声音并不害羞。在这里，目标使手段神圣化了；而他对于德意志“人民同志”的呼吁，甚至是一次非常罕见的对官方文风的尝试。他将这篇文章也寄给了菲利斯·鲍尔。[②]

在这篇文章中，完全没有谈论对这场可能在下个月就会结束的战争的责任追究——如果这样为什么还要捐款？这从宣传的角度来看是明智的。由于精神疾病患者主要来自无产阶级和小资产阶级的平民，他们负担不起医院的治疗，因而他们会完全拒绝进行心理分析治疗；过去一直没有一个机构负责救治这样的病人[这样的精神疾病可能会导致死亡，这是卡夫卡曾经在花匠德沃斯基（Dvorsky）身上看到的]。而一切将不一样。“返乡的战士”终究会得到照料，等到重新回到人们身边的时候，就可以开设新的面向大众的治疗机构，德意志波西米亚人也会有典范性的“人民精神疾病疗养院”。

这些都是具有说服力的愿景，随着捐赠源源不断地到来，在短短的几个月之后收购一家疗养院就成了板上钉钉的事情。是**哪一家**疗养院呢？对于这个问题，这位来自职工工伤保险机构、一直坚持写作的公务员无疑是可以提供建议的。但是，人们不再寻求从他那里得到建议。因为在很早的时候——甚至是在这个协会未建立起来**之前**——已经就选址达成共识，那里可以收治波西米亚所有神经衰弱患者。此外，那位在协会的“筹备委员会”中发挥作用、服务于军队的战争伤残人士救济方面的高级别的陆军上尉，不是别人，正是胡姆堡的弗朗克施泰因疗养院院长的艾格先生，卡夫卡在一年前，曾经在那里度过了寥寥几日的休假，这绝对不是巧合。艾格是否在谈判时认出了他之前的病人，我们无从知晓，不过马施纳却做了讽刺性的暗示。[③]

再一次，同往常一样，工作职责与日常生活产生了冲突。卡夫卡在很久以前就已经受够了疗养院的围着篱笆的幻象世界；这里要求他专注，而不是有计划地放松，还需要证明，真正的健康问题在这里是解决不了的——的确，胡姆堡疗养院证

① 所有引文都选自一篇题目为《帮助战争伤残者！对民众的紧急呼吁》（*Helfet den Kriegsinvaliden! Ein dringender Aufruf an Bevölkerung*）的长文，在这篇文章里，详细地阐述了“国立地区中心”的任务和最初的成果。《公务文件》，第506—513页；这篇（未署作者名的）文章在1916年12月16日同时发表在《布拉格日报》和《波西米亚报》上。可能还有一篇同样由卡夫卡于1917年5月10日所撰写的更进一步、更为紧迫、更为清醒的呼吁，发表在《波西米亚报》上。《公务文件》，第513—514页。

② 1916年10月30日写给菲利斯·鲍尔的信的附件。《1914年—1917年书信集》，第615页及其后面几页。

③ 卡尔·迪特里希（Karl Dittrich），是胡姆堡疗养院和位于附近的舒恩林德（Schönlinde）[在喀拉斯纳·利帕（Krasna Lipa）]纺织厂的所有者，他恰好也是协会的创办委员会的成员，并且也签署了卡夫卡写给“人民同志”的呼吁书。卡夫卡的呼唤人们关注“战争颤抖者”的文章，也在协会成立前一周发表在了《胡姆堡日报》（*Rumburger Zeitung*）上，这个事实也说明，人们在很早之前就已经选定了那里的疗养院了。

明了这一点。这些曾被搁置到了一边，已经是过去式了。而现在，疗养院的幻象又通过另外一扇完全不同的门，以厚厚的宗卷、需要耗费大量时间处理的信函的形式走了回来，并融入久经考验的循环程序之中：卡夫卡口授、普福尔签字，然后马施纳去商谈，使高层认可6位数的金额。

如此演奏的三部曲再次获得成功。在1917年5月——协会刚刚成立了7个月的时候，在胡姆堡就已经进行了一个小型、半公开的庆祝活动，祝贺收购疗养院、告别在此之前担任院长的艾格、对（有些紧张的）员工进行谆谆教诲，现在这家疗养院会变成一个完全不同的医院，在军方的监管下运营。马施纳博士是庆祝活动的中心人物，他的人道主义的投入再次获得了成效，高级巡查官普福尔随行。第三个人则待在了布拉格，以保证企业部的正常运转，当然，没有人需要说服他这么做。

最终，人们捐赠高达60万克朗的承诺得到了严格的遵守。①在战争结束后的短短几个月中，即1919年2月，胡姆堡的德意志波西米亚人民精神病疗养院，通过大大降低治疗费用，从而为社会中的贫困人群提供服务。因此，目标已经实现了，这段历史也可以结束了。20年之后，这家医院再次改名——而这是最初的创办者马施纳、普福尔和卡夫卡无法预见到的，“南德意志行政区胡姆堡—弗朗克施泰因疗养院”成立了。这也是三位倡导者不会同意的，当然，他们也不可能再经历这些了。

“德国向俄罗斯宣战。下午，游泳学校。”世界性大灾难旁边是一句极其无关紧要的话，在外向的事务旁边是内向的事情，这中间没有涉及任何思想——难道这不就是这位作家天生的与世隔绝特性的反映吗，一种无法比拟的质朴和忘我的态度？

可以想见，这位作家感受到了他所在的那个时代的脉搏，有此语言和图像让他能够对外界有所耳闻，但是，这一切也不能让他清晰具体地与这个世界交换意见。这是可以想象到的，但同时也是罕见的状况。更常见的情况是，被误解为“与世隔绝的”人，实际上却栖居于两个世界当中：在外部、社会的宇宙里，他与群体人一起构建、忍受这个世界；而在内部的精神空间里，充斥着感觉、梦想、幻想、联想和创意，在那里，他**独自**一人。这个“内心世界”如同外部的生活一样，在不断地提供大量感觉的时候，这个人也无法继续“心驻于此”了。那么，他去哪里呢？进入了**另一个**薄层。

不过，这个与世隔绝的人从来没有得到足够的特权，能够随心所欲地打开或者关闭在内部与外部之间的难以捉摸的闸门。向内的吸引力总是可以感受到的；但是现实主义原理则要求他保持清醒，人们的期待也以间接的方式制约着他。如果有人

① 在1918年5月12日“德意志协会”第二次全体成员大会上宣布，包括国家补助在内的协会资产在此期间已经达到150万克朗，协会拥有超过1 600名成员。并没有确切的数据表明，卡夫卡在这个不断发展的成果中占有多大的份额。

在大街上、在商店里，甚至是在办公室，突然谈起自己的白日梦，那么一定会引起大家惊诧的反应，尽管那些白日梦是强烈和清晰的。他一直是疏离的，他知道还有一个第二世界的存在，并且**承认**它；这对他而言是不幸的，他在那个内在世界里，大多数时候因为同样的原因，恰恰也一直是疏离的——既不在这里，也不在那里。

可能正是因为如此，卡夫卡终其一生有足够的理由惧怕亲密关系。不过，这不会对社会要求的个体所取得的成就产生什么影响。与世隔绝者能够成为手艺人、律师、教师或者政治家，同样也可以成为一家工伤保险公司的部门副主任；而且，他似乎只有一条腿踏入了所有这些职能领域，并且能够持续地完成平衡自我这项额外的工作，这可能是他一生中一直努力保守的秘密。可能发生了大量的内心活动，却没有留下任何踪迹。

许多人认为，比起同时代的绝大多数作家，卡夫卡对战争的残酷性有着更为准确的认识；他肯定不需要"有瞭望窗的防御性战壕"来获得接近真相的概念，自从管理战争伤残者成为他的职业的一部分之后，那显然是不够的。他不仅看到肢体残缺的人和"颤抖者"，而且他与之交谈、沟通，使行政机关介入他们的命运当中去。卡夫卡一定拜访过布拉格的两家"残疾人学校"，可以同样肯定的是，他了解到了如何与装有假肢的人打交道——从他的办公室到这两所学校只需要坐几站有轨电车，"治疗委员会"也就不需要拖拉磨蹭的通信往来；由此，他进入了战争的沉默区域，有关这个领域，包括他所有的朋友和亲戚在内的老百姓，很大程度上都几乎只是从谣言中听说过。

卡夫卡的全面的见证人身份变得越是清晰，单纯的图景越是远离这位与世隔绝的作家——战争完全没有触及他、从他的眼中消失，精神丛林就变得越发黑暗，在那里，认知和体验浓缩成了决断。卡夫卡知道，这个决心就是成为战士，而且几乎从未怀疑，这就是他的愿望。"它可能是半个谎言"，在他与马施纳之间的最后一次、徒劳无功的谈话之后，他写道："当我请求立即休长假，并且如果受到拒绝，就要求辞职的时候。如果我辞职了，它就是真话了。因而，我认为在这两种情况下，都不是完全的谎言。"辞职离开是长久以来的梦想了，从他第一次遇见菲利斯·鲍尔、从他第一次彻夜未眠地写作——那时他完成了《审判》——开始，他几乎天天都做着这个梦。在他做梦期间，外面世界的舞台背景发生了改变。诚然，他早就知道自己应该离开；因而在1912年，他就应该辞职去柏林，进入极其可能的内心的独立、进入到一种性爱关系中，接近婚姻和家庭的大门，并且接近以更小的代价逃脱战争的可能性。[①]相反，1916年的辞职离开则不可避免地通往坟墓，也可能通往战

---

①在德意志帝国定居的奥匈帝国臣民只要值得信赖地从事"符合德意志的公共利益"的文化工作，就可以由德国军事当局免除兵役。相应的申请必须由第三方提出来，也就是由一家德国出版社或者一家报社编辑部。人们并不清楚卡夫卡是否知道这些中欧列强达成的这个协议。"我在1912年应该离开"，他在1915年12月21日给菲利斯·鲍尔的信中这样写道，但没有进一步的评论。《1914年—1917年书信集》，第148页。

地医院，通往战俘营、残疾，通往毁灭。

他知道这些，但是却对此缄口不提，即便是在私人的日记中，这显然也是在检查员的眼皮之下的。与之相关的表现似乎是，卡夫卡偏偏在这个关键时刻，对于有计划的前瞻失去了兴趣，所谓“公务员式的”贪婪消失了，从此开始精打细算地计划生活，并且承受对于不可想象的事情的恐惧。他清楚这些。他也非常清楚，对于一个在平安无事的地方，只看到马的流血膝盖，就会皱起眉头的人来说，在战场上将要面对的是什么。[①]当然，还存在着第二个天平，被收集起来放在那上面的铅锤，经年累月地勉强地保持着这个天平的平衡。如同1912年一样，他不想到达任何地方，他只想**从这里离开**，几乎以任何代价。

卡夫卡无法摆脱人们看他的态度：滑稽，甚至是稀奇古怪的。一位中级公务员，要求他的上司——可以完全根据自己的心意——要么送他去休假，要么送他去战场，对此，即便是马施纳——他完全清楚，眼下的赌注是什么，也无法忍住笑意。马施纳可能不知道，坚决的卡夫卡从很久以来，就将参军收入到他的逃跑幻想的武器库中了：早在1915年的春天，菲利斯·鲍尔就已经听说了这个所谓的“**要么打仗，要么休假**”的论调；短短的几个月之后，又出现了一个新的变体：“目前，似乎对他而言只存在两种治疗方法，这是在过去没有作用，却可以防止他进一步发展的治疗手段。一个是菲利斯，另一个是服兵役。”[②]菲利斯·鲍尔看到卡夫卡所列出的**治疗手段**，与那位总经理不同，她没有被逗笑，而且是这个拉开距离的“他”，使得事情变得更加一目了然，更为糟糕了。

“防止进一步发展”：这句话可以被看作为是神经质的威胁，卡夫卡也曾对马施纳提出过。当然，人们在这里不必想到自杀，的确，这从来就是不可能的，而且卡夫卡也没有精力描绘具体的结局。他与衰落作斗争，并且，他看到的是一个倾斜的平面，这个平面的倾斜度正逐渐增加，在那上面的**所有东西**都被拽向同一个方向——每周50个小时的办公室工作，被监禁的存在方式，头疼和缺乏睡眠遏制着写作的需求，造成了孤独感的持续增长。任何从根本上改变这种状况，遏制精神崩塌——使得卡夫卡一直生活在如同溺水者一般强烈的、痛苦的时代情绪之中——的机会，任何机会，都是受到欢迎的：休假、结婚、服役，这对于他来说，**几乎**都是一样的。因而，头脑简单的士兵、“军灰色”、只要听从命令就完全不需要为自己的行为去辩解，就连这些不负责任的状态，卡夫卡也要甜蜜地尝试。“在卡尔斯巴德的头疼绝不亚于在布拉格”，他在又一次出差后这样写道。“在野外应该会好一些。”[③]

---

①1915年10月5日日记。《日记》，第769页。

②1915年5月27日写给菲利斯·鲍尔的明信片；1915年8月9日写给菲利斯·鲍尔的信。《1914年—1917年书信集》，第141页。

③1916年4月14日写给菲利斯·鲍尔的明信片。《1914年—1917年书信集》，第156页。

难道以战争作为治疗手段？事实上，在战争的第一年里，就有这样的论调，为了争取身体上的存活而战斗，是针对神经衰弱症和怀疑病症的有效治疗方法：的确，这是针对自命不凡的担心的最简便的方法。前线战士们所享受的“在户外空气下的日常生活”，也对那些“很少出门、整天待在家里的人”有神奇的效果。[1]卡夫卡不可能被诸如此类缺乏亲身经验的精神病医生传播的**无稽之谈**所影响，他也知道，这种“户外的空气”在许多地方是致命性的（也就是里面混有二苯基、砷化氢和氯化物），从厮杀的喧哗声中，并不能指望带来强健神经的功效。这些却足以产生“战争颤抖者”。

卡夫卡绝不可能对部分作用于潜意识、部分作用于显意识的道德压力具有免疫力，这个压力是所有处于“有战斗能力的”年龄而留在家里的男性都面临的。这种压力可能被人们感受为充满胁迫的形式：这使得卡夫卡的远方赞助者卡尔·斯特恩海姆非常仔细地考虑过，是否在哪些场合公开出现。因为这可能在任何时候，都会让某位批评家突然抛出这样的问题：为什么这个年纪轻轻，看上去很有活力的男子待在剧院里，而不是战场上，这个问题很可能就会产生某种后果。而且在被告密气氛所毒害的布拉格，人们互相算计，以精明的方式逃脱了兵役的德国人、捷克人或者犹太人，会出其不意地“暴卒”，反对派们则只会喊出死者所属群体的名字，说一句“又有一个”，夹杂着必不可少的声讨，例如，如果是卡夫卡，他的反对派当然会喊道：一个犹太人。

自从意大利宣战，这种压力增强了。那些逐渐怀疑是否值得用一场世界大战来惩罚塞尔维亚人的人们，现在开始排除了对哈布斯堡王朝的君主说谎和背叛的怀疑。那场发生在高山地区的可怕战争，那场在伊松佐河进行的无意义的杀戮，是被别人强加的，是一场自卫战争；就连一贯的反战主义者也不得不承认这一点。因此，政治的和“人民的”理智判断就步入了后台，而道德登上了舞台。

> 所有的思考现在必须沉默下来。每一个人，只要不是“高智商的人”，必须准备参战。对于必不可少性和不可替代性的权衡现在已经过去了。每个人都是，也许都不是必不可少的和不可替代的。有人也许拥有艺术和科学方面的最高天赋，但是在他的人生中，他不可能有比遵守已经落上尘土的道德规则更高的贡献了。

卡夫卡是否接受了这则呼吁、这种思想，并且毫无保留地签了字，这是值得怀疑的。但是，“不可替代性”的桎梏——他的上司借此使他远离战场——则长

---

① 《在刺刀战中，人们可以感受到什么：来自前线的心理学》（*Was empfindet man beim Bajonettkampf? Psychologisches von der Front*），载《布拉格日报》，1915年5月8日，晨间版，第4版。

久以来一直是他的羞愧感的源头，这些话在卡夫卡免服兵役的豁免令批准下来的短短几天后发表在柏林的《舞台》杂志上，（他很可能亲眼看到了这些话）感受了道德上的创伤。[①] 而这种羞耻感的逻辑是什么呢？卡夫卡实际上远远比撰写忠于国家号召的作者更加了解战争的实质，那么，为什么还会有这样的摇摆不定、良心上的压力，**所有的一切**，仍然决心追寻旅鼠的队伍呢？难道他对战争没有“想法”？

当卡夫卡哪怕是经过思前想后做出一个决定之后，几乎就不会被一般人的想法、信念和观念所影响了，这可以算作是决定他一生的个性特征了；他从来没有在推论中做决定，只是从自己的意愿上就推导出结果。因而，他一眼看上去是稀奇古怪的，事实上，他一直遵循着一个“灵活的”行为模式，这是在亲密的私人圈子内运行的规矩，而且在那里也有道德的要求。

人们希望博得父母的好感，这样一幅图景完全不是幻想出来的，而是现实的，人们喜欢社交上和意识形态上的依赖性，这种依赖感错综复杂，却也清楚可见——哪怕是间接地涉及人们与父母关系的决定中，只有在非常罕见的情况下，才是根据自己的洞察力**独自**做出的。没有人对这种不符合逻辑的现象感到奇怪，恰恰相反，这是人性化的；但是，卡夫卡本人——他完全了解他的父亲——却几乎从未把这条逻辑当作武器，决定性地帮助他摆脱面对父亲时的弱势地位。这条逻辑很少被正确使用，因为只有当父子间能够相互和睦相处的时候，才有这种可能性。

但是，这还是太反常了，连卡夫卡最亲密的朋友也常常感到奇怪，这条亲密关系逻辑为什么在卡夫卡那里没有发挥作用。因为这已经延伸工作中、政治中，伸展到了整个世界，也不可避免地在不适合的和“与世隔绝的”领域中发挥着作用。和所有的人一样，卡夫卡肯定对战争是有看法的：他是一名中庸的爱国主义者；他害怕奥匈帝国在军事上的失败；在战争的第三年改变了他的思考，他认为没有意义的死亡是世界历史的偏离轨道、是社会的堕落。在这方面，卡夫卡完全是不引人注目的：他既不适合卡尔· 克劳斯在早期的政治洞见，也没有托马斯·曼或者维纳·桑巴特（Werner Sombart）的精英意识，后者尝试通过历史清算和意识形态构建从而使得绵延不断的杀戮合理化。

卡夫卡单纯的自我是他**不同**于其他人的另一面，这将他与处于同样社会地位的大多数男性同伴区分开来，其中包括马克斯·勃罗德、菲利克斯·威尔特士和其他的布拉格朋友，这也反映在他的独特的“无法解释的”社会生活中。无论是常规知识，还是世界大事的任何观点，都没有对他的行为产生可以识别的影响。

① 《舞台》（*Die Schaubühne*），1915年7月1日，第26页。这是引用1915年6月的《南德意志月报》（*Süddeutsche Monatshefte*）中的一篇文章。

对于他而言，如同桑巴特所要求的那样“紧跟旗帜走”，以保护哈布斯堡君主，并没有意义。同样，他对于最直接和最残酷的战争后果的认识却产生了很小的反作用。所有的政治新闻、压力之下的大事件都发酵为多声部的噪音，与在办公室里或者家中有关政治的喋喋不休的交谈一样，同样没有令卡夫卡表现出兴趣，也没有对他产生什么影响，很可能他不止一次地将之当作无关紧要的东西，冷漠地抛在一边。

这是非常不合时宜的。卡夫卡实际上非常**个人地**，并且严格按照字面意思对待战争。因而，他无法理解抽象的忠告（“我们还将面对更为困难的时候……当我们的皇帝召唤……”），他一直对用语言、手势和不由自主的表现非常敏感，因为这些告诉了他更高级别的真相，而且他对于其中的道德暗示是完全不设防的。辩论被从卡夫卡身上弹了回去，目光却能穿透他直达内心最深处：在两位妹夫讲述他们在加利西亚的作战经历的时候，父亲——他将他想象为给自己看病的军医——的目光；当在同事间传看战地明信片——在那上面，只能看到强有力的胸膛——的时候，办公室里的目光（卡夫卡也收到过这样的明信片，其中一张上写着“而明天会给我们带来什么？谁会问这个问题！”①）；当人们谈起胡戈·贝尔格曼的英雄事迹和战斗功绩的时候，年轻的犹太复国主义者的目光；把儿子送上战场的中年女性、母亲的目光。这些目光无论如何都无法解释，为什么总还有人能留在老城区散步；此外，卡夫卡因为工作的原因，完全无法回避坐在职工工伤保险机构门前台阶上的目光。

不，他**没有**发生变化。东欧犹太人的论点，即便是最善于言辞的人将这一事实对卡夫卡说出来，是否曾经真正地打动过他？对此，在日记中几乎找不到任何迹象。相反，他详细地描绘了他们自信的、训练有素的手势，并且将这些姿态与勃罗德不自信的登场进行比较：这就足够了。他是否曾经问过菲利斯·鲍尔的观点？他探寻她的眼睛、她的手。“婚姻所渴望的，”他解释道，“是人性的协调一致，也就是说，深深地处于所有想法中的协调一致，是无法检验，只能感觉的协调一致……”②“而且我对所有人都坚持这一点”，他应该这样补充道。对犹太人也是如此，在战争中也是如此。因而，环绕在他身边的人们的目光，以及不容拒绝的事实，即闲坐在办公室，使得他的人生变得漫无目标，都是误解、谬误，是不协调一致的，**而在所有想法中还有更深的东西**。

即便是他的亲戚，即便是菲利斯·鲍尔也几乎没有意识到，卡夫卡事实上是如何毫无妥协地遵循着这个亲密逻辑的。因为他并没有使这条逻辑被人识别出

---

①阿尔伯特·昂岑巴赫（Albert Anzenbacher）在1915年4月17日寄给卡夫卡的明信片。《1914年—1917年书信集》，第738页。昂岑巴赫是唯一一个与卡夫卡以“你”相称的同事，1916年，他在普热米斯尔（Przemysl）被一把俄罗斯刺刀刺穿而死亡。

②1913年6月8日到16日写给菲利斯·鲍尔的明信片。《1913年—1914年书信集》，第210页。

来，而且他急迫地在他人的眼神和姿态中寻找**对他而言是明确清楚的**迹象，他也非常清楚地意识到要防备那些**显然**针对他的各种暗示。他从父亲那里已经听到太多对战争和物质匮乏的抱怨，他已经能够自如应对了；但是现在这些无聊的哀叹，不断地膨胀为可以感知的社会压力，随处可见的指控——可以从每个人的嘴唇上清楚地读出来，卡夫卡并不想对此不作任何反抗：

> 别笑话我，菲利斯，我的痛苦不被人理解，其实，很多人现在都有着这样的痛苦，而且给他们带来痛苦的绝不只是隔壁房间的窃窃私语，而是，即便在最好的情况下，他们也要为自己的生存，或者也许要为他们所生存的群体中的人际关系而斗争，我也不例外，每个人都不例外。①

卡夫卡也要求他的权利。但是，他隐瞒了他对那些**以看得见的方式**在抗争的人的忌妒。他希望自己能够加入其中。在那里，非常幸运的是，还有逃离到自由中去的路径。

> 写给奥匈帝国陆军布拉格警察总局。
>
> 这份提案是有关表彰在战争伤残救济领域里做出突出贡献的人的，我们也请求将博士弗兰茨·卡夫卡先生列入此列，他担任波西米亚王国职工工伤保险机构副主任的职位。
>
> 弗兰茨·卡夫卡在处理保险技术部的日常工作之外，从1915年开始，还着手康复委员会的筹备和运行的日常工作。他负责涉及疗养所的建立和运转的通信往来。特别是，他致力于国立地区中心在弗朗克施泰因的战争——精神疾病疗养院的相关工作。

这是一份对卡夫卡的表彰申请书，是由“国立地区中心战争返乡人员救济部门”在1918年10月9日所提出来的。从什么时候开始奥匈帝国陆军警察局开始负责颁发奖章了？一直如此。首先需要确定的，是**否在某个地方**和**某个时候**，会有针对候选人的投诉，为了最终确定下来，所有奥匈帝国的政府特派员需要翻阅相应的卡片资料，然后通过电话告知结果。在经过短短的几个小时之后，数据比较就完成了，最终得到的是积极的结果，布拉格警察总局在10月20日就已经能够毫无保留地做出如下推荐：

> 无论在国民，还是在道德方面都没有任何针对法学博士、波西米亚王国

① 1915年2月11日到16日写给菲利斯·鲍尔的明信片。《1914年—1917年书信集》，第120页。

职工工伤保险机构的副主任弗兰茨不利的记录。[①]

也就是说，他没有受到任何人的"污蔑"。他得到了清白无罪的宣告，同时也受到了最高长官的赞赏。不过，这个褒奖最终却没有给予卡夫卡。因为，3周之后，那位最高长官悄无声息地离开了，因而尚未颁发的勋章自然也被遗忘了。

①布拉格的国立地区中心战争返乡人员救济部门，在1918年10月9日写给警察总局的信函；警察总局于1918年10月16日发给政府派驻的特派员的电报；1918年10月22日警察总局写给布拉格总督的信。《公务文件》，第864—865页。

第四章
玛利亚温泉城的奇迹

那是一次令人愉快的外出旅行，因此我们应该屏住呼吸，愉悦自己。
——路易·费迪南·塞利纳（Louis-Ferdinand Céline），《夜的尽头的旅行》（*Reise ans Ende der Nacht*）

“在最近这段时间发生了很多事情，头疼的情况少了一些。”日记上言简意赅地记录着。他说的是什么？是关于艰难的战况的，还是布拉格的那个新风景？或是离开这里的移民？或是影院里放映的电影？——“尽管总是带来头疼，但是与女孩相处是多么令人迷失啊！自从这个夏天以来，至少有6个女孩。”女孩？卡夫卡在什么地方有机会去结识6个女孩？我们没有这方面的信息，而且有关这方面的传记，保留的也只是模糊不清的记录，只能令人隐约地感觉到发生了什么。轮廓、影子、沉默的姿态：剩下的需要重构。①

这里发生了一些意外——被毁掉的手稿、四处散落的信件和照片、不被知晓或无法得到的遗产、见证人的早逝或者踪迹隐匿，此外还有收集人的贪婪，这使得一段已经逝去的、创作力旺盛的生活被烧焦的斑痕所遮盖了，也使得人生中的这个阶段被扯到永久的遗忘之中。传记作者或多或少地会将消失和遗忘的原因解释为是恬淡寡欲的预谋的体现，似乎这也足以解释其他事情。但是，这显然无法永久地消除人们的疑问，因为流传下来的文献，没有展现相应的决定是怎样做出的信息——这恰恰是人们最感兴趣的。

1915年夏天，黑暗也笼罩着卡夫卡的生活，这一点显然**不**属于那些偶然之列，因为这是不请自来，而且也令人痛苦的黑暗，整整一年来，卡夫卡都找不到逃离的出路。他处于被战争强加于他的等待的状态之中，他的只是偶然性的、充满了能量的逃脱尝试，一直都没有实质性的成效。显然，他猛烈推动的只是一扇扇错误的大门。

他决定，一旦战争结束，他就迁往柏林，在那里随便找一间阁楼来回顾历史，积攒新的力量。在菲利斯·鲍尔问到他的打算的时候，他立即向她全盘分享了这个计划，似乎都是自然而然的。但是，从中人们不足以知道，**曾经**做了什么，以及

① 1915年11月3日的日记、1916年6月2日的日记。《日记》，第769、787页。

哪些自我意识夺走了卡夫卡的决心，这份决心不断地在令人麻木的不确定性中被腐蚀——不确定性包括：什么时候才走到那一步？在**发展到那一步之前**，我做些什么？

对于他在1915年到1916年间做了什么、经历了什么，我们知之有限，之所以流传下来的信息越来越少，首先是由于卡夫卡不再有兴趣去记录这种静止状态了：极少而且闷闷不乐的信件、简短得几乎只写有关键词的日记。“它不再像以往那样有必要了，”他在新的日记本的第一页就已经知道了这一点，“我不必再令自己不安，我已经足够不安了，而我的目标是什么，什么时候能够实现……”[①]之后，我们从日记上看到了布拉格的防御性战壕、战争国债、半吊子文学奖、与原计划形式不同的书籍的意料之外的出版、针对上司的徒劳无功的进攻。日常生活中只出现了少数几次耀眼的闪光，卡夫卡实际上像影子一样从它们中间穿过：

> 完全没有用处。星期天。这一夜彻底失眠。从12点一刻上床，直到日出。散步。午饭。读报纸，翻过去的报纸。在修伯纳巷（Hybernergasse）、城市公园（Stadtpark）、文采尔广场（Wenzelplatz）、费尔迪南大街（Ferdinandstraße）散步，然后到了波道尔（Podol）附近。筋疲力尽走了两个小时。时而出现的强烈的头疼，有一次简直是灼烧般的疼痛。吃晚饭。现在在家。是谁在天上睁着眼睛从头看到尾？
>
> 打开日记本是为了一个特别的用途：使我能够睡着。但是，正好看到最后一次日记，我可以想象在过去的三四年间，可以有同样内容的1 000篇日记。我过得毫无意义，虽然很幸运的是可以去写作，但是并没有写。希望头疼不再会发作。[②]

头疼和失眠是最近的常态，卡夫卡几乎在每页日记中都提到，他努力地用对随便是什么的“兴趣”来抵抗这种筋疲力尽和经常出现的恍恍惚惚的状态，但是毫无效果。

就连阅读读物，他现在也完全是由每天的情绪和精神状态来决定了，他阅读有关拿破仑对俄罗斯战争的回忆录，并且甚至罗列出一页有关这场战争的军事“错误”，然后又继续翻阅《圣经》。没有迹象表明他阅读同时代的文学作品，甚至像福楼拜、陀思妥耶夫斯基和斯特林堡所创造的治愈性的震撼作品，这现在似乎也是卡夫卡所惧怕的。当魏费尔的剧本在剧院里首演的时候，他去过一次歌剧院，

---

①1915年9月13日的日记。《日记》，第751页。
②1915年12月21日和25日的日记。《日记》，第774页及其后面几页。这两篇日记之间间隔了其他日记。

显然他根本不再去电影院了。

没有什么是依据远方的事务做出决定的了，似乎也无法清清楚楚地**客观**地判断——卡夫卡的不断加强的孤独内向——在简洁的记录中却留下了引人注目的印记，是否使他的抑郁加深，或者说这只是抑郁所带来的最终的后果。卡夫卡已经在1915年5月表达过对于自己在社会生活和精神生活上的与世隔绝的理解，现在这种认识变得更加尖锐和真实，“没有人在这里，这是我所领会的全部”。卡夫卡也没有**给予**任何人机会。他只将很少人当作亲密的人，奥特拉首当其冲，她渐渐地获得了母亲一般的特征；马克斯·勃罗德也属于其中，卡夫卡再次与他亲近起来；可能还有菲利克斯·威尔特士。在这个最紧密的圈子之外，卡夫卡则是越来越罕见了，其中有一次，据说是在1915年年底与海因里希·曼（Heinrich Mann）会面[①]，这些活动也经常是有保护性的陪同者同行的。

需要卡夫卡有更大的付出的关系则趋向解体。显而易见的是，除了关于奥特拉之外，他不再对自己的家庭做出书面评论——即便是在旧有的冲突再度死灰复燃的时候，特别是在由于战争所导致的卡夫卡家族的石棉工厂不可避免地走向衰败，晚上家人在饭桌前会有纷争的那段时间里。即便是在对生存的范围踌躇未决的时候，卡夫卡也一直不去理睬那些指责和争论——毫无疑问，他如愿以偿地逃到了像防御战壕一样的地方，而这是令他的父母所措手不及的。那是一间对其他人而言的“密室”，勃罗德经常为此批评他。当然，卡夫卡从很久以来就一直以沉默应对指向他的友好的食指。

恩斯特·魏斯也一定知道这些，他作为医生在不同的部队医院工作，但是在那期间一直与卡夫卡保持着通信来往。魏斯不太能理解卡夫卡的神经性障碍和思虑，他也认为其与菲利斯·鲍尔的联系是误入歧途，他也觉得卡夫卡尽管被异化、被羞辱，却仍然不能停止对柏林抱有不切实际的梦想，这是完全失去理智的。卡夫卡与魏斯之间的友谊是从早期对于作家的向往中发展起来的，并且随着他们的关系的加强，到1915年年底，他们之间甚至开始用“你”相称了[②]——卡夫卡只在有着深厚根基的或者是“无法中断的”关系中才会用这样的人称，否则他会挑剔地保持距离。他们之间相见和交谈的机会非常少——在魏斯偶尔会去布拉格看望自己母亲的时候。正是这种远距离和这位朋友的前途未卜的命运，使得每一次见面都是一次盛大的事件：这对卡夫卡来说是一种理想的局面，他渴望人与人之间的亲近，但是与人的每一次额外、长久的密切接触，又会变成令人心生恐惧的要求。

---

①参见1915年12月28日写给埃根·艾文·克什的明信片，这是卡夫卡、马克斯和艾莎·勃罗德、弗兰茨·魏菲尔，以及海因里希·曼及其夫人咪咪（Mimi）共同写给克什的。《1914年—1917年书信集》，第149页。可能还有几次这类的聚会，因为海因里希·曼不会在布拉格待太久。1月11日，曼在皇宫酒店（Palace Hotel）朗读了他的散文《论左拉》（*Zola*）和短篇小说《无辜者》（*Die Unschuldige*），那一次卡夫卡也在场。

②卡夫卡与恩斯特·魏斯的通信下落不明。但是有关人称的变化有一份卡夫卡手写的题献保留下来了——“亲爱的恩斯特，1915年12月20日，弗兰茨”，并在附注上写有“恩斯特·魏斯”。

这样的平衡在1916年春天被打破了,而这在一定程度上并不是偶然:当魏斯将自己的居住地点安排在布拉格的那一刻——显然他希望能够在布拉格待的时间多一些,而且可能也会得到一个比军医更舒适的职位,平衡就被打破了。卡夫卡对此完全不可能感到纯粹的愉快。因为这与勃罗德不同,勃罗德很早以来就已经知道,要尊重卡夫卡对于安静的需要和时常会出现的消极怠慢的状态;而魏斯则认为,所谓名副其实的友谊,如果没有无条件的给予和索取是无法想象的。他想要的并不多,只是想从道义上强加卡夫卡,为他注入新的希望、帮他打开新的视野。当然,他根据自己的需求和可能性所期待的强烈的反馈,并没有从他的那位脸皮薄的互动对象那里出现,后者对所得到的关照的感觉是过于亲近的,甚至有时是令人心烦的。"他永远是一位广告促销员,也永远是一位令人失望的人,"汉斯·萨尔在他对他的老朋友魏斯的回忆录中这样写道,"他宠爱他的朋友,也像暴君一样压迫他们。"[①] 卡夫卡非常震惊地发现了这种个性特征,以及他们之间的差异,但他先是屈尊于这些限制,不过,很快他就清醒过来,似乎没有什么遗憾地向菲利斯汇报了发生在他们之间的解体:

> 我们不想在一起做些什么了,只要我不能感觉好些的话。这是一个非常理智的做法。
>
> 我们之间,最初是由我所引起的,然后是他,而最终由我推动分手,是一个非常正确,无疑是理由充分的决定,我并不能经常做出如此正确的、无可置疑的决定。[②]

到底发生了什么?卡夫卡一直没有明确地谈到过,尤其是信件审查也阻止了他详细描述争执的具体情形。不过,他暗示是魏斯挑起了"最初的争执",这不可避免地导致了两个人的分道扬镳,这个争端起因就是魏斯指责在阿斯肯纳夏霍夫酒店的那个事件中,卡夫卡是一个伪善、不负责任的巧妙回避问题的人。也就是说,真正导致精神脆弱的卡夫卡做出了一个"无可置疑的决定"的原因是:重提了柏林的那场审判。

有关于此,有一封更为清晰的控诉信给予了阐释,这是魏斯写给未婚妻拉瑞尔·桑扎拉(Rahel Sanzara)的:从那封信看来,卡夫卡突然拒绝向公众推荐魏斯的第二部小说《战斗》(*Der Kampf*),他是一个"讨厌的道貌岸然的人",也是一个伪君子。是因为他没有经常表达出最高的敬意,甚至都没有打算对那部作品做最后的加工修改吗?对于魏斯而言,乐于助人是友谊的标志,这种热心也体现在对作

---

①汉斯·萨尔(Hans Sahl):《对恩斯特·魏斯的回忆》(*Erinnerung an Ernst Weiß*),载《白页》,第2期,1973年8月,第4页。

②1916年4月19日和5月11日写给菲利斯·鲍尔的明信片。《1914年—1917年书信集》,第156、159页。

品做出一些支持性的评论。但是，卡夫卡却让他白白地等待，辜负了他的信任。随后拒绝了他。

可以想象的实际情况是，早在1914年夏天，在一起到波罗的海度假期间，出于对《战斗》的真诚的热情，而且他手边可能还有一本副本，同时也出于对魏斯给予《司炉》的赞美诗般的评论的感谢，卡夫卡曾经明确地向魏斯做出过承诺。甚至可以想象，如果《战斗》这本小说——与他对于这位文学批判分析家所解释的他无能为力的情况相反——**在那时**出版了的话，卡夫卡是会立即兑现他的诺言的。而S.费舍尔（S. Fischer）却拖延了很久，因为灾难爆发了，这使得德国出版商从战争开始就被迫受到生产上的限制，直到1916年4月《战斗》这本书才得以出版。而在卡夫卡那里已经是另一种情况了。他不再写作了：不再为自己写，并且也不再出于帮助目的为他人而写——后者**更是**不可能了。

魏斯深受伤害，觉得自己被拒绝了，甚至是被欺骗了，而卡夫卡所倾吐的有关所谓的更为内心的障碍、神经衰弱以及工作上的过高要求等问题，在魏斯看来都是软弱无力的借口，使逐渐被侵蚀的爱慕直接转变为了仇恨，“卡夫卡希望”，他写给女友说，“我离开他越远，就越不会对他那装模作样的幸灾乐祸感到不快了。”[①]尽管在后几年里，魏斯仍然与卡夫卡有和睦的会面，尽管他完全承认卡夫卡在文学上特别的地位，并且公开进行赞扬，但是他直到自己在巴黎最后的岁月，仍然对这个人有着深深的误解：他认为卡夫卡的行为举止“像一个捣蛋鬼”，他信誓旦旦地对卡夫卡的追求者索玛·摩根斯泰恩这样说道，并且在流亡外国时期的一篇作品中，他甚至勾勒了一幅社会孤独症患者的图画——卡夫卡有着“非常好的朋友们”，有一个“令人满意的家庭，一个令人着迷的、纯洁、善良的妻子，并且对他很顺从，此外，10年来一直用希望和幻象滋养着他，但是这一切都完全无法激励他。”[②]这位令人着迷且纯洁的菲利斯，也正是魏斯时常鄙视其过于天真的道德观的同一个人。在这里，他自说自话的夸张（10年！）令人瞩目。就这样，恩斯特·魏斯有了名望，他作为卡夫卡唯一承认的敌人而被记录在文学史中。

毫无疑问，卡夫卡所受的伤害几乎不小于魏斯所受的，而且恰恰在道德控诉者的合唱中再次发现了魏斯，对于卡夫卡来说也是极其沮丧的（尽管后来他将这

① 魏斯在1916年6月27日、1917年1月10日写给拉瑞尔·桑扎拉的信。《德国文学档案》（*Deutsches Literaturarchiv*），马尔巴赫（Marbach）。

② 索玛·摩根斯蒂恩（Soma Morgenstern）在1975年4月22日写给彼得·恩格尔（Peter Engel）的信，收录于他的《批判、报道、日记》（*Kritikern, Berichte, Tageb ü cher*），英高尔夫·舒尔特（Ingolf Schulte）编，吕纳堡（Luneburg），2001年，第564—565页。恩斯特·魏斯：《对弗兰茨·卡夫卡的日记和信件的评注》（*Bemerkungen zu den Tageb ü cher und Briefen Franz Kafka*），载《大众和价值》（*Mass und wert*），第一期（1937/1938），第319—325页；再次收录于：《弗兰茨·卡夫卡：评论和理解（1924年到1938年）》（*Franz Kafka.Kritik und Rezeption 1924–1938*），荣根·波恩编，法兰克福，1983年，第439—451页，这里的内容出自第443页。在魏斯的文章里还可以找到多次针对卡夫卡的其他批判性的评论。

次反目完全归结于自己的原因[①])。他对于过去的朋友的文学作品没有任何反应,他再也不会做出冷静的美学评论,这些都越来越令人注意。与之相反的是,他却建议菲利斯在阅读小说的时候,首先要“倾听人们的言外之意”,并且他一如既往地非常仔细地区分魏斯博士写作的自我和时而显得疲劳的实践中的形象。

《战斗》讲述的是一件不幸事件,展现了一个既没有生存能力,也没有决定能力的人生活的世界:一个男人在两个女人之间摇摆不定,最后选择了较为软弱的女人,而较为强大的女人——弗朗西斯卡(Franziska)——在经过几年的痛苦之后得到了解脱,并且成就了自己钢琴家的使命。菲利斯·鲍尔可能并不会对这本书太感兴趣,因为故事的情节并不是特别独特,而且进展也有些单调乏味。但是,主人公却是相当真实的,展示出她过于熟悉的个性特征。当然,并不是**因为如此**卡夫卡才向她推荐这本书的,“我认为我也出现在这本书里,但是并不比其他人更为突出,因为我在那里面并不独特”。这恰好是这位西部犹太作家首先想到的形象类型,他只要闭上眼睛,就会浮现出上千个这样的形象。“但是我想听听你对于弗朗西斯卡的看法。这也是这本书所热切渴望的。把握住了这些,就等于扼住作者的脖子。”[②]

作为读者的卡夫卡:他没有表示和其他人一致性的看法同样也没有表达自己的观感;在个人的性格特点方面,他觉得只是与主人公的性别相同而已,而那种落落大方则绝对是不同的:如果他被魏斯在小说中进行描写刻画的话,他一定会用一切的机会加以反抗的;这部手稿最终在1914年春天,在他的写字台上放了好几个月。他没对手稿做任何改动。但是,有关弗朗西斯卡却相反,她的原型是火热而冷静的果断者,她被从亲近的人那里剥离出去,以实现她无法表明的恰当性,却是她认定的正确目标,这些敲击着卡夫卡的心。这有关于认同的问题。是这个人一直在做的事情。而且**不惜一切代价**。

恩斯特·魏斯是否持有这样的想法,他是否也将那种美学式的、挣脱所有社会关系的渴望当作他这部小说的独特的中心?关于这些我们无从知晓。但是,他在一两年后决定,再一次重新梳理这部作品,对它进行加工,提交了新的版本,并且他借这个机会也选择了一个更贴切的标题——将《战斗》改为了《弗朗西斯卡》。[③]

“我们不想在一起做些什么了,只要我不能感觉好些的话。”这句话对于菲利斯·鲍尔来说再熟悉不过了,而且显然她多次——尽管是徒劳无功地——问过自

---

①在1920年6月10日写给米莲娜·波拉克(Milena Pollak)的信中他这样说。《1918年—1920年书信集》(*Briefe 1918 - 1920*),第169页。

②1916年5月28日写给菲利斯·鲍尔的信。《1914年—1917年书信集》,第164页。

③这部经过加工修改的小说在1919年由S.费舍尔出版社以这个(更广为人知的)标题再次出版。卡夫卡的影响是非常显著的,因为新的标题至少尽可能努力排除了军事方面的联想,这方面的联想已经让大多数读者受够了。

己，到底发生了什么。卡夫卡承诺说要做出解释，然后就保持沉默。

从很久以来他就一直沉默着了。时间过去了，他一直偷偷地、不切实际地幻想着有一条专用线，或者更好，是有一条通往柏林的隧道；而曾经的魅力和自嘲、喋喋不休的抱怨，很长时间以来，他都既没有兴趣，也没有能力应对了。枯燥的重复是有伤尊严的，因为重复就是停滞状态，是精神上的衰败，这样的难以忍受已经在日记上有所体现，其他人变得越发让人难以忍受了。因此，卡夫卡沉溺于逃避，避免所有有血有肉、感性的词句，取而代之的是，在越来越远的距离之外发声，对通常出现的状态的描述再三地表明了他的这种状态，因此，他阻止了别人对他的真正的体验有任何了解。

> ……存在着这样一种关系，在此关系中表达看法和沉默没有什么差别。我的痛苦应该是有4个层面：我无法在布拉格生活。我并不知道，是否可以在其他地方生活，但是，我无法在这里生活，我知道，这是最毋庸置疑的。因此，我现在不能拥有菲利斯。进而言之，我不得不钦佩陌生人家的孩子（这一点甚至已经令我心情沉重）。最后，我相信，我将被各个层面的痛苦碾压得粉身碎骨。眼下的痛苦并不是最糟糕的。最糟糕的是，时间流逝了，这些痛苦令我更加愁闷和无能为力，对于未来的展望，也一如既往地越来越混沌了。
>
> 这还不够吗？从我最近一次与菲利斯在一起直到现在，我究竟承受着什么样的痛苦，她是意识不到的。我整周整周地害怕，独自一人待在房间里。我整周整周地只有在发烧时才能睡着。我去了疗养院，并且发现这是愚蠢的做法。我在那里想得到什么？难道那里没有夜晚吗？更令我生气的是，那里的白天也和黑夜一样。我回到家，如同失去了意识一般度过了第一周，不再想我的或者我们的不幸，无论是在办公室，还是在其他交谈中，我都无法理解表层之外的内容，一切都被头疼和头脑紧张掩盖了。我被某种愚蠢紧紧地抓住了。我在卡尔斯巴德是否也是如此？[①]

对于某种不确定性，也是卡夫卡无法应对的：在这份痛苦记录中没有出现任何人。即便是菲利斯——对于她，卡夫卡也只是感觉到她存在社会关系之中，也是完全无法捉摸的，正如当卡夫卡谈到他的痛苦时，能够不具体地涉及任何家人、朋友和同事。对于完全展示出来的，他作为作家获得成功的闭口不谈，似乎说明这些成功与密不透风地围绕着他的不幸，没有一点点关系；他（某种程度上说）被授予了一个文学奖项——这在当时的确是稀有的，是一个意义重大的成就，而菲利斯

① 1915年8月9日写给菲利斯·鲍尔的信。《1914年—1917年书信集》，第139—140页。卡夫卡所谈论的他的第三重“甚至已经令我心情沉重”的痛苦，涉及散文《单身汉的不幸》（*Das Unglück des Junggesellen*）中的内容，这篇散文收录在散文集《观察》中。

一定是从报纸上得知这个消息的，卡夫卡只是顺便提到了《变形记》（作为杂志文章和书籍的）的出版，这一切都令菲利斯感到受到了伤害。现在，她再也不过问卡夫卡的写作情况了……

在卡夫卡谈论了他的痛苦的四重根源之后，一直到1915年12月，都没有向菲利斯寄出信件——整整4个月之久。之后，圣诞节假期临近了，这时菲利斯从柏林发出了一个不可避免、一直被痛苦地期待着答案——菲利斯建议见面，而且是马上，因为她感到"悲伤"。可卡夫卡拒绝了，"你不应该这样来见我"，"我只能再次，甚至让你更加失望。"尽管如此，菲利斯依旧考虑着前往布拉格，不过最后她放弃了这个打算，而是到巴伐利亚州的加密施（Garmisch）去滑了几天雪。她认为这是"非常值得的"。在1月的几乎是质疑的盘问之后，卡夫卡再一次出现了无法改变的状况：头疼、失眠、内心崩溃。"……我不知道什么会对你有所帮助，而且我也不知道，你在哪里能找到这里所没有的帮助……我身体中的那个有活力的人自然希望，不要大惊小怪；但是那个爱评头论足的人却不是这样希望。"到了3月初，情况变得更加恶化："只要我还是不自由的，就不让任何人来看我，也不想让你来看我。"最后，又过了一个月之后，通过电报发出了终曲："没有得到签证诚挚的祝福=弗兰茨。"①

遗忘那些不再能加以改变的东西并不是幸福；幸福是那些完全只能偶然在一家小型歌剧中得到的理解。诸如此类的理解，其重要性并不亚于一个被深藏的证据，或者更准确地说，是需要细细观察它们的。

与其说幸福是测量自己所去努力实现的要求是否得到兑现，不如说是做出一个停下来的更高级的决定，也就是不去自然而然地踏入一种相当可观的过度享受之中。

如果卡夫卡拥有（今天的）通常的人生长度，那么他毫无疑问会看到对于幸福著名的定义——海米托·冯·多德勒（Heimito von Doderer）在《斯多霍夫斯梯格街》（*Strudlhofstiege*）（1951年）的最后一页，让一位奥地利政府资深管理人员说出了这个定义。这段话一定会给他带来最深层次的愉悦——私密的话语和装模作样

---

①1915年12月5日和26日、1916年1月18日和3月初写给菲利斯·鲍尔的信。《1914年—1917年书信集》，第146—148、150页、154页。1916年4月6日的电报，《1914年—1917年书信集》，第155页，是对菲利斯·鲍尔关于在瓦尔登堡［波兰布雷斯劳（Breslau）行政区］勃罗德的妹妹索菲·弗里德曼（Sophie Friedmann）那里见面的建议的回复，见面地点离波西米亚边界只有几公里的距离。但是，在卡夫卡的警察文件中，在相关的那段时间内，并没有旅游签证申请。

的公事公办的谈话[1]之间滑稽的反差，正是在他自己的作品中，特别是在《审判》和《城堡》中被运用得出神入化的修辞手段。在这些章节里也可以找到有意识使用的不恰当的、干巴巴的、“死气沉沉的”谈话，这不可避免地对读者产生了下意识的影响，在读者还没有意识到之前，他已经从翻动书页的沙沙声中**听到**了那些产生误导的想法，这些想法被人们盘算、争论，最终对人生产生影响——这是一个**反证**，是一个**不**发挥作用的示范说明。

在多德勒那里也表现了形式对于实质的否定。他对幸福的定义显然是受到了叔本华的启发，将蛊惑人心的“成就社会”中，把直接得到的**娱乐**彻底排除在外，因而这个定义一眼看上去就给人启发。当然，这里保留了对过于平顺的解决方案的厌恶。那么，幸福的衡量标准是否是**可以计算出来**的呢？是否可以想象，简单的减法就足以实现两千多年来玄学所设定的幸福的目标呢？

当然这不是唯一问题，还有其他的陷阱在等着人们。从多德勒的定义中得出了这样一个有说服力的结论，即收回自己的要求、希望和期望，从而提高真正感受幸福的可能性。这纯粹是防御性的战略，每个人必须为自己划定边界。完全放弃对生活的要求，这根本不是最明智的办法，或者可以将对生活的要求完全变成负的——也就是，只期待疼痛和不幸。这样没有疼痛就已经是幸福了……他是**这样**想的吗？

玛利亚温泉城（Marienbad）的奇迹几乎显现了幸福之所在，卡夫卡在1916年夏天的的确确感受到幸福就像是“上天的裁决”一样突然降临到自己的头上，这是来自实际生活中的一个证据，证明了多德勒的思考完全不是空洞的思想游戏，而是通过一位忧郁的清净无为主义者说出的不可辩驳的道理。但是，生活的其他方面呢？是否可以想象，我们所看到的这些质朴的知足的窍门，只是反映了矛盾的心理动力学呢——放弃是为了拯救，将不幸预先用尽，是为了将其转化？人们如何将这个神奇的机制推广开来呢？

卡夫卡肯定在春天的时候就已经得到了启发，的确将没有疼痛、头脑清晰的日子当作幸福来享受了；因为那时，他不仅精神上，而且在身体上都从来没有这样糟糕过。他一直拒绝接受现代医疗学的治疗方案，而是打算——也许是在家人的催促下——让神经科医生给他做检查。诊断结果是“心脏神经官能症”，这并不够具体，而且也完全不能解释什么。[2] 当然，卡夫卡忍受着痛苦，人们可以看到这一

①那个奇怪的，但是在这里自然也很关键的概念“过度享受”，显然也不是多德勒的发明，而是从一部奥地利的规定中借用的。多德勒将这个现成的说法引用到了他的小说《亮灯的窗户》（*Die erleuchteten Fenster*）或是《政府资深官员朱里叶斯·西哈尔的成人之路》（*Die Menschwerdung des Amtsrates Julius Zihal*）当中：“一位公务员（公仆）必须清楚地认识到，如果他们的活动津贴是按季度发的，那么在一个季度里要求动用更高额的行动津贴的话，就必须要考虑到接下来的工资的偿付能力。相反，可能这位公务员（公仆）每个月都得到按月发放的津贴，那么就不会出现过度享受。”慕尼黑，1995年，第37页。

②参照1916年4月19日写给菲利斯·鲍尔的信。《1914年—1917年书信集》，第156页。这位神经科医生也恰好建议以“电疗法”作为治疗手段，卡夫卡写信拒绝了这个方案。两个星期前，即4月3日，奥特拉写信给她的未婚夫约瑟夫·戴维提到：“他的状况真的不妙，因而有时我必须对他有些耐心。”

点。他的上司简直等于是强加给了他额外的疗养假，这对于其他人来说是难以想象的，他们不得不相信，即便是严苛的精神病院医生也不会拒绝签署假条。

但这对于卡夫卡**绝对是远远不够的**，他周围的人肯定不会产生这样的想法，根据流传下来的、残缺不全的文献可以看到，这种想法无疑不是完全错误的。那么，卡夫卡究竟将他越来越频繁出现的筋疲力尽和头疼的状态中所强行夺取出来的精力都用到了什么地方了呢？这些精力主要用在了避免被剥夺和遭受羞辱，稳固他的自尊心上，简言之，就是保持自制。与恩斯特·魏斯分手的残酷，拒绝与前未婚妻的见面，以及在办公室见到在他看来是如此特殊、要求严苛、相当固执的普福尔和马施纳，这些都需要他保持自制。所有这些救援努力都是社交防御性的，其目的是为了逃离他人的批判性的目光，为了逃到独自一人的状态中，或者逃到隐姓埋名的境界中。为了保持自制，卡夫卡已经准备好切断最后的联系，甚至打算通过死亡躲到墓穴里去。但是，眼下的骄傲要求他至少短期内保持自尊，这也是要付出昂贵的代价的。他破坏掉了任何带来根本性的、长期改变的机会，因为任何一个变化，一如他既往所展现的那样，都需要身边亲密的人的共同努力，而这些人恰恰是他现在要与之保持距离的人，他们的直觉和情感让他疲惫不堪，他们也随时会在任何时候离开他。不投入任何人的怀抱，这是一个值得尊敬的想法。**哪怕可以依靠的臂膀一直在那里**。

1916年5月，卡夫卡私人的前沿阵地还是适时地崩溃了。马施纳拒绝批准他的这位最为倔强的下属辞职参战，而且他对于接受额外礼物的不假思索的回绝，也留下了具有象征意义的姿态。短短的几天之后，卡夫卡努力的动机变得更加迫切了：卡夫卡第一次去玛利亚温泉城参加一次公务会谈，尽管当时是风雨交加的天气，他还是为这个干净且远离战争的城市、多家公园，还有周围的森林感到兴奋，这里因为缺少国际性公众，因而很好地保留了传统，同时也是“令人难以捉摸的”。以前他不知道还有这样的地方，在可以企及的附近——只要坐几个小时的火车，就可以远离布拉格这座“坟墓”，在这个城市逛了一圈之后，他意识到，他很快还会来到这里。[①]

卡夫卡立即改变了他说话的语调，他感觉到一股清风，抚摸着他的身体，使得写字的手放松了下来。当然，表示让步很困难，这是他没有练习过的。现在，他怎么向马施纳提出来、同时又不会伤害尊严呢？他需要再一次增加压力，但是**身体**上遭受的一次袭击为他扫清了最后的障碍——从5月23日到28日，整整5个白天和夜晚，他都被持续不断的头疼折磨着，这使得他处理文件变成了一项酷刑，而且在周末也让他无法放松。因此，危机到来了，所储存的能量被耗尽了，没有余地再继续

① 1916年5月15日写给菲利斯·鲍尔的明信片。《1914年—1917年书信集》，第161页；1916年5月28日写给菲利斯·鲍尔的信。《1914年—1917年书信集》，第163页。

退缩了。卡夫卡要么倒下，要么谈判。最后，他以最谦卑的感谢接受了马施纳所提供的3个星期的休假，他将前往玛利亚温泉城。“我想要坚定不移……但是，我却做不到这一点。”①

就像多米诺骨牌一样，精神上的其他防御工事也突然倒塌了。菲利斯·鲍尔察觉到出现了一些决定性的情况，她利用了这个机会，并且以令人吃惊的、被忽略的建议给了卡夫卡重重的一击，令他在毫无防备中无法加以否决：今年怎么能不在一起度过暑期休假呢？这是将近一年以来，他们第一次会面，也将是第一次完全摆脱家人的目光亲密地在一起。但是，卡夫卡正好就在那里，似乎没有任何顾虑地、“极其自然地同意了”；他充满活力地决定，没有比玛利亚温泉城更合适的地方了，是的，他一直梦想着那里，恰恰就是那里，他将与一位女性接近这令他激动，而就是**这个**女人，使他正完全释放出来的创作力重新被耗尽了。②

卡夫卡失去了自制，他本来正处于享受之中。他知道，他再次走入了一场考试，但是，他**不想**知道这些。他耐心地等着菲利斯发出的信号，在短短几周内处理完了几乎不再需要他负责的堆积如山的档案，他的办公室处于一种完美有序的状态——似乎这会永远如此。最后，在6月1日，星期六，最后一次口授，与同事握手，满怀喜悦地告别。不幸的是，一无所知的家人也要求他们应得那一份陪伴，这用掉了他半天的休假，家人让他到犹太教堂参加一个非常成功、非常有名的亲戚的婚礼。“你的穹顶是如此宏伟，雅各布，你的住所是如此漂亮，以色列……”卡夫卡看着手表。③ 最后，在星期天早上，他终于自由了。他坐在一节车厢里——一如既往的是三等车厢，被一些杂音包裹着，但是没有人打扰他，只有车轮在铁轨上的有节奏的敲击声。窗外是渐渐模糊了的城市。

一直在寻找的是一幅画面，它是近和远的统一，遥不可及的远方在我们看来是最迫近的景象，而挑衅性的当下却是不可企及的，的确，远方**几乎**是触手可及的。这是一幅矛盾的画面，是脑子中的图画。卡夫卡找到了这样的图画，并且聚精会神地利用它，这是最朴素的画面，而且绝对是无害的：它是一**扇门**，它的高贵的后代是一扇大门。在他的作品中可以找到各种各样的门：没有锁上，但却无法通行的门（《法的门前》中的大门和《城堡》里的、通过上面窥视镜可以看到城堡中的公务员克拉姆的门）；打开着的门，那后面是一片黑暗（根据卡夫卡的建议《变形记》的封面上的门）；年久失修的门，自己就会打开（《乡村医生》）或者几乎要散

①1916年5月28日写给菲利斯·鲍尔的信。《1914年—1917年书信集》，第164页。

②1916年5月31日写给菲利斯·鲍尔的两张明信片《1914年—1917年书信集》，第165—166页。

③这是卡夫卡的一位堂兄，即律师罗伯特·卡夫卡博士和艾莎·罗比斯切克（Elsa Robitschek）的婚礼。卡夫卡对这场婚礼毫不上心，有关这一点可以从他在7月5日写给马克斯·勃罗德的明信片上看出来，在那里他只是很奇怪地提到了“妹夫的婚礼”。《1914年—1917年书信集》，第168页。

架了的(《审判》中通往画家画室的通道);只是与酷刑有关的门,那后面是死亡(《敲门》);最后是透光性不断地、毫无缘由地发生着变化的门:卡夫卡在1916年4月发明这样的门作为一个超前的象征性比喻,他在两个月之后再次提到了这样的门。[①]

而在玛利亚温泉城,恰恰就在第一天,卡夫卡灵机一动想起了一个新颖而且特别是经过审美加工的变体,"与菲利斯在一起。门挨门,门两边都上了锁。"[②]旅馆的房间肯定是配备有钥匙的,但是通常,他不用一直带着自己的钥匙。当然这扇他用眼睛和耳朵所感觉到的双重门几乎是一个鲁莽的象征,而正是在今天——他的33岁生日这一天,他对于这迹象才不像平时那样敏感。

许多迹象表明,菲利斯那边的门在最开始是**打开**的。而且她也克服了一些障碍:与一位男士一起度假,而两个人并不是夫妇关系,那时甚至都没有订婚,又和一个人——这个两年前希望她去见鬼的人——在一起……这些难以让家人轻易地产生信任感。因而,至少去找一家疗养院,因为在那里每个人都打算好了自己忙自己的……但是,卡夫卡否定了这个提议,他现在对常规的顾虑、公共的道德要求——应该努力替她着想——不太感兴趣。为什么她不能像他这样做呢?对家里**完全什么**都**不**说,这是最保险的,无论在什么情况下,那些真正重要的事情都不能说。

几乎在还没有从母亲的视野中逃出去的时候,菲利斯就朝气蓬勃地走过来了——她已经等在玛利亚温泉城的火车站、准备迎接她的朋友了,她热切、温柔,毫无疑问正是他经常徒劳无功地期望在柏林的景象。最初几天的不顺利——换旅馆、无休无止的阴雨,不要忘记还有卡夫卡的敏感和他的固执的习惯,也许能够改变些什么。"辛苦地一起生活",在第三天的时候,他却已经在日记上这样写了,尽管他确定无疑地意识到,菲利斯远比他有多得多的理由去抱怨,但是他还是让刀片切得更深一些:"与菲利斯不可能一起生活。与任何人一起生活都是不可能的。"

这主要是他过于警醒的意识在起作用,这让他一直处于紧张之中,卡夫卡知道——而且无论在白天,还是在夜晚,他都无法赶走这样的想法:很快一定会发生些**什么**。从表面上看他的状况是处于前所未有的幸福之中,而且他自己也感受到了这一点。但是,正因为如此,在玛利亚温泉城的约会恰恰是一个决定一切的大胆冒险,这个冒险背负着期望所带来的压力:4年的准备是否还不足以让他在**这种**状况下履行应尽的义务,因而所有进一步的期望都是幻想,将要面临的是永远的分别,分别的意义和必要性都已经明确地展现出来了。究竟是什么驱使着他尽管"辛苦地一起生活",却还在忍受这些?他认为,不是"奇特的同情心、肉体的快感、怯懦、虚荣心","而只有在地上深处潺潺流动的小溪,才能称得上爱情,无法去找寻

---

①参见1916年4月19日的日记。《日记》,第777页。几天后卡夫卡开始写一个故事,其中的主人公是个孩子,他被一扇门严重地拉伤了。《汉斯和安玛丽阿》(*Hans und Amalia*)的片段,《日记》,第780—784页。

②1916年6月3日的日记。《日记》,第790页。

它，它闪耀一下，就稍纵即逝。——可怜的菲利斯。”[①]

对于亲密性的需求并不在卡夫卡的考虑之内，尽管如此，他也知道，这样的冲动也几乎是无法抑制的，是克服所有障碍和所有理性的要求而上升为贪婪的。没有人像他认识得这样清楚，而且他已经在《审判》中发现了与之相关的、令人心神不安的图景。不过，他已经忘记了亲密的滋味是什么了。性渴望对他来说已经越来越成为一种负担了（在他的日记里已经很久不再出现妓女了，甚至连这方面的想象都没有了），他也没有将这种欲望与在魏玛的那份既苦涩又甜美的爱情、与在里瓦的小小的幸福、与仅仅在几周前布拉格的拘谨的调情放在一起考虑，尤其也没有将它与让自己惊讶的试图接近菲利斯的决心联系在一起。他是如此锐利地观察着自己：切断了欲望与感情之间的联系，在卡夫卡所生活的环境中，一直是一种常态的性欲和柔情之间的分离，这种分离更多成为一种引人注目的被内化了的形式、钢铁般的滤网、自我意识中的盲区。他的心理体验似乎是分裂的，被相互之间陌生的审查机构所指挥着：摆脱掉自我意识中不断地做出阐释的细胞的要求；被他人所理解，并且获得宁静的要求；最终在不知不觉中打开所有毛孔与一个女人共同生活、肌肤相亲、相濡以沫的要求——卡夫卡了解这一切，但是他不愿意承认，这些表现形式是一种欲望，是与深深地扎根在肌体之中，没有身体就无法去考虑、无法去满足的欲望一样。

在玛利亚温泉城，他跨越了这道门槛，自己也第一次感觉到了心怀渴望的菲利斯让这成为可能。这是一个非常时间，也是最后的机会，因为危机已经到来了，卡夫卡几乎不再是他自己的主人了。“我到底是一个什么样的人！”他在一张被铅笔草草地写满字的风景明信片上发出了痛苦的控诉。“我到底是一个什么样的人！她和我都痛苦得要死。”不过，短短几个小时之后，他们又感受到了充满阳光的玛利亚温泉城，“一个轻松、美妙极了的下午”。[②]很快，双重门也打开了。而且一直开放了5天。

> 我觉得，老鼠现在真的就在最后的洞穴里。情况不可能因此变得更糟糕，而是从现在起会好转了。和我缠绕在一起的绳子，至少被解开了，我至少找到办法，向越来越深地陷入完完全全的真空的她伸出了援手，一次次地帮助她，而且我和她进入到了一种目前为止所不熟悉的人与人的关系当中，这种关系是所有关系中最有价值的，它存在于两个写信者之间的最好的时光当中。从根本上说，我还没有与任何一位女性有亲密、信任的关系，如果排除楚克曼特尔（Zuckmantel）的那个人（但是，那时她是一个女人，而我是一个少年）和里

①1916年6月5日、6日的日记。《日记》，第791页。“可怜的菲利斯”是通过破折号与前面的内容分隔开来了，这句话可能是后来加上去的。

②1916年7月8日写给马克斯·勃罗德的两张明信片。《1914年—1917年书信集》，第169页。

> 瓦的那个人(但是那时她还是半大的孩子,而我完全是糊里糊涂的,病得快要去了天堂)。现在我看到了一个女人信赖的目光,我无法不理睬这些。我想永远保留这些(这不是某个单独的事物,而是一个整体),这种想法有时会撕咬着我,我知道,从这些裂口中会涌出对一个人的生活来说过多的不幸——但是,这些不幸并不是被招引而来的,而是必然存在的。我没有权利保护自己少遭受一些这样的不幸,如果它们没有出现,手臂自己就会伸出来,只是为了再次得到那样的目光。我完全不了解她,(但是,在其他想法之外)恰恰是对于这位女性写信人的真实的畏惧曾经阻碍了我。当她在大厅里向我走来,以得到一个订婚的亲吻的时候,我打了一个寒战;有我父母同行的订婚之旅,对于我来说是一步一步走向了酷刑;对于其他任何东西,我都没有像在婚礼前单独与菲利斯在一起那样惧怕过。现在情况不同了,好转了。我们的合约概括起来就是:在战争结束之后结婚,到柏林的郊区找有两三个房间的公寓,每个人打理自己的经济开支,菲利斯像现在一样继续工作,而我,我现在还说不好。当然,如果要直观地说明这种关系的话,那就是在有两个房间的公寓里看到这样的景象,比如在卡尔斯郝斯特(Karlshorst)的公寓,在一个房间里,菲利斯早早地起床,出门,然后晚上疲惫地倒在床上;在另一个房间里有一张沙发,我躺在那上面,喝着牛奶和蜂蜜。[①]

勃罗德一定是非常震撼地读着这份详细,而且以让人目瞪口呆的顺序写成的报告:不仅是因为其中的痛苦和欢愉以如此近似的方式表达出来,更主要的是,他第一次得知整整3年来一直对卡夫卡产生心理影响,他却缄口不言的那个事件的来龙去脉。没有人意识到那次“酷刑”,卡夫卡自己应对着这一切。勃罗德在婚姻之外,至少还有两段与其他女人的肉体关系,因而毫无疑问,他必须首先将卡夫卡凛冽的、轮廓清晰的画面间运动的语言翻译成自己的体验。性的内涵意义是明确的。但是,罕见的是,这个内涵集中于女性的目光之中,聚焦于非物质性的极致当中了。是出于谨慎吗?也可能是。勃罗德曾经被允许翻阅卡夫卡的日记,但除了下面这段话,在日记里再没有找到别的谈到菲利斯目光的内容:“她的温柔的眼睛所发出的目光那么美丽,开启了女性特有的深情”。[②]直到生命尽头,这样的目光对于卡夫卡来说仍然是美好的象征,救赎不仅是可以想象的,而且是可以“曾经在稍纵即逝中”经历的。对于他而言,**这**就是玛利亚温泉城的奇迹。在他去世前不久,他只在一张不显眼的纸条上描写到菲利斯“身体形态美好”,在那里也可以找到记

---

① 1916年7月12日到14日间写给马克斯·勃罗德的信。《1914年—1917年书信集》,第172—173页。

② 大概是1916年7月10日的日记。《日记》,第795页。可以从他给勃罗德的信的结束语中看到卡夫卡的小心谨慎:“这封信当然可以给菲利克斯·威尔特士看,但是女人们完全不行。”

忆的痕迹。[①]

他紧紧地把握住她的目光，以令人惊讶的轻松接受了，那"女性特有的深情"必须再一次关闭了。玛利亚温泉城并不是天堂，那里的日常生活和其他的日子一样世俗平凡，哪怕是在这家特别优选的"巴尔莫勒尔城堡"（Schloss Balmoral）旅馆——可能菲利斯中意这里的舒适安逸。他们在玛利亚温泉城散步，穿越森林，光顾旅游指南上所推荐的风景名胜地的饭店——比如"埃格兰德"（Egerlander）和"戴安娜庭院"（Dianahof），在那里，一桌桌顾客成为了无伤大雅的熟人，一起读报纸（恰好灾难从夏天开始了，但是在这里没有人也包括他们，不愿意想象这些）；到了晚上，面对面地坐在菲利斯房间的阳台上，一张小桌子上放着插电的台灯。他接受了她还没有完全原谅过去的伤痛的事实，他也不反对，作为女婿写信重新向"亲爱的母亲"——即安娜·鲍尔报到，他们**实际上**重新订了婚，尽管卡夫卡避免用这个词语，而且就连一起去附近的弗兰岑斯温泉（Franzensbad）——茱莉·卡夫卡和瓦丽在那里疗养，她们向他投去了审视的目光，他也感觉到一种轻松，这感觉哪怕在几天前还是无法想象的：那是"不同寻常的"，他写信给勃罗德说："如此不同寻常，它同时也让我受到了深深的惊吓。"[②]

这种无法触摸，但却无畏无惧的漂浮状态，并没有随着菲利斯的启程离开而结束。失望是肯定的，尽管头疼和失眠有所缓解，但绝对是不可能消失的。此外，由于卡夫卡忽略了所谓的旅馆规定，因而在剩下的那个星期里，必须搬到菲利斯住过的那间相当嘈杂的房间里去，两边的双重门（现在当然是锁得死死的）后面都住有客人。当晚上他坐在"她的"阳台上、"她的"座位上的时候，似乎又面对着那双眼睛，仿佛她就在他的身边。在这样的目光下，宁静最终又回来了；在这样的目光下，几乎一切都是可以承受的。在几年之后，卡夫卡仍然将在玛利亚温泉城的这6个幸福地生活在一起的日子，和这8个幸福地独处的日子，看作他的人生中最神秘的时光[③]——在几百个夜晚里都会仔细思量这14天，没有任何东西可以抢走它们，这对于一个神经紧张的自我来说，的确是一段令人惊诧、神奇、独特的体验，因为过去的时光不是在浮想联翩中，而是在战斗中度过的，这个自我只是把无力、倦怠当作放松。

无疑这对我们来说也是一个谜。那个似乎无法克服的、多年将卡夫卡团团围

---

①这里提到的是卡夫卡的一张交谈纸条（请参看本书的《最后的遗憾》一章），那上面写道："她并不漂亮，但是苗条，身体形态美好，据说（马克斯的妹妹，她的好友）她一直保持着。"《卡夫卡：1902年—1924年间的通信》（*Kafka, Briefe 1902–1924*），法兰克福，1975年，第491页。

②1916年7月12日到14日间写给马克斯·勃罗德的信。《1914年—1917年书信集》，第174页。与菲利斯·鲍尔旧日的冲突在信中多次提到——共同相处时的"一片黑暗"，以及后来在评论菲利斯的时候，他说，他在玛利亚温泉城是在走她的"老路"，即那条"逆反—秘密的松木道"，这里暗指了菲利斯在1914年对卡夫卡两个主要的指责，而这次在玛利亚温泉城又再次被提出。

③1922年1月29日的日记。《日记》，第896—897页。

住的**客观存在**的障碍——这个障碍使得他不可能做出结婚的决定——到底跑哪里去了呢？对于办公室生活、对于物质方面的责任重负、对于家庭生活将耗费所有的创造性力量、对于写作生涯的终结的有理有据的恐惧都到哪里去了呢？难道不是卡夫卡觉得自己“如同被困住的老鼠一样绝望”，在几个月之前将一直存在的外在的“限制”解释为他的不幸的核心吗？[①]难道不是他长久以来将在婚姻和文学之间的抉择演绎为一个无法放弃的传奇吗？

马克斯·勃罗德不仅熟悉这种喋喋不休的抱怨，而且也恰恰对此完全同意，当他领会了这个愉快的消息的含义时不禁惊愕了：卡夫卡是屈服眼下的诱惑了吗，还是他真的忘记了过去？相反，他在防止自己跳到圈子里去。他找到了出路，他的朋友中到目前为止没有人想到这样的办法，因为这与通常的做法完全不同。更为神奇的是：他身边有一个女人，这个人也一起接受了这种解决方案，所有的迹象表明，这甚至是她所**期望的**。“……每个人都要打理自己的经济开支”，卡夫卡的信件中的关键语句是——“菲利斯将像现在一样继续工作……”

这简直是一个闻所未闻的选项，是作为丈夫的勃罗德和威尔特士在任何情况下都**梦寐以求的**，可实现这种想法是必须要付出引起轰动效应的代价的。对此，菲利斯也心知肚明，这一次要面对她母亲的催促，她要去解释：不是，不再单身。我们现在还不知道，我们还要看看。一旦战争结束了……自然卡夫卡的境况也没有什么不同，他必须在休假的最后几天去拜访茱莉和瓦丽并给予简单的答复，即他们已经和解了，在未来的某个时候可能会举行婚礼。

如此不正规，这在战争前是不可想象的。他们对私下达成的财务方面的协议缄口不提，这份协议是卡夫卡和他的新娘，对他们所处的社会阶层的背弃。男人的能力表现在去“养活”自己的妻子，而女人的天职则是保持家园的美好，以及按照社会规范抚养孩子，这一直是支撑小资产阶级生活方式的要素，也是清晰地分出两种完全不同的性别的标志。可能存在着完全依靠妻子所得的遗产供养，而同样被人尊重的家庭。即便在这种情况下，男人作为生计保障的功能也会在背景之中得到维护，而且账单和支票也都一如既往地由**先生**来签署。相反，完全不可能的是，身为妻子和母亲的人去出卖自己的劳动力：这会引起社会的，甚至是道德的质疑，而且这个男人会掉入皮条客的阴影当中。只有在繁华的大都市，在自由的学术氛围中，在艺术家圈子里，以及在自然的边缘性、深受改革生活方式观念影响的亚文化网络中，才会有例外。这样的榜样在布拉格的市民生活中并不存在，在这里家庭供养者的权利和义务一直没有发生改变。就连马克斯·勃罗德自己在谈论酬金的时候，也认为谈及自己已婚是很有用的——这是一种外省乡下人的姿态，在维也纳的文学圈子里，这已经几乎是不能够想象的了。

---

① 大概是1916年2月中旬写给菲利斯·鲍尔的信。《1914年—1917年书信集》，第152页。

之后，这样的传统做法变得过时了，并被相当迅猛地抛弃。这一定给旧时的人们带来震惊不已的体验，同时，这种变化也是战争的最直接、最容易感知的结果。突然，社会开始需要女性劳动力了，而且在一直是禁区的领域里：因此出现了传奇一般的、无数的、日日夜夜辛苦劳作的弹药厂的女工，她们在所有战区都被刻画成家乡阵地上的女英雄。女性直接在公开场所的出现，首先引起了人们的愤怒和社会骚动。第一次登上由**一位女性**驾驶的有轨电车是需要做一番努力的：不仅因为乘客相当害怕（受到了医生和心理专家的挑唆），而且主要还因为这种现象被看作是异常的，是对传统秩序不可逆转的破坏。尽管传统的压力不断强化相反的内容，但是每个人都清楚，接手了诸如此类工作的女性，绝不仅仅是为身处战场上的男人们"搭把手"。她们将不再放弃新占领的地盘，当期待中的胜利到来时也不会。以前的情形将再也不会出现了。

突然公开表现出来的对家务劳动的尊重也强化了这样的怀疑。在此之前没有人（除了少数女性主义者之外）会想到，将"家庭妇女"这个概念解读为一种职业名称。采购、清扫、做饭和照顾孩子：这些是妻子们在日常生活中通常要做的事情，它们是专属于某个性别的，现在有了专业的服务业，这些事务也可以交由服务人员来代替完成了。至迟在1916年，随着经济匮乏时期的到来，这其中的一部分上升到对战事来说重要的级别上了，整个"女人的王国"也被突然提升到公共讨论中：这成了一个政治性，因而也是一个**艰涩**的话题。这带来了各种各样的后果。家庭妇女也开始忙于阅读日报的经济板块了，她们获知：哪些食物是定量配给的；政府确定了哪些产品的售价；哪些日子禁止烘焙蛋糕；如果她们在一个变得越来越长，而且几乎完全由女性构成的等候队伍中散播"悲观主义情绪"的话，将会得到怎样的惩罚。即便是家庭生活的核心：性和生育，也越来越多地处于被观察的范围之内。有多个子女的妇女得到了官方的奖励；生育，甚至包括哺乳都会得到国家的补助；如果非婚生的孩子的父亲是士兵，那么政府将慷慨解囊给予孩子的母亲大笔的家庭资助，与此同时，对于外遇这种会削弱丈夫斗志的行为，则不仅会受到道德上的，而且也会遭到政治上的谴责。

战争环境需要这个"软弱的性别"同意并且负担许多新的、重要的，主要是**可见的**功能，这为普通女性的解放赋予了强有力的推力，与此同时，有组织的，但首先是忠于国家和忠于家庭的女性运动，毫无疑问也为社会历史上重要的女性解放提供了历史性的根源。当人们将目光转向在日常生活中具体的成效、生活实践和国民性的变化的时候，这些画面就变得不那么清晰了。像菲利斯·鲍尔这样的女性，暂时将整个家庭托在水面上，使之不至于沉落，她们在战争前就已经有一份工作了，因此占据了不同寻常的"先进的"位置，**直到**战争期间，她们的社会特征和道德特征才真正地提高了，也就是说，虽然她们早已在经济上独立了，但是直到现在才具有提出要求的活动空间。对于这种现象，该做何解释呢？此外，尽管是在大城市的环境下,但也就是从这几年开始,雇员们才开始学会以不太正式的、不那么严格的,在某种意义上也是较为理性的方式对待不同性别的人,这又如何解释呢?

容易想到的推测是,经济方面的变迁本身并不能在一代人的时间之内实现观念的转变。相反,可以想象的是(而且在菲利斯·鲍尔这个例子中,甚至是非常有可能的),就业市场中的"同等化"的趋势,不仅被看作是带来自由的,也会被看作一种威胁,甚至会让人觉得失去了依靠。由此产生的愿望是,在私人生活领域里可以从传统中寻到落脚点,也就是说扮演妻子、女儿、夫人和未婚妻的角色。可能还必须有另外一个,强大的推动力登场,才能在个人命运的更深层次、性别认同和与性别相关的心性的热点区域中,迫使巨大的变革和解放的出现——现代化的社会早就已经为这种**可能性**做好了准备。

但是,这个推动力却是战争,确切地说:它残忍地打破了生活中所有关系的道德界限。为什么还要遵守规则?可能它们明天就失效了;为什么要保持忠诚?也许明天这个男人就会死去或者被关入监狱;为什么要拒绝享受?也许下个月这东西就只能凭配给证才能买到,或者干脆就得不到了;为什么要节俭,如果所有的东西都不停地涨价?为什么要约束自己,而别人却恬不知耻地从战争中捞到好处?最后:在一个被焊接起来的世界里——在那里,人们、机构和价值都会失踪;在那里,任何一份试图把握接下来几个月的生活规划都是建立在沙堆之上的,缔结婚姻的费时费力的程序还有什么用?

这些问题都不再是至为重要的了:因为人们感觉,首先在私人生活领域中萌芽、最晚从1916年开始显现出来的社会精神气质的剧烈变迁,是没有反宣传可以挡得住的。令人生疑的关系、草率结成的婚姻和大幅提高的非婚生比率,只是更广泛的社会性地震的外部、可见的一面。保守的报纸指责人们变得享乐上瘾,追求享乐可能在成千上万的人将牺牲生命的时代被看作是最卑鄙无耻的。真的**上瘾了**吗?毫无疑问,这只是一个误解。人们只是去获取还存在的东西,因为他们知道,这些东西将会不存在。在死亡和衰落迫近的时候,生活就变得更加生气勃勃了。这就是一切。①

战争打开了不同的视野,又将它们关闭。1916年7月,一位布拉格公务员和一位柏林女职员,在天天都被清扫和洒水的玛利亚温泉城的世外桃源的长廊上,曾

---

①从各种文献那里已经清晰地证明了,上述这些主要与宣传相关,而并没有关系到尊严。实际上,政府正费力地找到一些手段,使得那些不断被责难的"享乐上瘾"本身就能够服务于战争,从而将战争的灾难掩盖起来。因而,维也纳的大型战争展览仅在第一个周末就吸引了6万人前去参观(那是1916年的7月2日,卡夫卡在那天动身去玛利亚温泉城),在展览上放映了一部奇特的电影。电影的主题是《战争中的维也纳:四宗轻松有趣的档案》(*Wien im Krieg. Vier lustige Akte*)。打仗玩具也属于这个背景环境:布拉格的战争社会福利事务局(Kriegsf ü rsorgeamt)在很长一段时间里都在以3.6克朗的价格出售那个非常要求技巧和耐心的游戏——"杀死俄国人"(Russentod)。而早在1915年,维也纳内政部的战争救助委员会(Kriegshilfsb ü ro)出版了图书《我们游戏战争》(*Wir spielen Weltkrieg*)!这对于我们普通老百姓来说是一本广为流行的图画书,"宣传了红十字组织、战争社会福利事务局和战争救助委员会"。

经手挽着手走着，同样地，他们也可以手挽着手走在宏伟却肮脏的柏林街道上。他们也被这个不断加速的时代所裹挟，在那里几乎不再能够做出反抗。因而，他们设计了一个计划，这个计划只是在这样的时代里才**可能被想出来**。这要归功于战争。几天后，德意志帝国严格执行了通行规定，因而柏林与玛利亚温泉城的距离被增加了几倍。在从那幸福洋溢的休假回来不到一个月的时间里，菲利斯·鲍尔必须在名为"技术工厂"（Technischen Werkstatte）的公司里，承担额外的工作，因为现在缺乏男性雇员。作为回报，她被任命为销售代表，当然这并没有给她带来任何新鲜的东西。

一幅乌托邦的前景在卡夫卡眼前展开了，但只是瞬间。这幅画面就是：从为稻粱谋中解放，专注于写作，并且**与此同时**处于一个女人给予的宁静之中。这个女人离开后，在夜晚，当他独自一人坐在旅馆的阳台上的时候，他感觉巨大的、不可想象的安全感与自治感融为一体。可以想见，他打开日记本，寻找着一个比喻，贴切地描述这个不可想象的画面。他没有找到这个比喻。不过，之后他在写明信片的时候，**因一个疏忽而遇到了**它，[①]这是一个他经常会犯的、细小的粗心大意的错误。他本来在发信人的地址上是要写"巴尔莫勒尔城堡"的，但是他将"城堡"的Schloss写成了Schoss，即"怀抱"的意思。而且字母"o"也并没有写完整，因为他是在匆忙之间写下的……他就任由它留在了纸上。

①1916年7月20日写给菲利斯·鲍尔的明信片。《1914年—1917年书信集》，第184—185页。

第五章
我和犹太人有什么共同之处?

尽管我赞叹飞跃的弧线,
但是我还是要问:空气中什么在飞?
——阿图尔·施尼茨勒(Arthur Schnitzler),《格言和思考》(*Buch der Sprüche und Bedenken*)

1904年,非常荣幸,我们的皇帝来到了这里,全城的人都列队欢迎,到处飘扬着旗帜、挂满了彩灯、盛开着鲜花;今天,在魏玛饭店,这是人们热议的话题,同时,他们坐在餐桌前也谈论着英国的爱德华国王——他同样在每个夏天都来这里,直至他临近去世。他来的时候,不那么招摇,而是半匿名的,但是他的身边一直有大臣和侯爵不离左右……

玛利亚温泉城的市长、20多名疗养院医生,甚至是"市属温泉音乐小型乐队指挥",可能都在打听这些**最赫赫有名的**客人这一次住在什么地方,他们的住所应该是不同寻常的,他们会住在政界显要人物那里,即便只是短暂地"停留"几个小时,例如,弗兰茨·约瑟夫一世只是在治疗温泉那里驻足了一下,就立即"赶往"靠近卡尔斯巴德的区域了。有关名流的衡量标准是有清晰而严格的评判依据的。他们要拥有力量,能够使所有的人为之着迷,拥有"创造历史",能像磁铁一样牢牢地将自己的追随者吸引在自己身边的能力;例如永垂不朽的歌德(具有历史意义的魏玛饭店的名字就是来源于他的光临)无论如何都会被归入此列,**显然**没有人能像他那样名垂千古了。疗养方式发生根本性的改变是在很久之后,也就是说几十年之后;在今天,人们可以在捷克小城玛利亚温泉城(Mariánské Lázn ě)的旅游指南上看到,肖邦、果戈理、易卜生、马克·吐温、约翰·施特劳斯、尼采、德沃夏克、马勒,以及弗洛伊德都在这里住过数周或者数月("短暂停留"已经过时了),这些人都是没有权势的人物。而在这个长长的名单后面,还有一个布拉格的犹太人,他是最无权无势的人。但是,他却对"名人"有着完全与众不同的定义。他在写给刚刚动身离开的未婚妻的信上说道:

玛利亚温泉城的最高贵的疗养客人就是那位树立起伟大的人类之间信任的来自贝尔茨(Belz)的拉比,你看,我们却完全不认识他,他现在应该是犹太教哈西德派的主要传承人了。他在3周前就来到了这里。昨天，我第一次看到大概有10个人一起陪着他在傍晚散步。[①]

他们可能是相互错过了，这一点非常令人费解，因为那些“以色列人的”住所和吃饭的饭馆离市中心只有几分钟的路程。当然，市中心的那些窄小、重重叠叠拥挤在一起的房屋不是什么风景名胜，而且只有在勃罗德写信提出要求的情况下，卡夫卡才可能出去走走。

他不止一次有机会，从近旁观察这位哈西德派领袖和他的随从们。在布拉格也存在着这一类人，他们被战争的难民潮推到了岸边，暂时寄居于城郊的廉价区域里。他们与世人隔离开来，避免去社交场所，即便是在被改造过的犹太教堂——他们认为这样的教堂已经不纯粹了，也根本看不到他们的身影。毫无疑问，主要是在说德语的老城区有相当多的犹太人，他们也只是通过报纸才知道同类人群的存在。

但是，卡夫卡的情况与他们不同。早在1915年，也就是去玛利亚温泉城度假的前一年，有一位中间人就向他和其他具有犹太复国主义背景、对犹太宗教团体生活感兴趣的人提供了对此加以了解的机会：这个中间人就是基瑞（格奥尔格）·朗格［Jiri（Georg）Langer］，他是一名布拉格人，也是一名西欧犹太人的倒戈者，他在19岁的时候，就开始忠实地追随一位来自加利西亚的“神奇的拉比”——这令他的父母惊恐不已，然后，他很快就换上了长袍、头型改成了散乱的卷发，戴上了有宽边帽檐的皮帽，在他的家乡引起了人们的钦佩和赞叹，他从满是洋葱气味的烟尘幻化成一朵白云。朗格本人已经成为一道风景，毋庸置疑的是他也足以令人屏声静气：他狂热偏激、时刻准备着牺牲、令女性着魔、是杰出的极端保守的经验主义者。军警完全拿他没有办法，没有任何处罚警告能对他发挥作用——尤其是不在安息日时，因而在几个月之后，他被作为“精神错乱者”释放了。显然，朗格拥有希伯来引以为豪的、涵盖了犹太哈西德教派的认知的文献，和难以理解的犹太教神秘教义的作品，这些肯定都唤起了卡夫卡的好奇心，甚至也引起了勃罗德的兴趣。这些正是犹太人所流传下来的“心室”，即便对布拉格的文化犹太复国主义者一直是关闭着的。一直令卡夫卡和勃罗德深感好奇的，是表达了一定的倾向性的布贝尔（Buber）的诗集，他的作品是对独特的犹太人的“精神性”的描摹，也是通过浪漫化的手法进行加工的哈西德教派的传奇，而作品的语言，在卡夫卡看来似乎是“难以忍受的”。[②]

如果布贝尔的民俗文学被人们看作是赤裸裸的钱币的话，那么东欧犹太人的生活现状只能让人们更加清醒现实，对那些小众的追随者的观察也会起到同样的

---

①1916年7月18日写给菲利斯·鲍尔的明信片。《1914年—1917年书信集》，第182页。

②1913年1月20日和21日写给菲利斯·鲍尔的信。《1913年—1914年书信集》，第51页。

作用——他们拥挤在布拉格齐兹克沃（Žižkov）区寒酸的小客栈里，簇拥在来自格罗代克（Grodek）的拉比身边。朗格在这里似乎发挥着一名向导的作用，他将几个有些勉强的熟人带到了一群穿黑色袍子的人群当中，这些人时而高声虔诚地祷告，时而又奇怪地开始了低声耳语。他们恰好赶上了安息日的"第三餐"：这是一个特别神圣的，并且对外人来说也是完全无法理解的传统——地位最高的人，也就是名为"扎迪克"（Zaddik）的以犹太标准衡量最正直、最有道德的人，在他的长条餐桌上给教徒们分发着具有神秘祭坛和牺牲特性的圣餐。当时的光线过于昏暗；主要是卡夫卡并没有真正专注于这种纯净与肮脏之间的独特关系，因而他将所观察到的只当作一种宗教仪式，他什么都没有说。只是当要轮到他用大家共用的勺子吃刚才拉比手指翻动过的鱼的时候，这令他很不情愿，于是他逃开了，即便那些接触是神圣的行为。"准确地说"，和勃罗德走在回城的路上的时候，他说："确切地说，这和与一群原始的非洲部落人在一起差不多。显然就是迷信。"[①]

卡夫卡的目光主要集中在那位拉比身上：这个人与所有其他人相比究竟有什么特质，他身上的哪些显著特征和可感知的特性奠定了他的权威？"强有力的父亲般的存在造就了这位拉比"，他在日记中写道，但是不清楚的是，这是他自己的理解，还是朗格一直强调的内容之一。[②]不管怎样，这是一种理想化的状态。因为卡夫卡从很久以前就一定认识到了，哈西德教的核心圈子里——仅在加利西亚地区至少就有30个人属于这个圈子，代代相传的原则是：不仅拉比的所有权力是世袭的，而且就连创造奇迹的扎迪克的地位，也"完完全全"是进入上层领域的直接通路。但是，大多数小市民则醉心于富丽堂皇的"庭院"里膜拜各种各样的主宰者——他们绝对永远是父亲一般的存在，也会向他们的拥趸者索取财务上的供奉。[③]

卡夫卡从玛利亚温泉城写来的详细的书信表明，在前往齐兹克沃的头脑清醒的考察之后，他对于权威之谜的兴趣就一直处于活跃状态。实际上，那位前来疗养的名流顾客伊萨卡·道·贝尔·罗克赫（Issachar Dow Ber Rokeach）是来自贝尔茨的拉比，他在犹太教哈西德教派中是最有影响力的人物之一，而且也是最不会做出妥协的人。年轻时代改变宗教信仰的朗格选择这个人作为他的导师，应该不是一个偶然；而在位于靠近俄罗斯边境的莱姆贝尔格（Lemberg）北部的贝尔茨的

---

①马克斯·勃罗德：《弗兰茨·卡夫卡传》（*Franz Kafka. Eine Biographie*），载马克斯·勃罗德的《有关弗兰茨·卡夫卡》（*Über Franz Kafka*），法兰克福，1974年，第137页。魏费尔也有极其相似的反应，他恰好也和朗格（一位"心理变态者"）一起去齐兹克沃祷告，并且将那里所感觉到的"对肮脏的不敏感性"看作是精神上的出丑，对此，参考在《上下之间》（第二版）（*Zwischen Oben und Unten*）中所收录的魏费尔的日记，慕尼黑/维也纳，1975年，第696—697页。

②1915年9月14日的日记。《日记》，第752页。

③在匈牙利的萨托拉尔加—乌集赫力（Satoralja-Ujhely）——卡夫卡在1915年4月曾在那里短暂停留，也有着这样的拥有跨地区影响力的哈西德教派的旅馆。但是从日记上看不出来，他是否发现了这一点。

"庭院"里，不仅流传下来的仪式被毫厘不差地贯彻着，而且贯穿着祭拜活动的哈西德式生活方式，在这里也完全不受任何新事物的影响（包括拒绝使用餐具）。贝尔茨是一个犹太人自治区，在这里，时间从几百年来就似乎一直停滞下来了，并且源源不断地吸引着甚至是跨越边界而来的朝拜人群。但是，在战争开始后的几个星期里，这个村庄就被俄罗斯军队占领了，这位拉比逃到了匈牙利，他的教会成员分散在各个地方。

这位拉比之所以也会在玛利亚温泉城做短暂的停留，应该完全是出于健康方面的原因；事实上，那些哈西德派教徒笨拙而费力地按时为他们的主人弄来所需要的温泉水，有关这一点在卡夫卡写给勃罗德的长达13页的汇报里，占据了引人注目的相当大的篇幅。他指出，他不会做出任何解释，而只是全面地记录他亲眼看到了什么；"人们看到的只是最琐碎的小事，但是在我看来，这却是最有特色的。这表达的是真相，哪怕是最令人反感的真相。在真相出现的地方，人们肉眼看到的除了琐碎的小事，其他什么也看不见。"①这段话听起来掷地有声；与此同时，卡夫卡认为从近旁去观察这类具有异国情调的人物的机会是非常稀少的，是非常值得抓住的，之所以卡夫卡拥有了这样的机会，一方面是通过朗格的再次从中牵线搭桥——朗格出人意料地出现在了玛利亚温泉城，另一方面却是因为这位拉比在这里没有办法像平时那样被保护起来。自然，在对这位拉比充满尊重的同时，形象地描述场景的兴趣也不可避免地被唤醒了：这位61岁的拉比，身材高大，穿着丝质的长袍，长着白色的长胡须，戴着高高的皮帽子，他在暴雨中走向森林，被一小群顺从谦卑的**约阿希姆**（Joschiwim）们陪伴着，这些随从常常要么在他旁边，要么跟随在他身后，其中一个人拿着凳子，另一个人拿着干毛巾，第三个人拿着水杯，第四个人则端着水瓶……这足以成为一部滑稽剧了。但是，卡夫卡从这里看到了什么真相呢？

他参观所有的东西，特别是建筑物，完全不起眼的小东西令他感兴趣，他问问题，特别关注某些事物，他的行为举止的特点在于赞赏和好奇。总体来说，那些平平淡淡的谈话和问题都是被遮蔽的深刻的哲理，可能还有些孩子气，而且是兴高采烈的，无论如何，这一切都使得伴随而来的所有其他的想法不由分说地被打到下一个层次中去了。L.（朗格）探寻或者说已经领悟到了最深层次的含义，这个更为深刻的含义——我认为——就是，不足实际上就是圆满。这完全是上帝的悲天悯人，必须要维护一个不圆满的尘世，并不是微不足道的事情。

①1916年7月17日到18日写给马克斯·勃罗德的信。《1914年—1917年书信集》，第180页。

那一再出现的坚定不移，而且对于卡夫卡来说是非常有个性的目光，是卡夫卡在他自己的父亲、正襟危坐在讲台上的高级中学的教授、被人们所簇拥的人智学的创立者、在布拉格的东欧犹太人的代言人，以及在职工工伤保险公司的那位平易近人的总经理那里所遇见过的。这是确立权力的目光，这样的目光捕捉到了背景中的空洞，却不戳穿它作为聊以自慰的自我满足。与此同时，卡夫卡也的确有意识地努力感受着那种"宁静幸福的亲密信任感"，它毫不犹豫地迎向**空洞的中心**。他知晓这种感觉，而且玛利亚温泉城的市民，尽管他们远离犹太人的居民区，但是也必须承认，他们也知晓这样的感觉：这是如同孩童一般单纯天真的感情，凭借它，人们可以向**他们的**皇帝宣誓效忠，在这位皇帝继位以来的10多年间，人们一直窃窃私语地谈论着他的随和平易。与此同时，他们当然是看不起哈西德教徒的那种谦卑顺从的。

这些可能并不是勃罗德想听的。不过，他肯定是非常赞赏卡夫卡的不可企及的观察天赋，当他将同时发表在《柏林日报》上的报道和卡夫卡的信放在一起的时候，他一下子就意识到，显然是一无所知的记者喋喋不休地谈论着的那个有着"谜一样的眼睛"[①]的拉比是谁了。卡夫卡肯定没有回避那位最正直、最有道德的扎迪克是斜视的这个事实——他的一只眼睛是瞎的，这完全是一个谜。但是，最令勃罗德感兴趣的，也是他在齐兹克沃的旅馆里所期望的，能够看到正宗的、保持原样的、权威的犹太教的模样，对此卡夫卡也没有留下一个字词。

哈西德教徒是以犹太教精神、犹太人的民间文化为生活的源泉的吗？有关这一点一直是犹太复国主义和主张一个犹太民族的辩护士所争论不休的。那些复国主义者和犹太民族捍卫者，在日常祷告时所歌颂、舞蹈和祈求的极端性和自我肯定性令世人惊诧，它们带来了永远的安息日、永恒的与上帝融为一体的节日，而不再有任何自我怀疑的痛苦、不再有任何悲伤的感觉，并且进入像孩子一般无所担当的状态之中。他们口口相传神谕和犹太教神秘哲学，并且也依靠其他流传下来的东西生活下去。很久以来，犹太教哈西德教徒就被从天而降的命运所笼罩，他们中的每个人逐渐不可避免地被极度狂喜、心醉迷离的状态所腐蚀，于是，他们从一种神秘的唤醒活动中走向了一种僵化的祭礼，这种礼拜仪式的追随者滞留在显而易见的依赖性和不确定性当中。布贝尔一直尝试着对扎迪克的独裁专制的统治和原始的、在社会生活中清白无辜的哈西德教派加以区分，当然这样的阐释听上去更像是对拯救名誉而做出的辩护，因为在更贴近的观察中，这样的区分在历史中是站不住脚的。

同样被这位布拉格人完全理想化的是，他认为，哈西德教派严格地拒绝任何

①朱利乌斯·埃利阿斯（Julius Elias）：《玛利亚温泉城》（*Marienbad*），载《柏林日报》（*Berliner Tageblatt*），1916年7月20日，晚间版，第2版。

形式的犹太复国主义（他们认为这是对犹太教所盼望的救世主弥赛亚的事业的强行干涉）。犹太人民协会的出发点良好的讨论之夜，是希望团结东部和西部犹太人，却被证明了是一个毫无悬念的失败；勃罗德也想谈谈他的想法、想说出所有他想说的，但是他却被这个虔诚的移民当作典型的西欧犹太人而被冷落在一边，对此，他应该得到补偿。更糟糕的是：这些哈西德教派的首领开始主动地参与到政治中来了，他们与计划犹太复国主义行动的候选人们作斗争，在这中间永远蕴含着机会——是的，来自贝尔茨的这位神奇的拉比，是绝对不会被天主教政府代表之间的联盟吓倒的；对于自由主义的布拉格犹太人来说，他们可能会抱以嘲笑的态度；而那些犹太复国主义者却相反，他们感到了恐惧。渐渐地，在这位拉比出现在玛利亚温泉城之前的很长一段时间里，这个人就已经成为一个被严肃对待的敌人了，因而，现在的勃罗德就更加渴望能够亲自了解到，在这个紧密的圈子里发生了什么。[①]

卡夫卡第二次参加了这位拉比的晚间散步，一起同行的还有朗格和几位“短打扮”的犹太人，他有了足够的见识。充满神秘色彩的原始的犹太文化肯定不是他在这里所看到的，可能只是一种姿态、一种精神特质，他感觉到这些都深深地根植于对不同教派构成限制的、外在表现形式当中了，它们比**犹太文化本身还要埋藏得更深**。勃罗德惊诧不已地得知，卡夫卡在一周之内，观察了那位犹太教中德高望重的首领，又倾听了朗格兴奋的谈话，除了来自辛森道夫（Zinzendorf）的格拉芬・埃尔穆特（Grafin Erdmuthe）的传记（这是卡夫卡从布拉格大学图书馆借来带到玛利亚温泉城的）没有读其他的东西——格拉芬・埃尔穆特是基督教宗派主义者，也是虔信派教徒亨胡特（Herrnhut）兄弟会的共同创始人。这完完全全是另外一个世界，与勃罗德眼中的世界有着遥远的距离，这也同样是对精神上提出的要求，是思想、感觉和生活的完整性的体现，是从卡夫卡的视角看到的真实。顺便提一句——这绝不是偶然，即卡夫卡在他写给勃罗德的报告中，两个关键词——“Wahrheit”（真理）和“Wahrhaftigkeit”（真实、真相）是同义的：事实上，卡夫卡很久以来就理所当然地认为，真理并不是从哲学或宗教判断中萃取的精华，而是拥有着道德和社会的维度，即真理不是通过学习得来的，而必须是在生活中体验得到的；它是一块磁场，尽管我们一直没有看到它的源头，但是仅仅是它的磁力半径，就足以使人们想象着有人类尊严的生活，而在生活中偶尔出现的可笑的部分——特别是在素食主义者、东欧犹太演员、沉迷于麻醉品的狂热分子、虔信派教徒和其他神秘主义者当中，都是无伤大雅的。真正的生活，**经过辨别真假**的生活，是他所在的当下，缔结了婚姻，他努力说服未来的妻子相信这是真实的生活。

① 早在1916年2月6日，在犹太复国主义的《自卫》（*Selbstwehr*）杂志上就发表了亚伯拉罕・克哈那（Abraham Kohane）撰写的论战性文章，这篇文章明确地表示了对贝尔茨的拉比的反对，并且指出他的统治是腐败的。

实际上，卡夫卡有些好为人师，而那些短小、往往充满着自嘲的告诫——在此之前，他已经作为一系列玩笑话传播着——突然获得了说服教育工作特有的那种急迫的语调。她认识卡夫卡已经长得足以让她知道，他厌恶传统的玩笑，她也清楚，当他谈到阿司匹林、新鲜的空气、火车三等车厢的时候，总是作为一个整体来看待的。但是，现在**明确地**指出了整体性，粗糙原始的日常活动——卡夫卡认为这是非常重要的，和宏大的论点——**为什么**在卡夫卡看来这是非常重要的——之间的反差则真实得令人窒息！他承认，他有些反对手工劳动。没有有规律的午餐的生活也不行。他从玛利亚温泉城写信告诉她，她应该避免用牙齿咬糖块。尽管如此，这只是一个开始，因为“通往高峰的道路遥遥无边”[①]。而且，所有这些都不是在开玩笑。

她向他保证说要改进。她明白，糖对于本来就已经受到损害的牙齿绝对不是什么好东西（其实她一直都去看牙医，尽管她不愿意承认这一点）。而卡夫卡似乎的确相信，诸如此类的微小、没有任何痛苦的自我约束行为，只是无穷无尽的上行阶梯中最初的几节台阶而已，这个阶梯的另一头在云端，它最终一定会通往完满的王国。这样的腔调像是在授课，像是在做规划，应该看到，这些不愉快的猜疑是绝对瞒不过菲利斯·鲍尔的。因为在卡夫卡还没有结束在玛利亚温泉城的休假，还没在7月底回到布拉格的办公桌前的时候，他就已经开始努力思考如何进行正规的训诫了。

卡夫卡请求菲利斯·鲍尔去拜访生活在柏林的画家弗里德里希· 费戈尔（Friedrich Feigl），这是他在读书的时候认识的人，并且一直在遥远之地赞赏其作品。她需要从费戈尔的作品中挑选一幅可以作为“通常的犹太人结婚礼物”的画，送给一位堂兄弟，因为——他用一种双关的语句说道——她“有主见的眼光”。与众不同的是，卡夫卡在信中并没有过多对作品本身提出要求——毕竟这是要花掉一个月工资的投入，而是更多地谈到了菲利斯到这位画家和他妻子寓所拜访的事项，更为准确地说，是菲利斯在那里可能会得到的印象。她只要到了那里，就会“看到许多值得一看的东西”，他保证道。那么，究竟是什么东西呢？这应该是菲利斯想知道的。于是，从布拉格传来了教导的声音：“我认为，对你而言值得看的东西应该是那些体现了整体性的典范，是由许多真实性和较少可理解性所组成的家政构造。”[②]

真实性：这个概念再一次成为卡夫卡所运用的象征性概念，他赋予了这个概念最高的等级，因而与其说是一个概念，不如说是一种象征。那么，将真实从不真实中区分开来的标准是什么呢？对此，他只能给出非常模糊的答案。他**指出**，这是不言自明的。他必须承认，对于被他当作典范“家政”的费戈尔夫妇的家，他并没

① 1916年7月20日、26日、16日写给菲利斯·鲍尔的明信片。《1914年—1917年书信集》，第185、189、176页。
② 1916年8月18日和25日写给菲利斯·鲍尔的明信片。《1914年—1917年书信集》，第204、212页。

有清楚直观的概念：他只是短暂地见过费戈尔的妻子，那个在柏林的公寓他根本没有去过。存在的只是一种共同生活的**外形**，卡夫卡在其中梦想着婚姻与艺术创作之间的、看上去成功美满的融合，那是一个具体的乌托邦，而他曾经不止一次地想从费戈尔那里得知有关这个乌托邦的秘密。[①]当然，应该有这样的世外桃源的存在，但是忠实地执行卡夫卡委托的菲利斯·鲍尔遇到的这位画家的情绪也表明，看上去他们似乎根本不幸福。这对夫妇的确人很好，而且终归应该是一对"典范"夫妻，但是对于她自己未来的婚姻来说，是否是这样，则是她没法心甘情愿承认的。如同以往一样，这一次卡夫卡的教学手段在菲利斯的清醒的判断那里再次碰壁，被弹了回来。他还留有最后一张王牌，而且这张牌将被证明是决定性的真实——这一点让他们双方都非常吃惊。

当他们在玛利亚温泉城共同度假期间，卡夫卡向菲利斯谈到了一个犹太人的"人民之家"，这个组织是在不久前——即1916年5月——在柏林成立的，具体位置是亚历山大广场（Alexanderplatz）［今天的马克思-比尔大街（heute Max-Beer-Straße）］附近的德哈根大街（Dragonerstraße）22号，就在那个战争伊始有大量东欧犹太人涌入的、声名狼藉的绍伊纳区（Scheunenviertel）之中，那些犹太人有的是难民，有的是在被占领的波兰所招募的临时工人，他们的涌入使得那里的食品短缺问题雪上加霜。齐格弗里德·莱曼（Siegfried Lehmann）是一名年轻的大夫，他接手了对这个主要为东欧犹太儿童和青少年提供照料的组织的领导。在那里有着大量的工作，广泛的犹太人社团的保险网络长久以来已经无法收容战争受害者了，（正如人们在东部地区所谈论的那样）就连在大城市里的孤儿，也已经不能保证可以临时投靠**犹太人**了，这意味着，**任何一名**犹太人都只顾自保。这些孩子正被人们所忽视。而人民之家应该改变这种状况，通过给予照料、授课、指导实践工作，尤其是通过同龄人的"俱乐部"和"同志会"，使得人们相互保护。这一切毫无疑问都是建立在捐赠、无偿合作和犹太民族主义的理想基础之上的。

东欧犹太儿童是多么认真、充满求知的渴望，这是易于管教的，有关这些，卡夫卡是从自己的观察中获知的：当勃罗德努力向一群加利西亚地区的女孩——她们搁浅在布拉格，有的有父母、有的没有——传授关于西方语言和文化的一些基本概念的时候，他不止一次作为安静的观众在一旁观察着；是的，他甚至还参加了和青少年们的郊游活动。这样的任务激励着他，因为这不仅有益于社会，还会唤起人与人之间的感激之情——卡夫卡在"战争福利救济"工作中也有过类似的经历；重要的是，从这里他开始相信自由的领地，这与被传统所包围的父亲的世界完全

① 在几年前，卡夫卡就已经提到，他对费戈尔的艺术作品的兴趣并不是很大，但是却对他的生活很感兴趣："但是我……一直能得到他的消息，我知道他去年结婚了，生活得很幸福，整天都在创作，在威尔默斯多夫（Wilmersdorf）的一座花园洋房中有两个房间，此外还有其他一些诸如此类的事情，这些都唤起我的妒忌和力量。"1912年11月28日写给菲利斯·鲍尔的信。《1900年—1912年书信集》，第282页。

不同——那里从来没有出现过新的思想。东欧犹太人和西欧犹太人在开放的出发之处生机勃勃地相遇了，这里需要灵活、柔软，需要教导，也需要学习，并且不再用空谈的原则来代替通过经验摸索到的出路，这正是生活本身提供给人们可以相互交换的生动鲜活的例子。

对于菲利斯·鲍尔也会投入到这样的工作中的期望，和她开始表现出来的赞同态度——尽管仍然是小心谨慎的反应，都令卡夫卡非常兴奋。在玛利亚温泉城，他体会到了信任感和亲密感的萌动；仍然缺乏的是一个共同的精神根基，它应该停泊在心灵的深处，自觉地对事物达成共识，这将产生令人长久以来一直渴望的共生状态，而且不受外部和内部变化的干扰。婚姻的义务不是别的，而是产生这种共同的精神根基，这是他渐渐形成的想法，他没有任何动机地说出这个最深切的希望：“……总而言之，我不知道是否还有比我们通过这项工作所产生的联系更为紧密的精神联系了。”[①]**这项工作**显然不再是指文学创作，因为这个梦已经醒来了。

几乎在菲利斯刚刚回到柏林的时候，她就已经收到人民之家的邀请了；人们是从卡夫卡那里得到她的地址的。他现在没有松懈下来，几乎天天都向菲利斯提供信息，向她传授预防性建议，并让她一再做出承诺，保证会写信给莱曼，而且也会“精力十足”地处理这些事务，这些应该令卡夫卡感到满足了，但是，为什么要写信呢？干脆直接去一趟吧。[②]

当然，对于一个有一定社会责任感的职员来说，产生极大的同情心绝对不成问题。然后，首先需要做的是进行调查。而卡夫卡相反——他在自己的热情洋溢的情绪之中，完全没有想到，他正将她送到哪个社区。而菲利斯从贫困的窝棚、波兰人的住所、符合犹太人清洁食物标准的家禽商店、后院举行的洗礼仪式、数不胜数的小房子和街区中，肯定什么都没有找到……她所看到的景象与她的未婚夫的想法南辕北辙。为了给孩子上课，并且通过其他帮助者来解决教育问题，是需要一定程度的理论性知识的，首先需要有一些大学生可供支配，但是，这个区域的人真的会严肃对待她的建议吗？还有犹太复国主义的问题，她在几年前对这个问题产生了一些兴趣，甚至认真地考虑过前往巴勒斯坦去看一看，因此让她的布拉格朋友感到吃惊和狂喜。但后来的意识形态的斗争让她冷静了下来，她完全不再关心这些事务，由于在柏林仍然有青年犹太复国主义者的活动——马丁·布贝尔（Martin Buber）和古斯塔夫·兰道尔（Gustav Landauer）为他们提供思想理论上的支持，这进一步将她推向了局外人的角色。最为关键的是，这里涉及了接受宗教教育、特别是在正教环境中长大的孩子，他们从会说话开始，就能够流利地说出犹太教规则和仪式，甚至是出自《旧约》的名词和概念。这些孩子会向她——这个西欧犹太人

---

①1916年9月12日写给菲利斯·鲍尔的信。《1914年—1917年书信集》，第222页。

②参见1916年8月5日写给菲利斯·鲍尔的明信片。《1914年—1917年书信集》，第195页。

提出一些问题，这可能是令她尴尬的问题，因为，如果不开诚布公地承认自己的怀疑和无知，是完全无法回答这些问题的。

菲利斯·鲍尔应该感谢这些不信任，以及孩子们的不加掩饰的问题——这些都与犹太复国主义有关，因为这涉及了卡夫卡他自己的立场。不，他试图加以调节，让一切平息下来——犹太复国主义的信念完全不会获得根本性的成功。"通过人民之家让其他的力量参与进来，并且发挥作用，对此我更为关注。犹太复国主义，是大多数当代犹太人所能企及的某种态度的热点问题，是通向更为重要的事务的端口。"[①]这是一个美好的想法，卡夫卡重新开始追求一种精神特质，这是在与具体的信仰完全相对的**另一边**。而当菲利斯·鲍尔（在格瑞特·布洛赫的陪伴、保护下）终于采取行动，去拜访人民之家，聆听莱曼的演讲的时候，那些文化犹太复国主义的惯用语再次在她的耳边响起——人民工作、人民生活、人民群体、人民是力量的源泉，使她不得不承认，这对于她来说，这些事离她久远了，她已经生疏了。

但是，不是这样！卡夫卡喊道，这个新的联盟应该赋予她真正的翅膀；这与人性有关，直接关系到最根本的东西，"你在那里将会找到需要和给予理性的帮助的机会，尽你的力量去提供帮助。这是非常简单的，也比任何主导思想都更深刻。"这个呼吁菲利斯接触社会的请求，正如卡夫卡所意识到的那样，对她起到了引导作用，紧接着而来的是一个独特的演讲，使用了各种各样的雄辩技巧，这个演讲加入了完全不同的、全新的音区。毫无疑问，**这是**卡夫卡第一次让人们听到：

> 就我所看到的，这绝对是唯一的能够通往精神上的解放的道路，也是这条路的起点。这既是帮助者的道路，也是那些被帮助者的道路。能保护你不受那些傲慢自大的与之相反的意见的影响，这是非常重要的。那么，在人民之家，你究竟要提供什么帮助呢？人们可能在生活中紧紧地将自己包裹起来，因而仅凭自己将无法改变这种状况，我们应该努力走近这些需要照顾的孩子，在条件允许的情况下，尽可能地关照他们的生存，同时也关心帮助者们的精神状况，使帮助者在生活状态上存在的巨大差距得已拉近，也就是说，应该承认，我们这个时代受过良好教育的西欧犹太人的状态，以及柏林人的特色，可能是最适合去做这一类事情的了。但很少有人能做到这一点。例如，如果让我在柏林的人民之家和另一个协会——在那里有柏林助手（如果你是他们中的一员的话，那么我就会首选它）和来自于俄罗斯的克罗姆那（Kolomea）或斯坦尼斯罗斯（Stanislau）的东欧犹太人助手照顾儿童难民——之间进行过选择，那么我会大大地松一口气，眼睛都不眨一下，优先选择后者。但是，现在我却不认为，我会这样选择，因为在协会里，人们已经不会介绍东欧犹太人所

① 1916年8月2日写给菲利斯·鲍尔的明信片。《1914年—1917年书信集》，第194页。

> 拥有的势均力敌的价值了，在这一点上，甚至是在最近，同根同族的教育已经不断拒绝传授这些东西，可能这是希望人们自己去学会、得到的。有关学习的机会，再让我向你介绍一下协会中的帮助者。他们的贡献不大，他们只会做很少的事情，也只做很少的事情，但是当他们掌握了这些事务，他们就能做所有能做的事情了，而且会用全部的精神力量去工作，将会使他们贡献很大，只有这样才是可行的。（我认为，只是我认为，你自然不必这样想）犹太复国主义只是以这样的方式与协会产生联系，即协会的工作是从犹太复国主义者那里得到了年轻、有力的途径，也就是说得到了年轻的力量，他们被民族的追求所激励，拒绝其他的东西，他们也被古老的辉煌时代产生的使命所鼓舞；另一方面，由于种种限制，如果没有协会的工作，犹太复国主义也无法存在。如何与犹太复国主义和睦相处，是你需要解决的问题，你们之间的任何争论（琐碎的事情除外）都是我所乐于看到的。现在我们还不用谈论这些，你自己应该有一次是犹太复国主义者的体验（是的，这应该曾经感染过你，哪怕只是产生了淡淡的痕迹，而不是深入的分析），然后你才会承认，我不是犹太复国主义者，这也是在检验中所得到的结果，因此，我对自己不担心，你也不应该有所畏惧，犹太复国主义并不是人们区分好坏的标准。[①]

这封信恳切、透彻，通过措辞，将菲利斯·鲍尔引领到了她作为市民存在的边缘上。尽管如此，持有犹太复国主义思想的帮助者的“自私自利”，完全不会使得卡夫卡的观点显得自相矛盾：因为凭借这样的观点和态度，人民之家的创建者们才能够从前几代派别林立的犹太复国主义者中分离出来。单纯的救济工作足以，而且它们也将阻碍——正如已经显现出来的那样——对于共同的犹太历史和犹太身份的认识。“西欧犹太人加入了人民之家”，莱曼在回顾历史时写道：“不仅是为了提供帮助，而且也是通过在人民之家里的生活、学习，而成为其中的一员……”[②]这的确是布贝尔的言论，他在文化犹太复国主义的讲坛上讲到这些，并且超越了很多人的想法。与此同时，不关心政治的卡夫卡正在有意识地回避有关人民这个概念的大帽子——事实上，直到1920年的那些年，他没有写下一句以赞赏肯定的态度用到“**人民**”这个词的句子，甚至没有按常规使用这个词。相反，他谈论人与人之间的同情、判断的自由和基本的坦率：绝对不应该只用大喇叭让人们把头转过来，而应该让人们自然而然地转过来。

卡夫卡的观点肯定也绝不是完全非意识形态，并且远离政治的，正如所展示的那样，卡夫卡理想化了东欧犹太人，他不再赞同任何犹太复国主义的遗产。当

---

①1916年9月16日写给菲利斯·鲍尔的信。《1914年—1917年书信集》，第222—224页。

②齐格弗里德·莱曼：《西欧犹太青年在人民之家的工作》（*Die Stellung der westjüdischen Jugend zum Volker*），载《犹太人》（*Der Jüde*），第四发行年度，第5期，1919年，第207—215页，这段话引自第211页。

然，他提出了“精神解放”，那么，他什么时候用到这些词呢？他全心全意地投入个体的责任当中，而不是党派、运动或人民当中，他愿意了解真正的人类，其他的事务是他不想打听的。“人类是最重要的事”，他向菲利斯发誓说，“只是他们，就是人类”[①]；他由此指出，西欧犹太人和东欧犹太人是同等重要的。深处各种各样的理想主义和各类当代的典型之中，卡夫卡也不可避免地受到影响，但他仿佛是在困惑中理解这些集体性概念，从不与之建立道德上的联系。集体的确是一个不清晰的概念，有多个组成部分且相互矛盾，展现着的是美好的景象，但却不可能为年轻的犹太复国主义者提供他们渴望的“走近人民”的麻醉剂，并且大城市犹太人聚集区的**坩埚**肯定不是集体。在莱曼有了这样的体验之后，也离开了柏林的人民之家。[②]而所留下来的正是个体的面目。他们的目光是坚定的。

根本性的，而且对于双方来说可能是令人痛苦的差别在于，马克斯·勃罗德要染指卡夫卡的认知。勃罗德不再将自己界定为作家或批评家，而是犹太复国主义者；他要投身于某项具体的政治性、组织性和文化目标的运动中去，因而，当他诉诸个人良知的时候，他的言论深受那个时代的典型的政治辞令的影响，是的，时不时地混杂着传教士式的——偏执的口吻，这令人反感。即便是布贝尔也不断地提醒他应该更克制一些；古斯塔夫·兰道尔认为，应该倾听来自布拉格的犹太沙文主义的不和谐音；而勃罗德则尽一切努力，去证明犹太教优越于基督教。[③]当然，这个旁观席是临时的。勃罗德首先讨论了关于社会实践的问题，以了解这个问题是否是人人能够精力充沛地参与；对于纯粹从书本上认识犹太民族——例如由施尼兹勒（Schnitzler）、魏费尔、瓦舍曼（Wassermann）或斯蒂芬·茨威格所传播的相关认识——让他感到沮丧，即便这些作者是将他们真正相信的和感受到的东西如实地表达出来。

卡夫卡则完全不同，对他而言，无论是对于事物的认识，还是相关的实践，最终都不是决定性的，相反，最关键的是绝对权威性的态度，这一如既往地为所有的认知赋予最根本的实质和重要性。权威性不会遭到他人的异议，**每一句**短语都是思想、感觉和行为的纯粹的统一：**与自己融为一体、达成圆满**，这是真实的。卡夫卡在遥远偏僻的地方发现了这种真实性的例子，而这与他的实事求是的信念完全无关，

①1916年9月11日写给菲利斯·鲍尔的信。《1914年—1917年书信集》，第219页。

②莱曼在回顾柏林的人民之家时写道：“这是一段伟大的经历，与民众紧密地生活在一起，感受他们就是他们自身生活的力量源泉，而现在这段经历结束了；必须结束，因为那些背井离乡、在欧洲城市寻找新的生存之地的犹太民众中的一部分人，已经不再是人民了。他们是麻木的人群，已经不再能够从人民群体那里获得给养，因此也不能向探寻者讲述‘人民’的伟大经历了。”《从街道上的人群到共同体》（*Von der Straßenhorde zur Gemeinschaft*），载《犹太人》，特刊，1926年，第22—36页，这段话引自第23页。莱曼在1920年为了在科诺（Kowno）创办一家收容返乡犹太难民的孤儿院而去了立陶宛。1927年，他在巴勒斯坦的洛德（Lod）附近创办了本·西门（Ben Schemen）儿童之家。

③请参考古斯塔夫·兰道尔：《基督教和基督教徒，犹太教和犹太教徒》（*Christilich und christlich, jü disch und jü disch*），载《犹太人》，第一发行年度，第12期，1917年3月，第851—852页。

例如他在《旧约全书》当中，在拿破仑、格里尔帕策（Grillparzer）、陀思妥耶夫斯基，在盖哈特·霍普特曼的《信仰基督的愚人：伊曼纽·曼特》那里，在鲁道夫·斯泰恩和莫瑞茨·施尼泽（Moriz Schnitzer）那里，在亨胡特虔诚教徒的兄弟会，以及贝尔茨拉比的"庭院"当中，在画家费戈尔的婚姻生活，以及一位大学生的犹太民族理想主义之中，卡夫卡看到了这些例子生机勃勃的存在，他认为这是最有价值、最独特的。对于柏林的人民之家未来的"女教师"——菲利斯·鲍尔，卡夫卡也没有向她推荐有关犹太人的预制的讲义——无论是政治方面还是教育方面（而勃罗德则肯定是这样做了），相反，他急切、一再建议她去读莉莉·布劳恩（Lily Braun）的《一个社会主义者的回忆录》，这本书在几年前因为枯燥的内容而被她搁在了一旁。他请求她，还是应该再试着读一读，因为这本书吹来的是"精神气质的清风"，足以使她胜任人民之家最开始的工作。与此同时，他在犹太教教堂正被那些布拉格的犹太复国主义的精神所裹挟，这些人似乎想向他证明着什么，但他都生硬地拒绝了。[①]

通过这种批判，马克斯·勃罗德认为，毫无疑问，卡夫卡度假回来之后，正开始逐渐接近犹太复国主义、犹太文化中的宗教内容。我们并不知道，在这两个朋友之间是否有过与此相关的争论，但是几乎可以肯定的是，"我和犹太人有什么共同之处"，这个早在1914年卡夫卡就在日记中写下的问题，显然已经不是被作为一个具体的关于**祷告**、关于"洗礼"的问题来思考了。[②]勃罗德不止一次听到过诸如此类的保持距离的态度；没错，卡夫卡尽管总体上认为，犹太作家有为自己的民族团结一致付出全力的责任，但是就他个人而言，对此却是持反对态度（虽然他偶尔也会为巴勒斯坦人捐一些克朗）。勃罗德在那之后一直小心翼翼，避免产生实质性的冲突，尝试着用间接的方式来诱惑卡夫卡。

例如，通过推荐一些作品使之公开发表。具有传奇色彩的《法的门前》是小说《审判》中的核心部分，在1915年秋天首次被犹太复国主义杂志《自卫》刊登了，[③]对此，卡夫卡自然很高兴，尽管这本小册子从战争开始以来就一直在挣扎中存活，它的影响范围急剧地缩小了（"**即便有人**[④]得到了它，也不会读它的"——一个广为

---

①1916年9月11日、16日写给菲利斯·鲍尔的信。《1914年—1917年书信集》，第220页、227页。盖哈特·霍普特曼（Gerhart Hauptmann）的小说《信仰基督的愚人：伊曼纽·曼特》（*Der Narr in Christo: Emanuel Quint*）也是卡夫卡在1915年11月菲利斯·鲍尔28岁生日时送给她的礼物。大学生亚伯拉罕·格林贝尔格（Abraham Grünberg）是从克拉科夫（Krakau）来到布拉格的战争难民，并且在这里与犹太复国主义发生了联系；参见1915年11月6日的日记。《日记》，第772—773页。格林贝尔格在1916年将他自费出版的一本薄薄的小册子《一个犹太波兰—俄罗斯人的庆典》（*Ein jüdischpolnisch-russisches Jubiläum*）、《1906年谢德尔采的大屠杀》（*Der grosse Pogrom von Siedlce im Jahre 1906*）寄给了卡夫卡："致尊敬的作家弗兰茨·卡夫卡博士先生……"

②1914年1月8日的日记。《日记》，第622页。

③《自卫》，第九发行年度，第34期，1915年9月7日，第2—3页。

④"即便有人"的德语为selbst wer，与《自卫》杂志的德语名称"Selbstwehr"是同音，因而这句话也可能被听作"即便得到了《自卫》，也不会读它的"。——译者注

流传的文字游戏是这么说的）。但是，现在《自卫》杂志一定要将这位新作者列为1916年的“合作者”吗？这多少有些草率，人们会徒劳地等待着这个合作者的其他作品。

同时，布贝尔也带来了类似的请求，在1915年底，他向一些作家征询，他们是否愿意加入一本新创办的、以自信的犹太民族主义为导向的杂志——《犹太人》。由于无所不在的勃罗德从一开始就为这本杂志工作，因而卡夫卡自然收到了广告信函——这封信上并没有私人性的语句，相反，只有一句流行的口号，布贝尔写道，现在是要将犹太人的“整体性鲜活地表达出来，加以证明，使人们可以看见它”。这无疑是一个卡夫卡既没有能力，也没有意愿去满足的要求，“您的友好的邀请令我倍感荣幸”，他回复，“但是，我无法向你做出承诺；我当然有这样的愿望，但是我感到很大的压力，而且不能确信，我是否被允许在这个共同体里用最微小的声音交谈。”[①]语调有些不冷不热——难道一位作家仅仅是因为**不确定**就放弃公开传播吗？在卡夫卡看来，在没有十足把握的情况下，登上舞台，公然地进行表白或者去再现某种“整体性”，也就是说，将它作为自己的身份认同的一部分，这是不可思议的。对此，当然“尚且”无法谈论。

对于布贝尔而言，这个拒绝既没有什么令人吃惊的，也不会为他的杂志带来实质性的损失。他对这位布拉格的作家没有特别清晰的记忆——卡夫卡拜访布贝尔在柏林的住所已经是几年前的事情了，而且，卡夫卡也没有写过与犹太人相关的散文或是程式性的作品——尽管卡夫卡完全有能力，但是到目前为止，却没有发表过任何像他的走迂回路线的介绍人的主张。那位介绍人绝对不是在没有思考的情况下就做出这番推荐的。因为一份通过特殊的文化基金对犹太民族加以推广宣传的杂志，在勃罗德看来，应该不会放弃新犹太文学的典范之作，而且只有最好的作品才有资格在这里发表。什么是“犹太文学”？在这个问题上，布贝尔的意见与勃罗德相反，前者认为，犹太文学不是别的，而正是用希伯来语，或者当然也包括用意第绪语写成的文学作品，因而，德语文学不是真正的犹太文化，因此也不应该在《犹太人》中出现。勃罗德对此感到震惊：到底是从什么时候开始，布贝尔开始用这类会计式的标准证明自己的观点的？对此，他批评道，不应该以语言这样的外在特征作为评判标准，而应该以文学作品的内容，以其中的“灵魂”为准。因此，年轻的西欧犹太作家，如魏费尔、卡夫卡或者沃尔芬斯泰恩（Wolfenstein）与其说是德语作家，不如说他们属于“犹太文学的特殊群体”。[②]

---

① 马丁·布贝尔在1915年11月22日写给卡夫卡的信。《1914年—1917年书信集》，第741页。卡夫卡在1915年11月29日写给马丁·布贝尔的信。《1914年—1917年书信集》，第146页。

② 马克斯·勃罗德在1916年5月9日写给马丁·布贝尔的信，载马丁·布贝尔的《70年的书信来往》（*Briefwechsel aus sieben Jahrzehnten*），格瑞特·沙德尔（Grete Schaeder）编，海德堡，1972年，第1卷，1897年—1918年，第433页。

勃罗德本人也同样是一个有说服力的典型。他给布贝尔写了一篇名为《我们的文学和共同体》的基础性的文章，在文章中，他将社会行为伦理——在他看来，这是犹太文学的非常显著的特征，与表现主义先锋的不符合伦理道德的自恋进行了比较。因而对于道德，也对于作家们的新的美学原则来说，要能够从无根的个人主义的盘根错节中摆脱出来，这是关键;尽管到目前为止，这些原则还不能付诸实践，但至少是可以期望的。从这个角度来看，卡夫卡就是所有作家中“最犹太的”，因为他对于共同体的渴望是最深切的；没错，卡夫卡直接将孤独看作一种罪，并且通过“犹太文化中最庄严崇高的宗教概念”来弥补：也就是，用世界救赎来代替自我救赎。在对卡夫卡的短文《梦》的阐释中，勃罗德建议，必须将这个不情愿的作者“正式地抢过来”。[①]

犹太的、较犹太的、最犹太的：这是一个可疑的强化，是一个鲁莽的立论和证据——没有什么能比它更不恰当的了。这就如同那样一个梦，或者更确切地说，如同一个男人的幻想——因为他太喜欢自己的墓穴石壁上的黄金装饰了，因而他想活着的时候就进入坟墓——在这里哪里体现了**犹太性的**？如果人们接受勃罗德所说的话，那么无论如何都会对卡夫卡的《梦》有着相反的解释，那就是这个梦是上升到超现实层面的自我陶醉，面对着这种充满乐趣的自我毁灭，没有任何共同体能够加以解救。在布贝尔决定放弃德语文学之后，他肯定不再会推动这样的创作尝试，他拒绝这样做，而且他**一定**会拒绝的，尽管他想通过高度赞扬来让卡夫卡不会对这种拒绝感到不愉快。然而，令勃罗德深受感动的是，有一本诗集尽管没有发表在《犹太人》上，但也在1916年年底发表在《自卫》杂志旗下的《犹太人的布拉格》(*Jüdischen Prag*)上了。而且，几天后，卡夫卡的那个噩梦也发表在了《布拉格日报》上，它展现了同事、妹妹和父母的目光。[②]这已经不是第一次了：让勃罗德所“抢过去的”东西，很快就可以在报纸上找到它。

勃罗德以不可辩驳的理由，迫使整个文学界被装进**犹太的**和**非犹太的**网格中，通过这种语调令人们勉强接受显然是缺乏阐释力的标准，而且勃罗德本人的文学批判反正也是受到私人关系和个人倾向的影响的——卡夫卡几乎都无法抵御

---

①马克斯·勃罗德在1916年6月21日写给马丁·布贝尔的信[马克斯·勃罗德文件副本，特拉维夫–雅法(Tel Aviv)]。《我们的文学和共同体》(*Unsere Literaten und die Gemeinschaft*)发表在1916年10月出版的《犹太人》上，第一发行年度，第7期，第457—464页。勃罗德关于卡夫卡的言论在第463—464页。

②布贝尔一开始接受了勃罗德的建议，但是在他读了卡夫卡的文章之后，改变了主意。他的拒绝信并没有被保留下来；卡夫卡对这个拒绝的感觉主要是：“……比通常的接受……还要令人感到荣幸。”1916年9月23日写给菲利斯·鲍尔的信。《1914年—1917年书信集》，第232页。有关《梦》与《审判》的片段之间的密切关系，卡夫卡是通过主人公都叫“约瑟夫·K.”来加以体现的，而勃罗德自然知道这一点，布贝尔一定没有忽略了这些，正如1916年12月15日发表的犹太人诗集的读者和1917年1月6日的《布拉格日报》的读者没有注意到这些一样。几乎同一时间，《梦》也发表在《新青年1917年年鉴》(*Almanach der Neuen Jugend auf das Jahr 1917*)，新青年出版社(Verlag Neue Jugend)，柏林，主编为Wieland Herzfelde。

这一点，因而，勃罗德所坚持的原则总是显得混乱而且有漏洞。这种划分阵营的做法具有战略性的意义，在生产文学作品的作坊里都是如此操作的，几乎所有的犹太新闻机构也都遵守这样的惯例，这令人遗憾，可几乎无法改变。难道那些雅利安的对手们不这么做吗？

> 马克斯的文章《我们的文学和共同体》可能将发表在下一期《犹太人》上。此外，你是否也不想告诉我，我到底是什么样的人。在上一期《新评论》（*Neuen Rundschau*）中提到了《变形记》，上面说："K.的叙述艺术具有某种古老的德国性"，但是没有对这种说法作出合理的解释。相反，在马克斯的文章中则指出："K.的叙事属于我们这个时代最犹太化的文献。"更令人费解的情况。我难道是同时骑两匹马的马戏团骑术表演者吗？很遗憾，我不是骑手，而是躺在地上的人。[①]（138）

他应该再耐心等待一两个星期，因为在11月的时候，就在《德国星期一报》上发表了一篇没有署名的评论《变形记》的文章："这本书是犹太人的。"比分提高到对勃罗德、对犹太精神有利的2∶1。[②]

这样的描述和划分在今天看来很奇怪，而且从20世纪伊始，就出现了形形色色的有关各种世界观和主义的充满愤怒的纷争，这些争论已经不是获得知识的必要途径，而最终变成了猛烈的争辩。而在一群犹太复国主义者当中（肯定不只是在文化犹太复国主义领域里），从一开始，就热情洋溢地表明信仰的声明比头脑清晰的分析更为重要，而且如果要以偏离者的身份出现的话，通常会遭到人们一致反对，人们不会先去验证他们的观点的正确与否。这里涉及的是身份认同，而不是认知问题。身份认同是不允许出现妥协的，他们必须考虑到，能够一直**具有抵抗侵扰的免疫力**，抵制不属于它的东西。

卡夫卡完全熟悉这种逻辑，他对于真实的想象也是建立在纯粹主义基础之上的，令人遗憾的只是他无法与所处的环境达成妥协——无法用在是消费面包还是购买家具，或者是对一本杂志发挥的影响之上。相反，他指出，只要是涉及纯粹的世界观或者想法的时候，就会有妥协的可能。他不去布道，最多也只是想说服身边的人，因为他们的不理解让他感到痛苦。这有时显得有些冷漠。当然，权威是无法

---

①1916年10月7日写给菲利斯·鲍尔的信。《1914年—1917年书信集》，第250页。卡夫卡在这里提到的是罗伯特·米勒（Robert Müller）发表在《新评论》10月号上的评论集锦《奇思异想》（*Phantasie*），在那里谈到了《变形记》："这是一个富有才华、通过勤奋思考产生的完美无缺的构思，但是为读者提出了过高的要求……卡夫卡一贯的漫无目的的叙事艺术在某种程度上是古老的德国式的，相当的乖巧，具有工匠私人的叙事风格，这种叙事方式将通过假想的补丁而使得他们的漂亮的长袍变得丑陋。"

②M.G.：《飞快的马达》（*Rasende Motore*），载《德国星期一报》（*Deutsche Montags-Zeitung*），1916年11月20日。

依靠赞同而形成的，真相也可能是，权威也会激怒整个世界与之为敌；尽管卡夫卡受到社会良心的折磨，但这肯定不是因为他无法赞同大多数人的观点。

“运动”的支持者当然无法针对不同意见者采取冷静放松的态度。救赎世界，是的，当然要按照我们的要求。只有当人们将视线从当前的权力关系和影响能力移开，转向遥远目标的时候，才有可能把持这样的立场。因而，犹太复国主义的舆论领导者排斥、坚决禁止绝大多数说德语的犹太人通过任何作家、希伯来语教师或者波兰移民得到救赎，以及在本身几乎不到4%的犹太复国主义者中，也只有微不足道的一部分人的确找到通往巴勒斯坦的道路的说法。“犹太复国主义者就是犹太人”，利奥波特·施瓦茨希尔德（Leopold Schwarzschild）反复重申：“他们凭借来自他们的民族信仰的力量，送另一个犹太人带着第三个犹太人的钱物前往巴勒斯坦定居。”[①]这位布拉格的犹太复国主义者也在一个特别敏感的点上遭到讽刺：要求与现实之间滑稽地相互背离，**真相**缺席，而且经常是，如果有谁试图指出这种缺陷，就立即会碰撞到特别的意识形态的界限——即人们最终无法向数量庞大的**非犹太化的**人解释犹太复国主义观点的。

这样的身份认同和界限约束能在多大程度上在文学作品中体现出来？没有什么比这个问题更加致命了，尽管文学领域只是孤零零的、不可重复地影响最高阶层的人们，在那里，只是对一场运动或者一种“方向”的再现是无法令任何行动者满意的。人们将浪费了多少纸张和劳动力的问题放在了这样的问题之上，即一位作家、一部作品，是否只能归于符号主义、表现主义或者能动主义，那些“犹太人的”、“古老的德国式的”或者任何其他文学作品也和许多友好互助的关系是一样的——尽管友谊可以在这个问题上破裂，它们不应该只被理解为在**真空**中蔓延的象征：在文学领域不再只是自我理解，而突然**涉及一切**，在那里飘扬着集体的旗帜，在那里**主义**和**人民**留下了最后的、可靠的识别标志。卡夫卡早期的评论家们过于紧张地努力将他归类于某个领域，就是当代的典型案例。

勃罗德也越来越倾向于认为这种**集体性**标签比精神风貌更为重要，这种倾向完全可能导致他与卡夫卡之间关系的破裂。当他把对犹太文化作品的热情当作持续不断的进步手段的时候，他误会了；事实上，卡夫卡的有关真实的伦理和勃罗德的身份认同策略之间的裂缝已经非常深了，以至勃罗德需要在这道鸿沟上做劈叉：为了与卡夫卡的交谈能够进行下去，他必须放下传道士的角色。他之所以能够做到这一点，是因为那只是个**角色**而已，除此之外，那些热情的犹太复国主义者是那么的敏感，这使得他从战争以来的梦想逐渐破灭了；因此，为辨明方向而奋斗的，而且时而有些感伤的勃罗德现在需要放松，走出藏身之处，开始打理友谊，但是，另一边的派系斗争和对于文学技巧的敏感性却完全不会被淹没。

---

①《日记》（*Das Tagebuch*），柏林，第11发行年度，第8期，1930年5月3日，第726页。

"我个人"，勃罗德写信给仍然非常顽固地不愿意接受德国—犹太人文学作品的布贝尔说，"我个人认为，卡夫卡是能与盖哈特·霍普特曼和汉姆生（Hamsun）比肩的在世的最伟大的作家！您可能也知道他写了许多小说——很遗憾很多都没有完成，他有时——在非常罕见的情况下——会将它们读给我听。我不愿意做的是将他动员起来！"[①]这是更响亮的劝服，他**个人**最精确地知道卡夫卡语言深刻的影响力。但是，作为犹太复国主义者，勃罗德表达的是另一种观点，因为这里涉及的是另一项原则——即血脉所属关系的原则，根据这个逻辑，不应该为卡夫卡的语言潜力赋予重要的地位；**不考虑说德语的犹太人**，毕竟"我们只能托付语言"，勃罗德写道，"因为纯粹的语言是我们无法创造的。"[②]我们——这些犹太作家，一直栖居在陌生的文化当中。私人生活中的勃罗德提防着，通过诸如此类的论点为卡夫卡的自我怀疑带来新的滋养。要去证明德语环境中的犹太作家是否真的没有创作力，勃罗德就此如履薄冰，他宣称卡夫卡的作品是真正的犹太式的。他为了能够公开赞赏卡夫卡的作品，因而冒险走出了这一步。显然，这又再次涉及身份认同，而不是一致性的问题。

几年后，卡夫卡在一封很长，而且难以解读的信中甚至谈到了这份"来自异乡的财产的狂妄自负"，也谈到了德国—犹太的"流浪者文学，它们将德国儿童从摇篮里偷走"。他没有提任何人的姓名，也绝没有指出相应的文章。勃罗德一定会从这种论战性的表述中，解读出卡夫卡最终将皈依文化犹太复国主义，但是，引人注意的是，他对此却保持沉默。他是否认识到，这样的论点是如何在暗中极大地销蚀自己作品的说服力？[③]

东欧犹太邻居们用怀疑的眼光打量着柏林的人民之家的运转。到底有什么打算？窗户一直都是敞开着的，因而人们可以听到歌唱和朗读，间或还有榔头和锯子的声音。孩子们回到家，向他们的大多数是工人和小手工业者的父母讲述，讨价还价是多么令人讨厌，而相反，团结一致则是多么美好，人人为人人负责。不可思议的是，12岁的孩子可以对他们的同伴所犯的错误进行审判，是的，甚至是反对作为成年人的老师，而"A.K"是他们的最高家长，就是"Anstandiger Kerl"（正派的人）。他们背诵诗歌，将书本带回家，那是值得注意的书本，他们对现实的生活并非只有最小的关联。并且到了周末，他们长时间地在大自然中行进，甚至在草垛上过

---

① 马克斯·勃罗德在1916年6月21日写给马丁·布贝尔的信（马克斯·勃罗德文件副本，特拉维夫-雅法）。

② 马克斯·勃罗德在1917年1月20日写给马丁·布贝尔的信，载布贝尔的《70年的书信来往》，第1卷，第461页。

③ 1921年6月底卡夫卡写给马克斯·勃罗德的信，载于《马克斯·勃罗德和弗兰茨·卡夫卡：友谊、书信来往》，第356—360页。卡夫卡是在1921年7月4日收到勃罗德针对这封信的回复的，第362—364页，但是信中并没有对卡大卡的异乎寻常的详细而且尖锐的语言批判做出回应。后来勃罗德肯定会看到，诸如此类的犹太复国主义的思想形象，是多么轻而易举地服务于国家社会主义的文化政策的。在他的专题著作《弗兰茨·卡夫卡的思想和学说》（*Franz Kafkas Glauben und Lehre*）中，勃罗德谨慎地谈道"我认为说"卡夫卡是"激进主义者，是不对的"，第274页。

夜；之后，他们的家长一定会听说，**在太阳落山时**，是多么绚丽壮观。而这些难道是对在这个充满敌意的大都市的艰难生存的准备？

在人民之家敢于使成年东欧犹太人的数量变得可观之前的很长时间里，人们就一直要求免费的母亲咨询、法律顾问或者医药建议。但是仅仅凭借着良好的意愿，是绝对无法消除横亘在帮助者和他们的顾客之间的社会交往和精神方面的障碍的，而且齐格弗里德·莱曼所提出的、来自贫困社区的民众“在人民之家里将是日常生活中所有重要问题的焦点”的目标，也被证明完全是一种幻想。[①]因此，“犹太人的人民工作”就越来越集中在儿童身上，他们的可塑性和感激之心弥补了所有的倒退。

与卡夫卡一样，菲利斯·鲍尔也认为人比原则更为重要，她马上就对人民之家的氛围印象深刻，是的，她被鼓励着。她觉得那里的房间是那么舒适、干净得令人惊讶，与其说是收容院，不如说是居所；那里有阅读室、浴室、一间小作坊，甚至还有一架钢琴。而且，在那里可以认识到很多有趣的人：一位来自巴勒斯坦的幼儿园女教师、一位年轻的犹太宗教教师、一位曲作者、几位医学院学生；偶尔还可以看到名人，例如布贝尔和兰道尔，此外，还有年轻的激进主义者，例如萨尔曼·鲁巴乔（Salman Rubaschow）（人们做梦也不会想到，这个人曾经当过以色列的一个州的州长）和盖哈德·舒勒姆（Gerhard Scholem）[他后来改名叫“盖舒姆”（Gershom），菲利斯的未婚夫评论过他的作品]。在那里，没有阴沉沉的学究的痕迹；每个人都受到欢迎，只要他愿意投入到这种无处不在的乐观氛围当中，并且经常参与劳动。由于主要面对的是实际问题，因而信任远比所谓的犹太复国主义的说教要重要得多，而那样的说教既不是菲利斯·鲍尔能够做出，也不是她愿意做出的。显然没有人认为这有什么不妥。即便是莱曼本人（他只在那里工作了几个月，后来他就隐居了）也对这位职业女性在工作中所投入的能量印象深刻：在每周的工作日期间，她有两次大约在17点或者18点出现在收容所，在那里一直待到深夜，在周末，她参加郊游，并且她还承担了大量的咨询工作。她在信中写道，人民之家想接收她为正式的员工；这样的邀请一定意味着对她的赞扬。当卡夫卡听说这些的时候，他多少有些担心，但是菲利斯似乎并没有过于劳累，在接下来的晚上还去听了有关斯特林堡的报告。

人民之家的工作绝对不是从大街上领回几个孩子，然后给予照顾。人们坚持要满足教育要求，这应该是犹太文化的核心；因而，人们期望无偿提供帮助的义工们定期组织有关宗教、文化和教育问题的座谈，并且在某种程度上扮演导师的角色。在菲利斯·鲍尔的小组中，教育学方面的经典著作——福斯特的《青少年

①《犹太人的人民工作》（*Jüdische Volksarbeit*），载《犹太人》，第一发行年度，第2期，第104—111页，这段话出自第106页。这个指导思想显然是莱曼从英国和美国的睦邻运动（Settlement-Bewegung）的实践中借鉴而来的。

教育》(*Jugendlehre*)被一章一章地讲授，然后进行讨论，这些对于在场的大学生而言，显然比技术领域的销售代表要容易得多，因为对于后者来说，她并不习惯对文章进行**解释**。好在她有一位朋友，他的工作正好与之相关——在处理办公室工作的中间，卡夫卡匆匆地浏览了这本书的主要部分，然后亲自打出了讲义，菲利斯只要照本宣科就可以了。[①]卡夫卡也是文学顾问和幕后的捐助人，他往那里送了10多本沙米索(Chamisso)的《施莱米尔的奇妙故事》(*Schlemihls wundersame Geschichte*)，这样孩子们就可以阅读了。

与菲利斯·鲍尔所担心的不同，在这里最先涉及的绝不是宗教教育；这些教程主要是与日常生活有关的、西方化的，而且与他们自己所接受的公民基础教育相重合。这令她安心。她也认识到，对于美的体验，例如在大自然当中、在德语散文中，也是重要的教育和道德培养的媒介。人们一致认为，应该尽可能多地向孩子**展示**哪怕是远远超越了他们的理解能力的东西，哪怕教学计划是从那些显得有些幼稚的教学经典和一些犹太复国主义者所推荐的文献中七拼八凑而成的。因而卡夫卡不禁有些惊愕地问道，特地给孩子们读莱辛(Lessing)的《明娜·冯·巴恩赫姆》(*Minna von Barnhelm*)到底有什么益处。中止，他喊道，立刻中止。现在人们到处都可以听说，年龄大一些的女孩和年轻的女人聚集在“犹太复国主义的童话俱乐部”里，她们甚至一起讨论勃罗德所写的有关“共同体”的文章，而读懂这篇文章是以对最新的表现主义文学的了解为前提的。当然，所有的人都热情洋溢，这令菲利斯确信，**共同体**这个概念确实能够产生集体性冥想的作用，是的，那些女孩都在思考或沉思于如何给文章的作者写一张感谢和问候卡片。但是，她也会突然想到，“你自己真的思考过这篇文章吗”？“你自己如何理解马克斯·勃罗德的**共同体思想**”等奇怪的问题。难道她一直都没有意识到，她可以和谁讨论这些吗？他应该给她寄一些他的日记，真诚地回答她的问题。[②]

在柏林的人民之家的阅读几乎没有什么可以选择的余地，主要是以教小学生的方式进行的，其他人无疑也会对此加以指责。特别是那些年轻、被意识形态高度武装的犹太复国主义者提出了主要的问题——对于东欧犹太儿童的这些社会化和西方式的教育，是否真的能够使他们逃脱被同化。犹太传统到底体现在哪里，哪里是在为巴勒斯坦做好准备？18岁的舒勒姆向人民之家的领导大吼道，他不应该

① 菲利斯·鲍尔需要讲授的是《不同学科的伦理要点》(*Ethische Gesichtspunkte für verschiedene Lehrfächer*)载弗里德里希·威尔海姆·福斯特(Friedrich Wilhelm Foerster)：《青少年教育：一本写给父母、教师和教士的书》(*Jugendlehre. Ein Buch für Eltern, Lehrer und Geistliche*)，柏林，1915年，第49—83页。卡夫卡的讲义写在1916年9月25日的信。《1914年—1917年书信集》，第233—234页。福斯特没有谈到“人民的价值观”，更别提基督教指导下的“犹太民族主义”教育了。但是，之所以这本书被选为培训义工的教育学的典范，齐格弗里德·莱曼写道：“因为缺少建立在犹太伦理基础上的教育学著作。”《柏林的犹太人人民之家：1916年5月—11月的第一份报告》(*Das J ü dische Volksheim Berlin. Erster Bericht. Mai-Dezember 1916*)，柏林，1916年，第15页。

②菲利斯·鲍尔可能是在1916年10月写给卡夫卡的信的片段。《1914年—1917年书信集》，第742页。在同一页上她称自己是童话俱乐部的“唯一的非犹太复国主义者”。卡夫卡对于这封信的回复没有保存下来。

“将精力放在愚蠢的、有关文学的废话上，而是应该学习希伯来语，然后去探寻源头”。舒勒姆也毫不避讳地指出，那些女性义工们的“经过高度美学装饰的裙子”一下子就泄露了她们缺乏民族斗争精神。在犹太人散居区［他将它称为意地绪的**格鲁斯**（Golus）］的人民工作是没有意义的，是对犹太人的资源的浪费，因为这里是不值得人们去做什么工作的，所有的工作应该到了巴勒斯坦才能开始。布贝尔有一句广为引用的话，被当作教育学的金科玉律：“成为人，并成为犹太人那样的人。”这句座右铭的确是充满感情色彩的。但是，无论是在东部地区——难民就是来自于那里，还是在德意志帝国的这块土地上，都不存在解决犹太人问题的办法，即便是通过最优秀、最犹太化的人也无能为力。迁移到以色列可能是唯一的解决方案，除此之外别无其他。①

对于那些心地善良的女性帮助者来说，面对最善于言辞、学识丰富的舒勒姆，她们无法做出过多的辩驳，舒勒姆的确是给了她们当头一盆凉水。但是，在卡夫卡那里却绝不是这样：

> 你所讲述的那场争论非常典型，而在我心目中是一直更倾向于如同那位舒勒姆先生所提出来的建议的，这些建议提出了最极端的要求，但是正因为如此，也等于什么都没有要求。对于这样的建议和价值，人们恰恰不应该去衡量眼下它所发挥的实际的影响。此外，我认为普遍性的建议是重要的。舒勒姆的建议的确不是不现实的。②

但是，这些**不是不现实**的建议的价值究竟体现在哪儿？当然是其真理性在真实性当中了。卡夫卡这样评价舒勒姆，完全是满怀同感的。后者知道这些的时候，已经70岁了。

每天一张明信片。这中间还会时而有信件来往，详细探讨一些问题。有一次甚至是一次专题学术报告会。对非常多的问题进行讨论。现在，连接两个人的细线不

---

①有关舒勒姆对于人民之家的态度，在他早年的日记中有相当详细的记录。《第一半卷本：1913年—1917年》（*1. Halbband 1913–1917*），卡尔弗里德·格伦德（Kalfried Grunder）和Friedrich Niewohner编，法兰克福，1995年，请特别参考第262—263页；另外他在年轻时代回忆录《从柏林到耶路撒冷》（*Von Berlin nach Jerusalem*）中也谈到了他的态度，法兰克福，1997年，第83页及其后若干页。莱曼在《柏林的犹太人人民之家：1916年5月—11月的第一份报告》的《后记》中，对舒勒姆的激烈的批评做出了回应，在那里并没有出现“犹太复国主义”这个概念，相反，而是非常醒目地经常谈到非犹太人的艺术和文学。莱曼讨论了“欧洲所赠与的……”“其他类型的价值观……”“落在了犹太人的土地上，被犹太精神所吸收和加工，并且也成为了真理，它们在对犹太人的培养中也发挥着作用。一些犹太人的观点深深地扎根在他们的民众个人主义的阴影里，因而他们看不到照耀整个人类的太阳，在我们看来这是完全非犹太化的。……我们并不认为与其他民族主义者的差异是令人痛苦的，如果精神的声音高过了鲜血的声音的话。”第17—18页。

②1916年9月22日写给菲利斯·鲍尔的信。《1914年—1917年书信集》，第231页。

能再断掉了。而且要通过独特的抱怨将这个“家”维持下去。

我们可以感觉到，来自玛利亚温泉城的奇迹不仅令卡夫卡变得柔和，而且也更为现实了。他现在知道，仅是通过发誓和共同的憧憬是不足以实现共属一体的。与一位女性保持相互联系——而且是在相距如此遥远的情况下，是需要一些共同的兴趣和共同的项目的。他成功地说服了菲利斯·鲍尔，在犹太人的人民之家的工作可以成为这样的项目。“在孩子中间我感觉非常好，”她这样写道，“而且，真的比在像办公室那样的地方好很多。”[①]卡夫卡看到这些语句很高兴，是的，她善于交往、勤快，而且他还欣赏她，拥有女人的善解人意，与人聊天、共同生活；现在，所有的这些都是他愿意听到的，每一个字都不想落下。

他也有权利将这种幸福归于自己的功劳：他给予了推动，他富有说服力，他坚定不移，他所做的一切都是对的。人们应该为他鼓掌喝彩。当然，生活不是小学生的作业。这样的**过于简单**的计算题并不会出现。

---

①在1916年10月12日写给菲利斯·鲍尔的信中引用了这段话。《1914年—1917年书信集》，第255页。有资料表明，菲利斯·鲍尔还与那些儿童建立私人关系，其中至少与一个孩子发展出了终生的友谊。在1960年10月，当她在纽约市郊去世的时候，特鲁德·波恩斯坦（Trude Bornstein）也在她身边，这是当时在柏林的人民之家的一位女学生［亨利·F. 马拉舍（Henry F. Marasse）讲述了这些］。

第六章
卡夫卡遇见他的读者

只有在自家的饭桌上才能吃饱。
——东欧犹太人谚语

尊敬的先生:

您给我带来了不幸。我买了您的《变形记》，并且将它送给了我的表妹。她无法理解这个故事。

我的表妹将这本书给了她的母亲，她也无法理解这个故事。

她的母亲又将这本书给了我的另外一个表妹，而她同样不理解。现在她们写信给我。我必须给她们解释这个故事。因为我是这个家中的博士。但是，我也束手无策。

天啊！几个月来，我在防御战壕里和一群俄国人打打杀杀，但是连睫毛都没有眨一下。可是，如果我在我的表妹那里的名声被破坏了的话，却是我不能忍受的。

现在只有您能够帮助我了。您必须帮助我；因为是您把我像撕碎的面包那样扔到了热汤里。那么，请告诉我，我的表妹从《变形记》中应该悟出什么。

致以最高的敬意！

您的忠实的齐格弗里德·沃尔夫博士

当卡夫卡早期的作品遭遇他早期读者的时候，就出现了这样的局面——琐碎的、滑稽的骚动，这应该是下一代人从他遗留的作品中掀起的讨论热潮的前奏。这位来自柏林夏洛特堡的、英勇无畏的齐格弗里德的确存在，他的［政治学（rer. Pol.）］博士头衔也是真的，而且他也曾在防御战壕中待过（1915年受伤），他的职业是银行经理。卡夫卡不太愿意享受进行简明扼要的讲解的乐趣。[①]

卡夫卡的日记中鲜有提及这些，但是至迟到了散文集《观察》——凭借它，他从编者擢升为作家——出版之后，他也已经有了一些面对突然冒出来的**读者们**的特别的经历了，读者们的出现使得文学文本的独立性、作家的控制力和完美的意愿都永远地被剥夺了。有一个**专业术语**叫作“理解的历史”。在读者看来，文学作品就是朴素自然的媒介，他们通常不知道它的其他形态。而对于作者而言则相反，在作者看来，文章是努力的结果，是将动机、想法和联想、被丢弃的变量和不受欢迎的奇思异想、神经上的障碍和自我陶醉的胡言乱语组织成一个完全不寻常的故事，也就是说，对于作者而言，即便是对那些最成功的作者而言，理解的开始同时也是理解的结束：因为从这时候起，一切就脱离他的控制了，他不认识的人接手了一切。卡夫卡也没有躲过这样的体验：对于读者在他的薄薄的小书里所读出的一切感到惊讶，有时甚至感到荒唐。不过与勃罗德不同，他抵制通过事后的讲解来重新获得对他的作品的控制，甚至是摆弄创作者的自主性：他有自己的解释，读者则读出自己的解读。

卡夫卡从很早就已经适应了独立自主的读者做出独立自主的判断的情形，并且逃脱了过于个人化和完全不负责任的语言游戏，这些主要归功于他的密友圈子里一直保持下来的朗读作品的传统。他很喜欢朗读，部分原因是他想检查一下作品中是否有滑稽可笑的地方，部分原因是他想分享那种成功的享受，并且希望那享受能够翻倍。这两个因素一定都要在尽可能小、精挑细选，也就是说人们之间有着某种私人关系的听众中才有意义，例如他的妹妹；勃罗德、鲍姆和威尔特士；鲍尔一家，或者一个半公开的圈子，例如在马施纳总裁的妻子所举办的“沙龙”中的其他客人。

卡夫卡所遇到的较为棘手的情况，可能是在一个完全匿名的舞台上，在那里不可避免地引发他对于任何形式的社交性自我展示的抵制；超我所发出的干扰性噪音、对于究竟谁有这样的权利将他推到了舞台的中心的啃噬般的怀疑，都使得朗读的兴致大大地受到破坏。卡夫卡完全不惧怕他的朗读对象，但是，一旦当人们对文本的好奇心消散、转移到他个人的生活，他的尖刺就竖起来了，而且，当醉心于文学的高中学生作为“您最忠实的追求者”向他表达问候的时候，则令他非常恶

① 齐格弗里德·沃尔夫（Siegfried Wolff）的来信上标明的日期是1917年4月10日。《1914年—1917年书信集》，第744页，卡夫卡的回信并没有保存下来。约翰·梅耶描写了沃尔夫“被卡夫卡像撕碎的面包那样扔到了热汤里”，载《法兰克福汇报》（*Frankfurter Allgemeine Zeitung*），2006年7月8日，第53版。还有一件怪事是：卡夫卡在1917年年底出于不明原因记下了畅销书作家海德维希·考特斯-马勒（Hedwig Courths-Mahler）的地址［克奈泽贝克大街（Knesebeckstraße）12号，柏林夏洛特堡（Charlottenburg）］，但是他可能没有注意到，那位写信的读者齐格弗里德·沃尔夫住在**同一栋房子**里。

心。[1]唯一的一次，他在布拉格，面对一群陌生人做演讲，在那片无知的喧哗中，他仿佛置身于4年前所感受到的《判决》中的氛围里，从那之后，他既不接受这样的机会，也不去主动寻找它们。即便是在朋友圈子里，卡夫卡也从很久以来就对听众有限制。那么，他还应该朗读些什么呢？所有的人都在等待《审判》和《失踪者》的完成。卡夫卡得到了足够的善意的鼓励，但是他**知道**，他不会再去构思一部小说，只要战争还在继续就不会。因而，为了练音，他偶尔朗读一些奇怪的文章，奥特拉是唯一的听众——在炎热夏天的星期日，在一个安静的山谷里，他们躺在草地上，远离城市的喧嚣。

这样的宁静被一个不期而至的要求打破了：定居在慕尼黑的"新画廊艺术家汉斯·戈尔茨（Hans Goltz）"建议卡夫卡，举办一个朗读他自己的文学之夜。这个建议让人有些吃惊。他去那个城市到底要做什么、那里有谁知道他？他曾经想去慕尼黑读大学，因而曾用了两个星期的时间在那里走走看看，不过现在留下的几乎也只是模糊的印象了。最近一次是1913年，他从里瓦回布拉格的时候，在那里闲逛了几个小时，这几乎就是所有的一切了。他完全不了解施瓦本人（Schwabinger）的现实生活的场景，或者充其量只知道弗兰茨·布莱所讲述的一些逸事，但是这些早就被闪闪发亮的文学大都市柏林所散发的光芒遮盖了。几个布拉格的熟人这几年来在柏林出了名，甚至奥斯卡·鲍姆在那里也有资助人，当然，以前卡夫卡的名字也被一些重要的柏林人知晓，但是，世界大战切断了那些脆弱的关系。

不过，卡夫卡在短短的几个小时就做出了去慕尼黑的决定，而且在他几乎还没有拿到邀请函的时候，他就已经递交强制性旅行护照的申请了。他很快就明白了，这与其说是关系到地方性的误解问题，不如说，它是书商、出版商和艺术品商汉斯·戈尔茨严肃认真策划的，面对柏林先锋艺术家的一个系列活动——活动的名称是"新文学之夜"，莎洛默·弗里德兰德（Salomo Friedländer）参加了首次活动。并且，埃尔莎·拉斯克-许勒((Else Lasker-Schüler)、阿尔弗雷德·沃尔芬斯泰恩（Alfred Wolfenstein）和西奥多·多伯勒（Theodor Däubler）也同意参加这个活动。这值得了解一下。尽管如此，卡夫卡对于这个活动的主办者明确声称自己是"德国表现主义者"，朗读一定是在时尚浪潮的背景下进行，肯定是不满意的。

人们究竟是为什么突然想到他的呢？无法看清楚直接的动机是什么，可能并不是因为夏天发表在《柏林日报》上的那篇文章——在那里，卡夫卡被与克莱斯特相提并论——所表达的理解和承认。[2]或者是人们已经知道到了**终于**即将出版的

---

①摘自1913年6日—7日写给菲利斯·鲍尔的信。《1913年—1914年书信集》，第124页。可能这里谈到的是当时18岁的布拉格作家Hans (Jan) Gerke，他也经常出现在奥斯卡·鲍姆的朗读会上。

②奥斯卡·瓦尔茨（Oskar Walzel）：《奇迹的逻辑》（*Logik im Wunderbaren*），载《柏林日报》，1916年7月6日。卡夫卡非常喜欢瓦尔茨对《司炉》和《变形记》的评论，他甚至都打算写信向文章作者致谢了。库特·沃尔夫出版社的经理格奥尔格·海恩里希·梅耶立即写信给勃罗德说，"为了卡夫卡，必须充分利用" 瓦尔茨的这篇文章。1916年7月7日，马克斯·勃罗德的文件，特拉维夫-雅法。

《判决》——这是一本很薄的小册子，已经开始广泛地谈论它了？也不是，原因其实很简单，这对卡夫卡来说足以使他清醒过来。如同一年之前的冯塔纳最佳小说家奖时的情形一样，他再一次只是同乘者而已；但是，最开始的邀请是发给比卡夫卡更有名气的马克斯・勃罗德的，而勃罗德建议，什么时候也应该让卡夫卡来读读他自己的作品——如果这位布拉格的天才吸引力还不够大的话，也可以和另一位作家一起。"……我想去那里的冲动也因此变小了"，卡夫卡叹了口气。[①]这些年里他的每一次出场，也包括这一次，都在很大程度上归功于勃罗德。

尽管如此，他并没有考虑拒绝这个邀请。因为前往慕尼黑毕竟提供了见到菲利斯的机会，这种机会在审批护照变得严格的背景下与其说是少了，不如说乘车去德意志帝国兜风的可能性已经快要没有了。必须证明，他的旅行是**必要的**；还需要奥匈帝国的旅行护照，在那上面有"通过边境许可证"，以及德国领事馆的盖章，此外，在德国检查的注册和注销也是必要的。那时，朗读也属于一位作家的职业义务，因而在出示邀请函的情况下，朗读通常是可以被认可为旅行目的的（只要相关的当事人是"可靠的且不令人生疑的"——正如在卡夫卡的警察局档案中所写的那样）。相反，对于过去只需要他出示重新订婚的告示，就可以成行的周末柏林的旅行，现在则完全没有可能了。

菲利斯马上就指出，这样，她将牺牲两天宝贵的休假——星期五和星期天将在火车上度过，只是为了与卡夫卡短短相见几个小时。这对她而言是不在考虑范围之内的；没错，她甚至奇怪，卡夫卡为什么不利用这个机会选择有违警方规定的绕道来趟柏林，在那里，他还能——比如说——参观一下一直所谈论的犹太人的人民之家呢。不过，卡夫卡至少发现，从布拉格发车去慕尼黑的火车和从柏林发车去慕尼黑的火车是同一条线路，这样，他们就可以在中午前后到餐车去欢庆相聚了——他希望能有几个小时的团聚。

此外，还存在着其他更严重的障碍。卡夫卡最终会提供给慕尼黑的听众什么呢？绝对不可能从写了一半的作品中选些片段去朗读——托马斯・曼这些天也正在做朗读旅行，他选读的是《大骗子菲利斯・克鲁尔的自白》（*Bekenntnisse des Hochstaplers Felix Krull*）的选段，但是他的那种自信看上去不像是卡夫卡所追求的。另一方面，将会到场的那些行家们也会通过介绍得知，自从他首次亮相以来有什么样的发展，以及他**目前**处于什么样的状况。他手上只有几篇没有发表的文章，其中能够拿得出手的就是《在流放地》了。恰恰是这篇小说也会被最友好的听众冷酷无情地审视，他手上就有这样的证据。因为库特・沃尔夫——他在几周前刚刚服完兵役，终于回到了莱比锡的出版社——就反对将《在流放地》作为单本出版的想法。虽然在他的信中没有明说，但是从卡大卡的回复中还是可以看到，这绝不

① 1916年9月19日写给菲利斯・鲍尔的明信片。《1914年—1917年书信集》，第230页。

是流程上的小伎俩，而是涉及根本性的问题：

> 我非常愉快地收到了您对我的手稿令人高兴的评论。您的不快和尴尬的感觉完全在我的意料当中，的确，到目前为止几乎所有看过这篇小说的人都有这样的感觉。您建议我用这样或那样的方式可以多少减轻这种不愉快的感觉！对于这篇最新完成的小说的辩解，我只想补充说，并不只是这篇小说令人不快和尴尬，相反，我们的日常生活和我们所在的这个特殊的时代同样曾经是、现在也是非常糟糕的，我的状况甚至比一般人的要更为令人不快。上帝知道我是多么迫切地寻找着能够允许我继续写下去的道路——或者更准确地说，寻找我所处的环境和我的状态允许我，以我所渴望的方式继续写下去的道路。而这篇小说与之无关。因而，我现在所能做的只有安静地等待，这样，至少我从表面上像是一个不抱怀疑态度的当代人。因此，我也完全赞同，这个故事不应该在"年少时光"系列中出版。[①]

沃尔夫的信与其说是热情，不如说是礼貌性建议，是将这篇小说与其他的作品结集出版，但是卡夫卡拒绝了这个建议。并且，带着某种逆反情绪，告诉沃尔夫，不久之后，他将公开朗读《在流放地》。即便卡夫卡从来就没有停止过自我谴责，这位敏锐的出版商也几乎难逃卡夫卡的愤怒的弦外之音。但是，完全不同寻常的是，这一次，卡夫卡并没有只是从内在的必要性来对他的这部作品进行辩护，而是将它作为反映当代的典型表现来说明它的必要性。显然，对他而言难以理解的是，这位在法国参加了两年战争后回国，并且对巴尔干地区满怀记忆的陆军中尉沃尔夫，为什么还会从《在流放地》的残酷和身体上的酷刑体验到"令人尴尬"。这些无疑是相当真实的，不**只是文学**作品。任何严肃对待自己的行为的作家都会接受这样的顺序吗？难道必须让库特·沃尔夫理解，文学作品和**真实的文学作品**之间，完全是按照它们触及真相核心的程度来进行区分吗？卡夫卡的小说产生于这样的瞬间，在那时，暴力的狂欢在其他地方被触发出来，那是类似于超现实的力量，以幻想的形式表现出来——卡夫卡认为，对于这位出版商而言，应该能够轻而易举地看到这中间的非常有说服力的联系（甚至连信件检察官都能够理解）。

对于卡夫卡而言，联想到政治概念的想法是非常奇怪的，他确信，那个随着技术专家主义的行刑者之死而终结的流放地，显然应该被作为"时代观察"来阅读，完全不是一篇合时宜的文章，因此也有足够的理由禁止朗读它。任何一个公开发表的词语都要呈现给慕尼黑警察局的新闻管理部门，由他们对此作出决定，

---

① 1916年10月11日写给库特·沃尔夫的信。《1914年—1917年书信集》，第253—254页。沃尔夫的"年少时光"图书系列在一个月之后出版了《判决》。有关于此参见史塔赫的《卡夫卡：关键年代》，第375—376页。

而且他们会对这篇作品作出什么样的诠释也是完全无法预测的。此外，艺术品商人戈尔茨的名字在慕尼黑的警察圈子里也不是特别受欢迎的。相反，他作为弗兰茨·马尔克（Franz Marc）和瓦西里·康定斯基（Wassily Kandinsky）的赞助人，倒是用最现代的艺术挑衅过大街上的众人，就在位于艺术家们聚会的"路易波德咖啡馆"（Cafe Luitpold）旁边的布里恩纳大街（Briennerstraße）的橱窗前，使得许多被惹怒的人们不得不离开。

因而，卡夫卡与他的未婚妻的相聚，就取决于某一位匿名，而且不可能直接接触到的慕尼黑警官的友善与否了，对于这样一位每天用图章来决定事务的存在的公务人员来说，这也是一个令人印象深刻的经历。"我感到越来越紧张"，计划中的旅行还有几天就要成行了，"我完全无法想象，居然就被批准了，我的作品实质上是清白的。"[①]清白的？事实上，现在还找不到哪一条规定能够强制性地保护国家和社会免受卡夫卡小说的影响。但是，就连汉斯·戈尔茨也认为，最好避免公开地宣扬"流放地"这个概念。**流放地**属于巴伐利亚州国防部的管辖范围，人们最好不要挑战该部门的新闻检察官。为此，戈尔茨挑选了一个他认为真的是清白无辜的题目："弗兰茨·卡夫卡：热带的明希豪西阿德（Münchhausiade）"。[②]

是否还可能更糟糕一些呢？现在，一条消息不期而至了——勃罗德的休假没有被批准，因而卡夫卡在1916年11月10日的晚上，只能独自一人去代表布拉格的"表现主义"、完全独立地承担所有的风险了。凭借一个荒诞故事。

> 第一句话就让一股淡淡的血腥气味弥漫开来了，一股淡得不同寻常的味道出现在我的唇间。他的声音听上去非常坚定，但是他的描述更令我印象深刻……
>
> 一记沉闷的跌倒的声音，大厅里一阵骚乱，人们抬着一位昏厥的女士走了出去。而他的话语又两次将另外两个人击晕了过去。听众人群变得稀疏起来。有的人在战胜这位作家的幻想前的最后一刻逃走了。我从来没有看到过说出来的词语产生过如此这般的效果。我一直待到最后……[③]

人们想知道得更详细一些。那3个不幸的人是谁，在卡夫卡的朗读会上，他们受到了什么样的刺激？究竟是什么将他们击倒了：是勃罗德的难以言表的诗歌（换言之就是长篇而"滑稽的大合唱"）——卡夫卡将它作为开场白和朋友的致歉朗读

---

①1916年11月3日写给菲利斯·鲍尔的明信片。《1914年—1917年书信集》，第272页。

②1916年11月7日《慕尼黑最新消息》（*Münchene Neueste Nachrichten*）和《慕尼黑日报》（*Die Münchene Zeitung*）上的告示。

③Max Pulver：《欧洲时代的回忆》（*Erinnerungen an eine europäisch Zeit*），苏黎世，1953年，第52—53页。完整再现了卡夫卡朗读的那个片段的文字。参见汉斯-戈尔德·科赫编：《当卡夫卡出现在我面前……》（*"Als Kafka mir entgegenkam…"*，增补新版，柏林，2005年，第141—142页。

了;或者是在讲台前升起的“血腥味”;或者只是完完全全的无聊——令人们昏昏欲睡?还有,当他们清醒过来后,他们做了些什么?他们要求对身体上的伤害给予补偿了吗?是针对画廊老板,还是针对卡夫卡?

这无疑是一场令人着迷的闹剧加上幻想:一位作家,在他的听众一部分被抬了出去、一部分正用自己的双腿逃之夭夭的情况下,仍然不受干扰地继续朗读着。但是,真正令人生气的是,瑞士作家马克思·普尔沃号称对卡夫卡在慕尼黑的朗读会做了独特而详细的描述,事实上这篇文章杜撰了这次活动的每一个细节,从而使得愚蠢的卡夫卡——传奇故事引起轰动。[①]这位通灵者、星座爱好者和后来的笔迹学研究者普尔沃,即便在几十年后也没有意识到,他究竟让什么样的机会从他眼前溜走了:他不仅是卡夫卡在布拉格之外举行的唯一一次朗读会的见证人,而且显然他也观察了卡夫卡与里尔克之间的唯一一次会面——这对卡夫卡而言也是一次完全不同寻常的经历,因为这为他提供了与这位无论是内部的,还是外部的文学表现都相去甚远的作家难得的相见机会。这一切都处于独特的双重光环之中:那是在戈尔茨书店一楼、在全市都赫赫有名的画廊里,在那里挂着新脱离派(Neuen Sezession)的作品,十几位听众大多都穿着大衣坐在那里(这也是因为慕尼黑长期以来一直煤炭匮乏),里尔克也是其中的一员,旁边还有其他作家、评论家,当然不要忘记还有菲利斯·鲍尔,她肯定坐在第一排的首席位置。之后,在餐馆还有一个非常小型的宴会,但很遗憾里尔克没有参加,当地文坛的几位代表出席了这个宴会,例如奥根·芒德特、哥特弗里德·克韦尔(Gottfried Kölwel)和马克思·普尔沃。“我不应该读我的这篇肮脏的小故事”,这是从这个夜晚流传下来的,可以确信是卡夫卡说过的唯一一句话。[②]在过了很长时间之后,他又试图点起自己的火焰。但是火苗已经完全熄灭了。

来自媒体的代表也不应该被忽略。他是一个“完全不合格的传达者”,卡夫卡在第二天就从《慕尼黑最新消息》中读到了这句话;“滑稽的惊慌场面”这是出现在星期天的《慕尼黑日报》上的文章,而那个时候,卡夫卡已经又坐上了火车;“太长、太不引人入胜”,卡夫卡在星期一的《慕尼黑和奥格斯堡日报》(*Die München-*

---

①马克思·普尔沃(Max Pulver)讲道,卡夫卡在第二天和他一起在慕尼黑城外散了步,而这一天正是菲利斯·鲍尔所共同度过的一天!他还提到,卡夫卡在散步途中因为肺部疾病而总是呼吸困难。普尔沃在这里应该调整好自己的呼吸才是,因为卡夫卡在1916年9月不仅身体健康,而且在之前的好几个月里他经常在布拉格周围用一个又一个半天进行徒步行走。普尔沃还说道,卡夫卡在这次谈话里透露了他对自己父亲的负面的成见,但却没有提供可信的原话。富有启发意义的是,尽管普尔沃鲁莽,但是他“在一段时间里一直吸引着”卡夫卡;而与此相反,尽管库特·沃尔夫出版了普尔沃的一本诗集和两部剧本,但是在他第一次见到这位作者的时候,就很讨厌他,而且最终庆幸终于摆脱了他。卡夫卡在1917年1月3日写给哥特弗雷德·科维尔(Gottfried Kolwel)的信,《1914年—1917年书信集》,第283页;库特·沃尔夫在1917年2月1日和12月10日写给赖内·马利亚·里尔克的信,载库特·沃尔夫:《一位出版商的书信来往》,法兰克福,1966年,第141—142、148页。

②奥根·芒德特(Eugen Mondt):《与弗兰茨·卡夫卡在一起的夜晚》(*Ein Abend mit Franz Kafka*),载科赫的《当卡夫卡出现在我面前……》,第139页。

Augsburg Zeitung）读到的晚发的报道……他放弃继续追踪其他的评论。当然，卡夫卡承认了“所有的一切都的的确确是一个伟大的失败”：

我将我的作品当作通往慕尼黑的车轮，没有它的话，我不能建立哪怕是最小的精神上的联系，但是我滥用了它，而且在两年没有写作之后，我却难以令人置信地目空一切，在我已经有一年半没有给我在布拉格最好的朋友们朗读任何东西的情况下，居然在这里公开朗读。此外，在布拉格的时候，我还一直记着里尔克的话。他对《司炉》赞赏不已，但是他认为无论是《变形记》，还是《在流放地》，都没有达到那个高度。这样的评价不仅清晰明了，而且富有洞见。①

显然，里尔克读了卡夫卡的**所有**的作品——仅是这个事实，的确足以使得卡夫卡尽管面对逆境，也能以坚定的态度回到布拉格了。让卡夫卡忧心忡忡的是那些觉得朗读会太长了的听众们，还有那些认为他的低调登场完全不具有表现主义者特点的记者们。此外，这次经历留给他更深刻印象的是，在这个陌生的环境里，没有人对作为兄弟、朋友、恋人、同事、二房客、工厂主或者犹太复国主义的卡夫卡感兴趣。他是被作为作家，而且**完全是被作为作家**邀请而来，并加以认知的：人们谈论他的作品，向他询问布拉格文学圈里的情况，的确，甚至把诗歌带来让他予以评价。他发现，至少通过他的成绩，哪怕是他带到慕尼黑的成就也无法让他为自己做出辩解。这是一个珍贵的提醒。卡夫卡想起了他在布拉格所扮演的角色，非常非常多的角色，以及这些角色需要他履行的职责。

只有几天还容许他荒废掉。之后，他踏入了一位中介的办公室。现在，他需要一所公寓，这是不可避免的第一步——一所宽敞、安静，尤其是**属于自己**的住所。

菲利斯·鲍尔是第一个发现了这个巨大变化的痕迹的人。而且，她知道，在这里她发挥了多大的作用。因为在卡夫卡的没有言明的紧张后面隐藏着一种失望，这比朗读会外在的失败还要有更深刻的影响。这种失望来自于，他们无法使得玛利亚温泉城的那种亲密感超越这个由陌生人所组成的狭小的圈子和被火车时刻表所主宰的局面。在短短的几个小时里，应该做什么呢？所渴望的亲密感消失了，紧张感出现了，最后他们坐在一家蛋糕店里，吵了起来。关于什么？我们不知道。可能是因为菲利斯的严苛的母亲所期望的，被卡夫卡拒绝的犹太新年的问候；也可

① 1916年12月7日写给菲利斯·鲍尔的明信片。《1914年—1917年书信集》，第277页。很遗憾没有地方能够找到对于里尔克的确出现在卡夫卡朗读会现场的明确的证明性话语。但是，与卡夫卡面对面的谈话中，里尔克所说的话（也可能并不是事后补记上去的）可以从他的未公开出版的记事日历中看到，那上面标注着“在戈尔茨那里的弗兰茨·卡夫卡之夜”。里尔克的档案，盖恩斯巴赫（Gernsbach）。

能是因为菲利斯委托他送给他的父母的鲜花——对此他也拒绝了。只要关系到家庭义务方面的事务，他一如既往地固执。她指责他"自私"，而之后，卡夫卡指出，他认为在菲利斯的生活沉浸在自暴自弃之前，她每个星期、每个月都为他们的共同兴趣而发誓，人民之家的工作是她的自我的一部分。

这些都不会再发生了，她从柏林发出安慰。当然，肯定还会再出现，他反驳道（因此觉得自己是有理的）。恰恰是她最清楚，他是绝对不会容忍说他自私的指责。尽管这样的指责是有道理的，但是在这里突然出现了自我意识的声音——这对于菲利斯是全新的声音，似乎是自私的自我辩解，"它并不是涉及哪个人，与人的关系相当小，而是与事务有关"。与**事务**有关，也就是与写作。就像他必须走出阿斯肯纳夏霍夫酒店所留下的最后阴影一样（他在慕尼黑的蛋糕店里无疑又感觉到了那种冷冰冰的气息），他补充说："我的负罪感一直足够强烈，这不需要任何来自外界的滋养；但是我的器官却不够强大，因而它经常要狼吞虎咽一些养分。"**我**坐在法官席上，而不是别的什么人。这是一个老策略，就是通过最短的路径找到共同之处。[①]

卡夫卡收回了他的触角。他的共生共栖的渴望已经失去了自身的目标，现在也将缺席——从慕尼黑回来后不久，他开始明白了，如果他坚持**随身**将文学**带到**共生的生活中，那么除了不再期望这样的生活能够获得成功之外，就没有什么可做的了。菲利斯的确读过《变形记》；但是在慕尼黑，她毫不掩饰对《在流放地》的惊诧——可能不是事先了解的。她不理解为什么任由这类幻想释放出来，这是与恐怖一起游戏，而且还冒犯无礼，甚至公然跨越了恶心的边界，变成了**一种东西**——使得确保两个人之间亲密生活的必要条件不复存在了。她绝对不是不友好的，但是她还是感觉到自己同情能力的界限。她暧昧地提出了一个"解决方案"，是一个让文学和婚姻达成和解的多少有点具有实用性的措施。但是，更具体的做法她也不知道，而且卡夫卡也不再相信任何措施了。

犹太人的人民之家突然就从来往的信件上消失了。卡夫卡继续给菲利斯寄书，为她列出推荐给青少年的书目清单，将他的稿费直接转账到柏林。但是，他不再过问，也不再提出建议，这个共同的兴趣已经不再被激活了。菲利斯再一次无法理解卡夫卡的参与行为中所具有的极其深刻的想象性特征。对于东欧犹太儿童的共同的思考，对于他而言是比这些儿童本身更重要的；在他看来，菲利斯撰写的书面报告也比亲眼所见更为重要，而只有通过后者，他才能检验他的想象中有多少

---

①1916年11月21日写给菲利斯·鲍尔的明信片。《1914年—1917年书信集》，第274页。另一个有关在慕尼黑的激烈争吵并不是完全无害的证据是这样的一个事实，即在信件卷宗里没有在这件事情发生后卡夫卡最开始寄出的明信片，那些明信片上应该是卡夫卡谈论"共同生活的核心"的相关内容（出处同上）。显然，菲利斯·鲍尔不想公开这些口头讨论过的"后来补充的承诺"，尤其是不想让那些信件被世人所读到，因为信件中也有他逐字逐句对这些承诺的引用。在1914年2月已经发生类似的情况，而那段时间里的信件也找不到。请参考史塔赫的《卡夫卡：关键年代》，第450页及其后面若干页，特别是注释12。

现实的成分。**真实**和**真正的生活**中的强有力的、构建身份认同的乌托邦才是核心，所有的想象都是围绕它展开的，他希望，人民之家是一个**例子**，让它来教导菲利斯，这些概念对他意味着什么。当然，他觉得她没有什么变化，也没有学会什么，但一直指向真实的指南针却发生了转动。它不再指向柏林，它指向了几本空白的学生作业本——这是卡夫卡买回来的。

“圣诞节？我没法出行。”[①]由此可见，这一次已经不再涉及护照管理规定了。菲利斯表示反对，她提出了一些建议，但是卡夫卡对此未加理会。他需要休假，需要给自己几天空闲的时间，而且非常迫切。为什么是这样，他会在以后向她做出解释。1916年底，大幕落下了；流传下来的文献也再次中断了。在1917年上半年卡夫卡只给菲利斯·鲍尔写了一封信，日记里也只有寥寥数行。两个人有长达四五个月，可能是六个月没有再见面，他们静静地从我们的视线中走开，也几乎不是什么令人惊讶的消失。[②]因为一旦卡夫卡的富有诱惑力的声音静默下来，就是在公然表明没有什么决定性的事情发生，而且任何表达爱恋的姿态，甚至是任何亲密的肉体接触的时刻的缺失也展示了，这种局面是在很长的一段时间里无法得到改观的：无论是通过共同完成东欧犹太人的任务，还是通过解决西欧犹太人身份定位的共同难题，是的，也无法通过卡夫卡的确实是技艺精湛的移情能力。共栖共生只有在忘我的情况下才是可能的，这要求放弃自身的渴望——无论是梦想还是妄想。因而，共栖共生是无法通过计划和策划得以实现的。因为那完完全全是一种浪费，是一种徒劳的努力，它只能带来暂时的幸福，终究会不可避免地推向失望。

---

① 1916年11月24日写给菲利斯·鲍尔的明信片。《1914年—1917年书信集》，第276页。

② 这样的印象不仅可以从流传下来的有缺口的文献中得到，也可以从卡夫卡在1917年8月29日写给奥特拉的信中得到证明。在提到菲利斯·鲍尔的时候，卡夫卡在信中说：“在过去的那些时间里，我再次恐惧地忍受着原来的胡思乱想所带来的折磨，总体而言，只有去年冬天才是这长达5年的痛苦到目前为止最大的中断。”《1914年—1917年书信集》，第309页。

第七章
一位炼金术士

我将头埋在手稿里，
然后看到了自来水笔的影子。
——萨缪尔·J.阿格农（S. J. Agnon），《信》（*Der Brief*）

沿着布拉格城堡区北边的围墙，在其内侧——还属于城堡的一部分，可以发现大量的布拉格旧城遗迹，其中有一个便是炼金术士巷（Alchimistengasse），也被称为炼金术士的小巷子。这条小巷子只在横向的一侧可以进出，纵向的两个方向都是死胡同，巷子的尽头是非常古怪的建筑物。在这个巷子里，有一排紧贴着城墙，或者在逼近城墙的地方搭建的很小的房子，每所房子里只有一两个房间。疯疯癫癫的皇帝鲁道夫二世（Rudolf Ⅱ.）的炼金术士们，在1600年前后应该住在这里，那是一段传奇。这些小房子墙贴着墙，就像一排刷着不同颜色的火柴盒，房子的门都很低矮，的确是为另一个时代的人设计的，这种景象让人思绪万千。

1916年秋天，其中的一所房子找到了一位新的女租客，这就是24岁的奥特拉·卡夫卡。这所小房子有一个房间，还有一个很小的地下室，里面有炉子，脏而且旧，一个月只要20克朗的房租。这正是一个可以布置成舒适的洞穴，在少有的休闲时间里稍稍放松一下的恰当的场所，在这里可以不再被父亲不信任的目光所观察，可以和堂姐、最好的朋友伊尔玛聊天，而不被人偷听。和奥特拉的父母们一样，都不太知道有炼金术士巷的存在的未婚夫约瑟夫·戴维，终于从前线回来休假了，他也发现这是一个理想的栖身之处：它坐落在城市的高处，这样就可以使人们预防某些偶然的相遇了。

奥特拉请人粉刷了房间，买了两把藤椅，在墙上钉上了衣帽钩，学会了使用那个难以驾驭的炉灶。这是个不小的花费，但却是值得的，因为无论对于她还是对于伊尔玛——她们都在赫尔曼·卡夫卡的（Hermann Kafka）女性用品商店工作——来说，除了每个周日之外，至少还可以在这里自由地度过一个延长了的午间休息，伴随着对自己住所的隐秘的自豪之情，她们也一定感到了极大的满足。

她的哥哥弗兰茨却没有那么幸福。他长久以来也一直在考虑，最终还是要找到一个安静的地方，来摆脱这个房子的遍及房间中的“尘世烟雾”，几乎两年了，他夜复一夜地盼望着周围噪音的结束，但是奥特拉的房子和之前所住的父母的公寓里几乎没有什么区别。他首先在布拉格的老城区到处寻找，不过排除了那些人来人往的小巷子，有时是他自己去看的，有时是和奥特拉一起，一直一无所获。而现在，在从慕尼黑回来的几天之后，他得到了一个吸引人的选择：一个在勋博恩皇宫（Schönborn-Palais）的公寓，就在老城区的内环旁边，里面有两个高大的、刷成红色和金色的房间，有浴室、电话、电灯，而且窗前是一座宁静的、属于皇宫的、处在略高的地方的公园。城市中的梦想之地。不过，为了实现这个梦想，前房客要求后租者缴纳补偿房租，这比一整年的租金还要高。卡夫卡放弃了——可能多少是出于吝啬，但是主要还是被整个环境的豪华吓着了，他也无法想象，在壁画下怎么去创作他的作品。

可能在那个时候，卡夫卡不由自主地想到了奥特拉的小房子，那里缺乏最基本的舒适性，而且与巴洛克式的宫殿完全相反。他曾经不想在那里度过任何一个夜晚。但是，他突然被一个设想吸引住了：每天在那里、在他的笔记本前面坐上几个小时，玩一会儿钢笔或者铅笔，完全处在一种心不在焉的状态中。其实尽管墙壁很薄，但是从邻居那位友好的老先生那里几乎听不到什么动静，而且炼金术士巷在白天也很安静：没有马蹄的嗒嗒声，也没有电车驶过的声音。从其中的一扇小窗户望去，可以看到一大片种满阔叶树的鹿墓园，这样一幅全景图，即便在旅游指南上也值得写上几行说明文字。鸟儿的歌声从那里传了过来，还有一些声音偶尔也可以在这里听到。现在还在战争中，没有人能从布拉格得到完完全全的享受，基本上不可能有游客走到这些小房子附近，（像旅游指南上所明确建议的那样）为了从这里看到美丽的风景而在桌子上放上些小费。

在这里会得到这样的体验，这比卡夫卡所梦想的还要好得多。因为奥特拉不仅愿意给他钥匙，而且还操持着把那里布置得方便使用。取暖的炉子是需要添加煤炭的，而奥特拉每个中午会匆匆赶来，通风、清除炉子里的煤灰，然后添上煤炭、生火。之后，卡夫卡大概在16点左右来到炼金术士巷，他身处一个干净、温暖而且安静的房间里。他在那里会待上四五个小时，然后散着步回到父母的公寓，和家人一起吃晚饭，最后，他又回到坐落在悠长巷子里的只有他自己的住所。不过，他也越来越经常地放弃这样的来回奔波，而更愿意带些吃的到奥特拉的小房子里，在那里度过夜晚，直到午夜前后才动身回父母家，他将走过古老的皇宫台阶，有时是在下雪天，有时是在月朗星稀的天空下，渐渐地这段路程就成了一个给人安慰的仪式，头脑清静下来了，为睡眠做好了准备。

当看到哥哥高兴时，奥特拉觉得很幸福。尽管自从他不和家人一起吃饭以来，她就不像以前那样能经常看到他了。她似乎感觉到，在短短的几周之后，他已经将这个临时休息的地方当作“我的家”了，甚至将它称作为“我的房子”，而她完全接受这一点，不仅没有生气，而且非常满意。[①]甚至是在周末，她有时也会放弃自己的想法，以使她的哥哥不必中断写作：她去帮助生火取暖，为煤油灯添好煤油，然后就离开了，不顾天气状况，一连几个小时在外面散步。有关12月3日这个星期天她是这么写的："我往星形皇宫走，现在正往回走，以便看看我的那个小房子情况如何。只在外面，我的哥哥在里面，我认为，他在那里应该一切都好。没有什么需要我去做，我应该在街上待着。"[②]

里面的情况如何呢？这暂时是一个秘密。他用"不可能"将自己包裹，就连菲利斯也不能让他说出什么来。他在前一天所写下的东西，会在后一天又被他删去。[③]也就是说，在炼金术士的小巷子里也没有什么新变化。他和300年前的那些所谓的前住户、充满传奇色彩的炼金术士没有什么区别。

有关这个国家、世界或者这个时代时不时地"断裂开来"是一种委婉的说法，这种断裂所承载着的黯淡的含义，在几十年里对"连接性"的贬低和耗损后，突然以可怕的方式呈现出来了。毫无疑问，这是罕见的，而且不是每一代人都必须经历的。传统走向了尽头，富有的人加快了步伐，人们开始嘲笑来自旧日的道德了：无论什么都不断地从连接点上脱离下来了。但是地球仍然在运转，生活也仍然在继续。

事实上，曾经有一次**所有的**都失去了关联性，并且生活完全以一种截然不同的、不可想象的方式前进着，有关于此的意识，是在1916年、1917年之交的冬天，蹑手蹑脚地来到哈布斯堡王朝的臣民们身边的。人们已经习惯了战争，人们将战争看作是命运中所附带的痛苦，人们必须耐心地等待着战争的结束。习俗的突然瓦解、由战争所迫使的社会角色的变化，甚至使人们赢得了自由的时刻，只要人们还足够年轻。年长的人相信，当一切都结束的时候，女售票员和流水线上的女工还会再次变回家庭主妇。那么，那些死去的人呢？每个人都会认识这样的人，为某人服丧；这个涉及社会各个阶层的大量民众的灾难，是无法让日常状态回归的，这期间，即便是最涉世未深的人也深受影响。所有的民众真的会在痛苦之中麻木吗？根据所有的经验，不可能是这样。每一场战争，即便是输掉的战争，也会在某个时候被记起。尽管人们相信，伤口终会愈合。

但是现在，攻击突然从完全出乎意料的侧面出现了，而且非常深入地直指相当敏感的层面，甚至直接针对一个社会的生物性的基础。人们开始要忍受饥饿

---

①1916年12月9日和14日写给菲利斯·鲍尔的明信片。《1914年—1917年书信集》，第279页。

②奥特拉·卡夫卡在1916年12月3日写给约瑟夫·戴维的信。德语翻译引自哈特穆特·宾德的《卡夫卡和他的妹妹奥特拉》（*Kafka und seine Schwester Ottla*），载《德国席勒协会年鉴12》（*Jahrbuch der deutschen Schillergesellschaft 12*），1968年，第426页。星形皇宫（Hvezda）是坐落在布拉格皇宫西边的一个星星形状的皇宫，里面有一个很大的动物园，当时是人们喜爱的散步地点。

③1916年12月14日写给菲利斯·鲍尔的明信片。《1914年—1917年书信集》，第279页。

了。到目前为止，人们已经有两年多一直用最后的碎屑精打细算日常的需求，“在卡片上”写着每天的供给是40克糖、1/4升牛奶、20克油和10克咖啡代用品，就连面包现在也是以克计量的，而如果想多于一周一块长条面包的量，必须要依靠特殊的关系才行，这已经够糟糕的了。对于食物配给定额的记忆是微妙的，这样的印象通过生硬的要求、减少的配额长此以往被有力地啃噬了（至少人们不愿意再向生活改革者谈起这些）。这种来自官方的屈辱在那期间并非是非同寻常的事情，人们所希望的，是能够从这些精确的数据中看到一些完全积极的成分——分配的公正性。不过，当局想通过家长作风式的谈话来取得人们的信任，（再一次）被证明是不明智的。因为保证一个个体的生存所消耗的食物量，绝对不是他一定能得到的最低量。尽管又以最快的速度设立了市属面包房和便宜的“人民蛋糕”，也并不能防止因饥饿而引发的暴动。政府当局也完全没有其他保障的办法了：已经停止运转了，无论是在军事领域，还是在平民的生活领域；无论是新成立的“人民供给委员会”（Volksernahrungsamt），还是大量的半官方的“中心”——应该在战争期间监管各种物品的循环流通（这其中甚至还有负责破旧衣服的中心），也无法改变这种局面；同时，针对“黑市买卖”和非法囤积的严厉无情的惩罚也丝毫不起作用了。

道德压力是一个经过检验、有效的手段，这能够掩盖意料之外的政府的失灵，而且最终树立起民众的责任感。指责市属机构提供的面包越来越多是用土豆粉、橡子粉和锯末做成的那些人，觉得荨麻不好吃的那些人，反对一半成分是山毛榉树叶的香烟的那些人，一定会被严厉地提醒，“我们在前线战场上的战士们”要为完全不同的事情操心（完全不再是谈论从前线回来休假人的语气了）。将问题个人化也是一个受欢迎的权宜之计，从而将民众不断增长的怒气引导到别的地方：人们不愿意公开承认，普遍存在的短缺完全意味着敌人的海上封锁成功，而且新闻媒介也同样不允许报道行政管理机构的灾难性的失灵，因而就更为激烈地反对没有道德的“仓鼠”和（最好是犹太人的）“中间商”，是这些人导致了紧缺，是他们将价格推高了。

但是，当越来越多的人被迫漠视法律而到黑市上购买食品，或者是趁着夜色和大雾到农民的地里去偷庄稼的时候，有关法庭审判就越少做出免除责任的判决，人们也越少指责少数发战争财的人了。随着时间的推移，饥饿变得越来越严重了，身体所需要的不是宣传，真相也无法从眼前消失，这是在此之前没有人能想象到的：一个地处欧洲中心的富裕且强大的国家，一个拥有着灿烂的历史和帝国雄心的国家，现在已经不能使他的臣民吃饱了。如果没有奇迹发生，这个帝国就会坐视他的臣民在下一个冬天冻死。一种痛苦的、无家可归的感觉蔓延开来，这是乞丐的感觉。

由于国家的运转失灵所引发的恐惧和心理上的被抛弃感，通过直接的身体上的匮乏感被广泛扩散。人们发现自己被丢弃在一个狼群社会，勤劳、节俭和忠诚不再得到奖励。相反，社交上的精明狡黠和厚颜无耻的所谓行动能力、灵活性和人际关系才是时下所需要的。这意味着完全颠覆市民的价值体系，这是一场引发恐惧和怀疑的道德灾难。

正因为如此，几乎没有人能够相信，这是因为**系统**的不可逆的脱轨。相反，人们要寻找有罪者。他们责骂小公务员的懒惰不作为；然后指责政府没有采取预防措施；最后是责备军队统领，是他们的毫无顾忌造成了痛苦的根源；他们也埋怨维也纳的那些部长们，显然他们也无法发出必须绝对执行的命令。而在那些挨饿的维也纳人那边，他们责骂东欧犹太人，他们带着好几个孩子挤进排队的队伍；然后是匈牙利人，他们不再给提供粮食，对于他们来说，让他们的牛和猪吃饱更为重要；最后是那些捷克人，他们一而再地削减商定好的煤炭供应、将越来越多的部分留给自己用。因而，越来越经常地听到这样的叹息，这将席卷整个社会的衰退引向了一个精确的概念："如果皇帝知道这些的话!"

事实上，君王身边的最亲密的小圈子在憎恨和无目标的怀疑杂音之中一直安静地观望：这是一个不涉及法律和政治的空间，在那里，任何能够让统治者和他的身边近臣感到高兴的情绪，都会在这个圈子里相互传染，并且所有的人都在一种完全是幻想出来的亲近感中相互取暖。那个时代的每个人都相当详细地听说了有关弗兰茨·约瑟夫一世，在他漫长得没有尽头的统治期间所受到的个人命运打击。但是与之相反，作为皇帝，他实际所承担的臣民的死亡、残废和肺痨病的责任，是没人能够做出哪怕是最苍白无力的设想的。早上5点左右，这位忠于职守的统治者就开始工作了，有关这一点即便小学生都知道。他的工作到底都是什么，几乎没有人能够说得出来。作为一个存在的、代代延续下来的形象，竖立在所有人的眼睛前：皇帝要求接见什么人，他要提拔或表彰谁，这都是每天来自皇宫的重大新闻；此外还有慈父般的告诫、致谢和表达决心的口号。皇帝到底希望什么呢，他参与了哪些决策，他对什么事务有最终决定权？所有这些，人们只能在例外的情况下才能得知(而且，布拉格人也不知道，他使人们免除了战争法的限制)。1915年3月，他命令，将整个皇宫花园变成菜地。这条命令受到了臣民们的拥护。人们一直记着这些。

权力金字塔的顶尖一直被雾霭所笼罩着，皇帝应该表现为政治核心的形象：这是奥地利的传统，也符合非常明智的政治方面和社会心理学方面的考量。但是，在一个濒临坍塌的国家里——人们所公开讨论的几乎全是关于权力分配问题，并且被民族主义的争论所笼罩的时候，皇帝除了一直作为君主"现身"之外，完全没有其他的选择。他是最重要的中间人，他是最后的共同基准，在他身后，混乱随时会爆发，因而他的重要性是没有人敢质疑的。如果有哪一派将他控制，那将出现难以想象的局面，哪怕只是以攻击身体的形式出现，正如现在——在1916年10月，奥匈帝国国防部部长卡尔·格拉弗·施推尔格所遭遇的那样。[1]同样不可想象的是，这个超父亲的角色，有一天能够避免他的帝国灭亡。

即便在最具有攻击性的民族主义分子当中，也只有少数人能够设想一个没有哈布斯堡王朝存在的战后世界。

现在这个问题突然被推到了台面上来：弗兰茨·约瑟夫一世在1916年11月21日去世了——就在公开销售第五期战争国债的一天之后，是在国防部部长充满暴力的死亡之后一个月，从他被加冕为奥地利皇帝已经不可思议地过去了68年了。有一句家喻户晓的俏皮话是说，哈布斯堡的臣民们在同一幅皇帝的画像下出生和死去，这句话其实和现实相差不大：很多人都生活在皇帝**一直就**在那里的感觉之下，要让人们改变这样的想法是非常困难的，因为他们仍然能够生动地回想起弗兰茨·约瑟夫一世的传奇时代。

但是，人们共同的震惊感大大超越了悲伤感，这是其他时代的君主的过世也可能会引发的情绪。对于每一个人来说，都仿佛看到了世界灭亡的象征：人们不容回避地面对着这样的认识，即在这样的损失之后，不可能再回到世纪之交的那个饱满、在回忆中越来越清晰的世界了，哪怕是当战争以任何一种"没有带来严重后果的方式"结束（事实上，还有一些将军们相信这一点）的时候，也不可能。毫无疑问，合法的继承人已经选好了，在这个可怕的消息公布后的短短几个小时里，29岁的卡尔大公爵（Erzherzog Karl）、弗兰茨·约瑟夫一世的大侄子被确定为皇帝。这个王朝将继续存在。卡尔一世的努力，众人可见，这立即为他带来了权威，他用有力的措施应对食品危机，但是，人们也会看到，这位想要**证明**些什么，并且**作为政治家**采取行动的新皇帝，也很快陷入日常的、现实的纠缠当中了。而象征性代表的位置却是空缺，最后的锚也松开了；现在没有任何机构愿意、能够阻止这个世界确定无疑地"从连接处散落"了。

1916年年末的这些巨大的社会震动无疑也令卡夫卡震惊。对于这些在多大程度上他做出了有意识的反应，从可以查询的来源只能进行间接地衡量——这肯定对他的身体造成了影响。因为即便是富有的卡夫卡家族也忍受着匮乏的痛苦，尽管这个家庭作为批发商在布拉格周围拥有着各种各样的关系。

朱莉·卡夫卡在这个灾难性的冬天刚刚开始，给菲利斯·鲍尔写过一封信，从这封信中可以清晰地看到，现在无论是金钱还是关系都已经不再能让人吃饱了。

---

①1916年10月21日卡尔·格拉弗·施推尔格（Karl Graf Stürgkh）在维也纳的一家餐厅里被枪杀。37岁的刺客弗里德里希·阿德勒（Friedrich Adler）是一个坚定的马克思主义者，也是社会民主主义杂志《斗争》（*Der Kampf*）的主编，他的父亲维克多·阿德勒（Viktor Adler）是国会议员和奥地利社会民主党领导人。即便是保守的新闻媒体，例如《帝国邮报》（*Die Reichspost*）在10月22日，也惊讶于居然找不出什么人，而将第一次世界大战的具体的共谋责任强加给他。半官方人员佩斯特·劳埃德（Pester Lloyd）警告人们说：不应该只认为存在着"敌对的外国"，这次刺杀应该是"与食品问题"相关的。

> 我们现在像正统的犹太人那样过犹太人的节日。新年(那年的犹太新年是在9月28日和29日)我们停止工作两天,在昨天的赎罪日我们斋戒,并且虔诚地祷告。斋戒对于我们来说并不困难,因为我们已经经过了一年的练习了。我们在布拉格的饥饿还不算太严重,因而,如果很快能听到你的问候,我们将非常高兴。[①]

显而易见的是:新闻检查官(朱莉显然不像她的儿子那样怕他)几乎不可能忽略这条消息的含义。因为"我们在布拉格的饥饿还不算太严重"可能意味着,不像维也纳那样糟糕,在那里已经发生了抢劫和骚乱,而且尤其是,不像你们柏林那里那么可怕。尽管在那时仍然没有人会预想到,接下来的几个月在德国历史上被记做"芜菁甘蓝之冬",在城市里,成千上万的人饿死。在很长一段时间以来,人们纷纷议论,与在布拉格不同,在德国首都的日子正渐渐地带着被扭曲的一场无休无止的生存战争的特征。在那里,许多吃的东西都不能够买到了,一位女销售代表的工资也只够买最近市面上供应的"团结香肠"(它的味道和它的名字一样)和政府规定的每周0.7个鸡蛋。朱莉·卡夫卡完全不能理解,他的儿子为什么不邀请他的这个交往多年的女朋友到布拉格一起过圣诞节呢?在这里的家庭餐桌上,她总会吃到比牲口饲料好得多的食物。这是一次调解吗?[②]

卡夫卡吃得很少,对于他本人来说,消失了的日常配给显然更容易接受:反正无论是盛肉的盘子,还是放着蛋糕的碟子都对他没有什么吸引力,这期间餐馆和咖啡馆里令人绝望的菜单也对他没有任何影响。面对忧心忡忡的奥特拉,他甚至声称,他吃不完每天晚上留在炼金术士巷的储备,[③]即便是煤炭的极度短缺(夜间取暖已经被禁止了)也无法阻止尽可能长时间地待在他的新庇护所。当勃罗德有一次到那里去拜访卡夫卡,并且让他朗读作品——他现在又开始朗读了——的时候,他惊叹这个"一位真正的作家的修士房",他留下了这样的印象,卡夫卡在这场战争的黯淡的第三个冬天中所忍受的痛苦比自己要少。[④]这恰恰与卡夫卡给他的答复是一致的,他说这是禁欲者的时代。一个黑暗的时代,一个冰冷的时代,一个写作的时代。

---

①朱莉·卡夫卡在1916年10月8日写给菲利斯·鲍尔的信,载《弗兰茨·卡夫卡:在订婚期间写给菲利斯和其他人的信》,第721页。

②在1916年11月中旬或月底,一封菲利斯·鲍尔写给卡夫卡的信遭到了检察官的指摘,并且被寄了回去,可能是因为这其中谈论了柏林的食品供应状况。她在这封信里再次谈到了圣诞节见面的事宜,这当然会继续遭到卡夫卡的拒绝,见1916年12月4日写给菲利斯·鲍尔的明信片。《1914年—1917年书信集》,第276页。参考朱莉·卡夫卡在1916年12月31日写给安娜·鲍尔的信,"我相信,我们会对菲利斯的第一次圣诞节拜访而惊喜不已的。"《弗兰茨·卡夫卡:在订婚期间写给菲利斯和其他人的信》,第748页。

③1917年1月1日写给奥特拉·卡夫卡的信。《1914年—1917年书信集》,第282页;显然卡夫卡在炼金术士巷给奥特拉留了这条消息。

④引自一段未出版的日记节选。马克斯·勃罗德文,特拉维夫-雅法。

一共有4本没有横格线的、八开大、每本大约80页的笔记本从1916年、1917年相交的冬天流传下来了，这是小巧、便于携带的开本，可以放在上衣口袋随身携带。还有两本卡夫卡肯定用过的笔记本却下落不明了。

当人们翻开这些不引人注意的、直到最后一页都写得满满当当的草稿本（按照卡夫卡的话来说就是“八开笔记本A到D”）的时候，眼前便呈现出令人惊讶而且眼花缭乱的景象了：长句、短句和极短的记录，散文和对话，几行抒情诗，标明日期的和没有标明日期的，标准字体和速记字体的随意切换，罕见的标题，整整一页的删节，逐字逐句的重复，不连贯的句子，流畅的过渡和长长的分割线，这中间还有涂鸦，谜一样的姓名、地址，信件草稿，已经完成的作品的关键词清单，撕下的和调换的页面，粘贴上去的纸条……所有的一切好像都是在膝盖上写完的。这是在写着《审判》手稿的顺序混乱的笔记本之后，卡夫卡留给他的编辑的第二个艰难的考验，马克斯·勃罗德甚至也无法胜任这项任务，这应该是富有启发意义的。①

再看一眼这个文本丛林也不能让人们对它产生熟悉感。那个时代的读者，即便是熟悉卡夫卡已经出版的几部作品的人，从中也什么都辨认**不出来**：没有谈到“克莱斯特风格”，没有现实主义的叙事，没有炫酷、富有感染性的奇思怪想，也没有闹剧般的、小心翼翼设计的失误所带来的幽默——卡夫卡在最终放弃了花园——故事中曾经有趣地展开过这样的幽默。取而代之，到处出现的是对想象能力极大的释放，以及在世界和语言世界之间无与伦比的舞蹈。“我拘谨而且冷漠，我是一座桥”，在B册上的第一句话是这样说的；“每个人心中都有一个房间”，几页之后这样写道；“没有人将会读到我在这里写下的东西”，这似乎是一个不会死去的人的预言；“我们驻扎在世外桃源。同行者偷偷溜了进来”，他这样描述一位旅行者，以及“昨天我被惊呆了。她住在隔壁的房子里……”

今天的读者在读了几段这样的文字之后，也会感觉到自己被这种充满实验性的背景搞糊涂了。卡夫卡的笔记本（或者更准确地说是更为批判性的版本）将他置于这种氛围：有无数的变化、中断、视角转换和相互关联存在。这里的笔迹如同流动的火山熔岩，它们唤醒了幻想，在各处尽情活动，而卡夫卡自己在其中来决定一个最终的、“成熟得可以拿去付印的”版本。“我们大家都认识红彼得”，D册是从很长的一段话开始的：“正如半个世界的人都认识它一样。当它到我们这个城市做巡回演出的时候，我走到了它身边，与它有了私人接触。”红彼得？这应该是一只黑猩猩，它向科学院汇报了被捕获和变成人的过程。半个世界都认识

---

①勃罗德通过大规模的和改变形态的“外科手术”来理顺这堆混乱，并且努力从卡夫卡的八开笔记本中制作出“读者友好”的文本单元，有关这方面的细节，参见阿奈特·舒特勒的专著《弗兰茨·卡夫卡的八开笔记本：作为“分块建造体系”的写作过程》（*Franz Kafkas Oktavhefte. Ein Schreibprozess als “System des Teilbaues”*），弗莱堡（Freiburg），2002年，这里的内容出自第268—283页。

它——这是卡夫卡式简洁的文字，实际上这个无与伦比的演员是通过它的自弹自唱而广为人知的。在卡夫卡的小学生作业本里，这只猴子首先是作为记者的采访对象登场的，之后有另外两段有些离题的文字，然后是那段著名的开场白："至高无上的科学院的先生们！我非常荣幸地接受你们的要求，向科学院提交有关我过去作为猿类的生活报告。"从现在开始就进入了自由的独白中，但是不请自来而且纠缠不休的记者也没有被忘记。因为卡夫卡、同样也是报道者，在这个汇报中被没好气地描写为"那些轻浮的人删去了报纸上成千上万的关于我的报道"。①

诸如此类的回声和映照，只是卡夫卡在这里所上演的大型演出的副效应而已。正如他所决定的那样，要**尝试一切**，只要在叙事传统中存在的——比喻、寓言、譬喻、童话、报道、列举、独白和对话、倒叙和插叙，我的视角和他的视角，与此同时，他似乎是在所有的形式之间飞行，它们仿佛交织成了旋涡。从所流传下来的文献来看，他将一切融合在一起，并且获得了新的、闻所未闻的合成物：从铅中产生了金子。

人们绝对不应该把这些与表现主义混淆，尤其是与几年后出现的超现实的**无意识写作手法**（écriture automatique）弄混，那些是能够跨过内心的检察官的梦游般的写作。但是，在卡夫卡这里，一切都在控制当中，大量作品本身就恰恰证明了，他对突然闯入脑海中的想法一如既往地进行严格的挑选：哪些是没有表现力的，哪些不够生动，哪些没有展现有机的联系，或者哪些引起了纯粹"堆砌"的怀疑，这些都将中断。卡夫卡也从来不让自己沉迷于对语言基础本身的操控：不去创造新的词语，不去做无意义的头韵同音的游戏，不去模仿口头禅，不去滥用语法，不去堆积破折号和感叹号。德语规范语言在卡夫卡看来一直是只能去尊重的介质，他从来不会随意地破坏它的边界，更不要说只是纯粹为了实现某种效果的目的了；但是，他在这种介质**之中**的旅行，却将他带入了之前没有人曾经涉足的领域。

由此开启了接下来的成果丰富的5个月，这是卡夫卡所没有预料到的，而且他的最开始的步伐也不足以引起令人怀疑的感觉。这是自1912年秋天以来的第三个集中写作的阶段，他打算尝试些新东西，某些从来没有人期望的、不会有人感到震惊的东西。他的第一个选择是舞台剧题材。正如所有的人知道的，它属于一位作家的常规手艺：诸如盖哈特·霍普特曼和阿图尔·施尼茨勒之类的著名作家，就一直根据素材的要求在散文和剧本之间来回摆动，人们不会因此惊叹他们是**全能**天才。即便有着明确偏好的作家也偶尔会改换他们的手艺，例如托马斯·曼曾经写过一个剧本，卡尔·斯特恩海姆写过一些短篇小说，抒情诗人里尔克则出版过一部完全不同寻常的小说，而魏费尔则用《特洛伊女人们》（*Troerinnen*）来庆

---

①《遗作Ⅰ》，第384—393页。在手稿中一开始写着"什么都不是的人"，然后改为"恶作剧的人"，后来又改为"什么都不是的人"，接着又重新改为"恶作剧的人"，最后才是"轻浮的人"。《遗作Ⅰ》，第324页。显然卡夫卡不善于谩骂。

祝他在舞台上获得的成功，更不要说卡夫卡的经纪人马克斯· 勃罗德了，他完全不会冷落任何题材，从鬼怪故事到犹太复国主义的抒情诗。那么，舞台剧有什么不可以的呢？

不过，这个尝试失败了。尽管如此，卡夫卡也算是尽心尽力了，数量惊人的修改和删节表明，他几个星期里都死死地咬住表达方式的问题，仔细地从文本的碎石里挑挑拣拣，不断地挑出仍然可以使用的部分，然后进行新的组合：最后形成了残缺不全的《守墓人》，在他看来，只有几个场景是足够成熟，可以进行表演的。为了这个目的，卡夫卡甚至亲自打了一份誊清稿，尽管他一直不确定，是否真的有什么人会听到这些对话。[①]

《守墓人》肯定不是卡夫卡的最重要的成就——虽然后人一开始并没有清楚地意识到这些成绩，后来通过一些短小的舞台剧所做的再次复活的尝试，也只是一段段插曲而已。这里可以明确的是，卡夫卡对于榜样（尤其是斯特林堡）的依赖，使得结构过于笨拙，从整体上来看也不完整。这个剧本从一开始就需要一个烦琐的报告，来使这个独特的轰动事件——国王一般的祖先显灵——尽可能形象地表现出来。莎士比亚在他的《哈姆雷特》的第一幕里要娴熟得多地使用了这个技巧。不过，卡夫卡在“不可能性”的事物方面做得很好，这部分填满了他的第一本笔记本的绝大部分，很快他就将它搁置一旁，然后回到他所胜任的技艺上去了。

因此，他不再将舞台作为燃放幻想烟火的独一无二的地方了，《乡村医生》《桥》《在画展上》《最近的村庄》《骑桶者》和《杀兄的人》是在12月到1月之间完成的。《豺狗和阿拉伯人》和《新律师》是在2月完成的。《陈旧的一页》和《十一个儿子》完成于3月。《家长的忧虑》《参观矿区》《十字路口》《致科学院的报告》在4月完成。不要忘记，还有从里瓦开始的《猎人格拉库斯》项目，卡夫卡从1月到4月一直在写它；此外，还有其他一些重要的未完成的作品，其中包括《邻居》《敲门》和《中国万里长城建造时》，以及《皇帝的谕旨》，这些所标注的日期都是2月或者3月。单单将这些珍品集中在一起，即便不足以奠定卡夫卡在全球的名望，但也完全能够在世界范围内为卡夫卡做**注释**了，那些谦虚的、用眼睛和食指从头到尾地阅读读物的人，会将这些文章看作启示录，不再会用尘世的标准对他评头论足。这些出自卡夫卡的八开大笔记本上的文章首先是谜一般的，将无论是专业的，还是普通的读者，都带到了持续不断地将字母转化为意义的咬文嚼字的活动中来了，然

① 奥斯卡·鲍姆在20世纪20年代末回忆了卡夫卡在炼金术士巷撰写，并且完成了一部题为《洞穴》或是《墓穴》的戏剧。但是，他坚决拒绝朗读这个剧本，并且充满讽刺地回应道：“这个剧本中唯一一个不外行的地方就是我不去朗读它。”鲍姆所谈到的显然就是《守墓人》，但是根据我们所拥有的证据，这个剧本却是没有完成的，而且在手稿上也没有写题目（今天所流传下来的题目出自勃罗德）。卡夫卡的打字机打出的誊清稿以某种特殊的方式被折好以方便朗读，这个事实也与鲍姆（可能也是不可靠）的回忆相互矛盾。请参考奥斯卡·鲍姆的《回望一段友谊》（*Rückblick auf eine Freundschaft*），载科赫的《当卡夫卡出现在我面前……》，第71—75页。流传下来的可能不完整的打字稿在《遗稿Ⅰ》中收录出版，第290—303页。

后渐渐地领会了卡夫卡所有的作品中具有的态度。

今天，创造性的过程出现在出版原则的光怪陆离的霓虹灯之下，因而在我们看来，文本——狂热的倾向似乎是落后而且幼稚的。《变形记》或者《司炉》的倾慕者中，没有人愿意再抱有怀疑态度，认为这些作品尽管语言精准，并且有灵活性，尽管它们的形式是完整统一的，似乎是不受时代限制的，但是它们只是在谈论遗传问题，他们相信，这些故事当中本身还有一个故事，这显然是非常个人化的经历，是创作者的偏爱和疯癫，而且是创作者经过多年学习，并且不断练习的技艺所带来的成果。卡夫卡自己也说过，如果在外界环境更有利的情况下，他还能将一切做得更好，这无疑是显而易见的，并且人们也不需要从手稿中研究修改的过程，才能够严肃地对待这位作者的这种自我怀疑。

人们一直犹豫，是否将八开大的笔记本上写着的那些散文称作为“短篇”小说，但是卡夫卡无疑通过作品向读者发出了艺术宗教的最强烈的诱惑，在这之前没有人、在这之后也不再有人能够有如此强大的诱惑力。仅是动机、场面和题目的多样性，就足以证明那些认为“作者只是围绕着自己打转”的怀疑是荒谬的了，这清楚地表明了那些变量和变化是从哪里寻得的，就连在这里也能找到个人的困扰和用来消遣的小游戏，也从以前作品中的单调的惩罚幻想中产生了别样的自由。这几乎是浓密和完美到不现实的篇章所组成的文本，是人们总是徒劳地从表面寻找任何表明它们演变过程的痕迹的文本。那两个长长的、没有瑕疵的、写在“在画展上”这个标题下面的句子被无数的教科书所收录，无法想象，这是经过怎样的修改或者以前是什么样子的（当然这也无法去查验了，因为那些都没有流传下来[①]）。

把这些八开大的笔记本本身拿到身边仔细阅读的人，想要穿过表象弄个明白的人——他们不轻信所表现出来的东西，而是**仔细研究**，也绝对不一定会像是被治愈般地完全清醒过来。

上下文无疑很混乱；自来水笔和铅笔的痕迹表明，在这里一切都将走向正确。正是在那里，那些体现了毫无疑问的完美性的地方，表明了创作者对他的作品的完全信任。因而，在《皇室公告》的手稿上几乎没有任何实质性的修改，尽管如此，卡夫卡在付印前还是再一次特别严格地检查了一遍。的确，一切看上去都像刚刚开始一样。这位作家是造物主。**无中生有**的造物主。

---

① 下列是出自1916年与1917年之交的冬天，并且被出版而流传下来的短文：《乡村医生》《在画展上》《最近的村庄》《杀兄的人》《十一个儿子》《家长的忧虑》《参观矿区》。显然这些作品是产生于其他的，但是没有保留下来的八开大的本子上的，那些本子至少也是在这个月使用的（在那些本子上肯定还有其他的、我们所不知道的作品和片段）。在1917年4月19日写给奥特拉的一封信中，卡夫卡说，他在炼金术士巷生火的时候也用到了“手稿”，另外一个证据就是，对于他的所有生产能力的估算，结果是大于现在所留下的手稿中所包含的成果的。

想象一下这样的情况，在双盲实验的条件下，在一位富有经验的读者面前放上卡夫卡的八开大的笔记本，很可能他无法确定作品的地点、时间和作者。这位读者可能从最开始就会捕捉到这些文学作品的现代性特征，同样也会发现深刻的、超越个人命运的方向性的危机的特点。这些文章是在一个灾难性的冬天、在一间贫寒的小房子里、用弯曲的手指完成的，几分钟前作者还和饥饿的人们一起排队购买配给的食物，作者所在的是一座破败的、寒冷的、只有有限的照明，而且被军事管制的城市，作者是一个负责截肢者和神经受到惊吓的人的中级公务员，但是这位读者几乎无法发现这些痕迹。

不过，读者可能会猜到，这位作者失去了一位皇帝。《皇室公告》中清晰地谈论了这一点，那是一篇短小而具有神秘性的故事，在那里，即便是即将死亡的君主也无法断然地下达一个命令，要求人们将一封信送给收信人。同样，这种无助也出现在《陈旧的一页》当中：皇帝站在窗边，观察着帝都的衰落；在《中国万里长城建造时》中清楚地指出："帝国是永垂不朽的，但是一位皇帝会倒下并死去。"剧本《守墓人》展现了权力更迭之后，新的王侯刚刚上任的第一年的景象，他的权威动荡，他的妻子也和敌人联合起来了。[①]而短文《新律师》则让人们想起一位传奇性的君主和他对一个没有向导的世界的召唤："今天，没有人能够否定，已经不再存在伟大的亚历山大了……没有人，没有人能前往印度……没有人给我们指明方向……"

与世隔绝和远离政治，这在卡夫卡小说里是非常典型的特征，产生误解的原因也肯定是在这里面；同样，这些巨大的，甚至是灾难性的损失带给他比实际的**严重性**要大得多：也就是说这些损失所产生的影响超越了它们的特征，也超越了当下的此时此刻，暴露出整个时代的核心特性。某个伟大的象征的陨落，某种传统的终结，金字塔塔尖的坍塌，他将这些同时代人都经历过的大事件，看作某种不可逆的瓦解的象征。在日常生活中，真正的危机和越来越严苛的限制对他的影响并不大，他也没有将过多的精力放在应对上面，所有这些他都毫无抱怨地忍受着，而且是带着惊人的耐心；相反，对他产生更多的影响、使他花更多的精力的是这些过程的**可表现性**。当奥特拉从煤炭商店拎着空空的煤桶回来的时候，这当然糟糕。[②]这是前所未有的事情，卡夫卡也无法完全忽视由此带来的威胁；在1917年2月的时

①《守墓人》的一个变体体现在一个经验不足王侯的性格特征中，他与卡尔一世非常相像。写作《守墓人》的那个星期，恰好也是卡尔一世开始迈出独立治国第一步的同一个星期，这是当时人们公开谈论的最重要的话题，因而这个事件对作品的影响应该不是偶然的："这位王侯有着两面性。他一方面处理着政务，并且在民众面前心不在焉、不够坚定，也忽视自身的权利；另一方面，如同早已承认的那样，他又兢兢业业地努力强化他的根基。他在过去当中去寻找，并且在那里越走越远。"《遗作Ⅰ》，第255页。

②第一次——但是肯定不会是最后一次——发生这种情况是在1916年12月10日，奥特拉写给约瑟夫·戴维的信中记述了这件事。煤炭紧缺（这主要是因为战争期间缺少足够的铁路货运）随着卡尔一世规定在紧急情况下布拉格的煤炭供应将通过军队的帮助而得以确保之后，反而变得更加严重了。

候，布拉格的温度低至零下20摄氏度，剧院、电影院和学校都暂时关闭了，煤气只在白天供应，有轨电车在傍晚就停运了，在这样的夜晚里，卡夫卡在一片黑暗中摸索着穿过冰冷并且空无一人的老城。即便是在这些最糟糕的日子里，他还是写下了短篇小说《骑桶者》，在那里面，一个冻僵了的我乞求得到煤炭，但是没有成功。卡夫卡在这篇小说里并没有将这种死亡气息看作他所在的时代的特征："我身后是冰冷无情的炉子，我面前的天空也同样如此"，这句话是紧接着开头的第一句话的，它几乎立即让人们明白：不仅炉子里是空荡荡的。因而，叙述者"我"也不再会回到自己的那个寒冷的小房子了，而是让自己消失在未知的"冰山地区"了，这里的"我"与《乡村医生》中的那位乡村医生有同样的结局，那篇小说的结尾展示了一个富有启发意义的结论："在这个最不幸的严寒的时代中，我这个赤裸着身体的老人坐在尘世的马车上，驾着非人间的马匹，到处流浪。"

卡夫卡发现了藏在日常生活灾难后面的时代性的灾祸，当然，在他对此进行观察的时候，也在承受着所带来的痛苦，正当这个国家牺牲它的臣民的身体，并且同时也失去了它的最高代表人物的时刻，卡夫卡开始将他的外在生活和他的写作加以重组：

他在生活，也在写作中，体验并且使用各种新的形式。时间上紧密的关联性非常引人注意[①]，这种巧合显然不是单纯的偶然——卡夫卡对于危机做出了**多产**的反应，危机使得他必须去克服障碍和惯性，去找寻生存下来的可能方式。外界的大事件，例如多种物资的匮乏、皇帝的去世（那位和他名字一样的皇帝），他都与其他许多事件一样，当作证据记录下来，也就是说记录下它们原本的样子，而不是未来会如何；他从事件原本的模样中，**而不是**未来会如何当中得出结论。失败迫使他积蓄新的力量；与此同时，他也不断地**释放**着力量，用这些力量在各种图景和想法的洪流中幸存下来，这和两年前他在经历阿斯肯纳夏霍夫酒店的失败时所做的一样。新的力量为卡夫卡注入了非常出色的活力，这种力量铭刻在他的生活中，也使得他**保持**活跃：**紧要关头的活力**。一封迟到的信件，隔壁房间的一声咳嗽都让他犹豫不定；与之相反的是，一个沉落的世界却为他打开了新的资源，而且看上去无边无际。

1916年11月24日，也就是在他得知弗兰茨·约瑟夫去世消息的两天之后，他试图让菲利斯明白，为什么一个独立的住处对于他而言比对其他人都更为重要，甚至比再次相聚的前景都更为重要，"这样的房子尽管不能给我更多的内心平静，却使得我有可能在那里工作；天堂的大门可能不再会打开，但是我可以得到两个

① 紧密的时间联系绝不只是指在新的写作阶段开始的时期，例如，短文《陈旧的一页》是仅在权力斗争失败和俄罗斯沙皇放弃皇位的几天后，即在1917年3月中旬完成的，而这些都是那个时代人们所知道的非同寻常的大事件。

墙上的缝隙，便于我往外看去。”[1]**天堂**：这是他可以想到的最强有力的图景，是一个闻所未闻的救赎要求，在此之前，没有人在文学作品中提出过这样的要求。当然，不再会有他所感觉到的、将他与所渴望的幻想中的自由分开的墙壁了，因为在同一天，他匆匆地走进炼金术士巷，并且打开了他的第一本、暂时是一片空白的八开大笔记本，身边充满了新刷的油漆的气味。

他不知道，他将在这里度过半年的时间。他也无法意识到……或者，我们可以这样说，“按照人类的标准”他无法意识到，几乎在他写下最开始的词语的时候——也就是在以剧本的格式写《守墓人》的时候，就已经找到了并不是过于详细的有关他自身存在的图景，与此同时也找到了他未来作品的主题：“**最狭窄的自由向上的舞台**”。

① 1916年11月24日写给菲利斯·鲍尔的明信片。《1914年—1917年书信集》，第276页。

第八章
奥特拉和菲利斯

我们住在宇宙的边缘。
在这里生活的努力溜走了。
——哈尔多尔·基尔扬·拉克斯内斯(Halldór Laxness),《在冰河》(*Am Gletscher*)

在奥特拉·卡夫卡刚刚搬入那间地处炼金术士巷、经过整修的小房子的一天里,她发现桌子上有一本薄薄的小书——《判决》,库特·沃尔夫出版社,29页。她知道这是怎么回事,因为4年前,当她的哥哥在一个彻夜不眠的夜晚之后,拿着篇墨迹未干的小说冲进女孩们房间的时候,她就在那里。这部作品用了如此长的时间最终才单独出版,而现在它作为礼物躺在**她的**房子里。她翻开了这本小书。"致F."(Für F.)密码一般印在扉页上(当然,除了她,还会题献给谁),那下面是作者手写的献词:"献给我的房东女士。"这真的很有魅力,而且让她相当自豪;于是,她立即写信给男朋友约瑟夫·戴维。献词还有第二行,这是一个独特的、有一点点破坏喜悦之情的签名——她很难解释这种感情,因而她暂时也就没提到它,这个签名就是:"勋博恩皇宫的老鼠。"

这是卡夫卡典型的、完全自娱自乐的情趣:卡夫卡自己做个小丑,然后大家一起笑一笑。事实上,卡夫卡在勋博恩皇宫那个可以出租的巨大的公寓里,所感觉到的完全是手足无措;仅仅是瞟一眼那高大的屋顶就让他毛骨悚然。不过,这所房子的管家给他造成了错觉,让他误以为这里还有其他更为平民化的住房,并且将他带到了二楼的侧翼位置。在那里,卡夫卡几乎无法相信自己的眼睛:"一间公寓,里面只有两个房间,没有厨房,看上去满足了我最为纵情享乐的梦想。"[①]不过,这间公寓现在不能出租,也许在将来的某个时候会出租。

卡夫卡现在就想要**这间**公寓,否则,干脆永远得不到;他放弃了对这间公寓的仔细检查。不过,再一次改变现状难道不会对他的**创作**造成影响吗?奥特拉在炼金术士巷里的小房子,开始时是被卡夫卡不情愿地当作权宜之计使用的,但是,后来却证明这是一个理想的写作的洞穴,之后,奥特拉的一位女友——一位身材矮小、

---

①1916年11月26日写给菲利斯·鲍尔的信。《1914年—1917年书信集》,第276页。

名叫苏塞娜（Ru°žena）的女孩有偿地负责清洁、生火和搬运煤球的工作，这样使得卡夫卡就可以心安理得地在这个城堡中度过属于自己的夜晚了——没错，他认真地考虑过这样的想法，凭借他微薄的工资搬到这里来生活，可以对他的禁欲能力进行新的长时间的尝试。而这样，就会像他的父亲在几年前预言的那样，他无疑永久地变成了这个家庭的一个傻瓜。

不过，这个家庭避免了再次经历困窘，大概在卡夫卡看过勋博恩皇宫房子两个月之后，在他毫无防备之中得知，那间朴实无华的公寓现在可以出租了，口头同意就可以。这一次他听从了最初心跳的感觉，他要牢牢地抓住这个梦，这位筋疲力尽的看客一如既往立即又生出了疑惑，因而原本强有力的决心又变成了犹豫不定。他的脑海里出现了6个反对这间公寓的观点，同时又有6个赞同的观点。他详细地向菲利斯·鲍尔描述了他面对这种生存性决定时的焦虑。不过，他现在所需要的不再是她的安慰，不再是她将凉爽的手放在他那发烫的额头上，而是需要她的**同意**：

> ……在战争结束之后，我首先仍将努力获得一年的休假，这在目前是根本不可能的。到那个时候，我们将会有两个我认为在布拉格能够为你准备的最美妙的公寓，不过，住在那里意味着我们要在很短的一段时间里不得不放弃自己独立的厨房和卫生间。尽管如此，那里还是完全合我意的，而且你也能够好好地休息两三个月。①

这简直是令人错愕的消息。没有厨房，也没有厕所？按照柏林人的标准这完全就是贫民的住房。②但是，关键是，卡夫卡曾经多次承诺，而且在玛利亚温泉城也明确地约定，在战争结束后将要搬迁到柏林去，那么仅靠职工工伤保险机构的休假是不够的，他要长到永远的假期，他必须辞职。而现在他更改了这个计划，他郑重其事地考虑过将写作和职员的工作协调起来，继续作为公务员生活在布拉格，因而，这次是**她**必须辞职了。卡夫卡的这封信缺乏逻辑，容易引起误解。更确切地说，他是按照繁复、滑稽的——犹太人式的逻辑思考的，在这里一直都涉及可行的方案——是否需要自己的住处，是或者不是，不是或者是，当人们质疑这些决定的**目的**时，才发现有关这方面的详情是如此的混乱不清。

这种特殊的雄辩方式通过详细分析将人们带入一片混沌，这种方式在今天常常

① 1917年1月或2月写给菲利斯·鲍尔的信。《1914年—1917年书信集》，第290页。目前一直存疑的是，卡夫卡的这封写于1916年与1917年之交的冬天的长篇而且非常重要的信件是否真正寄出了？在他的遗物中可以找到这封信的一份复印件，而在菲利斯·鲍尔所提供的文件中却缺少这封信的原件。

② 在那个年代，老旧的、一直“自己居住”的建筑拥有厕所完全是个例外。但是，像卡夫卡在勋博恩皇宫能够租到的面积较大的公寓，之前的租客都会自己出钱让人安装独立的卫生间（为此会占用半个走廊）。例如罗道恩（Rodaun）的“弗赫斯宫”（Fuchsschlössl）就是一个典型，胡戈·冯·霍夫曼斯塔尔和他的家人从1901年开始一直住在那里，直到战争结束那里都没有安独立的厕所，甚至在楼上都一直没有自来水。

成为所谓的**卡夫卡式怪诞不经**（Kafkaesk）的重要组成部分。它时而从卡夫卡的信件和日记中冒出头来，经常作为对迫在眉睫的某个行为或交涉，以及由此带来的过于复杂且难以看清的情境的保护性反应。当人们在毫无防备，卡夫卡突然开始费口舌论证的时候，就可以非常确信他要展开他的混合有犹太人特点的论辩风格了——他围绕着整体展开，并且将有待做出的决定"放置"在最高等级。他在第一行就已经表明"房子的事"是"重要的话题"了，虽然他只用很小的篇幅和菲利斯・鲍尔谈到这个问题，但是正如他的这封信件——论文**总体上**所展示的那样，这个问题绝对不是闹着玩的。但是，在这样一个大千世界中，在同一个城市里，而且是从一个熟悉的街角到紧邻的另一个街角的一次小小的搬家，究竟有什么可值得兴奋的呢？

毫无疑问，卡夫卡在信中没有指出他目前所疑惑的：与其说是预谋的，不如说是偶然的，他现在处于一个全新的心灵稳定平衡的状态之中，而且也正处在极其多产的生命周期里，那么，为什么还要冒险得到更多的幸福体验呢？他不止一次地体验，这样的时间终归是有一定节律的，在一个从头写道尾的冬天之后，再一次的停顿状态又迫近了。

实际上，令卡夫卡兴奋的原因并不是上述因素，一大堆利弊分析骗不过任何人的眼睛——真相是，这一切都是一个象征性的行为。一间租来的有家具的房间——正如在那个长长巷子里的那些房间一样，永远都可以被看作在家乡领地上的一块领地的，这多少有些像——例如——又回到了一间大学生寝室去生活，尽管他早已经过了30岁。相反，属于自己的房子的钥匙，则显而易见、无可置疑的是获得解放的象征，并且，他非常清楚地感受到，在打开、关上"自己"房屋的门所带来的分离——包括从炼金术士巷时期就开始的分离，是一个全新的、充满享受的体验，即便对于奥特拉来说，钥匙放在裙子的口袋里所感受到的女房主的那种隐秘的**感觉**，比起她实际（不受时间限制地）使用这个小房子，要给她带来更深切的满足感。

在1916年到1917年之间的那个黑暗而且冰冷的冬天，这对兄妹之间意想不到地出现了情绪的共振，这种共鸣在相互影响中不断增强，甚至侵犯到了各自的独立性。在这里，卡夫卡究竟是扮演着榜样的角色，还是只提供建议者的角色，从流传下来的文献中无法确定，但是奥特拉一直相信，为了支持她，卡夫卡在危急的情况下是会站到与父母对立一边的，尽管他不可能在**实际行动**中追随这个妹妹奔向解放的步伐。她观察到，他也正在试图结束一年来的停顿时期：他抱怨更少了，他以更为自律的节奏勤奋地写作，他开始为一个住所而奋斗，是的，他甚至开始为实现他的计划谋求物质上的保障，申请被任命为工伤保险机构的秘书，同时配套地将工资提高两个等级。[①]

---

① 1917年2月5日写给工伤保险机构的信。《1914年—1917年书信集》，第285—286页。这份申请被拒绝了，只是批准了提高"永久性物价补贴"的请求，这样，卡夫卡每年会额外多得到600克朗。这正好是勋博恩皇宫的那个公寓的租金。

在夏天与这位妹妹一起出游的过程中，卡夫卡一定已经清楚了，奥特拉对于独立性越来越迫切的渴望，仅是凭借“和平”的手段，也就是家庭可以接受的手段是无法得到满足的了。他也完全能够理解——因为在他自己也几乎是完全一样的情况下，为什么她将这样的追求投放在大自然上，那是缘于在大自然中自由至少可以不费力气地**显现出来**。沿着布拉格周围的熟悉的道路散步，即便是从孩童时代就经常来去的郊区霍泰克公园（Chotek-Park），在她看来也充满了神秘色彩；她自己独自在波西米亚森林（Böhmerwald）度过了几天，在那里，她为温暖的夏日雨水着迷；在炼金术士巷，她也一再要求哥哥将目光抬起，去看夜晚的星空。“这可能完全不正确”，她写信给约瑟夫·戴维说：“他在城市、在公司里度过他的人生。我现在还没有计划，但是却有没有人能够阻止的愿望。我在片刻之间就能决定，我的一生要在无论是什么地方的乡村度过，而不再想看到城市……”①

她**当然**已经制订了计划，而且她也非常清楚，在她面前是一场为了爱而不让她走向大自然的战斗。在1916年11月，当她秘密地为自己租了一个小房子的时候，才第一次在父母面前谈起，她不再有兴趣继续为家族企业工作了。她想以农业或者园艺为生，而且她打算去学习一些这方面必需的知识。在这场造反中最强大的部分，是这个家庭还从未见识过的东西——**疯狂!** 这是老卡夫卡对此的全面否定，当然是不可更改的评价。他是从“中心地带”出发观察社会生活状况的，也就是说对他而言，从他通过艰苦的奋斗而获得的地处老城区内城的“包厢”位置看去，平庸无奇的乡村总是强烈地让他联想到蒙羞、不独立和不开化。他从那里来到了这里，那里不再有什么值得卡夫卡家需要去探寻的了，他的妻子完全赞同他的想法。尽管孩子气、永远逆反，显然承受着被父母当作乐子的痛苦的奥特拉仍然继续为这个家庭服务（这使得她站在有力的立场上），但是父亲的气愤并没有因此而减轻。可奥特拉是认真的，3个月之后，她的确去考察了农业学校，然后搬到了菜园去住，而被父亲称为是一个确定无疑的“混蛋”的弗兰茨则完全支持她，在这个家庭的起居室，他们的父亲再一次强调了这一点。②

奥特拉现在24岁，也就是说早就到了适婚年龄；这也一定会让人们想到，她过不了多久就会离开家族企业，而且人们也一定**会**想念她的——在她离开后没过几个月，就连她的父亲也（在能够理解这一点的第三方面前）表扬了她的精明能干。

---

① 奥特拉在1916年8月20日写给约瑟夫·戴维的信，引自宾德（Binder）的《卡夫卡和他的妹妹奥特拉》，第439页。

② 有一封卡夫卡所写的信件草稿被保留下来了，在那里，他向奥特拉提了一些切实可行的建议。《1914年—1917年书信集》，第286页。这封信的收件人可能是莫瑞茨·施尼泽，他是一位狂热的素食主义者，创办了大量的自然疗法协会，他一直生活在波西米亚北部地区的瓦恩村（Warnsdorf）。卡夫卡在1911年4月被施尼泽所“研究”。父亲所说的“混蛋”在卡夫卡于1917年4月19日写给奥特拉的信中有记录。《1914年—1917年书信集》，第296页；在《致父亲的信》中有有关奥特拉与她的父母之间的争执激烈化的记录。《遗作Ⅱ》，第170页和第178页。

当然，奥特拉现在不是去嫁夫随夫了，她所追随的是一个坚定的想法：犹太复国主义者使她坚信，那些被唯利是图者所轻视的、厄运连连的“犹太妇女和女孩俱乐部”（Klubs judischer Frauen und Madchen），挥汗如雨地从事田间工作，才是可以被赞赏为人类最大幸福的。是的，另一个来自富裕的布拉格商人家庭的女儿为这些“俱乐部”投入了大量的金钱，她曾经作为农民去过巴勒斯坦，并且与来自家庭的强烈阻力抗争。这是一个美好的榜样。

曾经有件事情对她的父母来说也是一个警告。正当1917年2月奥特拉开始迈出最初的决定性的步伐，并且想在一所农业学校找一个位置的时候，在一份犹太复国主义的报纸上发表了一篇有关巴勒斯坦的乡村式女孩教育的长文，[①]这篇文章有形象生动的描写，这完全能够进一步激发奥特拉自我牺牲的愿望，促使她采取了防御性的行动——尽管泪流满面，但是她还是离开了家庭；之后，总的来说，是在几年之后，人们才有机会再次见到这个晒得黝黑的垦殖者。这对于卡夫卡一家来说是场噩梦。

这位很少吵吵闹闹、一直是安于现状的父亲，完全没有想到会到这个地步，更为敏感的母亲采取了她得心应手的妥协和接纳的策略，这是犹太人的家庭中流传下来的做法：当出现分裂的危险时，就将绳子放松一些，但是不要比自己家族可以允许的长度半径更松。谁想要走的话，是无法通过指责，也无法通过道德压力阻止这个人走自己的路的，只能让他去吧，但是并不是完全放手。

7年以来，艾丽的新郎卡尔·赫尔曼（Karl Hermann）一直将弗兰茨——他未来的内兄——看作代表着活力和商业头脑的榜样。但是，这一切都已经过去了。这间根据“入赘”的卡尔的想法所创办的全家共同拥有的石棉厂，很久以前就不得不停工了：这粉碎了有关卡夫卡家族的第二个商业奇迹的美梦，卡夫卡家这位儿子的企业家生涯也在那股由战争和国际市场的关闭所导致的强有力的破产浪潮中坍塌了。父亲和生活在马德里的舅舅的投资付诸东流，从一开始就疑虑重重、心不在焉的参与者弗兰茨也失去了他的那份投入，而且他也见证了这家地处齐兹克沃地区、前景暗淡的工厂最终从工商登记册上消失的那个时刻。1917年就这样过去了：让工厂再次运转起来的希望被证明是幻想，在这一年的年末，大幕落下了，企业走上了清偿解散的程序，而在同一时刻，属于重要的战争物资的石棉正处于严格的国家管控之下。时髦用品与工业原材料之间的区分，是卡夫卡家族在战争期间所

① Channa Meisel的《乡村式女孩教育》（*Landwirtschaftliche Madchenerziehung*），载《犹太人概览》（*Jü dische Rundschau*），第22发行年度，第8、9期，1917年2月23日和3月2日。这篇文章在奥特拉所在俱乐部里被热烈地讨论过，显然，那时人们很少有机会详细地了解巴勒斯坦犹太妇女的生活。卡夫卡经常阅读《犹太人概览》，他也知道这篇文章，并且与他的妹妹谈起过。

得到的令人长久痛苦的教训。[①]

但是，让这个家庭目瞪口呆的是，这个企业的创办人和（按照地方法院的说法）石棉工厂的“唯一清偿人”在这期间突然有了一个新的想法，这是一个能够为他的钱财（当然也包括他的妻子艾丽的）带来盈利的新投资。在他的家乡——即波西米亚西北部的德语区祖豪［Zürau（Sirem）］接手了一个债台高筑的农场，那里大概有20公顷土地，之前一位亲戚做着经营。没有任何保留下来的文献记载了卡尔·赫尔曼在这个最新的、高风险的运营中抱有怎样的期望——他是否奢望来自家庭的帮助、他是否想在价格急剧上涨的农作物上投机，甚至是他是否想赌上地主的安静的生活。不过，显而易见的是，他没有找到任何一个人愿意帮他驾驭这个局面，作为一个正在服役的军官，他也没有机会自己去管理农场。如果不是战争很快就结束，那么人们也就不用对这个项目抱有任何指望了。

在卡夫卡家的晚餐饭桌上闪现出了一个有趣的创意，从中产生了一个非常接近，但是完全引人入胜的想法。就像没有人能够阻止奥特拉离开这座城市一样，那么为什么不将管理这个农场的工作交给**她**呢？在这里几乎没有什么可以失去的：奥特拉将接手**一切**，她在经营农场方面经验的不足将很快改变，已经证明她在这方面的能力。财政运营状况将在这个家庭的监管之下，她会与家人一起预算收入、投资和日常的支出，初始投资会交给她和卡尔·赫尔曼一起来支配——如果后者正如现在这样休假在布拉格，否则就是和艾丽一起。如果成功了，可以想到奥特拉也会心存感激，她会对人们给她提供了所谓的乡村生活的物质基础表示感谢，这种生活是她最近以来，作为唯一的体现人类尊严的生活方式而热烈倡导的。但是，卡尔和艾丽也处于道德上的负疚之中，因为最终是卡夫卡一家接手了目前毫无价值的物品，他们还要防止进一步的财务上的溃败，因而，只有当艾丽每天至少有几个小时代替奥特拉在她们父母的商店里的工作时，才是可行的。这就**完美**了。虽然父亲一直在责备，可最终他也不得不承认，这个计划比他所能够苦思冥想出来的都更为周密。

奥特拉也接受这个想法，她急匆匆地开始行动了。祖豪是一个不必和父母决裂，就能够离开家的机会，事实上相对于与父母倔强地唱对台戏，真要与他们决裂，她还是要害怕得多。第一次独自负责经营管理，这样的前景自然是非常诱人的，仅是这一点就足以报偿任何的辛劳了。如果这家农场再次开始运转，那么她——可能在明年冬天就已经——可以去她所渴望的大学获得她欠缺的理论基础知识了。在那之前，她也可以先阅读哥哥给她寄来的农业文献来获得基本知识。

---

①有关对于这家布拉格石棉工厂的家庭内部的纷争，请参见史塔赫的《卡夫卡：关键年代》，第130页及其后面几页。该企业是在1918年7月26日从工商登记册上注销的。

1917年4月中旬，她开始着手与炼金术士巷、与弗兰茨、与她最喜欢的堂姐伊尔玛（Irma）告别。她是否意识到，将要去做什么了吗？

妹妹的突破重围，在卡夫卡看来如同奇迹一般。他已经完全做好了也参与其中的切实可行的准备，他也完全洞悉了父母的策略，而且按照他的理解能力，已经可以看到最后的成功了。一位城市女孩来到陌生环境的农场，开始独自当起了女地主：奥特拉显然已经出发，开始掌控不可能之事了。而且她的第一份书面报告证明了她究竟拥有怎样的能力：这是一封理性，而且完全务实的来信（这封信和后来所有的财务报告一样，自然都完全是她在布拉格学习的结果，也将继续带领着这位"站在田野里的"农场主继续前进）。就连一直暗自为失去了他的最勤奋的专业人手而伤心的父亲，也对这些来自乡间的消息有了欣慰的反应，这也令家人感到惊讶。毫无疑问，奥特拉得了思乡病。比起思念男朋友约瑟夫·戴维，她更渴望回到那些熟悉的街巷。但是这些都**没有**出现在任何一封信件中，就连对伊尔玛，她也不好意思谈到这一点。

卡夫卡对于妹妹的远离，那种失去感也比之前预见得更为强烈。刚刚过去的那个夏天，他意识到了（而且他也明确地向菲利斯承认了），奥特拉不再是他的学生了，她终于成人了，他对她的期望**如同对母亲**的一样；而且从这之后，母亲——意象的游戏成为这对兄妹之间的讽刺性的剧目了。正因为如此，他在写往祖豪的第一封信中就汇报了，在她离开之后，他发现炼金术士巷的小房子是如此冰冷，一阵大风吹灭了炉子里的火苗——"可能是偶然的，可能是故意的"。这正如她谈到了她的离开也使自己对他付出了感情的代价一样，他回复道：

> 我感觉已经完全被你抛弃了，并且当想到不远的将来的时候（我总是会想到将来），我对自己说：你还会继续放任我不管了。但是，从你的来信看，这完全是错误的，因为你曾经用坡上的那个房子为我带来了一段更美好的时光，甚至现在还在继续延续着，不过很遗憾，我已经放弃了在那里的创作了（是因为天气晴好和与之相关的睡眠障碍），你超越这些而存在。有很多事情要去抱怨，不过，现在比起过去几年简直好得不能相提并论了。①

总体来说，的确是或多或少地更好了，但是"好得不能相提并论"了？这可能很难令奥特拉相信，（很遗憾已经放弃的）写作是与布拉格的天气变化相关的变量，这完全就是这个家庭成员用于解释实实在在存在的问题的方式。她对此了然于心。而她的哥哥低估了她。

---

①1917年4月16日写给奥特拉·卡夫卡的信。《1914年—1917年书信集》，第299页。

1917年6月10日，星期二，卡夫卡在他妹妹瓦丽家里爬来爬去。他在寻找一只小包，那是她的未婚妻菲利斯·鲍尔的手提包，他慌张地寻找着那个包，因为那里面有900克朗。几天前，他们一起去了勃罗德那里，双方都显得有些尴尬，卡夫卡非常显眼地穿着高高立领的正装，好像是初次登门的新郎一样；然后他们又去了威尔特士夫妇那里，再后来……没错，菲利斯确信，但也不**完全**确信，她的手提包还在身边。他们彻底地检查了橱柜和抽屉，并且引起了全家的骚动。**如此一笔巨款**。时间紧迫。因为星期三这对情侣就要启程去匈牙利旅行了，菲利斯要去阿拉德（Arad）看她的妹妹埃尔莎（Else），卡夫卡作为陪同保护者，至少会陪她到布达佩斯。因而，除了再一次有条理地检查所有的可能性之外，别无其他办法……那么，首先要赶紧赶到威尔特士家。没有，伊尔玛夫人相当生硬地告诉他们（而且她没有注意到，卡夫卡对于可能的损失非常绝望），那只小包肯定没有丢在这里，之前的好几天已经告诉过他们了。[①]是的，没错，那么……又回到瓦丽那儿，几天前菲利斯在她的布拉格之行中曾经在那里住过。这里已经被找过一遍了，不过卡夫卡还是再一次非常有条理地重新检查，从地板开始，椅子、橱柜和床下都看一遍。然后，他拉出了菲利斯的箱子，那只手提包躺在箱子下面。

菲利斯·鲍尔在布拉格的突然出现——她已经有3年多没有看到过这个城市了，让人们感到非同寻常：没有任何信件，也没有任何卡夫卡的记录，给出在通信完全瘫痪之后，他们是如何能够重新开始亲近起来的线索。这只是一次心血来潮的拜访，完全不是突袭[②]，事实上，卡夫卡愿意陪同菲利斯去匈牙利旅行，因而（正如他与艾丽的匈牙利之行一样）他早在几个星期前就不仅申请了护照，而且也征服了马施纳的反对，后者是一直想留住他的官员，从一开始就没有批准他服兵役，只是在最必要的情况下批准有限的假期。但是，关键是，菲利斯在布拉格的出现，意味着不可避免地，只是在礼节上已经做好准备与卡夫卡父母的会面，他们当然已经知道了在玛利亚温泉城的订婚，而且在冒失的插手——你们到底什么时候结婚——之前，最好先想到恰当的应对方式。但是，无论如何一场正式的再次订婚庆典都没有列在资产阶级家庭仪式的清单上，值得庆祝的至多就是再次相见和一些**误解**的消除，那些误会是在几年前留下的，这使得这对父母一直推迟着已经得到神父祝福的婚姻的缔结。卡夫卡可能至迟从1917年5月开始再次频繁地与菲利斯联络，并且为她的到来做好了细致的准备，此外，他带着他的新娘菲利斯，在他最好的朋友那里度过了这次特别的来访，这无论如何都意味着，

①伊尔玛·威尔特士（Irma Weltsch）显然将卡夫卡的询问理解为最粗鄙的不信任的表现，因而她做出了愤怒的反应：她不仅责骂了丈夫将这样的“朋友”带到家里来，也给卡夫卡本人写了一封非常具有攻击性的信（有关这点是从威尔特士未出版的日记中得知的）。卡夫卡在从布达佩斯回来之后才收到这封信，他立即（在1917年7月20日）以外交辞令写了长篇道歉信。《1914年—1917年书信集》，第302—303页。

②从朱莉在1917年3月26日写给菲利斯·鲍尔的信来看，原本计划是春天来布拉格的。

这对伴侣不知以什么方式最终达成了共识，即在玛利亚温泉城的约定一如既往地有效。

但是，这并不是幸福愉快的日子；只有在卡夫卡找到那只手提包时所体验到的那种得到解脱的**片刻快感才**是一个兴高采烈的瞬间。尽管没有直接的证据，但还是可以看到，传统习俗的压力、父母的疑惑的目光、卡夫卡和未婚妻手挽着手一起观看演出，正如勃罗德恰如其分的评论一样，这些可能真正地避免了[①]让卡夫卡想起在1914年圣灵降临节前往柏林的那次灾难性的“订婚考察之旅”——虽然这些毫无疑问永远是他最喜欢挖掘的记忆，因为那次将他对隐秘的渴望歪曲变形为实用主义，在那之后很久，这些记忆还牢牢地与残酷的幻想联系在一起。卡夫卡肯定是更加自信了，当他回想发生在3年前的那次购买家具的不愉快的经历时，会觉得这次在布拉格，他可以阻止诸如此类的事情发生……不过，菲利斯在她的手提包里放的那捆钱是怎么回事呢？是为了给她在匈牙利的妹妹吗？或者是为了将来与弗兰茨的共同生活而预先准备的？他不喜欢那种想到所有细节的人，但是，**她**恰恰就考虑着一切。

卡夫卡对于实际行动的反对，再次证明了他完全是离群索居的。那所谓的“在布拉格能够为你准备的最美妙的公寓”，那个在勋博恩皇宫的住所——他热情地向她描绘未来共同休养生息的庇护所，被证明却是一个潮湿阴冷，即便在夏天也有一股霉味的单身汉的临时住处，在这段时间负责打理卡夫卡的两个住处的忠实的鲁岑卡尽其所能地打扫那里、生火供暖。但是，即便将**舒适**看作最高价值的菲利斯最终也决定，将她存的钱用来租没有卫生间，也没有厨房，（令人难以置信）甚至自己都没有大门钥匙的房子，只是在一小段可以忍受的时期内，而不是永久性的：从卡夫卡对于共同生活认真严肃的意愿肯定不会产生错误的决定。这是与在炼金术士巷里的那个被涂成深绿色的写作小屋相配的印象，而卡夫卡无论如何不会省去对它的呈现：建筑年份1600年。人们都愿意到那里去看一看，正如她一样——她戴着帽子，小心翼翼地将头探了进去。

当终于离开布拉格的时候，两个人肯定都很高兴，不过，他们的喜悦却出自完全大相径庭的原因；他们在布达佩斯共同度过的日子只有几天，似乎有不好的兆头。卡夫卡一定感觉到了这个女人不断地异化，这是他一直想与之结婚、与她每一次团聚——尤其这次与家人共同相聚——都当作艰苦的训练的女人，他希望通过这些练习，能够将令人痛苦的反差变成温暖、轻松自然的熟悉亲密，这是刚刚不久前他在奥特拉那里体验的感觉。“我基本上能够忍受这次旅行”，他告诉妹妹，“但是这绝对不是令人得到休息放松的理解之旅。”[②]一张明信片上无法透露更多的内

① 勃罗德：《弗兰茨·卡夫卡传》，第140页。勃罗德的另外一份有关1917年夏天的记录写道，“这对新婚夫妇已经租了房子”，而且还买了家具，这显然是记忆有误。

② 1917年7月28日写给奥特拉·卡夫卡的明信片。《1914年—1917年书信集》，第304页。

容。而事实上，这对订婚夫妇正站在永久性破裂的边缘上，当他们最终各自登上了方向相反的列车时——卡夫卡去维也纳，菲利斯·鲍尔去位于东南部的阿拉德，他们完全没有约好是否再见面、何时再次相见。在她旅行结束回家后，给他写了两封长信，这两封信都没有得到回复，它们也都下落不明①。

那幅最广为人知、经常被翻印的卡夫卡与他的新娘菲利斯·鲍尔的肖像照是唯一一张两个人的合影照片。这是一张传统的照相馆照片：卡夫卡站着，菲利斯坐在凳子上，为了使身高比例协调，要么调节了吧凳的高度、要么在男方那里放上了一个基座。卡夫卡穿着单色的夏天套装，上衣口袋上有胸口插巾，白色衬衫外面的领带是深色图案的；菲利斯穿着长裙和白色的女士衬衫，胸前挂着圆形的饰物，里面可能有卡夫卡的肖像照，她的腿上放着一个黑色的手提包，里面可能有900克朗。他们几乎没有接触，只是卡夫卡的手弯曲地搭在菲利斯的裙子的皱褶上。两个人都看着前面的照相机，他们的瞳孔里反射着照相馆的两盏灯。菲利斯的嘴唇微微张开，似乎是满怀期待地等着照相机发出"咔嚓"的声音，而卡夫卡的表情则是完全无法确定的。他在微笑吗？第一眼看上去似乎是。但是，脸部的线条似乎又不能肯定，当人们观察这张有些摇摆的照片时，似乎它所传递的信息也是不断变动的。这是一种神秘的、几乎是秘密的印象，一开始很清晰，但是一旦当人们去捕捉其中的气息时，它就完全失序了，令人无法解读。现在它只是表明：这**是**一张摇摆的照片。因为人们可以从卡夫卡右侧的脸颊清晰地发现由嘴巴和眼睛组成的微笑；相反，从左侧的脸颊人们发现的却是最严肃的、显然是中立的面孔。从现有的照片上顿悟出沉默不语的真相并不罕见。

但是，为什么他们在1917年要去专业照相馆照相呢？如果没有正式的理由则有点反常，在这件事情上，这个动机只应该是对订婚身份的再一次强调。这是一张**订婚照片**，我们在菲利斯左手上可以看到订婚戒指（有可能是她在1914年秋天愤怒地摘下来的那只戒指）。他们可能在布拉格没有时间去照相馆，因为在去旅行前照片无法洗好，而且在满脑子都是丢失了钱包的焦虑中，也没有人有心思站在闪光灯下。住在匈牙利的妹妹当然期望着一张照片，而在布达佩斯是最后的机会。实际上就是最后的机会。它可能是分手照片——正如两个人可能已经意识到的那

---

①作家鲁道夫·福克斯（Rudolf Fuchs）在卡夫卡回到维也纳时遇到了他，他记录了这段回忆："之前在布拉格的时候，他跟我提起过，他将在布达佩斯做出决定，是否继续维持订婚婚约，还是解除婚约。在维也纳，他告诉我，他与他的新娘分手了。说到这些的时候，卡夫卡非常平静。他看上去甚至感觉很好。"鲁道夫·福克斯：《卡夫卡和布拉格的文学圈子》（*Kafka und die Prager literarischen Kreise*），载科赫的《当卡夫卡出现在我面前……》，第110页。卡夫卡可能不会说得如此清楚，他肯定有所保留地打了马赛克。在勃罗德的卡夫卡传记中提到并没有清晰的证据表明菲利斯·鲍尔继续前往阿拉德旅行。尽管阿拉德不再受到军事攻击的威胁，但是鲍尔姐妹们在布达佩斯见面更合理。

样。这张照片定格了一个瞬间，在那一刹那，不是金钱上的，而是情欲方面的资本无法挽回地消耗殆尽了。这是一张只有看得足够仔细才能从那上面读出未来的照片。但是，有关菲利斯·鲍尔回到柏林的旅程，人们仍然一无所知。而她显然也不知道在布拉格那边情况如何。

第九章
《乡村医生》的突然到来

当我翻书的时候，
让我将你的名字刻下来，
这样当我看到它的时候如同看到了你本人。
——贝蒂娜·冯·阿尔蒂姆（Bettina von Arnim），《歌德与一个孩子的通信集》（*Goethes Briefwechsel mit einem Kinde*）

我的生活一直完全是一种形式，一直在我的某种程度上天生的、由三个部分组成的不幸中循环往复。我是不幸的，对此我无能为力；我也想能做些什么，但是时间又不够；我将希望放在将来，同时也担心——这是与现在不一样的担心，到那时我就更加无法写作了。这完全就是一个苦难的深渊。但是，这是现在最主要的事情，没有它，谈不上美好的时刻。①

正如卡夫卡长久以来已经意识到的，这不仅是一个瞬间。1917年2月，他已经进行了第一次的结算，并且列出了由12个标题组成的清单，上面还画有横线和问号：这些都是出自第三本八开大笔记本的有价值的精华。一个月之后，又有了另一个清单，这一次他更加自信了，清单上有12个题目，并且以清晰的顺序排列着：毫无疑问，这是一个目录，而且也是卡夫卡再次考虑出版**一本书**的明确的证据。

肯定不是他的出版商的期望促使了这些事情的发生，因为卡夫卡已经很长时间没有收到任何来自莱比锡的鼓励或者关切的话语了。而他对库特·沃尔夫的怀疑，在过去的3年里也不断地得到滋养：似乎已经没有人再想起曾经做出的明确许诺——以更好的版式将《判决》《司炉》和《变形记》结集出版，越来越沮丧的卡夫卡想为这本一直无法付诸实践的书起名为"儿子们"；此外，热心的，但是经常提出过高要求，很难被阅读所打动的出版社经理梅耶，最终对"有助于宣传的想法"和厚厚的账单投入高度的热情。最终，沃尔夫完全拒绝了将《在流放地》收录到非常重要的"年少时光"系列出版，而且他一直没有明确地告诉卡夫卡，这部小说到底会不会在他的出版社出版。

---

① 1916年12月20日写给菲利斯·鲍尔的信。《1914年—1917年书信集》，第280页。

对此是有理由怀疑的，卡夫卡绝对不再有可能对自己所倾向的处理方式抱有期望。因为这个小规模、透明、编辑大会在喝一瓶葡萄酒的工夫就能开完的出版社，在短短的几年之后变成了一家企业，这使得那些长期以来的竞争对手确确实实地"看上去老了许多"，尽管并没有为他们带来经济方面的威胁。沃尔夫在扩张，他从其他出版社接受了一些系列丛书和作品全集，因而在很长一段时间中，他都不再有必要寄出征稿函了。他将追求作者数量的不断增加，但绝对不会去寻找那些初次登场的新手。就连像S.费舍尔或者卡西尔（Cassirer）这样的有"专属作家"的出版社，有时也会向莱比锡投去妒忌的眼光，因为在那里，出版商式的直觉和想象力丰富的广告具有更大的吸引力。

1916年的目录上记录了出版的400多本图书，已经达到沃尔夫必须需要更多的资金注入和对新出版图书的数量进行控制的关键点。有谁还能够驾驭如此大规模的纸张堆呢？高质量的编辑已经不够用了，只要战争继续下去，就没有太大的希望能够将对手稿的审订和与作者打交道的工作大规模地分配下去。魏费尔还在服役，埃伦斯泰因与梅耶不和，吗啡成瘾者约翰尼斯·R.贝希尔（Johannes R. Becher）只能偶尔地客串一下，作为自由顾问的勃罗德离得又太远，无法插手日常事务。

现在也已经出现了项目扩张过度、泛滥的迹象，长此以往会为出版社带来危险，因而沃尔夫通过严格划分系列和科目来确定界限。"新小说"（Der Neue Roman）系列是最初的而且也是最成功的系列丛书，没有什么比这个行动更能够增强卡夫卡对他自己在未来所扮演的角色的信心的了。在勃罗德的小说集再版的期间，阿尔托纳·法郎士（Anatole France）、克努特·汉姆生（Knut Hamsun）和海因里希·曼的作品也摩肩接踵地出版了，因而卡夫卡不得不说，这辆列车在没有他的情况下也必然继续前行。他的出版社一定真正打算在世界大战期间为欧洲的小说提供一个平台，他也表示，无论是大规模出版文学作品，还是项目的国际化，都被理解为是文化政治姿态，卡夫卡凭借他的不惹眼、凭借他的八开大笔记本上的"不可能完成的作品"，是无法加入这个特别活动的。而且事实是，当库特·沃尔夫在1916年底请他的作者们寄去他们的文稿，用于新一年出版年鉴的时候，他自然而然地是要将年鉴做成**小说**的精选集。"新小说"就是这部出版年鉴的题目，由于3万本的印数，因而不应该让哪位作者缺席。不过，卡夫卡没有在那里刊登任何文稿，他本来寄去了文章，那是短篇小说《谋杀》——题目是勃罗德所建议的，但是立即就得到拒绝的回复：这对卡夫卡来说不是例外。

他的名字在几年后再次出现在《布拉格日报》上只是一个微弱的安慰[①]：因为这份报纸的订户几乎都聚集在一个区域里——卡夫卡每天傍晚从城堡区走下来的

① 《梦》发表在1917年1月6日《布拉格日报》的娱乐副刊第一版上。

时候，都可以从上面完全俯瞰这个地区。但是，勃罗德一而再向他念叨的在期刊上发表文章，现在他觉得这倒不是个糟糕的办法，恰恰是小型文学杂志能够提供出色的传播效果，最终出版商和批评家也一定会对此作出反应的。卡夫卡完全想通了，他经常对约稿作出回复，就连他对文学作坊的严苛的保留态度，似乎也渐渐化解了。事实上，他仅仅在1917年一年就在报纸、杂志、出版年鉴和文选等一系列媒介上发表了作品，这其中大部分都是通过勃罗德引荐的，而不是计划之中的：卡夫卡答应定期与特立独行的文学和艺术杂志《美好的珍品》合作，就连因为负责编辑出版爱国主义杂志《多瑙河大地》而被战争档案所咒骂的文学研究者约瑟夫·科纳，也吸引卡夫卡匆忙地表达了同意合作的意向。①一直以来最有名的德语文学杂志《新评论》也向他提出了邀请，毫无疑问，他热情地接受了。但是，自从穆奇尔参加战争以来，在S.费舍尔出版社内部就不再有为卡夫卡说话的人了，这在卡夫卡遭遇到的灾难所带来后果当中，并不是影响最小的。

不仅是与杂志社互动，与其他作家的谈话也改变了卡夫卡的习惯，由此带来的影响是他的充满喜悦的高产。尽管他一直还不能做到发表不是约稿的文章，但是他却非常愿意做别人的推荐人。卡夫卡认为，也出席了慕尼黑的戈尔茨画廊朗读会的诗人哥特弗里德·克韦尔有足够的影响力，因而他在沃尔夫那里为他美言了几句（这个委托一定是勃罗德在幕后完成的）。卡夫卡偶然遇到的布拉格作家兼翻译家鲁道夫·福克斯（Rudolf Fuchs）也正好要求得到提携，卡夫卡成功地做到了这一点，因为马丁·布贝尔在自己的朗读会上用福克斯的诗歌来暖场。是的，卡夫卡对他人的引荐完全出于自觉自愿，他也向布贝尔推荐过布拉格诗人弗里德里希·费戈尔的诗作，而后者并不知道。②

卡夫卡愿意表达那种自然淳朴坦率的感觉和对原本人性的兴趣，如果有同样爱好的人，几乎无所不谈，在谈话过程中既不会受到社交方面，也不会受到文化方面以及意识形态方面的限制。有关这一点早在1911年得到了证明，那时候让父母惊慌，也让朋友目瞪口呆的是，他与破衣烂衫、肯定是相当引人注目的吉茨查卡·罗威（Jizchak Löwy）在一个星期里，整天在布拉格的大街小巷走来走去。涉世未深的健康主义狂热分子莫瑞茨·施尼泽——卡夫卡赞赏他，并且同时也完全了解他——则完全表现出另一番样子，在文学圈子聚集的咖啡馆（施尼泽当然不会去那里），人们从来没有将他作为褒赞的谈话素材，而总是将他作为批判的对象，

①在月刊《美好的珍品》（*Die schöne Rarität*）前六期（1917年7月到12月）中，卡夫卡被命名为工作人员，没有发表作品。在1917年底，由于外部和内部环境的翻天覆地的变化，卡夫卡收回了他的合作意向。《1914年—1917年书信集》，第390页。与《多瑙河大地》（*Donauland*）的短暂的关系可以从于1917年12月8日或10日和16日写给约瑟夫·科纳（Josef Körner）的两封信上看出来。《1914年—1917年书信集》，第376—377、380—381页。

②卡夫卡在1916年秋天在库特·沃尔夫出版社那里就已经表示了对费戈尔的赞赏，但是这件事是费戈尔所要求的。卡夫卡会遵从朋友们的意愿行事，无论是否成功。1916年9月30日写给格奥尔格·海恩里希·梅耶，《1914年—1917年书信集》，第243页。

卡夫卡则总是对他给予承认，表示他**个人**不接受那些说法。[①]

不过，卡夫卡也准备好了与自己完全不同的人联系起来。他在1917年7月带来了这方面的证明，那是当他乘坐从维也纳开往布拉格夜间列车的时候，他突然遇到一对吵吵闹闹，但是非常有意思，从老远就能认出来的朋友，这两位中一位是小品文作家兼演说家安东·库（Anton Kuh），另一位是布拉格的埃科咖啡馆（Cafe Arco）著名的风景线、从事创作的精神病医生兼心理分析师奥托·格罗斯。一眼看上去这对朋友完全不同。因为当库只是扮演着各种各样小丑一样人物的时候（偶尔他也是同性恋者，这会令他更引人注目），40岁的格罗斯却正在树立一个声名狼藉、被各种谣言包围、正式地在资产阶级的地狱里登场的形象：这是一位瘾君子医生，是无政府主义者，住在不同的精神病医院的常客，常年来一直因为所谓的谋杀罪而出现在通缉名单上，他有4个孩子和4个老婆，同时是三姐妹的情人，最终在自己的父亲、著名的刑法法官和犯罪学家汉斯·格罗斯（Hans Gross）的努力下，他在柏林被捕了，关押在一家戒备森严的疗养机构，在一场引起轩然大波的审判中被判终身监禁。由于柏林的《行动》杂志和其他杂志都已经谈论过格罗斯事件了，因而卡夫卡清楚地知道他是什么人：这个人尽管只比他大6岁，但却实践过，并且全程体验过有着巨大差异的选择，他满心欢喜地进行着高等智力的漫步，他既是智力游戏中的尖子生，也是这当中的病人，他经历着产房和战地医院中的痛苦，在那里他也对**他人的**痛苦负责。不要忘记他与自己父亲的公开战争，也不要忘记后者即便在他死后还要忙于审判他，并且在表现主义情境下屏气凝神地追踪着他，当格罗斯将精神分析变成了传播社会革命的广播的时候，他不仅是在与他的父亲，而且也完全是在与父权斗争，而这样的痛苦是整整一代人都在承受的。[②]

这列火车和战争期间的所有长途列车一样，都超员了，而且，旅途中的卡夫卡、库、格罗斯和他们的女朋友玛丽安娜（米兹）·库［Marianne（Mizzi）Kuh］，还有8个月大的索菲（Sophie），在夜幕降临时的表现都与平时一样：这个孩子很会忍耐，没有哭闹，安东·库哼着歌并且喋喋不休地空谈着，就是人们在讲台上看到他的那个样子，相反，格罗斯却在进行着感人透彻、长达数小时的独角戏，全然不顾人们已经疲劳不堪、越来越多的人开始打盹和微笑着的卡夫卡（他可能不知道，他正在对着他的父亲以前的学生说话）。显然，谈话是有关格罗斯的最新的想法的，

① 请参考菲利克斯·威尔特士在1917年10月写给卡夫卡的信，其中提到“个人特色的单纯”。《1914年—1917年书信集》，第762—763页。和卡夫卡在1917年10月19日或21日的回信：“他不会简简单单地被打败的。”《1914年—1917年书信集》，第354页。

② 奥托·格罗斯（Otto Gross）是在1913年11月9日被逮捕的；在12月20日，无论是（柏林的）《行动》（*Aktion*）杂志，还是（慕尼黑的）《革命》（*Revolution*）杂志都出版了有关奥托·格罗斯的特刊，在那里有多篇文章对格罗斯的父亲进行了人身攻击。特别是幕后发生的事情，以及柏林警方与这位奥地利刑法教授之间的可能是不合法的合作，激起人们的愤怒。卡夫卡完全有可能在《审判》——这篇小说仅在这之后的8个月就完成了——的最初章节对这个事件进行了回顾。

即《旧约》中有关母权的阐述，特别是“罪恶”中的母权；正如卡夫卡在几年后描述这幅场景时一样，他不再能够记起具体的内容了，当时也只理解了很少的一点内容。不过，他仍然留有精确、生动的印象，而且相信在格罗斯的形象中“有某些重要的东西”。[①]

但是，卡夫卡却不再会有太多的机会去领会那些重要的东西了，因为仅仅在几天之后，就出现了第二次，也已经是最后一次的相遇。勃罗德被邀请加入了一个小型社交活动，在那里，除了奥托·格罗斯之外，还有（刚刚从维也纳回来的）魏费尔也加入其中，另外，勃罗德青年时代的朋友、音乐家阿道夫·施莱博（Adolf Schreiber）也在。今天并没有流传下来有关这次值得纪念的聚会过程的记述，尽管与格罗斯的魅力非凡的相遇，为这次聚会带来了引人注目的效果。卡夫卡在这种杂志界的年度聚会的活动中，更愿意享受作为一名观众，而不是一个活动家的乐趣，这样他就能够在最终做出决定之前，从容不迫地左右观察那些最善意的发表文章的机会了，因而卡夫卡安静地听着那些参与了某本杂志创办工作人员的夸夸其谈。《权力意志斗争报》（*Blätter zur Bekämpfung des Machtwillens*）应该是一份新的机关报，这是一个激进的反家长式专制统治的标题，劝人们不要塌陷在美梦当中，这在格罗斯的世界，在维也纳、柏林、慕尼黑和阿斯科纳（Ascona）等地的波西米亚地区无疑赢得了掌声，而且也令人们想起了这是对一份名为《酒精成瘾斗争报》（*Blätter zur Bekämpfung des Alkoholismus*）报纸的滑稽模仿。

勃罗德不喜欢这样的玩笑，魏费尔也只是在当时的环境下被说服了；对于勃罗德而言，尽管著名的兵役义务无疑是不恰当的，但是也不应该将它与那些被剥夺权利的吗啡成瘾者，以及对军事管制的社会的公开敌意相提并论。相反，卡夫卡却很兴奋；不过，尽管如此，他肯定相当清楚，格罗斯的全部天赋里有一项就是，他是一个不安分守己的项目制造者，如果人们不愿意将资金交给他，也不同意他的想法，他会再次写信去询问，做另一本计划之外的杂志。他写信给勃罗德说：“如果说有一本杂志（目前，自然是所有的杂志）在较长的一段时间能一直对我有诱惑力，那么它一定就是格罗斯博士的杂志了，因为至少在每天晚上，我都能够从那里面发现一些私人间联系的火花。可能没有什么其他的杂志比它更能够展现人与人之间的共同追求了。”[②]

---

①1925年6月25日写给米莲娜·波拉克的信。《1918年—1920年书信集》，第195页。“他宣读了在《圣经》中某个部分的他的信条”，卡夫卡继续写道，“他不断地对这部分进行分解，他不断地引入新的材料，他不断地要求我的赞同。”非常有可能在卡夫卡的文章《象征着天堂的符号中的共产主义基本理念》（*Die kommunistische Grundidee in der Paradiessymbolik*）中可以找到有关格罗斯夜晚布道的内容，该文发表在《苏联》（*Sowjet*），第1期，1919年，第12—27页，因为这是他唯一大段阐述《旧约》中的章节的文章。卡夫卡从1903—1904学年的冬季学期到1904—1905学年的冬季学期听过汉斯·格罗斯的课。他是与勃罗德一起去上“法哲学的历史”（Geschichte der Rechtsphilosophie）1904年夏天课的。

②1917年11月14日写给马克斯·勃罗德的信。《1914年—1917年书信集》，第364页。

不过，一切都没有什么变化，只是3年后，格罗斯的毒瘾已经越来越大了，并且他的智力和知性也完全被毁掉了，人们发现他贫困潦倒地走在柏林的大街上。那个夜晚还是在布拉格掀起了余波，这成为弗兰茨·魏费尔日后的担忧。

马克斯·勃罗德一定将卡夫卡对格罗斯经久不衰的兴趣看作是一根肉中刺，对此他不置一词肯定也不是无意的。“展现人与人之间的共同追求”，这句话从**这个人**的嘴巴里说出来显得尤其生硬，但这却是在勃罗德看来一份杂志的理想的根基。卡夫卡是如何看待一个由一些人所组成的利益共同体的呢？如果在这个共同体没有出现“犹太人”这个词语，而且所有有关犹太人的身份认同政策的问题——这其中也包括犹太复国主义者的身份认同，至多只是更为广泛的文化危机中的边缘问题的话？当卡夫卡谈到“有诱惑力的”、能够让他感到意气相投的杂志的时候，为什么他不会对《犹太人》有同样的感觉呢？那是犹太民族的中央机关报，而且勃罗德亲手为卡夫卡开辟了在这份杂志中的发展之路。

事实上，勃罗德一直不断地询问布贝尔，为什么在《犹太人》中不能发表一些具有代表性的德语文学作品，最后，他的做法肯定是带来了一些效果，但是根本的异议仍然继续存在。在勃罗德看来，有关一部文学作品究竟是否属于犹太作品的关键标准，是它是否体现了“犹太精神”，而按照布贝尔的观点则是所使用的语言本身。“用德语文学作品元素所表达的犹太精神，是一种与德意志精神的特殊的合成物”，布贝尔向勃罗德宣称，“这是不言而喻的。”它就已经绝对不是犹太文学了：“无论从理性还是从感性出发，我都反对一部作品可以属于两种文化；而且，您可能不应该考虑将魏费尔（或者您）从德语文学中摘出来。”①

这正是勃罗德所考虑的。而且布贝尔正是通过魏费尔的名字举出了一个很有说服力的例证，那就是他本人暂时还是允许人们对他的杂志在文学作品方面的“斋戒”存有怀疑。魏费尔的确在很长一段时间以来已经不再是自恋的“作家”了；在战争的影响下，他已经变得更为成熟了，他开始转向宗教问题，尤其是宗教**身份认同**问题。他在犹豫不决中开始探明自己犹太人的根基，与此同时，他又对理想化的基督教教义中背离外在世界的、冥想性的内心世界的好感（这显然会遭到勃罗德的训斥②）在不断增加。他相信值得去经历的世界现在只能通过奇迹得到解救，而绝对不是通过世界观所指导的行为，甚至无法通过布拉格的某些犹太复国主义者实践的文学和党派政治的混合物得到帮助。后者的终点，就在他与奥托·格罗

① 马丁·布贝尔于1917年1月15日写给勃罗德的信；载《70年的书信来往》，格瑞特·沙德尔编，第1卷，1897年—1918年，海德堡，1972年，第459页。

② 参见弗兰茨·魏费尔《基督教的使命：写给库尔特·希尔的公开信》（*Die christliche Sendung. Ein offener Brief an Kurt Hiller*），发表于《新评论》，第28期，1917年，第92—105页；以及马克斯·勃罗德的弗兰茨· 魏费尔的基督教的使命》（*Franz Werfels, christliche Sendung*），发表于《犹太人》，第1发行年度，1916年—1917年，第717—724页。

斯共同认知的点上，只会带来**另一种**权力组织形态，其中的主题仍然是荣光。犹太复国主义者们更为极端的主张就是停止空谈，立即开始工作。也就是说，这个"我"更多是写作着的"我"，是自我负责的，在任何情况下也都对上帝负责，否则，就什么都不是。

这恰恰不是布贝尔的立场，但是完全的忏悔祈祷式地寻求清静的生活，也将只是他为全球蓬勃发展的"犹太国家主义"所开的最后的"药方"。不过，魏费尔作为一种态度所竭力争取的身份认同——通过这样的身份认同他能够经受得住**自己的**考验，相比勃罗德所秉持的犹太复国主义者的忠于原则，为布贝尔留下更深刻的印象：这种令人绝望的严重性、这些围绕着权威展开的斗争，也需要唤起那些到目前为止认为事情的关键，只是在于正确的思想和外部"运动"的成功的人们。布贝尔因此发表了魏费尔的16首新诗，配发了"导言"，指出诗歌反映了作为犹太人诗人内心最深处的渴望。[①]

这正是勃罗德等待的，那就是也有德语文学作品发表在《犹太人》上。既然魏费尔在这里已经有了了不起的亮相，为什么不让卡夫卡也登场呢？几乎在勃罗德刚刚收到4月刊的时候，他就向布贝尔发出了请求，要求考虑卡夫卡的作品；因为这个人"在最近写了很多短小而精彩的散文、传说、童话"。[②]（勃罗德当然清楚）这些并不完全符合事实，但是具有诱惑性的词语会对布贝尔发挥效用。

这是一个非常有利的时机，因为卡夫卡正处于神经质——愉快的创作阶段，而且正好刚开始填满新的一本八开大笔记本，因而他非常渴望在过去的那个冬天完成的作品最终也能够付印。当卡夫卡在1917年4月确实收到了来自布贝尔约稿的时候，他没有片刻犹豫，立即提交了誊抄得干净整洁，他的几乎所有新作品，以供编辑自由选择。布贝尔显然深受感动，但是另一方面他也担心，如何向他的读者解释为什么要在《犹太人》上发表诸如此类的多重含义，而且与其他文章的风格大相径庭的作品。他最后只选了两篇人们**能够**将其归于犹太主题的文章——《豺狗和阿拉伯人》和《致科学院的报告》；为了与他的杂志的宗教伦理讨论路线保持必要的关联性，他建议为这两篇文章起一个总标题——"两则寓言"，将它放在文章前面。但是，卡夫卡立刻拒绝了这个建议。它们不是寓言，它们只是"两则有关动

---

① 马丁・布贝尔的《有关弗兰茨・魏费尔的导言》(*Vorbemerkung über Franz Werfel*)，载《犹太人》，第2发行年度，1917年—1918年，第1—2期，第109—112页。在这里布贝尔引用了魏费尔在1917年1月31日来信里的一句表达亲密情感的话，"现在请您只是握住我的手、接受我的表白（可能这是非常无关紧要的），那就是我完全认为自己完全属于犹太'国'的，而且拥护这个名称之下所有有缺陷的和一些完美的内容。"载布贝尔的《70年的书信来往》，第1卷，第468页。有关布贝尔对于外显的、政治方面的成功的怀疑，参见他在1917年7月9日写给西格蒙德・卡茨内尔森（Siegmund Kaznelson）的信："今天时局的外在特征就是犹太复国主义目前的'成功'；只有非常少数的犹太复国者了解其中的苦难，或者只是能够明白这些'成功'为我所带来的痛苦。"同上书，第502页。

② 马克斯・勃罗德在1917年7月写给马丁・布贝尔的信。收藏于耶路撒冷的犹太国家和大学图书馆（Jewish National and University Library, Jerusalem）。在这期《犹太人》中，马克斯・勃罗德本人发表了一篇关于对泰勒主义（Taylorismus）恐惧的论述文。

物的故事”,因而不应该给读者超出于此的承诺。

那么就这么办吧。《豺狗和阿拉伯人》于1917年10月发表,《致科学院的报告》则发表于11月。首次在**决定性的**犹太公众面前的公开登场,对于卡夫卡而言,既是节日,也是审判日。“尽管我已经出现在《犹太人》当中了”,他写信给布贝尔说:“但是,我还是一直觉得这是不可能的。”[①]不过,似乎在此之前从来没有哪位作者如此毫不留情地坦承,在面对自己发表的文章时,智力上的恐惧和喜悦相互夹杂的情感:“总是被爆发出来的虚荣心和自鸣得意所窒息,沉迷于阅读发表在《犹太人》上的文章。如同一只被关在笼子里的小松鼠一样,满怀喜悦地上蹿下跳,对狭窄的空间感到绝望,在坚持不懈中陷入疯狂,面对外界的宁静体会着痛苦的感觉。所有这些情绪既同时出现,又相互转换,在最终的泥浆上也有幸福的阳光照耀。”[②]

布贝尔仔细地通过发表在《犹太人》上的每一篇文章来勾勒出犹太人的地平线,这样的自我限制也会受到来自第三方的观察,[③]这样的照管,在卡夫卡那里却带来了最棘手的后果。尤其是《豺狗和阿拉伯人》这篇小说,第一眼看去恰恰是一篇敌视犹太人的文章,这里描述的是一个动物一样的民族,他们从远古以来就在等待着救赎者,纠缠不休、卑躬屈膝、不断地强调自身的“纯粹性”,还非常贪婪,这些纠结在一起成为一个到处可见的无赖;另一边是冷嘲热讽、深思熟虑的阿拉伯人,他们是真正地具有优越感的人群,他们挥一下手中的鞭子就能驱魔降妖,然后等级体系再次发挥效力。这一切都足够清楚了:它是有关适应异族文化的犹太人的,他们没有能力主宰自己的命运,而且他们从来不认真对待出现、攻击供养他们的所有者的反叛。

由此可见,卡夫卡将犹太人描绘为豺狗(为了加强生动感,甚至诋毁**真正的**豺狗,毫无疑问它们只是无赖)。如果进行善意的解释,这是一篇强有力的、一直保持着布贝尔杂志路线的文章。[④]侮辱性地将犹太人比作动物,把他们比作狼、猪、山羊、蛇和蜘蛛,这些比喻几百年来在德语文学作品中时常出现,人们已经习以为常了。[⑤]而《犹太人》令受过良好教育的读者更为惊诧的是,这里面的阿拉伯人

---

①1917年5月12日写给马丁·布贝尔的信。《1914年—1917年书信集》,第299页。

②记录在1917年10月19日写在“八开笔记本G”上。《遗作Ⅱ》,第30页。卡夫卡一开始写的不是“面对外界的宁静”,而是“面对观众的宁静的目光”。《遗作Ⅱ》,注释199。

③胡戈·贝尔格曼在1916年与1917年相交的冬天请求布贝尔不仅应该讨论犹太人的利益,而且也应该涉及“人类的普遍利益的主题”。载布贝尔的《70年的书信来往》,第1卷,第488页,注释1。

④在最早的一期《犹太人》上,布贝尔就曾经刊登过一篇来自巴勒斯坦的宣传文章,那里面将西欧犹太人描写为投机主义者和寄生虫:“我们拥有适应天赋,这是在流放中开发出来的能力,这是用我们自己的思想加工他人生活的成果,从他人的工作果实中咬下最美味的那一口。”A.D.戈登(A.D. Gordon),《工作》(*Arbeit*),发表于《犹太人》,第1发行年度,1916年—1917年,第37—43页,这段文字在第39—40页。

⑤所选择的例子来自朱利乌斯·H. 肖珀斯和约阿希姆·施吕尔(Joachim Schlör)(编写)的《反犹太人主义:偏见和神话》(*Antisemitismus. Vorurteile und Mythen*),慕尼黑/苏黎世,1995年,第21—22页。“肮脏的犹太人”和豺狗的紧密的共同生活来自施蒂弗特(Stifter)的小说《阿比迪亚斯》(*Abdias*),卡夫卡肯定是知道这部作品的。

的形象居然完全是正面的：那个民族是精于算计的，犹太复国主义者向他们承诺，“根据欧洲的标准”参与到经济、教育和卫生事业中（与此同时，来自巴勒斯坦的犹太移民通常被看作是对廉价劳动力的储备），而在卡夫卡看来，阿拉伯人的精明算计表明了他们是思考的种族，是“经济人”，而豺狗、犹太人只能被看作是待在一旁的废物和小丑。

尽管《致科学院的报告》这篇被卡夫卡的朋友们私下称之为“猴子的故事”的小说不如《豺狗和阿拉伯人》那样有说服力，也仍然可以做成犹太式的解释。这是一只黑猩猩的回忆，它在暴力下得以发展，从而否定了自己原本的天性，接受了人类的习性：人们可以将这解读为普遍的文明化过程、对资产阶级的驯化和反自然的富有说服力的控诉，也可以看作是犹太人的适应和自我异化的历史。犹太公众首先可以从中照见自己，而这自然是布贝尔心知肚明，也是他所期望的；而对于勃罗德而言，这些犹太式的阐释是令人深思的，他在《自卫》杂志中称赞卡夫卡的这篇小说是“所有有关种族同化的讽刺作品中最具天才性的作品”，而且艾莎·勃罗德在布拉格的葬礼兄弟会（Chewra Kaddischa）的大厅里为“犹太妇女和女孩俱乐部”的成员朗读了这个故事。[①]如果红彼得，那个被关在笼子里、穿着衣服，心理上已经臣服的猴子的确是被同化了的犹太人的形象，那么真正的**未被同化**的犹太人的世界是什么样子呢？红彼得自己（或者愿意）不告诉人们有关他出生的任何信息，尽管那些匿名的院士们明确地要求他提供这些信息。它的“作为猴子的之前的生活”所留下的痕迹让人们猜想，它更倾向于自由，而绝不是“文明”的生活，在它看来那完全是天堂般的存在方式。在这里卡夫卡所表达的内涵主要是负面的，即一个**低等的**动物被当作犹太人的象征，毫无疑问，这幅画面的逻辑，将继续促使梦想着犹太国家主义的读者，通过解释而能够享受这篇文章。

对于布贝尔而言，这是一个没有续篇的试验：在接下来的几年里，《犹太人》不再刊登卡夫卡的其他文学作品了。相反，在卡夫卡看来，这是对他的工作的证明，这是一次成功的试航，相比1917年在其他地方带来较小影响的发表，在《犹太人》杂志上发表文章是最重要的，也是最令人愉快的。卡夫卡一直以来都以更大规模、在更广泛的范围内发表作品为目标，在他和布贝尔通信之前，他的关于将新写成的短篇作品结集独立出版的计划就已经成熟了，他为这个文集起的标题是《责任》，也就是说下本书应该叫这个名字。[②]

为什么出版商不知道这个打算呢？为什么他没有签订这本书的合同呢？因为他——正如卡夫卡所确信的——应该很久以前就听说过这本书，却没有去触及它。也因为卡夫卡——他与库特·沃尔夫的立场越来越背道而驰了——虽然不

---

①马克斯·勃罗德的《（1917年12月19日）犹太妇女和女孩俱乐部的朗读之夜》（*Literarischer Abend des Klubs judischer Frauen und Madchen [am 19. Dezember 1917]*），发表于《自卫》，1918年1月4日。

②1917年4月22日写给马丁·布贝尔的信。《1914年—1917年书信集》，第297页。

是独一无二的人，仍然让人觉得非常神秘：他几乎发自内心地热爱写作，这使得他魅力非凡；但是，如果没有具体的动机，他就不去写。一旦出现了诸如此类的理由——并不一定是因为沃尔夫，他也会去写。现在卡夫卡感到了怀疑，他非常担心被拒绝，他喜欢经常性的、更加开诚布公的交流。

对此就连无所不在的信使勃罗德也没法帮他做些什么了，前者只能更为频繁地抱怨这家出版社的疏忽大意。

至少勃罗德的坚持不懈已经使布贝尔发生了转变，现在也开始影响莱比锡了。1917年7月3日，在卡夫卡34岁生日那天，沃尔夫发出了一个等待已久的信号，即他准备冒险尝试新的游戏——请卡夫卡将去年冬天完成的手稿"用打字稿"誊清寄来，因为"我最近很高兴地从马克斯·勃罗德的一封信里知道了……"，等等。①

沃尔夫现在看到的是卡夫卡做出了很大的妥协，这的确令他非常感动。尽管卡夫卡目前所写的作品再现了文学上史无前例、非常精致的梦想，而对于将要完成的小说的希望，可能暂时还是会化为泡影；尽管毫无疑问已经有人向沃尔夫提醒新的作品将不会成功，但是沃尔夫还是建议，再一次尝试出版卡夫卡的作品。这一次突然准备出版的是《在流放地》；尽管沃尔夫一直认为将它放在较为廉价的"年少时光"系列当中不太合适，但是他相信这部小说："我极其赞赏和看重这部作品，我从来没有想过完全放弃出版它，这是毋庸置疑的。"②这种论调听起来与一年前完全相反。

这样的报价让卡夫卡情绪高涨，之后，他又开始后悔，应该将必要的保留作为实用的解决方法；他已经意识到承诺——不只是莱比锡那边所作出的承诺——得到严格的遵守。而在1917年夏天，沃尔夫又继续迈出了关键的一步，他答应他的作者要进行一个真正的探索。这是因为，当卡夫卡在立即得到的赞同的鼓励下，小心翼翼地向他询问，他是否可以在结婚、辞掉工作、搬到柏林生活后成为得到出版商资助的"自由"作家时，沃尔夫毫不迟疑，也非常明确地回答道："我衷心地祝愿您的未来的打算一切顺利。我最诚挚、最愉快地向您表示，我也愿意在战争结束后一直给您物质上的支持，有关其中的细节我们肯定能轻而易举地达成一致。"③

不可能期望比这更明确的答复了：这是卡夫卡第一次从他的出版商那里得到这样的消息——不是有关文章、将要出版的书或者出版策略方面决定的信息，而是有关他**作为作者**身份的消息：这是他收到过的一封含义最明确的来信。沃尔夫应该清楚（他对卡夫卡境况的了解很详细），这样的出价绝不仅仅影响着卡夫卡的"写作"，而且也影响着他事关生存的决定，也就是说，他的的确确地承担了责任。

①库特·沃尔夫于1917年7月3日写给卡夫卡的信。《1914年—1917年书信集》，第745页。
②库特·沃尔夫于1917年9月1日写给卡夫卡的信。《1914年—1917年书信集》，第748页。
③库特·沃尔夫于1917年8月1日写给卡夫卡的信。《1914年—1917年书信集》，第747页。

正是这一点令卡夫卡折服。这使卡夫卡完全相信，现在他要做的就是信守自己的承诺，虽然他一定还没有向什么人说过这个承诺——那就是有关提高生产力的诺言："如果我发挥自己的力量，那么您将能得到比《在流放地》更好的作品。"[①]

这中间又发生了别的事情。当已经将所有重要的事情都确定下来的时候，沃尔夫与卡夫卡的通信突然中断了，由于战争所带来的纸张质量和印刷方面的问题，他没法告诉卡夫卡，他打算什么时候印出第一次校样稿。而且，在卡夫卡的散文小册子最终出版之前，这个项目经历了一系列差不多是无穷无尽的、荒唐古怪的事故。

与此同时，卡夫卡这边已经开始新作品的写作了。在这期间，他决定采用一个更为中性的题目：这个集子不再叫《责任》，而是《乡村医生：短篇小说集》。显然这是出于与他拒绝布贝尔曾经提议的题目时同样的考虑：他认为，无论是"责任"还是"寓言"，都会完全将读者的注意力直接引向文章**背后**的含义；这两个标题不仅会要求人们阐释，甚至还会直接指出哪条路是通往**正确的**，或者至少是作者所**期望的**解释。这恰恰是卡夫卡终其一生都拒绝对自己的作品进行解释的由来，文学作品应该通过自身产生力量：应该明确地将这样的想法驱除掉，即《豺狗和阿拉伯人》实际上只是一个"动物故事"，或者《乡村医生》这个标题可能是一部讲医生的小说。

对于卡夫卡而言，在挑选题目之外，还要考虑到一系列美学方面的问题，尽管有许多事情需要提醒出版社，但是他仍然坚持检查封面。封面必须非常恰当。因为，当样书最终印好的时候，就完全不可能再对封面做改动了：现在这本集子叫《乡村医生：短篇小说集》，作者对这个题目不再有任何犹豫，看上去也是一个完全客观务实的决定。卡夫卡通过极其透彻的图景所展现的"猴子的故事"冷酷无情的逻辑，或者乡村医生的令人费解的梦境，究竟是否反映了他长期以来的作家式的**史前史**呢？

这个问题也反映在卡夫卡对选择的散文如何排序当中了，尽管排序问题对于出版社而言是件举手之劳的工作，早在1917年8月，即沃尔夫的慷慨出价之后，作者就呈现了一个精确的目录。[②]卡夫卡做出了修改标记，要求重新恢复最开始的顺序，这些标记却不完全，在拖延了一个月之后，在勃罗德的多次过问之下才寄出的。到了1918年9月，手稿已经在库特・沃尔夫那里放了一年多了，卡夫卡收到了出版社经理梅耶的一封语焉不详的信，其中的篇目排序再次搞错了；没错，甚至在他寄来的目录中弄混了《谋杀》和《杀兄的人》这两个题目，以为这是**同一篇**小说。事实上，这家出版社没有人去做仔细的审读。《谋杀》正是沃尔夫拒绝收

---

① 卡夫卡于1917年9月4日写给库特・沃尔夫的信。《1914年—1917年书信集》，第312页。

② 参见卡夫卡于1917年8月20日写给库特・沃尔夫的信。《1914年—1917年书信集》，第306—307页。

录到他的出版社年鉴中的那篇小说，《杀兄的人》是经过修改、授权，已经呈现出出版版本了。当卡夫卡发现，沃尔夫在后来的一本出版社年鉴中，将前一篇小说以最开始、早已过时的版本和原有的题目——《这场谋杀》（*Der Mord*）发表的时候，他可能无法相信自己的眼睛，显然没有人给他寄过确认函，甚至他也没有收到过样刊。[①]

毫无疑问，就连大型出版社在战争期间也总是被迫进行精简操作。从写作到审校再到印刷，整个流程都忍受着合格人手的短缺、各种原材料——这些物资不再能够自由购买，而是要通过国家的集中调配——的匮乏所带来的麻烦，也使得可靠的计划变成不可能的。这就是卡夫卡所明白的"战争经济"的含义，对于沃尔夫没有兴趣不断地向他的作者寄去道歉和安抚的集体信函，卡夫卡也不感到诧异。沃尔夫已经完全力不从心了，这恰恰是因为他没有正确地认识到局势的险峻：在1917年他还计划将他的出版社搬迁到花大价钱购买的地处达姆施塔特市的一所王宫中，他还创办了"新精神出版社"（Neue Geist Verlag）以涉足辞书领域，当人们已经开始为在即将到来的冬天，由饥荒所引起的混乱而担心的时候，他却向诸如卡夫卡这样的几乎没有带来盈利的作家承诺，使用最昂贵的手工纸和半真皮质地的封面［这肯定是他在布拉格非法购得的，可能是从皮手套工厂主鲁道夫·魏费尔（Rudolf Werfel）那里买的[②]］。即便在一年之后，在战争结束前的几个星期，即出版商的极其艰难的危机中，沃尔夫还催促在卡夫卡看来尚有缺陷的《在流放地》，而且按收藏家喜欢的"德鲁古林式（Drugulin）印刷"进行印刷，其成本已经完全无法核算了。作者的兴高采烈是可以理解的；相反，这位出版商的乐观则完全是一种失职。

很多迹象表明，沃尔夫几年以来一直都没搞清楚，在布拉格具体由谁处理此事；尽管在他服役结束之后，他得到了前往波西米亚的签字，很容易得到亲自见面的机会，但是他几乎想都没想过这种可能，而在那时，卡夫卡的确对与出版社的长期而紧密的联系感兴趣。无法解释的忽冷忽热，时而寄来妩媚迷人的信件、时而是数月甚至长达一年的沉默，这些都摧毁了刚刚萌芽的信任。卡夫卡也非常努力地从出版商的角度去搞清楚目前的局面——"人们无论如何都必须发出喊声"，他写信给《多瑙大地》的编辑说道，"这样那些被埋在作者下面的出版人才能听到"，[③]他没有办法不认为，一位**充满兴趣的**出版商不应该给人留下这样的印象。而且，当

---

①有关库特·沃尔夫出版社的大量的错误和延期的细节请参见翁舍尔德的《弗兰茨·卡夫卡：作家人生和他发表的作品》，第155—157、160—168页。《谋杀》于1917年年底发表在沃尔夫出版社年鉴《新作品》，《杀兄的人》的较新的版本，在此之前已经发表在具有收藏价值的印象主义派双月刊《玛息阿斯》（*Marsyas*）上，第1出版年度，第1期，1917年7/8月刊。

②沃尔夫与弗兰茨·魏费尔的父亲（在1917年10月和11月）的相关通信可以在库特·沃尔夫在耶鲁大学的档案中找到，纽黑文（New Haven）。

③1918年12月16日写给约瑟夫·科纳的信。《1914年—1917年书信集》，第381页。

卡夫卡能够实现他的计划，且在1919年搬到了柏林的时候，沃尔夫是否能在不经提醒的情况下想起“一直给您物质上的支持”这个承诺，也是令人怀疑的。

这是一个有关自尊的问题。当卡夫卡出乎意料且受宠若惊地在1918年同时接到另外两位德国出版商邀请的时候，这个问题就变得更加迫切了；这两位出版人是埃里希·赖斯（Erich Reiss）和保罗·卡西尔（Paul Cassirer），他们两位都对文学领域的先锋很有了解，并且出版具有影响力的杂志《潘》（*Pan*）和《舞台》。这样的机会——这一次完全不是通过勃罗德介绍——是卡夫卡从来没有遇到过的；另外，在此期间，他越来越不能确信莱比锡那边是否已经不再打算出版《乡村医生》或者干脆把它忘记了，因此，他强烈要求出版人给予解释，这份最后通牒不是通过个人信件，而是寄出了另一份长条校样、不着一词的方式发出的。这简直是在拉扯对方的头发。不过，勃罗德确信现在各家出版社都是这样；因而最好也就留在沃尔夫身边。①

犹太教哈西德派运动的创始人巴尔-萨姆（Baal-Schem）拉比在一次旅途中投宿一家乡村旅馆。这是星期三的晚上。“我是一位著名的传教者，”他对店主解释说。“我听说，在柏林有一位富人在举办婚礼，要一直庆祝到安息日；也许我应该去那里赚些钱。”店主回答说：“您在说什么？从这里到柏林还有50英里呢。您怎样才能在安息日降临前到达那里呢？”巴尔-萨姆告诉店主说：“我有一匹很厉害的马，这样我就能在安息日来临前抵达柏林。”店主笑了，说道：“这完全不可能！除非你们能飞起来。”到了第二天，这位拉比也仍然是不紧不慢的，他把启程推迟到了星期四的晚上。但是在接下来的这个夜晚他飞了350公里。

另外一位名为勒吉博·索尔斯（Lejb Sores）的拉比，在俄罗斯靠近莫吉廖夫（Mogilev）的第聂伯（Dnjepr）做了短暂的停留。他让马休息了一天，并且用这一天摆上丰富的酒菜款待一位仆人。“当他们从这个城市出发的时候，这位仆人突然出现，好像是飞来的一样，他看到了下面的城市和村庄。于是，他们就这样一起飞了两个小时。最后，到了一座大城市……”。这座城市就是令人惊叹的大都市维也纳，从莫吉廖夫到这里的飞行距离是1 200公里。

在卡夫卡的同名小说《乡村医生》里的那位乡村医生，在一个冰天雪地的冬日，应一位病人的要求去10英里之外的地方出诊。但是，医生的马在前一天夜里死了，而他还没有买新的马匹。就在这个时候，从一个废弃的猪圈里跑出了两匹健壮的马，随同而来的还有一位马夫，他赶着马车，还拍了拍手。“……马车向前冲着，

---

① 很遗憾卡夫卡寄给沃尔夫的这封信没有保留下来；而勃罗德将这封信称为“最后通牒信”。1918年3月底写给马克斯·勃罗德的信。《1918年—1920年书信集》，第33页。“我不建议离开沃尔夫”，勃罗德在3月29日回信说。“正如书商们所说的，这种无组织性现在在所有的出版社都普遍存在。”《马克斯·勃罗德和弗兰茨·卡夫卡：友谊、书信来往》，第249页。

好像湍急流水中的木头一样；我还听到了马夫冲进我的房子时房门被冲撞所发出的破裂声，紧接着，一阵狂风暴雪迅速地充斥着我的所有感官，我什么都看不到、什么也听不到了。这也只是一刹那的工夫，似乎我的院门紧挨着那个病人的院子一样，我已经到了病人家……”一眨眼就行进了10英里。这位乡村医生的梦中骏马成功地做到了哈西德教徒的马匹所不能做到的：它们冲破了声障。

卡夫卡是在一本名为《波兰犹太人民间传说》的集子上发现有关那些快得不可思议的马匹，以及不需要驾驭的骏马的故事的，这本集子是他在1916年、在炼金术士巷的创造快要开始的时候购买的。①不过，这个以完全非现实方式简单复述的奇迹，在卡夫卡看来并不足以使描述更加生动形象。相反，他提出了一个在哈西德教派的传说讲述者看来一定是微不足道的问题：回程是什么样子的呢？我们完全不知道，巴尔-萨姆拉比是以什么方式离开柏林的，并且有关勒吉博·索尔斯拉比的归家之旅也只是简单的重复：用了两个小时从维也纳到了莫吉廖夫。这在卡夫卡看来是完全不可信的，他感觉太**不真实了**。因为离开和返回不是相互对称的过程，正如下降和上升不对称一样。在我离开的那段时间里，**在那里**发生了一些事情，和离开之前已经不是完全一样的状态了，而且自我也发生了变化，可能通过对距离的体验变得理性了。民间传统形成了一幅画面，卡夫卡从中创造了一个象征；他确信，这些马匹是**不允许**再飞回来的，“……我们像老人一样慢慢地走过大雪地……我从来没有这样回过家……赤裸，和不幸的同代人一样打着寒战，坐着尘世的马车，赶着来自仙境的马匹。我这个老人到处乱转。”②

---

①《波兰犹太人民间传说》（*Sagen polnischer Juden*）是由亚历山大·埃利阿斯贝尔格（Alexander Eliasberg）挑选和改编而成的，慕尼黑，1916年。这本集子保存在卡夫卡的藏书中。上文所引用的两个故事分别出自《死去的新娘的复活》（*Auferweckung der toten Braut*），第40—44页和《前往维也纳的飞速之旅》（*Rasche Reise nach Wien*），第182—184页。在另一篇短小的传说《会巫术的勒吉博拉比的梦想音乐》（*Rabbi Mojsche Lejbs Trauermusik*），第195页中，那些马匹能独自拉着马车“越过高山和山谷”飞奔向目的地。

②有关这段内容的发表时间请见翁舍尔德的《弗兰茨·卡夫卡：作家人生和他发表的作品》，第173页。在卡夫卡生前唯一一篇关于《乡村医生》的评论文章发表在1920年10月31日的《布拉格日报上》：R[udolf] Th[omas]，《三位布拉格作家》（*Drei Prager Autoren*）。

第十章
结核分枝杆菌性肺结核

人们愿意一切都是所期望的那样，
并且不由自主地呼吸。

——赫尔曼·梅尔维尔（Herman Melville），《玛迪和去那儿的旅途》（*Mardi und eine Reise dorthin*）

1917年8月11日，星期六，清晨4点。卡夫卡醒来了。他感到有什么不对头。嗓子被痰堵住了，嘴巴里也都是痰，他努力将它们吐出去。似乎并没有感觉好一些。他起身，点燃油灯。他看到的不只是痰，还有血迹。这很罕见，但也不是什么灾难，在半睡半醒中，他也没有想要立刻搞清楚怎么回事。

卡夫卡打算先回到床上去。但是这并不可行，因为他的嗓子突然又堵住了，血填满了口腔，他赶紧跑到洗漱台，鲜红色的液体流淌在白色的面盆里，他拿起手帕，在这间过于宽大、空旷的房间里走了几步，来到了窗前，打开了窗户，在山上的布拉格城堡区附近已经出现了第一道曙光，他弯腰探出头，漫无目的地看着下面安静、空无一人的街道。但是，又来了，嘴里涌进了更多的血，卡夫卡不得不再次走到面盆处，几分钟里，血液从嘴里源源不断地流了出来，这是漫长而又无助的几分钟。最后终于减缓了，源头似乎枯竭了。他用水冲洗沾着血液的双手，然后小心翼翼地把手放下，既不悲伤，也不开心，只是感到一些轻松，并且希望睡意能够立即降临。

3个小时后，勤劳的鲁岑卡走进房间叫醒卡夫卡，为他生火，并且准备简单的早餐。首先映入她眼帘的是溅着血迹的洗漱台。“Pane doktore”，她边说、边抬头看着比她高出两头的卡夫卡，“Vami to dlouho nepotrva”——**博士先生，您活不了多长了**。

当人们读到卡夫卡在信中对那个早上的报告时，首先会对其中的没有任何抱怨之意感到惊讶，他平和地将那个早上看作是死亡威胁的突然降临。目前最重要的似乎是，疾病反而使他能够安睡了；因为一段时间以来，玛利亚温泉城的治愈效果和文学上的成功所带来的令人兴奋的幸福都突然悄悄溜走了，几个月以来，他如同在订婚之战中的那段最糟糕的时期一样，一直被神经紧张、失眠和头疼所折磨。完全可以理解，当疼痛突然消失，并且虚弱的身体突然沉入到睡眠当中的时候，他泰然自若地看着迫近的危险，这似乎是有悖于理智的。

不过，当血液再次涌入嘴巴里的时候，人们当然都会去看医生，即便是那些将现代医学看作是善良的迷信的人。卡夫卡至少认识一位内科大夫——一个犹太人，卡夫卡对他似乎有一定的信任：一年前卡夫卡就开始因为持续而来的疼痛向这位胖乎乎的、将近50岁的古斯塔夫·米尔斯泰恩（Gustav Mühlstein）寻求帮助了。在这位米尔斯泰恩博士身上，完全感受不到一般医生身上的职业方面的陋习：总是习惯性地将他的病人逼迫到一个从属的位置上，卡夫卡最厌恶的是频频出现的伪善关心和刚愎无理的决定。相反，令人愉快的米尔斯泰恩轻松自如地承认，除了明显的神经紧张之外，他在卡夫卡身上没发生什么病症。那么，头疼、失眠是怎么回事？没错，对此只能通过一种健康的生活方式加以改变。卡夫卡应该尽可能地少抽烟、少喝酒，多吃蔬菜，而不是肉类，特别是在晚上不要吃肉，此外还要经常去游泳。

看来，显然这位毫无幽默感的米尔斯泰恩对于人性知之不多，但是可能这恰恰能使得他做出正确的诊断。在卡夫卡咳嗽着结束了一天的工作之后，他来到了水果巷（Obstgasse），到那里去做检查，主要就是让大夫这里听听、那里听听，这里敲敲、那里敲敲。然后，得到了一个很常见的结果：典型的支气管炎。米尔斯泰恩开了一些药（可能是一种强健剂），卡夫卡应该喝掉三瓶这样的药，在一个月后再来做检查。如果在明天晚上又咯血该怎么办呢？那样的话，您不要在房间里走来走去，而是安静地躺着，第二天早上再过来。

这并不是卡夫卡想听到的，当他第二天再次坐在米尔斯泰恩的诊所里的时候——的确又第二次吐了血，他已经强化了自己所做出的诊断，那些含糊不清的空话已经不再对他有任何的影响了，很遗憾，他只是将这位大夫当作了自己的避难所而已。他很快就向奥特拉报告了这件事情，没有做任何掩饰：

> 有3种可能：**第一个**是急性感冒，但是和医生一样，我也完全否定这一点；在8月，难道我会感冒吗？我不可能感冒的；最可能是因为这间公寓所造成的，这里冷、发霉、气味不好，因而**第二个**可能是肺结核。但是，那位医生暂时否定了这种可能。顺便提一下，在所有的大城市人都有肺结核，即一种肺尖黏膜炎（这个词和肺结核的关系就像当人们说某个人是小脏鬼时，其实是在说他是猪猡一样），这并不是多糟糕的事，只要注射结核菌素，就可以痊愈了。**第三个**可能是我还没有向医生提到的，而且他肯定会立即反驳的。但这可能是唯一正确的可能，也会与第二种可能同时存在。最近我再次非常恐惧地忍受着旧有的胡思乱想所带来的痛苦，只有去年冬天是这个到目前为止长达5年痛苦的最长的中断期。这是最大的战斗，令我亢奋或者已经与我完好地熟稔起来了，我认为

胜利（例如，它似乎会体现为一场婚姻，F.大概只是代表了这场战斗中可能是善意的原则），伴随着基本上可以忍受的失血的胜利，在我个人的世界史中可以算作是拿破仑式的胜利了吧。虽然看上去好像是我正以这种方式打败这场战斗。事实上，正像一切都被吹散了一样，我从那天凌晨的4点之后，睡得更好了，尽管没有特别大的改善，特别是头疼，在那时我没有意识到对此有什么帮助，但是的确完全停止了。我认为是我如此虚弱的无休止的失眠、头疼、持续发热的症状、紧张，以及很容易感染肺结核而导致了咯血……

肺结核也是一种精神疾病的反应。昨天我又去了那位医生那里。他发现肺部杂音（我一直在咳嗽）好了一些，因而否定了我已经患上肺结核，我可能已经过了得这个病的年纪了；为了保险起见（当然没有绝对的保险），我打算这个星期去做X光检查，也把痰送去化验。①

就连卡夫卡这位自然疗法的信奉者，也和与他处于同样情况下的病人没有两样，显然他也在焦急地等待着现代医学权威说出的每一个字，他也不允许人们对他的描述有任何怀疑。可是，他隐藏了某些重要的，而且可能是决定性的信息，这对于医生来说绝不是公平的：从咯血**之前**的几个星期，他就已经发现痰里有红色血丝了，尽管这种警告症状一直没有消失，但是他一直都置之不理，直到变得严重。如果知道了这段历史，米尔斯泰恩显然会严肃对待这件事情，不太可能诊断为感冒。卡夫卡没有兴趣事后再因为之前的事情被批评，他从谁那里都不愿意听到这样的批评。他是唯一一个**清楚**最可能的情况就是患上了肺结核的人，这才是他为什么会更为坚信他的女仆的随口的诊断，而不是那个专业人士的乐观，对于这一点，他没有向任何人提起过。②

卡夫卡不是一个“合作的”，也完全不是一个“头脑简单的”病人，但是这并没有改变他被误诊的命运。因为米尔斯泰恩的镇定从容是没有任何医学根据的。卡夫卡的确是已经过了得某种肺结核的年龄了，但是人们早就知道，早年形成的、尚不明显的肺结核，完全有可能到了很大的年纪再次激活，特别是在营养不良、供暖不足和长期肮脏——在战争期间街道上常年飘着挥散不去的灰尘——的环境下。米尔斯泰恩无论如何都应该知道这些数据和经验的，它们在战前就已经存在了；从1915年以来，大城市里的景象已经发生了巨大的变化，肺结核主要在下层百姓（包

---

①1917年8月29日写给奥特拉·卡夫卡的信。《1914年—1917年书信集》，第308—309页。

②由于在向奥特拉和给菲利斯·鲍尔的描述中同样都没有提到最开始的出血状况，因而卡夫卡可能也向他的朋友们隐瞒了这一点。直到3年后，即1920年7月28日，他才向米莲娜·波拉克提起这件事情，这当中可以听出他对当时的听之任之感到内疚：“如果我那个时候立即去看医生的话，可能现在一切还是这个样子，有没有医生可能都一样，但是，那个时候没有人知道出血的事情，我自己也完全没有为此担心，因而也就没有人能够对此操心了。”《1918年—1920年书信集》，第256页。这种渗漏式出血并不是典型的肺结核症状，但是，如果与后来的咯血联系起来，自然就要引起警惕了。

括成千上万的移民）那里逐渐带上了常见病的特征，四分之一的死亡是由这种疾病引起的。卡夫卡绝对不属于这个阶层，他的生活条件要优越得多。但是，如果米尔斯泰恩仔细研究了卡夫卡既往的病史，也一定会知道，他的这位病人是在一家**对外开放**的机构工作，因而他周围总是会有患病的人，那里到处有人在咳嗽。

一切都不那么糟糕，因为毕竟还有结核菌素。米尔斯泰恩对于这个神奇武器的权威性的信任，也完全不能作为这个武器的治愈能力的证明。结核菌素是从枯萎的结核病原体中提取的，不断会有新的变种投入市场，所有的变体都没有经过足够的临床试验；即便是由罗伯特·科赫（Robert Koch）在将近300年前所发现的、令他在全世界颜面扫地的臭名昭著的"旧—结核菌素"，今天也一直是家庭医生和军医用来打预防针的疫苗。病人很害怕这种做法，这种担忧不是没有道理的，因为错误的剂量会导致剧烈的反应，特别是高烧，以及在最严重的情况下导致肺结核**阵发**，所谓的"正确的"剂量则是完全因人而异，完全没有可靠的标准。因此，在战前，在慢性传染病医院就已经放弃了强迫病人使用结核菌素疗法，这的确对病人没有坏处。卡夫卡也完全不想冒这样的风险；当米尔斯泰恩在一两个星期之后推翻了他的感冒假设，告诉卡夫卡，"所有我可以做的"可能就是注射结核菌素的时候，卡夫卡拒绝了，相反，他要求去疗养。其实，这是没有必要的，也就是说，这样的病在布拉格是可以治愈的。[①]

卡夫卡完全不是他的医生所以为的门外汉，如果米尔斯泰恩对这位病人的职业背景稍微感些兴趣，就会听说"康复治疗委员会"这样的机构，而卡夫卡已经在那里工作两年多了，这个（在奥根·普福尔领导下的）委员会现在也开始负责对患肺结核的士兵的治疗了。如果没有人问他，卡夫卡什么都不会说。他应该清楚，米尔斯泰恩有意掩饰这个危险的努力——"大城市里到处都是肺结核"，完全是不负责的。如果中部欧洲地区的城市居民都已经感染了肺结核，那么毫无疑问所有的报纸读者都会知道这一点；众所周知的是，免疫系统已经将95%的病原体隔离了，至少在和平时期，这不会为健康带来危害。卡夫卡不想知道，他是否携带"肺结核细菌"，他想知道的是，他是否患上了急性感冒，他想明确地知道，这是否会导致被传染上肺结核。有关这一点只能通过化验唾液得知，令人难以理解的是，这个要求居然是由病人提出来的。显然，化验的结果不妙（一家慢性传染病医院的化验结果应该是最准确的），此外X光检查也发现两侧都有"肺尖黏膜炎"，因此卡夫卡的诊断得到了证实。

卡夫卡尤其希望得到肯定的答案，他很难长时间地将这个严重的问题隐藏起来，另外，他也不想引起任何骚乱。父母完全被屏蔽在外，这是他从一开始就打定主意的，即便是奥特拉，也是在3个星期之后才知情，等到菲利斯·鲍尔知道发

① 1917年9月4日写给奥特拉·卡夫卡的明信片。《1914年—1917年书信集》，第313页。

生了什么的时候，已经过去了整整一个月了。显然，和卡夫卡关系亲密的菲利克斯·威尔特士是第一个知道的人，但是他正为自己的长期的婚姻危机和搬家准备而困扰不已。相反，勃罗德在8月21日，也就是咯血的10天之后，才度假回来，他对那位显然是心不在焉的家庭医生对待卡夫卡的明显失职的做法感到非常震惊。他催促卡夫卡立即求助专家，即这个领域的权威哥特弗雷德·匹克（Gottfried Pick）教授，他是德意志大学喉科学院（Laryngologischen Instituts der Deutschen Universität）的负责人，为了保险起见，不让惧怕的卡夫卡在最后一分钟又想起什么，勃罗德一直陪着他到候诊室。

匹克不需要X光检查，就确认卡夫卡的肺叶尖感染了。最开始可能是肺结核的症状，因此他建议卡夫卡立即去乡下疗养几个月。**这**正是卡夫卡想听到的……现在要问的是，自己住在波西米亚西北地区的某个小村子、远离医生的看护、由自己的妹妹作为唯一的照料者是否合适。那位教授做了肯定答复。并且说，不过您必须吃东西，吃很多东西，您必须支持身体造血，要增加体重，要吃砷补充剂，还应该定期报告。这些也写在了专家意见书上，卡夫卡如获至宝地将它拿回了家。

相反，勃罗德却很伤脑筋。去祖豪疗养？在那个多雨的偏僻山村度过冬天，而且周围没有合格的医生？如果在那里又继续咯血了怎么办？显然，匹克教授以为他的这位病人名不见经传，否则，就无法解释，他为什么不把这位病人送到梅兰（Meran）或者瑞士的某家著名的疗养院呢？这样的误会必须立即解释清楚，这两位好友——病人和他的监护人——在9月10日**一起**去看医生。如同经常发生的那样，当涉及已有的决定时，卡夫卡坚持己见，他已经受够了各种各样的疗养院，他想到那些默默无闻的、主要对身体进行护理的治疗机构，在那里身体得到著名的“超热量食品”，这是他在哪里都能尝试的，没错，他甚至已经开始这么做了，他不想再违背自然疗法的建议，而只是带着最强烈的反感顺从医生的说法。他想去奥特拉那里，医生开给他的砷补充剂，肯定会被他扔到垃圾堆里。

人们不能责备卡夫卡的这位朋友，他的家庭后来也无法做出什么改变，即便他们完全无法理解他对朋友的这场疾病的反应。这涉及肺结核，也就是说是事关生死的问题。卡夫卡表现得很轻松，他做自己觉得是对的事情，他微笑着以宿命的、几乎是玩世不恭的言辞对待疾病，这让人们震惊。“似乎是，”他自知有罪地写信给勃罗德说，“昨天我一定给你留下了可怕的印象”。[①]这话没错。他至少要为自己的轻率举动做出道歉，但是这绝不是要寻求理解。当他充满陌生的感情面对身体存活这个问题的时候，那种陌生感就像一位公务员出其不意地发现自己站在防御战壕里的感觉一样。他必须承认，这是一个转折点，他要安排所有的计划和希望，也包括要重新规划婚姻方面和文学创作方面的事情。几周之前，他从库特·沃

① 1917年8月29日写给马克斯·勃罗德的明信片。《1914年—1917年书信集》，第310页。

尔夫那里收到了盼望已久的来信，信上承诺在他决定成为一位自由作家的情况下，“一直给您物质上的支持”。他必须保持健康，才能使得这封信、这份出价保持不可估量的价值。难道他没有领会到这些吗？

他清楚这些。从各种现象来看，肺结核的出现无疑为卡夫卡带来了内心最深处的震动，最确凿的证据就是突然中断的日记，日记本后面的页面一直是空白的。相反，他重新启用了一本新的八开大笔记本，只做文学方面的记录。在那里也充斥着这场疾病带来的惊恐：“如果我很快就死去了，或者完全没有生存能力——后一种情况的可能性更大，因为我在过去的两个夜晚都咯血了，所以，可以说，我会为自己赴汤蹈火的。”①

在接下来的几个月里，卡夫卡一再被迫通过书信回复由于他的疾病所引起的质疑和令人担忧的问题。他的回答极其的坦诚而且详细，看起来迫切需要日记来承担的反思工作，部分地转移到他的书信中了。境况的改变似乎正式地将他从与世隔绝的状态中拉了出来，报告和沟通的需求被唤醒了。卡夫卡想象力的逻辑——这是他典型的思考方式——从来没有像在他的有关肺结核的信件中那样得以清晰体现。这方面最初的信件是写给奥特拉的第一封报告，那当中显然包含着一个矛盾：如果他能够对自己的疾病做出“唯一正确”的解释，那么为什么还需要去咨询医生？

最开始，卡夫卡所做的完全是任何一个处于他这种情况中的人所期望做的事情，他采纳医生的立场，思考原因，并且考虑可能的解决办法。他毫不怀疑，这种疾病的爆发是因为潮湿的公寓和在炼金术士巷不利于健康的小房子。出于偶然情况，炼金术士巷的那所小房子刚刚退租了，下一个写作的冬季也不会再用到它了。那间地处勋博恩皇宫、卡夫卡曾经如此渴望，而且被看作是独立宣言的公寓，则需要他不假思索地退掉，眼前没有任何其他住处可供选择，他只能暂时搬回父母的温暖、吵吵闹闹的房子里去。他也思考过，肺结核或者**易感**肺结核**体质**是否可能遗传，这个问题在他所生活的那个时代是一个非常受关注的医学概念②，事实上，他后来打听到，他母亲的两位亲戚就患有慢性肺病。最终，当他开始着手确定病原体

---

①《遗作Ⅰ》，第401页，“八开笔记本E”。

②当时普遍流行的一个观点是，苗条纤弱、不擅长运动的人的肺部不够强健，也就是所谓的**肺结核体质**，而卡夫卡正是这样的情况，这种体质是遗传来的，这样体质的人特别容易患上肺部疾病。尽管这个假设一直没有通过实证得到证明，但是在战争期间它仍然出现在医学专业的教科书中。直到20世纪20年代，所有的有关体质或体格的理论才被暂时搁置，而唯一一个既在遗传中，又在肺结核中发挥作用的因素是免疫系统的功能性。桑德尔·L. 吉尔曼（Sander L. Gilman）在他有关弗兰茨·卡夫卡的专业论著《犹太病人》（*The Jewish Patient*），纽约/伦敦，1995年，试图在当时的肺结核理论的背景下——尤其是在考虑到**肺结核体质**和更为详细的犹太人的特殊体质的情况下，解读卡夫卡的病史和他的自我诊断。吉尔曼引用了非常丰富的医学史资料；认为卡夫卡自己的解释是基于优生学观点的假设只是一种推测。因为没有流传下来任何卡夫卡有关他的病直接与他的犹太种族有关，或者由假定的**肺结核体质**所导致的表述。

的时候，显得比他的家庭医生还主动。尽管他既不相信结核菌素，也不相信砷补充剂，拒绝拿自己的身体做这样的试验，但是这些都绝不是非理性的，而是完全符合医学原理的。[①]只是卡夫卡搞不清楚，为什么会得支气管炎：这让他回想起了过去的、早已被推翻了的自我形象，现在他是绝对"不会着凉"的。他知道这一次应该是其他的、的确与感冒无关的原因。

卡夫卡也相当仔细地思考过心因性原因的交互作用。如果免疫系统功能的强弱决定了对结核分枝杆菌肺结核的抵抗能力，并且，第二点，如果免疫系统不仅会由于营养不良，而且会因为心理方面的紧张而变弱（对此即便那个时候的医生也没有异议），那么，到目前为止长达5年的"无休止的失眠、头疼、持续发热的症状、紧张"[②]就确确实实地提供了滋生肺结核的土壤。由此可见，对康复起决定作用的就应该是消除紧张；也就是说不惊慌失措、条件反射般地根据专科医生的要求寻找最理想的气候环境，到能够让人**感觉舒适**的地方去。那里肯定不是达沃斯的疗养机构。"实际上"，基辅（Kiew）医生戴维·爱泼斯坦在他广为流传的肺结核手册中写道："我的一些病人更愿意去乡下和亲人住在一起，而不是去疗养院，之后他们非常健康地回来了。"[③]这位医生正合卡夫卡的口味。

卡夫卡的朋友和亲属却没将他看作是容易交流而且对自己负责的病人，这也毫不奇怪，勃罗德认为，必须像对待小学生那样照看卡夫卡。因为只要人们与他谈到肺结核，谈话就往往会陷入同样的模式：卡夫卡用寥寥数语就结束了有关体质医学和心因性角度出发的讨论，仿佛这不值得一谈；相反，他固执、滔滔不绝地，用似乎是存在于他的思想的**另外一层**的大量的比喻，努力去探寻这场疾病的意义，他将这场疾病解读为一个象征，他甚至为它赋予了道德上的自豪感。他对奥特拉说，这是一种"心灵的病恙"；在与勃罗德的谈话中，他将肺结核称作"终极失败"和"惩罚"：这个惩罚就是针对他在争取菲利斯的斗争中，总是希望有一个强有力的解决方案，从而能够将他从做决定的压力中解放出来；同时，流血的伤口是一个"象征"，并且正是在这样的认识下，他在9月初开始启用一本新的日记本。

不过，这是一个他的布拉格朋友无法随同他而企及的地带。卡夫卡在很长时间以来一直无法在婚姻和文学之间找到两个妥协方案，似乎从来不存在这样的典范，而且，他一直经历着在自我舞台上的"斗争"和在威胁生命的疾病中的斗争，而这两场斗争之间的冲突应该结束了。在这样的复杂局面下，勃罗德既无法理解他，也无法尝试着采用这样的角度看待问题。他写信给卡夫卡说，如果他站在后者

---

①尽管当时人们还不知道，但是几年后就发现，长期服用（通常来说也有一定效果）砷补充剂会极大地提高患皮肤癌的风险。

②1917年8月29日写给奥特拉·卡夫卡的信。《1914年—1917年书信集》，第309页。

③戴维·爱泼斯坦（David Epstein）：《肺结核诊断和治疗手册：临床医生的指导原则》（*Diagnostisch-therapeutisches Taschenbuch der Tuberkulose. Ein Leitfaden f ü r praktischen Arzt*），柏林，1910年，第85页。

的位置上，也许会知道应该去做什么。“也就是说，由于我看到和听到的菲利斯小姐，都如同你一直说得那么好，因而我无法真正地理解你的抗争。”①

菲利克斯·威尔特士更明确地表示，他认为卡夫卡的有关这场疾病的理论是幼稚的。他告诉卡夫卡，他并不是赞同他的理论和比喻，但是他赞同，“在空气良好的环境下，尽可能长、尽可能安静、尽可能营养充足地”生活下去。

> 如果治愈方案是清晰的，这也符合你的设想和期望，因而不要害怕麻烦和困难，那些都是你有关健康和自然理性的理论所错误地推导出来的有关你的痛苦的特殊理论。也就是说，我还是要补充一点普通的常识：不要再去探寻你的感冒背后站在宇宙中心机智的人类所歪曲的自然了，那只是糟糕的住宅、不当的饮食、无数偶然，以及心理上的消沉所带来的结果。仅最后一点是不足以导致这场疾病的，乡野生活带来的生活完全改变本来也是对疾病有好处的，这才是最好的治疗。我个人的观点是，如果有坚实的健康决心，就会对基本的心理状况产生影响。我可能在谈到你的观点的时候表达得不清楚（我重申：应该与身体本身联系起来考虑，我不得不承认，这无论如何都不够强健）。但是，没有人能够更清楚地表达了，无论是马克斯，还是我。②

可以感觉到卡夫卡的沮丧：他在寻求对这场疾病的解释上，比与之“斗争”投入了更多的精力，这在他的朋友那里既不被理解，也不被接受。他们似乎在说，如果你的理论无可辩驳，那么我们这里**所有的**人都病了：无论是一直在妻子和情人之间耗尽精力的马克斯·勃罗德，还是菲利克斯·威尔特士，后者一直忍受着妻子歇斯底里症状所带来的痛苦。既然不能证明这个假设，那么沉溺于此有什么意义呢？

他们难以理解卡夫卡。即便对于今天已经将现代文学的似是而非的表现形式内化了的读者而言，卡夫卡对于这种危险疾病的表述也是过于自信、感性，有时甚至完全是喜剧色彩的。当人们通观这个小圈子通信的时候，会发现不同寻常的是，勃罗德、威尔特士、鲍姆与卡夫卡已经有了10多年的亲密交往了，但是他们一直没有意识到卡夫卡心理上的不稳定，也没有认识到对他来说充满危险的，确确实实被放逐的人生——尽管他对现实很敏感。他对现实的敏感性告诉他如何对抗疾病，什么是不需要去做的。这也是更基础的、绝对是在支配范围内的需求，这种需求要求他去探寻发生的这一切的**含义**。

---

① 马克斯·勃罗德在1917年9月24日写给卡夫卡的信。《1914年—1917年书信集》，第751页。

② 菲利克斯·威尔特士在1917年10月5日写给卡夫卡的信。《1914年—1917年书信集》，第757页。“chochme”是意第绪语，它既有“幽默”、又有“智慧”的意思，有点像“机智”（Witz）这个词过去的双重含义。（根据格林字典，Witz这个词的意思是“理解力、智力、机智、风趣”）。

马克斯·勃罗德真的为他朋友的性命而担忧，这一点从他的日记中可以确定无疑。卡夫卡自己最害怕的是这样的结果，或者说这样的想象，即自己的死亡可能要经历痛苦、漫长、悲惨的过程，他用了一年的时间才将这种想法排除掉。他的恐惧的确起到了心理解体、身份认同塌陷、自我—边界断开、几近疯狂的作用，正因为如此，让他无法忍受似乎是确定的、任意降临到头上、毫无意义事情的不断猜测的经历。菲利克斯·威尔特士本人也用了一个致命性的关键词——“无数偶然”来形容这场疾病，这显然也是表达一种安慰。事实上，对于卡夫卡而言，偶然这个概念正是完全无法忍受的概念。这会夺走他的唯一的、用来与命运抗争的心理武器，即通过不幸进行自我定位，将不幸作为自己身份认同的一部分，听命于自身的内在逻辑。但是，“偶然”拒绝了这样的整合，“偶然”是不可能被安排的，也不可能在“偶然”面前躲进“**明白理解**”这个心理上的庇护所。但是，卡夫卡设置了可承受的界限，因而，对他而言，不存在无意义的偶然，这**不允许**存在。

这个立场是不容商讨的，可以看到，正是被朋友们温和地嘲讽，认为它不合情理的“理论建构”，对于卡夫卡而言是重中之重，这对心理上的渡过难关、存活下来非常重要。因而，他欢迎所有的心因性的解释，这会使得这场灾难变得可以理解，能够加强心理上的完整性。对于这场疾病的解释中被质疑的地方，他以友好的，但是不予承认的方式对朋友提出的所有的异议加以反驳。他是这么回复威尔特士的：

> 有关这场疾病的原因我并不是固执己见，但是，由于我也掌握一定的关于这种“病例”的原始资料，因而我知道、我也听说了一些，最先出现病灶的肺部是怎样一步步地摇摇欲坠的。
>
> 你的有关健康的说法自然是对的，尤其是要保持健康的意志是必要的。我有这样的意志，但是，这样说如果不过于扭捏作态的话，我同时也有相反的意志。这是一种特殊的意愿，是凭借上天所赋予的疾病去做与我到目前为止所做的完全不一样的事情的意志。因而就像某个沉浸在幸福当中的恋人说的那样：“一切的一切都是幻觉，现在我才开始爱。”[①]

一场上天所赋予的疾病？卡夫卡像是在一座敞开的坟墓前忏悔般地说着，在这里，没有人——而且的确也不应该有人——愿意听说可怕的偶然，而更愿意听到的是关于悲剧、命运，或是“所担负的”痛苦之类的话。这样的话绝望而充满对逝者的虔诚，其中满是不可思议的宏大词汇，以便让在黑暗中到处游移的目光能够安定下来。

---

① 1917年10月11日写给菲利克斯·威尔特士的信。《1914年—1917年书信集》，第344—345页。

当然，卡夫卡并不只是用鲜明的色彩装饰不幸。他一直是以**积极的**态度谈论这场疾病，从他那里不会听到一点恐惧的音符；而且有一次，当他抱怨，在他的这次“病例”和由于日常疾病所带来的几乎是长期的“痛苦”存在着误解的时候，他也没有带着痛苦的心情去否定，而是用比喻使得他的说法更协调、更容易理解。“在这次疾病中毫无疑问存在着合理性”，他写信给奥特拉说，“这是一次合理的打击，但是我并没有感觉到这是打击，相反，在与过去几年的状况相比时，我完全将它看作是一种甜蜜，它如此正当，也如此粗糙、如此世俗、如此简单、如此恰恰敲击在最舒适的凹口上。我确实相信：这一定是采取了其他的解决办法。”[①]

卡夫卡发着牢骚，仿佛上帝用伤风惩罚了他，除此之外他都满意：这种惩罚听上去有些轻浮，但却是完全正当合理的。这位为他带来肺结核的新兄弟，比起那些几乎让脑袋爆炸的道德上和社会方面的压力来说，的确要容易相处得多。在重重的一击之后，他终于从那些压力中解放出来了。是否的确像他猜测的那样生病了，连续一周的咯血完全是确定无疑了，因而没有人——无论是他的父母，或是未婚妻，还是他的上司，或是那些犹太复国主义者朋友们，都不再能够阻止他从此只将注意力放在自己身上；是的，这场肺结核恰好为与社会隔绝的行为赋予了合理性，因此这成为“次级疾病收益”，这个收益完全超出了通常的规模。他再也不需要去解释，为什么没有参与任何一个家庭企业中去，也不用回答，为什么他既没有经商意识，也对资产阶级的职业生涯不感兴趣了。菲利斯最终也会理解，正是他的身体状况——他总是如此经常、如此神秘地提到的身体状况——是真正的决定性的障碍，使他无法建立一个家庭。而且最好的情况是：职工工伤保险机构也松开它们的利爪，应该给他自由——这是当卡夫卡在清晨因为咯血而从安静的睡梦中醒来时，首先冒出来的想法。他感到了轻松。他现在的心情比几个月以来好多了。他的心情如此之好，甚至向在远方并不熟络的出版商写去了亲密的话语——或是坦白：“几年来‘诱人的’疾病现在终于爆发了。这几乎是全身轻快的感觉。”[②]

这太罕见了，没有人能够理解这些。勃罗德认为，最终的失败感是毁灭性的；而在卡夫卡看来却完全是另一回事，他认为，战斗尚未到来。当他感受到轻松的时候，他认为这是一种救赎，正如肺结核同时也是惩罚一样。但是，这中间难道不存在着令人惊愕的矛盾之处吗？卡夫卡和他的那些宏大的词语一起陷在了其中？绝对没有。惩罚**就是**救赎。因为这意味着：**对你的审判结束了**。那之后剩下的只是耻辱，这种耻辱来自这个结局，而并不是凭借自己的力量获得的。

卡夫卡在9月5日告诉母亲，他紧张，非常紧张，正因为如此，他暂时无法搬到

---

①1917年9月4日和5日写给奥特拉·卡夫卡的明信片。《1914年—1917年书信集》，第313页。
②1917年9月4日写给库特·沃尔夫的信。《1914年—1917年书信集》，第312页。

其他住处了，只是努力得到一个尽可能长的休假。之后，他将去奥特拉那里的乡村度过这个假期。

卡夫卡的母亲注意到了什么吗？只要对布拉格的政府机构的状况有模糊认识的人，就不会相信卡夫卡的“故事”。因为紧张就去休假？而且是在战争期间？朱莉·卡夫卡显然**不**了解政府机构，她只相信他的儿子，很高兴他为自己的健康操心，并且将这些告诉了她的丈夫。

当卡夫卡在第二天将他的病正式报告给职工工伤保险机构的时候，才是真正的关键时刻。他坐在上司奥根·普福尔的办公室里，并且将匹克教授的医疗鉴定书放在桌上，这是他开始新生活的通行证。他下决心，强烈地要求退休、永久地告别办公室和“职业生涯”——他显然已经无法投入其中了。如果肺结核确实是一种精神性的、似乎淹没了自我港湾的疾病——对于这一点卡夫卡毫不怀疑，那么，这家机构对此是没有一点责任的。相反，有规律的上下班时间，不紧不慢地整理档案，以及大多数情况下同样是无关紧要的同事之间的聊天，为他提供了一个支点，使他变得稳定，以一种令人舒服的方式，让他从马上就要出现的胡思乱想中分散注意力。如果早就**没有**了办公室生活他会变成什么样？尽管他不太愿意承认，那样的话，这场肺结核或者其他、同样能带来恶果的灾难可能会到来得更早，[①]但是，在上司善良的目光下，卡夫卡当然也无法昧着良心说，正是经常加班和所有另外要求为他带来了无法避免的压力。不可能，卡夫卡完全不可能这样对待这家机构，这也使得疗养假期变得不可能了。

一天之后，即9月7日，他又与总经理马施纳进行了决定性的谈话。卡夫卡仍然没有放弃退休的愿望，再次采取了防御的姿态，当马施纳也试图对他加以安慰的时候——不仅这场疾病让他觉得难以应对，让他觉得更加为难的是，这家保险机构必须要放弃一位如此宝贵的专业人才，卡夫卡的防御性就更强烈了。提前退休（相应地，退休津贴也要减少）显然不被考虑，这可能也绝对不符合卡夫卡的利益。不过，马施纳可以批准他3个月的假期，这是他的权限所允许的最大范围了。为此也不需要递交正式的申请书。[②]

这不是一场胜利，但是，这意味着有3个月时间可以待在祖豪，意味着3个月的自由。奥特拉的赞同是不言而喻的，然后，在卡夫卡将他的办公桌收拾得堪称典范般地井井有条之后，他开始收拾行装了。他行色匆匆，甚至都没有找出一点时间与

---

①几年后，卡夫卡得出了一个显然是自相矛盾的结论：“如果我能够对自己和别人说，就是因为这里的工作导致或者加重了这场疾病，那么我可能就能很容易地要求休假了，但是，恰恰相反，是这里的工作推迟了这场疾病的爆发。”1921年4月写给奥特拉·戴维的信，载《卡夫卡：写给奥特拉和家人的信》（*Kafka, Briefe an Ottla und die Familie*），第119页。

②卡夫卡在1917年9月6日和7日写给奥特拉的两张明信片。《1914年—1917年书信集》，第315—316页，以及1917年9月9日写给菲利斯·鲍尔的信中，报告了他在职工工伤保险机构的这些谈话。《1914年—1917年书信集》，第317——318页。

他的朋友们开告别会。

动身的那一天是1917年9月12日，星期三，马克斯·勃罗德利用午休时间匆忙地从邮政局赶到卡夫卡在老城区的住处。告别让他伤感，因为这是多年来最长的一次别离，而且他现在也正在感受无法向其他人吐露心声的烦恼。卡夫卡到了最后一刻还挨了一刀：菲利斯·鲍尔寄来了一张明信片，里面充满了伤感的字句，尽管她对卡夫卡的病及其后果一无所知。卡夫卡给勃罗德看了这张明信片，他们讨论了菲利斯的来信，卡夫卡说，她不会和一位肺结核患者结婚。然后，他们在门廊上告别，勃罗德必须回办公室了。

向西的火车14点发车，很遗憾，只有慢车，这种火车在3个半小时甚至开不了100公里。由于卡夫卡自己无法将行李拉到火车站——那其中还有给奥特拉带的食品，因此，他父亲妇女服装商店的两个杂役用一辆手推车送他到车站。他们用电梯将行李从卡夫卡的住处运送到一楼。而卡夫卡指着一只箱子说："请搬这口棺材。"①

---

①有关卡夫卡的启程的引文和其他内容出自马克斯· 勃罗德的一篇没有出版日记的摘录。有关肺结核病，卡夫卡在他出发前5天就已经告诉菲利斯·鲍尔了，但是由于战争期间邮路不畅，因而文中所提到的那张明信片不是对这封信的回复。事实上，勃罗德在他的日记中记道："来自她的令人绝望的来信，尽管她一无所知。"

第十一章
祖豪“疗养院”

一块石头只有在所属的地方才是沉重的。

——阿尔巴尼亚（Albanien）谚语

祖豪一如既往地美，只是现在已经是一派冬天的景象了，窗前的鹅池塘已经结冰了，孩子们在上面滑冰，而我的帽子在夜晚的大风中被刮到了池塘里，到了第二天早上才把它捡回来。田鼠展现了可怕的威力，使得我不可能藏任何东西，猫发挥了一些作用，我在晚上总是将这只猫“暖暖和和地抱在怀里”，然后穿过环形广场回到家中。昨天晚上又在烤炉前发现了一只粗野的老鼠，之前，它可能一直还没有到过卧室，它用几乎停不住的小跑闯到了我身边，我必须把那只猫从旁边的房间叫来——我把它放在另一个房间，是由于我无法对它进行卫生管理，也担心它会搞坏我床垫上的弹簧；于是，这只善良的动物从一个不知道装着什么东西的盒子里欣然地跑了出来，那只盒子显然不是让它用来睡觉的，是我女主人的盒子；然后一切就安静了。还有一些其他新闻：一只鹅被撑死了，那匹栗色马得了疥癣，山羊已经被送到屠宰场了（其中有一只是特别漂亮的公羊，有一只母山羊曾经也被赶到那里去，它突然凭着记忆，再一次从屠宰场经过长长的路跑回我们的房子里），猪很快会被毫不犹豫地宰杀掉。①

鹅、田鼠、老鼠、猫、栗色马、山羊和猪。此外，还有鼹鼠、小兔子、母鸡、狗、牛和马。卡夫卡身处一个小巧、拥挤的星球上，与城市的距离简直不可思议，也完全远离了文采尔广场上那些行色匆匆的物种，同样也远远地离开了职工工伤保险机构那个散发着灰白色光泽的文件世界，在那个世界里，完全没有随心所欲的冲动。这个小村庄是由不同生命组成的一个广阔的大家庭，它在早晨的第一缕阳光中欢腾起来，晨曦对于这里的350名居民来说格外重要，他们沐浴在其中②；到了晚上，当暮霭落下时，这里也同样和谐地进入沉静，没有人想要故意地延长上帝所赐予

① 1917年11月底写给奥斯卡·鲍姆的信。《1914年—1917年书信集》，第370页。

② 这是1921年2月的人口统计数据。摘自《捷克统计典籍》（*Statistický lexikon obcí v Čechách*），布拉格，1924年，第254页。现在祖豪的居民不足100人。

的白昼。祖豪没有电灯,谁晚上不想睡觉,就需要点煤油灯,而煤油很贵。最后,在黑暗中,只有老鼠无休止地展现着它忙忙碌碌的生活。

没有风,没有流水,没有被戒严的街道。没有咖啡馆,没有电影院,没有书店,没有报刊亭。村子里没有邮局,也没有电话,只能坐马车去米克劳[Michelob(Mecholupy)]火车站。最关键的是:没有朋友。卡夫卡在这里和谁聊天呢?和那些年老的、脾气暴躁的工头吗?奥特拉甚至都没有介绍过他,最好还是面对一瓶朗姆酒吧;卡夫卡也与两位女佣玛琳卡(Marenka)和托妮(Toni)、与那些作为这个村庄的精神中心的农户邻居聊聊天;奥特拉有时也会请一些客人来,卡夫卡会与他们一起吃饭。他一直没有向他们提过,他经常得非常费劲,才能听懂他们的德语方言。

他当然知道,他对这里的期待是什么,他只要在夏天的假期里到祖豪来上两三次,看看妹妹,之后,就能将他看到的一切用最美的颜色画出来。相反,他的父母会不满地摇摇头,懊恼的父亲还不可避免地在眼前浮现偏僻的沃萨克(Wossek),那是他度过童年的地方,是贫穷和苦役之地。马克斯·勃罗德和菲利克斯·威尔特士则总是看到大自然闲散的一面,沉迷于城市美学的对立面:全部的风景是河流、静谧的森林和温暖的微风。祖豪只能提供很少这种理想中的景观:这里是起伏不大的丘陵上的耕田、农庄和一小片森林所构成的风景,如果有人想在这里找到一家舒适的旅游饭店则是徒劳。粗野的自然,平淡的土地,臭水沟的气味,村子里有3家乌烟瘴气的小酒馆——农忙季的短工,可以在那里喝到兑了水的战争啤酒,此外,旁边(对于一位肺结核患者而言**过于**近的旁边)就是尘土飞扬的黏土采掘坑。[①]勃罗德一直在关注这里,威尔特士则在仔细权衡,旅途的辛劳和在祖豪可以得到的食物所带来的利弊。这种农民的生活完全是不可思议的,在卡夫卡身边的知识分子圈子里,恐怕没有人愿意过上几天这样的生活,所有那些同时代的都市人、那些与卡夫卡同呼吸共命运的人,例如托马斯·曼、穆奇尔、施尼茨勒或者克劳斯,对此乡村生活完全拒绝,他们没有人愿意去这样的荒郊野外。

> 总的来说,我没有读太多的东西,这种乡村生活太适合我了。在这里,当我们一旦克服了所有的不方便的感觉,以新的、适应动物庄园的规则——即在这里所有的动物都是完全散养的——去生活的话,就会发现,没有比在这个村子里更舒适,尤其更自由的生活了,自由是指精神上的,也就是说受周围和以前环境的影响很小。我们不应该将这种生活与在某个小城市里的生活混淆,后者也许是可怕的。我想永远在这里生活……[②]

---

①隶属祖豪的博德萨姆[Podersam(Podborany)]区在战前就已经有远远高出平均水平的肺结核发病率了。参见文采尔·罗特的《政治区域博德萨姆》(*Der politische Bezirk Podersam*),布拉格,1902年—1905年,第30页。这可能与当地大量的黏土采掘有关。

②大约在1917年10月11日写给菲利克斯·威尔特士的信。《1914年—1917年书信集》,第345页。

现在，卡夫卡有些忧郁，因为按照他的特别标准——这个标准规定了一种最理性的生活方式，其中就包括朋友的关照，这是完全必需的。不过，他是幸运的，在他到达这里的几个星期之后，他的房间一直温暖和清新，让他完全感觉不到这里曾经是落满灰尘、朝北的房间。每个上午，在床上喝完一杯牛奶后，卡夫卡会将一把有软垫的椅子和两张脚凳搬到一个小山坡上，然后，他像去避暑胜地的游客一样赤裸上身，躺着度过一天的时光；他一直所向往的，就是时间用自己的脚步在身边的小山上穿行，或者在欧博克利［Oberklee（Sobechleby）］附近的便道上踱步。“……自由，首先是自由”，他在村庄里转了一圈后，立即写信给勃罗德，这是完全可以理解的，因为他刚刚走出办公室，而且是在漫长的夏末的阳光下写着这些。[①]过了一段这样悠闲的日子，他感悟到，在祖豪，太阳还有另一层含义。因为持续的干旱，1917年的收成少得可怜，来年的种子只能通过多次申请和良好的关系才能得到，奥特拉的农庄几乎要在“好天气”中沉落了。

卡夫卡对于此事也帮不上忙，这些对他来说是完全陌生的；他必须放弃懒散舒适的生活，更糟糕的，是他需要改变习惯。这是他做不到的，随心所欲地生活才是他想要的。不过，祖豪不是一座疗养院。在这里，当人们不喜欢邻座的人时，就可以将餐食端到自己的房间吃。也完全不能想象，会有人穿过村庄的圆形广场，走到对面的房子里抱怨“波西米亚西北地区唯一的钢琴”；在这里，总有粗暴的抱怨、控诉声，从每天早上6点开始，就会准时地响起一只铁“门环”不知疲倦地拍打另一只木头“门环”的声音。[②]卡夫卡在厨房吃晚饭时最喜欢的座位很可能被别人占了，满腹牢骚的工头和哪个同伴随便坐在那里，通过玻璃门看到旁边紧挨着的房间里奥特拉一刻不停地忙来忙去。在这种情况下，除了去散步，或者提前回到自己在另一座独立建筑里的小房间里之外别无选择。但是，房间里有老鼠在等他，这是随着寒冷的夜晚到来而变得越来越严重的折磨，对此卡夫卡的反应是极度病态性的恐惧。不，当老鼠来的时候，必须有人把它们弄走！但在祖豪那里没有放着意见本。

尽管有各种各样的不如意，卡夫卡还是在这里得到了放松，他将所有的能量都集中在对新的环境的**精神上的**掌控上，为此，他首先需要感谢奥特拉。她继续着在炼金术士巷里所开始的事情——为哥哥提供一间舒适的房间，为他准备所有必需品；她要去经营20公顷的土地，只有几个帮手，显然她已经负担过重了，但是她仍然想着帮助哥哥消除陌生感，非常费力地让他没有了恐惧。“奥特拉的确是将我放在她的翅膀上飞过了这个困难重重的世界”，卡夫卡在到达后立即写下这些，在几天后，这样的感觉越来越浓，在他脑子里形成了最强烈的画面，“没有什么婚

①1917年9月14日写给马克斯·勃罗德的信。《1914年—1917年书信集》，第319页。

②1917年9月23日写给奥斯卡·鲍姆的信。《1914年—1917年书信集》，第329页。

姻比与奥特拉生活在一起更好”，他向勃罗德汇报道，“婚姻不总是建立在强有力的大江大河之上，而是通过蜿蜒奔腾的小溪构成的。”[①]这似乎是一种乌托邦的状态。不过，勃罗德对于这样的情绪冲动早就不感到吃惊了，他知道，卡夫卡完全和其他人一样，也渴望所谓的“通常的”东西，仿佛来自婴儿车的一瞥，就足以让这只钟摆在两个相反的方向之间摆来摆去了。

不过，卡夫卡有动机通过特别强调来捍卫他那独特的、去性化的幸福憧憬。他必须对这一点进行解释的那一天的到来，远比他所想象的要快得多。菲利斯·鲍尔对于卡夫卡对肺结核采取听天由命的态度感到惊愕；同情、良心不安，可能还有对玛利亚温泉城的回忆，这些都交织在一起。她想见卡夫卡，想要知道他是否得到很好的照料，想听到现在应该怎么办，所以，她无法忍受由于两个人所遇到的各种灾祸导致的延期了。她发了一封电报，告知她要前往祖豪，在没有得到卡夫卡确认的情况下，她就登上了一辆临时列车，这列火车从柏林到布拉格要用一个漫长的白天和一个更为漫长的夜晚。她完全没有预料到，这个时候，卡夫卡已经酝酿好了告别信，而且就要写在纸上了。

卡夫卡害怕这样的面对面，因为她会使他被迫坐在一个不正确的位置上。他已经领悟到——这些认识就是他在躺椅上度过的最初日子里的恐惧，他人生中的一个时代已经一去不复返地结束了，在这个时代中，他似乎是作为痛苦的看客，密切地追踪着文学与婚姻之间的冲突，这个时代什么都没有留下，只剩下将要上演的想象中的最后一幕。他所表现出来的这种被动性，导致了不断地纠缠在一起的毫无益处的妥协，这都使得他不可能担负起任何责任。他似乎得到了一个征兆，肺结核病就是这个征兆，它的含义如此明确：现在到了结算的时候了，应该集中在重要的事情上，最终接受所分配的任务和后果。但是，这些任务的意义是什么？对此，卡夫卡现在并不比过去抱有更少的怀疑态度。

菲利斯·鲍尔发现他彻底变了。她预想会见到一个完全被打败的、需要帮助的人，由于这个人所遭遇到的疾病，必须给他一些鼓励，显然一路上她就已经打定主意，回避横亘在他们中间的一切，在这段时间里顺着**他的**需求。这是表达她同情的实用方式。不过，卡夫卡绝对没有被打倒，在对照料措施的讨论中，他没有去寻求安慰。听她喋喋不休地讲如何给牛奶加热消毒，不舒适、没有电灯的房间（她自己独自在这样的房间里度过两个夜晚），暖和的被子和医生检查的必要性，这使卡夫卡不太高兴。这些老生常谈不是别的，只不过就是勃罗德的所谓**常识**，以更加强化的形式出现而已。但是，卡夫卡现在只对基础性的东西、对身份认同及其意义方面的问题、对有关生与死的问题感兴趣。他既不去感觉未婚妻搭建桥梁的方式，也不去感受她在这方面的能力。后者想通过一座桥，参与到由于几周前的咯血而迫

① 1917年9月14日和18日写给马克斯·勃罗德的信。《1914年—1917年书信集》，第319、324页。

使卡夫卡的心理出现的极端变化当中去。他不再伸出手来，他一直沉默着。他和这个曾经是恋人的女人待在一起时，感到了无聊，而且他也没有掩饰这种厌倦。

这是荒凉而且伤感的时刻，这是与菲利斯·鲍尔预想的完全不一样的悲伤，而且要严重得多。在他们第一次见面的5年之后，共同话题都已经枯竭了，卡夫卡对她在犹太人民之家工作的兴趣似乎也消逝了①；在他自己的兴趣方面，只能听到模糊的信息。她打算去安慰的地方，却迎面撞上了"栅栏"（正如她在几天后所说的那样），而且，她不再需要表现出宽宏大量的情感，相反，她要与沮丧的情绪作斗争。自从阿斯肯纳夏霍夫酒店的争吵事件之后，她已经变得更加温和了。但是，现在卡夫卡似乎迫使她再次扮演起指控方的角色。难道这就是她坐了30个小时的火车所带来的？最终，她回到了布拉格，与奥特拉一起，后者要到这座城市买东西。这两位女人面对面地坐了几个小时。是否交流了对她们来说最重要的、她们之间唯一的共同担忧，有关这一点是值得怀疑的。

最后，菲利斯·鲍尔要做一些告别拜访，她去了马克斯和艾·勃罗德那里，出于极大的好奇心，她也拜访了卡夫卡的自始至终都一无所知的双亲。因为朱莉·卡夫卡问她，弗兰茨的坏心情在祖豪是否有所改善。她没有注意到这一点，菲利斯回答说。

> 你知道，有两个我在作斗争。而两个中比较好的那个是属于你的，有关这一点我最近几乎不再怀疑。对于这场斗争在过去的整整5年里，你通过言谈和沉默，也通过言谈和沉默的混合得以了解，而它成为你最主要的痛苦。你问过我，它将一直存在吗？我只能说，面对任何人我都无法强大到故意不戳穿谎言，或者更准确地说，在面对你的时候尤其如此。有时可能会有所掩饰，但是几乎没有谎言，因为前提是本身就"几乎没有"谎言存在。我是一个虚伪的人，否则，我无法保持平衡，我的小船脆弱易碎。当我审视自己的最终目标时，可以发现，我实际上并不是一个努力为之奋斗的好人，完全相反，当最高法官通观整个人类社会和动物社会时，可以发现他们的基本偏好、愿望、道德理想都是可以追溯到简单的规则上的，而我也是在这个方向上尽可能快捷地开发出所有令人舒适的标准，尽管（在这里有些跳跃）很舒适，但是我也不会失去基本的关爱，最终，我也不会像是唯一的罪恶深重的人那样，在众目睽睽之下被我所栖居的共同体公然地炙烤。总而言之，我在人类法庭上胜利了，尽管在那里我终归是不诚实的，但是却没有说谎。
>
> 回到我们之间的事情上来，这不是一种任意的偶然情况，相反，对我而言

① 关于菲利斯·鲍尔什么时候停止了她在柏林的人民之家的教育活动并没有记载。在卡夫卡的通信中，最后间接提到这些工作是1917年初，那时，他请求出版社将散文集《观察》的将近100马克的稿费转账给菲利斯·鲍尔。1917年2月20日和3月24日写给库特·沃尔夫的明信片，《1914年—1917年书信集》，第292页。

> 这是完全具有代表性的。你就是我的人类法官。
>
> 在我心中斗争着的两个人当中，或者更准确地说，从这场斗争中我只剩下小小的备受折磨的残留中，一个是好人，另一个是坏人；他们不时地交换着面具，这使得本来就混乱不堪的战争更加令人迷惑；但是，最终在逆转中，我直到最后一刻都相信，永远表现得闪闪发光是完全不可能的（最可能的则是：永远的战斗），因而我会一直充满抱怨，而且痛苦不堪，直到最终能够拥有你。
>
> 突然之间，咯血变得严重了。代表着那个好人（现在他被看作为我们的好人）的鲜血浇注而来，是为了能够赢得你，但是他被那个坏人利用了。那个坏人极可能仅凭自己的力量是无法获得用以抵抗的决定性新能量的，于是他从那个好人那里获得新的力量。因而，我在私下里完全没有将这场疾病看作是一次肺结核，或者至少它首先不是肺结核病，而是我整体上的破产。我认为，一切还会继续下去，也许会继续不下去。那些鲜血不是来自肺部，而是来自战斗者或者某一位斗士的被刺伤的致命的部位。[……]
>
> 另外，我还要告诉你一个秘密，对此我自己此刻也不相信它居然是真的（尽管我尽一切努力并且绞尽脑汁地去思考，以便使自己可能在茫茫无际的黑暗中被说服）：我可能不再会恢复健康了。这恰恰是因为这场疾病并不是人们因此让我躺在躺椅上、给予我恢复健康的护理的肺结核，它是一个极其重要的武器，只要我还活着，它就一直很必要。但是，这两者是不可能一直在生命中共存的。[①]

埃利阿斯·卡内蒂（Elias Canetti）认为这封信是卡夫卡写的最令人尴尬的一封信，如此令人不愉快，以至于引用它都需要做出很大的努力。[②]尤其是真实的血和隐喻的血的混合让卡内蒂感到反感；这是“一个有失体面的而且虚伪的神话”，此外，其中显然有谎言的成分。因为两个战斗人中的“比较好的那个”是站在菲利斯那一边，这当然是不真实的，事实上没有任何东西再是属于她的了，而且卡夫卡早就已经决定了要分手。

卡内蒂的反感是可以理解的：在几百份信件之后，在失望的广而告之之后，在玛利亚温泉城的充实的日子之后，最终，在5年之后，仍然是一如既往的伤心，在整个这段历史中，卡夫卡没有说过一句安慰或感谢的话。他的这封信是在闪烁着光芒的比喻中所展开的自我剖析，符合充满幻想的公众品位，但是完全没有顾忌收信人——她的生活和他自己的人生一样，都深深地纠结在这当中了。“当我审视自己的最终目标时……”，这并不是这封信要表达的私密的要求，而是告白书，它可

① 1917年9月30日写给菲利斯·鲍尔的信。《1914年—1917年书信集》，第332—334页。

② 埃利阿斯·卡内蒂：《另外一场审判：卡夫卡写给菲利斯的信》（Der andere Prozess. *Kafkas Briefe an Felice*），慕尼黑，1969年，第125页。

能使得被告人约瑟夫·K.免除了最高惩罚，这是**文学创作**，事实上，卡夫卡为他自己的精确、生动而且似是而非的总结性陈词而感到自豪——这段话被他两次原封不动地抄写下来，一次是抄在了日记本上，一次是写在了给勃罗德的信中。最后："你就是我的人类法官。"这是一句菲利斯·鲍尔不可能不战战兢兢地读到的一句话，她也一直都感觉到卡夫卡是有保留的、摇摆不定的或者无法理解的。这是一句有着空前冲击力的一句话，一句破坏性的话，它摧毁了所有的希望。因为没有人能与他的审判官一起生活，而且也无法触碰到这个法官，因为他们是相对而立的，并且永远如此。

但是，当卡内蒂抨击卡夫卡的**虚伪的**神话的时候，他指的是什么呢？毫无疑问，卡夫卡的自我肖像，他对于这场疾病的阐释，也包括与菲利斯的关系都是古怪陌生的，甚至令人错愕的，因为它们既没有情绪上，也没有事实上的逻辑可循，而且艺术性地省略了人们在这样的情境下，不言而喻会想到的这样的语句，即"已经没有任何共同的兴趣将我们联系起来了"，或者"你不理解我"，或者"我们不再相爱了"。相反，他从神秘的比喻武器库中拿出一件武器，如滚滚洪流般放出一堆现成的、不需要进一步解释的概念：斗争、鲜血、武器、罪恶深重的人、法官、好人和坏人、黑暗、死亡。就连"整体上的破产"，也被卡夫卡言简意赅地用来证明他所说的一切，用来指出这些都不只是没有考虑对现实生活的意义的比喻而已。他没有进行"交流"，而是展示了一个神话，即**它曾是如此，现在是如此，将来也是如此**。当然，对于在联想领域中想象能力的信任，将永恒的比喻和隐喻以话语的形式表达出来，这些就是所有神话的基本特征，因而，从这个意义上来说，**任何**神话都是虚伪的。因为神话不同于心理学，它不需要考虑自己的影响范围。神话与艺术作品一样，直指内在的说服力和内在的关联性，在它当中所包含的真实元素，则对它而言常常就是**完全的**真实。

卡夫卡显然不清楚，他的躯体上和心理上所体验的世界复杂性，是无法通过如此古老的手段，以如此文学性、如此具有吸引力的方式加以解释，也无法对它们进行更多的管理。他发现了一些隐喻，这些比喻为缺失的幸福赋予了意义，这让他有了安全感，让他振作起来，甚至令他自豪。而因此所付出的代价，就是他无法发挥自己的洞察能力，他不得不剪断许多已经过于松松垮垮的连线：他要排挤掉所有与这些神话不协调的东西，或者他在完全自知的情况下，对这种非真实性保持沉默不语。卡夫卡**知道**，对于他的命运，存在着另外的可能的解读方式，其中的一些，他已经向朋友或者自己的日记透露过。但是，向菲利斯透露这些是很费力的。

例如，她对于经营一个"平凡的美满的婚姻"怎么看——她的未婚夫正与自己的妹妹这样做着？菲利斯·鲍尔在性关系上绝对不是狭隘自私的，在3年前，她毫无怨言地接受了卡夫卡在里瓦的那段甜蜜又苦涩的风流韵事，她自己也有带来乱伦感觉的经历，尽管在奥特拉看来她向来不够成熟，也没有什么吸引力，但是她显然只认可奥特拉与弗兰茨之间的温暖的亲密感，是和病人相处的那种情感。这种显而易见的舒适感是如何与卡夫卡宣称“整体上的破产”境况和谐共处的呢？显然还不是“整体上”的，这样的怀疑是可想而知的，即在玛利亚温泉城的巨大的幸福，已经被卡夫卡弃之一边了，而被祖豪的平凡的幸福取而代之：前者是经过艰苦努力获得的，相反，后者却是免费的。他是否已经完全选定这条舒适的道路了呢？在卡夫卡的谜一般的信件里没有提到这一点，没有一句话是有关奥特拉的。

应该还有其他使卡夫卡向菲利斯所确定的自我肖像不一致的原因。“我到目前为止无法写下决定性的因素”，他在到达祖豪两个月之后这样写道：“我还在手忙脚乱地忙碌着。有待完成的工作还非常多。”[①]这听起来也不像是失败和终结。相反，卡夫卡从一开始，就将这场肺结核病和他的生活方式被迫地改变，看作厘清自我的危机，看作清除不重要的事情，将剩下的力量聚集起来的机会。此外，为了将这样的片刻凝固下来，在他新的、在祖豪开始使用的日记本上公开这样的告诫：

> 你完全还有这样的机会，即重新开始的机会。它不会消失。当你想要勇猛向前的话，你就不可避免地被肮脏的东西所包围。但是，你不要在那里反复打转。正如你所宣称的那样，这场肺病只是一个象征，是由菲利斯所引起的创伤的象征，但是它有深刻的正当性，因而，医生的建议（光线、空气、阳光、安静）也是象征。紧紧握住这些象征。[②]

这也是自我神话的腔调。但是这个神话清晰地谈到了未来，是用坚定而且清晰的目光紧紧把握着这个神话的。马克斯·勃罗德注意到，卡夫卡从祖豪写来的信，当中的抱怨比人们之前所习惯的要少得多。这是平静得令人惊讶的信件，特别是谈及自身不幸的核心，在谈论无可挽回的失败时，是最平静的。但是，在这里有一个行为上的矛盾之处，即当他突然陷入绝望的时候——主要是在于两个女人的冲突当中，1917年秋天的那次是较为严重的，他所表现出来的不可理喻，那时，他几乎无法清楚地思考。是的，祖豪的宁静也并不意味着使人安下心来，这种宁静令人恐惧，而且菲利斯·鲍尔也只感受到了其中令人害怕的部分。

这是卡夫卡最后一次试图为自己辩护，这的确也是他写给未婚妻的最后一封信，这封信写了所有能够写的，并且表达了一种声音，这是不再由她说了算的声音。在祖豪发生的事情也折磨着他，但是他并没有在这当中感觉到不幸。所谓折磨和不幸之间存在着立场上的分歧是：不幸是指那些可以感受到的对自身的折磨，相反，折磨则是指只能观察到的对自身的伤害。卡夫卡并没有公开地指出，他不再

---

① 1917年11月10日的日记。《日记》，第843页。
② 1917年9月15日的日记。《日记》，第831页。

参与其中，因而当菲利斯·鲍尔一直对这样的坦白抱有希望的时候，她只能用他一直以来的“夸张”做出解释：她清楚他在极端之间摇摆，她知道，人们可以安慰他，甚至可以引诱他，即便现在肺结核让一切变得困难很多。

菲利斯·鲍尔更为频繁地往祖豪写信，即便她自己也已经意识到走到终点了：用这种与社交惯例相违背的方式与一位肺结核病患者的分手令人痛苦。她在柏林与好友格瑞特商量，后者毫无疑问对于卡夫卡表现出来的冷漠无情表示震惊，格瑞特·布洛赫没有从之前她不成功的干涉汲取教训，因而当她逐渐想起来这个卡夫卡的时候，又给他写去了一封长信质问。这是一封威胁信，让卡夫卡失眠。自从菲利斯的最后一次出现之后，祖豪也变得暗淡了，他突然觉得自己没有能力接待访客，甚至也没有能力承受最小限度的干扰了。来自格瑞特·布洛赫的信放了好几个小时，一直没有拆开，他害怕继续的控诉——在卡夫卡的耳朵里全都是**指控**，这令他窒息，他已经不再能接受任何的控诉了。

卡夫卡如何用尽最后的能量，才使得他在精神上不至于崩溃，对此无论是勃罗德，还是之后的卡内蒂都是想象的：疏离让他显得超然，更为自信，使他能够思考对乡村生活的解释和以文学的手法对它进行描述，也使得他赫赫有名、幽默风趣的“老鼠信件”在布拉格传阅。他已经丢弃了早年的抱怨习惯，而且他的辩才似乎正日臻成熟，更加引人入胜。那么，真正的绝望应该是另一番模样吗？卡夫卡清醒地躺在祖豪的躺椅上，也提出了这样的问题：

> 我一直捉摸不透，是否可能有人几乎能够在痛苦中客观地描写痛苦，例如，处于不幸当中的我，可能就无法在满脑子燃烧着不幸的念头的情况下坐下来，写信告诉某个人：我是不幸的。是的，我可以超越这些，而且根据不同的，似乎是不受不幸影响的禀赋以不同的方式超越，或是以质朴的，或是以反命题的形式，或者凭借想象出来的一整支管弦乐队进行即兴演奏。这不是谎言，也不能安抚痛苦，这仅仅是在某一个片刻在恩赐中出现了力量的盈余，在这个片刻，我用尽了被痛苦所抓伤的我的生命中的所有力量，将痛苦变得清晰可见。而是什么带来了这样的力量盈余呢？[①]

卡夫卡在谈论作家，在这里出现了一个同义反复：是否的确（几乎）有人能够，而且有能力，清晰地表达自己的最深刻的不幸，对此我们无从知道，因为对于人们是否能够做到这一点，我们无法证明。事实上，卡夫卡所指的是一个**对他而言**极其具有典型性的经历、是人生的真相，他一而再地证明了那令人称奇的可靠性：“人

---

①1917年9月19日的日记。《日记》，第834页。值得注意的是在第一句中有一个小的改动：卡夫卡一开始写的是“是否有人能够……”，之后修改为“是否有人几乎能够……”《日记》，附录393。

们往往不知道，在自己的家中还会有些什么东西，”他在《乡村医生》中这样描述它。在绝对的零点上，又看到了新的存量。这给予他保护，直到最后一刻。但是，正因为如此，他相信，未来只能在自己那里找到安全感：生命——从这个词最着重强调的含义来看——是自我封闭的，而且他所为之紧张狂热、有着专横独断要求的“有待完成的任务”，则来自完全不可确定的和远离生命的黑暗之中。

试图将他拉入到那片黑暗当中的，究竟是“好的”还是“坏的”斗士呢？卡内蒂认为有关卡夫卡一直宣称的前未婚妻代表的是那个好的斗士，或者至少是代表着那个较好的原则，这个说法是一个谎言，至少这是虚伪的骑士精神的行动。他难道没有早早地决定拒绝那个好的斗士所发出的呼唤，并且走上完全不同的另一条路吗？难道卡夫卡不是称自己、在自己的信中是一个“虚伪的人”吗？不过，在这里，是卡内蒂终于无法承受压力了，他在对“审判”一幕进行了筋疲力尽的研究之后，立即又深入地研究了《判决》，于是断定这是富有男性气概的文学自白，这个事件才最终得以结束。相反，对于卡夫卡而言，矛盾心理继续向前发展，即便是在做出了决定之后，而且他还收到了一个扰乱人心的征兆。因为在那封信中还有一个附言，这是卡内蒂所不知道的，这一句话的附言单独地写在另一张上，这是一句使得辞令之战所带来的喧闹暂时沉寂下来，并且为悲伤创造一个空间的一句话，它向失败者投去了目光：

> 我还想要说的是：曾经存在而且现在也存在着这样的时刻，无论它是现实中所感受到的瞬间还是回忆中所想起来的瞬间，经常会让我想起来你向我投来的目光，这比你实际上向我投来的目光要更频繁，而且主要是从上方突然向我投来的，但是我一直以来都过于软弱，无法去承受它或者对它作出回应。[①]

这是结语。菲利斯当然有自己的权利。她有权面对面地聆听判决。仅仅再过几个星期，她就30岁了。她已经不再是小女孩了。

匹克教授建议，每4个星期卡夫卡就应该回一趟布拉格检查身体；由于勃罗德亲耳听到了这样的约定，因而他在期限快要来临的几天前就开始催促了。相反，卡夫卡却在拖延。为什么要做那么多的检查？已经不咯血了，也没有发烧，只是经常咳嗽、容易变得急促的呼吸，才会让他想起来自己不是身在祖豪的度假客。仅仅过了4周，他已经长了7磅，他的腰部以上的皮肤已经是和农夫一样的古铜色了，当母亲到车站去接他的时候——在这里卡夫卡夸张地说道——已经认不出他了。他看

---

①没有标注日期，《1914年—1917年书信集》，第394页。这张纸可能是在1917年9月30日写给菲利斯·鲍尔的那封长信（在这里所详细引用的那封信）里的，都是写在同样的粗糙的纸张上的。《1914年—1917年书信集》，第332—334页。

上去比过去的好几年来都要好得多。当那位教授看到这些，是不是会立即把他赶回办公室呢？卡夫卡收到了一封来自职工工伤保险机构的问候信，信中询问了他的近况，并且说，一旦他回到了布拉格，疲惫不堪的同事不可避免地会以看幸运儿的目光看着他。卡夫卡对此感到羞愧。

事实上，勃罗德碰巧有机会去**接**他的这位不情愿回来的朋友。这个机会是在10月底，当时他和妻子一起受邀参加犹太复国者在波西米亚西北部的科莫陶（Komotau）举办的文学活动。卡夫卡登上了列车，与勃罗德一起出行，他参加了这个朗读会，并且在科莫陶过了一夜，第二天白天他们一起坐车回布拉格。勃罗德无疑比一无所知的朱莉看得要仔细得多，但是他既没有对卡夫卡经过日晒的肤色，也没有对所增加的重量有印象，而且（与所预期的一样）来自那位布拉格教授的具有一定的安慰作用的鉴定，也没有让他放弃在冬天降临前必须做些什么的想法。他不是开玩笑，而是严肃地敦促卡夫卡，如果卡夫卡继续如此顽固，最终仍然不愿意去寻找更适宜的环境，尤其是气候温和的地方，他就将求助其父母当作“最后的手段”。这种病在南方才可能治愈，只有在南方，他以富有魅力单纯天真的方式，补充道：“被普遍接受的方法”恰恰可能是完全正确的。不过，卡夫卡虽然可能并不了解公众的意见，但是他仍然可以轻易地反驳勃罗德，“那位教授从来就没有提过南方。”[①]

卡夫卡觉得自己足够健康了，因而能够进一步排除有关真正危险的想法了。他所关注的，与其说是他身体客观的状况，不如说是他头脑中的一幅**场景**：在战争期间，在周围到处都是劳作的人们当中，一位职员，没有患病的外部症状，几个月以来一直躺着，由妹妹来喂养他，这在祖豪会引来猜忌的目光和令人不快的询问，尽管在这里没有人敢公然攻击“博士先生”。可能卡夫卡深刻地感受到了这种社会压力；这也足以让所有的医生处方付诸东流，他越来越多地参与到农民的劳动当中，这对他也很有吸引力。他采摘野蔷薇果实，整理菜园，从田地里收捡大量的土豆，喂养牲口，赶马车，甚至还劈柴，虽然不太娴熟，他还犁地。所有这些都令他放松，为他带来了好的睡眠，抚慰了受伤的心灵。几乎刚刚第一次从布拉格看完医生回来，他就向妹妹透露，他想留在这里，这次是非常严肃的：在村庄里有一个自己的小房子、一个园子和一块耕地，这就是所有他需要的。卡夫卡梦想着成为农民。没有人能比奥特拉更好地领会这一点，“我本人相信，”她写道，“上帝为他送来了这场疾病，如果没有它，他永远无法离开布拉格。”[②]

无疑卡夫卡还不能长时间地离开布拉格，因为总经理马施纳一如既往地拒绝

---

① 马克斯·勃罗德在1917年11月8日写给弗兰茨·卡夫卡的信。《1914年—1917年书信集》，第769页；卡夫卡在11月14日写给马克斯·勃罗德的信。《1914年—1917年书信集》，第365页。

② 奥特拉·卡夫卡在1917年11月8日写给约瑟夫·戴维的信，引自宾德的《卡夫卡和他的妹妹奥特拉》，第445页。

了他提前退休，尽管如此，他还是让卡夫卡知道，在他的职权范围内，可以延长这为期三个月的休假。除了在11月得到马施纳的承诺之外，奥特拉也无法做到更多了，而且可能在这个过程中，她比以防御为基调的哥哥说话更直白。无论如何，马施纳答应，自己也会去祖豪短暂地停留一下；也许他在那里，在远离了所有办公室的繁文缛节的场合下，能够更好地理解这位部门副主任，到底什么是他真正感兴趣的。与此同时，也向他解释目前总经理的职权范围所在。正是马施纳的积极运作，使得卡夫卡在下一年也不用去服兵役，卡夫卡自己无论如何都明白这一点。

与自己父母商量要更为旷日持久而且更令人痛苦，而且奥特拉一直还处在道德压力之下。长时间以来，父母一直以这样的期待自我安慰，即乡下的女儿多少会带些东西来，使得布拉格的饭桌会变得很丰盛。如果没有黑市交易，是无法满足人们基本需要的，卡夫卡家的境况和那些仍然还有些现钱的家庭是一样的：他们也有定期的、信得过的“供应商”，卡夫卡甚至把“供应商”成功地介绍给朋友们，但是，他不能保证按时供应，而且他已经引起警察的注意了。很快就证明，奥特拉绝对没有办法补上这些缺口，因为在祖豪与在布拉格一样，人们都要和经济上的官僚、诡计作斗争。“可怕的通货膨胀”，欧博克利的牧师注意到了这一点，他是在卡夫卡到来一个月后才来这个地区的，“不仅在城市出现了极大的食品匮乏，而且在我们这里也一样。到处都是高利贷和卑鄙行为。”[①]

奥特拉也没有什么办法应对；她的农庄太小、太贫寒了。连土豆都无法按计划充足供应，因为农作物委员会有严格规定，因而父母所希望的每年有20公担[②]土豆可以用来供应整个家族一直只是一个美梦。不过，奥特拉还是时常会往布拉格寄去一大桶牛奶或者一些蛋类（尽管她自己既没有奶牛，也没有鸡鸭），此外还有面粉，自己烘烤的面包，几只山鹑，一些野味。卡夫卡也费心地给他的朋友，以及上司送去一些诸如此类珍贵的物资，不过只是偶尔能够成功，而且数量很少，因为“第一支配权”一直是在布拉格家人手中的，他不无抱歉地告诉大家。奥特拉经常的支援是正当而且便宜的，这就显得更为必要了。在农村几乎无法得到肥皂、牛油、煤油和纸张，而且很快人们发现，就连苹果和梨、蔬菜、果汁和坚果，也是祖豪的素食主义者们非常欢迎的礼物了。朱莉·卡夫卡每周至少通过火车寄去一个包裹，里面偶尔也会有一些巧克力、饼干和已经翻破的报纸。

她的丈夫如何评论这个不断增加的货物往来是不难猜测的。反正他的情绪现在正处在低谷，因为女性用品商店的营业额一直下滑，第四个打仗的冬天就要来临了，新的物资匮乏就在眼前。事实上，这位“店主”总是有正确的观察，伊尔玛·卡夫卡报告说，尽管他在商店里的大喊大叫和责骂几乎令人无法忍受，对此

---

① 威廉姆·莱茵瓦特（Wilhelm Reinwarth）在1917年10月31日到欧博克利上任。今天可以在萨梓［Saaz（Žatec）］的市属档案馆找到他的牧师履历。

② 即1 000公斤。——译者注

朱莉也经常提醒他："你不要总那么激动！想想你的心脏！"但是这毫无作用。这种状况已经是有案可查的了：赫尔曼·卡夫卡不久前撕破了一位职员的领子，因而他被这位职员因伤害罪而告上了法庭。①

对付这个男人现在越来越困难了，这个男人凭借直觉发现，奥特拉和卡夫卡两个人都很固执，他们之间其实也承受着更大的意见分歧所带来的痛苦。尤其是，奥特拉倾听着父亲的每一句令人愉快的话（其中也经常掺杂着对他的艰难的童年的翻来覆去的抱怨——对此她现在已经能更好地理解了），并且由于意识到了永远存在的相关性所带来的责任意识，使得她尽量经常去布拉格，并且避免就她的生活方式引起进一步的争执。②赫尔曼再次遇到了障碍，他对那位辛勤工作的女儿的顽强没有足够的认识，因而他打算停止资助，总之就是用尽一切努力，想通过挨饿的方式迫使女儿结束在祖豪的尝试，这首先就遭到了朱莉的强烈反对。不过，当他回想起自己一直被女儿尊重的时候，他在大部分时候，也就感到心满意足了，他还亲自写了几行字寄给了奥特拉，这是非常罕见的事情，那里面多次提起了"**当下的**祖豪"。

但是，将这位兄弟拉入这份脆弱的和平被证明是困难的。这对父母无法理解，弗兰茨是如何能够一个个星期、整月整月地躺在躺椅上，看着辛勤劳作的奥特拉忙来忙去，也完全想象不到，他在祖豪的老鼠洞一样的房间里怎样作息和进餐。卡夫卡也让很多人搞不清楚，当他回来后，到底打算住在哪儿，而且，当朱莉和伊尔玛按照他的委托开始找房子的时候，他总是看到那些房子的不足之处，从来没有满意过。这些都需要立即加以解释。

在这期间，有超过一打的人知道了卡夫卡患肺结核病的消息：菲利斯、奥特拉、伊尔玛、鲁岑卡、勃罗德夫妇、威尔特士和鲍姆，以及保险机构的上司和同事——无法确定这其中有多人知情。他再三提醒所有人，不要让他的父母知道这个不幸的消息。究竟还能隐藏多久呢？只要一个地方走漏了风声，就足以引起一场激烈的争吵，例如，这个环节可能是马克斯·勃罗德，他曾经威胁过要泄露这个秘密，在其他地方也总是过多地谈论这个问题。③

11月中旬，卡夫卡决定不再指责妹妹总是不间断地写信向父母做解释，他请求她在下次去布拉格的时候，告诉父亲——但是还不要告诉母亲——他来休假的真正原因。由此带来令人震惊的效果：赫尔曼大为惊讶，并且无言以对。他一再问道，祖豪是否是适合疗养肺结核的地方，弗兰茨在那里是否有所需要的一切，他是

---

① 有关赫尔曼·卡夫卡的商店里的这些印象，首先要归功于伊尔玛·卡夫卡经常向她的堂妹奥特拉的汇报（这些信件都没有出版，并且属于私人所有）。

② 她在1917年11月14日写信给约瑟夫·戴维说："我希望父亲更加关注我，无论以什么方式。"

③ 1917年11月20日勃罗德写信给作家鲁道夫·福克斯，请他对"完全属于"卡夫卡的"个人事件"保密。国家文学档案资料馆（Literaturarchiv des Museums des nationalen Schrifttums），布拉格。

否真的没有危险。这位族长一度甚至脱离了他的角色：他已经习惯了将家庭中所有涉及情感方面的家务都交给朱莉来处理，他允许朱莉以女性特有的方式，完全是心平气和地处理那些无法用克朗来解决的问题。但是现在，几十年来第一次，他成了握有秘密的人，这使得他在面对妻子的时候要有一些外交技巧，甚至不得不装模作样。到目前为止，卡夫卡几乎是唯一的他那个需要通力配合的沉默战略的受益者，现在这个战略却突然成为沉重的负担，他必须忍受这个不同寻常的自我约束，对此没有人敢担保他能够做到这一点。当他的父亲甚至还没过完3个星期就已经将真相向目瞪口呆的朱莉摊牌的时候，卡夫卡生气了。他觉得，这简直是"毫无顾忌"。[①]

肺结核患者可以结婚吗？甚至组建一个家庭？卡夫卡在祖豪手边没有医学读物，但是他仍然在考虑这样的问题，而且他以极大的兴趣注意到，例如福楼拜的父亲——一位医生，曾经就患过肺结核，但是却创造了一个天才。"……那个时候，对于这个孩子的肺部是否有杂音，或者福楼拜是否会有肺结核的问题，一定是被当作一个秘密来对待的（我建议在这里用'谜'这个词）。"这样的例子正合勃罗德的心意，他希望这能够为卡夫卡的宿命论带来光明的色彩，而且他总是列举出新的他们共同认识的人的名字，这些人已经从肺尖感染中毫发无损地痊愈了，也不用因此改变自己的人生目标，"如果走近仔细看的话，每个人都已经得了肺结核病"。[②]

但是，现代医学的专家观点在这方面却是要谨慎得多。每位急性感染的男性都会得到医生的建议，暂时不要有亲密的关系，女性病人往往会得到更严格的治疗。"只有这种疾病处于所谓的第一阶段的时候才允许结婚"，布拉格医生古斯塔夫·魏兹写道："而且是当所谓的已经治愈的肺结核至少在两年内没有复发的情况下。"其他的专家建议要至少等待3年[③]，卡夫卡的内科医生米尔斯泰恩也一定听说了，他的病人自愿地拒绝了结婚计划，而且无限期地推迟。

即便是"封闭的"，不只是传染性的肺结核就已经足够可怕，足以作为分手的原因了，这对卡夫卡来说是放下了极为沉重的心理包袱。否则，他还必须要去解释，为什么他不愿意同意一个等待期，为什么他会认为这个病最终是不可治愈的。"肺结核病"这个可怕的词也给父母提供了一个机会，使得他们能够就他们儿子的

①1917年12月30日写给奥特拉·卡夫卡的信。《1914年—1917年书信集》，第394页。奥特拉在1917年11月23日写给约瑟夫·戴维的信中描述了她的父亲的反应（该信件为私人保存）。

②1917年10月2日或3日写给艾莎和马克斯·勃罗德的信。《1914年—1917年书信集》，第340页。艾莎和马克斯·勃罗德在1917年9月29日写给弗兰茨·卡夫卡的信。《1914年—1917年书信集》，第753页。

③古斯塔夫·魏兹（Gustav Weiss）：《肺结核预防和治疗》（*Tuberkulose-Verhütung und-Fürsorge*），载昂顿·格恩（Anton Ghon）和R. 雅克什-瓦腾赫尔斯特（R. Jaksch-Wartenhorst）编，《肺结核和及其克服》（*Die Tuberkulose und ihre Bekämpfung*），维也纳/布雷斯劳，1922年，第326—363页，这里所引用的是第336页。参照爱泼斯坦的《肺结核诊断和治疗手册》（*Diagnostisch-therapeutisches Taschenbuch der Tuberkulose*），第50页。

古怪行为给远房亲戚一个合理的解释——这个儿子已经和同一女子订了两次婚，但却一直没有成婚，这显得很轻浮、不够严肃，因而这也是个牵扯了道德名声的问题，也长期让新娘严厉的母亲伤透脑筋。但是，**肺结核病**则当然应该另当别论了，这太**不幸**了。卡夫卡充分利用了这个社交中的游戏规则，没有人会认为他的疾病只是被当作一个借口来滥用。事实上，与其说他将这场疾病看作是阻碍结婚的医学上的障碍，不如说，他更多的是将它看作不**应该**再去结婚的一个征兆、一个命令。这样的信念在他心中扎根如此之深入，从而使他有力量去结束这段显然已经失败了的爱情。

当菲利斯·鲍尔在1917年的圣诞节再次登上旅行的列车时，她一定意识到，决定就在眼前了。她可能计划再去一次祖豪，在那里远离所有来自家庭的干扰和责任义务，而这些到目前为止也一直是卡夫卡所想要的。但是，重心转移了，祖豪现在代表着卡夫卡真正的、因此也是最容易受到干扰的生活，与此同时，布拉格则似乎是一个中性的区域。卡夫卡需要3天的思考时间，然后他决定最后的相见定在布拉格。①

> 12月25日。晚上，卡夫卡和菲利斯来了。两个人都不高兴，没说话。12月26日，卡夫卡在8:30的时候来了，我整个上午都和他在一起。在巴黎咖啡馆。不过，他不想从我这里得到什么建议，他的决心无比坚定。只是为了消磨时间。昨天他已经与菲（利斯）完全挑明了。我们什么都聊，只是不聊这件事。下午我们和鲍姆、菲利克斯，还有3位女士到郊外散步，一起去了希普卡帕斯（Schipkapaß）［在布拉格第杰威茨（Dejwitz）区的一家小酒馆］。卡夫卡不开心。他在给她带来痛苦的同时，自己也逃避不掉痛苦。而我不同。他说：我将要去做的，只能我自己独自去做。这是最清楚不过的了。那些西欧犹太人还没有明白这一点，因而他们的确没有权利结婚。在这里不存在婚姻。

即便在马克斯· 勃罗德日记的短短记述中——这部分只是以摘录的形式被保存下来了，也体现了悲剧的色彩。卡夫卡含蓄地将他的朋友们的婚姻解释为非—婚姻，因而他在这个扩大化的过程中，也将他的朋友们纳入了非个人化、严苛的判决之中：所有的人都在无意中表露了他们已经筋疲力尽。为了能够承受最后的表演，他使自己强硬起来。他显然没有犹豫：一旦有了和菲利斯单独在一起的机会，他立即展开决定性的谈话，完全不被菲利斯的痛苦的眼神所动摇。然后，他居然苛刻地要求她在喧嚣吵闹的郊外小酒馆与朋友们、他们的妻子们谈天说笑，在

①菲利斯·鲍尔的来信在12月18日寄达祖豪，卡夫卡在12月21日发电报回复。参见《遗作Ⅱ》，第65页，两封书信都没有保留下来。

这样的谈话之后，这聚会对她来说肯定是毫无意义的。卡夫卡表现得冷酷无情。

在接下来的一天，即12月27日，他陪同菲利斯·鲍尔去了火车站。她接受了这一切；她可能在过去的一年里才学会去爱这个人，而现在她尽可能平静、自我克制地接受着这个人的决定。她不打算和一位病人争吵，显然这是可以找到的安慰自己的说法。在这当中留下的唯一一线希望，就是他们还会保持朋友之间的书信来往。但是，卡夫卡完全确信，他再也不会见到这个他正最后一次帮着登上火车的女人了。而且，他认为这是正确的。①

卡夫卡现在无力去见他的任何家人。他出乎意料地出现在勃罗德寒酸的办公室里，尽管他清楚，在那里会有其他的办事员能听到他们说话，因而私密的谈话是不可能的。卡夫卡面色苍白、表情呆滞，他说，他想要片刻安静的休息。他被安排在勃罗德写字台旁边的、供前来递交申请和其他顾客使用的一张小圈椅里坐下。但是，片刻之间他的自控力又恢复了，然后就出现了勃罗德在此之前从来没有经历过的完全出乎意料、非常令人震撼的一幕：卡夫卡开始抽泣，他的脸颊被泪水打湿了。“一定要这样做是不是太可怕了？”这是在这个过程中他所说的唯一的一句话。

之后，卡夫卡说，在那个上午他落下的眼泪，比他在童年之后这些年里流下的泪水总和还要多。他说这些的时候带着一种自豪的语调。他非常清楚，他偶尔还是会有和所有人一样的表现。②

卡夫卡是否期望过一个亲密舒适的圣诞节聚会，在这个聚会上零落在四处的家人再次团聚到共同的餐桌前？如果是的话，那么他们只会失望。不仅弗兰茨绝无享受家庭的温暖舒适的心情，连奥特拉也没来聚会。她原本计划将冬闲期间的时间用来学习农场经营方面的知识，现在她推迟了这个计划，但是，令人生气的是，她决定圣诞节就待在祖豪。那么，现在她在农村、在这片光秃秃的田地上还有什么要去做的呢？她用什么有说服力的理由去解释为什么和两个（同样也无事可做的）女佣，而不去和家人一起过节呢——为此还要耗费昂贵的煤炭生火？

可能**有**一个在当时需要保密的原因：奥特拉的男朋友约瑟夫·戴维从部队获得了几天休假，这是一个非常好的两个人不受打扰待在一起的机会，这对恋人从来没有享受过这样的生活。当然，为此所付出的代价就是，将弗兰茨一个人留在布拉格，完全独自承受新近引爆的喋喋不休的责备——这很快就会变成日常生活的一部分。自己的儿子要去面对生活中最艰难的分离，对于这位族长来说自然没有理由特别地克制，而弗兰茨住在勋博恩皇宫公寓期间招致的肺结核似乎不是故意的，因为那间公寓的破旧、无法居住的样子，是他从一开始就可以想象得到的。

主要的敌人现在变成缺席的奥特拉了，担心她真的会变成农妇，而这肯定是

① 卡夫卡和菲利斯·鲍尔之间后来并没有继续通信，除了菲利斯寄过一张明信片之外，但是那上面也只是简短的健康祝福。1918年11月12日，《1918年—1920年书信集》。两个人的联系在接近1918年底的时候就完全中断了。

② 1917年12月28日写给奥特拉·卡夫卡的信。详细的描述请见勃罗德的《弗兰茨·卡夫卡传》，第147—148页。

不能告诉任何值得夸耀的追求者的了。赫尔曼·卡夫卡(他在不久前还津津有味地吃了从祖豪带来的煎香肠和一只圣诞鹅,当时,弗兰茨正在吃力地把猪尾巴咽下去)愤愤地想,这个女孩应该真的挨挨饿,也应该真的遇到点麻烦。这样,她才会把可怜的年老的双亲当回事,如果她完全要靠父母的包裹生活的话。奥特拉不知感恩而且疯狂,这样的局面不正常,弗兰茨还支持她的胡闹,更是不对。

这对卡夫卡家来说也不是什么新鲜事。不过,还是出现了没有完全按照计划进行的局面。因为几天之后,赫尔曼仍然对自己儿子的执拗愤愤不平,因此,他不仅没有停止对儿子的责备,还深思熟虑地面对这些。显然他是在密谋。这并没有阻止他将怒气一如既往地发泄到自己公司的职员身上,这使得他尽显劣势,什么目的也没有达到。①

事实上,在菲利斯离开后,对于卡夫卡来说,身上的压力就完全被卸下去了,他突然之间变得很稳健,他完全不为父亲威逼的腔调所动,他只是想区分,哪些完全是废话空谈,哪些是真正有争论价值的。"只要还需要他帮助我们度过饥饿和解决钱方面的困难,"他对奥特拉解释说,"那么,我们面对他的态度就只能是受拘束的,因而,即便我们表面上不会做什么,我们还是必须以任何方式联合起来对付他。这里的他不只是父亲,不只是那个不可爱的父亲。"这已经把话说到头了。而且是绝不原谅。忘恩负义、疯疯癫癫反正是不正常的,他现在绝对不再想听这个男人的责备了。**"不正常不是最糟糕的"**,他冷冷地反击道,而且幸灾乐祸地看着震惊不已的父母继续说道:**"因为,比如说,世界就是不正常的。"**②一语中的。

---

①由于与他的儿子的谈话而引起的赫尔曼·卡夫卡的"可怕的情绪",在伊尔玛于1918年1月3日写给奥特拉的信中有记录。在那里也有一个有关约瑟夫·戴维在祖豪的痕迹——"你的圣诞节客人"。卡夫卡在1917年12月28日写给奥特拉的信中所提到的"小女孩客人",是指约瑟夫·戴维的妹妹艾拉(Ella)。《1914年—1917年书信集》,第392页。

②1917年12月30日写给奥特拉的信。《1914年—1917年书信集》,第392—394页。

第十二章 沉思冥想

我总是在错误的那一边，
除非，错误是正确的时候。

——塞缪尔·贝克特（Samuel Beckett），致巴尼·罗赛特（Barney Rosset），1956年

与俄国停战了。所有的词都用大写字母拼写，如重锤敲击在弗吕豪（Flöhau）一家小邮局里的薄薄纸张上。这是来自布拉格的电报。发送人毫无疑问就是马克斯·勃罗德，收电人则是住在祖豪的好友卡夫卡博士，后者几乎每天都能收到信件。这是1917年12月4日早上，此时，卡夫卡和往常一样还躺在他的弹簧床上，在他吃惊地接过信封之前，相关的传言已经在村子里不胫而走了。[①]

在过去的一年里，人们已经多次受到各种消息的惊吓，这些消息听起来完全不像是宣告胜利，至多是无关紧要的个人猜测。但是，这些消息还是像昏暗天空中的一道道闪电，在一瞬间为人们打开看到未来的、另一个世界的缝隙。

在1917年3月，俄罗斯沙皇在军人和资产阶级政客的逼迫下宣告退位，这是一个极其不同寻常的事件，令整个欧洲震惊，尤其是奥匈帝国：这可能就是一个先例。因为，如果一个超级大国的君主能如此轻易地被颠覆，那么人们就无法期待卡尔皇帝的摇摇欲坠的统治能够有更好的结局了，而且在奥匈帝国军队内部还有大量的敌人，也让这位皇帝的日子愈发艰难。到底会突然出现什么样的结局，在11月当布尔什维克通过暴动夺取政权，并且立即开始以武装的手段——令一些重要的人士瑟瑟发抖的方式——清算旧有的体系和驱赶其中的受益者的时候，人们真实地经历了这一切。如果这是通往世界和平唯一可行的道路，那么接下来会发生什么？列宁已经在取得胜利的时候声明，将"刻不容缓地签订条约，促使战争结束"。4周后，在东部战场上停战了。

卡夫卡在布拉格的朋友们也兴奋地关注着这些事件，人们讨论"犹太民族"的命运会迎来什么样的结果。即便在俄国，人们也希望，被迫迁移的时代和在全国

① 勃罗德的这条消息显然是来自1917年12月3日《布拉格日报》的报道。事实上，这是德国和俄国代表在布列斯特-列托夫斯克（Brest-Litowsk）商定为了能开始谈判，而只在整个东部战线全部停火。

范围内进行的大屠杀最终能够结束；犹太人的日常生活能够正常化，哪怕在新的统治命令到达西伯利亚的最后一个村庄前，还需要几年的时间。由于发轫于加利西亚和波兰的战争导致20多万的犹太人变成难民，他们从1914年和1915年相交的冬天开始，就已经流离失所、到处艰苦地露宿，东部战事的长期停息为他们带来了一丝亮光，这有可能使得他们迁回自己的村庄；当然，也会有人冒险将战争结束作为直接通往天堂的邮资——尽管他们不知道那里到底是什么样，但是他们还是奔赴了令人渴望的美国。

另一方面，俄国正在酝酿着巨大的变革，共产主义在全球的影响力也导致新的反犹主义阴谋论的盛行。"犹太人的布尔什维克主义"这个概念变得时髦了，人们小心翼翼地重新清点在彼得格勒的"人民委员会"到底选出了多少具有犹太血统的男人和女人，展现了被夺取权力的意愿和能力。现在，在德国和奥地利，犹太人也被认为具有欣然接受在军事上和政治上失败的能力。政府相比战争之初，对于媒体公开的反犹主义更为容忍，如果饥饿的老百姓将怒火指向犹太放高利贷者和大发战争财的人、而不是针对自己的君主，那么统治者们就通过如此启迪民众而使自己得到了保护。与此同时，在1916年年底，已经从国家层面开始强化反犹太的偏见了：德国野战部队中犹太人数量，出现人员减少的现象，因此，他们不是真正的爱国者，而是彻彻底底的偷奸耍滑的人。这些证据不能说明问题，因为这些数据恰恰被犹太人看作是自己被屈辱对待和被剥夺了平等公民权利的证明。"我们已经习惯于被数来数去了"，布贝尔无助而又充满讽刺地写道，准确地说，这是对德国人的抗议。[①]

对犹太人的仇恨情绪，也在"解放"后的半个世纪以来，逐渐成为犹太人生活中的一个无所不在的元素；轻蔑的目光、影射挖苦的评论或者清晰明了的排斥，都成了日常经历，逐渐地人们对此也就麻木了，不再将这些看作是针对自己"个人的"，因而只是会非常例外地想起这些，将它们记录下来。在卡夫卡和勃罗德的笔记中也只能偶尔发现这类经历的痕迹，尽管在布拉格——早在令人不愉快的东欧犹太难民出现时——这样事请经常发生了。当卡夫卡有一次受总经理的妻子艾米丽·马施纳邀请参加一个沙龙聚会的时候，就有一位因此离开的女士说道："**难道您居然邀请了一位犹太先生**？"[②]我们并不知道，卡夫卡是否听到了这句话，毫无疑问，如果他听到了，与其说会生气，不如说，他更多地会对这个心胸狭窄的特殊理由感到有趣。因而对他来说，对此进行冗长的抱怨毫无意义。

---

①布贝尔：《犹太人数据》（*Judenzahlung*），发表于《犹太人》，第1发行年度，第8期，1916年11月，第564页。这些"犹太人数据"是普鲁士国防部长维尔德·冯·霍恩博恩（Wild von Hohenborn）在1916年10月11日公布的，这些数据里也包括留在后方的，以及因不合格而被筛选出来和被退回的有服兵役义务的人。这项调查在1917年2月中止；相关数据从来没有完全公开过。

②引自艾米丽·马施纳（Emilie Marschner）的孙女鲁斯·豪布里希斯（Ruth Haubrichs）在2004年6月22日写给瓦尔特劳德·约翰（Waltraud John）的一封信。

被异族文化同化了的犹太人，以斯多葛派般的心平气和态度修筑起保护自己的围墙，这成为他们保持自尊的通用策略，但是这种策略只在人们总体上感觉安全的时候，才是实际可用的。在法律面前，犹太人（在大部分时候）和其他任何人一样拥有自己的权利，而且犹太人对国家的忠诚——在很长一段时间之后，根据纳粹时代的经历，通常人们对这种忠诚摇着头表示怀疑——的根源也恰恰是在这里：大型社会共同体所不能给予的保护、权力，却是国家一直允诺的。因而，真正令人感到危险——在类似情况下对于任何公民更为危险的是，当最高权力机构需要肆意展现他们权威的时候，任何保护都是随时会被收回的。

这样的结果也完全出现在布拉格了。在这里的东欧犹太人境况很糟糕：他们坐着马车来，许多人住在帐篷里，受冻、挨饿，婴儿大量夭折了。最开始，人们一直在争论，国家——这个大担保人是否知道东欧犹太人的苦难，并且带着仇视犹太人的情绪接受这一切——最终导致所有人都在忍受冷漠的社会、战争环境下的残酷和无所不在的匮乏。到了1917年2月，这个城市的市政府宣布，为了遏制斑疹伤寒，从即时起禁止"以色列移民"——这些人——乘坐有轨电车，而在这个时候，这个城市正结了厚厚的冰霜，因而对于他们来说，根本不可能从郊区走路到市中心市场。这似乎是竖起了一道文明的边界：不只是蔑视，而是对整个民众群体行政上的排斥。这件事情引起了轰动，尽管新闻审查尽力压制着批判性的讨论，[①]但是，布拉格人还是能够了解到包括对维也纳国会纵火案审判的各种信息。

从另一个角度审视犹太人对于自我身份的认识，是与从根本上思考自身角色的必要性联系在一起的。在1917年11月，人们都听说了英国外交部长亚瑟·贝尔福（Arthur Balfour）庄严地保证，巴勒斯坦是犹太人的"民族家园"。这是第一次由一个世界超级大国明确地表达了对政策性的犹太复国主义目标的赞同，这将边缘化的意识形态推向了权力要素——正如赫尔茨（Herzl）最初所梦想的一样。犹太人的报纸上出现了一阵躁动，整整一个星期，所有的报纸都在强调《贝尔福宣言》，布拉格的《自卫》杂志甚至出版了特刊。

但是，在任何地方都没有听到由这个突然到来的成功所引发的欢呼声。尽管如此，没有人怀疑会有跟随这个言之凿凿、由英国内阁明确发表的声明而来的行动。不过，英国人在谈论这些的态度，似乎他们早已打赢了战争；他们以家长式关心着巴勒斯坦百姓的权利，对于巴勒斯坦**现任**统治者——那个土耳其人，却一句话都没有提到。[②]这意味着：对犹太人的这个报价，是以中欧列强的彻底失败为默

---

①参见《自卫》第11发行年度第7、10、11期中的**白色**补丁，1917年2月16日、3月9日和16日。

②这句关键的话是："我们的国王陛下带着全部的善意关注着为犹太百姓在巴勒斯坦建立一个民族家园，而且愿意尽最大的努力，推动这个目标的实现，在这个过程中应该注意的是，这不会影响在巴勒斯坦的非犹太共同体的公民权利和宗教权利，也不会使在其他国家的犹太人的权利和政治地位受到质疑。"亚瑟·贝尔福在1917年11月2日写给瓦尔特·罗特希尔德（Walter Rothschild）勋爵的信。

认的前提条件的，即便在德国和奥地利的极端犹太复国主义者当中也几乎没有人期望，一如既往对皇帝效忠的大部分犹太人会完全保持沉默。

《贝尔福宣言》当中蕴含着一个道义上的问题，在此押上了几百万人的命运，这就是身份认同的问题。没有能力放弃对国家忠诚和民族同化的生活策略的人——其中大多数德国人和奥地利犹太人都对此无能为力，他们必须拒绝英国人的报价，要尽可能大声且毫无保留地声明："德意志帝国是我们唯一的祖国，而且一直是"，《犹太人汇报》(*Allgemeine Zeitung des Judentums*)就发出了这样的声明。另外那些在最后的清点之后不再能轻松地从嘴巴里说出"祖国"这个概念的人该怎么办？对于那些认真地看待犹太人国家的人们，最终他们是什么态度呢？他们为了暂时回避做决定，会将这个宣言当作英国的宣传，轻蔑地搁置在一旁：《布洛赫博士的奥地利周刊》(*Dr. Bloch' s Österreichische Wochenschrift*)——维也纳的一个大型文化组织的机关报就是这样做的。他们期望与那个土耳其人能够继续保持良好的合作——有关这一点，马克斯· 勃罗德在不久前还在《新评论》中尝试论证过，因而，那份宣言就显得有些多余了。[①]这份宣言也可能拆除心理上的围栏，从而放弃"主人"的身份定位，这完全会因军事上的失利和自己国家的衰落而引起。这是非常痛苦的：对于任何一个不再相信民族同化的人来说，现实和在今后很长时间里只剩下这条出路了，那些仍然一直犹豫的人，会从政治大事件中汲取教训。1917年12月7日，美利坚合众国向哈布斯堡王朝宣战。两天之后，也就是恰好在《贝尔福宣言》发布后的一个月，英国军队开拔进入了耶路撒冷，土耳其军队在慌乱中四处逃窜，溃不成军。犹太人将来要仰仗谁已经显而易见了，能够免除罪责，但是太晚到来的**与俄罗斯的停战**也不再能带来任何改变了。

"这位博士是个好人，上帝将会保佑他。"这是祖豪的一位不知名的方言作家的话。这里所说的就是卡夫卡博士。对于这位朋友的忠心耿耿的话——好像卡夫卡一直健康无恙似的——这自然是值得怀疑的。那么，为什么现在提到这句话？[②]

尽管卡夫卡自己在这几个月中慢慢地意识到，耸立在他生命之上的有磁性的极点改变了他的状况。这从炼金术士巷的时候就开始了，那是一个不被察觉的开始，它带来了意料之外的结果，这个结果是他到了祖豪之后，最迟是在1918年年初看到的：卡夫卡不再感觉，也不再将自己定位为一名作家了。他写作，但是写作对于他而言只是一个手段，是他用于服务另外一件事情的。

有关这方面的证据，已经可以在短篇文章《乡村医生》和同一时期完成的多

---

①《犹太人汇报》，第81发行年度，第47期，1917年11月23日，第556页。《布洛赫博士的奥地利周刊》，第34发行年度，第44期，1917年11月16日，第718—720页。马克斯·勃罗德：《犹太人在巴勒斯坦垦殖》，发表于《新评论》，第28发行年度，第9期，1917年9月，第1267—1276页。马克斯·勃罗德在这篇文章里恳请"土耳其君主继续宁静地统治下去，以及土耳其政治家的洞见"，在他写这篇文章的时候，土耳其政府已经被迫开始疏散犹太移民了。

②1918年2月9—13日写给马克斯·勃罗德的信。《1918年—1920年书信集》，第29页。

篇文章中找到。这些都是严密的文章，是不断地停下来进行分析的散文，在那里面，对于场景描述的兴趣只是偶尔闪现。卡夫卡在这里首先斟酌出了一个题目，这个题目完全符合非小说的散文文学，这样做并不是不合理的，这个题目就是“责任”。毫无疑问，《乡村医生》文本中的大量的幻想、丰富的令人惊愕的古怪念头、梦游一般在现在和过去之间的来回转悠，这些都是**诗歌**的特点，这使得卡夫卡的写作到达了一个新维度。与此同时，也提高了对于普遍有效性的要求，甚至超出了文学领域之外。因而就有了那篇《新律师》：

> 今天——没有人能够否认——亚历山大三世（Alexander）大帝已经不存在了。尽管有些人已经明白了如何谋杀……但是，没有人，没有人知道通向印度的道路。即使在过去也曾无法抵达印度的门户，但是国王的宝剑曾经指向了大门的方向。今天，这些门户已经转移到了其他的地方，也更加高远了；没有人能够指明它们的方向；许多人手握长剑，只能胡乱地挥舞着它；追踪着宝剑的眼神都是迷惘的。

这段话很生动，同时也很有体系，它听上去与其说像文学作品，不如说是对时代的诊断。在等待长条校样的那几个月里，卡夫卡觉得自己所排列的目录已经不合时宜了，他完全确信，这篇短文及具有立论意味的语句，从一**开始**就属于《乡村医生》。他没有意识到，这本薄薄的小册子里几乎每一页都深藏着厚重的沉思，正是通过这样的写作，卡夫卡推动着文学游戏，[①]使之成为他的存在中占据支配地位的活动。咯血也是由此所引起的。

“你现在在写什么吗？”勃罗德不想让这个问题显得太压抑。到目前为止已经3年了，卡夫卡将争取来的每一个自由支配的时间都贡献给了文学；即便是他全心全意委身于其中的文集《乡村医生》里的文章时，也让他不安。那么，现在呢？卡夫卡在身体上已经是疲惫不堪了，不过，他在祖豪得到了最好照顾，也已经离开办公室有几个月了，他是自由的。但是，无法确认他是否考虑过将这种自由用于文学创作。“我没有写什么”，他的回答几乎是生硬粗暴的。“我现在也恰恰不想写作。”[②]**恰恰不**。

---

①《乡村医生》中的一些文章已经开始展现了被同时代的读者往往不得不隐藏起来的自我反思。因此，马尔库姆·佩斯利信服地指出，《参观矿区》和《十一个儿子》不是别的，而正是已经超越了狭义文学的文学作品。《卡夫卡的三篇神秘文学》（*Drei literarische Mystifikationen Kafkas*），载《有关卡夫卡的学术交流会》（*Kafka-Symposion*），荣根·波恩等编，柏林，1965年，第21—37页。勃罗德记录下来的有关卡夫卡的一段话也是一个证明：“我现在正在写的《十一个儿子》实际上完全是由十一个简单的故事组成的。”《弗兰茨·卡夫卡传》，第122页。

②马克斯·勃罗德在1917年10月4日写给弗兰茨·卡夫卡的信。《1914年—1917年书信集》，第754页。1917年10月7日或8日写给马克斯·勃罗德的信。《1914年—1917年书信集》，第343页。

最好的做法就是不要催促他：没有任何提醒从布拉格发来，在躺椅上的那几个月反而会被更有效地利用。勃罗德和威尔特士已经认识到，卡夫卡的创作力的波动周期几乎无法通过他自己来调整，更完全不会受外在的影响；当他们回想，卡夫卡是如何经常为了写作而牺牲自己身体需要的时候，他们应该为这位肺结核患者没有开始一个新的、耗费精力的项目而松了一口气。

显而易见的是，卡夫卡绝对没有像他们所希望的那样无所事事。在卡夫卡刚刚到这个村子不久，他就抓住了这个稀有、非常棒的机会“起一个头”，从那之后一直考虑着写作。不过这些都不是叙事性的。如果布拉格的朋友们能够追踪到卡夫卡在接下来这几个月里，在那些卡夫卡为了有备无患而随时携带的蓝色封面的练习本（被称作“八开笔记本G”和“八开笔记本H”）上写下了什么，他们一定会无比惊讶的。尽管在这其中仍然能够找到对上一个冬天零星的回应，对那些他在炼金术士巷完成的梦境交错的散文的共鸣，但是，主要的却是对构成——神话的充满讥讽的、反蒙太奇的拆除，卡夫卡在《塞壬女妖们的沉默》和《机灵鬼的真相》中就是这么做的，这也非常契合《乡村医生》文集。[①]不过，即便是这些文章，也不再是完全叙事性的了，似乎是按照试验规定，是从图像中提取，又凝结为图景的思考活动。也是对卡夫卡全新构造的任务的解决方案。正如在他与勃罗德1917年年底的聊天中所确认的，这些**恰恰**不再是文学创作的任务，而是道德方面的任务。“我将要去做的，只能我自己独自去做。这是最清楚不过的了。”这听起来过于慷慨激昂，却的确如此，这意味着，他最终在考虑告别文学创作。几乎是无意之间、在一句从句中，卡夫卡让他的这位朋友在3个月后想起来，《乡村医生》“可能是最后一本书”。[②]

这不应该是真的，还应该有别的书出版。卡夫卡确信无疑的想法，的确是以一种讽刺的方式得到了证明：在祖豪所用的八开大笔记本上的内容，最终只是发挥了自我启蒙的作用，不适合出版——尽管已经呈现一本书的完整形式了。这些笔记本上的内容，主要是结构紧凑的笔记，涉及了宗教和哲学方面的问题，包括善与恶、真理与谎言、异化与救赎。最终，对于一个和普通成年人一样总是面对恐惧的作者而言，当这些笔记走到一道鸿沟的边缘，面对有关自身灭绝想法的时候，他却并不感到惊慌。笔记中的许多内容是片段式、不完整的：总是有断断续续、写到一半的句子，其中夹杂着格言、形象生动—咄咄逼人的表述，又再次被混乱的且毫无防备地插入的思想上的探寻活动打断，对此卡夫卡总是用破折号生硬地将它们隔开。在世界上著名的文献中也有少数类似的情况，至少在形式上是相似的：瓦雷里（Valery）的笔记本（那简直是一个令人惊叹的采石场，但是在1945年之后就关闭

---

①《遗作Ⅱ》，第40—42、38页。两篇文章的原文都没有标题；今天所流传下来的题目是由勃罗德拟的。

②马克斯·勃罗德1917年12月26日的日记（未发表）。1918年3月28日之前写给马克斯·勃罗德的信。《1918年—1920年书信集》，第33页。

了),当然还有帕斯卡(Pascal)的《思想录》(*Pensées*)。这当然不是一个偶然:卡夫卡在他生病之前的日子里,就在翻阅帕斯卡的乱七八糟的笔记,而在这场疾病降临后不久,他似乎就以这种方式写作,这显然已经把自己推向一个几乎无路可走的境地了。

> 我迷惑了。这真的是一条钢丝绳上的道路,但是它不是架在高处的,而只是在刚刚高过地面一点的地方。它似乎更多的是用来绊倒人们,而不是让人们走在上面的。
>
> 一只笼子让一只鸟困在了里面。
>
> 在公务员房间一角的小小的思考活动之后,和一位角斗士在一场战斗之后的精疲力竭是一样的。
>
> 只有精神世界存在的这个事实带走了我们的希望,但是也给我们带来了确定性。
>
> 他死皮赖脸地追求着事实,就像刚刚穿上溜冰鞋的初学者,总是在被禁止的地方练习。
>
> “我无法在这里停锚”的感觉,并且同时感觉到汹涌、孕育着力量的河流围绕在身边。
>
> 如果我们不被驱逐出天堂,那么天堂就将被摧毁。
>
> 他总是做好他的房子是可以随身携带的准备,因而他总是生活在自己的家乡。
>
> 在临终床上的抱怨,实际上就是在控诉,这里不是真正意义的死亡,我们还是应该对这样的死亡感到满意的,我们还是应该玩好这个游戏。[①]

哪条河流?哪些房子?哪些游戏?对什么的希望,对什么的确定性?和那条离地只有一只手掌宽的钢丝绳……无疑是一幅引人入胜的图景,但是哪条道路是所谓的可以走的,并且在什么程度上它是条**真实**的路?

对于大部分读者来说,相比起卡夫卡的叙事性作品,对卡夫卡在祖豪的沉思冥想(是否接受“格言警句”这个概念是值得怀疑的)更不熟悉。这些文章表达了某些痛苦,无论从内容还是从美学的角度都难以评判,它们更像是谜语集,而不是文学作品集。它们的确是深思活动的令人惊叹的证据,它们抵达了最坚固的岩石深处,卡夫卡偶尔似乎成功地在人类认知能力的边界上活动,甚至还超越出去了几步,走到了清澈而空气稀薄的知识与**智慧**的区域。不过,他从来没有能够得到一个结论;每句话、每幅图像都要求进一步的阐释,卡夫卡没有做出武断的断言,只

①《遗作Ⅱ》,第30、44、55、61、68、73、91、100—101页。

是提出了思想的映像和悖论，这不仅是多义的，也是相互指涉的。

笼子也还在，它关着鸟，其背景并不是非常神秘的，尽管在手稿中完全没有上下文。卡夫卡似乎在尝试，而且好像在试验的各个阶段都会中断他的尝试，有时也会提前停止。这就会不断地引起这样的问题，在祖豪期间的笔记放在他的遗作中的什么地方、如何编排顺序？当然这个问题不是原本作品的一部分，但是这无论如何是大多数读者自然而然会想到的问题。

强有力的证据表明，卡夫卡对于他的笔记有着完全不同的看法。早在1918年2月他就开始仔细检查他的笔记，使它具有可读性和通用性。他准备了一叠信纸放在手边（这在战争的最后一年里是非常昂贵的），他将信纸先横向、再纵向折叠，然后裁剪，最后得到了100多张纸条；然后他给这些纸条编号，将选出来的笔记抄写在上面——每张纸条上有一句“格言”，而且是按照它们产生的顺序进行誊抄，在抄写的过程中也会偶尔做些（有时也是非常有意义的）修改。换言之，卡夫卡在收获；他过滤着思想和思考的映像，在这个过程中，他产生了这样的印象，到目前为止他可能达到的认知水平进一步提高了，至少，能用语言将这些认知精确地表达并记录下来。卡夫卡在这些纸条卷帙中所付出的辛劳是**为了什么**呢？对此我们只能进行猜测；几个月前他还向勃罗德抱怨他在祖豪的“懒惰”，他不太可能提到过这些纸条[①]，因为他不想告诉别人自己考虑过出版的可能性。他肯定只有大纲、预备阶段和草稿，绝对没有誊清稿，也没有做编号。此外，卡夫卡一定在后来的某个时间再次检查过这叠纸条，因为有20多张选出来的记录又被用铅笔划掉了。而且，又过了3年之后，在1920年年底，他用8篇短的格言式文字补充了他的纸条集。这个集子显然是一个知识存储器，通过在这里的输送和派生活动，努力保持自己思考、创作力的发展。

有关这些究竟是不是**文学**作品的问题，并没有给卡夫卡带来不安，这些都是**写作活动**，只是到达了新的阶段。“我又像创作《乡村医生》那个集子时间或地感到满意感了，”他在祖豪的日记本上这样写道，“这是因为只有当我把世界升华为纯粹、真实和永恒的时候，我才能够得到这样的（非常罕见的）幸福。”[②]这是卡夫卡对文学创作的意义和目标的最有名且最言简意赅的评论之一。他勾勒了这个“非常了不起的任务”，正如他所希望看到的那样，这项任务在他放弃婚姻后如期而至，他表明，他也将尝试新的**叙事性**文章，从而能够完成这项任务。真正了不起的是卡夫卡在这里所提出的要求——尽管这个要求看上去没有达到艺术家式的完美：对完全超验的真实的捕捉看作是现实可能的，但他在这一刻所调动起来的自

①1920年秋天，卡夫卡将第69条“格言”的修改版写在一封信里寄给了勃罗德，但是并没有标明这是一句引用，这个证据也表明，勃罗德在几年后也没有看见过祖豪的那些纸条。1920年8月6日写给马克斯·勃罗德的信，《1918年—1920年书信集》，第284页；参考《遗作Ⅱ》中的原始版本，第65、128页。

②1917年9月25日和11月10日的日记。《日记》，第838、843页。

信也是非常了不起的。现在他想要**所有的一切**：成功、知识、证明正确和幸福。

马克斯·勃罗德从遗作中整理出祖豪的沉思，并在1931年出版了，由于其中的内容都是卡夫卡自己所选择的——在某种程度上已经完成了出版的第一步，暂时不去考虑这些笔记的背景看上去也是完全合理的。勃罗德肯定认为，这一大叠纸条通过一个尽可能听上去深奥的题目从而提升价值——《有关罪恶、痛苦、希望和真正的道路的观察》(*Betrachtungen über Sünde, Leid, Hoffnung und den wahren Weg*)。[①]在还不太熟悉卡夫卡世界的读者眼前，似乎浮现出了20世纪众多世界观——先知中的一位，难道这个人才三十出头吗？但是，《观察》的优雅妩媚的笔法如何与《司炉》的经典的纯散文形式，或者是《在流放地》中的暴虐狂般的奇思异想协调一致呢？这位叙述者是出于什么样的原因而不断试验、转换他的手法？难道可能会是这种(往往是不幸的)情况，这位作者在这样的尝试中失败了，无法**亲自**从作品中提炼出“世界观的”精华？

尽管勃罗德对于这个值得深思的现象无法提出一个文学方面的解释，但是他完全可以从生平的角度加以阐释。卡夫卡是一位**犹太**作家，他强调了这一点，通过对主题的选择就足以证明这一点：被自己的家庭驱逐、隔离、异化，对社会共同体和救赎的渴望。但是，通过在祖豪写下的笔记，卡夫卡向**外显的**犹太文化进军了，并且在另外一个层面对其进行发展，这一直以来就存在于他的叙事性作品当中。在这里有一个值得深思的命题，关系到了终生且关系紧密的朋友的威信问题。当勃罗德将卡夫卡有关犹太人的意义的阐释扩展到**神学层面**，最终在卡夫卡看来是积极的“信念”甚至理解为一种宗教“教义”的时候，却错用了这份信用。[②]每一位专心致志、不抱有偏见的读者，一定会意识到这是条歧途。

另一方面，即便在同时代流通的读物里，也有大量的有关犹太文化的内容，卡夫卡的“格言”，是他从流传下来的犹太文化中汲取、创造出来的：关于《圣经》的文章和主题、犹太教灵知、对犹太教神秘主义神话和哈西德教派的故事的共鸣。祖豪的沉思录完全有理由成为最受欢迎的清晰地阐释了犹太文化的场地，因而，在文化圈子里，人们也认为勃罗德的疏忽是不妥的。正因为如此，诸如瓦尔特·本雅明(Walter Benjamin)和哥舒姆·舒勒姆(Gershom Scholem)等人，常年在书信里讨论卡夫卡与犹太传统之间的关系，这些通信提供了丰富的洞见，而这些见识本身也成为阐释和评论的对象。相反，那些不熟悉犹太传统文化的评论家和文学研

---

① 弗兰茨·卡夫卡：《中国万里长城建造时：遗作中未付印的小说和散文》(*Beim Bau der chinesischen Mauer: Ungedruckte Erzälungen und Prosa aus dem Nachlass*)，马克斯·勃罗德和汉斯-约阿希姆·肖珀斯(Hans Joachim Schoeps)编辑，柏林，1931年；这篇《观察》是在第225—249页。付排稿件使用的是打字机打印的誊抄稿(不是出自卡夫卡本人)，在那里面有许多与原意有出入的错误；参见《遗作Ⅱ》，第53页。

② 马克斯·勃罗德：《弗兰茨·卡夫卡的信念和教义》(*Franz Kafkas Glauben und Lehre*)，温特图尔，1948年。

究者，则将这个难题扩大了：卡夫卡对犹太文化的兴趣是他作品中的一个特别复杂的侧翼，这些问题最好还是交给从事犹太研究的同事好了。

对于卡夫卡文学作品的这种特殊分工，可能会被证明是不可能的，如果准确地将目光聚焦在他的人生和他所处的时代，这种不可能性就越发明显。事实上，犹太文化、文学和现代性之间的联系要广泛得多，尤其是更具有政治性，这种关联性已经远远超越了文学研究所设计的框架。卡夫卡正是一系列震撼世界的危机和皇帝去世之后所引发的失序的见证人，当直面犹太人所遭遇的危机带来的可怕冲撞的时候，人们的内心会产生痛苦的感觉，这对于犹太作家则**尤其**如此，与此同时，他们还要面对与自己的传统保持何种关系（或者没有关系）的问题。他们的脚下不再是坚实的大地，而是摇晃着的**钢丝绳**。当奥匈帝国的其他臣民紧紧攥住他们的民族国家身份认同的时候，犹太人的新闻媒体上却一直在争论，到底什么是“犹太人的身份认同”“犹太人的民族国家”，这是否是一个比特殊的宗教实践形式还要深刻得多的问题。

即便是已经被民族同化的犹太人，也不断地感受到，当下需要历史性地重新寻找自身的位置，以及由此带来的自我辩解的压力，这一切也深深地扎根在卡夫卡厚厚的茧壳之下的心灵深处。在生病前他读了些什么、做了些什么，都一鳞片爪地记录；显然，在这段时间里，他对有关犹太文化的文献产生了新的兴趣，似乎是有阅读的兴趣。但是，他并没有像5年前那样，成功地激发出对东欧犹太人“民间文化”的充满信任而且火热的激情，尽管在布拉格的文化生活中，一直有着充足的机会点燃这种热情。①相反，他研究犹太人的报纸，领会古老的经书，在布贝尔的杂志《犹太人》发表文章，这对他而言，如同新出版一本反映自己思想的书一样重要。

特别是——这可能是新的犹太人自我意识的最强有力的证据：卡夫卡开始学习现代希伯来语。哈士教授的标准教科书在1917年3月出版了最新的修订版，这本书被广为推广，受到人们交口称赞。②卡夫卡不仅利用了这个机会，而且还从中得到特别的满足。因为他决定**悄悄地**学习。他完全清楚，他的许多犹太复国主义者熟人喜欢谈论**有关**希伯来语的事情，勃罗德也是如此，正是在那样的时候，勃罗德会表现出高昂的、使命般的热情。卡夫卡偶尔会向勃罗德询问一下单词，完全是以一种天真的表情，好像他只会用希伯来语数数一样。

---

① 尤其是在舞台上。卡夫卡在战争期间显然没有看过犹太戏剧。1917年1月，一个犹太人演出团体下榻在离他办公室只有几米远的天鹅饭店（Hotel Schwan），1月18日，在那里甚至为女演员弗罗拉·克鲁格（Flora Klug）举办了一场“文艺晚会”，卡夫卡是通过吉茨查卡·罗威的剧团认识这位女演员的。但是，即便是这些节目，在卡夫卡看来也不足以让他中断在炼金术士巷的创作。他只是在一段时间里一直保持着与吉茨查卡·罗威的联系，并且他答应负责编审罗威《对犹太戏剧》的回忆录。参见《遗作Ⅰ》，第424—425、430—431页。有关卡夫卡与犹太戏剧的接触参见史塔赫的《卡夫卡：关键年代》，第46—47页。

② 莫耶斯·哈士（Moses Rath）：《小学生和自学者的希伯来语教程》（*Lehrbuch der hebräischen Sprache für Schul- und Selbstunterricht*），第二版，维也纳，1917年。

当勃罗德最终在卡夫卡动身去祖豪前不久得知,卡夫卡在半年的时间里刻苦学习了45课的时候,这真的让他惊诧不已,他并没有将这件事情透露给任何人。“这个孤独的秘密!”他在日记本中抱怨,不过他承认,卡夫卡这种古怪的保密行为,既可以算作“坏的”,也可以算是“非常好”的。

即便勃罗德也一定感觉到了,正是这个决定的孤独性,以及从被犹太复国主义者感到难以承受的过量的自我辩护压力中的解放,在卡夫卡看来是“好的”。首先他希望为自己而学习希伯来语,而不是为巴勒斯坦,他非常清楚地认识到,为了避免受到朋友们的影响,对他而言重要的是,必须自主做出这个决定,而且这个决定不应该是某个政治或文化革新项目的一部分。在这里,勃罗德可能第一次理解了——他的矛盾的评论体现了这一点,卡夫卡的判断和决定的令人惊诧的(而且真是他自己所自吹自擂的)独立性,只有以极其显著的在社会生活中的冷漠表现、对各种各样善意的规劝的免疫力为代价才能实现。只有真正自由的决定,才能帮助卡夫卡去构建和加固他的脆弱的自我形象。自我形象的确立无疑无法阻止与其他人的自主性较低的成就进行比较,也包括时而产生满足感:卡夫卡不无讽刺地评论说,这可真是该死的,布拉格的犹太复国主义者总是不断地从哈士的第一课开始,因为他们用一个暑假就会忘记所学的内容。[①]

他学习希伯来语的决定被证明是一个相当长远的计划,即便在咯血之后,卡夫卡还一直坚持生词练习,到了1918年年底,他已经能够用希伯来语简单地对话了。他报名参加了布拉格的一个短期培训班,无论是弗里德里希·蒂贝格尔(Friedrich Thieberger)[他是高级中学教师、“巴尔·克巴赫”(Bar Kochba)运动曾经的积极分子],还是在宗教方面观点狭隘、却非常博学的格奥尔·兰格(Georg Langer),都给他上过私人课程。威尔特士和勃罗德有时也结成小组帮助卡夫卡学习希伯来语,在第一次摸索实践中——他们用**入门级**的希伯来语通信,卡夫卡就友好地展示了他的领先地位:“你的希伯来语不太糟糕,在开始的时候犯一些错误;但是当步入正轨之后,就不会再有错误了。”[②]

卡夫卡的确将所有的精力都投到了一个新项目中,后来,他也非常自豪地将这个项目作为在布拉格生活中的少数被认可的事情(如同勃罗德在日记中所证明的那样),这个项目就是长时间以来还处于探索当中的对自我定义的途径的找寻,这绝不是要遁世,也没有对他的其他兴趣产生限制和显著影响。“所有人都在进行着同样的战斗”,在他到达祖豪的几天后这样写道。“当我被最后的问题弄得疲惫不

---

①米拉姆·辛格尔(Miriam Singer):《与卡夫卡学习希伯来语》,载科赫的《当卡夫卡出现在我面前……》,第151—154页,这里是第152页。布拉格的犹太复国主义者在希伯来语方面的欠缺一直是常年被争论的问题,有关于此参见奥斯卡·爱泼斯坦的《布拉格的犹太复国主义者和希伯来语》,载《自卫》,第14发行年度,第42期,1920年10月22日。

②1918年9月21日写给马克斯·勃罗德的明信片。《1918年—1920年书信集》,第52页。

堪、准备拿起身后的武器开始战斗的时候，我却没有武器可以选择，即便我有的可选，我也一定会拿起那个‘陌生的’武器，因为这是我武器库里仅有的。”[①]换言之，当人们面对生命危机时，就**没有**什么是符合自己心愿的了，他通过在祖豪完成的一篇《别无选择》的文章证明了这个命题。图书管理员菲利克斯·威尔特士听说，与其说卡夫卡需要犹太文化或者文学方面的列传，不如说他渴望**无论哪一种**传记，应该只用法语或者捷克语写的，这的确让他相当震惊。订购的杂志被打包直接寄往祖豪，其中包括《新评论》《行动》《犹太人》《犹太人概览》《自卫》，还有戏剧方面的杂志《舞台前部》（*Proszenium*）、不抵抗主义的机关报《搁板》（*les tablettes*）……卡夫卡狼吞虎咽着一切。此外，狄更斯、赫尔岑的著作，托尔斯泰的日记，可能还有叔本华的日记，雅各布·米歇尔·莱茵霍尔德·伦茨（J. M. R.Lenz）的通信，以及同时代人的作品，例如R. M.霍尔茨阿普弗（R. M. Holzapfel）、马克斯· 雪勒（Max Scheler）、汉斯· 布吕尔（Hans Blüher）和西奥多·塔格（Theodor Tagger）等。卡夫卡似乎通过阅读来摆脱了从整个“武器库”中进行挑选的责任。

不过，卡夫卡对犹太文化的单轨释义的冥想，绝对不是建立在从1917年与1918年之交的冬天所获得的精神上的影响之上，从他的书单上也不能明确地发现对**宗教**的兴趣。克尔凯郭尔的作品是唯一的例外，卡夫卡是从11月开始较为系统地阅读他的作品：他阅读了《瞬间》（*Der Augenblick*）、《恐惧与战栗》（*Furcht und Zittern*）和《重复》（*Wiederholung*），再一次阅读了以前读过的克尔凯郭尔的日记摘选，并且在与勃罗德的通信中对此进行了详细的讨论。在这些信件中也可以清晰地看到，卡夫卡一如既往地没有对神学和思想史方面的技巧感到特别新奇；相反，他屏声静气地追随着克尔凯郭尔身上发生的**事件**：这个人戏剧般的订婚故事和自己惊人地相似，他一贯如此，而且对“逆来顺受”生活的拒绝让他付出昂贵代价。卡夫卡对克尔凯郭尔的敬佩在于他对存在主义的认真、对个人体验的极度重视。一方面，这属于继续对自身参与的思考，而且是以最抽象的哲学讨论的形式进行；另一方面，这也是一种能力，是在遭受最深的痛苦的瞬间，精确清晰地将私密的冲突表达出来，以范式的形式识别这种矛盾，最终将它放在冷静的光线下，使得这个问题散发出**合理性**的光芒。

这些都是卡夫卡自己的问题，在这里他得到了回应。是否这些恰恰证明了，生命只是用来观察和描写的，而不是用来生活的？是否会存在某个机构，它代表了所有的社会联系？是否会有这样的当局，它克服各种困难，不仅允许，而且渴望对体制进行挑战？这都是不断侵蚀任何一个社会共同体根基的问题，从来没有被完全解决，顽固地不断在各种各样的背景中再现。犹太人和新闻审查官只有当艺术“冒犯了道德的”底线——超过了社会容忍的极限——的时候，才会注意到这些问题。

---

①《遗作Ⅱ》，第29页，1917年10月19日的笔记。

但是，这些问题对这位作家而言，却是一个生命攸关的问题；他知道，他的想象力完全不同于社会所能容忍的，而且，当他的想象力要去屈从外界要求的时候，立即会失血而死。此外，神学最终完全应该被看作是《圣经》式的走入歧途的迷津，是上帝对人们顺从度的测试：是向亚伯拉罕发出的挑战，要求他杀掉自己的儿子，借此破坏社会共同体最基本的规则——为了某条“更高的”规则的利益。克尔凯郭尔在《恐惧与战栗》中恰好也选择了这个插曲，以展现对某个具有决定性意义的制度（可能是上帝、艺术或者道德）的信仰既不能保证舒适，也不能保障安全。相反，完全不能消除这样的恐惧，即对不可逆转的突变、对荒谬、对虚无的恐惧。

卡夫卡非常清楚这些恐惧，而且亚伯拉罕的故事也是他一年以来一直研究的，这些研究一定将他带向了完整的身份认同，有关于此，在稍后写给罗伯特·克洛卜施托克（Robert Klopstock）的一封信中得到了令人印象深刻的证明。在这里，卡夫卡思考了时代性的变体，亚伯拉罕变体直接从他的文学宇宙中腾空出世了。在这里有一个现成的例子：

> 对于牺牲者的一个要求是，他要立即心甘情愿地填满地下室，但是这位牺牲者无法完成这个任务，因为他还不能离开家，家庭中的事务需要他，他是不可或缺的，他还有些事情要去安排，家里的事情还没有办完，如果家务没有处理好，在有这个后顾之忧的时候，他没法前进，《圣经》中也看出了这一点，因为那里面说：“他料理他的房子”……

这很滑稽，而且具有颠覆性，这是一个精心设计的神话表演；在背景中还有另外一个、完全不是更有趣的亚伯拉罕幽灵在等候：

> 这个幽灵完全会牺牲，而且关键是，他应该有对整个事情的恰如其分的鉴别力，但是我们不应该相信，他认为自己是一个令人讨厌的老人，他的儿子是一个肮脏的年轻人。他并不缺乏真正的信仰，他的信仰是，他应该以正确的心态牺牲，因为他只相信他所认为的。他害怕，尽管他可以作为亚伯拉罕和他的儿子一起骑着快马飞奔而走，但是在路上他会变成堂吉诃德[……]亚伯拉罕再也召唤不回来了！这就像是一个最好的学生在学年结束的时候肯定应该得到奖励，并且充满希望地安心等待着奖励，但是最坏的那个学生因为听错了，而从最后一排脏兮兮的凳子上跳了起来走向领奖台，然后全班同学突然大笑不已。不过，可能这不是误听，他的名字的确被叫到了，按照老师的打算，对于最好的学生的奖励同时也是对最坏的同学的惩罚。可怕的事情——够了。①

① 1921年6月写给罗伯特·克洛卜施托克的信，《1921年—1924年书信集》（*Briefe 1921–1924*）。

的确可怕，不过这并不是由于在这里讨论的是一个根本的神学或者世界观的问题，而是因为他首先是一种生活经历，是一种疾病，它通过亚伯拉罕神话而在意识中被痛苦地唤回了。人们是否（凭借着某份运气、天赋、任务、责任……）**认为**，他们所承认的是他们想要这样做的，他们是否能够确认这一点，这些问题对于卡夫卡而言并不是宗教信仰方面的问题，只有在那些他明确地提到宗教概念、神话或者教义的地方，才的确毫无疑问是他在讨论宗教问题。

在其中也存在着明显的反作用力，无论是卡夫卡的日记，还是他在祖豪的沉思默想，都面对着那些过滤的积极信仰含义的尝试。卡夫卡从来没有直接与上帝联系起来，[①]他几乎完全将上帝当作《圣经》式神话，尤其是失去的天堂这段历史中的当事人来思考。不过，即便在这里，上帝也一直是一个从来不完整的角色和想象中的形象。[②]卡夫卡在他那些集中的纸条上并没有涉及这种诠释式的思考。相反，在他放弃文学视角的地方，在他放弃象征和比喻、直接谈及宗教的地方，他立即构建了智力距离：

> 如果没有对某个永垂不朽的事物的信仰，人类无法生存，而且，无论是永垂不朽之物还是这种信仰，都能够长久地将人类藏匿起来。保证藏匿状态的一种可能的表达形式，就是对于某个自己所特有的上帝的信仰。[③]

这是一个非常深刻，并且通过极其质朴的方式表达的思想。没有人会说，他相信的是自己私人的上帝。而且就连这条格言（的确是非常例外）后来又被卡夫卡删掉了。因而，如果我们看到的卡夫卡的那些纸条是由作者整理过的，被认真地当作将要付印的草稿的话，那么我们所面对的文本当中没有一次提到上帝这个概念。

正如卡夫卡更为著名的作品，如勃罗德所断言的那样，这些“格言”是经过很长的准备时间才开发出来的，这样的说法并不完全是不妥当的。因为当人们越是深入在祖豪的思考所构成的网络之中，就会越强烈地感觉到，卡夫卡在这里绝对没有像我们第一眼看上去的那样远离了他的叙事宇宙。凭借他能够使用的所有修辞手法，他召唤来了非常广泛、完全步入正轨的超脱（法则、真理和不可摧毁之物……），并且，他一口气地将这样的超越推向了无尽的远方。当他要求所有的读者都盯着同一个方向的时候，他只是为了说：“方向是对的，**就是那里**，但是你们的

---

①唯一引人注意的例外就是在1916年6月20日的日记，在那里，卡夫卡有两次直接地谈到了上帝。《日记》，第798—799页。但是，即便是这些记录在玛利亚温泉城的反常心理状况的语句，也完全不是谦恭的：“我被判决，但是我并不只是被判决死刑，同时我也被判决自始至终都要反抗。”

②“在上帝看来，以树木为食立即带来的结果应该是对死亡的承认，而在蛇看来（至少人们对此是这样理解的），这却会导致成仙。两种看法是非常相似的错误。”《遗作Ⅱ》，第73页。

③《遗作Ⅱ》，第124页，并参考第58页。

目力无法企及，你们永远不可能看到那里。”这是一个令人沮丧的消息，却绝对不是新事物：这正是在《审判》中已经展现出来的陷入虚空的姿态。

这当然不是宗教的姿态。卡夫卡封锁了所有的出路，堵上了每一个缝隙。他展现了影子，但是却从不展示与之相关联的光线。有时突然之间，光线会出其不意地透露出来，在瞬间释放着温暖，他一定会急忙去修正这个疏忽。他首先写下了“对某个永垂不朽的事物的信仰”；在这厚厚一叠的纸条的誊清稿中，却只剩下“对**自身当中**的某些永垂不朽的事物的信仰”。我们开发出，在“八开大笔记本H”上这样说道，“与我们自身同样深入的与人类的联系——通过经受这个世界上所有的苦难直到达到共同的救赎”。这听上去也像是宗教性的承诺，像是在完全的不确定性当中一个全然积极的期待。卡夫卡立即排除了一个误会。他划掉“达到共同的救赎”这几个词，然后在它们上面写道：“和所有的人在一起”。他大笔一挥就删去了所有的希望，他转向了人类的历史，割断了与外界最后的联系，现在所剩下一切，就是被双重召唤的**人世间的**共同合作。因此，死亡也不再能够作为救赎的媒介了。其中的原因却是简单得令人震惊：“人间无法跟上天堂的步伐，因为天堂是永恒的，因而无法与人间建立时间上的联系。”因此，最后的，完完全全最后的这扇大门重重地关上了。[①]

在接下来的一年里，从谈话中似乎还可以看到卡夫卡仍然深受这个思想主题的吸引，与其说他是受到了犹太作品的影响，不如说是柏拉图对他产生了更为持久的影响。当勃罗德完全误以为这是他的这位朋友对犹太教信仰承认的时候，卡夫卡因此再一次对他感到失望。卡夫卡严肃地指出真实、善良和永垂不朽之物的方式令人印象非常深刻；他也经常使用宗教的或者听起来像是属于宗教的概念，以便将他认为是至关重要的思想放置在最大的悬念之下。“写作是祷告的方式”，这听起来让人无法忘怀，无论如何似乎都完全远离了苍白的形而上学。[②]

勃罗德努力帮助他的这位朋友确定这些概念的原本的、宗教性的含义，但是，现在他却碰到阻力。卡夫卡对信仰规则并不感兴趣，尽管他认同某一个所谓的精神世界，认为那是唯一真正存在的，但他也完全会说出亵渎神灵的话。因而，他反对有关他的肺结核—疾病可能是上帝的一种审判方式的说法，并且多次显然是开玩笑地引用了瓦格纳的歌剧《纽伦堡的名歌手》中的一句话：“我与他保持更远的距离！”[③]面对勃罗德，他将人类描绘为“出现在上帝头脑中虚无主义的念头”；不过，在这里展现的并不是像某些诺斯替教派信徒（Gnostiker）所声称的那个邪恶的造物主，而只是“这个造物主的一份坏心情”。是否仍然存在这样一些假定，勃罗

①《遗作Ⅱ》，第94页；《遗作Ⅱ》，附录230；《遗作Ⅱ》，第62页。

②《遗作Ⅱ》，第354页。

③1917年9月4日和5日写给奥特拉·卡夫卡的信。《1914年—1917年书信集》，第313页；这句话也记录在勃罗德的同一天的日记中。这句话的原文是：“我与你保持更远的距离！”理查德·瓦格纳：《纽伦堡的名歌手》（*Die Meistersingern von Nürnberg*），第2幕，第4场。

德不安地问道，即在我们的世界之外还存在着某种希望？卡夫卡笑着回答说：“许多希望——对于上帝而言——无穷的希望，只是对我们而言不是这样的。”①

这是非常罕见的感觉：在一切都摔落成了碎片、世界历史开始加速、上百万的个体相互交织在一起，所看到的一切几乎都是偶然事件的瞬间，也是在历史倾泻出数量大得难以想象令人兴奋的**故事**的瞬间，在这样的瞬间里，一位作家成了一个古怪的叙述者——他此时恰恰什么都不愿意讲，相反却转向了似乎是无故事可讲的状态，现在只剩下“最后的事物”：善与恶、真话与谎言、生命与死亡。卡夫卡很有可能也从这些概念里找寻最后的依靠。显而易见，他自己有时也不再能够区分，这些是与最终的认知，还是与对救赎最后的尝试有关。他正经受着一个广泛的危机，它突破了所有的想象力，它作为一场世界大战瓦解了社会及其价值观，也使得国家走向衰亡。不过，他仍然从一个没有掩护的瞭望台观察这场危机，看到早已摇摇欲坠的犹太人绝对没有站在坚实的大地上。最后，他一定会在外界世界倒塌的那个瞬间经历着第二个、同样是非常危险的、绝对是**内心深处**的危机，这是对他躯体的袭击，他的身体突然开始流血了。

无论从卡夫卡的沉思冥想，还是从他在祖豪所写的信件中，我们都可以看到，他清晰地认识到了这双重的撞击。他明白，在这样的情况下，他不再能够在自己内心的法庭、在那位未婚妻或者一些满怀善意的朋友面前为自己辩解了。因为，即便是最有力而且最能令人信服的隐喻——例如，他在写给菲利斯的最后几封信中所用的与战斗有关的词汇——也包含着明显错误、粗鲁的音调，它们一直停留在纯粹个人的神话里，这是一个完全内化的神话。他体验了反思活动，当他认真对待的时候，就不可避免地被从自己的个体命运的参照体系中拽了出来。他现在一定已经熟悉了这样的离心力了。过去，他除了自己曾经是谁、如何成为曾经的那个样子、为什么会是那样之外，他不再想知道别的。而现在，他想要知道，在到处存在的解体的每个旋涡里，他的**位置**在哪里？

马克斯·勃罗德再次成为第一个面对卡夫卡看到的新颖而令人意外的思想维度的人。这个新视野的出现看上去完全不会带来伤害，因为它是引人注目的领悟。的确，卡夫卡似乎通过这种明朗化过程接受了自己的疾病，但是在布拉格，没有人想到要将这种态度写成一首赞美诗。“我想恐怕我这样说不会让你感到不安，”勃罗德在写往祖豪的信上这样说，“因而，我要告诉你，你的来信是在心平气和中写成的。正像我所说的那样，它是一个证明，证明我过去担心你可能有这样或者那样

---

① 这些表述出自1920年2月28日；参见勃罗德的《弗兰茨·卡夫卡传》，第71页。勃罗德后来一定后悔将这段对话记录了下来，这使得他费尽心思在大量的解释性注释中，要将卡夫卡刻画为一个犹太思想家。最后他躲到这个说法中，即卡夫卡在这里只是拿走了不信教的**西部犹太人**的希望，但是这个限定在背景清楚后，就完全被驳倒了。勃罗德的《弗兰茨·卡夫卡的思想和学说》，第246页。

的忧虑是不对的。你幸福地处于你的不幸之中。”①

卡夫卡不是第一次听到或者（正确地）听出这其中所暗含的责备了，就在几个月之前，他以老到的自我批评做了回应，向所有冷酷无情的法官抛出了各种搭配使用的防守战略，借此也行使了**自我一司法机构**的职能。但是，这一次没有出现自责；取而代之的是，卡夫卡以反击来回应，信里是这样说的：

> 亲爱的马克斯，事实上，你所说的“幸福地处于不幸之中”，在我这里与在你那里有着不同的含义，这一点一直让我感到惊讶，这种说法不是对最反常的事件的判断或者表示遗憾的说法，也不是劝告，而是责备。你到底知道不知道这意味着什么？细细思量一下，这句话同时自然也表达了“不幸地处于幸福之中”，这可能才是这些符号所要表达的。当一个人“幸福地处于不幸之中”的时候，首先意味着，与此同时他也迷失在世界中，这也进一步意味着，所有的一切都坍塌或者已经瓦解了，不再有声音能够连贯地传到他那里，因而他没有真诚可以去遵循的了。我现在还没有这么糟糕，或者至少到目前为止没有；我完全还能区分幸福和不幸；至于我的总体状况，在这方面你当然是对的，尤其是在现在这个时期，你大部分时候都是对的，因而你必须以不同的调子说话。②

勃罗德太惊愕了，以至于他完全不知道该怎么回复这封信。在此之前，卡夫卡从来没有以这种攻击性的方式将他的行为解释为符合时代特性的、有典型性的，尽管所有的想法是在冷静中经过深思熟虑的，但是看起来还是像纯粹的搪塞，而且在萌芽中就被扼杀了。不，不是这样的，卡夫卡是严肃认真地对待这些想法的，他现在对一切看起来像反映了心理学的精明的事物都很反感③，由于他很久以来就一直怀疑，菲利斯很可能也对他有同样的误解，对此，他曾经努力**预防性**地消除误会。他引用了勃罗德的“粗糙的”批评，问自己，这些是不是实际上也是菲利斯私下里的指责，他洋洋洒洒详细地写下了他的回答，甚至用了非常犀利的比喻：一个幸福地处在不幸当中的人，他写道，是这样的人，他“打碎了这个世界，但是在世界废墟的包围之中，他却无法再次生龙活虎地站立起来。”④

这绝对不是此时此刻才产生的灵感。卡夫卡从1917年8月——在咯血之前和之后的那段时间里——所写的文章，已经以简洁有力的语调准确地标出了一个

---

①马克斯·勃罗德于1917年10月10日写给卡夫卡的信。《1914年—1917年书信集》，第758页。

②1917年10月13日写给马克斯·勃罗德的信。《1914年—1917年书信集》，第346页。

③“对于过于心理学的东西的憎恶”，在“八开大笔记本F”中这样写道。《遗作》，第423页。这段记录并没有标明具体的日期，但是可能是在勃罗德的信到来前不久写下的。

④1917年10月16日写给菲利斯·鲍尔的信。《1914年—1917年书信集》，第348—349页。

点，从这个点上，有关对自身的方向迷失的哀叹，生发出了显然是涉及更为广泛的诊断。“你相信吗？我不知道”，他的话仍然模棱两可，但是已经清晰多了，“我所触碰到的都坍塌了”。并且，他转向了诗一般的措辞：“树林和河流，在我眼前溢了出来，而与此同时，我正浸泡在水中。”①

因而，在祖豪的沉思默想产生了大量的这样的片段，从它们那里可以明确地看到，卡夫卡所努力追求的完全不是对抽象的、非个人化的意志的认知。他想将自己的意志和时代精神放在一起进行思考，他尝试着面对自己所处的时代，寻找着一个地方，在那里心灵可以存在。卡夫卡把自己看作是一件并不是他想要的衣服，这件衣服笨拙地盖住他身体的裸露部位，但是他却决定，最好还是赤裸裸地登场：因为在那里，赤身裸体不再是耻辱，而是有它的**含义**。他解释说，正是肺结核病为他“完全”开启了“到目前为止被认为是完全不可能的出路”；而且这条出路：

> 我不只是以个人，不只是以站在一旁说话者的身份站在那里，我可以在那里公开地为自己的行为态度负责，而在这里被证明是不可行的。为了这样的目的，我只应该毅然决然地去理解和接受我的到目前为止生活的基本状况，除此之外，别无其他。由此所带来的最直接后果应该是，我将自己整合起来，不再是无意义的支离破碎的状态，视线也变得自由开阔了。②

在这些语句中，卡夫卡否定了岔道。证明是“不可行的”，这话无疑是过去的口头禅。但是现在，却可以既带来生活实践，又带来精神上的结果。而且，这离“将绝对不为了某事而付出任何代价”的决定，只需要迈出一小步，正如他从克尔凯郭尔的日记中刚刚学到的那样，卡夫卡只准备坚持自己的标准：“一旦有一个人过来……他告诉我说，世界还应该是什么样子的时候，我将保持最原本的想法，它不会因为我为了在这个世界上待得舒服而发生改变：正是在这个时刻，在我听到这些话的时候，所有的存在都发生了变化。”③

卡夫卡在祖豪走完了这一步。在出路的起点上就已经产生了一个对自我存在的全新的、发生了彻底改变的释义。源源不断的自信使得他更加敏锐，这种自信是不可估量的，而且视野出乎意料地宽广，使得他能够眺望自我的前景，这是他与菲利斯的“战斗”失败，这些年以来神经质般地自我陶醉之后，出现的一个奇迹。他撞开了一扇窗户。由此所涌进来的空气是冰冷的，以致使得人们无法长久忍受，也

①《遗作Ⅰ》，第402、407、403页。“八开大笔记本E”。

②1917年11月14日写给马克斯·勃罗德的信。《1914年—1917年书信集》，第363页。

③索伦·克尔凯郭尔：《裁判者的书：他的日记（1833年—1855年）》（*Buch des Richters. Seine Tagebücher 1833–1855*），耶拿（Jena）/莱比锡，1905年，第160页。卡夫卡在1918年3月28日写给勃罗德的信中非常详细地引用了这一段。《1918年—1920年书信集》，第35—36页。

无法在其中生活。但是，他现在不考虑这些。现在是领悟的时间。

> 并不是懒散、恶意、不灵活……使得我搞砸了一切或者不止一次搞砸了家庭生活、友谊、婚姻、工作、文学创作，其根源是缺乏土地、空气和必要性。我的任务就是创造这些条件，但是凭借这项任务，我并不能弥补什么过错，相反，完成它我什么也弥补不了，因为这项任务和任何任务一样，都是一项单独的任务。它甚至是一项最根本的任务，或者至少它的余晖，就像人们登上空气稀薄的高处，突然看到远处的太阳的光芒一样。这也不是一项例外的任务，它的确经常被布置下来，但是我不知道它是如此无所不在。据我所知，我完全不能胜任人生的要求，相反，正是普遍存在的人类的弱点——考虑到这是一股巨大的力量，使得我从来没有和在我身边近旁之处的时代的消极面作斗争，似乎也没有有力地代表正义，我也没有参与到为数不多的积极的事务、非常特殊地从消极转向积极的过程中。当然，与克尔凯郭尔一样，我的生活没有被已经重重垂下的基督教之手所触及，也没有像犹太复国主义者那样，被飞舞的犹太人的祷告袍子最末端的边角所迷惑。我站在终点或者起点上。[①]

①《遗作Ⅱ》，第97—98页。这篇文章写于1918年2月25日。

第十三章
西班牙流感、捷克的叛乱和犹太人的恐慌

我害怕，
随便哪位造物主劳累过度。
——汉斯·亨利·约翰（Hans Henny Jahnn），《无岸的河》（*Fluss ohne Ufer*）

“凭借着他的小说《司炉》和《变形记》获得了冯塔纳最佳小说家奖的弗兰茨·卡夫卡多愁善感地隐退了，他在德意志波西米亚地区的某个地方购买了一个园子，在那里他像素食主义者一样，通过饮食和劳作需求回归自然。”这是1918年夏天《布拉格日报》上的一篇报道。[①]具有传奇色彩的“埃里温广播节目”（Radio Eriwan）在那时还不存在，但是这篇文章却是那个节目的报道风格。这则消息大方向上是正确的。但是卡夫卡并没有获得冯塔纳最佳小说家奖，只是得到了与之相关的奖金。另外，他劳作的园子也不是他买下的，那片园子是他妹妹农场的一部分，不过，这块不动产也不是他妹妹买下的，而是从他的另一位妹夫那里租来的。卡夫卡不是“多愁善感地隐退了”，而是尝试着治愈肺结核病。此外，6个星期前，他已经再次回到了他在职工工伤保险机构的工作岗位上了。这通彻头彻尾的胡说八道，肯定也有知情人马克斯·勃罗德的参与，这在埃科咖啡馆传开了，而且在那里已经不太可能得到澄清了。

早在4月，卡夫卡就已经决定，不再继续向总经理马施纳提出休假申请了。从最开始被批准的3个月的休假，几乎已经延长到8个月了，而且保险机构从没有向他施加哪怕是最微弱的压力。这是他们能够采取的最好的策略，卡夫卡夸奖道：“人们沉默、耐心忍受、计数、等待。这不是能够轻易承受的。”[②]在4月27日，他最后一次收拾了自己的菜园，3天后，奥特拉用马车将他送到了米克劳，5月2日的早晨，卡夫卡出现在他的上司普福尔的办公室里，虽然稍微有些咳嗽，但是看上去比几年以来都要健康、圆润。

卡夫卡应该很快就会发现，这家保险机构精细策划的“策略”，绝对不是出于战术性或者人道主义的考虑。这家机构几乎将近9个月对他不闻不问了，他将这一

①理查德·卡茨（Richard Katz）：《在布拉格的文学咖啡馆》，载《布拉格日报》，1918年6月11日，晨间版，第3版。

②1918年4月初写给马克斯·勃罗德的信。《1918年—1920年书信集》，第38页。

点主要归功于组织管理上的混乱，而混乱的局面是由捷克和德国之间不断加剧的紧张关系带来的不可避免的结果。在卡夫卡动身去祖豪之前的两天，职工工伤保险机构德高望重的董事长奥托·普瑞布拉姆（Otto Pribram）意外地去世了（尽管他叫这个名字，但是他实际上是一个德国人），因而董事会的捷克裔成员现在突然就占了多数，由此带来的结果就是继任者必须是一个捷克人。但是，德国人拒绝这样做，由于他们无法通过投票获得承认，因此他们就一直缺席所有的董事会会议。现在这家保险机构是在群龙无首的状态下运转着，几个月以来，调解努力一直徒劳无功，直到最后新成立的"社会救济部"（Ministerium für soziale Fürsorge）介入进来，将董事会解散，安排了一名临时的经管人。而在这位总是忙忙碌碌的管理人的领导下，总经理马施纳能够（而且也必须）按照自己的兴致、完全没有章法地决定是否批准排队等候的休假申请，这对卡夫卡来说是件幸运的事情，也是在他的人生中非常罕见的，因为意外发生的事情和外在的环境都毫不含糊地对他有利。在卡夫卡工作的机构所发生的一切，还只是在此期间席卷整个布拉格的环境变化所带来的相对无害的尾波。这个城市看来已经没有能力继续保证居民的基本供给了——人们已经不止一次只能得到政府规定、已经少得可怜的面包供给的四分之一了，因而无所顾忌的"组织"的特性开始展现出来了，这些组织完全不顾法律或者社会责任，只是忙着满足最迫切的需要。现在唯一还能可信地发挥作用的机制就是"黑市交易"，因而少数能够支付得起的人是什么都不缺的。不过，所有"私下"交易的货物从哪里来的，流向何处，谁是这昂贵的非法交易价格的获益者呢？这些问题越来越多地与民族性联系在一起。捷克农民是去填满口袋的一群人，他们是一方；这些食品通过种种渠道运往维也纳，甚至是德意志帝国，他们是相对的另一方。而剩下的人，就是所谓消失在地窖里的犹太裔黑市商人了，而他们非常厚颜无耻，不断地到当权部门去告发他们所讨厌的竞争对手——主要是捷克人，有关这一点每个小孩都知道。①

诸如此类的流言蜚语在什么时候开始对政治产生影响，这只是一个时间问题。长久以来，在波西米亚地区，罢工和反饥饿游行已经司空见惯了，但是，从1917年以来，经常会出现一些事故，在这当中，"当权者"或者"富人"并不是攻击的目标，完全是那以善于竞争而著名的民族中的每一个成员。在布拉格的群众集会上——在1918年1月，有15万人参加了集会，这些涌动着的暗流尚且没有进一步地显现出来。不过，两个月之后就已经发生了"饥饿者暴动"，明确地反对德国人和犹太人，最后在当局的努力下，局面才得到控制。现在看来，绝对不需要用东欧犹太难民煽动排斥犹太人的愤怒情绪了。因为，尽管东欧犹太人的数量在不断下

① 有关犹太人是特别活跃的告密者的指责，甚至从战争伊始就在马萨里克（Masaryk）传开了；参见史塔赫的《卡夫卡：关键年代》，第525页。尽管这些顽固的谣言绝对无法通过在1918年之后公开的总督档案得以证明，但是对于所谓的犹太告密者的复仇行为，多年来已经成为反犹太骚乱的导火索了，尤其是在布拉格的周边地区。

降，尽管越来越多的东欧犹太人——在犹太文化团体迫不及待的协助下——被用暴力手段驱除回自己在加利西亚和波兰的家乡，但是这些“害人虫”还是到处都是[①]——敌视犹太人的仇恨情绪越来越公开了，也更加危险了。布拉格的局面已经令人无法容忍，1918年8月的《自卫》杂志这样抱怨：人们的确已经不再有穿过城市的路可走了，在那里“无处不遇到充满民族仇恨的令人作呕的表情”。[②]

在这种情况下，卡夫卡家族的决定就不足为怪了，他们面对目前的情况，打算要及时地保障自己通过30多年辛苦劳动所获得的资产的安全。从那时起，对于资产的担忧，就一直让他们陷入无意识的紧张当中；他们宁可放弃休息，也不愿意让生意哪怕有一天处于经营不善或者被侵吞的危险之中。但是，现在，自己公司的员工也参加到大罢工当中去了，[③]由于在他们家面向老城区的窗户下面，总是聚集着越来越多的人，让他们看到，那些充满恐惧的神经紧张仿佛获得了新的给养。谁能保证目前只是针对食品和煤球的抢劫活动不会扩展到其他领域？犹太商人将成为第一个牺牲者，有关这一点是不言自明的，在历史上也有很多先例，已经不需要人们再去论证了。

赫尔曼和朱莉·卡夫卡决定，结束他们的经商生涯，尽快出让时髦服饰用品商店，将所积累的商业资本投到可以保值的地方，也就是说以不引人注意的方式投资。1918年1月，他们在比勒克巷（Bilekgasse）4号购买了一座大型的现代公寓房，在那一带主要住的都是捷克人。购房的价格是50万克朗，同样令人印象深刻的是新房主的骄傲，他们连续几个星期除了房屋的价格之外没聊其他的，而且也以极大的热情投入到大量的房屋收拾、布置工作中去。购房的钱款主要是来自朱莉的一位亲戚汇来的巨款，这位叫贝德瑞奇·罗威（Bedrich Löwy）的亲戚购买了卡夫卡家的商店，他显然认为，凭借一个捷克名字就能够在茫茫人海中随波逐流了，正因为如此，他相对没有那么悲观。商店的前业主又花了几个月的时间与他们的毕生事业告别，最终在7月15日由罗威将公司接管了过去。

卡夫卡尽管完全清楚在布拉格发生了什么，但是当他从祖豪回来的时候，还是对于社会的糜烂已经如此深刻地侵蚀日常生活的状态感到惊讶：每天，捷克和德国的高级中学学生之间都会发生斗殴，已经无法向他们的客人提供任何东西的饭店和客栈的老板正在怒气冲冲地游行示威，营养不良儿童的撤离，有轨电车和客运列车整天取消，**香烟卡**的发放，在郊区时而出现的攻击公务人员的雨点般的

① 这个概念是一个名叫科勒的董事会成员明确提出的：他要求，“政府当局应该采取所有严厉的措施对付这些害人虫”。引自马丁·魏林（Martin Welling）的《被仇恨紧紧地包围》（*Von Hass so eng umkreist*）。载《布拉格犹太人眼中的第一次世界大战》（*Der Erste Weltkrieg aus der Sicht der Prager Juden*），法兰克福，2003年，第203页。

② B.R.的《四周的仇恨》（*Haß ringsum*），载《自卫》，第12发行年度，第31期，1918年8月16日，第1页。在这个时候，布拉格的犹太难民已经不到6 000人了，也就是说回落了2/3。

③ 在1918年1月18日以及可能接下来的一天里，卡夫卡家的时髦服饰用品商店没有开门，因为所有的员工都去参加大罢工了。伊尔玛·卡夫卡在1918年1月18日写给奥特拉·卡夫卡的信。

碎石……这就是那个他在8个月前离开的城市的社会扭曲的图景。但是,只要他还有工作能力,就无法逃离这个群狼社会。有条不紊、心平气和地等待着战争的结束——除此之外别无选择;就连《乡村医生》小说集的迅速出版,没错,甚至是这样一个的的确确的文学方面的成功,也无法带来任何的改变。现在卡夫卡也不得不放弃寻找新的住处、通过这种方式保证最低程度的独立性的计划:他太怕在没有供暖的房间里再度过一个战争时代的冬天了——到哪里可以搞到煤炭?而且再次咳血也会带来很大的危险。在最近的争吵之后,做出回来后搬回父母的公寓去住的决定,这的确很困难。卡夫卡决定,先给他的父亲写封信(这封信很遗憾没有保存下来),当然这是为了缓和一下家庭气氛,也是想开诚布公地谈谈这个糟糕透顶的方案。家中的那位族长重新起早贪黑地在商店里忙来忙去,对那里的职员评头论足——这是他不再敢对自己的儿子做的。[①]

卡夫卡在布拉格主要想念的是他的妹妹,那种无法捕捉的亲密感、免除罪责甚至不受惩罚的回归的可能性。她没有像他在死神靠近时的冥想的敏锐的分析能力;但是,当他与她在一起的时候,却可以完全沉迷于孩童般的——欢快的情绪中,他戏弄她、故意在她不多的空闲时间里打扰她们[②]——而这是他不曾对最亲密的布拉格的朋友做的,实际上,在那里他完全是用另一种腔调说话。当卡夫卡告诉马克斯·勃罗德,友谊绝对不在他的生活中占有独立的位置,他因此决定**进一步地**隐退、切断已有关系的时候,后者深受打击。这是卡夫卡的纯粹主义新的提升,在勃罗德看来,这种提升逐渐带来了难以生存的状态。

而卡夫卡坚持这个决定,以达到在社会生活中的**婴儿般空白的心灵状态**,他可能还有什么更为具体的期望,他不需要一个鼓舞人心的前景,他不断地同自己辩论,以便找到这样做的理由,从而让自己的步伐如此坚定。他保留了惯常的散步路线,有时也绕更大的圈子,走到伏尔塔瓦河的公共浴池。"乡村风味"新的发酵,使卡夫卡越来越觉得乡野生活才是可靠的生活。他把这种生活方式保存到他在布拉格的存在当中了:他开始到"果园、葡萄园和花园园艺研究院"(Institut für Pomologie, Wein-und Gartenbau)度过不用上班的午后,这个机构坐落在布拉格的北部,在特洛伊(Troja)巴洛克皇宫旁边,从那里可以俯瞰这座城市。在这里,不久前开始提供有关园艺方面的课程,不过,这对于一位35岁的高级公务员来说,是一种不需要理由就可以参加的深造。当然,接受有关小园圃方面的专业培训,完全不

---

① 这封信大概是在卡夫卡离开祖豪前一周写的,有关这封信的存在,我们只是通过伊尔玛的一封信获知的,在信里她抱怨了这件事:"我认为弗兰茨给父亲写信是自讨苦吃"(伊尔玛·卡夫卡在1918年4月25日写给奥特拉·卡夫卡的信)。两天后,奥特拉写信给她的男朋友约瑟夫·戴维:"我和我哥哥再次相互理解,我很高兴,在我们之间没有任何隔阂。"这可能意味着,卡夫卡和奥特拉在那封信的语气和内容上也曾经有过意见分歧。

② 1918年3月18日奥特拉写信给约瑟夫·戴维说:"他们让我没法给你写信,主要是因为弗兰茨,你知道,这是我的房间,我可能将他们赶走——哥哥和那个女孩(其中一位女佣),但是他许诺说,他会安静地待着的,不过,总体来说,只要他高兴,我就开心。"引自宾德的《卡夫卡和他的妹妹奥特拉》,第443页。

会对名誉有什么损害，现在很多忍饥挨饿的人都希望能够打理一个菜园呢，卡夫卡一年前已经在德沃斯基园圃劳动过，则是一个很好的借口。

毫无疑问，那时他将园艺劳动仍然看作一种治疗方法——“神经质”是其中的关键词，凭借这个关键词，可以对许多异乎寻常的习惯加以辩解。他只是听从了自然疗法的建议，这个建议基本上就是提倡在户外的天空下活动。但是，在此期间，显然是受到犹太复国主义读物的影响，在他看来，身体的活动属于道德目的的一方面，属于存在方式方面的问题，尤其引人注目的是，种植方面的劳动，将会带给他的的确确想获得的成就。因而这一切都会带来社会性的后果。即便在常规性的为期两周的休假期间——他仍然有权利休这个假，他也绝不再去寻求迫切需要的治疗，而是去接受进一步的园艺方面的培训：1918年9月，卡夫卡在波西米亚北部的图尔瑙［Turnau（Turnov）］一座大型商业蔬菜基地的苗圃中劳动，在那里并没有觉得他错过了什么舒适的生活。

可想而知，这种古怪的决定是不可能不遭到父母和朋友的反对的。但是，人们应该高兴地看到，卡夫卡并没有因此而冒出回到祖豪的想法。这个前哨位置最终是无法坚守的，在奥特拉回到布拉格的短短的几个小时里——她已经回来得越来越少了，在她的父母,并且现在在她的哥哥看来，她像是一个没有前景的一场战斗的象征。奥特拉瘦得皮包骨、非常憔悴，而且无精打采。自从附近的波西米亚工业区耗尽国家最后的储备而导致食物供给危机以来，种子和饲料都不能通过合法的渠道获得了，而且在农村已经没有人指望政府的资助了。事实上，人们已经需要请求德意志帝国的插手，以躲开大规模的饥馑。德国人提出了交换条件：面粉换武器，这就是现在的口号。这些东西自然不会运到祖豪，因为生活在那里的人们**不管用什么办法**还是能养活自己的。

因而，在祖豪的使命已经变得毫无意义了，就连自奥特拉离开以来，一直是羡慕、同情她的伊尔玛，现在也呼吁她，毫不犹豫地停止这个毫无希望的尝试。在那里根本赚不到钱，最终连卡尔·赫尔曼也认识到了这一点，他在8月份视察了他的庄园，迅速地与奥特拉达成共识：要在一两个月内解散整个农场。这令卡夫卡一家松了一口气：这是这对父母早在几个月前就一直追求的结果，而且他们相信，这也是使得奥特拉生活回到正确轨道上的好机会：回到布拉格、以最快的速度在一家家政学校注册、重新招集学员。当然，他们失望了。使奥特拉绝望的并不是农业劳作的艰苦，也不是食品短缺——这种情况不可能永远持续下去，而是在一天比一天更为糟糕、无望的经济环境下，完全没有可能学到什么或者有什么职业选择。不，她不会回到布拉格，对此奥特拉从未动摇过。很久以前就谋划过的、一再推迟的农业培训，现在出现在了日程表上，这最终会为她带来渴望已久的专业人员的身份。而这恰恰也是她哥哥的想法，后者立即开始在他供职的保险机构打听询问了，也给各家农业学校的校长们寄出了通函。地处维也纳附近克洛斯特新堡（Klosterneuburg）的杰钦（Tetschen）布德维斯（Budweis）大型园艺学校……显然不在考虑中，部分是因为它需要高中毕业或者拥有大量的基础知识，而这都是奥特拉不具备的，部分是因为女性只能作为旁听生，而不能参加毕业考试。最后，卡夫卡建议她，作为第一位女性，申请弗里德兰（Friedland）的农业冬季学校（Die Landwirtschaftliche Winterschule），为了防止妹妹对重新出现的失去独立的害怕，他提出，由他先垫付培训的费用，这样至少从他们父母那里拿走了**一个**反对的理由。如果不是在这期间发生了另一个层面的大事件，那么有关奥特拉的固执和弗兰茨不负责任的支持的争论，会越来越激烈，而且这些争吵很可能导致长期的决裂。这个大事件促成了至少表面上的和平与这个家庭几周内的重新团结一致，这个大事件，使他们陷入了共同的恐惧。

> 一直以来，那些健健康康、结实有力的人，突然抱怨令人难以忍受的头疼、全身到处的疼痛、鼻塞、伤风、没有食欲、那种轻度寒热发作时所产生的发热的感觉，特别是极度的筋疲力尽的感觉。很快又会出现干渴的感觉、嗓子发痒、吞咽困难，以及喉咙嘶哑，与此同时，被疾病折磨得筋疲力尽、痛苦不堪的人，又会进一步地被咳嗽弄得困顿不堪。①

这不再是常见的感冒了。这是一种灾难性的、可能会在全球广泛流行的疾病的症状。如同一场自然灾害突然爆发，大规模感染的速度，使得社会和卫生保障体系瞬间难以应对。在9月底公布了最初的一些病例，而在10月的第一个星期，在大都市维也纳和柏林就死亡大约200人，到了10月中旬，已经**每天就**有200人因此死去了。学校、剧院和电影院都关闭了，所有大学冬季学期的开学日期也被推迟，市政当局呼吁，不到万不得已不要聚会。但是，这已经太晚了。已经有超过15%的民众感染上了所谓的“西班牙流感”，②与此同时，市里的殡仪馆已经拥挤不堪，而医院的一些科室也不得不关闭，因为在那里已经没有可以调用的健康医生或者护理人员了。

但是，引起恐慌的并不只是不可控制的感染的危险（这种疾病的潜伏期只有一到两天），和这场瘟疫从一个城区到另一个城区、从一个地区到另一个地区的传播速度，令人心神不安的，还有被感染的人完全是就地倒下所带来的冲击力。肢体疼痛会非常快速地增强，舌头会变成灰白色，体温通常会在一两个小时之内升高

---

①赫伯特·埃利阿斯（Herbert Elias）：《流感》（*Grippe*），摘自克莱门斯·匹尔奎特（Clemens Pirquet）编的《战争期间国民健康（第二部）》（*Volksgesundheit im Krieg, II. Teil*），维也纳，1926年，第54—56页，这里引用的是第55—56页。

②“西班牙病”（Spanische Krankheit）和西班牙流感（Spanische Grippe）这些概念的出现，显然是因为不受战时新闻检查管制的西班牙媒体最先详细报道了这场瘟疫。西班牙国王阿方索十三世（König Alfons XIII）也感染了这种流行病。

到极值。在人群中经常出现的情况是，前一天晚上还看到某个人状态非常好，而到了第二天中午，他已经躺在匆匆赶制的棺材里了。

西班牙流感**本身**肯定不是致命性的。如果有谁能够在自己的身体出现了最初的症状的时候保持冷静，并且得到足够的照料，那么他活下来的概率可以达到97%左右——其前提条件是没有出现其他并发症，尤其是肺部没有发炎。还没有哪一种已知的流感—瘟疫像这样的流行病导致如此多、不断加重的肺炎的，大部分人在染上这种流感的第三天或第四天就得了肺炎。仅是一家医院所报告的死亡人数就已经非常恐怖了，病人会出现咯血和窒息的症状。而且恰恰是那些看上去最健康、最有活力的人，最容易被传染。那些20岁到40岁的人被看作是情况最糟糕的人群。[①]

卡夫卡站在了这场流行病的风口浪尖上，那是在10月14日，星期一，他突然病倒了。被请来的医生海恩里希·克拉尔（Heinrich Kral）博士，在中午前后测过他的体温，发现已经超过了40度。他敲了敲卡夫卡的肺部，没有发现令人不安的症状，由于他的这位病人一开始隐瞒了已经几乎痊愈的"肺尖黏膜炎"，因而这简直是一个双重发现。可以想到，卡夫卡愿意接受这位大夫做的小检查，恰恰可能是因为他低估了被传染的危险。因为肺结核的症状——主要是气短、持续咳嗽和夜晚盗汗——在这个夏天已经逐渐消失了，匹克教授也说过卡夫卡的肺部状况"非常好"，而且在图尔瑙的园林劳作也对身体非常有好处。他似乎已经挺过了最糟糕的时候。但是，鉴于这场灾难的突然到来，当然没有人听了这个消息而完全安下心来，特别是卡夫卡的母亲无法放心，从第一天起她就被恐惧折磨着，而且一再落泪。但是，幸运的是，已经离开祖豪的奥特拉，会在她的农业课程开始前在布拉格待上几个星期。她显然是唯一一个仍然保持头脑冷静，能够精力充沛地接管哥哥事务的人。她将这个消息告诉了哥哥的上司，也在接下来的几个星期里帮助哥哥维系他的最亲密的朋友圈子——卡夫卡当然不再能接待访客了，就连铅笔他也得立即丢下了。他"可能发烧"了，躺在床上，他在发病后不久还联系了勃罗德，告诉他一起学习希伯来语不得不中断了。[②]这是所保存下来的在后来的几乎一个月中，他发出的最后的消息。

现在出现了最令人担心的情况：肺炎。我们不知道这中间的具体过程，因为在这个家里没有人有动机或者有机会将这场灾难记录下来，而可能的情况是，卡夫卡和所有处境与他相同的病人一样，再一次，而且这次是长达一周地咯血。他发起了高烧，也正在发着高烧的医生再次匆匆赶来，他发现，卡夫卡的体温已经

①对于统计数据所表明的这些现象到今天为止也没有全面的解释。在那时，人们猜测，年龄大一些的人已经经历过1889年的流感大爆发了，因而他们具有免疫力。今天人们却假设，许多死亡病例恰恰是由于强有力的自动免疫所引起的，那些营养良好、中年病人的免疫系统对流行病做出了最有力的反应，而这——以非常矛盾的方式——又同样带来了传染的危险。

②1918年10月写给马克斯·勃罗德的信。《1918年—1920年书信集》，第55页。

超过41度了。[①]这使得卡夫卡进入到精神错乱的境地，时时刻刻都可能出现器官衰竭的情况。勃罗德吃惊地听说，医生“几乎要放弃”对他朋友的治疗了：显然到了关键时刻，在这个时刻，医生的乐观主义精神，已经无法继续担负起对这个家庭的责任了。

事实上，现代医学理论不仅对西班牙流感本身束手无策——这种疾病的病原体是8年之后才确认的H1N1病菌，而且人们对于严重的肺炎也几乎没有抗击之力。可以给病人开的药主要是退烧药，比如阿司匹林（Aspirin）、匹拉米洞（Pyramidon）和奎宁（Chinin），对于呼吸困难主要是注射樟脑，此外，每个医院还尝试着自己的办法［例如注射肾上腺素（Adrenalin）、电解质胶体银（Elektrokollargol）、新撒尔佛散（Neosalvarsan）、二氧化汞（Quecksilberchlorid）……］都没有达到特别显著的疗效。因而，克拉尔博士在他的处方笺上所写的，对于他的病人来说没有特别的意义。但是，显而易见的是，这使得被转送到某一家医院的精神负担被大大地减小了——医院对卡夫卡来说，就是确定无疑的死亡。他还得到有效的保护——家中的集中护理一直是他可以得到的。很快，父母为他布置了更为舒适的卧室，黑市商人为他提供了必需的病号饭，无畏的女佣为他细致地打扫房间，每天都会收到一份医生开具的病情报告。这些都是这个家庭良好的社会地位所带来的，这使得他最终能够虎口脱险，而且在惊恐之余，卡夫卡很快就明白了，在这个可怕的1918年的秋天，他**作为儿子**的负债表上，由于这些令人窒息的消息而新近又增加了哪些债务。唯一值得安慰的是：他没有传染任何人。这无论如何都是一个小小的奇迹。

西班牙流感的第二波，也比第一波更为猛烈，在1919年春天突然爆发了，这在今天都是世界历史上的大事件。主要是由于这一次的爆发所导致的巨大的死亡人数：超过2 000万人被这场流行病打倒。尽管从比例上看，在亚洲和非洲的疫情最严重，但是在美国和欧洲，这场病毒感染却最终发展成了社会性和人口统计方面的大灾难。

另一方面，这场流感出现在历史上最重要的**时刻**，似乎在当代人的背后，流感和政治之间有着错综复杂的联系，没有人能够看明白这一切，没有人可以得到可靠的信息。这在今天是难以想象的——在许多报纸上，从第三版开始才能找到有关大规模死亡的报道；媒体立即报道的义务没有履行，这令人难以理解；奥地利负责国民健康的大臣居然认为承诺3吨阿司匹林就可以安抚民众，这更是不可理喻。[②]不过，他还能说什么呢？没错，流感非常可怕，但是可能到下个星期就可以挺

---

①在1918年11月25日写给他的上司的一封信。《1918年—1920年书信集》，第58页中，卡夫卡甚至写道：“发烧至42度。”当时医院的报道指出，通常的病例都是高烧在39度到40度之间。那里面几乎没有提到超出41度的病例，卡夫卡的肺炎的发展本身，在这场瘟疫中也是非同寻常的。

②参见1918年10月10日的《布拉格日报》，第三版。

过去了；军事前线的崩溃、经济资源的耗尽、饥饿而引起的骚乱和迫在眉睫的内战，所有的一切都更糟糕得多。人们无法看到这些所带来的后果。全面的卫生防护措施是以没有争议的权力寡头，或者是政府机构的完好无缺的权威为前提条件的，而这样的条件并不具备。恰好是在这时候，第一次可以以**合理的**理由禁止大规模集会，因而国家管理就脱离了公共领域的监管。游行和全国的阅兵活动已经变成了**热点**，那可以创造历史，而且绝对不需要用手帕捂上嘴。

在更为广泛的背景之下，西班牙流感只是被看作有限的灾难，因而，当好转的迹象刚刚出现的时候，它就被放到一旁了。不采取任何措施、接受他人的死亡，甚至这些死亡，都已经不再是什么大事了。那么，被饿死的人是不是远远多于死于流感的人呢？政客们竭力否认这一点，新闻审查压下了所有具体的数字，尽管这是真相。也不再有报道，士兵们的战斗力和意志力是否由于饥饿、流感，或者两者兼而有之被削弱了。同样，战地医院是不是人满为患，或者已经极度超员了？中欧列强的军队不只是单纯的虚弱，他们已经走到了尽头：不再有可用的武器、不再有运输工具、不再有燃料、不再有给养。从4月开始，在关押开小差士兵的战争监狱里就已经出现了哗变，这些人不想去送死，西线战场上的士兵几乎无法调度了。德国海军拒绝服从命令。奥地利、匈牙利、捷克的士兵在一年前——在第十二次，也是最后一次伊松佐河战役中——一起突破了意大利的防线，而现在他们正依靠自己的力量走在回家的路上。

在这样的局面下，传染病和政治危机的交会出现，可能会表现出最特殊的形式。流感如同一个了不起的平均主义者，似乎阻拦着历史的洪流，为自己赢得了历史性的意义。对于犹太复国主义整体局面的关注，都集中到了马丁·布贝尔身上，许多追随者期待着，他能够在缔结和约后，立即去解决获得解放的巴勒斯坦在实践中的难题，恰恰在这个时候，他可能也患了肺炎。不过，布贝尔在医生的建议下，根据自己的经验，决定从公众的视线中隐退，休养一段时间。他多年的老朋友古斯塔夫·兰道尔也猜到了这一点：这位和平主义者和社会主义者几乎从战争一开始就热烈地盼望着威廉二世政权的结束，但却在大变革的关键时刻刚刚到来的时候，被牢牢地束缚在床上了，而且在充满纷争的慕尼黑——即将要成为巴伐利亚共和国的首府，只能蹑手蹑脚地到处蠕动，忍受着四肢的疼痛。

对于纯粹的观众来说，有很多要去评判的，他们经历了重大的历史性时刻：4年地狱般生活的结束、沾满鲜血政权的倒台、新的时代的开始。但是在卡夫卡的生活里，身体与历史之间的冲突上升为几乎无法逾越的矛盾。在1918年秋天，环形的旧城区被当作世界政治的一个舞台，这个区域是卡夫卡非常熟悉的、被居民房屋门面所环绕的四方形广场，他认识这个广场上的每块铺路石，也几乎认识每一张无声掠过的面孔。卡夫卡坐在那里的一个房间里。可能他想起了1914年8月，那时他从3楼“充满厌恶地”观察着渴望战争、蛊惑人心的阅兵。当然，这一次一切都不一样了。不再有胜利的欢呼，也不再有雄心勃勃的夸夸其谈。在他的窗下，一些**决策**正在做出。

这是他患上流感的第一天。早上，家人被不同寻常的声响，武器发出的铿锵声、高声下达命令的声音从梦中惊醒了。当他们掀开窗帘，看到了令人不安的景象：一支支军队从黑暗的岔路上走了过来，他们带着参加战斗的武器装备，开始全面封锁环形的旧城区。里面有大量的宪兵。当人们向窗下望去的时候，可以看到灯光昏暗的尼可拉斯大街（Niklasstraße），在那里有幽灵一般的士兵，正在搬运机关枪和弹药箱，搭建防御攻势。士兵们的枪口正对着旧城区出城的方向，指向那些靠近环形区域的任何人。到底发生了什么？

在布拉格一直弥漫着对军队高层发动叛乱的担忧，这种不安是有道理的。因为Národní vybor，即由所有的捷克政党结成的民族委员会，在10月14日决定在整个波西米亚地区举行群众集会。这次示威活动应该主要是针对极其糟糕的食品供应的，人们猜测这种局面是由维也纳当局和德国居民区的臭名昭著的爱好者所造成的。但是，民族委员会中的两个有代表性的左翼党认为，仅是口头上的反抗是远远不够的。他们策划了一次大罢工，鼓动布拉格的工人在这一天到市中心集会。"在人们看到传单之后，"军事指挥部得到了告密消息，"就应该确定意图，在布拉格市政厅的阳台上和郊区的镇公所的阳台上，宣布独立的捷克国成立。"①这是叛国罪。就算人们意识到，这（尚）不是民族委员会正式的方针路线，只是恫吓当局一场政变将要发生，但是它也发挥了把像小资产阶级一样温和中庸的捷克人争取过来的作用。增援部队匆匆赶来，当在市郊地区已经到处飘扬着充满希望的红旗的时候，大批军警没费什么力气就驱散了游行的人群和不顾一切涌入文采尔广场和环形旧城区的围观者。外省城市的局面也同样很快就得到了控制。只有在南波西米亚的斯特拉科尼采［Strakonitz（Strakonice）］有一位叫卡尔·克劳斯（Karl Kraus）的警察助理宣布了捷克斯洛伐克共和国的成立。正如他第二天不经意间在法庭上宣称的那样。

毫无疑问，卡夫卡在这个早晨，只要他还能站得住，他就一直追踪着发生在环形旧城区的事件。他看到，所有的商店都一直没有开门，他同样也没有听到有轨电车所发出的熟悉的声响。这份安静不是星期天的那种宁静，而是充满了威胁。人们等待着枪声，并且离谱的谣言此起彼伏。不过，到了晚上，警戒就出乎意料地解除了，而且在撤退的士兵身后传来了轻松的说笑声。捷克人知道，奥地利帝国军队不再可能更长时间地展示他们的威力，就连《布拉格日报》也被允许在不经新闻审查

---

① 引自理查德·乔治·普拉施卡（Richard Georg Plaschka）等编：《内部的前线：高级军官的帮助、反抗和多瑙河独裁统治在1918年的倒台》（*Innere Front. Militärassistenz, Widerstand und Umsturz in der Donaumonarchie 1918*），第2卷，《倒台》（*Umsturz*），慕尼黑，1974年，第145页。

官检查的情况下谈论"旧城的清算"，这场清算当然最终"不了了之"了。[①]

但是仅仅过了两周，在这一次不需要传单，也不需要政治指令，而只是能言善辩的广播——没错，这中间多少有一些不引人注目的误解的成分——就足以永久性地终结哈布斯堡王朝对布拉格和波西米亚将近400年的统治。卡尔大帝避免奥匈帝国崩坍的最后努力失败了：他在10月16日发布了可悲的声明，在那里，他向"我所有的臣民"承诺建立一个所有民族都享有更多自治权利的联邦国家，这则宣言无论如何都会让人们想到一位被告迟到的坦白，他在绝望的境地下还在幻想能够减轻处罚。从当时的政治领域情况来看，卡尔的声明也早已过时了，而且美国总统威尔逊——他其实才是这则公告的真正的发布者——已经不再有兴趣谈论这个显然行将就木的政权了。由于在此期间，整个奥地利帝国军队都已经不再服从任何命令，甚至是驻防在首都的士兵也呼吁建立"自己的"民族国家，因而，卡尔别无选择，只能无条件接受停火协议，"无条件"意味着不再顾及德国的"战斗兄弟"是否还想继续打仗。

1918年10月28日，上午，10:30左右，《国民政治》[*Národní politika*（*Volkspolitik*）]在布拉格的编辑部大楼前突然聚集了越来越多的人，《国民政治》是最有影响力的捷克语报纸。起因是在一个布告栏上的只有一个用红色字母组成的单词：Prímerí（停火）。这个单词是几百人所渴望的。**停火**。噩梦要结束了。这则消息可靠吗？偶然聚集在这里的路人用了20分钟一直盯着这张布告，热烈地讨论着。然后，一位报社工作人员走了出来，在这个单词上贴了一篇长文，站得离布告栏最近的人立即开始高声朗读这篇文章。这是奥匈帝国外交部的官方公告和"安德斯备忘录"（Andrassy-Note）的全文，后者是在前一天晚上由中立的瑞典发给威尔逊总统的。事实上，在这篇文章里所谈到的停火甚至是以捷克人自治为前提条件的。这足够了。巨大的喧哗声从这里发出，到处可以听到歌声，从各条巷子不断有人涌了过来，最终，从编辑部的窗户里挂出了被闲置了很久的红白色的旗帜。一些小心谨慎的人肯定意识到这种兴奋情绪可能来得有点早了；这是一场误会，或者确切地说，战争仍然一直笼罩着这里，在一个只是被提出来的停火建议和一份已经签署停火协议之间，还有着微妙的距离，这种差距对于那些仍然在前线的人来说是明显的，因为这是死与生之间的区别。当然，在布拉格，现在没有人再对此感兴趣。**《我的家在哪儿？》**（*Kde domov mu˚ j?*）捷克的一首歌曲这样问道，这首后来成为捷克国歌的歌曲，听上去离值得庆祝的日子还有很远的距离。哪里是我的家乡，我的家？这个问题似乎最终得到了回答。

---

①《一天的经历》（*Die Erfahrungen eines Tages*），载《布拉格日报》，1918年10月15日，第1版。布拉格的市警备司令官爱德华·冯·扎南托尼（Eduard von Zanantoni）在战争回忆录里记录了，他们从维也纳得到命令，要避免在布拉格内城发生流血事件。《手稿》（*Manuskript*），第464页，维也纳战争档案馆（Kriegsarchiv Wien）。

在卡夫卡家的公寓里——在那里面，恰巧有一个人，尽管是用完全不同的方式，但是也是在为他自己的存在而斗争，一家人是通过远处的、不确定的喧嚣得知这一天所发生的事情的。一群又一群人像是约好了一样朝文采尔广场走去。一些人走过了旧城区的环形广场，高呼着“马萨里克（Masaryk）万岁”，“威尔逊万岁”，“哈布斯堡滚蛋”，人们一定以为自己是在做梦——在不断壮大的人群中还有士兵，甚至是军官参加了进来，他们把身上的缨带扔在了大街上，撕掉了衣服上的玫瑰花饰。车行道被中断了，捷克军人在那里倒戈：对于德国犹太人来说，在这个充满危险的时刻，毫无疑问最好躲在紧闭的大门后面。至少现在还可以将所有捷克人都打发到文采尔广场上去，他们到那里可以感受到是否会发生大屠杀。不会的，一切都在安宁的状态下展开，在笑声和歌声里，双头鹰旗帜被撤了下来，换上了捷克和美国的旗帜，德国公司的铭牌被拆下来，或者涂掉字迹，反抗的军官或是“叫骂着”，或只是手挽手站在那里，而匆匆走过洛可可咖啡馆的人们也不再害怕门前架起的机关枪了。在一两个小时之内，文采尔广场已经聚集了几千人，强制清场也完全不可能了。捷克的民族委员会与欢呼的民众一样，对这些事件惊讶不已，他们宣布，独立的捷克斯洛伐克国家是势不可当的。在晚上，几个月以来第一次，所有可用的汽灯都被点燃了，这个城市散发着和平的光芒，挑着灯笼游行的队伍在刚刚下起来的毛毛细雨中穿行，卡夫卡一家人无疑已经在自家的窗户后面观望好几个小时了，他们追踪着一个无助的统治者，像电影中的超级快动作一样，在旧城区的环形广场上史诗般地走向灭亡：在下午还能看到闪亮的刺刀、能听到部队的小号声、愤慨的人群——他们不断冲着听从命令而来，但已经变得漫不经心的匈牙利和罗马尼亚士兵高喊，很快在这里架起了三脚架、巨大的摄影机，出现了捷克裔的摄影师，他们将这一天的图像凝固下来，这些图片成为未来捷克建国神话故事中的插图。最后，熟悉的起床号响起来了，这个号声在过去的4年里一再惊吓着人们，但是现在却承诺着完全不一样的超出想象的前景：**号外！**

10月28日旧政府的倒台和捷克斯洛伐克国家的成立都没有带来流血事件，这几乎是一个史无前例的奇迹，而且布拉格将这个奇迹归功于捷克民族委员会的领导成员。具体而言是**现场**成员。尽管新国家的真正的建筑师们，已经随着捷克民族国家的被承认而登上了全球政治舞台，但是他们仍然流亡在外，贝尼斯（Beneš）在瑞士，马萨里克在美国，而且可供使用的通信工具也不够快，不足以与他们商讨最紧迫的行政方案，或者从他们那里得到具体的指令。正因为如此，在布拉格也缺少被众人共同认可的伟人，这个人在危急情况下能够取代皇帝的位置，是一种权威的体现，能够在胜利的时候恰如其分地给人们提醒，并且为所有人——特别是德国人和犹太人编织起新的信任。

布拉格人无疑也是幸运的，因为，激动的民众一次没有经过深思熟虑的进攻，很容易演变成一场大屠杀。[①]以和平的方式走向胜利的政治家们在几个小时内接管了警察局、邮局、电报局和市政厅，在有关人事问题的谈判中，他们成功地将哈布斯堡王朝军队的发令官从所有公共广场（也包括旧城区的环形广场）上撤掉。捷克民族组织索科尔（Sokol）的成员——他们老远就能从身着红色衬衫被辨认出来——全力维护秩序，特别引人注目的是，乐队被召集起来，增添了欢庆的气氛，复仇的念头可能就完全不会产生了。仅仅在24小时之内，捷克士兵就自愿地组织起来，保护这个新成立的国家。失势一方的军事指挥官在第二天就已经不再有对抗的能力了：被剥夺了权力，几位不会审时度势的将军——动辄就拿他们的皇帝当幌子——也被逮捕了。

当然，捷克裔政治家也非常清楚，对于平民中的安宁气氛的最大的威胁会不请自来。当音乐消失了之后，会发生什么？当如此兴奋、强烈的民族情感不受控制地发泄到德国和犹太人身上的时候，该怎么办？这些问题也直截了当地抛到了有政治头脑的犹太人面前，他们正狂热地努力着，动用一切可供支配的力量。在旧政府倒台后的第六天，他们就已经仿照其他民族的先例建立了“犹太人民族委员会”（Judischen Nationalrat）。这可能反映了对集体迫害的无法掩盖的恐惧，这种恐惧也许将关系恶劣的民族同化群体、宗教群体和犹太复国主义者群体最后团结到了一起[②]，（自从《贝尔福宣言》以来）犹太复国主义少数派的国际知名度迅速提高，使得他们获得了领导者的地位——至少在公众的感觉中是这样。马克斯·勃罗德被选为民族委员会的两位副主席之一，他的一项工作就包括在波西米亚地区收编其他仍然犹豫不决的犹太人团体，与文化协会中怀有敌意的德高望重人士谈判，也包括在布拉格最有权势的犹太人集会上讲话——整个城市都会关注于此。一份犹太人备忘录涉及了向未来的捷克共和国提出的要求，而且，几乎在推翻政权的大变革刚刚发生的同一时候，犹太人民族委员会的主席就向新的当权者提交了这份文件：这关系到对犹太人民族委员会的承认，使它具有公共——法律上的平权地位，并且实现文化上的自治。[③]所有这些，绝对不是以驾轻就熟的腔调表现了卑

① 在这个城市里有许多地方几乎差一点就爆发了暴力冲突。在封锁的卡尔桥上（Karlbr ü cke）架设了两架朝向捷克民众的机关枪，因而人们只能从旁边的小桥过河。在离卡尔桥只有几百米的地方是军事指挥部，如果捷克人真的靠近这座桥的话，那么血战是不可避免的。

② 马克斯·勃罗德在一封写给伦敦从事民族运动的布拉格犹太复国主义者里奥·赫尔曼（Leo Hermann）的信中，证明了这样的恐惧有多么具体，这封信在1918年10月18日寄出，也就是在意料中的王朝坍塌的几天前。勃罗德在这里建议了一套电报暗语，以便在出现反犹太人暴力运动时，能够尽快地通知赫尔曼：“新婚快乐”的意思是“在布拉格已经爆发集体迫害”，“得到休假”意味着“军方开始针对犹太人行动”，等等。根据勃罗德的建议，赫尔曼在收到这样的电报后，应该立即将这些消息转交给对犹太人持友好态度的英国和美国的政界人士，这样，会从他们的角度向捷克民族委员会发电报施加压力。参见马克斯·勃罗德的《斗争人生》（*Streitbares Leben*），法兰克福，1979年，第236页及其后面若干页。

③ 由勃罗德参与起草的备忘录全文收录于里昂·查萨诺维奇（Leon Chasanowitsch）和里奥·莫茨金（Leo Motzkin）编的《当代犹太问题：文献汇编》（*Die Judenfrage der Gegenwart. Dokumentensammlung*），斯德哥尔摩（Stockholm），1919年，第51—55页。

躬屈膝的顺服，相反，明确地指出了，捷克人是处在全世界观察之下的。威尔逊给予他们信任，因为他们会与哈布斯堡王朝不同的方式来对待少数民族，这也将在未来对有关国界问题的投票上发挥重要作用。这是目前唯一的，也是特别有效的王牌，这能够转变德国人和犹太人低下的政治地位。

马克斯·勃罗德在他的人生里第一次得到了一个位置，在这个位置上，他不再凭着兴趣在咖啡馆里进行没有风险，也没有结果的"精神战斗"，也不用通过写书捍卫某些"世界观"了，相反，他要为望不到边际的群体的幸福做出决策。人们将他打造成了政治家、代表者。这当中蕴含着他不能不去理会的合理性。其中的原因，恰恰就是他在两种文化中多次承担着调解的角色，因为勃罗德是一个在捷克人那边也得到一定的尊敬的人物：他提携、赞助捷克作者，他也倡导翻译活动、推荐翻译作品，而且在捷克专业批评人士的反对下，他仍然开始帮助已经64岁的捷克作曲家莱昂斯·贾纳维科赢得迟来的世界声望。[①]所有这些都会不断地激起德意志沙文主义者的愤怒，当他们被捷克民族委员会审视的时候，由于他们臭名昭著的反犹太主义，被认为是值得认真对待的谈话对象。[②]

当然，正是由于有这些赫赫有名的交往，使得勃罗德成为一个广受欢迎的信息源：有关犹太人目前的处境，从他那里可以得到比任何报纸都要可靠得多的信息。卡夫卡一家也通过这种渠道，获得了有关当下局势完全未经粉饰的全景、信息，这既没有夸张，也几乎不必去质疑的，因而这家人能够适时地放弃家庭产业。当时，一再可以听到，犹太人将受到抵制，德国犹太人——特别是德国犹太人将被以某些毫无说服力的理由驱逐出居住地，而且经常可以看到，犹太企业主已经未雨绸缪地解雇了犹太裔的雇员，以避免伤害与捷克人的客户关系。时髦服饰用品商店应该感到高兴，因为已经省去了这些审查。拥有一栋公寓房，相对而言可以高枕无忧了；因为别人看不出这栋房子属于谁。

卡夫卡的身体还很虚弱，他对于布拉格的变化情况，只能通过从自己窗前的观察来了解，但这让他清楚地知道，那个熟悉的世界正开始一去不复返了。一面是对哈布斯堡王朝臣服热潮的退去，另一面是捷克民主国家公民的成长，这样的场

① 勃罗德将莱昂斯·贾纳维科（Leoš Janavek）的5部歌剧的歌词都翻译成德语［最开始是与《耶奴发》（*Jenufa*）一起，1917年］，这使得在诸如柏林和维也纳这样的大都市上演这些歌剧成为可能。而且在这位作曲家还在世的时候，勃罗德出版了他的第一本简明版传记《莱昂斯·贾纳维科：生活和作品》（*Leoš Janavek. Leben und Werk*），维也纳，1925年。勃罗德和贾纳维科所遇到的阻力，主要来自布拉格极富影响的音乐研究者和音乐批评家茨德内克·内杰德里（Zdenek Nejedly），这位批评家将贾纳维科的歌剧描述为民间小调。

② 布拉格的犹太复国主义者（其中包括勃罗德）和捷克国会议员的第一次试探性会谈，早在1917年就进行了。捷克这边卡瑞尔·巴克萨（Karel Baxa）也参加了谈话，他是一位激进的反犹太主义者，也是导致对李普纳多·希尔斯纳（Leopold Hilsner）的"杀人祭神案件审判"升级的主要负责人之一。在政变之后，巴克萨担任布拉格市长，并且在这个职位上一直待到1937年，他之后还应该遇到过几次勃罗德。捷克报纸对勃罗德比犹太人民族委员会的其他代表要更友善。

面波澜壮阔，也很滑稽。这当中发生了一些更为强烈有力、更令人震惊的事件，例如，一个一直沉醉在民族主义情绪中的捷克游行示威者跳出来说，他亲眼看到那根有几百年历史的、16米高的玛利亚柱（Mariensaule）倒塌了。这对他童年生活的地区造成了令人痛苦的影响。可能在他身体健康的岁月里，卡夫卡会混迹在人群中去探听**为什么**会发生这些。但是，现在，在整整又过了两周之后，他才有力气离开自己的房子。

他走进了另一个世界，在那里战争正式结束了，但是和平却完全没有回来。街道上的人恰恰都是敌人：他们是法国、意大利和俄罗斯的战犯。德语的街道名牌被撤掉了，在所有的街角都飘扬着陌生的旗帜。弗兰茨-约瑟夫火车站（Franz-Josephs-Bahnhof）没有了，现在叫Naraži Wilsonovo（威尔逊火车站），国家火车站（Staatsbahnhof）现在变成了Naraži Masarykovo（玛莎利科夫火车站），弗兰辰斯凯大街（Franzenskai）现在叫Masarykova nábrež（玛莎利科夫大街）。一条名为10月28日（Straße des 28. Oktober）的街道已经出现了。表现战争低俗的艺术作品也消失了，多年来它们一直破坏着橱窗的美感。现在取而代之的，是画有反德意志和反犹太漫画的明信片。

这是另外一个世界；是一个他想象不到的世界。他在多少封信里、在多少笔记里谈到过一个“战争结束后”的具有传奇色彩的未来，在那里，他将辞职、搬家、结婚，成为一位自由的作家。现在，做出决定的时间已经过了，他完全无所事事了。他病了。似乎已经痊愈了的肺结核，在发热的袭击下又回来了，卡夫卡瘦了，他咳嗽，而且有时会喘不上气来。尽管他还不能预见到，西班牙流感已经将他送到了死亡的队伍中，但是他仍然可以明显地感受到体能下降的症状，所有的人生规划都再次被移交给另一个、没有到来的、更好的时代了。①

卡夫卡似乎在此期间做了几个与自己有关的决定。职工工伤保险机构现在已经在捷克人的管理之下，而且德语也不再作为办公语言了，现在听说他终归会被扫地出门的，这个站在废墟上、拥有8 200万克朗毫无价值的战争债的机构，根本也没有什么前途可言了。在继续进行商业管制的柏林，人们痛苦地忍受着饥饿，尽管在那里政治上已经解放了，但是不断出现的社会冲突，使得局面很糟糕，令人不寒而栗，这对卡夫卡而言，毫无疑问那里不再是值得憧憬的地方。自从库特·沃尔夫不断推迟兑现自己的诺言以来，看上去卡夫卡想当专职作家也完全是空想。卡夫卡一直不愿谈起的是，他长期节省下来的存款的大部分——一共18 000克朗——本来可以保障将来有一天开始独立的生活，但是这些钱已经买了战争债，

---

① 在1920年左右出版的医学专业书籍中经常声称，西班牙流感不会为肺结核的发展带来不良的影响：一个显然过于草率的结论，是由于过短的观察期所导致的。而在接下来的10多年的讨论中，这个结论逐渐被相反的观点所代替。卡夫卡的情况（显然是没有经过证明的）可能是，本来已经长出完整的包膜的肺部组织由于发炎而再次导致薄膜破裂，因而肺结核病原体又重新在身体里自由地循环流动。

因而肯定是已经输光了。

“在这些年里，我已经在不知不觉中，悄悄地从一个城里人变成了一个乡下人，或者至少是非常像乡下人了”[①]，这还是他在两年前小心谨慎地写下的，那时只是一种预见，但是经过在祖豪的经历之后，这就浓缩成了一个信仰。卡夫卡想回乡村，这是唯一一个强烈到足以使他采取行动的冲动。事实再次证明，即便是作为防守，他也是有能力灵活行动的，这是他与一般公务员不一样的地方。尽管在11月19日，星期一，卡夫卡仍然忠心耿耿地来上班——之前他休了5个星期的病假，现在身体状况也相当糟糕，但是接下来，他却绝没有走到总经理马施纳那里，和他讨论接下来的工作和可能获批的健康假，而是出现在了克拉尔博士的候诊室，凭借他的诊断书，卡夫卡**自己**就可以给自己批准休假了。他告诉满脸惊愕的部门负责人普福尔说，他非常愿意继续履行他的职责，但是医生却反对他这样做，卡夫卡还特别指出，“在目前的过渡期，远离工作是非常容易得到谅解的”，换言之就是：在当前机构内部争权夺利的情况下，我的缺席反正不会引起什么人的注意。普福尔——这个曾经在一个月里不断地享用卡夫卡从祖豪送来的山鹑和野味的人，除了吞下卡夫卡送上来的“药丸”之外，几乎也没有其他的选择，不过这也正对总经理的胃口。[②]

但是现在去哪儿呢？奥特拉已经去了弗里德兰，那在波西米亚的最北部，卡夫卡因为以前出差去过，所以对那里非常熟悉，“我的记忆中的一个非常引人注意的、美丽而忧伤的城市”。[③]他当然想和她在那里过上几个星期，但是，这不现实。她妹妹的负担也已经到了极限——她要同时完成两门农业课程，尽可能地缩短培训时间，因而照顾弗兰茨会让她完全超负荷了。主要是因为弗里德兰位于德意志波西米亚地区，这是一个政治发酵的地带，当地的居民要么属于德国、要么属于新的“德意志奥地利”（deutschosterreichisch）国，他们拒绝着布拉格政府。但是，捷克人绝对不打算放弃波西米亚地区的“历史上的边界”，因而可以预见，这里很快就会出现纷争，而不再是一个正在康复的犹太病人所需要的安静、太平的地方了。[④]

显然是卡夫卡的母亲将村庄塞勒森［Schelesen（Želizy）］纳入了考虑，这个村子在布拉格北面30公里处，离易北河（Elbe）和莫尔道河（Moldau）的交汇处很近，那里是捷克人的势力范围。这在和平年代是一段非常短的距离，许多布拉格人都将这个树木繁盛的地方当作夏日休假的地点，卡夫卡一家也曾经在那里休过一次

---

①1916年10月23日写给菲利斯·鲍尔的信。《1914年—1917年书信集》，第265页。

②1918年11月25日写给奥根·普福尔的信。《1918年—1920年书信集》，第58页。可能在这件事上卡夫卡受到了勃罗德的影响，后者也只是偶尔出现在邮局的工作岗位上。

③1918年9月3日写给奥特拉·卡夫卡的信。《1918年—1920年书信集》，第50页。

④从1918年12月初开始，德意志波西米亚地区就一点点地被捷克军队占领，在12月16日或17日，弗里德兰也被占领。早在11月，这个地方已经开始被洗劫了。

假。[①]现在要去塞勒森村却很费劲，因为火车班次越来越少，而且总是超载。另一方面，在那里有一个非常值得信赖的地址：某位姓斯图德尔（Stüdl）的小姐，布拉格人，40多岁，卡夫卡本人也认识她，她在塞勒森村经营着一家小旅馆，在那里她几乎完全是为患肺病的人提供膳宿。一个可以接受的妥协，也是一个不用长距离地书信来往，也不需要护照就能从布拉格消失的机会。卡夫卡同意了，一直为自己儿子的性命担忧的朱莉坚持要送他去那里。利用这个机会也和斯图德尔小姐熟络起来，显然是朱莉此行的隐秘动机。

但是，在即将动身启程前，卡夫卡旧病复发，再次持续高烧，他没法自己办完最后的手续，的确是这样，甚至只能请他的母亲到职工工伤保险机构向普福尔解释眼下出现的情况。最终，决定下来是11月30日，他决定星期天出发。临出发前，卡夫卡又可以下床了，他渡过难关，而且，他很高兴可以离开这里了。向所有的朋友说再见和辞行，所剩的时间显然太短了，至少他是要去和勃罗德再握一下手的，活力十足的勃罗德正忙于发表演讲，正被一个又一个会议追赶着，他和千百人握手，他写作、交谈，再写作，而且这几周以来，他恰恰如同是卡夫卡的“人生的担保人”。[②]他们当然会想念对方的。

在卡夫卡启程后的几个小时，马克斯·勃罗德在家里发现了这位再次康复的朋友写下的几行字。在那上面，希伯来语的练习终于又继续下去了，这意味着也可以通过写信来练习的。[③]勃罗德很高兴地去读这封信，但是他暂时要上床躺一会儿。他发烧了。他患上了西班牙流感。

---

①在1902年8月，卡夫卡和他的家人在附近的里波赫［Liboch（Libech）］小住过。他非常可能在奥斯卡·鲍姆的来访时也听说过塞勒森村，后者曾经多次去那里度过夏天的假期。

②1918年12月17日写给马克斯·勃罗德的明信片。《1918年—1920年书信集》，第62页。

③1918年11月29日写给马克斯·勃罗德的信。《1918年—1920年书信集》，第59—60页。

第十四章
一位下层女子

只有当你的期望降到最低时，
只有当你感到自由自在时，
这才是你被选中的时候。
——德沃（Devo），《粉色爵士迷们》（*Pink Jazz Trancers*）

卡夫卡笑了。卡夫卡没法忍住不笑。最后，在几个星期之后，笑开始变得痛苦了。这种情绪令人不安，而且已经是有些让人感到羞愧的了。这并不是他在毫无理性地胡闹，而是因为这份欢笑之后暗藏着隐秘的玄机，这是与一位女性共有的欢笑，而对这位女子他几乎一无所知，这份欢笑不是产生一段亲密的关系，而是以棘手的方式出现的。这份欢笑是不正当的。

这已经是卡夫卡第二次到塞勒森村小住了。第一次只待了3个星期，在圣诞节前他已经再次回到了布拉格，不过在此期间，他持续不断地咳嗽和在夜晚体温经常升高，令职工工伤保险机构的内部医生也感到没把握。因而，康复休假必须继续下去，内部医生给他的病人开了诊断书，这一次是至少3个月的假期。[①]由于职工工伤保险机构（在这期间它已经改用捷克名字了：úrazová pojišt' ovna delnická pro C echy v Praze）必须展示，管理的缰绳再次被牢牢地攥住了，这让卡夫卡坐立不安，新批准的假期只有在医生的证明下才能获得，而且要经常来复查。但是，正像慢慢显现出来的那样，似乎绝对看不出来他会被开除。卡夫卡也非常流利地掌握捷克的官方语言，[②]他一直让自己置身于民族间的纷争之外，他的职位也并不是很显眼，不是捷克沙文主义者值得长期攻击的目标——相反，他的德国上司现在被指责要对多年的经营不善和德国人的任人唯亲负责，这使得他们在众人面前丧失名誉，甚至会威胁到他们的养老退休金。和布拉格的其他机构一样——在那里现在也上演着类似的剧本，在职工工伤保险机构里，现在也采取了果断的措施：奥根·普福尔被解雇了，卡夫卡的老同事金德瑞奇·瓦莱塔（Jindrich Valenta）取代了他（这对于51岁的普福尔来说，意味着他的职业生涯已经结束了，在几个月之后

---

①请见约瑟夫·普泊（Josef Popper）在1919年1月8日开的诊断书。《1918年—1920年书信集》。

②正是出于对他工作岗位的担心，卡夫卡立即开始着手提高捷克语水平。从1919年开始他甚至订阅了《我们的语言：探讨和维护捷克语》（*Naše rec Listy pro vzdelávání a tríbení jazyka ceské* ）这本杂志。

他就去世了），马施纳总经理被剥夺了权力，并且在1919年3月被迫退休。[①]这杆标枪几乎擦着卡夫卡的脑袋呼啸而过，这很可能主要是归功于他与瓦莱塔以及新的总经理贝德瑞奇·奥德斯维尔（Bedrich Odstrvil）的和睦关系，后者在这个非常危险的阶段，保护卡夫卡不受**仇视德国的人欺凌**。[②]

1919年1月22日，卡夫卡再次回到了斯图德尔膳宿公寓，并且不知道，他会被允许在这里待多久。可以确信的只是，这一次他不再像第一次来的时候那么孤独，也不再不受打扰了。一位19岁，患有肺尖黏膜炎的布拉格女孩恰好也寄宿在这里——害羞的赫尔米娜（Hermine）；尽管卡夫卡请人将每餐饭都送到他的房间里，但是，出于礼貌，在一起进行新鲜空气卧疗的时候，他还是会与这个女孩交谈几句。所谓的新鲜空气卧疗法是在有顶棚的阳台上进行的，人们紧紧地裹在毯子里，可以看到外面的树林和田野。由于可聊的话题很少，很快就没什么可谈的了，因而卡夫卡利用这个机会，让赫尔米娜向他提问，他每天死记硬背下来的希伯来语单词。反正她认识这种文字。为什么卡夫卡认为这件事很重要，他并没有和其他人谈起。[③]

大概10天之后，又来了一位客人，仍然是一位来自布拉格的年轻女士，她瘦削、优雅，同样也患有肺病，但是绝对不是病恹恹的，相反她总是焕发着活力，也没有任何的矫揉造作。她的名字叫朱莉，和卡夫卡母亲的名字一样，她的娘家姓沃里泽克，这在布拉格是一个相当常见的姓氏，卡夫卡肯定经常听到这个姓。在她身上看不到任何装模作样、漫不经心地卖弄风骚的中产阶级女孩的痕迹。她已经不再是青涩的少女了，但也还不是夫人，卡夫卡很快就确定了这一点。他笑容满面地观察着她。他们开始聊天，一开始是在阳台上，在现在有些忌妒的赫尔米娜可以听到的范围内，然后是在狭小的用餐室，为了能够和朱莉多待一些时间，卡夫卡只能坐到那里，将目光从她身上移开很困难。当他定睛看她的时候，她笑了；当她笑的时候，他也开始笑了。他们一起笨拙地在雪地里抄近道，开始交谈，德语和捷克语交替着，中间一再被笑声打断。当他们不经意间对视的时候，他们也笑而不语。

---

①捷克人对于普福尔的攻击，即便在他去世后也没有停止。他在1919年10月26日的《国民日报》（*Národn í Listy*）上被骂作是“主要的密谋者”和“邪恶的灵魂”。马施纳和普福尔被指责与德意志—奥地利的企业签订了“有违道德”的协定；相反，那些捷克企业在战争期间却明显被忽视了（公务文件CD，第766页及其后面若干页）。从保留下来的马施纳和普福尔的个人档案来看，这两个人也都掌握捷克语。奥洛穆茨统计档案（Statni ustredni），布拉格。

②官员瓦克拉夫·K.克洛夫塔（Vaclav K. Krofta）在10多年后谈道，他在战争结束后作为“改革委员会”的成员审查过卡夫卡的个人档案，并且建议继续雇用此人，“因为他在任职期间没有让愧对捷克民众的行为发生”。瓦克拉夫·K.克洛夫塔：《与弗兰茨·卡夫卡共事》（*Im Amt mit Franz kafka*），载科赫：《当卡夫卡出现在我面前……》，第99页。不过，对于这种说法并没有经过检验的证据。因为在这个时间克洛夫塔才23岁，很难想象他对卡夫卡未来的职业生涯的评判会发挥重要作用。

③赫尔米娜·贝克（Hermine Beck），娘家姓是波梅兰兹（Pomeranz），在1985年86岁的时候，仍然能够想起一些她遇到卡夫卡的情景；请参见科赫：《当卡夫卡出现在我面前……》，第157页及其后面若干页。

> 平常的而又令人惊叹的外表。不是犹太人而又不是非犹太人,特别是不是非犹太人、不是德国人、不是非德国人,喜欢看电影、轻歌剧和滑稽表演,施着香粉、戴着面纱,掌握着用之不竭而且源源不断的最放肆的粗口,完全一无所知,乐趣多于忧伤——这大概就是她。如果有人想要精确地描写她的民族隶属,那么,不得不说这个人,她属于混合民族。而且她具有发自内心的无所畏惧、真诚、忘我这些被宠爱的生物才有的伟大的品质,她的外表当然不可能不漂亮,但是,这就像迎着我的台灯灯光飞来的蚊子那样,是微不足道的。[①]

这是亲密关系的反映,这在卡夫卡不是第一次了。他曾经记录了第一次看到菲利斯·鲍尔时的印象,而且是以高度兴奋的情绪写着,她看上去的确像女佣。[②]他现在爱上了朱莉·沃里泽克——因为他现在想将她形容为,比起在她身上沉睡的特性来说,她完全是"微不足道的生物"。由于这些个性特征绝不是稀松平常的,而是展现了朱莉别样的一面,使得她成为一个不会被弄混,甚至是一个独特的人,作为女性,她代表了所有人都想拥有的特性。她充满了诱惑。

马克斯·勃罗德相当熟悉这种以守为攻的魔力,对于他而言,女人们都是"代表",而且与卡夫卡完全一样,他很少会想到用"生物"来指代男人。勃罗德将性理想化了,卡夫卡害怕他自己,从语言存储器中所选用的语言和由此所创造出来的图像,都与勃罗德的同出一辙。可能正因为如此,勃罗德才一再认为他会被卡夫卡认同的错觉所打败:他将理解误认作同意了。这次也同样如此。"你不像我那样对漂亮女孩感兴趣",勃罗德一年前和朋友聊天后这样写道。他真的相信这一点吗?

对于朱莉·沃里泽克我们所知不多,几乎除了她与卡夫卡的关系之外不再知道什么了,即便是她的一些生平,也只是从警察局的档案和一些亲属后来的回忆中挑拣出来的。[③]她并不是来自一个富裕的家庭,也不是来自中产阶级,有关这一点,卡夫卡在第一次与她的谈话中就发现了。尽管涂了脂粉,并且戴着面纱,但是,自然而然地从唇齿之间吐出"最放肆的粗口",就可以确定她肯定不是

---

①1919年2月8日写给马克斯·勃罗德的信。《1918年—1920年书信集》,第71页。

②1912年8月20日的日记。《日记》,第431页。

③有关朱莉·沃里泽克(Julie Wohryzek)和她的家人的可靠的信息,在20世纪90年代才获得;请参见安东尼·诺特黑(Anthony Northey):《朱莉·沃里泽克:弗兰茨·卡夫卡的第二位未婚妻》(*Julie Wohryzek, Franz Kafkas Zweite Verlobte*),载《海盗》(*Fraibeuter*),第59期(1994年),第3—16页;以及哈特穆特·宾德(Hartmut Binder)的《粉黛和面纱,光华和欣赏:新发现——卡夫卡后来的未婚妻朱莉·沃里泽克》(*Puder und Schleier, Glanz und genuss. Eine Entdeckung: Kafkas spate Verlobte Julie Wohryzek*),载《新苏黎世报》(*Neue Zü rcher Zeitung*),2001年4月28/30日,第49版。

来自殷实的犹太家庭，因为故意而且彻底地**忘记**东欧犹太人说的意第绪语，可以看作是成功的文化适应标志。朱莉成长的环境更可能是小市民家庭。她的父亲爱德华（Eduard）一开始是扎杰茨德克（Zájezdec）［布拉格的郊区，在帕尔杜比采（Pardubitz）附近］的食品商人，在1888年的时候和他的妻子米娜一起前往破落的约瑟夫斯达特（Josefstadt），住在那里布拉格人的聚集区里，可能希望社会地位会有所改善。但是，与赫尔曼·卡夫卡不同，他在经商上没有取得成功；他是鞋匠，以此谋生，间或在皇家葡萄园附近的犹太教堂做**勤杂工**，这是个收入微薄的职位，因而他的4个在贫民窟出生的孩子——3个女儿、1个儿子，早早地就要为这个家庭的生计做出贡献了。

朱莉也不例外。她从一所商业培训学校毕业后，就开始在不同的公司做抄写员，她换过的公司中仅律师事务所就有5家。她在1918年3月结束了最后一个职位，之后她还会偶尔去妹妹鲁兹娜（Ružena）的时装店帮忙，但是她的身体已经不再能够胜任每周超过50个小时的全日制工作了。因为在这期间，她被诊断出双侧慢性肺尖黏膜炎，病情很重，必须立即休息治疗。在从兄弟姐妹那里凑了一些钱之后，瘦得皮包骨的朱莉在1918年8月提交了去瑞士的签证申请，以便到达沃斯去找一家疗养院。那是战争期间，奥匈帝国的警察机构仍然在继续运转，他们拒绝了这份申请。因而她和卡夫卡一样没有别的选择，只能到布拉格附近看看。最后她选择了塞勒森。

她总是给这位新相识带来一个又一个惊讶。他觉得她非常年轻，但是，几个星期后，她居然迎来了28岁生日。当卡夫卡小心翼翼地询问她的犹太身份时，她的话里面不时地掺入了“犹太复国主义”这个词，并且，卡夫卡还得知，她在不久前还打算嫁给一位坚定的犹太复国主义者，但是后者在战争中去世了。她的已经嫁人的姐姐克特参加过犹太人的活动，她最好的朋友甚至在犹太青年联合会“蓝一白”（Blau-Weiß）工作，还听过几次马克斯·勃罗德的演讲。显然，朱莉肯定读过卡夫卡亲自为她从勃罗德那里要来的犹太复国主义作品，而且她对这部作品的理解比她所表现出来的一无所知和人们对一位女性所期待的理解能力要多得多。卡夫卡很惊愕，他还要费力地向勃罗德解释，这个混合民族者比一开始所了解到的要更加有趣。

然而，勃罗德却不知道全部的真相，他从少得可怜的提及朱莉·沃里泽克的内容中，好不容易猜出，卡夫卡被她诱惑了。在塞勒森有很多欢声笑语，在一封信里是这么写的，“但是这也是一段艰难的时光。现在，我暂时还能承受这样的时光，因为，它对我的健康并不是很好。这样的时光所剩不多了，至少当下是现实的，可能过几天就结束了。”[①]换言之，朱莉开始收拾她的行李，而卡夫卡将要独自留

①1919年3月2日写给马克斯·勃罗德的信。《1918年—1920年书信集》，第78页。

在那里了。他没有跟任何人说过，因为她的缘故，他已经有几个夜晚无法入睡——这是一年来首次出现的情况，而且他一直念念不忘自己在性爱方面的自我否定所带来的痛苦，这无疑是勃罗德无法相信的。

卡夫卡恋爱了，恋爱使得他的同情心不可避免地被唤醒了，不仅仅是同情。突然增强的性兴奋、决定前的紧张害怕，不仅吓了他自己，朱莉对此也显得退缩，她有时会躲起来，最后甚至放弃一起就餐，取而代之的，无关紧要的小纸条在房间之间传来传去。渴望折磨着卡夫卡，他感觉似乎是一个快要愈合的伤口又被重新撕开了。对此，他必须扪心自问，他在这里所经历的一切是否是真实可信的：一个女人和一个男人在一间孤独的膳宿公寓，远离家人和朋友，将自己放逐在安静的雪景中，病得很重，因而贪婪地求生——这些都是老套的电影脚本，似乎有些文学色彩，但是却带来了真实的痛苦。人们知道这一切会如何发展：99%的情况是，当两个人中的一位离开时，一切都随风而逝了。卡夫卡也坚定地相信，不可能是别的情况，这次的相遇会与之前在里瓦的甜蜜的调情一样的方式结束。这有意义吗？内心的喜悦、躲躲闪闪、告别、伤心、痛苦的回忆？不要忘了，还有**马上**就要面对的父母咄咄逼人的询问。不，我宁愿去打仗。卡夫卡一直忍耐到最后一天。当这位年轻的女士来告别的时候，他们仍然一直用“您”相称——博士先生和沃里泽克小姐。在之后的3个星期里，直到3月中，他都一个人待在塞勒森。他抵抗着写信给她的诱惑。而他也徒劳地等着来自城里的问候。不过，突然的宁静所带来的痛苦，却慢慢地滋生出了一种确信：这一切不可能是结束。而且他认为这种想法是对的。

> ……但是，当我回到了布拉格的时候，我们像被追赶着一样向对方飞去。对于我们中的任何一个人来说，都不存在其他的可能性。我当然有趋向完整合一的外在的动力。
>
> 然后相当幸福和安宁的时刻到来了。它超越了我们的力量，把我们封闭在远方，我们停止了努力……人们可以在深山老林、深夜的小巷里看到我们，我们在维诺西斯（Vernošice）泡温泉，然后有人会一而再地问我们，我们是否结婚，我们两个人异口同声地说：不……

这是一封长信里的原话，是一封自我辩解书，卡夫卡在1919年年底用此信向朱莉的姐姐克特求助，这是唯一一份记录了暗淡不清的道路的文献，它记录了卡夫卡重新燃起的热情。[①]除此之外，他一直保持沉默，对父母，显然也包括好朋友，

---

① 1919年11月24日写给克特·内特尔（Käthe Nettel）的信。《1918年—1920年书信集》，第86—93页。这封信在1947年首次出版，载胡戈·西本塞恩（Hugo Siebenschein）等。《弗兰茨·卡夫卡在布拉格》（*Franz Kafka a Praha*），布拉格，在真实性检验中发现有一页是摹本。这封信的手稿今天下落不明。

只作必要的解释，并且让朱莉远离到目前为止确保他的生活的所有社会关系——奥特拉除外。[①]

在任何时候遇到卡夫卡的人，都会看到一副社会性面具，它不容易被脱去：总是有责任心、乐于助人、易于交流沟通，但是一旦到了保留区域，他就变得冷冰冰的，个人问题或者他的作者身份，马上就登台表演了。他自己就是要负责这扇门尽可能地不被摇撼。因为卡夫卡在公开场合总是偏爱他在其中能够控制、教导和提供帮助的交往，所以不会产生对他人的依赖，甚至是完全的控制之下，他的本能期待着作为给予者的地位，这是无懈可击的。他牺牲自己宝贵的时间，向他人提供建议、金钱或者图书，但是他自己不需要别人给予这些，他的这些做法也是很难被看穿的，因为卡夫卡的帮助，总体来说比起社会上的常规做法要**更少**表面性，从而更加可信。他的建议不仅大有助益，他的出色的移情能力也令人印象深刻。卡夫卡常常能够从他人的角度和需求出发，他能够准确地定义无论是一位女士，还是一个少年，抑或是拥有其他完全不同社会和宗教背景的人当下的需要。这使他赢得了信赖，许多人将他当作知己。当人们知道，卡夫卡不会向**任何人**敞开他的内心世界的时候，就非常惊讶了。

来自布拉格的克劳斯兄弟就是一个很好的例子。卡夫卡在意第绪语语言班上认识了菲利克斯·威尔特士的一位堂兄弟、化学家维克多·克劳斯；在塞勒森——他也得了肺病，他再次见到了他。有一段时间他们住在隔壁，他们一起到斯图德尔膳宿公寓库藏丰富的图书馆去挑书，一起读狄更斯的作品。而当周末，维克多的17岁、饱读诗书而且活力十足的弟弟汉斯（Hans）来看他的时候，这位弟弟被示意，最好不要问及卡夫卡的疾病，甚至不要问他的作品，这对这名高中生和未来的作家来说，是一个难以理解的限令——他习惯于和志同道合的人一起行动，他在几个月之后就已经要出版自己的第一部作品了，而且对他来说，文学作品是获得激情的取之不尽的媒介。显然，对于这个新手而言，少言寡语的卡夫卡仍然是有权威性的；他从1919年年底开始，去卡夫卡在职工工伤保险机构的办公室拜访卡夫卡不下10次，他谈起了“反叛”（Protest）文学团体，他是创立者之一，他有时会将他的文学习作放在卡夫卡的办公桌上，也得到了令人高兴的评价。卡夫卡耐心地倾听，给予一些有益的提示，赠送书籍给他，还向他介绍一些出版界的关系，这可能对汉斯·克劳斯会有进一步的帮助。导师和学生之间的心灵上的心心相印一直保持不变，但是一旦谈话涉及卡夫卡自身生活的时候，他立即“像

① “你的来信从来没有谈过W小姐”，卡夫卡在1919年11月13日写给奥特拉的一封信中这样写道。《1918年—1920年书信集》。这是唯一保留下来的证据，证明卡夫卡曾经向某个人介绍过他的恋人。编撰了卡夫卡的传记的马克斯·勃罗德也未对朱莉·沃里泽克有任何印象。他对此的解释是，卡夫卡在1919年的“大部分时间都不在布拉格”，但这被证明是错误的。《弗兰茨·卡夫卡的思想和学说》，第273—274页。

一座大山一样封闭”。[①]

卡夫卡与更年轻的、同样也是文学热爱者的古斯塔夫·雅诺赫（Gustav Janouch）之间的友谊，也完全遵循了同样的模式。这位年轻人的父亲是卡夫卡的同事，他介绍这两个人认识，显然他希望，这位作家会对这个16岁的空想者产生一些有力的、有教益的影响。因为雅诺赫的家庭已经被毁掉了，在父母的持续不断的争吵中，这个年轻人逃到文学无所不能的幻想和无害的狂妄自大中，而且他不再去上学，取而代之的是到咖啡馆和图书馆游荡，并用宽边软呢帽和彩色的围巾将自己打扮成“艺术家”。

雅诺赫总是称自己为“阿克塞尔”（Axel），他首先留给人的印象是狂热的阅读者——萨克雷、惠特曼、拉弗格、斯特林堡，他都知道，此外，他还是很出色的钢琴演奏者，还在尝试亚麻油毡版画技术。不过，他显然贪婪地寻求承认，有时他会通过田园诗般的大众作品得到认同，这些与他的未脱稚气的外表和他作为青春期少年的言行举止形成了滑稽的反差，即便这位耐心很好的高级公务员，有时也会因为这个少年的表现而抓狂。“他来到我的办公室，”卡夫卡后来写道，“痛哭、大笑、高喊，给我一大摞书，说是我应该读读，然后给我苹果，最后带来了他的情人，一个森林管理员的女儿，他和这个女孩的父母住一起。他说自己很幸福，但是有时又会给人令人担忧的迷茫的印象，看上去很糟糕，他要参加高中毕业考试，然后去大学读医学（‘因为这是一份安安静静、谦虚简朴的工作’）或者法律（因为可以走向政治）。究竟是哪个魔鬼点燃了这团火？”卡夫卡写下这些的时候，雅诺赫已经18岁了；也就是说，他从两年前就给卡夫卡的办公室带来了不安宁，这简直令人难以想象。[②]

而这些与卡夫卡所进行的恶名远扬的对话本身——那些由真实可信、半真半假、经过加工改写的、显然是任意虚构的谈话片段所组成的混合体，是雅诺赫在几十年后，在马克斯·勃罗德的协助下，以两个不同的版本出版的，[③]即便是这个由谎言和真相组成的令人捉摸不透的丛林，也清晰地展现了那些防御性的伎俩。卡夫卡凭借这些，将这位年轻朋友与他自己的私密生活隔开。正是那些“流传下来的”卡夫卡的言谈，有关他的个性特征的话语，或者说，甚至可以作为供词来阅读的，那些以“我”开头的句子是属于最不可信的，这些东西，有时完全不顾修辞达

---

①有关克劳斯兄弟的所有信息，请见哈特穆特·宾德所编撰的《布拉格人的侧影：在卡夫卡的阴影下被遗忘的作家们》（*Prager Profile. Vergessene Autoren im Schatten Kafkas*）（这里有关汉斯·克劳斯和卡夫卡之间关系的文字，参见第62—63页）。维克多·克劳斯（Victor Klaus）在1919年10月12日因为肺部手术失败去世。汉斯·克劳斯和他的哥哥一样，高中毕业后在大学学习化学专业。

②1921年9月中写给罗伯特·克洛卜施托克的信，载魏特施莱克（Wetscherek）的《卡夫卡最后的朋友》（*Kafkas letzter Freund*），第15页。也请参考在1920年9月6日写给米莲娜·杰森斯卡的信：“现在那位诗人已经在这儿待了两个小时了，现在他正哭着跑掉了。”《1918年—1920年书信集》，第335页。

③第一个版本是德语版本，在1951年出版，另一个增补版增加了新发现的内容，在1968年出版。在这两个版本中，发现了大量的时间顺序方面的错误，这可能是因为雅诺赫没有及时地记下在卡夫卡办公室里的谈话。

到令人感到荒诞的地步。奥特拉在任何谈话中都没有出现，朱莉·沃里泽克也没有，而且就连米莲娜·杰森斯卡也只是作为翻译出现——显然，他封锁了所有的入口。同样，卡夫卡很少允许人们谈论他已经出版的作品，充其量也就是干巴巴地说几句有关生活和文学之间的联系，如果有谁坚持要谈，他就会终止谈话。[①]

卡夫卡一直保持对这个迷乱的年轻人的同情，显然，他在这里的行为模式和几年前他与吉茨查卡·罗威之间的（也同样令人称奇的）友谊中体现出来的模式是一样的：雅诺赫正是凭着一股率真将自己的心理麻烦向外界倒出来，因此对自己也造成了很大的伤害，而卡夫卡将这种天真单纯开发成了一种有保护作用的，而且也是具有身份定位能力的脉冲：这就是我，如果我不那么斤斤计较的话。似乎卡夫卡在面对受伤害人的时候，正努力偿还道德债务。他帮助雅诺赫实现了第一次发表——一篇小文章的刊载，原谅他各种各样的小诡计，甚至将他引荐到汉斯·克劳斯身边的文学圈子。保持容忍，接受雅诺赫，为他提供社会生活和精神生活的支柱。这一切无疑都是徒劳。雅诺赫不再能够顺利地实现他在文学创作方面的愿望，他走上了自己的道路，而且很快就被圈里人遗忘了。[②]

在卡夫卡的私人笔记中，对于满意、成功、自信的表达是相当罕见的：这不仅是因为——和每一个记日记的人一样——他通过将抱怨写下来寻求放下负担，并且因此将过量的不愉快安放到墨水和时间中，这也是因为，他总是反反复复地畏惧对幸福的呼唤。他不想"谈论"幸福。他害怕，书写下来的收益账目表，清晰地表达了自己的期望，而这会不可避免地给自己带来受挫感。卡夫卡的做法就像是他站在一个爱妒忌的造物主对面，在后者的注视下，卡夫卡最好还是将展现自己的当家才能的窗口遮蔽起来比较好。而且，自从他将自己看作一个幸存者以来，他就变得更加小心谨慎了。卡夫卡越来越频繁地放弃将他生活的核心用语言固定下来，他习惯于暗示性的语言，就好像是他担心会被高高在上的当局听到一样。最后，他甚至创造了私人使用的缩略语，这使得后世的读者面对这些暗语的解读一筹莫展。

> 新日记本，根本的原因只是因为我读了旧日记本上的日记。一些原因和打算，现在，12¾不再能够确定。

---

① "有关他的书的对话总是非常简短"。古斯塔夫·雅诺赫：《与卡夫卡的对话》(*Gespräche mit Kafka*)（新增补版），法兰克福，1981年，第46页。

② 雅诺赫是在卡夫卡的办公室里认识汉斯·克劳斯的，尽管他也参加了后者的文学小组，并且将自己大量的诗歌作品带到那里去，但是他从来没有认真地对待过这个小圈子，最终也被排除在外。由卡夫卡介绍的雅诺赫发表在《自卫》杂志（第14发行年度，第13期）的文章是讨论奥斯卡·鲍姆的小说《不可想象之处的大门》(*Die Tür ins Unmögliche*)的一篇短文，文章的语言暧昧，但令人窒息，如同一篇讽刺滑稽模仿文章一样，可能是深受20世纪20年代就已经出现的印象主义的影响。

刚才在里格尔公园（Riegerpark）待着。和J.在茉莉花丛中走来走去。骗人的和真的，叹息中的谎言，束缚、亲密和安全感中的真话。不平静的心。

不断地出现同样的想法、渴望、恐惧。但是却比任何时候都要更为平静，好像是巨大的发展变化就在眼前，我感觉到了它的遥远的颤抖。说得太多了。①

这就是一切，即从1919年年初——此时他认识了朱莉·沃里泽克——到这一年的12月之间的时间里所写下的几篇私人记录，这些记录与初识菲利斯·鲍尔时，对于那段关系所倾斜的词语瀑布相比，就是寒酸的小溪。无论如何，“**安全感**”这个词在这里闪闪发亮，就我们所知，卡夫卡在此之前从来没有用过这个词，而且在未来他也不再敢用到它，即便这寥寥数语，已经让他觉得自己出卖了自己，已经“说得太多了”。

在这里，他谈到了他一直的渴望——它永远令人心动、引起恐惧的想法，但是却一次都没有提到与之相关的人名。具体是什么想法？是像女仆一样的朱莉的诱惑吗？这一切令人很难想象，因为这份感情一开始就不是无性的爱情，而且在后来写给朱莉的姐姐信中，显然已经足够清楚地表达了这份炽热的激情。这是几年以来——到底有多少年，我们没有确切的数据，卡夫卡第一次谈起在一夜之间发展起来的性关系，而这对减小充满折磨的心理紧张有很大的帮助，使他更能够平心静气地对待将要到来的一切。但是，少数几个问题是例外，即有关婚姻和家庭的难题。**这个**持续不断地压迫着卡夫卡的想法就是，他唤起了旧有的渴望，那么旧有的恐惧也随之而来了。

有关婚姻问题，卡夫卡和沃里泽克小姐在塞勒森已经达成了共识。两个人都觉得，他们有足够的理由开诚布公地讨论这个问题，就好像是两个病友应该做的那样。她将**不**结婚，朱莉保证道（她在未婚夫阵亡后像寡妇一样穿着黑色的衣裙），而且她要孩子的愿望也绝对没有强烈到会动摇她的这个决定。他同样也不**应该**结婚，卡夫卡回应道，他足足耽误了一个女子5年，坚持与她结婚，甚至两度与她订婚，但是最后却打破了她所有的希望，这些已经足以证明他不应该结婚了。这两个人最后出乎意料地达成了共识，尽管卡夫卡认为“婚姻和孩子肯定是地球上最值得去追求的目标”②，但是这什么也改变不了，卡夫卡一定已经预见到，他永远也不会向这个目标迈进一步。

对此，人们只能随他去。卡夫卡自己将1919年的这个夏天称为“相当幸福和安

① 1919年6月27日、30日和7月6日的日记。《日记》，第845页。

② 这句话和接下来的引语出自卡夫卡写给朱莉的姐姐克特·内特尔的信。

静的时光”，充满了“相当宁静的快乐”。这意味着，相对于所有的与女性共处的时光——其中也包括在玛利亚温泉城的几个奇妙的日子，这次是幸福的。但是，长期地保持这种状态，第二次走到婚姻的门口，像所有其他人那样似乎是轻而易举地走进这个大门，这对于卡夫卡来说是一个越来越难以忍受的想法。“我没法过这样的生活……其中有一半是有益的，但是从来没有实现过，而其中糟糕的地方却全都出现了，这让我无法满意。”现在一切都只是权宜之计，而绝对没有任何精神上的意义。因为卡夫卡实现他新的幸福的社会和家庭环境，与一个高中生恋爱所处的受到严格控制的环境，几乎没有什么区别。无论是他还是朱莉都和各自的父母住在一起，他们总是处在被观察之中，没有不受打扰的地方，因而他们愿意去大自然、（可能还有）远离城市的乡村旅馆。卡夫卡无法将朱莉介绍给他朋友的妻子们，同样也没介绍给几位同事，当他和朱莉手挽手地走在街上碰到亲戚的时候，他非常尴尬。尽管他已经能够将所有的道德方面的疑虑抛到一边，但是与其他所有同时代的资产阶级个体一样，这些观念已经内化到他的思想中去了，他仍然不可避免地去想那些道德习俗；无论是他的父母还是他们之外的这个世界，一定会对处在同一所公寓中的“不受约束的婚姻”的前景提出苛刻的要求，朱莉的亲戚毫无疑问也同样不会同意这门婚事。因为，如果他们“了解”情况，那么他们几乎不可能将他们家的“女孩”交给一个拒绝接受任何责任的公务员。

卡夫卡认为这是有失体面的。他开始重新谈论婚姻问题，而这一次是严肃认真的：他请求而且催促。最后，在他看来，这次的前提条件“比之前有利得多，简直是想不出比它们更有利的了”。由于朱莉也陷入了爱情，她的这位男朋友并不是在向她施压，她显然也理解他的拖拖拉拉、他特有的严苛的道德观、他对于结果的执着、他的偏离传统的行动——这使得他的日常生活既相当丰富，也相当艰难。卡夫卡再一次发现她的“几乎是神奇的本质”，他感觉到深刻的亲密感和高度的共鸣，他体验到一种性爱的维度——这是他到目前为止一直被排除在外的，也就是充满信任的私密性。这将成为他所热烈追求的“饱含爱情的婚姻”，它“是更本质的、最高意义上的理性婚姻”。这令朱莉有些害怕。尤其是卡夫卡经常谈到的对将来的孩子的期望，唤起了她轻微的抗拒，这位已经有了几缕华发赫赫有名的单身汉，居然不可避免地梦想着一个繁荣的大家庭，这的确让人觉得有些古怪。不过，她不愿意失去他，最后她让步了，很快就适应了这些新的想法。他们悄悄地订了婚，而且可能没有任何证明。

她穿着一件不知从哪儿，可能是精挑细选出来的衬衫，像布拉格犹太女孩一样好相处，仅仅就因为这一点，你也会决定娶她回家。而且想尽可能地快，一个星期之内、明天、今天。我弄不明白你，你怎么也是一个成年人了，生活在这个城市，而且除了立即和某个人结婚之外，没有其他的建议可以给你。

难道还有其他的可能吗？如果你害怕的话，我自己陪着你。[①]

这是他的家长的强调。卡夫卡一直记着这些话，并且用文学的形式——加以润色的德语，将本质核心精简出来——将它们记了下来。因为当赫尔曼洪亮的充满侮辱性的言辞撞击着卡夫卡耳朵的时候，他感觉又经历着某个可怕的噩梦，在这些梦魇的高潮到来前，他要让自己确认这些**不会是真的**。他不再侧耳倾听。这位父亲在谈论妓院，谈论花钱买春，而且绝不是私下里、用手捂着嘴，以一个男人向另一个男人或者以父亲向儿子说话的方式，绝不是，他大声地、站在卡夫卡安详的小房间、当着他妻子的面谈论着这些。卡夫卡把视线挪向一边，他的目光里，替母亲感到羞愧要远多于自己感到的羞愧。朱莉·卡夫卡默默地站起身来，从座位上拿起了什么东西，然后走了出去。

这是一个古老的场景，卡夫卡立即想到。他产生了一种似曾相识的感觉，他曾经体验过一次这样的耻辱。那一次，作为一个少年，他当着父母面发出了少年老成的声明，这当中包含着他对性的无知，这种无知会给他带来很大的危险，他的父亲因此给他了一些久经考验的建议，即人们如何"可以不冒风险地做这些事"。他当时就处在这样的境地中，如果人们看到这个场景中的滑稽可笑的一面，就会觉得，当年那位年轻的嘴上英雄被这些回答打击得满头是血，可能就是自作自受。20年过去了，这个家里的最高长官还是一直这样做，好像站在他面前的还是一个青春期的少年，好像他的儿子的困难只是通过用几个避孕套就能解决的。这后来的重复是"恶劣可怕的"，卡夫卡这样认为。"你不可能通过言辞对我产生比这更深刻的伤害了，你不可能比这更清楚地表示对我的轻视了。"[②]

这是响亮的争执的最高潮，而这个高潮已经持续一整天了。自从赫尔曼·卡夫卡得知他的儿子再次订婚之后，他就无法平静下来了，他的妻子——尽管更上心，但是至少还注意外表的平静——认为他所说的一切都对。一个来自完全赤贫家庭的新娘，令人羞愧的别家的女儿，如果结成了这桩不体面的婚事，一定会激怒年长亲戚的，那么他只能移居国外。他完全不能像一个满口谎言的人那样，再站在所有的亲戚面前。因为从他上次不得不向人们解释，为什么弗兰茨与相处那么多年的、大家都看好的、体面的柏林未婚妻分手，到现在还不到两年的时间，那一次"肺结核"是一个正式的理由，而现在，这个儿子显然身体状况更加糟糕了，怎么会又有了结婚打算？难道反正是和另一个病人结婚？人们一定会将这些当作笑料的。

卡夫卡对这场冲突完全没有感到惊讶，对于他的不靠谱的人生规划，他已经被责备上百次了。正如这位父亲所认为的，他没有能力认识并且决定对一个门当

---

①《致父亲的信》(*Brief an den Vater*)。《遗作Ⅱ》，第205页。

②《致父亲的信》。《遗作Ⅱ》，第206页。

户对的女性负起全责，因而当时候到了时，必须有人**帮他**决定某个女人，这是一个充满鄙视的预言，但是卡夫卡让它流通了起来，因为他长时间以来将它内化了，甚至将它变成了父亲一意象的一个组成部分。

卡夫卡的读者在这里遇到的是最令人毛骨悚然的预言中的一个，熟悉文学史的人都知道这一点，同时也清楚，这位父亲的毫无顾忌，是绝对无法只用他个人的个性弱点来解释的。相反，这关系到大男子主义的标准手段，这在其他家庭中同样也可能看得到：当无法阻止已经长大成人的儿子和女儿来作出自己决定的时候，就会扯着嗓子否认**自由的**决定所涉及的，而一再刺激孩子们的某个特别的敏感点。卡夫卡在7年前，就已经在他的小说《判决》当中以令人惊叹的精确方式描写了这种场景。在这里，这位老年商人也将他儿子的性渴望看作是订婚的动机，并且用它来竭力贬低自己的儿子，“因为她撩起了裙子，”这位父亲开始细声细气地说，“‘因为她这样撩起了裙子，这个令人作呕的蠢女人’，他说着，为了表演，也把他的睡袍高高掀起，这样就可以看到他在战争年代大腿上留下的伤疤，‘因为她这样、这样撩她的裙子，于是你终于决定对她下手……’”这在卡夫卡看来仿佛是一个征兆，接下来恶毒的话语将再次出现。①真正的赫尔曼·卡夫卡，肯定完全不会表现出诸如此类的猥琐的举止，他肯定也没有在他的儿子面前掀起过他的睡衣。但是，在进行道义上的制服的意愿方面，虚构的父亲和真实存在的父亲是高度一致的。因为卡夫卡所构思出来的场景之所以完全令人信服——尤其是对极端关系逻辑的神经质的表述，就是因为在1919年的实际生活中，的确出现了这些几乎是无法相信的、戏剧般的攻击。

但是，在这里似乎有什么不对头的地方，父母对他的愤怒，如果仔细观察就会发现，事实上是存在分歧的，这些都差点逃过了卡夫卡的眼睛。移民国外，只是因为儿子娶了一个穷女人？赫尔曼不会当真的，尤其是在这个时间，在大家都为能活下来就高兴不已的时候，在每个家庭只要自家的儿子既没有死掉，也没有受伤，还没有关进监狱里就觉得很幸福的时候。几代以来的犹太中产阶级家庭规划中的乐观主义，已经在战争年代完全消失了，就连卡夫卡的父母也不能完全幸免。那么，现在有什么可以争吵的呢，只是因为这些微不足道的理由？

卡夫卡很快就得到了解开这个谜题的钥匙，它幸运地、意外地被记录下来，使得后人可以看到，则要归功于马克斯·勃罗德的再次介入。卡夫卡对于让他的恋人远离他的朋友圈子的坚持，也引起了勃罗德的好奇，当卡夫卡在9月中旬出人意料地透露了新的，而且已经确定了的结婚计划，却没有征询他的任何建议的时候，也让他觉得非常古怪。几天之后，勃罗德遇到了他的一位前女友，正如后来所证实

①《D57》(D57)。《判决》的第二版在1919年秋天出版，“致F”的题献继续保留。可以猜想，出版社再次令卡夫卡感到吃惊，但是他也没有机会修改了。

的那样，她知道沃里泽克的事。她讲到的沃里泽克很令人沮丧："St.对W.的评价不好"，勃罗德在日记中写道："说她完全就是一个妓女……怎么跟他说这些？——也许他的父母知道这些？"[①]

这里的"**也许**"我们可以放心地划去。现在还没有人详细地知道结婚候选人的出身，卡夫卡对于结婚候选人的了解，和对一个新的商业伙伴的了解没有什么两样，但是从大量的侦探事务所中找一家去打探情况也是司空见惯的做法。几年前，就是在与鲍尔家打交道的时候，卡夫卡夫妇为了去了解鲍尔家的情况，还征求儿子的同意，并且导致了长达数星期的讨论；他们**没有**重犯这个错误，在卡夫卡不知情的情况下，他们开始着手调查沃里泽克。当然，这一次他们也不敢哪怕是最少量地公开调查结果，可能是因为胆怯，也可能是因为考虑，这无论如何会引起叛逆的反应。

卡夫卡事后才知道，他与父母之间丢脸的争吵，其实首先并不是因为他的未婚妻的贫穷，而是由于到处流传的她在性生活方面的放任——因而这位父亲马上想到，他的那个意志薄弱的儿子是被有意地勾引的，就毫不奇怪了。有关这个方面还有其他的证据。当卡夫卡再一次独自住在塞勒森，并且做出这个决定的时候，对于是否能够接受奥斯卡·鲍姆到那里数天的拜访，他给出的答案是否定的，"最后他给我带来了一些令人不愉快的'打探来的消息'，而马克斯已经跟我讲过其中的一些了。"当所有其他的想法都消除了之后，他自己也说："他无论如何都会带来那些打探来的消息的。"[②]

背景到底是什么，一直是半明半暗的，但是从中得到的两个结论却是有说服力的。勃罗德已经读过了侦探的情况报告，但是卡夫卡还没有：这可能是一个较新的文件。另外，从来没有参与到卡夫卡的家务事当中的奥斯卡·鲍姆，是绝对不可能将这些当作令人高兴的消息写信告诉他的。这只能意味着，这些调查档案对于卡夫卡而言是**决定性**的。有关这段风流韵事的其他细节，如同这个"令人不愉快的打探来的消息"本身一样只有很少的记录，但是在这里的两个场景中只有一个是可能的：要么是朱莉·卡夫卡拜访了鲍姆夫妇，请求他们将这些侦探来的情况交给弗兰茨，并且以朋友的身份建议他打消结婚的念头——她完全可能采取这样的行动。要么是马克斯·勃罗德向这位朋友说明了沃里泽克的坏名声（"怎么跟他说这些"），并且逼迫他现在自己去收集一些信息，或者让可信的人去帮着打听——他们所获得的信息和卡夫卡的父母是差不多的。接下来显然就看鲍姆怎么做，以及卡夫卡的容忍度了。那个被付了钱的侦探，在调查结果中称沃里泽克和她们的家庭是贱民。

---

① 马克斯·勃罗德的没有出版的日记片段。写于1919年9月23日。

② 1919年11月9日左右写给奥特拉·卡夫卡的信。《1918年—1920年书信集》，第84页。

无疑，真的也让卡夫卡去读与朱莉的妓女生涯相关的流言蜚语，是一个令他难以忍受的苛刻要求。他有更好的了解，他相信自己的经验；他写给未来的大姨子克特——她也同样遭到了谣言的中伤——的那封长信充满了尊敬，没有任何鄙视的痕迹。他在塞勒森对朱莉本人的感觉，是在性方面比较保守，她在那期间表现出来的对他的忠诚，让人们不会有撒谎和不贞的想法。而且，即便当他在妒忌的痛苦面前——主要是对这个恋人的所谓"过去"的妒忌而感到怀疑的时候，他也同样保持着让一切都黯然失色的确信，他知道眼下的幸福绝对不会长久保持的，它充其量只能以宽容的方式、"不顾一切"地去享受。别人都希望"拥有"一个女人，而他从来没有这样想过：卡夫卡和所有人一样，都运用着具有时代特色的说法，但是与这些惯用语相关的感情，却是他拒之门外的。

赫尔曼·卡夫卡一次又一次经历了这样的体验，即使他的儿子成了法律专家，当涉及原因的时候，他的儿子完全有能力在决定性的时刻给予回击。"**那么，我当然反对这门婚事**"，弗兰茨冷冷地反驳正在责骂的父亲。这正中靶心，绝对射中了。但是年长的这位显然不敢清晰地说出这句咒语，毫无疑问，他害怕这样答复他的儿子，也害怕这个家庭最终分崩离析，如果这个家庭的最高当局说出他内心的决定，那么他的妻子就会亲耳听到、亲眼看到这样的危险的出现。"随你的便吧"，在这种情况下他这么说，"你不受我的限制；你是成年人；我没有什么建议要给你"……这两位老人已经多次重复这样的说法了，这除了掩饰自己的软弱无能，别无其他目的。[①]而且事实是，赫尔曼这一次同样也退缩了，放弃了主动的反抗，并且很快，这个话题就已经被这家人避而不谈了。现在，所有的进一步的决定，都已经不再在卡夫卡家的小小的围墙中做出了。

有证据表明，沃里泽克家也有一定的顾虑，不过他们极其小心翼翼地隐藏着这些疑虑。显然，他们很高兴地看到朱莉将要成为一个犹太裔，而且物质生活殷实的公务员的妻子，除此之外，作家对文化的兴趣也会为日常生活增添色彩，总体而言这个人殷勤周到，外表端正，也会说笑话。但是，另一方面，这位公务员身患疾病，他持续不断的咳嗽听起来有些吓人，他总是因为低烧而不去上班，可想而知，只有长期而且昂贵的疗养才能够对他产生有力的帮助。这些都不是建立一个家庭有利的前提条件。

医生在这里有着重要的发言权，对此卡夫卡当然很久以来就意识到了。9月，他让匹克教授为他做了一次全面的检查，得到了一个充满矛盾的结果：这位肺部专家承认，虽然卡夫卡的身体条件允许结婚，但是这是以卡夫卡的体重最终再次增加为前提条件的。这个"增肥治疗"的命令，仅是其概念就引起了卡夫卡的逆反情绪，他向勃罗德吐露，他完全不可能达到所要求的重量。尽管如此，现在他打算

①《致父亲的信》。《遗作Ⅱ》，第158页。

在家里作战到底，不再放弃，而且他将在很长一段时间里，用实践中的困难来分散他的怀疑和恐惧的情绪。

布拉格的住房短缺尤其是一个相当严重的障碍。在战争期间，几乎不再建房子，许多住房状况非常糟糕，可以接受的房间也因此很贵。在卡夫卡面前，恰好就有一个同事作为现成悲惨的例子，他就是古斯塔夫·雅诺赫的父亲，他不但和已经离婚的前妻住在一所公寓中，甚至是共用一间卧室：这两个人完全不知道何去何从，而且就连这个年轻人也宁可待在外面，而不愿意想办法让这个笼子里的气氛变得明朗些。卡夫卡尽管在他的人生中还从来没有在经济上陷入困窘，但是他也不得不经历着期望值总是无法达到的痛苦：仅靠中等的公务员收入，是无法负担一间还算舒适的公寓的。他战前在一家德国房屋建筑互助委员会的投资早已经一文不值了，而且在刚刚争吵之后，也已经完全不可能请求父母将比勒克巷公寓楼中的一套公寓提供给他了。最后，经过几个星期的努力，朱莉在靠近她家的沃尔绍威茨［Wrschowitz（Vršovice）］的新城区搞到了一套房子，从那里当然要坐好几站有轨电车才能到达市中心。这个带家具、墙壁单薄的一室公寓显然不符合他们的期望，它几乎要吞掉卡夫卡半年的收入，这又是一个权宜之计，不过也是一桩幸运的事情。而后，在接下来的那个星期天——即1919年10月底，他向布拉格的一所户籍登记处递交了婚姻登记申请。

现在离婚姻仅有很小的一步之遥了，几年来他一再幻想的与一个女子——妻子——一起醒来的第一个早晨，离他还只有几天的距离了。特别的、令人眩晕的日子——事后卡夫卡说，他完全是“晕晕乎乎”地度过了那些天[①]，考虑大量的跑腿和手续方面的事情、找些其他事情来做，都是为了让时间过得快些，为了盖住内心情绪的大合唱。最后还剩48小时。他们却得到一条消息，尽管已经牢牢地说定了这间公寓，现在房主却又将它许给了另外一个有意的人。

> 主要的，而且很遗憾与任何事情都不相干的障碍却是，我显然在心理上还没有结婚的能力。这表现在，自从我决定结婚那一刻起，我就没有办法再入睡了，脑袋整日整夜地都像开锅一样，这不再是生活了，我绝望地摇摆着。这一切并不是由各种各样的担忧所引起的，尽管我的忧郁谨慎和死板迂腐的性格也是相应的原因……但是，起决定作用的还是其他因素。这是害怕、软弱和不自信所带来的无所不在的压力。[②]

婚礼被取消了，无限期地延期。催促朱莉做出这个重大决定的卡夫卡不得不

①1920年6月10日写给米莲娜·波拉克的信。《1918年—1920年书信集》，第171页。
②《致父亲的信》。《遗作Ⅱ》，第208页。

向她承认，他高估了自己的力量。她是很伤心，还是轻松地接受了这些，我们并不知道。她的姐姐克特立刻站到了她身边，给了她一个可想而知的建议——与卡夫卡分手。因为这是显而易见的，当一个人因为外在的偶然事件就如此荒唐地逃离正轨，那么说明他可能从一开始就没有真正当真。

现在，面对着卡夫卡女性法庭再一次被建造起来，但是，这一次他绝对不会再像5年前在柏林那样缄口不言了。他不是撒谎大王，他向克特保证，他的决定都是诚心诚意的。失去被认为是确定无疑的公寓，对于朱莉来说只是一个操作中的困境，但是，对于他而言，这却是"转折点"，"此后，我这次为自己所设定的期限就没有办法保证了，期限过了，到目前为止，从远方发来的警告的声音现在真真切切、没日没夜地在我耳边响如雷鸣"。并且，为了跟这个陌生，而且相当有影响力的女人说明白，就像倾听火苗的声音一样，他记录下来了他绞尽脑汁想出来的众多演讲中的一个，那是简洁的内心的要求，是恐惧的内核。

> 你，这个你必须永不停息地为你的内心的存在而作斗争，用尽你所有的力量，它从未够用过，你现在想要建立起自己的家庭，但是，这个可能是最必要，而且无论如何也是最积极、最大胆的行为到底是否存在？你用哪些多余的力气去做这件事情？你，这个现在每时每刻几乎都只是勉强能为自己负责，你也想担负起一个家庭的责任吗？你用什么力量来照顾它？而且，你还尽可能多地想要所有赐予给你的孩子，你结婚是为了让自己比现在有所改善，不会在婚姻中面对孩子的束缚而不寒而栗。但是，你不是农夫，他们在乡下喂养孩子，你也从来就不是一名商人，我的意思是从内在素质来看，相反，你是一名公务员（大概属于欧洲职业人群中的废物），而且过于神经兮兮，深深地迷失在非常危险的文学当中，有肺病，为了躲避办公室中的琐碎的抄抄写写的工作而疲惫不堪。在这些前提条件下（其中还没有谈到与结婚有关的问题），你打算结婚？你真的有这些打算所需要的魄力吗？你在夜里能睡着，而后在白天的时候，不会被失眠带来的头疼逼得半疯吗？凭借着这样的送给新婚妻子的晨礼，你能为一个值得信赖、忠心耿耿、无私到令人费解地步的女孩带来幸福吗？①

沃里泽克姐妹是否有能力跟得上其中的逻辑很值得怀疑：在卡夫卡的生活实践中，一直贯穿着宿命论思想，这种象征性已经在他对自己的疾病态度中表现出来了，肺结核具有生存性的含义，因而它是不可能**真正**痊愈的。这个单身汉超出了给自己"所设定的期限"。

他听到了急迫的"从远方发来的警告"，这些可能促使他全方位地崩溃，而未

---

①1919年11月24日写给克特·内特尔的信。《1918年—1920年书信集》，第92、90页。

来的妻子也会不可避免地被撕扯。即便是已婚的卡夫卡，也不能成为原本意义上的丈夫：他对一桩切实可靠的婚姻抱有过高的期望，但却无力去满足、实现，这种状况将毫无变化地持续下去。为了令人信服，卡夫卡不得不采用夸张的手法，但是这种手法反而伤害了他解释的可信性。沃里泽克当然早就清楚，他绝对不可能被某些抄抄写写的工作而弄得“疲惫不堪”，相反，他是一位成功、相当受人尊敬的公务员，而且正是在现在，在1919年年底，他再次被提拔。这样的说法如同那个所谓的“危险的文学”一样，听起来就像是托词，因为卡夫卡在过去的几个月里没有提起过文学创作，人们也没有注意到他在从事这项活动。最后，与卡夫卡的继续保持与朱莉关系的迫切愿望，也就绝对无法与这些自我判决相配了。他请求克特，不要阻止自己的妹妹一如既往地属于他的“只是想象中的未来”，没错，他是如此宣称的，而且“是无条件的”。这个男人到底在想什么？

无人知道。卡夫卡是否真的希望，在别的时间、别的地方，他仍然是有可能结婚的，我们也不知道。但是，朱莉再次放弃了自己的情感，而且也不再让自己为卡夫卡的情感的不断蒸发而感到惊恐。所有这些充满道德色彩的大话空话有什么意义，到底谁失败了？这个夏天已经过去了，无论是否有结婚计划。另外一个夏天将会到来。她已经从一位恋人的实实在在的死亡中挺了过来，而卡夫卡还活着，他们还在一起。

在马克斯·勃罗德每个月都会做的一些简短的记录中，还隐藏着另一个小秘密。它透露了，卡夫卡这位眼下不从事写作的作家，实际上正处在某些“危险的文学”包围中，当然，这与他想向沃里泽克姐妹所传达的意思完全不同：这一次是作为所谓的读者。他以令人印象相当深刻的方式狼吞虎咽着汉姆生新近出版的代表作《大地的祈福》，这是给人以强烈精神震撼的关于古代北欧农民的传说，卡夫卡甚至觉得这一切都发生在他身上：他似乎成了埃里绍伊斯（Eleseus）——强有力的大庄园主易萨科（Isak）的长子，一个怀疑论者，他无论在身体上，还是在心理上都没有能力接管父亲的遗产，他更愿意变卖家产后到城市里去住，后来他甚至移民去了美国。这的确是一个脱离了自己出身的人物形象，是一个按照他所在的社群共同接受的价值标准，甚至是根据他自己的价值观一事无成的人。这是卡夫卡个人神话故事的燃料，埃里绍伊斯这名字，如同一个自我解释的缩略语一样出现在他的日记本。但是，在这部小说中，人为什么都那么扭曲，为什么他们如此容易上当受骗，为什么他们无法满足简朴的生活？卡夫卡在这里看得相当清楚。“妻子使一切沉沦”，他就事论事地向他的那位好友解释道。

第十五章
赫尔曼·卡夫卡，存邮局待领

失败的可能折磨着人们；
不可能的则是胜利。
——卡尔·克劳斯，《格言和异议》（*Sprüche und Widersprüche*）

奥尔加·斯图德尔小姐兴高采烈的。来了一位熟悉的客人，她认识他布拉格的家人，这是一个谦虚、彬彬有礼、非常幽默的男子，比她小几岁，他在去年冬天已经在塞勒森村她的膳宿公寓里住了好几个月。甚至在他这边也产生了这种熟悉亲密的感觉；她向他讲述了在一场失败的订婚之后，她一直独自生活，而这位客人有时会给她读书，并且有一次还递给了她一沓长条校样。这不是一本微不足道的书，而是他很快就要出版的书，他想要知道她怎么看这本书。他和另一位来疗养的客人一起度过了很多时光，那是一位年轻的女子，同样也患有疾病，而且这两个人走得越来越近了，这是绝对无法避免的。只是从那以后，他显然休息得不好。他抱怨着头疼和失眠，而且他现在比去年咳嗽得更厉害了。当然这没有什么特别的，因为在斯图德尔膳宿公寓中，有很多人都咳嗽。[①]

卡夫卡这一次只在这里住了两个星期，对于疗养来说时间太短了。他这次来是出于疗养之外的其他的原因——正如斯图德尔小姐很快就得知的那样，这次还有一个很有声望的人陪同他来。马克斯·勃罗德利用这个机会，同样也是为了放松几天，趁此机会终于能够再次不受打扰、彻彻底底与卡夫卡谈一谈，他已经有一段时间没有见过后者，也想借此分享一下他与一位女子夏日的愉悦。勃罗德疲惫不堪；犹太复国主义的日常事务，与捷克政客们的争论，毫无结果的讨论，大量的出差、演讲、竞选演说，都将他团团包围，而卡夫卡安静和不离左右的陪伴，以及在白雪皑皑的森林里的散步，恰好是在精神上获得新生的享受。勃罗德应该不缺什么了，他已经成为职业政治家了：在犹太复国主义者占主导地位的“有觉悟的犹太团体候选人名单”上，他排第五位——这个团体在1919年6月15日参加了布拉格地方代表机构的选举，但是只有前三位能够获选。他是否因此而感到沮丧，则是应

① 奥尔加·斯图德尔（Olga Stüdl）在1931年以化名“多拉·格里特”（Dora Geritt）发表了有关卡夫卡简短的回忆录，请参见科赫的《当卡夫卡出现在我面前……》，第155—156页。

该值得怀疑的。因为时而能够坐在富有人文主义精神的马萨里克总统的办公室，甚至在自己家里接待外国使者，这些特权只是微不足道地弥补了来自公众的侮辱，这是作为犹太裔政治家经常遭遇到的。①

勃罗德只能在这里待几天，之后，他留下卡夫卡一个人在塞勒森。“（对我而言）和你在一起真的太美妙了，”他写信给卡夫卡说。这里的括号透露出，勃罗德感觉到了完全不同的对友谊的需求。“我觉得还可以，因为没有任何要求向我提起”，卡夫卡告诉奥特拉，“虽然马克斯曾在这里。”②紧接着就是奥斯卡·鲍姆的来访。这一次带来的负担很大。因为卡夫卡要在留给他的短暂、不受打扰的时间里，集中全部精力在一个项目上。

他已经做了多次尝试，想通过写信的方式与他的父亲达成某种谅解，后者在每次谈话中都没好气地批评。我们不知道，这样的尝试有多少次，但是至少有两封卡夫卡从祖豪寄给他父亲的信被保留下来了，这两封信为收信人带来了整日的焦躁，另一封写给母亲的信则从一开始就根本没有寄出去。此外，还有一封信的片段被保留下来了，它大概写于1919年的夏天，应该是赫尔曼·卡夫卡在弗兰岑斯温泉休养的时候收到的。这封信则是新的一轮责备的理由：弗兰茨对待家庭事务完全是漠不关心的，尤其是经济方面，而这正是让卡夫卡在石棉厂破产以后感到特别内疚的要害。相应地，他采取了防御性的姿态，“我在给这封信开头时，完全没有任何自信，并且至少希望，无论如何，父亲你能够继续爱我，而且最好读完我写的这封信。”③不过，卡夫卡很快就失去了摆出这种服软姿态的兴致了——如果通过这样的方式能够达成和解是最好的，但是这也不值得费这么大劲。这个家庭在过去的一年里所经历的这一切之后，正是在这位父亲表示了对计划中的婚礼的轻蔑之后，这样一封信当然表现出完全不同的面目，首先必须清楚明确，**清楚明确**是人们共同生活的基础。在这个过程中，卡夫卡仍然是和奥特拉团结一致的，那是唯一一个他能够透露自己新计划的人。但是，现在又与父母住在一起的她，也确实有足够的理由，胆战心惊地面对着自己的哥哥和父亲之间的论战，尽管抱有某些期望。

奥特拉的处境从1918年开始再一次变得尖锐化了，而这一次的责任在于她的男朋友约瑟夫·戴维。他在没有告诉奥特拉，而且是在违背了她意愿的情况下，向

---

①一个具有代表性的事件发生在1919年5月30日——大选前两周的时候。勃罗德被邀请参加一次德意志—社会民主主义选民集会。当他解释说，犹太人的民族委员会忠实地代表了全体犹太人民的利益的时候，有人向他高喊：“放高利贷的人！”《自卫》，第5发行年度，1919年6月，第2页。在同一个星期，在布拉格德国人开的商店再次被洗劫一空。

②1919年11月11日马克斯·勃罗德写给卡夫卡的信。《1918年—1920年书信集》。卡夫卡大约在1919年11月9日写给奥特拉的信。《1918年—1920年书信集》，第84页。

③1919年11月前写给赫尔曼和朱莉·卡夫卡的信。《1918年—1920年书信集》，第83页。这封信的片段是以“亲爱的父母大人”这样的称呼开始的，但是所谈的内容却只是针对父亲的。

卡夫卡一家表明，自己是他们家未来的女婿，把一家人惊得目瞪口呆。他被邀请到家里做客，并且被这个家庭仔细地鉴定，就连久已知情的弗兰茨也在场，与此同时，还留守在弗里德兰的奥特拉，只能无助地等待着这场对峙的结果。她拒绝了像她的姐姐们一样听从媒婆的摆布，有关这一点，在这个事件之前，她的父母就已经清楚了。她想要自己做出选择。但是她已经选定的**这个**候选人无疑令人感到意外，没有人想到会是这样。

27岁的约瑟夫·戴维来自一个天主教家庭，他的父亲是圣维茨大教堂（St.-Veits-Dom）的司事——这意味着他绝对不可能会继承到什么物质遗产，另外，他认为自己是有民族主义思想倾向的捷克人：这三个特征在几年前肯定会阻碍他进入卡夫卡家。但是现在，在捷克人建立了国家的时代下——这是几个星期后才发生的事情，社会的重心发生了转移：和戴维一样雄心勃勃的捷克年轻人，毫发无损地从战争中归来了，他们应该会有胜利者的感觉，因为德意志—犹太裔资产阶级的富裕现在突然成为耻辱，他们被迫要从心理上进行防守。奥特拉清楚地知道，她的恋人与她父母的见面，不只是带来个人生活中的冲突可能，这其中还暗暗地隐藏着极大的社会冲突。约瑟夫·戴维对于重新喊响的反犹太主义绝对无法免疫，奥特拉不得不提醒他：她不愿意，她特别清晰地写信告诉他，他辱骂整个犹太群体，只有在她这里是例外。[①]

相反，戴维迈出的第一步"非常容易，而且理所当然"，卡夫卡向烦躁的妹妹竭力保证道，"谁都没有勉强"。[②]在这里，他像经常做的那样夸大其词了。卡夫卡夫妇尽一切努力，使得自己不要在面对这个有魄力的求婚者时显得像恩赐者一样，而他们这样做的原因，无论卡夫卡还是奥特拉都一样清楚。几个星期后，这对父母正在烤鹅的时候，被戴维看到，他非常不高兴，鉴于一直持续的物资匮乏的经济状况，那只鹅不可能从别的地方得到，而只能来自犹太裔的黑市商人。当戴维接受了共同就餐邀请的时候，大家松了一口气。

由此导致的结果显然就是，在克服了一开始的尴尬后，对于这个年轻的捷克人不再有太多**个性方面的**质疑了：他作为一家银行的职员，是一个有进取心、勤学向上的平步青云者，另外，他还通过勤工俭学，完成了大学法律专业的学业，不久前刚刚获得博士头衔。除了这些，他钢琴也弹得很好，会说法语，还有更流利的英语——几年前他已经鼓励奥特拉也去学习英语了。当他不去讲述自己的职业前景或者之前曾经在英国居住过的经历时，他更愿意谈论他的集邮爱好和足球。这是一个清楚自己想要什么的男子，而且，正如就连老卡夫卡都承认的那样，这个人是可以与之聊天的。当然，只是用捷克语。戴维拒绝像卡夫卡家所示范的那样，在两

①奥特拉·卡夫卡在1918年10月14日写给约瑟夫·戴维的信（私人所有）。

②1918年12月11日写给奥特拉的明信片。《1918年—1920年书信集》，第62页。

种语言之间麻烦地来回转换[①]，的确，他完全拒绝说德语，尽管他能流利地说这门语言。当他们用德语问他话时，他用毫无瑕疵的捷克语来回答——就像任何一个在新成立的共和国中有民族意识的公民理所当然做的那样。卡夫卡夫妇对此当然不能公然质疑，但是，他们问奥特拉，约瑟夫·戴维是否可以改掉这种固执，因为这还是太令人紧张了，而且也让大家在共同相处中不自在。最迟在大卫承认自己是捷克爱国主义知识分子报纸《国民日报》的读者之后——就像卡夫卡夫妇经常将《布拉格日报》放在起居室的桌子上一样，他们至少已经清楚了，人们要么对这个人表示满意，要么就将他赶出去。

> 他给我们留下了最好的印象，但是我不能否认，我们觉得他很古怪，因而人们必须先习惯他的交流方式。他当然是一个非常规矩而且聪明的人，但是父亲首先对他的微薄的薪水、然后是宗教信仰还有疑虑，现在希望一切顺利。[②]

在这些方面，奥特拉没法帮助父母；她的恋人现在还缺乏和这个家庭的“同厩气味”，这个是无法通过他的勤奋上进和魅力完全弥补的。但是，至少她从布拉格得到的不是她想象中的严厉的指责，而似乎只是在这种文化碰撞时完全不可避免的常见的有所保留。人们对此不必过于认真。当父亲有疑虑，但是母亲抱有同情的时候，通常最后是母亲胜出。卡夫卡夫妇拜访了戴维一家，约瑟夫·戴维的父母和兄弟姐妹被引见给了卡夫卡夫妇，他们在愉快的打牌中拉近了关系。最后，这个未来的女婿还要经过一个考验，那之后，新的联盟就将永久地建立：他要被介绍给两个重要的亲戚，后者在家族中因为他们多元化的文化和政治关系而具有很高的地位——这就是来自科林（Kolin）的律师罗伯特·卡夫卡和他的妻子艾莎。他们的表态当然一清二楚：戴维有天分，而且很有前途，他们保证，声称已经很久没有人像这个人一样惹人喜爱了。[③]这就足够了。几天后，这位求婚者——约瑟夫·戴维博士突然被叫作“佩帕”（Pepa）或者甚至是“佩皮维克”（Pepivek），在命名纪念日，收到了卡夫卡夫妇送的六双绣有他名字的袜子，而且朱莉要求他，请不要再称呼她为milostivá paní（仁慈的女士）了，而是叫她maminka（母亲）。尘埃落定。[④]

尽管如此，为什么拖了一年多才举办婚礼，对此只能猜测。有可能在1919年，奥特拉和她的父母之间又继续发生了激烈的争吵，显然是后者与“佩帕”联合起来

---

①卡夫卡自己就创造过这种语言混乱的滑稽可笑的例子：卡夫卡的父亲想向约瑟夫· 戴维讲他和某个人“友好相处”，但是“友好相处”这个成语被逐字逐句地翻译成捷克语的“na pratelske noze stoji”，即“赫尔曼· 卡夫卡通过利用所有友谊而站稳脚跟”。1919年2月20日写给奥特拉·卡夫卡的信，《1918年—1920年书信集》，第73页。

②朱莉·卡夫卡在1918年12月1日和1919年2月5日写给奥特拉·卡夫卡的信（私人所有）。

③朱莉·卡夫卡在1919年3月14日写给奥特拉·卡夫卡的信（私人所有）。罗伯特·卡夫卡自己对捷克民族主义所抱有的同情，显然也对他对约瑟夫·戴维的令人振奋的评判产生了影响。

④朱莉·卡夫卡在1919年5月20日写给奥特拉·卡夫卡的信（私人所有）。

对付自己的女儿。他们很高兴最后驯服了这个难以驾驭的人。但是，奥特拉却不像所有的亲戚所期望的那样，认为自己已经准备好与那个强势、过于野心勃勃而且有时候脾气暴躁的戴维结婚。他对她的利益缺乏重视，因此他才会在办公室待到很晚（这在她看来是“不正常”的）、花太多的时间和他的捷克民族组织索科尔的志同道合的同志待在一起，总之她得到的印象是，他不需要她，如果没有这个犹太恋人的话，他无论如何都会过得更好。①

当奥特拉在3月份通过了农业经营学校的几门考试之后，回到了她的父母在布拉格的住处，在那里只是为了寻找一个合适的职位：作为某处不动产的管理员、园丁或者类似的职位。尽管经过几个月的辛苦努力，但是这些计划还是破产了，失望的奥特拉又重新动起了前往巴勒斯坦的念头，那里急需有她这样资历的女性。她的几位“犹太妇女和女孩俱乐部”的犹太复国主义女友，现在已经在认真地准备移民，布拉格越来越充满敌意的氛围，让分别变得更为容易了，这些幸福的女人们所谈论的对美满生活的设想，让这个没有工作、身处布拉格的新娘不知如何是好，这对于奥特拉来说一定是难以忍受的。但是，她能向谁征询建议呢？谁能够理解为了做出有效的决定而必须有所保留呢？对于乡村的渴望，尤其是犹太复国主义者的理念，对于她的未婚夫来说是完全陌生的，她完全无法和他谈论这些。所有会带来分离的计划，都完全不能在她父母的耳边谈及。她的堂姐，也是唯一的好朋友伊尔玛·卡夫卡，是奥特拉可以透露**一切**的人，但她在1919年5月突然去世了（可能是因为西班牙流感）。而她的兄长正把这个夏天都用在另外一个女人身上，也正在痛苦地做着没有什么成效的决定。尽管如此，奥特拉仍然继续努力着，在1920年春天，她还向科隆附近的奥普拉登（Opladen）寄了申请信，以便能够参加前往巴勒斯坦的准备课程；为了争取到一个学习位置，她甚至请马克斯·勃罗德为她写了推荐信——但是所有的一切都是徒劳。②

由于奥特拉和约瑟夫·卡夫卡再次同处一个城市，甚至同在一个屋檐下，因而在这个关键时刻，没有通信留下来。我们不知道，奥特拉到底有多孤立，我们同样也不知道，为什么尽管有在祖豪的经历、尽管通过了农业管理的考试，但是却没有成功地实现她获得独立的梦想。卡夫卡发往弗里德兰的最后的消息，毕竟还是标出了这个家庭中的阵线：他恳请奥特拉要走自己的路，而且，当奥特拉出于良心的折磨而事先跟母亲谈了自己未来的职业打算，还准备特意回一趟布拉格的时候，卡夫卡甚至有些没有好气。而母亲一直操心的，是她的孩子能得到最好的生

---

①请见卡夫卡大约在1920年5月1日写给奥特拉的信。《1918年—1920年书信集》，第125页。在这里清晰地谈论了奥特拉在结婚前的“犹豫”。

②有关奥特拉在结婚前几个月仍然在考虑移民的问题的唯一一个很清晰的暗示，可以在卡夫卡于1920年3月写给马克斯·勃罗德的信中发现。《1918年—1920年书信集》，第107页。

活，却无法想象什么是最好的生活，只是慷慨地给他们寄去食品，要求他们听话。[①] 奥特拉的迁就、愿意接受建议和承认自己的错误，这些都很少得到母亲的表扬，从父亲那里则根本不可能有何褒赞，相反，卡夫卡几乎不让他的父母对自己的生活有任何粗暴的干涉。他总是以痛苦的观众的身份，关注着那些失去控制的争执，而且这些争吵的结果对他的生活只有微不足道的影响，只是极大地促使他——令他第一次真正地觉得有必要，在1919年秋天进行大规模而且不留情面的清算，奥特拉是中心议题，这位妹妹当然是和她同一个联盟的。奥特拉是附带起诉人，这场审讯是应她的要求开庭的，她审阅了所有的卷宗。

亲爱的父亲：

你不久前曾经问过我，我为什么说，我对你抱有畏惧。我告诉你，和平时一样，我无法回答你，这部分恰恰是由于我面对你时的那种畏惧，这种畏惧是由很多因素组成的，比我能用语言组织起来的要多。而且，当我现在在这里尝试着书面回答你的时候，它也只是非常不完整的，因为在我写信的时候，这种畏惧和它所产生的结果也使得我无法面对你，而且这些素材的大小已经远远超过了我的记忆和我的理解了。[……]

我想说什么，你显然都知道。例如，你在不久前跟我说："我一直都高兴有你，当我对你的照顾不像其他父亲那么肤浅的时候，同样我也无法想象和其他父亲一样。"那么，父亲，我完全没有怀疑过你对我的好，但是，我觉得你的说法是不正确的。你没法想象和其他父亲一样，这是对的，但是其中的原因只能是，要么是单纯的、不用多加讨论的刚愎自用，要么——这是我真正的想法——委婉地说就是，我们之间有什么不对头，而且你也是其中的肇事者，不过你没有责任。如果你真的这样觉得的话，那么我们就达成共识了。[②]

并不是一个大有前途的开端。出于对父亲的畏惧使得他无法向父亲解释他的畏惧——谁会相信他的这个说法？而且这位父亲早就应该承认自己其中的责任，哪怕"委婉地表达"或者似乎是无意地承认。他应该在这时，才从他的儿子那里领会到，这位儿子**到底**想要说什么。这是倨傲又宽容的姿态，但是还有更糟糕的。

卡夫卡的《致父亲的信》，长久以来享有相互矛盾的声望：它被作为体现文学

① 卡夫卡在这里也犯了他的众多值得注意的错误中的一个。"你打算如何通过邮件尝试，你为什么要事先和母亲说？我完全不能理解"，他在1919年2月20日写信说。奥特拉在她的回信中明确地指出，生命太短暂，不足以让母亲和女儿之间的这种矛盾一直持续下去。对此，卡夫卡在2月24日回复道："正是因为生命短暂，因而不应该赞成而应该反对这样的旅途。"但是，他的意思应该是相反的：……不应该反对，而应该赞成这样的旅途。《1918年—1920年书信集》，第74、75页。

②《致父亲的信》。《遗作Ⅱ》，第143、145页。

现代性的基础文本，也被作为手段巧妙的文本，它做到了透彻地进行道德问题的讨论。毫无疑问，这是日常心理学中最有说服力的分析，特别是涉及权力和依赖性的心理根源。他的生动阐述，他的清晰思想脉络，以及他对范例的直观的理解——其认知意义已经远远超出了个体的命运。卡夫卡的这封信，至少是可以与弗洛伊德的案例研究媲美的。精神分析方面的读物对这封信产生的影响是显而易见的，但是卡夫卡并没有写下任何基本的心理分析假设，也没有在任何地方尝试通过心理学理论缩短费力的推论过程，或者甚至用简单的概念的帽子来替代它。他站在智力能力和语言能力的高点上，这封信可以被当作自传来阅读，它属于最令人印象深刻的作品，值得出版。

另一方面，这封信也引起了后来的读者多重不舒服，几乎没有一个评论者不会评论这份文献说出的这样语句"是的，但是……"。马克斯·勃罗德认为，在完整地出版这封信以前，应该让读者做好对付它的夸张和"结构体系"的准备；克劳斯·瓦根巴赫满是怀疑地阐释着这封信的源头意义；海恩兹·博里泽尔将这封信作为手段多样的散文来分析，所以他觉得它属于文学创作；聚焦于精神分析的传记研究者则谈到了"象征性地弑父"。[①] 特别需要指出的是，与其说卡夫卡是在对他与父亲的共同生活的历史做客观的描述，不如说他通过修辞手法强有力地控制了读者，有关这种怀疑损害了这封信的可信性。仅仅是这封信的长度——原稿就有100多页，就令人怀疑。这看上去不像是信件，而像是小说。难道卡夫卡没有谴责自己采用了某些辩论技巧，难道没有人非难这个文本总体看起来就像是一封"律师函"？[②]特别是在这封信的结尾处令人惊愕的视角转化——它让每个读者都心生怀疑——看上去是发挥着强调的作用：卡夫卡突然用67岁的父亲的语调说话，他抢在前面开始质疑握起拳头身为控方的儿子，而且是逐字逐句地——这的确过于艺术性了，太像表演了。事实上，在这里卡夫卡似乎完全看不到他的收信人了，换言之，他反正知道，他能够比现在这样更精致、更敏锐地表达，他已经不再需要**真正的**对手了。因而就有必要问一问，**着手于**这封信时，他是否期待着得到回复。

卡夫卡通过一些了不起的语言方面的努力，使得已经是难以忍受的关系变得能够忍受一些了，他的这种英雄般的行动是符合他贯穿一生的自我解释的背景，这种背景可以追溯到他的青少年时代。通过观察和回忆，能够从其自身动力机制

① 勃罗德：《弗兰茨·卡夫卡传》，第30页；克劳斯·瓦根巴赫（Klaus Wagenbach）：《弗兰茨·卡夫卡：他的年轻时代的传记》（*Franz Kafka. Biographie seiner Jugend*），新版，柏林，2006年，第10页；海恩兹·博里泽尔（Heinz Politzer）：《弗兰茨·卡夫卡：艺术家》（*Franz Kafka, der Künstler*），法兰克福，1965年，第439—450页；玛格丽特·米特谢尔里希-内尔森（Margarete Mitscherlich-Nielsen）：《对弗兰茨·卡夫卡的精神分析评论》（*Psychoanalystische Bermerkungen zu Franz Kafka*），载《心灵》，第31发行年份（1977年），第1期，第60—83页；恩斯特·珀韦尔（Ernst Pawel）：《弗兰茨·卡夫卡的人生——一本传记》（*Das Leben Franz Kafkas .Eine Biographie*），莱恩贝克（Reinbek），1990年，第432页。

② 1920年7月4—5日写给米莲娜·波拉克的信。《1918年—1920年书信集》，第201页。

解释他的不受管辖的状态、他与其家庭的疏离，他已经在自己的日记本中收集了大量的诸如此类的观察和回应，而且可能的情况是，他先筛选了这些材料（并且甚至可能将它们带到了塞勒森），然后才敢于开始这个信件——项目：其证据就是，信中的许多内容都与之前的日记内容字字句句相吻合。[①]

卡夫卡曾经梦想着写自传，后来，由于痛苦的失败，他将精力集中在去弥补修正所展现出来的缺点上，去寻找被社会所能够接受的正常状态。这场疾病最终让他相信，这样的尝试毫无意义；因而他现在认为，仅剩的道路就是，"我不只是私下地、不只是通过在一旁帮腔，而是要公开地通过我的行动，为我现在不能做到的负责。为了这个目标，我必须要做的只有以完全决绝的态度，重新跟随到目前为止对生活的勾勒。这样我才能够坚定起来，而不再将时间浪费在无意义的小事上，让视野变得开阔。"[②]重新跟随着规划的，首先意味着在生活实践方面：卡夫卡打算回归自我，打算大规模减少到目前为止他只是在抱怨的社交生活——也就是将与世隔绝、独身、以观察者的身份作为命运有意识地接受下来，并且因此找到相对的宁静。"将自己打造成原本的样子"，萨特这样解释这个策略，它绝对与单纯的听天由命，或者与用舒适的可以实现的方式重新复归自己不是一回事。为了能够有意地通过自己的个性重新认识自我——这些特性从社会共同体的角度来看是古怪的、疯狂的，或者是反社会的，是对反思能力提出了很高的要求的，这种能力正是卡夫卡以语言和文学之路、既作为读者也作为作者而努力去获得的，这样，在祖豪完成的大量传记式文章，同样还有在祖豪的日记中的冥想风格，就能够得以解释了。

但是，重新跟随规划也意味着：依靠事实。难以想象的是，卡夫卡将的的确确发生的事情在头脑中歪曲了，如果是这样，《致父亲的信》因此就不能被当作传记资料了。这位父亲一直在场，他是控诉方在他眼前当作证据资料展示出来的所有大事件的另一位目击者，而且每一个事实性的错误、每一个错误的引言都令卡夫卡丢脸，也会夺走这封信的效果。这位时尚服饰用品商店店主对他自己的店员的（"他应该一命呜呼，这只病狗！"）、对他的儿子的朋友的（吉茨查卡·罗威在他看来就是寄生虫），甚至是对某位因其早逝而使得他不得不作为牺牲亲戚（"这个虔诚的女人给我留下了太多的猪猡"）的带有人格侮辱色彩的评论，所有这些都是真的，他完完全全就是这样说的，或者更确切地说，是从他嘴里这样蹦出来的。

卡夫卡根据某些战略性的和有教育意义的标准选择着这些回忆，此外，他以人们称之为文学性的方式将它们组织起来，而这些在这封信开始几页后就无法识别出来了，这位写信人很清楚，即便是对文学一窍不通的父亲，也肯定会喜欢艺术性的表达的。但是，恰恰是这封卡夫卡所写的最长的信，与他写的其他信件有本质

---

① 例如我们发现，卡夫卡以道德控诉的方式说出来的儿时对父亲的记忆（《致父亲的信》，《遗作Ⅱ》，第169页，是引用了1911年12月26日的相应的日记片段。《日记》，第323—324页）。

② 1917年11月14日写给马克斯·勃罗德的信。《1914年—1917年书信集》，第363页。

的区别吗？这很值得怀疑，有关卡夫卡所要传达的信息，到底如何逐字逐句地写了下来这个问题，也可能不是通过分析**整个**这封信所能够回答的，或者是根本不能回答的。因为他从来没有对“信息”感到过满足；对每一次参与其中的观察、每一次跟随其发展过程的事件，在语言和描述上的准备工作都是一个**微缩**的小说、隐喻、小型悲剧或者律师函。卡夫卡游戏着，他从对语言的操控中得到了乐趣。另一方面，他的眼睛也在过滤某个场景的过程中得到了训练，筛选出其中重要的、有典型意义的或者富有教育性的内容。为了将这些印象——获得印象同时也是认知活动——传递给另外一个人，需要熟练地操控人们的注意力，而文学作品将最有成效的工具交到了卡夫卡的手中：扔掉不重要的，突出或者“夸张”具有显著性的，调动读者的期待，发挥叙述者的能动性，通过吃进的牌来诱惑读者。

卡夫卡直截了当地将这些看似是宣传家所用的叙事技巧——他肯定也经常在电影里看到——强加到《致父亲的信》中。因为在这里，绝对不是给予了有关父亲各个方面的经恰当处理的尽可能完整的大事时间表，或者是一个自传体的记录。相反，卡夫卡打算指出的是，这位父亲对待他的孩子的态度是否客观、是否从无例外的严苛，并不是最重要的；重要的是，就连相对无害的干涉，例如持续不断的讽刺、相互矛盾的命令、充满蔑视的表情，或者大声喊出的惩罚的威胁，也都达到了灾难性的效果，也就是说，如果触碰到了“牺牲者”一方已经具有的某种“情结”，那么就将使当事人自己产生缺点重重，或者完全一无是处的感觉。有关这一切一定是建立在已经具备的某些天性基础上的问题，卡夫卡没有进一步阐述。但是，他将会理解，同时也会清楚地讲述出来，两个天性相差如此之大的人——**这位**父亲和**这位**儿子——的相遇，将如何导致蔓延不断的、看上去绝对不可能逆转的、人为的征服与生活障碍，因此也带来了永远蔓延的疏离，不断扩大的伤害、误解和相互之间的错误认识。

在这之后，卡夫卡的主题就是想象：孩子意识中父亲的存在所发出的回声，充满恐惧的图像和真实的存在重叠在一起。这封信用了很长的段落，一丝不苟地区分着父亲的“真正的”个性特征——“基本上是一个亲切而且富有同情心的人”，与一个征服性的父亲——意象——“作为父亲你对我而言太强大了”。卡夫卡之所以进行这样的区分，主要是因为他想最终能够从既令人痛苦不堪，又毫无成效的有关责任的问题中脱身。没有人能够做到他原本的样子。没有人能够不让另一个人对自己施加这样或那样的影响。卡夫卡恰恰要求将相互之间的责任推诿最终一次性地解决，“你对我产生了应该对我产生的影响，而现在你只要停下来，我这边因为这些影响所产的特别恶意的行为也就会停止。”卡夫卡所尝试解释的是**影响**。但是，这些想象无法用这位父亲所熟悉的事实性的语言加以描述。不过，卡夫卡发现了富有成效的形态，它们不是别的，而正是他的文学般的文本：

这就像一个人登上了5个低矮的台阶，而第二个人只攀上了一个台阶，但是后者的一个台阶相当于前者的5个台阶的高度；这当中的第一个人不仅要登上这5个台阶，而且还要继续攀登着上百个、上千个台阶，他将展开伟大且非常辛苦的人生，在他所攀登的台阶中，没有一个台阶对他具有如同第二个人几乎用尽不可能的力量，努力爬上的那第一个、非常高的台阶的同样的重要性，第一个人不仅没有爬上过这样的台阶，而且自然，他也没有超越过它。

但是，我们之间正是通过这种方式，将我的婚姻完全封闭在你的最私人的领域当中。有时，我打开世界地图，会看到你正在不断地占据着它。因而，对我的人生而言，只有这样的区域是可以考虑的：要么是你还没有遮盖住的、要么就是不属于你的影响范围的。由此产生的遐想就是，由于你的伟大，我没有太多、非常令人鼓舞的区域可去了，特别是婚姻绝对不属于这样的领地。[①]

卡夫卡不打算指出，这是他对事实真实的描述。他也从没有打算声明，作为孩子、作为少年，他心灵的眼睛是否的确看到过展开世界地图的父亲。这些想象发挥着启迪性的模型一般的作用，这个模式就是——**它就像……一样**。只有在印象中、在类比中，才能指出这些想象为什么能够赢得超越生活的力量。之所以这样，是因为卡夫卡相信（而且如果这位父亲阅读了库特·沃尔夫出版的那几本薄薄的小书的话，他也会识别出）：它就**像**一只巨大的害虫栖居在人类的一个家庭当中**一样**。它就**像**这位父亲从儿子的衰败中汲取自己再生的力量**一样**。这些都是追随着某些梦一般逻辑的场景，这些梦境同样来源于先觉中的阴影地带，同样是密不透风的、隐秘的，而且是“过度编码的”。当然，卡夫卡今天小心翼翼不明确地谈及那些梦境，也提防着不将父亲作为不通世故的新的例证。他追求同情。他想用正确的印象替换错误的。他写着，就**像**从日常的、经过数十年相互研磨的归因中最终能够产生正确的形象**一样**，并且开始在**另一个**层面达成相互的理解——如同卡夫卡所相信的那样，在那里只有事实，那是一个更深层次的、一个真实的维度。

这是一个一定会破产的项目。因为卡夫卡在这里所渴望的——也是对这封信的收信人的要求——恰恰就是有力地保持与自己历史的距离，是采取没有人能够给予的自我诊疗式控制措施。每个段落都清清楚楚地打上了努力的记号，即便这些字句不是客观的，但至少也是有充分根据的。在这里用实事求是的风格陈述心灵的荒芜，首先就是一种放弃具有表现力的姿态的风格——尽管在这里的陈述极其生动，但这种风格是非常费力的表现方式。即便这封信的一些字句是含泪写下的，但是这份供词，仍然尽可能地保持非个人性的色彩，“有人哭了”。

---

①《致父亲的信》。《遗作Ⅱ》，第200、210页。

卡夫卡做到了一直坚持预先设定的方向，直到最后一页。当然他的文本积聚在一起，似乎漫过了自己的岸边。如果**有哪**一位父亲不将这封信看作是面对面的教训，并且也当作是控诉信、大量的道德方面证明材料的堆砌，那是不可思议的。尽管这位控诉方多次竭力保证，在这里不涉及责任问题。因而，在这里当作噩梦提及的孩提时代的印象，从来都不是决定性的。卡夫卡如此生动地描述（从此之后变得清晰了千百倍）的波拉特式（Pawlatsch）——经历对于儿童来说无疑是非常糟糕的，例如，被父亲在半夜抱到阳台上，被锁在那里不让回房间，可能即便不那么敏感的人也会一辈子记着。对于此种深刻的一无是处的感觉——这令他的儿子感到惊恐，是老卡夫卡无能为力的，他没有想到会这样，而且别的父亲和他们的孩子的情况完全不同。身体上的没有——实力也是给这位儿子带来持续羞耻感的源头（并且一直如此）——看上去瘦弱、纤细的年轻人旁边是矮胖、满身肥肉的父亲，这的确并不悲惨，当人们仔细看去的时候，只会觉得很滑稽。这可能是这封信的收信人读到此处，会心一笑的段落，也可能对这些描写心有同感。

不过，当赫尔曼·卡夫卡继续读下去的时候，笑容很快就会不见了。信上说，他在共同进餐时表现得像只猪，他偏爱下流笑话，他总是有着很糟糕的情绪；他对他自己的艰苦童年的抱怨，让所有人都感到沮丧；他从来不遵守他给别人制定的规矩，他刁难员工，不听任何人的劝阻，没有能力进行有实质内容的谈话，责备所有人和任何事；他对自己孩子的成就冷嘲热讽；他无法参与到任何人群当中，只会大声地自我怜悯，并且沉溺其中；而他在社会上的投机主义则更加不幸，他对任何一个账户上超过一百万的人，或者任何一个有着皇室头衔的人，都充满了愚蠢的羡慕。此外，从被他常常所恳求想要达到的家庭状态中，人们看到的只是怨恨——他用此来迫害自己的小女儿。这些都是事实，不只是印象或者内心的反应。这是一个家庭暴君的画像。

这一次，卡夫卡将**所有的一切**都打包在一起，他显然是非常满意地利用着这个机会。在过去的几个星期受尽侮辱之后，释放压力的需求超出了一切，而且围绕着奥特拉所展开的痛苦的争执，也让他认为自己是问心无愧的：这位父亲的确也折磨那些**没有**收入的人们。此外，一天天地将全部注意力集中在自己的生平上，也使卡夫卡不断地挖掘更深层的记忆，他摆脱不掉这些记忆的强烈性，直接抵达被禁止的憎恨情绪的极限，而他只是充满痛苦地承受着这种情绪。

到目前为止，他唯一一次在无法控制的攻击中不仅直呼其名，而且将这种行为看作是真实的心理现状，“我……被他们蒙骗了，而且没有反抗自然规律，不过这也没有令我疯狂。只有愤恨，几乎除了愤恨没有别的。”这是他对菲利斯·鲍尔袒露的供词，这已经是3年前的事情了。他努力想让她明白，他为什么对与“家乡的那群人”在一起生活感到厌烦，却不能不计后果地与父母对抗——这也是一份获得了檄文的外形和规模的信件，而且对卡夫卡是如此重要，以至于他先在日记本上进行组织。[①]这是对解释一个显然无法解决的矛盾、一种错综复杂的局面的尝试。收信人却是他的新娘，是一个局外人，她对过去发生的事情不负有任何责任，卡夫卡通过站在她的角度上，成功地将自己撤回到了观察者的位置，从而能够"就事论事"，并且回避所有可能对他的父母产生侮辱的结果。但是，《致父亲的信》却是内部邮件，收信人就是坐在这里同一张桌子上的对手、肇事者，这使得卡夫卡不可能继续作为自己的事务的理智冷静的顾问。这封信本身已经夹杂了愤恨，卡夫卡并没有像事后他所认为的那样，对这种情绪加以控制，严格地根据自己的目标构建这封信。已经过去的事情主导着当下，伤口永远还在流血，想象是永恒的。为了能够得到理解，卡夫卡已经决定连同这部文学作品一同牺牲："我所写的这篇文章涉及了你，我所抱怨的，只是我在你的怀抱里无法抱怨的。这是一个有意被拉长的与你的分别……"这曾经应该是真实的——那是在20年前，或者是在15年前，也同样至少是真相的一个重要的侧面，但是在现在的战争和战后时代，毫无疑问不再是真实的了。是马克斯·勃罗德首先在遗作中发现了这封信，而正是这些段落让他产生了特别不愉快的情绪，因为他发现，卡夫卡在这里贬低了创作带来的独特的幸福感。[②]

事实上，在这里卡夫卡再次遵循的是想象的逻辑，这是个人神话的逻辑，并且他让真正发生的事情也遵从这样的逻辑。他所关注的目标是隐藏在真相后面的实际局势，在他看来，这些局势就像一幢房子的地基一样，是同样不可动摇的，尽管那上面的楼层可能随着时间的流逝而发生很多的变化。卡夫卡正是在那样的地方谈论着那些引人注目的印象，在这样的地方并不涉及标有明确日期的儿时的事件，也不涉及数十年前的第一次发生，而是被永恒化了的状态，是**完全无法**排列到时间顺序里的。这仿佛是通过微小的一步，就将最遥远的时代联系起来了。或者是一次"静止不动的行进"，如同卡夫卡后来所努力把握的生活法则。[③]

但是，在这里没有真正的发展，一直只是最初的不幸的相互塑形，也不存在结束这个悬而未决的过程的可能性：就不可能公平地协商加以调解——这最终能够让人喘上气来，也更不可能最后宣判无罪。事实上，与他的这封信的意图相反，卡夫卡拒绝了任何真正达成一致的努力；他勾画了一个家庭的形态，在那里，只有长大成人的孩子在反思，到底发生了什么，与此同时，父母却是盲目的。是这样的一

---

①1916年10月19日写给菲利斯·鲍尔的信，《1914年—1917年书信集》，第262页；1916年10月18日日记。《日记》，第808页。"不过这也没有令我疯狂"这几个词在日记本上是后加上去的。卡夫卡所说的"愤恨"是指关于吉茨查卡·罗威的争吵，不过，也更是指一种气氛上的干扰："我不应该写这些，因为我简直就是在写对我父亲的憎恨。"1911年10月31日的日记。《日记》，第214—215页。与在关于石棉厂的争执之后类似，"我恨所有的一切"。1912年10月7日、8日写给马克斯·勃罗德的信，《1900年—1912年书信集》，第180页。在卡夫卡战前使用的记事本上，可以找到一句用速记符号写下的备注："我对于父亲的愤恨。"《日记》，注释68。

②勃罗德：《弗兰茨·卡夫卡传》，第30页。

③1922年1月23日的日记。《日记》，第887页。

个家庭，在那里，所有不利于物质上和社交方面的东西，要么被拒绝，要么以打击性的陈词滥调加以怀疑，无论昨天还是今天，都是如此。另外，这位父亲，如同我们偶然得知的那样，详细询问了他的儿子为什么恐惧；他让他的儿子知道，自己为有这样的儿子而高兴；他读了弗兰茨推荐的那本有关教育和家庭的图书。[①]他们进行了谈话，至少谈及了折磨人的矛盾。父亲提出了异议，这一切并不像卡夫卡所认为的那样完全是假象。

因而，他在多大程度上对这封"律师函"的内在真实性、说服力和所期望的效果有所质疑，我们并不知道，这都需要进一步的、独立的证明，借此我们才能判断，卡夫卡记忆的选择性，以及由他所勾勒的家庭肖像是否符合事实。同样不清楚的是，除了片刻的释罪感之外，他到底希望从如此遣词造句、铺排得如此广泛的讲话中得到什么。"……这样我们双方都多少得到了安慰，并且能够使生生死死变得更为容易了"——关键词简明扼要，如同传道一般。没有谈到修好。正如卡夫卡心知肚明的那样，和解是无法仅凭解释就能够实现的，只要对手之间不能平等相待，那么和解就从来不值得向往。与一个统治一如既往地存在着的压迫者之间的重修旧好，实际上就是归顺；与一个本质根本不同的人之间的和解——人们只是不情愿地忍受着与他的亲密关系和他的影响，是一种空洞的状态。只要卡夫卡停留在这样的桎梏里，他的这封信就会陷入所表达的矛盾之中，这必然使得这封信不再那么锋利。他将告别拉长了，因此他没有走向终点。他直呼对手的名字——以闻所未闻的直率，但是他却无法与这个对手分开。

卡夫卡经常要对峙一些与他关系亲密的人——他们清楚这种矛盾心理已经是他那些最引人注目、最捉摸不透的个性特征中的一个了；另外，他为什么如此认真地看待他的那个没有什么文化的父亲的赞同或是夸奖，这个问题也无疑是卡夫卡经常要面对的。从他决定下一本书——《乡村医生》小说集特意题献给这个强有力的对手之后，这种对峙就越发显著了。在这个决定刚一做出之后，卡夫卡就宣称，他将关注《乡村医生》，使之尽可能快地出版。"这并不是好像说，就此我就能够与父亲重新和解了"，他信誓旦旦地告诉勃罗德，"这里的这种敌对性的根基是无可撼动的，但是，我也要做些什么，这样，即便不能迁居到巴勒斯坦，但手指也在地图上拂过那片土地。"[②]这听起来并不特别有说服力，也绝对没有证明他完成出版这件事的急迫性。[③]更可能的是——他的这位朋友应该已经猜到了，卡夫卡正在私下偷偷地享受着这种有舞台场景般效果的想象：当他的父亲打了一整夜牌之

---

①这是本雅明·富兰克林（Benjamin Franklin）的自传《本雅明·富兰克林的人生》（*The Life of Benjamin Franklin*）的捷克语版，1868年。

②1918年3月28日写给马克斯·勃罗德的信。《1918年—1920年书信集》，第33页。

③"我请您不要忘了这整本书的'我的父亲'的题献。"1918年10月1日写给库特·沃尔夫出版社的信，《1918年—1920年书信集》，第54页；"《乡村医生》一书缺少题目和题献页。"1919年2月底、3月初写给库特·沃尔夫出版社的信，《1918年—1920年书信集》，第77页。

后，终于舒舒服服地坐了下来，匆匆地翻看着他的儿子最新出版的文学作品，有一页映入眼帘，那上面只有4个字“我的父亲”。令人开心的设想，也正是一招妙棋。可能这位父亲不可避免地感受到某种骄傲的情感，甚至可能说出一两个表示感谢的词，然后，在下次有哪个亲戚来访的时候，不经意地将这本书放在桌子上。这个富有想象力的愿望是否真的得以实现，我们不得而知。后来，卡夫卡声称，致父亲的题献具有讽刺的意味。当然，正如他所说的，他是非常认真的。[①]

> 看上去巨大无比的父亲留给弱小、需要帮助的孩子印象的强烈程度，是我们完全无法想象的[……]，这个父亲是孩子所能得到和所需要的一切，他是孩子最后可以求助的有关当局，因为他的意志使得孩子的固执己见且自私的反抗落空了。他带来惩罚和褒奖。当他发火时，意味着要得到他的原谅，而且服从于他是有教养和拥有成熟的明智的体现。[②]

弗洛伊德的门生保罗·费迪尔恩（Paul Federn）的书的出版，比卡夫卡尝试探索他自己父亲的统治现象学早了大概9个月。两者之间的一致性令人惊奇，而且甚至连概念都是相似的，尽管如此，却没有任何证据表明，卡夫卡哪怕只是听说过费迪尔恩的《没有父亲的社会》这部作品。当然，这个题目是像病毒一样到处蔓延的：宏观的权力体系的崩溃、政治领域的父亲般人物的被驱逐或被谋杀，以及许多人希望尽可能迅速地赢得替代——权威的绝望的尝试——在所有这些灾难般的现象中，都体现了一种法则的有效性，这种法则也深深地根植于个体的心理方面的命运之中。为什么在那里，在家庭的微观宇宙中，父亲的力量被浓缩为一种阻碍性的**倾向**，成为某种障碍，终身一直发挥着作用，将父亲的真实的存在无限延长，对此，已经有心理学理论做出了可信的解释：人们根据弗洛伊德的观点发现了一种运行机制，而且这种机制是人们无论如何都无法让它从这个世界上消失的。

奥托·格罗斯的反抗在战前的岁月里就已经非常激烈了：他论证道，父亲权威的固化为共同的社会生活带来致命性的后果；另外，社会领域正是其稳固的根基的恰当地方——而不是什么精神分析师的沙发。任何社会和政治解放运动的尝试都应该考虑到，存在着强有力的个体心理因素，这重新将人们推向不自由。“过去的革命”，格罗斯在《行动》中写道，一再失败，是因为这“自身就带有权威性。现在人们才认识到，家庭正是所有权威的发源地”。因此，“今天的革命”不能满足

---

①弗里德里希·蒂贝格尔：《卡夫卡和蒂贝格尔一家》（*Kafka und die Thiebergers*），收录于科赫的《当卡夫卡出现在我面前……》，第134页。

②保罗·费迪尔恩：《有关反抗心理学：没有父亲的社会》（*Zur Psychologie der Revolution: Die vaterlose Gesellschaft*），莱比锡/维也纳，1919年，第7页。

于与父亲的斗争，这必须转向对抗权力原则本身，对抗**父权**。[①]

卡夫卡作为柏林舞台聚精会神的观察者，无疑会记着格罗斯早期发表的作品。当格罗斯在1917年夏天向他阐述一个致力于探讨权威问题的新杂志的计划时，卡夫卡完全明白了这本杂志为什么一定要叫"与权力**意志**斗争的报纸"，而不是，比如说"与权力斗争的……"但是，成功地摆脱自己父亲的控制难以实现，即便是印象主义作品——其中特别是哈森克勒弗尔（Hasenclever）的经典舞台剧《儿子》（*Der Sohn*）（1915年），魏费尔的小说《不是这个凶手》（*Nicht der Mörde*r）、《这场谋杀有罪》（*Der Ermordete ist schuldig*）（1920年）和阿诺德·布洛恩（Arnold Bronnen）的《杀父》（*Vatermord*）（1920年），也都发展出了对于史前时期父权的偏好。更确切地说，这些作品是围绕对手栖身于自己身体的内部，以及牺牲者比不行动者更软弱这样的观点展开的。阻碍卡夫卡作品中的主人公不能采取行动，重新开始的独特的瘫痪的原因恰恰在于，他们所求助的对象，他们将这些对象作为天赋的礼物随身携带着，他们一直错误地待在一个占有优势地位的当局的势力范围内，他们无法将自己的视线从这个当局的肖像上移开，甚至当他们反抗的时候都不能，就像在《审判》中被告花了很长时间才严肃起来一样。这个父亲——意象一直是鲜活有力的，哪怕真正的父亲已经去世或者不在场。卡夫卡也曾经正是如此，他通过**亲身感受**那个父亲的意象，从而能够用恰当的文学语言表达出来。完全可以想象，格罗斯正是因为如此，才将卡夫卡看作是共同战斗者的，他应该是理解了《判决》和《变形记》当中的精神上的现实主义。

卡夫卡肯定对实际的帮助比对理论模型和社会政治方面的乌托邦更感兴趣。究竟真正会发生什么？人们对于能够结束这种压迫和自我压迫的恶性循环的教育有什么设想？社会上存在的资产阶级—自由教育学比经过精神分析洗礼的格罗斯的作品要幼稚多了，但是，尽管如此，它致力于提出建议，具体而言，提出了家庭教育方面的革命。比如说，弗里德里希·威尔海姆·福斯特在他的科普性的、被广泛传播的作品中，为一种教育辩护，这种教育不仅放弃外在权力的展现，而且也要尽可能地放弃父母权力的展示。当在柏林的犹太人民之家，福斯特1904年出版的《青少年教育》是那里老师的必修课程——对于菲利斯· 鲍尔也是如此——的时候，卡夫卡就开始对这种教育学更加留意了。卡夫卡从一开始就对福斯特的归纳式、完全反对抽象、常常以"生活事实"为导向的思想抱有同感。特别令卡夫卡佩服的是，福斯特的教育学致力于开发孩子已有的能力，允许孩子个性的形成，并对此保持尊重的态度。那些正在每个孩子身上打瞌睡的反道德和破坏性的倾向，在福斯特看来，不应该通过压制来制服，而恰恰应该不断地表扬展现出来的积极的反作

① 奥托·格罗斯：《度过文化危机》（*Zur Überwindung der kulturellen Krise*），载《行动》，第3发行年度，第4期，1913年4月2日，第386行及其后面一行。

用力和与之斗争的能力，并且加以强化那些反作用力。

这听起来理智而且人性。不过，卡夫卡第一眼就看到了这种博爱率真中黑暗的另一面。福斯特说，最好不要通过采取行动使得孩子和青少年顺从，应该让他们自己**愿意**听话。也就是说，他们出于自己的驱动力做出教育者认为是好的事情，而且，他们应该学会战胜人性的弱点和自私的冲动，甚至要通过自控获得享受。因此，福斯特的教育学让心理动力学发挥了作用，后者在资产阶级家庭中已经成为规矩了：教育者的意志完全就是被教育者的意志；孩子是家长当局的执行者，孩子们被有意识或无意识的、粗暴的或者通过更为精致的塑造性格素质手段培养起来，他们自己的喜恶、偏好都绝对不存在了。“教育是大人们的阴谋”，卡夫卡在读了《青少年教育》的理论部分之后，这样评论其中的社会问题。“我们将自由奔跑嬉闹的孩子带到伪装和花招当中，在自己的紧密的家中，我们真心真意地相信这些伪装和花招（谁不愿意成为一个高贵的人呢？那就关上门吧）。”几天后，卡夫卡则更加冷嘲热讽，“我们允许自己亲手对自己挥起鞭子的意愿的存在。”[①]

在祖豪的沉思冥想，以及在致父亲的信中自传式的深度挖掘之后，卡夫卡已经对有尊严的教育有了更为激进的设想。他完全质疑家庭在教育中的能力，在许多封详细的信件中，他敦促妹妹艾丽不要再把她的儿子——卡夫卡的快到10岁的外甥菲利克斯（Felix）关在孤独的儿童房间，而应该把对他的教育交给同龄人的圈子，即来自集体的教育。[②]气候宜人的花园城市海勒劳（Hellerau）在战前是生活方式改革的中心，卡夫卡对于这个城市的兴趣从来没有消失过，在他看来，1920年在那里成立的海勒劳新式学校（Neue Schule Hellerau）的确是找到了最适合的地方，这是一所以进行教育改革的奥登瓦尔德学校（Odenwaldschule）为榜样的农村寄宿学校，宽敞、明亮的教室设立在节日文艺汇演剧院里。在这里，女孩和男孩一起上课，这些“同学”在所有的决定上都具有同样的（非常广泛的）共同决策权。最主要的是，这个学校项目遵循的是“工读学校”的模式，学校设有厨房、菜园、铁艺和木器工厂，还有日光浴场和操场。对身体和精神方面能力的培养都得到了同样的重视，直到个体的天赋得以清晰展现；至于选定手工艺或大学学习的深造方向，则要到中学最后3年才进行规划；从14岁开始，学生会一直得到教育方面的非常个人化的指导。所有的教育和培训——按照卡夫卡请这所学校寄来简介的说法——完全是在一个清楚明晰的集体所带来的温暖和安全中进行的，“孩子们自己选择生活在一起的保育员，从而建立起紧密的具有人情味的集体，我们可以将这样的集体

① 1916年10月8日和16日的日记。《日记》，第804—805页。请参考在1917年12月10日写给马克斯·勃罗德的信，在那里卡夫卡清楚地提到了福斯特，后者的“自我控制—教育学”在他看来“永远是无效的”。《1914年—1917年书信集》，第379页。

② 只有其中的3封信保留下来了（从1921年的5月到8月），但是从一些言谈中可以发现，卡夫卡和他的妹妹艾丽之间有更多的有关教育的通信。

称之为发挥教育作用的家庭，召集大家一起完成在共同的工作和生活中，作为人的和作为教育者的工作。”①

发挥教育功能的家庭：这个概念在卡夫卡听起来一定具有宗教色彩的承诺在里面，听上去像是一个世外桃源，与那些小资产阶级、煽动恋母情结、缺乏经验的家庭地狱完全相反，而那间家庭地狱则是他在《致父亲的信》中毫不留情曝光的。他立即将这份学校简介转交给了艾丽，这个小册子显然主要是一份意向书，可能令卡夫卡再次想起犹太人民之家的初创的那段时间，这个机构后来确实不再能够实现承诺，做出了大量的妥协。当然，卡夫卡在这里所感受到的是不会被混淆的自由的味道，他很少会将它弄错。“我在完全无意中学到了什么是自由”，半个世纪之后，彼得·德·门德尔松（Peter de Mendelssohn）回忆道，他是那所“新式学校”的寄宿学生，“而且我不再会将它忘记”。“如果有人问他，他到底想要什么”，相反，卡夫卡在记录有关自己的事情，“他没法回答，因为他……对自由没有想法。”②

在农村寄宿学校接受教育是非常理想的，艾丽和卡尔·赫尔曼也完全这样想；他们早就已经有让他们的儿子离开布拉格逼仄环境的想法了，另外，日常生活中的反犹太主义的敌对行为可能也发挥了一定的作用，他们希望自己的儿子能够躲开敌意。但是，艾丽也在考虑，菲利克斯去上这样的学校是不是太小了？而卡夫卡不这样想：

> 对于职场生涯、对于结婚而言，人们可能会过于年轻了，但是对于追求体贴亲切的、没有拘束的、开发所有优点的教育来说，怎么会太小了呢？10年不长，就目前的情形来看，这已经是高龄了，10年以来不进行身体锻炼，不会照顾自己的身体，在衣食无忧的生活中，特别是在这种富裕舒适的生活中，没有对自己的眼睛、耳朵和双手的锻炼（除了做一点简单的整理工作），住在成年人所安排的笼子里，归根结底，这不是正常的人生，对此孩子们只能发泄情绪——这样的10年并不短。③

艾丽深受影响。当然，她也担心长时间的分离，海勒劳是否能够为一位男子的实际职业生涯做好恰当的准备……疑虑并没有完全消除。但是，也许这是一个培养女孩的合适的地方？因为她的第二个孩子戈尔蒂（Gerti）正好也10岁了。艾丽和卡尔·赫尔曼动身前往海勒劳，以获得对那里的第一印象。他们在那里遇到了

---

①引自托马斯·尼切克（Thomas Nitschke）的《作为具有教育特色的偏僻外省的花园城市海勒劳》（*Die Gartenstadt Hellerau als pädagogische Provinz*），德累斯顿，2003年，第75页。

②彼得·德·门德尔松：《海勒劳，我的永恒的欧洲》（*Hellerau, mein unverlierbares Europa*），德累斯顿，1993年，第54页。1920年1月17日的日记。《日记》，第851页。

③1921年5月/6月写给艾丽·赫尔曼的信。《1921年—1924年书信集》。

女教师莉莉安·诺依斯塔特，她是学校新任校长亚历山大·S. 奈尔的恋人，后来成了他的妻子。诺依斯塔特女士劝他们不要送孩子来。因而，“发挥教育功能的家庭”就成为卡夫卡兄妹的一个共同的梦想了。①

职工工伤保险机构的公务员们一定会非常震惊，如果他们知道同事卡夫卡博士——他的大部分时间是用于处理信函往来——这次为期两周的常规休假，就是为了去写一封**信**——一封收信人就是与他住在同一个公寓中的人的话。就连部门负责人金德瑞奇·瓦莱塔在从卡夫卡那里收到一条简短的消息，说如果天气不错，那么他想在塞勒森再多待3天的时候，也对这一切一无所知。

事实上，卡夫卡几乎将第一个星期的全部时间用在设计一个适当的提纲，把像狂风骤雨一样翻腾在他大脑里的回忆进行整理，并且记下可用的措辞（保留下来的手写文稿已经是清晰的誊清稿了）上。在勃罗德离开后，膳宿公寓很安静，除了斯图德尔小姐和一个18岁的女孩之外——她自称自己叫“薄荷”（Minze）、对农村很感兴趣，他几乎没有和任何人说过话。不过，尽管如此，就像我们所看到的那样，完成这样大规模的工作，时间也是相当紧张的。此外，如果没有奥特拉看到这封信，这封信也不会被撤掉。卡夫卡曾经问过他的父亲，他是否真的认为，奥特拉完全是故意地惹他生气，从这些恼怒中她获取了心满意足。是的，回答正是如此。那么，现在从这当中可以看到一点，即这位老人的确不曾认为他的儿子有过这样的恶意。有关这个题目如何开始的问题，自然是令卡夫卡头疼的问题。“我几乎不敢从奥特拉的角度来写”，他最终承认，“我知道，如果这样，那么我就是拿对这封信期望的所有效果冒险了。”②

奥特拉在塞勒森度过了周末，对于她而言，这封信内容相当令人震惊，绝对不只是从涉及她自己的那些段落。这封信所采用的如此开诚布公地与父亲说话的语气，就她的回忆所及，是她从来没有用过的说话方式，而且不管是对于各个方面都“清白无辜”的恳求，还是即便是写信者也无法宽容自己的实际情况，都在掩盖着这封信实际上是不留情面的清算的事实。在这里，不只是没有任何一封信件因时间久远而失效，而是连本带息，以及连同利息的利息的清算，可能还没有哪位父亲能够收到这样的账单。奥特拉对于这封信的评价并没有被记录下来，但是，她应该是与哥哥有所不同的，后者几个星期以来，已经埋头由痛苦的记忆所编织的茧子

---

① 1922年6月10日写给艾丽·赫尔曼的信。《1921年—1924年书信集》。有关赫尔曼夫妇为什么通过与莉莉安·诺依斯塔特（Lilian Neustätter）的谈话后最终决定放弃海勒劳，没有任何记录提到这一点。有可能的是，在这次会面中，他们也谈到了政治局势的不稳定和学校的财务困难，这些都一直对学校的继续存在构成了威胁。在1924年，亚历山大·S. 奈尔（Alexander S. Neill）已经返回英国，以便在那里创办“夏山学校”（Summerhill School），1925年，“海勒劳新式学校”不得不关闭。奈尔在海勒劳所雇用的两位老师不久之后就成为卡夫卡作品最早的英文翻译，他们是埃温（Edwin）和维拉·缪尔（Willa Muir）夫妇。

②《致父亲的信》。《遗作Ⅱ》，第178页。

里了，重要的是，她已经看到了哥哥所期望的效果。现实一些地观察，会发现这封信所产生的正是如同一枚炸弹的效果。在一个家庭中，虽然成员团结一致，但是也同样会出现司空见惯的相互排挤，在这样的家庭中生活，会在接受像一枚炸弹一样的袭击之后变得不能忍受，而且这位父亲无法区分异议、批评和侮辱，这在奥特拉的事情上已经得到充分的证明。除此之外，这个时间点也是最糟糕的选择：在卡夫卡动身前往塞勒森的短短几个小时之后，艾丽生下了第三个孩子——一个女孩，可想而知，赫尔曼和朱莉现在一定正将全部的感情投入到新出生的外孙女身上，在这个时候，让他们从根本上质疑这个家庭共同生活的规矩则是完全不可能的。奥特拉毋庸置疑地描述了可以预见的激烈冲突场面，因而，卡夫卡也觉得有必要重新思考他的计划。

尽管如此，卡夫卡还是写完了这封信；为什么会是这样，我们不清楚。马克斯·勃罗德报告说，卡夫卡想通过这封信向父亲提出无法当面提出的要求，而且也希望将这些要求转达给母亲。但是，他一直没有将这封信递出——他们是否也有机会读到这封信由勃罗德来决定，他也从来没有再谈过这件事。[①]如果这个版本符合事实，那么卡夫卡本人也使得这个家庭避免了一次如此辛苦准备的摊牌时刻。因为当他递上即便是已经封好的信封，人们也只需要**轻轻地摸一摸**，就能够隐隐约约地预感到灾难迫近了。而且，他的母亲精力充沛地让她的丈夫远离会导致他“激动”的一切事物，有关这一点卡夫卡非常清楚。

另一方面，在卡夫卡后来的说法中，似乎是他自己决定延迟递交这封信的：他谈到了一封“篇幅超长的信，这是我大概在半年前写给我父亲的，但是还没有交给他”，而且他强调，“我可能在什么时候会愿意将它交给父亲。”[②]这暗示了勃罗德可能的疏忽。事实上，卡夫卡似乎一开始就犹豫不决，但是后来用了很长的时间仍然没有决定，是否不去理会生活实践和道德方面的顾虑，以及是否最后动用这个武器。

这个伟大的自传式的努力可能带来了内心宣泄的效果，这阻挡了卡夫卡将这些努力看作一种失败；同样，照亮了如此难以抵达的心理地带，能够明智地解决相当复杂而且极其痛苦的难题，这也为卡夫卡带来了满意感。不管他的申请书是否会被拒绝，在1919年11月，卡夫卡毫无疑问已经准备无怨无悔地将它锁入抽屉。而且他很少设想，在自我解释的行为之后，是否可以宣布审判就此结束。他让它继续进行下去。他几乎没有将父亲与这封信隔离开来，因为他又写了另外一份详细的辩护词，这一次是为朱莉·沃里泽克姐妹而写的。而且他也在写这份辩护词的不久前，先将它写在已经有几个月没动过的日记本上。他重新开始收集琐碎的自我

① 勃罗德：《弗兰茨·卡夫卡传》，第23页。

② 1920年6月21日、7月4—5日写给米莲娜·波拉克的信。《1918年—1920年书信集》，第190、201页。

反思的笔记,它们的生动性可以与在祖豪的沉思冥想相媲美。

不过,卡夫卡这次不再写有关道德伦理和宗教信仰、罪恶和真相的问题了。他聚焦于自身的存在,当他越要准确地理解它的时候,它就越是以"概要"的面目展示给他,看上去就越是陌生。他从家庭的角度来探讨自我存在的问题。他删去了"我"这个词,而是以第三人称的形式谈及自己。以前在其他的书信中他也采取过这样的做法,保留可以自由活动的距离。而现在,这在他看来是唯一合适的视角,在大约有两个月的时间里,他都一直保持这样的角度。我们可以将这些文章称作为"他—箴言",那里面有许多非常有名,在今天仍以多种方式加以阐释的言辞。毫无疑问,在这个《致父亲的信》的衍生品中,最令人印象深刻的、经过几周的自我分析所得到的结果,即卡夫卡在这里的洞见,给人们留下了难忘的印象:尽管自由的**能力**是在童年时代就打下了基础的,但是被人们所渴望的解放本身,绝对不是来自于外部的。自由需要的是精神上的预先推定——当大门总会打开的时候,他必须也要知道去哪里。如果他不知道这一点,那么他只能**走开**,从自己身边走开、从受拘束的"在自己身边的存在"中走到空旷的无处——这不是预告,而是威胁。卡夫卡认识到,是他自己在看守着自己,他将钥匙装在了自己的口袋里。

> 他对监禁感到满意。作为囚徒结束一生是生活的目标。而这里是一个栅栏笼子。如同在家里一样,从这些栅栏中源源不断地涌出冷漠、家长式的专横,还有世界的喧嚣,这位囚犯实际上是自由的,因为他可以参与一切,没有什么从他那里溜走,而且他自己就能够离开这个笼子,因为栅栏之间的距离竟有1米宽,他从来就没有被关起来。[①]

一幅美好又可怕的画面。他还会回到这里来。

---

①1920年1月13日的日记。《日记》,第849页。

第十六章
梅兰、二等舱

当人们全神贯注于自己的时候，
就从来不是真正的孤独。
——卡尔·克劳斯，《格言和异议》

总经理贝德瑞奇·奥德斯维尔震惊不已。一张医生诊断书放在他的办公桌上，这是机构内部的医生科迪姆博士开具的，这份文件说明，奥德斯维尔的直接下属、刚刚被提拔为“秘书”的卡夫卡博士尽管经过多次疗养，但是不仅基本的身体状况很糟糕，而且除此之外还出现了“发展后期的浸润性肺结核的迹象”。发炎的组织有很多含义，而这位同事可能无法从这种严重的肺炎中康复。“发展后期”这个词唤起了对未来的灾难的预知。

奥德斯维尔是马施纳总经理的继任，是马萨里克的密友，他一直很欣赏卡夫卡；在他看来，职工工伤保险公司理所当然地需要像卡夫卡这样有能力的职员——不管他是德国人，还是犹太人，哪怕是在政局巨变的时候，这样的职员也是不能放弃的。当在1920年初这个机构重新改组，并且法律事务都集中到一个中心职位来处理的时候，人们一致认为，只有经验丰富的法律专家卡夫卡能够承担这个职务。当然，所有的人也都知道，这样也会为这家保险机构带来某些风险；因为在1919年，卡夫卡只上了7个月的班，从他的外表上来看，很难说他是否会完全康复。另一方面，这个新职位对他来说意味着一个沉重的负担。他现在已经不再是一个臃肿部门的副主任了，在那里，他除了完成在方方面面都令人害怕的将上千个企业按照不同危险等级归类这样的工作之外，还必须负责事故预防、健康恢复的措施和这家机构的公开发行刊物等工作；接下来，取而代之的是，他作为“公共计划委员会”（Gemeinsamen Konzeptsreferat）的负责人，集中处理重要的法律信函，这些信函是应其他不同部门的要求产生的。此外，由于人们决定，1919年该支付的“被归类的项目”——总是带来堆积如山的投诉信和审查程序——向后推迟一年（事实上卡夫卡不再处理归类事项），因而目前在法律前线上就相对比较安静了。他的这个在组织中具有特殊地位的职位，现在只要负责写演讲稿了。在新一轮的缩减部门期间，卡夫卡所工作的这个“公共计划委员会”一开始还有十多名公务员，而最后这个部门被保留下来，并且同样是一个正式的部门，但是只留下了一个职位。也就是说，卡夫卡负责的部门只有他一个人，因而他**不是任何人**的上司。

奥德斯维尔彬彬有礼，即使在他感觉到希望落空的时候，他也能够非常恰当地作出反应。他才41岁，还没有固执地展示自己的权威，非要刻板地遵照办事程序。他清清楚楚地告诉他的这位机构内部法律顾问，他额外批准他休几天假——反正已经是第二次了。不过，当卡夫卡因为再次发烧在病床上度过了几天之后，在1920年2月底坐到了这位总经理的办公室，来讨论那份灾难性的诊断书所带来的结果的时候，前面的一切都不算数了。科迪姆博士建议在一家疗养机构进行更长时间的疗养；奥德斯维尔暂时先批准了两个月。并且他补充说："如果您在那里感觉不错，就写信告诉机构，您可以在那儿待更长的时间。"①几天后，卡夫卡就收到了书面的病假许可，又过了几天，他收到的是有关他涨工资的细节说明。享受庇护的人在这个机构里一直得到悉心呵护，有关这一点一直没有发生过什么显著的变化。

卡夫卡应该是在一个月前就已经决定，他无论如何也不会在布拉格过这个春天，可能在婚礼落空，以及和勃罗德在塞勒森谈话之后不久，他就做出了这个决定。"2月，我有望去慕尼黑度过一个季度"，他宣布，甚至建议朱莉·沃里泽克陪同去那里。②这从多个方面来看都是一个令人惊讶的决定。因为，如果从12月到1月之间他能够一直不发烧，那么他充其量可以在慕尼黑度过5个星期的常规假期，因而在那之后，他就要申请不带薪的休假；相反，如果他的身体状况变得糟糕，那么机构内部的大夫就绝对不会将他送到一个有着63万人口的"疗养胜地"。

为什么恰恰是慕尼黑呢，这座不断地被政治谋杀和充满血腥反抗所震撼的城市——在3年前的朗读会之后，卡夫卡与它没有再发生任何值得一提的关系，究竟唤起了什么样的"希望"呢？他只可能是冲着库特·沃尔夫出版社而去的，这家出版社在1919年10月带着60名员工中的大多数人从莱比锡搬到了慕尼黑。多年来一直在达姆斯达特和莱比锡来回跑的沃尔夫，希望他的出版社和居住地能够在一个地方。他也希望充分利用慕尼黑读者的优势：与莱比锡的那些斤斤计较的人们相反，慕尼黑人特别具有"艺术鉴赏能力"，慕尼黑有着宜人的气候和宜人的文化相结合的生活环境，这一次他**不**再听从总经理梅耶的建议——后者自然建议他迁往媒体之都柏林。但是，这次搬迁使得出版社的业务瘫痪了好几个月，在慕尼黑几乎无法找到有供暖的住宅，食品供给的情况也一团糟，出版商的一次罢工带来了继续的停滞——卡夫卡一定也清楚，在这种局面下，打听他的《乡村医生》小说集的命运是徒劳的。尽管如此，他还是联系了沃尔夫——显然是在勃罗德的催促下，他打算实现他的慕尼黑计划。直到新的一轮发烧说服他，他需要的不是度假，而是真正的疗养。

---

①1920年5月4日写给赫尔曼、朱莉和奥特拉·卡夫卡的信。《1918年—1920年书信集》，第128页。病假必须通过职工工伤保险机构的管理委员会的正式批准。

②1919年11月24日写给克特·内特尔的信。《1918年—1920年书信集》，第93页。

显然，沃尔夫对他的这位腼腆的作者很感兴趣，也因能与其相识而感到开心，除此之外，他没有理由询问卡夫卡的计划——这是从来没有发生过的，并且还向他提供了实用的帮助。直到他从勃罗德那里得知卡夫卡的病到底有多严重之后，他才不得不非常诚恳地建议他不要来慕尼黑。这时候，卡夫卡费心费力地在巴伐利亚的阿尔卑斯山区找到了一个住处，这个住宿地在帕滕基兴，离慕尼黑只有两个小时的火车车程，是被“刚刚患上肺结核”的人特别推崇的地方。①不过，在他几乎要预订房间的时候，他收到了这条消息，即由于普遍的物资匮乏，所有巴伐利亚地区的疗养地都实行“外国人禁入”的规定，因此旅游申请也不会被批准了。没有这个单子，就不可能得到去德国的签证。现在，卡夫卡的耐心被耗尽了；他决定做一件于他是非常超乎寻常的事情——听从他朋友以及医生的建议。

他还在静心等待着正式的秘书任命。1920年4月1日，他坐在书桌前，匆匆地回复“薄荷”的来信，就是他在塞勒森认识的那位对乡村感兴趣的年轻女子，在那之后，他一直以一位善良的叔叔的语气偶尔给她提供些建议。“明天我去梅兰，”他写道。“我一个人去那里……这是最好的，当然这里最好的已经不再那么好了。”②第二天晚上，奥特拉送他去坐夜车。朱莉·沃里泽克是否也去了火车站，我们无从知晓。这可能性不大。

梅兰无论在风景上还是在气候方面，都是非常宜人的东阿尔卑斯山地区的疗养地，在那里可以想见，应该可以度过更加舒适的几天。自从经过伯伦纳（Brenner）的火车线路开通后（1868年），特别是在世纪之交的时候，这个奥地利的小城就经历着游客爆炸式的增长。在战前最后一个和平年份里，游客的数量常常显得比当地居民还要多，而且大部分游客——其中大量是来接受治疗和处于康复期的来自东欧的富裕的病人——在这里停留的时间超过了1个月。梅兰坐落在一个向南部开放的山谷当中，北部被数千米高的悬崖峭壁保护着，享有奢侈的亚热带前哨的美名，有从巴黎、柏林和维也纳的直达列车到达这里。在门廊上、在小型公园里，以及在精心打理过的、一尘不染的林荫道上，到处都可以听到英语、法语和俄语的交谈，街道上到处跑动的都是租金昂贵的小汽车和出租马车，而且梅兰的日常生活完全像是为客人精心组织的“沙龙”，像是永不停息的一场又一场的网球练习、外出远足、野餐、疗养音乐会、高级军官音乐会、消遣晚会、花园聚会和赛马会。

有关蒸蒸日上的梅兰正处在一个政治热点地区这一顾虑，在这种情形下是轻

---

①《国际温泉手册》（*International Bäderhandbuch*），柏林，1914年，第286页。帕滕基兴（Partenkirchen）在慕尼黑苏维埃共和国（Münchener Räterepublik）（1919年）解体后，被列为少数几个巴伐利亚州的疗养地点，在那里仍然明确地欢迎犹太客人。卡夫卡是否知道这个情况，并没有相关的记录。

②1920年4月1日写给明茨（薄荷）·艾斯纳的信。《1918年—1920年书信集》，第113页。

而易举就能将它排除出去的；即便是在意大利参战之后，几乎所有的疗养客人都仓促离开的时候，都没有人真正相信，世界历史的手臂能一直伸到南蒂罗尔的这个可爱的山谷里。但是，在1918年11月，梅兰被意大利军队占领了，更确切地说，占领持续了较长时间。在未来，意大利这个国家必须通过一个“战略性的”北部边界，来保证战争的共同赢家的地位，在那里划定一条通过伯伦纳关口的边界，而这个北部边界应该是非常靠北的分水岭——梅兰。梅兰当地的占绝对优势的德国居民觉得自己上当受骗了，特别是在圣日耳曼（Saint-Germain）和平协议签订后，这些南蒂罗尔人认识到，他们站错队了，而意大利领土收复主义者感知到了历史的机会，从此梅兰属于意大利的领土，现在它的官方名称已经是梅兰诺（Merano），地处阿迪杰省（Alto Adige）“高-埃特什”（“Hoch-Etsch”）。

有关卡夫卡是如何成功地获得这个局势不稳定、被以前的敌人所占领了的地区的入境许可的，并没有留下任何相关的记录——可能是他与政府部门及各种程序打交道的能力发挥了作用。这个疗养地一直还处在战争阴影的笼罩之下，在他刚刚到达那里的时候，就对此一目了然了；在经过24小时的旅途之后——其中包括两次非常细致的行李检查，他终于到达了梅兰火车站的站前广场。在那里，他身处一个激发爱国主义的集会当中，这个集会是由**意大利精英部队**（alpini）和**意大利国家宪兵队**（carabinieri）所严密注视的蒂罗尔人组织的，他们在庆祝具有时代风格的纪念碑的落成仪式：纪念碑是纪念地方英雄和“为自由而斗争的战士”安德雷亚斯·霍弗（Andreas Hofer）的，并且有一条口号也直指当时的政治局势。纪念碑的基座上铭刻着“为了上帝、皇帝和祖国”。一种挑衅。

在梅兰，现在只有几处高档的寄宿地是开放的，而“艾玛夫人”（Frau Emma）旅馆正好就在火车站旁边。有关这些，卡夫卡应该是在布拉格就已经打听好了的。但是，更为令人惊讶的是，在战争已经结束了一年半之后，梅兰还一直处在短缺经济当中，并且人们似乎又回到了痛苦的1918年，这让人触目惊心：面包房前排起的长队，食品供给卡和“无肉日”，肮脏的街道和不再进行维护的市政设施，被洗劫得连钟都没有了的教堂，城市剧院、疗养院和所有的公共厕所都被关闭了。梅兰负债累累，没有任何前途，这个城市的管理机构坐拥一大堆毫无价值的战争债券，他们完全靠着占领者的恩赐，并且因此热切地盼望着每一位游客，在这里留下一些里拉（Lire）。

尽管他像来自布拉格的人一样节省，但是在艾玛夫人的登记本上，他还是被登记为“官员”。当然，卡夫卡很快就对大饭店的保护性的匿名措施表示敬意，尽管他意识到，在这里可以得到最好的招待，但是这并不意味着他会忽视房间价格，至少不能将他和在这里一住就是一两个星期的富裕的意大利人混为一谈。在第一次早餐之后——这是在复活节星期日（Ostersonntag），他就开始在雨中，而且是在不同寻常的寒冷中到居民区到处走动，以便找到一个地处安静地带而且性价比高的住宿地。疗养院绝对不考虑，他打算坚决本着这个原则，当然，有足够的客房，到处都在欢迎客人。最后，他在梅兰–温特梅伊茨（Meran-Untermais）的别墅区（当时还是个独立的社区）发现了一个被茂密的植被所环绕的膳宿公寓，他被带领着进行了参观，看了房间和就餐室，而且友好、丰满的女店主并没有被他的素食要求和其他的需求所吓住，他答应住在这里。每天15里拉，也就是4.5捷克克朗。对于一位秘书来说并不太多。

他住在一间几乎与外面同等高度的房间里，房间的门很大，朝一个开满鲜花的灌木花园敞开着。天气还是很冷，晚上，这家名为“奥托堡”（Ottoburg）的膳食旅店会供暖。不过，在整个白天，每一缕阳光能够不受阻挡地照在阳台上，当卡夫卡站在原地不动的时候，会有小鸟和壁虎靠近他。

他享受着独自一人在外国的感觉，在经过过去这些年的让人备受折磨的家庭权力斗争之后，他更加坚定地拒绝一切能够让他想到结婚和被强加而来的亲密关系。因此，他有些后悔没有一直住在饭店里。在这家与之前住过的大同小异的小型膳宿公寓里，他写信给奥特拉，这里实际上就像是在一个“家庭墓穴”——如果不是在一个“万人坑”里的话，尽管梅兰当然“比起塞勒森要自由、宽敞、多姿多彩、美丽得多，空气也更为纯净，日光也要更炽烈”。[①]一开始他想方设法地躲开这家膳宿公寓的客人——这里一共有16个房间；当晚上客人们互相挨着坐在饭厅的时候，他已经消失在隔壁的房间里了。而且，在最开始的几天里，他要求在一张单独的小桌子上吃素食餐。他想要不受打扰地“细嚼慢咽”，他向女店主解释道，后者表示理解，可能在这里已经招待过愁眉苦脸的自我怀疑的病患者了。不过，这个孤独地坐在角落里、井井有条地将每一口食物嚼烂的人，倒也没有令其他客人感到不太舒服。最终，一位正在两位年长的女士之间无聊地打发时间的前德意志帝国上校，以解除戒备的姿态来到了他的身边。

卡夫卡顺从了。他早已意识到，他是坐在这间屋子里的唯一的犹太人。在梅兰有许多犹太人，他在“艾玛夫人”饭店就看到一些，甚至还与他们交谈过，在离奥托堡几分钟远的地方，有一家“贫困以色列人疗养所”（Genesungsheim fur unbemittelte Israeliten）。但是，在这里，他是唯一的一位犹太人，正如他可能预感到的，一段痛苦的经历已经准备好了。

但是，他的宁静的花园房间，很快就成为给他带来无可名状的陶醉的地方，这超出了他的想象。他也不会知道，这是他最后一次呼吸南方温润的空气了，也是他在有生之年最后一次看到那成行成列地长着的棕榈树、柏树和松树了。他对**离开**感到愉快，肯定也对没有去慕尼黑感到高兴，他沉醉于去观察他如何适应了旅行，

---

① 1920年4月5日写给奥特拉·卡夫卡的信。《1918年—1920年书信集》，第114页。

他阅读报纸，喝已经很久没有喝到过的水果汽水。偶尔他会向奥特拉、勃罗德以书信的形式进行汇报；他听话地向父母报告在膳宿公寓有什么可吃的。对于他真正的**工作**，他现在感觉不到任何的责任，他没有写作，除了记录下他进行的冥想之外，他已经很长时间什么都没有写过了，他曾经虚构了一些扣人心弦的故事，但是转瞬之间，这些故事与他自身相比，又显得不那么重要了。

例如，有一位年轻的捷克女士，也就是米莲娜·杰森斯卡-波拉克女士。在去年，他收到了她从维也纳发来的询问信，请他允许将他的一些作品翻译成捷克语。他没有什么可反对的，甚至还有些许自豪，并且在原定的婚礼前几天，将这封信拿给他的未婚妻朱莉看。冬天的时候，他匆匆地在咖啡馆与出生于布拉格的波拉克女士进行了会面，他只是大概记得后者的长相，之后还收到了她的一封信，在信里，她抱怨在维也纳让人没法喘气。这令他产生了兴趣。她似乎不是一个靠得住的聊天对象，她没有回复卡夫卡发去的对此加以询问的信。不过，卡夫卡仍然非常好奇她的翻译进展，在梅兰，他写一封哪怕再次石沉大海的询问信。“我在这里过得很好”，他非常确定地写道，“濒临死亡的身体几乎不再能够承受更多的小心翼翼了……我在梅兰非常乐于看到您成功地……”。[①]

这一次她同样没有回复。是因为语气过于私人化吗？或是在维也纳发生了什么？他知道，这位年轻的女士在那里的生活很艰辛，尽管她结婚了。他觉得自己有责任再问一问，并且语气不那么迫切。如果她在维也纳过得不好，为什么她不离开那个城市一段时间呢？

这很难回答。她必须要去工作，现在波拉克女士终于做出了解释，她必须工作，因为她从丈夫那里得不到一赫勒（Heller）。她给报纸投稿，大部分是拙劣的文艺小品文，晚上她要翻译，最近正好是卡夫卡的《司炉》。此外，她得了肺病。

① 大约在1920年4月8日写给米莲娜·杰森斯卡的信。《1918年—1920年书信集》，第118页。卡夫卡记不住具体是什么时间——反正是在他离开布拉格不久之后，他收到职工工伤保险机构的邮件收发室为他保存的一封来自米莲娜的信。

第十七章
米莲娜

我属于那些能破裂成碎片的机器。

——弗里德里希·尼采（Friedrich Nietzsche）写给彼得·加斯特（Peter Gast）的信，1881年

对于她而言，她无法建立像我们一样建立起的世界秩序。她在无序的世界里过着一天又一天、一分钟又一分钟。她拿走应得的，即便被称作资产阶级小偷或者强盗，并且用双手施于他人。对她而言，没有什么是不可能的：她所爱的人、她用手臂所保护的人，最终能够宽慰地继续前进，不再东张西望，而这个人从她那里得到了他一直所需要的：金钱、爱的魔力、诱惑、奢华、阴谋。米莲娜想要用她的攥紧的拳头迫使上天降下恩赐。她完全能够为了纯洁的友谊而去杀人。①

与菲利斯·鲍尔完全一样，米莲娜·杰森斯卡在几十年里，几乎一直是在传言中存在的一个名字：那些空洞的影子中的一个，她时而在那个天才的光柱中现身，然后又再次消失，就像一些在心灵世界舞台上的人物形象。而且她们的登场总是被文学虚构的气氛所环绕，这些文学虚构却又在信函中得到了回音，在那些令人心潮澎湃、充满热情的信件的信封上写着她们的名字。米莲娜是收信人。

布拉格在第二次世界大战之后，只剩下一条很细的文化记忆河流，它从个人的遭遇、传奇，以及从还保留在人们手上的几篇文章中汲取养分：这其中就有一段作为女人令人惊讶、作为女性记者则更令人惊叹的人的回忆。自从能够从其他语种去接触她的作品，以及有关她人生的其他文献的时候起，人们就开始设想，她对卡夫卡的人生道路曾经产生了**什么样**的重要影响？她与菲利斯·鲍尔不同，也与朱莉·沃里泽克不一样，她是较为强势的那一方。卡夫卡被纳入她的人生规划中，最终她能够与之为伴，是不难想象的；但是，她追随他到**他的**世界则是不可能的。她知道他的世界，而且是她构建了它。

① 1920年5月4日写给赫尔曼、朱莉和奥特拉的信。《1918年—1920年书信集》，第128页。病假申请应该是得到了职工工伤保险机构的管理委员会的正式批准。

在他们开始通信之前，米莲娜对于卡夫卡而言，就已经作为一个概念而存在了。可能是在战争爆发伊始，作为一名高中毕业生，她就经常出现在埃科咖啡馆，同她在一起的还有两位女友：年轻而古怪的捷克女孩被德语文学作品包围着，她们穿着波浪般下垂的长裙，没有穿紧身胸衣，也没有穿长筒丝袜，充满了求知欲，淘气而且准备好了冒险。毫无疑问，卡夫卡的目光也会偶尔落在这个别致的**小群体**身上；他是否认为这不只是青春期的自我展示的爱好，则是值得怀疑的。这三个女孩是受人欢迎的性欲的发酵素；不会有人觉得这里面会有未来的女记者和女翻译家，尽管她们展现出令人瞩目的具有文学色彩的场景。自然，有关米莲娜、贾米拉（Jarmila）和斯塔莎（Staša）的荒诞故事很快就流传开来，这令人们想入非非——即便人们不知道故事中有多少是真的。

在战争快要结束的时候，这些女孩就出现得越来越少了，卡夫卡根本没有再见过她们。贾米拉和斯塔莎分别嫁给了捷克人，而米莲娜和常聚在埃科咖啡馆那帮人中的头目——作家恩斯特·波拉克（Ernst Pollak）结了婚，而后和他移居到维也纳。在她写信给卡夫卡的时候，她24岁。在这个时刻，已经被她抛到脑后的东西，显然还继续在轻浮的布拉格人的谣言中流传，尽管人们已经不太清楚这个"不像平民百姓的"放荡女子的情况到底如何。两次堕胎。两次自杀未遂。在商店里行窃和伪造证件。有一个女同性恋恋人。吸毒。在精神病医院待了9个月。因为再次盗窃被关进监狱几天。工作是女行李员。与她的丈夫的情人一起生活。事实上，这一切仿佛都是因为她让世界秩序失去了约束力，无论是经济方面的，还是道德方面的。她无所顾忌、挥霍浪费，她拿走，也给予。她清楚，总有亏空存在。**Já jsem ten ktery platí**——很快就表达了她的生活法则，即我是那个人，那个付钱的人。[①]

米莲娜于1896年8月10日出生在布拉格的济之科区（Žižkov）。金钱和爱，社会成就和男女关系中的不幸，都是以非常痛苦的方式相互交织在一起的，她从童年时代起就已经体会到了这些：她的父亲扬·杰森斯卡（Jan Jesensky）出生在一个受人尊敬，但却破落了的布拉格家庭，他利用他妻子米莲娜·赫基茨拉洛娃（Milena Hejzlarova）的嫁妆开始投资他的牙医事业，但是，他要求由财富增长所带来的自由只能由他自己享受。在杰森斯卡的女儿出生的时候，他还在大学读书；在1902年的时候，这个家庭已经有能力搬迁到水果巷的现代化的新建筑里了，那里离文采尔广场只有几步路，杰森斯卡在同一栋楼里开设了让人感到舒适的牙科诊所。一年后，他获得了在大学里授课的资格，从那个时候开始，他几乎每天都要在大学教室、卡尔斯大学（Karlsuniversität）牙科医生的门诊部和自己的病人——他们主要

① 这句话记录在卡夫卡大约在1920年5月21日写给米莲娜·波拉克的信中。《1918年—1920年书信集》，第144页。

是捷克人——之间来回奔波。

杰森斯卡博士活力十足、热情，是一名能力强的医生，而且是颌部疾病方面的专家，此外，他有着坚定的民族主义思想，是众多捷克学者中的一位——不断地与德国同事和研究所展开竞争。在家里，他扮演的是充满爱意的独裁者的角色，日常作息严格地按照他的要求来安排，否则，他就可能发脾气。晚上，杰森斯卡与他在捷克民族组织索科尔中的朋友见面，追踪各种各样的恋情（显然也有和他的女病人的），或者冒着名声被败坏的危险去绅士俱乐部打牌。到了周末，他仍然有精力去布拉格周边远足，而且对于长途步行，他好像从未厌倦。这是一个时而表现得兴高采烈，时而也会垂头丧气的人。

很难相信，米莲娜的母亲能够在这样的婚姻中实现她自己的期望。她是一位教育工作者的女儿，受过不同科目的教育，因而肯定能够进行基本的交际，也能够展开会话。[①]不过，她的兴趣在别的方向，她喜欢漂亮的织物、华丽的家具，她在木器加工厂和烫画作坊着手做这些，她也操心女儿方方面面的教育。杰森斯卡博士在这个女性的内部世界里分量很轻，在第二个孩子出生后——是一个儿子，当然必须叫扬，在几个月后就夭折了，他还不断地将自己从那里缩回来。

米莲娜一直是唯一的孩子，没有成为某个年轻的王子的保护女神，这对于她的命运可能有着决定性的意义。因为，如果杰森斯卡想要让自己的学术生涯在未来能够继续延续，如果他通过教育而努力争取社会地位、能够继续保持“杰森斯卡”这个**姓**的话，那么，这一切都只有在让他唯一的孩子接受最好教育的情况下才有可能实现。因此，米莲娜也应该成为医生。为此，她需要参加高中毕业考试。在1907年，作出决定，将这个11岁的女孩托付给“米纳尔瓦”（Minerva）捷克女子高级中学。

这是一个幸运的选择，毫无疑问。因为米纳尔瓦远不止是一所学校，它是少数几所为获得解放而奋斗的机构之一，生活在布拉格的捷克人通过这些机构与维也纳当局进行着经年累月的斗争。这个教育机构为女孩提供了经典的、完整的、能够胜任任何学术职业的教育，其中还包括教授正在使用的语言[②]，以减少德国人带来的文化影响。在这里同样令人印象深刻的，是老师和学生属于精英分子的意识，这在他们的任何行动中都占有最优先的位置。米纳尔瓦在1890年创立，最初几届毕业生本身已经开始授课了，并且不断坚定着后辈们的向德国资产阶级妇女展示捷

---

① 米莲娜·赫基茨拉洛娃的父亲是捷克教育家弗朗蒂塞克·赫基茨拉（František Hejzlar），他在1886年被任命为国立学校监察员。赫基茨拉和另外几个人一起编写了一本化学教科书，这本教材在捷克和德国的学校里被采用。

② 希腊语和拉丁语在“米纳尔瓦”是必修课程，德语、法语和英语是选修课程。米莲娜肯定是选修了德语课程；参照在1915年春天写给她的老师阿尔比娜·亨萨科娃（Albina Honzakova）的信：“最近我申请了10节德语课……”，载米莲娜·杰森斯卡的《如果我要整日整夜地给予答复》（*Ich hätte zu antworten tage- und nächtelag*），收录于《米莲娜书信集》（*Die Briefe von Milena*），阿丽娜·瓦格洛娃（Alena Wagnerova）编，曼海姆（Mannheim），1996年，第30页。

克女性能力的抱负。渐渐地，米纳尔瓦开始成为一种身份认同，的确是在开启一种生活方式——它模糊了代际之间的界限。学生们与热情奉献的女教师们一起去看展览、听音乐会、看戏剧表演，而且“米纳尔瓦女孩们”一直坚持进行体育运动：她们可以优先进入游泳池和网球场，此外，学校还会组织徒步旅行，到了冬天，学生们练习滑雪。即便在杰森斯卡博士眼中，这些项目也是很有说服力的，正如大部分具有民族意识的捷克人内心所坚信的观点一样，一个年轻的民族的上升，是与身体上的训练密不可分的。

对这个富有天赋的女儿的共同的自豪感，可能是杰森斯卡夫妇之间最后的坚实纽带了。但是，这个脆弱的三角关系没有未来，因为米莲娜的母亲患了慢性病——可能是恶性贫血，并且在久病不愈之后，于1913年就已经去世了。在父亲的命令下，米莲娜接管了大量的家务：整个下午她在母亲的房间里度过，而在最后几个月里，她在夜里也必须要照顾病得几乎不能动弹的母亲按时服药。这是一段极端的、使得一切幻想破灭的经历。因为这对于一个青春期的女孩来说，无异于一种监狱生活，它不可避免地滋生了愤怒和憎恨：针对不管不顾的父亲，他偷偷地甩下义务，而且他的生活作风连最起码的克制都谈不上；但是，针对无辜的母亲，她的死最终如同一个盼望已久的解脱。

接下来所发生的，在有些悲伤的杰森斯卡博士看来，如同是令他摸不到头脑的报应。他的这个漂亮、听话的女儿，这个他认为是内向的、在钢琴声中做梦、埋头于浪漫小说，并且沉醉地欣赏着画册的年轻女士，在短短几个月之内变成了一个魔鬼。显然，她要补偿回什么。她想要摆脱病房中的气味和良心上的痛苦。人们的确不能怪罪这个17岁的女儿，不能责怪她在遭受这样的命运打击后失去了方寸，而且行为古怪。当然，米莲娜以什么样的方式充分行使她重新赢得的自由，她如何不断地强求被关注，对于自己的父亲来说，这些无异是一份宣战书：她大肆挥霍钱财，伪造他的签名，造成了巨大的债务，偷走他的衣服送给她贫穷的朋友们，没错，她甚至盗窃了杰森斯卡存放在诊所的吗啡药剂——对此他必须洗脱自己的责任。她发展出了对花朵的强迫症，用父亲的钱购买大把的花束，或者在早晨5点钟到公共花园摘花而被逮住。她开始恋爱，并且怀孕了，然后父亲再次付钱。但是，首先对于有民族自豪感的杰森斯卡来说，最痛苦的挑衅主要是——对于这一点她心知肚明——米莲娜现在开始和德国人混在一起，她和女友们穿过德国人的游行车队，轰轰烈烈地摆脱民族间的障碍，只要哪里有这样的机会，她就会这样去做。这好像是她正在狂热地探索着自己的界限、寻找着方向，可能也在找寻自主性；这好像是她用拳头捶打她父亲的胸口，但是大部分时候她只能够到钱包。

杰森斯卡所期望的，通过在大学医学专业学习而带来的自律的效果，能够使得一切平息，米莲娜可以和一些严肃认真的人在一起，显然也同样无法实现了：这场没有意义的尝试只持续了两个学期。米莲娜更喜欢和人在一起，而不是和“事物”；她无法整理和概括所学的知识，更不会去解剖尸体。最重要的是，她不仅对本认为是必然的专业——医学失去了兴趣，而且根本对任何大学学业没有兴趣：她在智力上和美学上的兴趣到处漫游，游戏一般，仿佛像一种身份标识了。令她印象深刻的东西，她会贪婪地吸收：文学、音乐、艺术。为了去听一场音乐会，她甚至接受站票；如果她搞到了座位，她会带着总谱去。当然，音乐也是一门专业，也是学问，也是可以谋生的职业，但是这些是与成为一个专科女医生的职业同样不会被选择的选项。她在中断了医学专业的学业之后，去布拉格音乐学院（Prag Konservatorium）上一些课程，还学了一段时间的教育史，但是都不是职业教育。

杰森斯卡有一段时间似乎也发挥了对女儿的影响；但是他并不直接地对她发号施令，相反，他有时会请求关系不错的家庭帮助照顾米莲娜。尽管如此，他还是无法阻止公开的激烈争吵。因为有一天，他听说女儿和一位作家混在了一起，而且他们还打算结婚。那是一个德国人，据说还是一个因为大量的“女人故事”而声名狼藉的犹太人。这简直是无法无天。米莲娜快20岁了，还不到法定的成年年龄。杰森斯卡博士打算动用他的法律权利去说“不”。

恩斯特·波拉克出生于1886年，因而他比米莲娜大10岁，他在德语文学中默默无闻，但是在布拉格的文学圈子里他却是名人——他就是那个“没有作品的作家”的有名案例。[①]就像勃罗德、卡夫卡和匹克一样，他也有个“世俗的”职业，他是奥地利国家银行（Österreichisch Landerbank）的外语商务雇员，不过，他不同凡响的博学、雄辩口才和他独特的文学判断力，使得他成为一名对整整一代犹太作家产生影响的顾问。波拉克与魏费尔是关系最密切的好朋友，威利·哈斯（Willy Haas）也是他从学生时代就已经认识的。相反，他与勃罗德只有零星的交往（犹太复国主义不是波拉克感兴趣的话题），但是，他们在很多年前就在圈子里的咖啡馆互相知道对方了。

波拉克完全不可能让自己的外形给人留下深刻印象；他强调精致的服装，通过衣服努力提升他瘦削的身形，但是时常显得很滑稽，在一张拍摄于1913年的照片上，27岁的他看起来像一个悲惨的店铺伙计。尽管如此，同时代的人还是对波拉克的独特的、令人着迷的光彩津津乐道，这些特点使得他在文学讨论中经常处在中心位置——即便赫赫有名的作家在场的时候。波拉克自己非常清楚这谜一般的影响，他带着一点点高傲维护着、强化着这样的影响，并且通过这种方式，成功地掩盖了他文学上的无能——这是几乎无法战胜的、神经机能症一般的写作障碍，在谈话中尽情享受自己的天赋。他做作的乱交显然也是一种补偿性天性，自然这

---

① 这个概念出自哈特穆特·宾德，他在人物素描《恩斯特·波拉克：没有作品的作家》（*Ernst Polak-Literatohe Werk*）中将这个人的零散的生活足迹搜集在了一起。载《德国席勒协会年鉴23》（1979年），第366—415页；捷克语“Polak”的拼写方法是在开始有犹太移民大量进入的时候才有——大约从1938年开始。

是在波西米亚文学圈子里常见的行为——这样的说法，在任何时候都会让人怀疑这是不是受心理分析的启发而想出来的戏谈。除此之外，波拉克完全如鱼得水地散发着光芒。

这就是广受尊敬的杰森斯卡博士的女儿所选择的丈夫的形象。是否请专门的人对这个候选人进行了了解，有关这一点没有记录，当然，杰森斯卡不需要这些：他的厌恶根植于思想深处的态度，仅是想象一下这个轻浮的犹太人、咖啡馆里的花花公子将要成为他的女婿，就令他难以忍受了。当米莲娜堕胎的时候（这差点要了她的命），杰森斯卡很体谅地陪在身边，那个时候一度有一点希望萌芽了：也许这个血淋淋的打击最终能够让她恢复理智。但是，米莲娜宣布，她打算将来和波拉克一起生活，迫不得已的时候，没有结婚证也行。

由于所有忠告都毫无成效，因而杰森斯卡在1917年6月采取了暴力手段：在一位政府部门医生朋友的帮助下——这恰好是普罗查斯卡（Prochazka）博士，他是米莲娜最好的朋友斯塔莎的父亲，将自己的女儿送到了位于布拉格郊区的维勒斯拉温（Veleslavín）的精神病疗养院。“病态性地缺乏道德意识和感觉”，诊断如是：在奥匈帝国陆军医院的时代，这是一个将年轻的单身女子关上9个月的充分理由。而波拉克试图通过提出决斗让杰森斯卡感到压力——当然，这无论在捷克人的，还是在德国人的咖啡馆都立即传开了，不过，这种无助的，而且也有些过时的姿态完全没有产生任何效果：具有决斗经验的杰森斯卡认为，应该由他自己来决定谁有资格提出决斗，谁没有。

对于米莲娜而言，无疑只有时间才能发挥作用。在这期间——在她最开始对自己所处的新环境感到战栗之后，她逐渐找到了办法和渠道与外面的世界进行联系，甚至能够经常看到波拉克；当他的女儿闻所未闻地凭借她成年的日期威胁他要造反的时候，杰森斯卡也渐渐意识到，到那个时候是不可能达成任何共识的。由于米莲娜完全拒绝继续接受正规的大学学业，她与一位享有社会声望的医生——他本来也感受到了不断盛行的传言——的半公开的丑闻再也掩盖不住，因而就只剩下一条出路可以考虑了：米莲娜必须脱离公众的视线，她必须从布拉格消失，这样流言就会自行消失了。杰森斯卡现在已经准备好用钱赎罪了：清偿所有的罪责，一份体面的陪嫁，嫁妆和每月的生活费——不管发生了什么。在1918年3月14日，米莲娜嫁给了她的名不见经传的、不忠诚的文学家，“波拉克咖啡馆”（Cafe Pollak）[①]的国王。几天后，他们一起动身前往维也纳。

这里没有可以烧火的东西，没有煤炭，没有木柴，没有焦炭。整个国家的

① 这是埃根·艾文·克什对埃科咖啡馆的称呼；请见克什的《写给兄弟保罗和母亲的信：1905年—1936年》（*Briefe an den Bruder Paul und die Mutter 1905–1936*），柏林/魏玛，1978年，第135页。

火车都不开了，工厂在任何时候都安安静静地待在那儿，商店5点就关门，餐馆和咖啡馆到8点才点一小盏火苗闪烁的电石灯。很快，供私人使用的电也会停掉，那时我们只能用蜡烛照明，那什么用都没有！没有可以取暖的，没有可以吃的。[……]一周赚到钱之后特别节省地——数量上和质量上的——张罗一顿寒酸的晚餐。每个人只有一条面包，而且尽管我在这里已经上了两年贫困学校了，但是我无法咽下这个黄色、坚硬、陈腐、发霉的“上帝的赐予。”①

一切与米莲娜想象的都不一样。不过，在战争结束前很久，政治中心将会更为强烈地遭遇失败所带来的灾难，这一点就已经得以预示了：波西米亚和匈牙利一再缩减给这个首都城市的食品和煤炭供应，在新的民族国家宣布成立之后，甚至完全停止了供应，因而维也纳这个拥有百万人口的大城市就成了一个无助的巨人，它的生命命脉被切断了。阿尔河（Ahr）几百年的权力关系现在已经完全乱七八糟了：到目前为止，捷克人、斯洛伐克人和匈牙利人在维也纳一而再争取的，不就是要求允许合理地部分**保留**自己的资源吗，而现在“德意志—奥地利帝国”的主干国家的政府却在布拉格和布达佩斯讨要谷物。而且，由于他们没有可以用来交换的东西，因此他们将“人道主义的考虑”作为理由。

一开始，米莲娜·波拉克无法适应这个想象不到的阴郁的新环境，尽管她的丈夫能够领取可以够基本生活开销的工资——他得到了所就职银行的维也纳分部的提拔，在那里晋升为外汇交易员，但是却远远不够支持他们习以为常的生活方式。嫁妆在几个月内就被挥霍光了，米莲娜的陪嫁也被变卖或者被典当出去了，在这之后，波拉克决绝地拒绝给他的妻子钱。反正钱一到她的手上就立即化为乌有了：买衣服、首饰、花、可卡因——他觉得，是时候让她自己担负他们的生活费用了。他可能是对的，似乎她也这么想，特别是当她想到在维也纳的新的债务时，她发现在这里没有人能够为她偿还这些债务，而且因为这些债务，她绝对不再那么受欢迎了（尽管波拉克自己也有欠债，但是他的名声显然没有受到影响）。

米莲娜后来曾经暗示，在维也纳战后岁月的贫困中，她离选择去做妓女的道路已经不远了，有关这一点完全是可信的。②在这个时间点上，她已经几乎跨过了

---

①米莲娜·杰森斯卡：《维也纳》（*Wien*），载于她所著的《“一切都是生活”：1919年—1939年小品文和报道》（“*Alles ist Leben*”. *Feuilletons und Reportagen 1919–1939*），多罗蒂阿·莱恩（Dorothea Rein）编，法兰克福，1984年，第11页及其后页。捷克语原文是以“Viden”为标题，发表在1919年12月30日的布拉格的《论坛报》（*Tribuna*）上。

②20世纪30年代末她写信告诉威利·施拉姆（Willy Schlamm），在她刚到维也纳的那段时间里，捷克记者约瑟夫·卡姆勒（Josef Kalmer）是唯一给予她无私帮助的人：“[他]就算可能没有救了我的命，也是[将]我从拉客的地方救了出来。”引自阿丽娜·瓦格洛娃：《米莲娜·杰森斯卡：“我的所有文章都是情书”——传记》（*Milena Jesenska. “Alle meine Artikel sind Liebesbriefe”. Biographie*），曼海姆，1994年，第70页。

为一个中产阶级女孩的社会生活和道德宇宙所设定的所有界限，而且她可能宁可忍受陌生人的侮辱，无法再次丢脸地向父亲求助。因而，有时她更愿意在宾馆帮乘火车而来的游客拎箱子而得到一些小费，或者将劈碎的木头送到那些没有钱买过冬取暖用的煤炭而受冻的维也纳人的家里，这样她也能够赚到一些小费。①在捷克语学校授课给她提供了一个暂时的出路，她作为“米纳尔瓦女孩”在那里应该是非常受欢迎——大约有5%的维也纳人将捷克语作为日常交流的语言，她也给有需要的人提供私人语言课程。不过，她再次在盗窃的时候被抓住，并且被送上了德奥的地区法庭。“我处在性爱危机当中”，这是她传奇般的道歉。②

米莲娜·波拉克在维也纳缺乏任何社会性的支撑。赫赫有名的娘家姓氏，追求解放的捷克女性的人际网络，她在德国人和捷克人的彩车巡礼沿途所享受的在当地的名声——所有这一切在这里都不算数。她像父亲一样，热情地为人们所渴望的民族解放、捷克斯洛伐克共和国的建立而欢呼，这些她只能在遥远的地方感受。在日常生活中，这些大事件只能为她带来麻烦，因为现在布拉格是外国了，边界已经封锁几个月了，即便是寄钱和寄送装有生活所急需的食品的包裹也被阻挡在外了。

她在几个星期后就已经明白了，她不能指望任何形式的忠心耿耿的团结互助。波拉克完全没有将妻子的智识当真，他也无法理解她为什么有被连根拔起的感觉。他当然还一直保持着一夫多妻的生活方式，与在布拉格遇到的人进行性交易，而且也毫不回避将他当下喜欢的女人们，带到与米莲娜共同居住的第七街区宽敞的公寓里。米莲娜也心不在焉地尝试着过一种“开放式婚姻”的生活——她与赫尔曼·布洛赫（Hermann Broch）有过一段短暂的风流韵事，但是，波拉克的性生活具有狂热、成瘾的特征，这些特质在米莲娜看来，与带有意识形态的乱交同样是非常古怪的，后一种方式主要是从奥托·格罗斯的语录中发展来的。她并不是接受了这些，更多的只是忍受，而且常常她被迫忍受的远多于所能够承受的，这其中的原因，也包括害怕波拉克的维也纳朋友们——他们无论在文学圈，还是在道德领域都有一定的话语权，会嘲笑她过于保守或者过于敏感。在勒榭恩菲尔德大街（Lerchenfelderstraße）114号的顶楼，一定有大量的黯淡无比的时光，对此，我们知之不多，至少其中的某个时刻甚至将米莲娜推到了物理存在的边缘上——她企图

① 在卡夫卡于1920年9月15日写给米莲娜·波拉克的信。《1918年—1920年书信集》，第342页中提到了她的三个工作：“背木柴、搬箱子、弹钢琴。”有关收集木柴和将它们加以分配的辛苦，她已经在她最早的小品文《维也纳》中加以描绘（见以上注释），不过当然没有提到她以此来赚钱。而“弹钢琴”可能就是指，她偶尔也会作为钢琴手在夜店里工作。

② 吉娜·高斯（Gina Kaus）：《那么，有爱情和文学、戏剧和电影的生活是什么样的生活》（*Und was für ein Leben. Mit Liebe und Literatur, Theater und Film*），汉堡，1979年，第56页。高斯也曾经被米莲娜·波拉克偷过，请见本书，第55—56页。

自杀，最终，一位忠诚的匈牙利裔公寓管理员帮助她渡过了这个难关。[①]

这种以如此方式进行抵抗的绝望感觉绝不是没有原因的。因为当波拉克在维也纳的文学舞台上感觉到像是在自己家里一样自在，而且在“中心咖啡馆”（Café Central）和后来在“绅士旅店”（Herrenhof）很快就获得了像在布拉格一样的有威望地位的时候，米莲娜几乎无法胜任一个有意思的女伴角色。这肯定也与她的外貌有关，在维也纳人的眼睛里，她有特别的斯拉夫人的“不易亲近”的美——这种美通过她放弃的卖弄风骚而更加强化了；更主要的还是语言上的障碍。她与波拉克本人是说捷克语的，与来自家乡、目前生活在维也纳的其他熟人同样，例如埃根·艾文·克什和奥托·匹克（Otto Pick）。但是，在文学圈子的咖啡馆里，却只有德语作为文化语言，这使得她只能完全地被局限在听众的位置上，尤其是在第一年，也是最糟糕的那一年，除此之外，她也被贴上了土里土气的外乡人的标签。弗兰茨·布莱、埃根·弗里戴尔（Egon Friedell）、安东·库、阿尔弗雷德·波尔加（Alfred Polgar）、罗伯特·穆奇尔、弗兰茨·魏费尔……这些人在诸如此类的圈子里都是娴熟的自我表现者，他们并不特别看重一个结结巴巴的波西米亚教授的女儿的见解。另外一个原因是，人们对于政治事件的理解是大相径庭的：米莲娜还完全处在捷克式“解放”的影响之下，并且她也很难掩饰自己对此的兴奋。与此同时，有关民族身份认同和政治领土的重新划分，才是她的新相识们特别感兴趣的问题。关键取决于人们所生活的国家的宪法，而无论这个国家的大小如何，在文学上卓有成效的吉娜·高斯这样批判她，这位女子是在这里的少数几位拿自己当真的女性之一。[②]不，在绅士旅店所谈起的民族问题，只是宣传家们附带的表演舞台，并且有关奥地利人突然想完全成为德国人这一点，与其说是因为民族情绪，还不如说是对饥饿的赤裸裸的恐惧的始作俑者。[③]这是**社会**秩序的问题，这些问题现在变成了日常秩序的问题，是有关如果没有巨大的社会变革是否可以想象能够有新的政治和文化开端的问题。在几个星期前，人们知道了容易激动的魏费尔宣布成

---

① 她就是强壮有力的帕尼·科勒（Pani Kohler），她一定是在波拉克一家的生活中作为“女服务员、女厨师、女管家、清洁女工、洗衣女工、缝纫女工、洗碗女工、传话人”扮演着非常重要的角色，而米莲娜在两篇文章中——《我的女友》（*Meine Freudin*）和《别离的痛苦》（*Scheiden tut Weh*）对她进行了描述，载于《“一切都是生活”:1919年—1939年小品文和报道》，第27—32页和第50—54页。捷克语原文以“Moje pritelkyne”和“Louveni, louveni”为标题，分别发表在1921年1月27日和8月17日的《论坛报》上，署名都是“A.X. 内塞”（A.X. Nessey）。卡夫卡可能在维也纳停留期间也结识了帕尼·科勒。在1920年7月10日或11日，他曾经发电报给她，询问米莲娜的情况，但是没有得到任何回复。7月15日他寄给她一个装着钱的信封，这肯定是给米莲娜的。

② 高斯：《那么，有爱情和文学、戏剧和电影的生活是什么样的生活》，第75页。吉娜·高斯是弗兰茨·布莱的恋人，1920年因在维也纳的城堡剧院（Burgtheater）上演的喜剧《家贼》（*Diebe im Haus*）而大获成功[她用的笔名是“安德里亚斯·埃科布莱希特”（Andreas Eckbrecht）]。同一年，她因小说《上升》（*Der Aufstieg*）而获得冯塔纳最佳小说家奖。

③ “德奥是德意志共和国的一部分”，在1918年11月12日的共和国宣言第二章中已经这样宣布了。但是，这种合并束缚了所有的联盟国，因而在1919年10月，新的国家被改名为“奥地利共和国”（Republik Österreich）。在这个时候，大约有650万人是奥地利共和国的国民，其中有200万生活在维也纳。

为布尔什维克主义者，并且参加了在政治上同样迷茫的克什领导的、1918年11月的红色公园（Roten Garden）政变，那是惊心动魄的岁月，人们在充满战略性讨论的绅士旅店所经历的事件，和在戏剧舞台上所看到的没有什么两样。

但是，这种社会扭曲和维也纳人日常生活的堕落，留给米莲娜·波拉克的印象要比她的智力上的监工所得到的印象深刻得多，而且她对于政治左派的同情也通过这些经验变得越来越饱满了，这些都是毋庸置疑的。她的教授语言**工作**，也包括几个小时到处转悠去寻找食物、排着长队买东西，以及和黑市商人讨价还价，都使得米莲娜能够面对来自各个阶层的人们，连同快速增加的德语—维也纳语的词汇量，也逐渐给她带来了万花筒般的洞察力。在咖啡馆之外，她大部分时间仍旧是访客、观察者，她的视线有着与众不同的重心。不过，她很快就明白了，那些阻碍她平等地参与到绅士旅店当中的社交和文化方面的距离，在“真正的”生活中却有帮助认知的功能，而且也具有完全不受束缚的特征。米莲娜开始用新闻记录者的目光、用记者的眼睛去观察她周围的环境。在1919年底的时候，她第一次将她所看到的写了下来。这些文章构成了维也纳生活的系列报道，秉持自由主义的布拉格报纸《论坛报》的副主编被这个系列所打动，于是他预支了将从米莲娜的笔尖下流淌出来的文字费用。在23岁的时候，她第一次凭借她的精神劳动赚到了钱。当他看到这些捷克语的文章的时候，波拉克笑了。而且米莲娜也立即将这个胜利报告给了她的父亲，并且署名为“M. P.”。

大约也是在同一时间，她第一天体验到了捷克人治理下的布拉格——可能就是在这同一次访问，她既短暂地与卡夫卡见面，也与《论坛报》的阿尔尼·劳伦（Arne Laurin）（他在战争期间也在维也纳挨过饿）进行了当时看来更为重要的会面。在与也算得上是地方名流的卡夫卡会面的过程中，她敢于用德语交谈，这不仅是因为不断增长的自信，而且也是由于对当代德语文学不断增多的知识可以展示非同寻常的速度获得的语言能力。毫无疑问，她还是犯了足够多的错误，她忽略了重点和言外之意。尽管如此，卡夫卡仍然确信，他的文章现在是交给正确的人了。由于他在那个时候还不清楚，这对波拉克夫妇的婚姻到底处于什么样的状况，因而他应该是权衡过，请懂得这两种语言的文学行家至少浏览一下米莲娜女士的翻译——尽管他没有向任何人提过这个内心的想法。

1920年5月初，卡夫卡收到了在布拉格发行的文学周刊《骨干》[*Der Stamm*（*Kmen*）]。在第一页上就印着他的名字：“弗兰茨·卡夫卡：《司炉》，经作者授权米莲娜·杰森斯卡翻译”（Franz Kafka*: Topic.Fragment.* Se svolení autorovym preložila Milena Jesenská）。他“几乎目瞪口呆”，当他在奥托堡膳宿公寓收到这个信封的时候，他写信这样告诉米莲娜，在那个信封里没有来自后者的个人信件，而只是他的小说——它仿佛是“来自古老坟墓里的特别熟悉的声音”。当然，这也是纯粹的卖弄风情。尽管米莲娜不会想到，卡夫卡已经通过他的妹妹火速订购了20

本这期杂志，但是她清楚，这是他的文学作品第一次被翻译，并且，她对说服《骨干》的共产党编辑斯坦尼斯拉夫·K.诺依曼（Stanislav K. Neumann）全文刊登《司炉》、12页、排成双栏而感到自豪。

现在她才想起来问卡夫卡，他到底是否能够阅读翻译的文本，这个问题是另一个让她觉得与这位作者口头商谈是多么轻率的证据。但是，她知道了，卡夫卡的捷克语当然相当好，并且从此当她给他写信的时候，她使用的是自己的母语。当然这里面展现的是"完全的米莲娜"，而且她的翻译已经是"完全的米莲娜"最好的证明了："我感到不可思议的是您付出了自己能够付出的最大努力，而且我也深刻地感受到，您是如何忠心耿耿地在做这件事情，来来回回地修改，尽量忠实于原意，您所带来的表达的可能性，还有自然而然的合理性，是我无法用捷克语实现的。难道德语和捷克语如此相近吗？"[①]而且，几天后再一次说道："翻译文本顺理成章的真实在我看来，就像是我一而再地感到惊讶一样不言而喻，几乎没有误解，即便有也很少，而一直都是强有力而且坚定的领会。"[②]这是——如同她所明白的那样——最高等级的赞扬。尽管如此，更令她感到轻松的是，从今以后她可以用**她的**语言写信给他，而他则继续用他的。

搬箱子的日子已经一去不复返了。尽管贫困依旧——有些日子她除了吃苹果、喝茶，没有其他可吃的东西，但是米莲娜·波拉克已经适应了一个固定的工作节奏，并且能够按时交稿。她从她丈夫的朋友圈子里撤退，她在写字台边度过赢得的时间。在1920年，她平均每个月在《论坛报》发表3篇文艺小品文，与此同时还在《骨干》上发表大量的翻译作品，与魏费尔、多布林（Doblin）、梅林克、兰道尔、罗萨·卢森堡（Rosa Luxemburg）和厄普顿·辛克莱（Upton Sinclair）等人的文章"同台登场"。她阅读了可以从书店买到的卡夫卡作品，显然她最喜欢的是《观察》中的文章，她将它们全部翻译了，并且有选择地加以发表。这一年秋天，她甚至成功地将《致科学院的报告》全文发表在《论坛报》上。[③]"您做的所有与图书和翻译有关的事情都是正确的"，卡夫卡在她提交了"出师考试要交的作品"之后这样写道，他没有理由对每次如此这般地行使检察长的权力感到后悔。米莲娜·杰森斯

① 1920年5月9日写给米莲娜·波拉克的信。《1918年—1920年书信集》，第132页。

② 大约在1920年5月20日写给米莲娜·波拉克的信。《1918年—1920年书信集》，第143页。有关对于米莲娜·波拉克的翻译质量和卡夫卡对此的评论，参见马瑞克·奈库拉（Marek Nekula）：《弗兰茨·卡夫卡的话》（*Franz Kafkas Sprachen*），图林根，2003年，第243—244页。

③《致科学院的报告》发表于1920年9月26日的《论坛报》，第1—4版。《观察》文集中的《突然起来的散步》[*Der plötzliche Spaziergang*（*Nahla prochazka*）]和《逃到山里》[*Der Ausflug ins Gebirge*（*Vylet dohor*）]、《单身汉的不幸》（*Neštesti mladence*）、《商人》[*Kaufmann*（*Kupec*）]、《归途》[*Der Nachhauseweg*（*Cesta domu°*）]、《身边跑过的人们》[*Die Vorüberlaufenden*（*Ti, kteri bezi mimo*）]一起在1920年9月9日发表在《骨干》上。《观察》文集中的另一篇文章——《不幸》[*Unglücklichsein*（*Nešt' astny*）]在1920年7月16日发表在《论坛报》上。米莲娜·波拉克翻译的《判决》发表在*Cesta*杂志上，第5发行年度，第26、27期，1923年12月和1924年1月。

卡——只有在这里她还使用自己未婚时的名字——成为他的女翻译，他很快就适应了这一点。因而当有任何人试图完成这个任务，而且完全没有经过商量的时候，他非常生气。他说这是“插手到了我们的事情当中”。到**我们的**当中。[①]

① 大约在1920年5月20日和22日写给米莲娜·波拉克的信。《1918年—1920年书信集》，第142、359页。1920年10月24日《法的门前》发表在以社会民主主义为导向的日报《人民的权利》[*Das Volksrecht*（*Právo lidu*）]的星期天增刊上，翻译是米莲娜·伊洛娃（Milena Illova）。她是卡夫卡的中学同学鲁道夫·伊洛维（Rudolf Illovy）的妻子，她直到发表前的几天才写信告诉卡夫卡。

第十八章 充满活力的火焰

这令我痛苦，而且持续着，
谁能够抗拒它？
——歌德，《西东合集》（*West-östlicher Divan*）

“您是犹太人？”目光似乎长久地停留在他身上，但这一定是在开玩笑。她已经对他非常了解了，就连他的那段漫长而痛苦的订婚史她也听说了，应该是波拉克给她讲的。那么，难道她不知道他是犹太人？

后世的读者也会惊讶：卡夫卡居然会面对这样直截了当的问题吗？8年前，在与菲利斯·鲍尔通信的时候，尚且需要长达数月的、摸索式的试探，之后才可能按部就班地进入到打情骂俏的阶段，互相透露眼下的心理状态。财务方面的状况直到最后也是半遮半掩的，家庭内部争执也是同样，有关犹太人的这个问题会时而触及痛点，因而从不公开谈论。像反犹太主义这样的概念，在几百页的信纸中则一次都不会出现。

因而相比起来，与米莲娜的关系发展简直是爆炸式，两位主角似乎打算跳过社交中的热身阶段。这一次是这位年轻的女子，是她首先迫使卡夫卡进入到目前为止一无所知的开诚布公当中，然后，后者也鼓起了勇气。一开始他的来信除了说一些令人温暖的话之外，没有什么特别的内容，完全是遵循常规模式写成的，但是在这些信件之后，为了享受温暖，他在几周之后就已经不得不面对出乎意料的自白，同时也面对直指他生活核心的直言不讳的问题。她并不忌讳谈论波拉克——她爱他，并且觉得自己被他虐待了，然后，她也想知道，卡夫卡是否有情人。当她告诉他，她挣的仅够糊口，以及有时还要靠从布拉格寄来的食物生存时，这不是“自白”，并且，当她在几封信之后，就开始谈到自己患有结核病的时候，这也不是撒娇。她可能猜想，一位布拉格作家，肯定在埃科咖啡馆度过一个又一个夜晚，反正会想起有关那个“米纳尔瓦女生”的一系列的传言；她已经习惯与知道她的过去的人（比较情愿或者不太情愿地）打交道了。不过，不仅仅是这些。她拒绝遵守中产阶级小心谨慎的游戏规则，这给卡夫卡带来了全新的感觉，她不说社交生活中的外交辞令，同样也不辛苦地用**双关语**这种修辞手法。当他无意中说了一句非常谨慎而且含糊不清的话的时候，她会问个清楚，或者甚至表现出她的不满。

无疑，她对卡夫卡在最开始的信件中就表现出来的温情也绝不漠然视之——男人对她的关心令她感到愉快，如果没有显而易见的性意图的话。“您现在想做什么”，当卡夫卡知道她得了肺病后，这样问道。“如果有人给您一些照顾，可能这什么也算不上。但是，如果有人一定要给您一些照顾，那么这个人肯定知道，他爱您，因此其他所有的一切都不用说了。”[①]散发着温暖的语句，与米莲娜日常生活中的痛苦完全不一样。无疑这些话也让她相信，不要让任何人承诺什么。但是，卡夫卡的看法却不同。

> 当人们把所有的一切都看作是学校留的作业的时候，面对我您有三种可能的方式。例如，您可以不告诉我任何有关您的事情，那么您给我带来了去了解您的幸福，可能我自己去尝试所带来的幸福要小一些。您不应该对我封闭您自己。您也可以时而隐瞒或者加以掩饰，但是我会感觉出来当前的状况，尽管我不会说穿，这会让我感觉到双重痛苦。这也是您不要去做的。那么，只还剩下第三种选择：尝试着进行一些自救[……]您所谈到您的健康状况（我的健康状况还不错，只是我在山间的环境中睡眠不好）对于我而言是远远不够的。[②]

现在即便对于她而言也有些过于迅速了。卡夫卡不是在写信，他是在**通过**书信说话，好像已经有一封信件范文放在眼前一样。

“去了解您的幸福”？“当前的状况”？米莲娜不明白这些句子是什么意思，因为人们在半打信件之后，能够“感觉”出来的东西还太少了，而且毫无疑问，没有人能够通过这种方式“了解”他人。这些措辞让她在一段时间里都心存怀疑，到底哪些是可以当真的，哪些不是。她对一段策略性，仿佛经过严格审查的文字也感到怀疑：“没有哪个词语不让人觉得是特别用心选择的”，这是她对卡夫卡信的感觉；这个男人显然不冲动，他显然有所保留——在她看来。毫无疑问，她不知道，从不松懈的道德上的警惕性，连隐秘的动机的影子都不可原谅的决心，这些都属于卡夫卡自我形象的基本特征。并且正是因为第一条，而不是她补充告诉他的微不足道的疾病，明确地对她的**坦率**提出了要求。[③]

从梅兰吹来的暖风尽管让米莲娜感到怀疑，但是她也需要它，而且她开始习惯于它了。从5月底开始，节奏变成了几乎每天一封信的阵雨，米莲娜同样定期而且详

---

①1920年5月8日写给米莲娜·波拉克的信。《1918年—1920年书信集》，第131页。

②1920年5月21日写给米莲娜·波拉克的信。《1918年—1920年书信集》，第144—145页。

③“没有哪个词语不让人觉得是特别用心选择的”这句话卡夫卡引用了米莲娜的捷克语原文“ani jedine slovo ktere by nebylo velmi dobrˇe uvaženo”。1920年6月10日写给米莲娜·波拉克的信。《1918年—1920年书信集》，第168页。

细地给予回复。米莲娜·波拉克的信没有被保留下来[①]，但是在那里面一定有明显的情绪波动的印记，而对此卡夫卡只能辛苦地追随着：他们谈到了虚无的感觉，甚至还有自我厌恶，她有时会说出一个令人惊骇的秘密，而后她又会抱怨那些围绕在她丈夫身边的人们的可笑之处。面对卡夫卡的时候，她一直有些神经过敏，总是担心自己没有被当真，她有时也无法理解卡夫卡的古怪玩笑，并且拒绝给他看自己作为记者的作品。但是，现在她不再想失去他了——"jen strach o Vás"卡夫卡引用了这句话的捷克语说法，如果这阵风一度突然中断，那么，"只有恐惧包围着她"。[②]由于她不小心说了非常生气的话，因而随后她又发了电报，到了6月中旬的时候，也就是在他迫切地开始用"你"称呼她过后的几天，她送了花给他。

书信所带来的诱惑是极其有力的：书信带来了感性的体验；书信创造了一个平行的世界，一个没有边界的想象空间，除此之外，只有文学能带给他这样的世界；书信超越了生活中物质体验的强烈程度。卡夫卡非常清楚这样的蛊惑，他也清楚它们所要求的代价，自从在祖豪孤独地沉思冥想以来，自从他最后一次与菲利斯的无言相对以来，他就清楚了，在这样的诱惑中有多少潜在的不幸正不怀好意地埋伏着。尽管如此，他还是屈服于这些诱惑了。几个星期以来，他绝对没有感觉到，这只是在重复已经学到的教训。相反，他认为，现在正是一个完全出乎意料，但却一目了然的机会第一次在他的生活中出现，这是一个与一位在感知、精神和智力上都势均力敌的女性联系在一起的机会，正是这种新体验的真正内涵让他忘记了，他正是与同样的、早已熟悉的毒药游戏。他重新开始"酗"信。他一遍又一遍地读那些信，倾听那些语句的音调——弦内之音和弦外之音。他将信纸摊在面前，用脸颊去感受它们。他当然清楚这样以他夜晚的睡眠为代价的享受是"无意义的"。[③]

米莲娜不太能够理解这种想象中的放纵。她过的并不是像一位疗养院病人那样的完全无忧无虑的生活，对于后者而言，只要他有兴致做梦，那么几乎就能不受任何干扰地想入非非。而且，重要的是她对于这些信件能带来什么和不能带来什么有着不同的看法。卡夫卡对于纯粹的、符号式的强烈情感的贪婪，在她看来绝对不陌生——米莲娜曾经整整一年用书信折磨着一位她爱恋着的女教师，但是她已经从青春期中清醒过来了，现在对她来说重要的是内容，她逐字逐句地读这些信件，在梦想、隐喻和充满爱恋的词语之外期待着问题和答案——它们充斥着生活。"她抱怨某些信件"，卡夫卡写道，他立即弥补了这些不足，"人们应该进行方

---

① "如果您有机会的话"，米莲娜·波拉克在卡夫卡去世后不久写信给马克斯·勃罗德，"请您将弗兰茨那里的我写的信烧掉，我平静地将它们都交给您，这些无疑已经不重要了。"杰森斯卡：《如果我要整日整夜地给予答复》，第52页。勃罗德是否履行了这个请求，他是否在卡夫卡的遗物中找到了这些信，都是不清楚的。

② 1920年6月11日写给米莲娜·波拉克的信。《1918年—1920年书信集》，第174页。这可能与卡夫卡在6月1日所写的内容有关："您需要被好好地照顾，您会因为收不到信而担心，前几个星期我竟然有几天没有写信……"《1918年—1920年书信集》，第157页。

③ 1920年5月31日写给米莲娜·波拉克的信。《1918年—1920年书信集》，第154页。

方面面的审视，以便没有东西漏掉，但是也会因为我离得太近、太过于压抑情感，太过于牵挂，而迷失在丛林深处、深深地沉浸在安宁之中……”[①]这对于她而言并不够。孤独是她的体验，但是仅凭倾听一个远方的人的无形的声音，是不足以消除孤独感的。书信能够为现实生活拉开序幕——如果在最适宜的情况下，书信对于将记忆保存下来是非常有益的。但是，现实是高于想象的，这个优先地位是**绝对的**，在任何情况下都是如此。因而，情感最炽烈、最饱含爱意的通信，都排在令人痛苦、不完整，但却变成现实的爱情关系的后面。两个小时的生活，她几乎是冷酷地总结出，多于两页的书信。“书信是更为贫瘠的，”卡夫卡回复道，“但是也更为清晰。”[②]因此也已经说明了，双方所渴望的宁静并不是同一个事物。

将一个通过书信来做梦的人唤醒是非常容易的，有时几个无害的词语就足够了：“您是犹太人吗？”这是一个例子，又如：“您什么时候来维也纳？”这些都是透过写满字的信纸而展现出十足的能量问题，这些问题需要的不是某种姿态，而是要求回答。她出于什么原因这样对他，她可能也还不清楚。

> 曾经发生过一件广受关注的事情，对此我至少以含蓄的方式向你“简单汇报”过。《论坛报》年轻的编辑莱纳（Reiner）（正如人们所说的那样，他是一个非常聪明，而且的确有些夸张的年轻人——大概20岁）服毒身亡了。这件事发生的时候，我想你应该还在布拉格。现在，人们知道了其中的原因：威利·哈斯与他的妻子［一个娘家姓是阿姆布罗佐娃（Ambrožova）、信基督教的女人，她是米莲娜·杰森斯卡的好友，而且与她长得很像——人们这么说来着］有一段婚外情，这应该给莱纳带来了极大的精神打击。应该是没有发生激烈的争吵或者诸如此类的事情，而这个女人主要是用言语，还有她的行为折磨着这个她在婚前就认识很多年的男人，后者以死做出了回应。事发那天早上，她与哈斯先生一起到编辑部，就是为了问他为什么在下夜班后不回家。后来，他被送到医院，然后去世了——在她赶到之前。哈斯正准备最后一门考试，现在只能中断大学学业，他与父亲闹翻了，去了柏林，管理一家电影时报。他的日子应该也不好过。这个女人也生活在柏林，人们认为，他会和她结婚。我不知道，我为什么要给你写这个悲惨的故事。也许是因为我们都被同样的恶魔所折磨，因而当我们听到这些故事的时候，这些故事也属于我们了……

卡夫卡在1920年6月12日收到了马克斯·勃罗德的这份“汇报”。在同一天他还将它几乎逐字逐句地摘抄给了米莲娜；只是把那个将比自己小的丈夫逼死的女

① 1920年6月10日写给米莲娜·波拉克的信。《1918年—1920年书信集》，第168页。
② 1920年6月6日写给米莲娜·波拉克的信。《1918年—1920年书信集》，第163页。

人是“信基督教”，以及另外还有“是米莲娜·杰森斯卡的好友”的内容，出于礼貌而略去了。但是，何苦这么麻烦呢？这件不幸的事情已经发生了——那是在2月19日，当时卡夫卡的确还在布拉格，他应该清楚，米莲娜应该早就亲自了解到她的好友贾米拉的命运，而且应该知道得更为详细。为什么还要将这些传言转告给她呢？①

卡夫卡的确在做令人费解的事情。他将所引用的片段放在括号里，为它分别写了导语和结论，简直没有什么能比这更令人震惊的了。“**你属于我**”，他坚决地写道，而且在这句话下面画了强调线，“即便我可能不再会见到你……我们接下来将怎么生活？如果你对我回信说‘是’的话，你就不应该在维也纳继续生活下去了，这不可能。”并且，在结尾他写道：“我重申，你不能继续留在维也纳。这是多么可怕的故事啊。”我们不得不猜想，就连像米莲娜·波拉克这样，已经习惯于舞台效果般意外，甚至有时自己会制造这种意想不到的效果的女子，面对**这样的**编排布局也感到窒息了。如果她的理解是正确——不过，除此之外，还可能有什么其他的理解呢，那么这就是明确地提出了要求：离开自己的丈夫，和一个她只匆匆见过几次的、只是从文学作品和几封私人信件中有所了解的人去开始新的生活。而在被自杀故事打断后**第二次**提出的要求，它所渴望的决定与那个自杀故事有着不被识别的隐秘的关联。米莲娜在震惊之余，是否考虑过卡夫卡的精神状况，对此没有任何记录，但是，她有权这么做。她开始告诉卡夫卡一些她自己所知道的有关贾米拉的细节，不过，她显然也请求卡夫卡解释，为什么这个不幸的事情对他有这样大的触动，以至于使他将这个事件与他自己最私人的事情联系起来。因为看起来，他根本不认识贾米拉，而且“哈斯先生”也绝对算不上是他的好朋友。

米莲娜无疑正紧张地等待着卡夫卡的解释，这可能让她意识到，卡夫卡似乎也不掌握解开这个谜题的钥匙。因为正是他在摘抄时所隐藏的那几个词语，现在看来才是关键性的字句。在勃罗德的书信从布拉格寄到卡夫卡手上的时候，正是一个关键性的时刻，几乎就在同一时刻，他非常严肃地做出决定，向米莲娜发出了挑战：这的确是最令人激动的时刻，在这个时刻，他完全无法将那份灾难警报——在那上面**杰森斯卡**这个名字完全散发着不幸的气息——解读为是对自己命运的评论。他的视线马上就从愚蠢的贾米拉身上移开了，而是转向了威利·哈斯——他显然完全应该清楚自己的责任：他是犹太人，他毁掉了一个女基督教徒的婚姻。卡夫卡现在完全相信，这个故事就像是从最高点带来的神的启示——**这个故事是完全为他量身订制的**。而且这种确定性在这个时刻拉开了有关犹太人的恐惧这出戏

① 1920年6月9日马克斯·勃罗德写给弗兰茨·卡夫卡的信，《1918年—1920年书信集》；1920年6月12日写给米莲娜·波拉克的信，《1918年—1920年书信集》，第176—177页。勃罗德的报告中有一些不确切的地方：当哈斯在《电影信使》（*Film-Kurier*）报当编辑，而不是主管期间，贾米拉·莱纳洛娃（Reinerova）仍然住在布拉格。有关这两位好友外表相像的流言，可能与贾米拉很长一段时间都试图模仿米莲娜有关。

的大幕,完全出乎意料的米莲娜只能毛骨悚然地跟随着:

> 这个故事最开始让我震惊的是,究竟是什么信念使得像杀戮猛兽一样杀戮犹太人成为必要,而且我也感到惊恐的是,人们不是警惕动物,而是担心犹太人向你们扑过来。你无法想象他们的精力和力量,你对于这个故事的理解可能和我的理解完全不一样。我完全无法理解那些在最后的时刻到来之前就产生了杀人祭神想法的人们[这是最强烈的、无处不在的恐惧和忌妒的提前到来,但是这也是最清晰的时刻,在这里人们看到反犹太人的"希尔斯纳(Hilsner)"行动是如何一步步开始的;那个年轻的女子在他身旁搂着他就意味着这一切];我当然也无法理解那些相信犹太人杀人,却不会在这个过程中刺伤自己的人们,因为犹太人就是在杀人,但是自己受伤显然不用这些民众操心。
>
> 我又夸夸其谈了,所有的一切都是夸张。这些都是夸张,因为拯救——尝试总是抛给了女性,而且无论是女基督教徒还是女犹太教徒都一样能够胜任。[①]

这正是为什么勃罗德要说起所有属于他们共同故事中的一个原因,也是卡夫卡"为什么将它读了10遍,也为它而战栗了10次"的原因。[②]两个人都以犹太"凶手"为自己的身份定位,两个人都在哈斯那里看到了一个惩戒性的榜样。但是,只有卡夫卡感受到了继续编织这个故事的推力,而且就是现在,就是在做出决定的这个时刻,这些幻象赢得了超越他的更为巨大的力量,他像一个梦游者一样追随着这些映像,他错过了一些时机,于是他的思路脱离了常轨。他谈到了谋杀,没错,他甚至将致命的猎豹希尔斯纳带了进来,他谈到了那些所谓牺牲无辜的基督教女孩的"祭神杀人"——20多年来媒体正是首先将它变成了令人憎恶的种族的形象象征。

卡夫卡几乎无法想到能有比这个更强烈地引起集体性兴奋的概念了,米莲娜的朋友的故事演变成了政治事件,在这样的变化之后,米莲娜似乎愈发无法领会卡夫卡到底要谈什么了。这些不是"夸夸其谈",这些是道德方面的毁灭性的判决,反正卡夫卡已经预料到了,那些被说服了的仇视犹太人的人会赞成这样的宣判。他竟然怀疑她本人也有反犹太人的冲动吗?至少他一度用显而易见、冷嘲热讽地解释了,为什么这个询问,他是否是犹太人这个用捷克语问出的问题(Jstežid?),让他想起了一拳打过来的声音,当然,她努力在这个问题上对他加以安慰。这当然是一个"愚蠢的玩笑",卡夫卡竭力声明,而且他用发音上的小把戏

---

①1920年6月20日写给米莲娜·波拉克的信。《1918年—1920年书信集》,第187页。

②1920年6月中写给马克斯·勃罗德的信。《1918年—1920年书信集》,第184页。

来逗她笑，为了立即消除最后的怀疑，他继续编造了一个笑话，放开了缰绳，放任自流，再一次忘记了他面对的是谁。

> ……与其说我要责备你，你把认识的犹太人（包括我）——还有其他人——想象得太好了之前，不如说，有时我想把所有的犹太人（包括我）塞到衣橱的抽屉里，然后等待着，然后将抽屉拉开一点，为了看看他们是否都窒息死掉了，如果没有的话，就将抽屉再次关上，然后一直这样下去直到结束。①

米莲娜·波拉克是一名犹太人的情人和妻子。与一位犹太人的联系使得她不得不离开了自己的家乡。因而，我们不应该怀疑她在读到这个幽默的诉说的时候笑了起来。但是，她也对卡夫卡让它们在这里列队招摇而过的那些意识形态的幽灵感到愤怒，一年后她将这种怒气撒到了马克斯·勃罗德身上。当勃罗德将谈话引向米莲娜的一个情敌的时候，后者立即回击道：所有的犹太女人都是“不幸的、带来灾难的、快要见鬼了”。在这个瞬间，她**意识到**自己在同犹太丈夫谈论一位犹太女人。②

卡夫卡的文章透彻恳切，却很难解读，而且从一开始就显得晦涩，特别是在祖豪写下的那些笔记就提供了诸如此类的令人惊叹不已的榜样。但是，他对于犹太人的表述却不属于此列，这里显然是沾满血迹的历史遗产，是对概念的畸变，是对话语传统的撕扯，给今天的读者的理解带来了非同寻常的困难。更具体地说：它需要设身处地地去领会。在20世纪30、40年代的反犹太人情绪所激发的罪行之后，犹太人这个集体的死亡就不再可能当作玩笑来说了。同样不可能的是，让人们觉得在未来的黑暗中还会有如此大规模的犯罪，这是完全不可想象的，在人们的意识里，对于窒息而死的犹太人的想象，不一定不可避免地和**煤气**这个概念联系在一起。无论是在与死亡的想象的游戏中——这在卡夫卡的信中很罕见，还是他对建立在反犹太基础上的生活世界的反思当中，卡夫卡都没有冒出过这样的念头，即犹太民众有朝一日会真的遭遇诸如此类的命运。而且，有关他自己的妹妹有权利摆脱这样的生活，她们有一天能够按照自己的计划离开这个吸血鬼一样的世界的设想，最终却被受毒气战争所感染的想象力远远地超越了。卡夫卡之所以能够开那些“不再是人类”的玩笑，是因为在他看来这完全是不可能的，完全是天方夜

①1920年6月12日、13日写给米莲娜·波拉克的信。《1918年—1920年书信集》，第177、179页。

②1921年5月24日马克斯·勃罗德写给弗兰茨·卡夫卡的信，载《马克斯·勃罗德和弗兰茨·卡夫卡：友谊、书信来往》，法兰克福，1989年，第238页。勃罗德接着写道，米莲娜在这次谈话中甚至表现出了她对他的妻子的“本能的憎恨”。卡夫卡解释道，这可能主要是因为艾萨。勃罗德表现出来的对她自己的丈夫的钦佩，让米莲娜觉得过于“谦恭”了。“米莲娜的确几乎恨所有的犹太女人”，不久之后他补充道。大约在1921年5月底和6月中写给马克斯·勃罗德的信，同上书，第350、357页。

谭，就像是《蓬蓬头彼得》(*Struwwelpeter*)的施虐狂式的白日梦。我们对于这种毫无思想准备感到担心。每一次对文明底线的突破都是卡夫卡无法想象的，这种突破的确**一直**是无法设想的，而只有历史性移情才可能开辟出一条道路。

为了在现在这样的战后年代理解卡夫卡有关犹太民族的表述，我们必须认识到，在**西方犹太人**中间对反犹太主义的谴责，绝对没有今天的血腥味，甚至没有普通的负面含义。否则就无法解释，为什么卡夫卡曾经将米莲娜·波拉克的一篇小品文形容为"敏锐的、恶意的和反犹太人的"，但是同样也是"华彩出众的"。[①]而另一方面，人们也注意到，较之过去，他现在要频繁得多地谈到对于超出界限的体验和反犹太人的仇恨感受。他觉得有必要说出这些有关犹太人身份认同的担忧，并且在政治上更加关注，他认识到，犹太人具有司法保障的时代已经结束了，而且他的反应也和任何被剥夺安全感的人的反应一样：他变得更加敏感，向他人投去的目光也更加敏锐。

卡夫卡在梅兰的岁月特别引人注目的是——这绝对不是第一次，他在整个星期都被要么拒绝犹太人、要么至少是难以相处的人们包围着。他在8年前有过这样的经历，显然是在基督教徒所管理的自然疗法疗养院——永葆疗养院已经经历过了，那时，他觉得没有必要将这些写在信里或日记中。但是，现在在奥托堡则完全不一样了。

> ……这个旅馆的确完全是德国人——基督教徒的，这中间特别突出的是：两位年长的夫人，还有一位可能曾经是，也可能是现任的——这都一样——将军和一位同样情况的上校，两个人都是聪明、令人愉快的人。[……]但是，现在，当我走进饭厅的时候，那位上校（那位将军还没来）热情地请我到他们的餐桌上，我只能照办了。现在事情就在他们的操控当中了。在寒暄之后，我说了自己从布拉格来，那位将军（他坐在我对面）和那位上校两个人都表示自己知道布拉格。是捷克人吗？不是。现在，忠诚的德国军人的眼睛里似乎在说，你到底是什么人。其中一个人说"德国波西米亚人"，另一个说"少数民族"。这应该就告一个段落了，大家应该继续吃饭，但是那位将军敏锐的、在他的奥地利东家那里受过哲学训练的耳朵显然没有给他带来安宁，在吃饭后，他又开始对我的德语发音感到怀疑，此外，可能眼睛的怀疑比耳朵的怀疑要更多一些。因而，我要试图说明自己的犹太族裔了。尽管从科学的角度，他现在已经满意了，但是从人文的角度还没有。在这个时刻，可能恰好没有人听

---

① 这里所谈的是米莲娜·波拉克发表在1920年8月7日的文章《新大城市式样》[*Der neue Großstadttypus*（*Novy velkomestsky typus*）]的第二部分。在这篇文章中以引人注目的方式谈到了"新帝国"和"发战争横财的人"，但是没有地方谈及犹太人。参见马瑞克·奈库拉的德语翻译版本《1918年—1920年书信集》，以及卡夫卡在1920年8月10日写给米莲娜·波拉克的信。《1918年—1920年书信集》，第299页。

到这场谈话，但是也可能整个旅店的人都走开是有某种关联性的（昨天他们却都在这里坐了很久，我之所以能听到是因为我的房门就在餐厅旁边）。那位将军也非常不安，但是出于礼貌他还是将这次小谈话做了个了结，然后他才大步流星地走开了。从人文主义的角度，我也不是很满意，为什么我要折磨他？不过，这也是个好的结局，我又可以一个人不那么滑稽地独自坐在餐桌旁了，前提是没有任何人想起来要责备我。①

沉着镇静的语气，表达的却是痛苦，麻醉只是表面的。卡夫卡知道，所有人在同一时刻离开不**是**偶然，因为作为犹太人他了解这些；但是他要去抗辩的感觉——这是一种深深扎根的期望——却是非常强烈的，使得他尽管如此还是嗅到了"某种关联性"。那位礼貌的将军——在他看来是这样的，也突然变得相当匆忙，而且最后，卡夫卡甚至都暗自提议，还是将这个不受欢迎的犹太同桌赶走吧。

过了一个星期，这种时常发愣的状态才消失，卡夫卡又能看得更清楚了。一切不是那么糟糕，他现在承认，他又夸大其词了。那位将军认为他是好听众，而且对他比对所有其他人更为友好，那位上校甚至谈到"愚蠢的"反犹太人主义，在更大的圈子里，当有一次人们谈到"犹太人的卑鄙行径"和"厚颜无耻"的时候，人们笑了，而后甚至还向他道了歉。简言之，"在饭桌上的反犹太主义展现了它的典型的无害性"，与之相伴的是，冷漠的、看上去已经被文化同化了的同时代人使着眼色在说话——这是无论如何都会产生的结果，与此同时，人们似乎看到了慕尼黑布尔什维克共和国——德国资产阶级的噩梦——的犹太裔领导者，在临时军事法庭的枪管前赔礼道歉。②卡夫卡在这张桌子前一定非常快就会弄清楚，他最初的前往巴伐利亚州的旅行计划是多么幼稚：在那里，人们接收犹太裔客人显然只是为了杀死他们，正如他后来所言简意赅指出的那样。③

勃罗德清楚卡夫卡所谈及的这一切。"犹太人肆无忌惮"这样的话，他自己在几天前也亲耳听到过，而且是在更为危险的环境下，完全是在公众场合。那是在慕尼黑剧院（Münchener Kammerspiele）的一间包厢里，勃罗德和库特·沃尔夫及沃尔夫的总经理梅耶坐在一边，以便接受对他的独幕剧《感觉的高度》（*Die Höhe des Gefühls*）的已经习以为常的喝彩，这是一个远离政治的善意的作品，在其他城市

①1920年4月6—8日写给马克斯·勃罗德的信。《1918年—1920年书信集》，第116—117页。

②在1920年5月15日之后写给马克斯·勃罗德的信。《1918年—1920年书信集》，第139—140页。奥托·匹克同一年在《自卫》杂志上阐述了与卡夫卡所说"反犹太主义的无害性"类似的问题，匹克的论述显然也是出自他自己的经历。在他虚构的"有关反犹太主义的对话"中写道："尽管我生为犹太人，但是并不因此我就要让自己有犹太人的外表和犹太人的谈话方式，在我身上一再发生的是，当下的我当中的基督性使得反犹太主义的言论直言不讳地表现了出来[……]尽管如此，我仍然被看作是犹太人，因而犹太人心平气和地接受了这样的消息，我恰恰也创造了规则之外的例外（因为我看上去不像犹太人？！），而且当所有的犹太人都和我一样的时候，那么就正好不存在反犹太主义了。"1920年12月24日，第1页。

③1921年3月16日写给奥特拉·戴维的信，载《卡夫卡：写给奥特拉和家人的信》，法兰克福，1974年，第116页。

里也经常打动观众。但是这一次笑声和嘘声、口哨声和“虚伪”的喊声此起彼伏。在慕尼黑，人们已经付诸实践了：自从苏维埃统治被强有力地终结以来，这里的每个犹太人都被清晰地告知，要对大屠杀做好准备，而且就连像古斯塔夫·兰道尔这样的人，在强权政治看来也是微不足道的，也会在没有经过任何司法程序、没有经过判决的情况下直接被杀害，对于大多数人来说，在这里嘲笑和狂叫毫无疑问是被允许的。可能在这里就像在2月份——刚好两个月之前那样，还会有一两个观众建议由新浮现出来的宣传家——一个叫希特勒的人，用他的简单行政管理的方案来解决问题，也就是撤销所有德国犹太人的公民权，并且借此机会——大约有2 000名被这个建议所鼓动的人追随在慕尼黑皇家啤酒馆的德国国家社会主义工人党（纳粹党）创建行动——同时承诺他们将“无所顾忌”地，而且“如果需要会不惜牺牲自己的生命”来实现这个目标。[①]

当卡夫卡读着从慕尼黑发来的令人惊恐的报告时，他的感觉得到了证明，尽管这和勃罗德所期待的不一样。文化犹太复国主义宣称犹太人从历史意义、文化意义和种族的角度来看都是一个独立的民族，但是，如果他们真的意识到这种独立性，那么就不需要为犹太人大规模地插手**其他**民族的政治而辩护了，而且那种介入也没有合理的动机。这样的结论是致命性的，但也很有说服力，就在几周前，马丁·布贝尔——正好是在对兰道尔的一个隆重的纪念活动上——清晰有力地重申了这个结论，并且提到了克制。“他完完全全地误认为”，布贝尔谈到了他的这位被谋杀的朋友，“不同民族的肌体中的血液循环与他和我们的血液循环是根本不一样的。他想使自己的血流速度与不同民族的肌体中的血流节奏保持一致，他和从前的一些犹太人都这么想。”[②]反犹太主义者对此无法做出强有力的论辩。布贝尔的观点在今天看来，在意识形态方面的蒙蔽性一目了然，但是这种观点立即点醒了卡夫卡，并且将它作为自己的观点。就连慕尼黑剧院里的观众的反应，他写信给勃罗德说，也是完全可以理解的了：

> 犹太人可能没有毁掉德国的未来，但是人们会认为，德国的现在却可能被犹太人毁掉。他们从现在开始就硬要加入德国的所有事务，并且可能慢慢地将德国的方式变成自己的方式，但是他们还是站在对立面上的，因为他们来自异乡。一个令人惊骇的、可怕的活动，于是德国将反犹太主义和犹太人联

---

①纳粹党的“25项计划”中的第4项。希特勒于1920年2月24日在慕尼黑皇家啤酒馆（Münchner Hofbrauhaus）宣读了这些计划，其中包括：“国民只能是人民同志。人民同志只能是有德国血统的人，而不管宗教信仰。因而犹太人不是人民同志。”

②布贝尔于1920年3月27日在布拉格进行了这个演讲；马克斯·勃罗德和胡戈·贝尔格曼也出席了这个活动。演讲全文刊载在1920年4月2日的《自卫》上，第6—7页。

系在了一起，并且将它归功于犹太人。[1]

为什么卡夫卡不生气？为什么他表现出如此令人费解的理解，而完全将反犹太主义归罪于犹太人自身？恰恰是在战争刚刚结束之后，布拉格就出现了大量的榜样式人物，他们是深信不疑的反犹太主义者，**一直**在寻找相应的理由和动机，这是一种越来越令人困惑难解的态度。通过媒体，不过主要还是通过勃罗德，卡夫卡得到了最确切的消息，知道了说德语的犹太人是多么频繁地遭受身体上的侵犯，以及新的政府在面对这个问题上是多么的无能。几乎不用怀疑，卡夫卡自己也已经观察到了这样的变故，而且全面的大屠杀的迫近也基本上不是新的经历了——事实上，在1920年年底，这样的大屠杀差一点就发生了：

> 现在整个下午我都在大街小巷里走，并且沐浴在仇恨犹太人的情绪当中。“长满疥癣的卵”（Prašive plemeno），这是我第一次听到这样称呼犹太人。人们从自己被如此憎恨的地方走开难道不是理所当然的吗（犹太复国主义或者民族感都是完全不必要的）？继续留在这里的英雄主义，就像是无法从浴室中根除的蟑螂一样。
>
> 我正从窗户里望出去：骑警、做好了刺杀准备的宪兵队、大喊着奔来跑去的人群，并且在这里的楼上窗子里传出来令人作呕的辱骂，人们生活在不断采取保护措施的环境中。[2]

在慕尼黑：德国人反对犹太人；在布拉格：捷克人反对德国人**和**犹太人；最后打成了平局。但是卡夫卡的概要清晰地指出，他所关注的并不是牺牲者不可置疑的权利，而是他们的道德立场，在他看来，这些立场都是声名狼藉的。他的生活冻结在刺刀组成的保护墙之后，这是耻辱的，这并不是强大，而是令人反感的强行闯入，恰恰要在人们所不希望他去生活的地方住着。毫无疑问，许多布拉格犹太人也迫不及待地做好了适应同化的准备，这尤其令卡夫卡愤怒，并且促使他做出了极其轻蔑的评论：德国姓氏将要改成捷克的，说德语的孩子当然要被送到捷克语学校，而且人们再也不想去“德国俱乐部”了。[3]但是，这主要是卡夫卡对于个人尊严这个问题的

---

① 在1920年5月15日之后写给马克斯·勃罗德的信。《1918年—1920年书信集》，第139页。卡夫卡请人定期将《自卫》寄到梅兰；他当然是以两个人都知道布贝尔的文章作为写这封信的前提的。

② 1920年11月17—19日写给米莲娜·波拉克的信。《1918年—1920年书信集》，第367—368页。最初的以仇视德国人为动机的社会骚乱持续了多日，有两座德语剧院被占领，同样还有多家咖啡馆、《布拉格日报》编辑部、《波西米亚报》编辑部。反犹太人的布拉格市长巴克萨重新着手将所逮捕的大部分凶手迅速从拘留所放出去。

③ 在梅兰的艾玛夫人宾馆，卡夫卡与一位布拉格犹太人聊过天，后者在他看来是乐观主义的典范。那位布拉格犹太人的儿子也转了学：“他现在不会德语，也不会捷克语，他会狗叫。”1920年4月6—8日之后写给马克斯·勃罗德的信。《1918年—1920年书信集》，第116页。改名对于犹太人完全没有什么用，1920年11月发生的骚乱，就如同一个范例一样显示了这一点：大量被毁坏的公司名牌上面几乎全都是捷克语名字，尽管听起来像是犹太人的名字。

无法改变的敏感性，使得他对凶手有着不被允许的、百折不挠的憎恨，也对受迫害者抱以完全的同情。在德国犹太人只是一味地向警察求助的时候，捷克裔的反犹太主义者清楚他们想要什么。因此就产生了道德方面的进退两难：尽管牺牲者从他们的角度来看当然是完全合理的，但是犹太裔牺牲者的社会**角色**几乎是不再能与他们的自尊协调起来的。这种进退两难是具有传染性的，它似乎跳过了犹太裔的观察者，而后者是绝对不会为自己属于无辜的群众而感到高兴的。

米莲娜·波拉克对于在布拉格的气氛的变化没有如此强烈的感受，因而她很难理解，为什么对于卡夫卡而言，有关他的犹太族裔的问题会是如此致命。为什么他认为这个问题完全是针对他个人的？难道他害怕跳进坟墓吗？但是，他却准备好将专注于一个说另一种语言、有着另外一种宗教信仰的女人，甚至是一个有着不同道德观的女人，而且没有任何迹象表明，他为此必须先要克服任何顾虑。作为"基督教徒"，她已经很长时间不再对任何人的宗教问题感兴趣了，包括对波拉克也同样，宗教信仰上的不同在他们的婚姻**当中**不会带来任何摩擦。卡夫卡显然是见鬼了，他为这些通过一次友好的谈话就能轻松地将它们从世界上消除的问题而伤透了脑筋。在通了几封信之后，5月底，米莲娜就向卡夫卡发出了到维也纳来的邀请。现在，由于她知道了哪些不恰当的情景会令他痛苦，她就更加坚持她的邀请了。是否能够找到一些安宁完全取决于他了。那么，为什么不去呢？

总经理奥德斯维尔信守承诺，卡夫卡与他相处很轻松。在职工工伤保险机构实际上没有人指望，这位新当选的秘书和部门负责人会在5月底按时回到他的办公桌前。不过令人惊讶的是，卡夫卡没有要求延长他的病假休假，而只是请求批准常规的5个星期的假期，允许他继续待在梅兰。他甚至委托他的妹妹奥特拉亲自去商谈，并且解释这个请求的原因。鉴于最近的医生诊断，没有人可能拒绝他。

卡夫卡当然无法承诺完全康复，尽管他所决定的自我治疗，是几乎不必在某家肺病医院进行的治疗。重要的是每天数小时安静地躺在室外新鲜的空气中，这对于一个做白日梦的人来说，是不需要任何的指导练习。第二重要的是营养，尽管持续地物资匮乏，但是在奥托堡旅店——根据他的要求继续为他留了房间，卡夫卡还是能够增加一定的体重的，在这期间大约他长了7磅。"……我不再能够找到如此好的膳宿公寓和治疗了"，他写信给妹妹，后者应该为这里完全没有抱怨而感到惊愕。[①]卡夫卡在这期间也结识了一个合适的同伴，他是一位工程师，来自巴伐利亚州的工厂主，卡夫卡与他一起散步或者进行小规模的远足，甚至还在梅兰找到在菜园里做几个小时轻活的机会。

①在1920年5月20日之后写给奥特拉·卡夫卡的信。《1918年—1920年书信集》，第137页。

但是越来越糟糕的睡眠障碍却是这一切的底色，这让卡夫卡处在一种盲目的躁动之中。旅游指南中说，这并不反常，是由山区的空气引起的。当然，他用这样的借口在布拉格是几乎寻求不到理解的，在那里人们会认为这恰好是他回来的理由。事实上，持续不断的失眠快要使得疗养的成效化为泡影了；如果他要继续待在梅兰，他需要有效的对策。卡夫卡喝啤酒，听从他人的建议喝有镇定作用的缬草茶，没错，他甚至服用令人讨厌的溴——它带来的与其说是睡眠，不如说是麻醉。这一切显然都没有从根子上解决问题，他很清楚根源在哪里，但是这是不能和任何人谈及的。

卡夫卡与朱莉·沃里泽克——她现在名义上还一直是卡夫卡的未婚妻——商定一起在梅兰待几天，然后再去卡尔斯巴德温泉。在那之前，他需要经常给朱莉写信，朱莉担心他的健康，而且她也一定与奥特拉有联系，以便详细地了解他的状况。因而，卡夫卡同时有两个通信对象，与他们几乎保持着同样的通信频率，但是他最开始却没有矛盾或者甚至是应该受到谴责的感觉。因为信件的内容是完全不同性质的：当他与朱莉不再有根本性的争执，并且在他的（没有保存下来的）明信片上几乎回避一切能够带来不安内容的时候，在与米莲娜通信的过程中，在卡夫卡心灵的地窖中，却出现了他多年来一直将之牢牢锁好的骚动。在这里只与感情强烈程度和想象饱满程度的尺度有关——这样的标准对于卡夫卡而言是有约束力的，因而事实上是没有理由将来自维也纳的那些刨根究底的信件，与来自布拉格的充满关切的信件联系在一起，那么，就不应该是良心上的不安夺走了睡眠。米莲娜就在眼下，朱莉在远处，一个是奇迹，另一个是比前者年长5岁的“女孩”。

但是，在米莲娜请他去维也纳的那个时刻，这种内心的景象却展现出完全不同的形象。对于米莲娜来说，这是一个自然而然的过渡：人们相互写信，人们相见。但是，对于卡夫卡而言，则却是让人惊骇的苏醒，将他从想象中拽到了社会关系的逻辑里。先去维也纳，再去卡尔斯巴德温泉是不可能的。如果不提到维也纳的邀请，就不可能拒绝卡尔斯巴德的旅行。这两个地方在**同一个**大陆上，而且之间的路程不长。

一个充满竞争的三角关系，或者完全是四角关系所带来的危险，是卡夫卡完全没有经历过的场面。在他看来，同时与波拉克先生和波拉克夫人会面是不可思议的：在**这些**书信后再退回到礼貌的、策略正确的谈话中去，意味着结束或者至少是深不可测的谎言，而它使得所有的打算都变得毫无意义。当然，如果他单独见米莲娜，就不用玩这种捉迷藏的游戏了：在维也纳、在内城被某个人认出来的可能性却很大，然后消息就会在绅士旅店咖啡厅传开来，卡夫卡就不可能躲开与一大堆熟人朋友，其中也包括恩斯特·波拉克碰头。只要开始，局面就会失控，最后的结果完全不可测。他有精神上的病患，卡夫卡写道，它完全唤起了使得在维也纳的会面变得不可能的恐惧感：“因为我在精神上不能忍受这样的紧张。”但是，几个小时后，他又发送了一封电报给朱莉：不，不一起去卡尔斯巴德温泉了。理由以后说明。

如果米莲娜·波拉克有机会读到卡夫卡写给菲利斯·鲍尔的信——她在出版前很久就已经去世了，那么，她一定会发现这是相同的模式。这是从想象的飞翔过渡到现实的辛苦，而让卡夫卡感到困难的，是他**对降落的恐惧，对之后失去控制的恐惧**，为此他要采取荒唐的伎俩。我来，我不来，我以后来——这样的重唱菲利斯也听过无数次了。当然，在柏林涉及婚姻的问题，涉及在那个陌生城市的恐惧，因而在陌生但同时却又非常亲近的人身边是无法真正自由地作出决定的。相反，在维也纳，一个色情的而又关乎存在的冒险诱惑着人们，它蕴含着的绝对是不可想象的破坏性的潜力。在维也纳，他可能会有负罪感——贾米拉的故事让他意识到，这种负疚远多于他对贾米拉本身罪过的认识，他感到对人类的负疚，而人类所展现出来的生命力令他只能谦恭地惊叹。但是，思念却又是那么强烈，因而回答同样是："我完全不能确定，但是我应该去……"①

就这样过了3个多星期，至少又写了20多封信，卡夫卡内心的激动才发展到能够促使他作出实质性决定的地步。他渐渐地意识到，幻想并不能**任意**地走在生活前面。他捕捉到了深刻的信仰，这应该是之前从来没有过的。他应该将犹太人的伤口展露出来——在一个非犹太裔的女人眼前。他应该向米莲娜讲述自己的恐惧，对生活提出要求的恐惧，对于任何"针对我自己的内心的密谋"的恐惧——它阻碍着任何充满希望的步伐；而且他应该谈谈他的那封一直安静地躺在抽屉里的《致父亲的信》，从而，他自己可能能够对于恐惧的源头有个概念。他应该要求她离开维也纳，而且为了强调他的话的严肃性，他还应该采取进一步的措施："我赚钱不是很多，但是应该足够我们两个人的生活了。"②他应该再尝试一次，应该再继续推进到几乎不可能的地方。而且，如果他不愿意将这所有的书信——他的连同她的——都一笔勾销，那么他必须现在前往维也纳：在以前所讨厌的大都市——他在几年前就预言了它的衰败——里面，并且在这个都市上方——从西边看去，一道完全不一样的、孕育着希望的光线出其不意地散发了出来。③

6月28日早上，卡夫卡疲惫地收拾着他的箱子，最后一次在衣橱的镜子面前检查自己，与热心照料他几乎一个季度的人们告别，分发了小费，收到了一些同桌的半是礼节性的、半是发自内心的告别祝福，还匆匆忙忙将写给奥特拉的明信片扔进邮筒，然后在将近中午的时候登上了目的地"维也纳"的直达列车。他可能长久地回头望着被城堡装饰着的、上面可以发现许多散步小道的巍峨山地上

---

①1920年5月31日写给米莲娜·波拉克的信。《1918年—1920年书信集》，第153页。

②1920年6月23日写给米莲娜·波拉克的信。《1918年—1920年书信集》，第193页。

③在写给格瑞特·布洛赫的一封信中，他也同样催促她尽可能快地离开维也纳，卡夫卡早在战前就说维也纳是一个"濒临死亡的巨大的村庄"。1914年4月8日，《1914年—1917年书信集》，第19页。

的斜坡。过去的生活凝固了的图像，现在似乎离他非常遥远。临近傍晚时分，在伯伦纳海关，行李被检查得没完没了。出示早已过期的奥地利签证，海关人员竟恩赐似的视而不见。因斯布鲁克市（Innsbruck）笼罩在暮霭之中。当经过萨尔斯堡（Salzburg）和林茨的夜间的火车站时，卡夫卡仍旧未睡。

> 当他感觉到了恐惧的痕迹——他是从我的眼睛里看到的，我们就停下等一会儿，这好像是我们喘不上气来了，或者好像是脚疼一样，然后过了一会儿，一切就过去了。连最小的力气都没有费，一切都简单而且明朗，我将他拽上维也纳后面的小山上，我跑在前面，他慢慢地走着，他在我后面步履沉重，而当我闭上眼睛的时候，我仍然能看到他的白衬衫和被晒成棕色的脖子，还有他是多么用力。他一整天都在走路，上山、下山，他走在太阳里，他一次都没有咳嗽，他吃得很多，有些令人害怕，并且睡得像一支风笛，他完全健康，在我们看来，这些天里他的病就像是一场小感冒。[①]

她称他“弗兰克”。好像是在此之前，每个人叫的都不是他真正的名字一样，但是这个独特的、亲密的称呼实际是来自他自己的。因为他很长时间以来，在信上的签名都要仔细看才能看出来应该是“Franzk”，这中间也没有圆点隔开，之后才是“您的F”（Ihr F）或者只是简单的“F”，这是更亲密一些的时候了。于是在米莲娜身边的时候一直都是弗兰克——在他的有生之年。

他们对于共同度过4天的描述，只有我们所看到的这一段。在卡夫卡自己写的信件中，只略微提及，是对完全无拘无束的幸福时刻的召唤，而他从来没有体验过那样的瞬间。对于陌生人的惧怕，以及由此使得生活本身陷入一团乱麻的担心，似乎已经被战胜了，而且他在接下来的整整一个月里，都在充分地享受着他有几个小时被允许踏入共生的幸福禁区的回忆——在孤独的梦中。毫无疑问，即便在维也纳也没有片刻不是头脑清醒的。卡夫卡在星期二的早上住进了一个破旧的旅馆，但是，他已经太累了，于是将与米莲娜的第一次会面推迟到了第二天。在宾馆前面的人行道上，他们碰面了，在嘈杂的车来车往中，当他们去拜访这几个星期来他充满想象的地方，那些令人不舒服的、住满了趁人熟睡时偷人东西的盗贼的街道，她的住处，本诺巷（Bennogasse）的邮局——她在那里领取他的来信，只是用羞怯的目光打量着周围，而且害怕缺乏善意的目击者。但是，在维也纳森林的山坡上面只有他们，拘谨也迅速消失了。第一天，卡夫卡写道，是“不确定的”，而第四天，

① 米莲娜 • 波拉克在1921年1月或2月写给马克斯 • 勃罗德的信，载杰森斯卡的《如果我要整日整夜地给予答复》，第46页。“烧焦了的”（abgebrannt）这个概念在这里的意思是“被晒成了棕色”（gebraunt），卡夫卡有时也会用一些特殊的奥地利语词汇。

也是最后一天，“很好”。[①]

但是，卡夫卡私下里所希望的迅速的决定却没有作出。米莲娜仍然不清楚，自己对他的期望是什么，因为她想象不出，在布拉格一起生活会是什么样子——与一个精神上的存在强有力，但是感官方面却非常害羞、充满防御性，似乎显得无辜的人一起生活。在树林里的最后一天，正是卡夫卡37岁的生日，这一天是身体上靠得最近的一天，几乎是诱惑的一天。但是，如果**恐惧**是他本性的、最深刻的问题的话，那么恰恰是这一天，怎么可能会被记作是很好的一天呢？

如果无声的性没有发言的话，那么这个问题就不会得到回答。在今天则更难以判断，这到底意味着要经过怎样令人心悸的挑战，在1920年究竟要克服什么样的话语障碍、道德顾虑和角色压力，一个男人才能够面对一个——比自己要年轻很多的——女人去确定自己性的欲望，而不需要双保险似的调情，远离充满情欲的语言游戏。这可能是某种世外桃源，它隐含着对一种陌生的、意识不到的幸福的承诺。卡夫卡犹豫不决的尝试——无论在心灵上，还是在性欲上都向前推进的尝试，是菲利斯所经常回避的。相反，米莲娜反问自己，她体验过，她知道，无言的幸福的瞬间，是以**可以明确表达的**信任为前提的时刻。而卡夫卡现在也应该感受到了这种信赖。他不再是能区分女孩、女人和女性的人。他开始和这三者一起说话。

> 这是你的信中最美好一些信件（另外，多说几句，它们从整体上，还有几乎每一行，都是我在我的人生中所看到的最美好的），在这里面，你承认我的“恐惧”是有道理的，同时试图解释我不必有这样的恐惧。因为我有时看上去也似乎是被我的“恐惧”所贿赂的辩护人，因而我也承认它可能是非常合理的，甚至我是由它所组成的，它可能是我身上最好的特质。而且由于它是我的最好的特征，因而可能你喜欢的只是这一点。可能在我身上还能够找到更大的值得去爱的地方。但是，它是值得爱的。
>
> 你有一次问道，当我心中有恐惧的时候，我是如何能称那个星期六“很好”的，这并不难解释。因为我爱你（**我爱你，你这个迟钝的人，就像大海有它自己的爱，爱一颗极小的鹅卵石的原因一样，我对你的爱也淹没了你**；另一方面，我在你面前也是那颗鹅卵石，如果天空是敞开的话），我爱整个世界，这中间当然也有你的左肩，不，先是右肩，我先吻的那里，它让我心生欢喜（而且你的衬衫敞开着露出了右肩的时候，你是那么可爱），而且这中间也包括左肩和你的在森林里在我上面的脸颊，和你的在森林里在我下面的脸颊，还有触摸你的几乎裸露的乳房。当你说我们几乎是一个人的时候，你说得没错，而且我完全不害怕这样，相反，这是我的唯一的幸福和我的唯一的骄傲，我不让它只

① 1920年7月15日写给米莲娜·波拉克的信。《1918年—1920年书信集》，第227页。

局限在森林里。

但是，在这个白天—世界和那个“在床上的半个小时”——你曾经蔑视地将它描写为一个男人—事务——之间，对于我而言，存在着一个我无法逾越的鸿沟，可能是因为我不愿意。当然，这是夜晚的事情，从各个方面来看都完全是夜晚该做的事情；这里是世界，而且我拥有你，而现在我应该跳到夜里去，以便再一次侵占你。是否可以再一次侵占呢？它不意味着：失去。[……]

在一个因为被施予魔法而变得匆忙、呼吸困难、无助、狂热的夜晚，每天在眼前发生的一切都被施以了魔法！（“可能”人们只会得到孩子，“可能”孩子也是魔术。让我们先存疑。）对此，我充满感激（对你和对一切），**而且samozrejme（理所当然）地**非常安静，也非常不安；非常不情愿，也非常自由地待在你身边，因此我也，放弃了对所有别样生活的审视。[①]

米莲娜·波拉克是否能够理解最后一句话的全部含义——在关键的位置上有一个错点的逗号，这是值得怀疑的。因为这句话似乎不是别的含义，而是卡夫卡在与自己的性告别。但是，这并不是因为他将性看作是一个私人化的标记，而是因为他无法将它整合，因为它与他对于幸福的追求无关，因为它一直是有些陌生的，它使得自己的灵魂变成了无法理解、无法操控的力量。善良诱惑着邪恶，女人在床上勾引着，卡夫卡在祖豪时曾这样简洁地做了记录。他无法在现实生活中面对这些伦理方面的严肃论，朱莉·沃里泽克曾是他的恋人，而性渴望就在眼下，即便在梅兰也有，在那里他动过女服务员的念头，整整一周，而且无疑在迎面走来的时候拥抱过。但是，这一切都是“有违我的尚不明确的意愿的”，他向米莲娜坦白道。由于性在他看来是迂回之路，是歧途，它即便不会带向邪恶，也会引向黑暗，在那里，男人和女人会遇到一场最终让他们失去认为已经拥有的东西的风暴。但是，卡夫卡只能在宁静、安详、完全放松的图景中想象幸福。只能允许有一时忘记，人是“救赎—寻找者”；只能有一时不再警醒，让大门敞开。头放在她的胸部或者她的大腿上。冰凉的手拂过额头。“……什么都不再有，只有安静、深邃的森林”。[②]

卡夫卡发现，位于旧城区环形广场的大房子里几乎空无一人；再过几天，父母才从他们一年一度在弗兰岑斯温泉度过的暑假回来。奥特拉在这里，忙于准备她自己的婚礼。她是第一个卡夫卡告诉她发生了什么的人。从她那里，卡夫卡也知道了在这段时间里他的女朋友朱莉诉说了什么，以及她现在的境况。两个人都知道，现在在卡夫卡面前是一个难关。

---

①1920年8月9日写给米莲娜·波拉克的信。《1918年—1920年书信集》，第297页。

②1920年8月8日/9日，7月29日写给米莲娜·波拉克的信。《1918年—1920年书信集》，第293、260页。

另外，还有个惊喜等着卡夫卡。当然，勃罗德早就已经知道了，他的生活发生了改变，梅兰虽然没有为他带来健康，但是从完全不同的意义上来看，也是他人生的转折点。这是再一次的一段爱情——不是通过接触，而是通过书信来往而盛开的爱情，是再一次降服和把握强有力的情欲幻想的尝试。“她是我从来没有见过的充满活力的火焰”，卡夫卡兴奋地向勃罗德坦白，但是立即补充说：“另外，尽管如此，这团冲动的火焰只为他而燃烧。”[①] **为他**：那是指恩斯特·波拉克。即便卡夫卡没有直接将名字说出来——出于对偷看者的担心，但是卡夫卡也在各处留下了暗示，以使得人们能够认出来，在这里谈到的是那一对名流夫妇。

但是，事实却是，这个朋友对此一无所知。他徒劳地打破了脑袋在想，这个维也纳的神秘的女人会是谁，而且他也想不起来有谁与一位“基督教女教徒”有关。这对于卡夫卡来说是个令他惊愕，甚至是令他震惊的发现。因为这意味着，勃罗德并不是出于特别的动机向他讲贾米拉和他的德国人——犹太人情人（后来成了丈夫）威利·哈斯的悲惨故事的，而且也根本不是作为教训来讲的；这进一步意味着，米莲娜·杰森斯卡的名字出现在他的信中完全是个偶然。

“这个故事到底和我们有什么关系吗？”米莲娜在维也纳直率地问道。“这似乎是一个警示吗？”当然不是，卡夫卡确定地说，但是他长时间以来就意识到了，他任凭自己沉迷于怎样的泛化中；不，没有关系，不是警示。不过，现在这是事实，如同从现在开始所展现的那样。内心法庭的办事程序一直是玄妙莫测的。但是，仍然还不知道他的这位朋友处在如此欣喜若狂的状态下的马克斯·勃罗德也几乎同样惊讶。“他非常高兴”，他在第一次见面之后写道。“他是否在风暴中成长了呢？”同一时间，卡夫卡也坐在写字台前：“……如果人们会死于安乐，这也一定会在我身上发生；如果某个必死的人却经过幸福活了下来，那么我也将继续活下去。”[②]

---

① 1920年5月20日写给马克斯·勃罗德的信。《1918年—1920年书信集》，第140页。

② 1920年7月5日/6日写给米莲娜·波拉克的信。《1918年—1920年书信集》，第207页。

第十九章
大逆反

小溪泛起浪花，向前流淌，
大海却不是这样。
——亨利·米修（Henri Michaux），《我从遥远的国度写信给你》（*Je vous écris d' un Pays Lointain*）

当他们在一起的时候，有很多欢笑，主要是在最初几周，在塞勒森的那家小型膳宿公寓里。后来，他们变得安静了，他们梦想着：组成一个家庭，在布拉格找一处小公寓，并且已经决定了结婚的日子。不过，这一切最后什么都没发生。共同的欢笑最迟也在1920年7月5日的下午结束了，那是在卡尔斯广场（Karlsplatz），是在布拉格新城（Neustadt）一个狭长的、类似公园的地方。卡夫卡在下班后匆匆从他的办公室赶来，朱莉·沃里泽克则从她姐姐附近的女子时装店来到这里。

这位年轻的女子害怕得全身发抖。她已经在几周前知道自己有一个情敌了，并且在5月底徒劳地等着卡夫卡回来，徒劳地期待着约好在卡尔斯巴德温泉的见面。据说存在着一个捷克女信友，这并不是一个很有说服力的理由。因为一个陌生人的笔迹怎么能比一位女伴的温柔更重要呢？而现在，朱莉知道，弗兰茨确实去拜访了那个女人，甚至去了好几天，因而显然他已经变心了。对此，他一再强调，他们之间完全没有发生任何变化，而只是在维也纳的那些新体验太强烈了，以至于其他的一切都失去了意义，甚至似乎都消失了。这使得分手不可避免。他反复强调，这是令人难以理解的；正是在现在，在这个已经不再为金钱或者住处操心，而只是涉及两个人生活的时候，他表现出了超乎寻常的决断力，甚至相当决绝，不允许别人表达任何反对意见。最后，她回答说，她无法自愿地离开。“你打发我走，我就走开。你在打发我吗？”“是的”，卡夫卡回答说，他这个时刻感觉到了情绪的大爆发，但是却没有改变任何主张。“我还是走不了”，朱莉说。[①]

这个在卡尔斯广场上的一个短小的、令人绝望的场景，和朱莉·沃里泽克所说的几句话，展示了卡夫卡进入了一个全新的、非常理智的角色中：一个恋人的角色，一个因为另一个人而离开一位女子的角色。毫无疑问，他完全意识到了这个场

① 1920年7月5日/6日写给米莲娜·波拉克的信。《1918年—1920年书信集》，第206—207页。

景中具有传统色彩的模式：他曾经恰恰是不顾父母的反对和道德上的造谣中伤而保护着这个"女孩"，但是现在，这个离开她的决定却是如此寻常。但是，无论是在什么样的情况下，卡夫卡都觉得是不可能真正地做出完全自愿的决定的；相反，他遵循着一个强有力的渴望，去做让人不禁觉得是正确的事情。

显然，道德上的怀疑并没有因此而消除。"这样做对于这个女孩来说应该是长痛不如短痛，这应该是最令人欣慰的事情了"，他写信给肯定很惊讶的米莲娜，离他们在维也纳的见面已经过了几个星期了。"我想不出来还有什么其他的方式让她离开我。"听起来似乎令人担忧的问题已经解决了，这是一个唾手可得的借口，但是卡夫卡自己也从来没有被这种说辞说服过。"我对她做的应该是最糟糕的事情"，仅仅几个小时之后，他向他的妹妹承认，"可能一切都结束了。总之我是和一个活生生的人一起游戏。"[①]由此他向真相迈出了一大步。不过，在这一次，卡夫卡的自我指责完全摆脱了那种强烈的恐慌情绪，后一种情绪在与菲利斯·鲍尔分手的时候一直伴随着他。那一次，即3年前，他被毁掉了一个无辜人的生活的、她将永远不再有作为女性的自信的想法牢牢地抓着，并且直到勃罗德在1919年告诉他菲利斯结婚的消息，他才得到了迟到的赦免。最终的"宣告无罪"是卡夫卡最后直到1920年的春天才得到的，那是在动身去梅兰之前，他得知菲利斯生了一个儿子，而且尽管如此，卡夫卡出于谨慎考虑，还是放弃了亲自向菲利斯发出祝贺，而是多次提醒奥特拉这么做。当最后面对米莲娜的时候——她尽管知道菲利斯，但是没有意识到年龄上的相近关系，他听到了一个声音——这是以前的痛苦发出的不温不火的讽刺："我深深地打入到她的生活几乎整整5年（或者，如果她愿意，同样也深入到我的生活中5年），幸运的是，她不易破碎，她是普鲁士人—犹太人的混合体，是一个强有力的胜利的混合体。"[②]

新赢得的经验——女人们是强大的，她们能够毫发无损地渡过苦难和被遗弃，无疑现在对卡夫卡对待朱莉的态度产生了影响。他不再怀疑，分离对她来说是客观上最好的事情，他不用去表达对这个失去自我的女人未来的担忧，她应该能够毫无怨言地接受他令人费解的摇摆不定。显然，她容易患病。菲利斯之前非常自制地承受了分手，并且只是在一封信上任由自己的情感流露出来，而现在朱莉在众目睽睽之下表现出了她的绝望。人们不得不为她担忧，至少是在此刻；尽管卡夫

①1920年6月10日写给米莲娜·波拉克的信，1920年6月11日写给奥特拉·卡夫卡的信。《1918年—1920年书信集》，第170、171页。

②1920年5月31日写给米莲娜·波拉克的信。《1918年—1920年书信集》，第152页。在一封米莲娜·波拉克写给马克斯·勃罗德的信中提到，她和卡夫卡也谈论过菲利斯·鲍尔："当问到他，他为什么会爱他的第一个未婚妻的时候，他回答说：'她长于经商'，而且他的脸开始散发出敬重的光芒。"杰森斯卡《如果我要整日整夜地给予答复》，第42页；在信件原稿上卡夫卡的回答是用德语写的。卡夫卡自己对这个答复进行了嘲讽：他送给了米莲娜一本格里尔帕尔策尔的《一名可怜的游吟诗人》(*Der Arme Spielmann*)，并且解释说："因为他爱上了一个长于经商的女孩。"1920年7月4日/5日，《1918年—1920年书信集》，第202页。

卡和她手挽着手，对她的感觉却是普通的不安多于同情，因而他现在还不敢夺走她最后的希望。她反驳着说，她就是无法理解，那个维也纳的捷克人——据说还爱着自己的丈夫，怎么就除此之外还与另一个男人开始一段秘密的关系呢？她要给她写信，那个米莲娜。

卡夫卡被吓住了；不过，这可能让他觉得，因此能够赢得几天，在这些日子里不用担心有灾难发生。这足以让他同意这个毫无意义的建议。但是，当他几乎刚刚将这个沮丧、现在多少平静一些的朱莉送回家之后，他就马上到了邮局，向维也纳发了一封电报："女孩写信给你友好且严肃地回复并且不要离开我。"

风浪的高潮到来了。卡夫卡悬置在其中。有几天在他看来，像是幻想和真实相互交织在了一起，像是现在终于通过战胜了那个从未间断的严峻的考验——几年来他都觉得这个考验紧紧跟随着他。米莲娜颁发了可以想入非非的许可，而且米莲娜同时也是那个女人，是站在他身边走过维也纳街道的女人（"想一想，你走在我身旁"），是那个他看过她的住处，而最后和他一起静静地躺在森林里的女人，在那个辽阔无边的、挡住了世界的喧嚣和痛苦的森林里面——这幅景象在接下来的几个星期里不断地浮现出来。道德顾忌的侵蚀在这几天也似乎逐渐平息了，第一次而且也是唯一的一次，卡夫卡开启了爱情的一个充满热情、而非道德的维度，在那里，任何障碍和疑虑都不再存在了。融和、融解在另一个人当中，不带有任何恐惧。

卡夫卡在这段时间里也不可避免地处于各种干扰当中，这是返回布拉格和一些普通的欢迎仪式所带来的。几乎在父母到家的同一时刻，阿尔弗雷德·罗威也回来了，他是传奇般的"马德里叔叔"，一个老单身汉，他已经有6年没有见过布拉格的亲戚了。罗威当然要住在卡夫卡家的公寓里，弗兰茨不得不收拾出他的房间，在接下来的两个星期里搬到他的妹妹艾丽的因为暑假而闲置的宽敞的大房子里。这一切一方面相当麻烦；不过，罗威当然盼望着见到自己的侄子，在这个完全变了样的城市里到处走走看看，并且恢复和所有亲戚的来往走动，因而在另一方面，这也是令人愉快的，特别是家庭中越来越大的喧嚣围绕着奥特拉即将来临的婚礼展开着。已经决定下来了，她和丈夫约瑟夫·戴维搬到在旧城区环形广场的同一栋房子里的一套公寓里，而且这套公寓的布置是父母的工作，**实际上**就是母亲的任务。在这种情况下，没有人会透露出自己正处在一个新的心灵上进退两难的境地当中，而弗兰茨正勇敢地面对着它，这个家庭的目光似乎已经从他身上移开了，这倒正合他的心意。

尽管如此，卡夫卡却没有逃避得了关于他的健康状况的重要问题，对于梅兰没有带来有效的改善这一点，卡夫卡没能隐藏很久。尤其是现在持续的咳嗽——尽管暑热已经早早到来了——变得比之前更加剧烈，这引起了普遍的不安。而且他所声称的在梅兰增加三四公斤的体重，也同样没有看到。卡夫卡初看上去显得神采奕奕，恢复了元气，但是他仍然患有疾病，而且就算是根据战后时代的标准，他的体重也明显地偏轻了（他的**体重指数**大约为17）。这也是家庭医生克拉尔博士的观点，他发现卡夫卡的肺部完全没有变化，而且可怕的"打针"（显然仍然是结核菌素）在下一个恶劣天气时期是不可避免的了。

不过，包裹在幸福当中的卡夫卡并不太关心他现在在各处所看到的人们的表情；就连回到办公室也只引起一点激动。他羞于在没有带来任何明显疗养效果的情况下与慷慨的奥德斯维尔碰面，同样也对自己令人难以置信地在疏忽大意中错过了到一家**真正**的肺病疗养院接受治疗而感到羞愧。他不得不承认，他没有按照机构内部医生的建议去做，他没有去疗养，而实际上只是去休假了，因而他对自己的工作机构有所亏欠。当然一切都平安度过了，奥德斯维尔一如既往地友好可亲，作为部门领导，卡夫卡的新的工作，处理起来也比想象的要从容安逸得多。因为那些他要为他们做辅助工作的公务员们完全没有对他的归来做好准备，因而第一摞文件放在他的办公桌上已经是一个多星期之后的事情了。在这段时间里，卡夫卡在他的办公桌和窗子前来回踱步，定时去"信件收发站"询问是否有他的私人信函，而一旦收到了信件，他就会立即坐下来，开始写回信。有时他也必须接待一下客户，另外，每隔一天的下午，年轻而兴奋的古斯塔夫·雅诺赫都会带着最新的诗歌出现。从表面上看，这份中层职员的工资给得有些不值。他的头衔是tajemník（秘书），卡夫卡在写往维也纳的信中说，因为这几个星期以来，他在这里真正所做的事情是非常tajemné（机密的）。①

由于他处理的是最机密的文件，因而他的上司的目光事实上也必须移开。在最初的8个工作日里，卡夫卡只口授了6封公务文件，而他却在办公室里一共给米莲娜·波拉克详详细细地写了15封信。在此期间，他还专心研究了米莲娜发表在《论坛报》上的小品文，他仔细阅读了她的翻译，卡夫卡无疑是职工工伤保险机构里唯一一位埋头于米莲娜最成功的时髦文章当中的公务员，这些文章是她为了稿费而写的，而这一点令她感到羞愧。但是，这远远不是一切。因为卡夫卡意外地发现，自己身处一场无与伦比的信件争吵的中心，在这场风暴中一时间有半打的人参与了进来：一场纵横交错的沟通和谅解，半是公开的，半是隐秘的，这里面有着法律信函的复杂性，这是他所引入的，而最后被完全采用。

最初是由马克斯·勃罗德开始的：那封他描述了贾米拉和约瑟夫·莱纳的悲惨故事的信件，米莲娜当然想看，因而卡夫卡按照她的意愿将那封信寄到了维也纳。相应地，他收到了贾米拉写给她的好朋友米莲娜的一封信，那是一封疯狂的、进攻性的、满怀情绪的信，那些文字仿佛让卡夫卡向地狱投去了一瞥。这之后不久，米莲娜多次求助几乎还不认识她的勃罗德，因为她最终想有失体面地打听有关卡夫卡肺结核病的信息。因为勃罗德的妻子不应该读这封信，因而卡夫卡将这封信放在封好的信封里——偏巧——转交给了她。但是，很快他就知道发生了什

① 1920年7月24日写给米莲娜·波拉克的信。《1918年—1920年书信集》，第246页。

么，由于他觉得将最亲近的人当作医疗病例来谈论是有伤尊严的，因而他请米莲娜别再这么做了。

紧接着是朱莉·沃里泽克的介入：卡夫卡尽管“允许”她可以写信给米莲娜，但是在第二天早上他就非常后悔。他通过管道通风装置向她送了一封快件，请求她暂时什么也别做，并且再次与他商量一下这件事。但是，这已经太晚了，如同被催眠了一般的朱莉已经给米莲娜写了信，而且还立即寄出了。现在为了不惹怒卡夫卡，她急匆匆地赶到邮局，在那里她的确成功地截留了这封信。但是，她显然不能被说服去将这封信销毁；相反，她将它交给了卡夫卡，让他继续将它寄出。卡夫卡抵挡了打开这封信的诱惑。作为奖赏，他在不久之后从朱莉那里收到了米莲娜写给朱莉的回信，其中包括复仇的内容。此外，朱莉告诉卡夫卡，她无论如何也要得到波拉克在维也纳的通信地址，以便也能够给米莲娜的丈夫写信……

类似地，这种让人想起宝镜阁的场面，与此同时发展到将斯塔莎·吉洛夫斯卡（Staša Jilovska）也牵扯了进来，她是米莲娜的中学同学，经常和后者一起去埃科咖啡馆的女伴，之后成为后者在精神病医院的最忠实的探望者。米莲娜非常思念她，她是知己，了解她的整个生活，而且可能是最能够为她指出走出困境道路的人——这个困境就是她现在夹在两个男人当中。卡夫卡再一次成为了共同阅读者，也是间接参与人：他拜访了吉洛夫斯卡夫妇，转达了米莲娜的请求，即这位女友应该立刻前往维也纳（这让他陷入妒忌的激动当中），他转交了斯塔莎写的一封详细的信函，在那里，斯塔莎对米莲娜的处境做出了批判性的评论，而他是在这封信从维也纳再次寄回的时候，才读到的。

现在最后一位主人公还没有被牵扯进来，而只有一封来自恩斯特·波拉克的信寄给了他的布拉格情敌。事实上，几个星期以来，一直生活在由他自己所扬起的、正慢慢落下的信件尘雾当中的卡夫卡，已经感觉到波拉克要给他写信了。没有人能够更加震惊了——米莲娜不是玩色情的捉迷藏游戏的女人，她在卡夫卡离开后只用了几天就已经准备好了，与波拉克开诚布公地谈话是不可避免的，而且还必须讨论可能回到布拉格的打算。“恩斯特知道一切”，卡夫卡在7月8日的下午就已经读到了：这是他人生中决定性的时刻——正如他立即感觉到的那样，这个时刻他非常偶然地与勃罗德一起度过，因为后者现在就坐在他对面，坐在他办公室为访客准备的椅子上。他们去了帝国咖啡馆（Cafe Imperial），以便能够不受干扰地商量。然后，卡夫卡急匆匆地赶到了邮局去发一封加急电报：“唯一正确的是，你心平气和地回到这里的家……”而且与此同时，他给她汇去了钱。[①]

卡夫卡的反应慷慨大方、充满人性；但是米莲娜不得不说，他完全没有理解这个局面中深刻的矛盾。因为恩斯特·波拉克正是那个让她开始熟悉卡夫卡的小说

---

①请见1920年7月10日写给米莲娜·波拉克的信。《1918年—1920年书信集》，第216页。

的人，他正是那个不知疲倦地在家里、在咖啡馆里将卡夫卡誉为德语世界在世的最伟大作家的人。[①]这个天才现在恰恰开始追求**他**的妻子，这对于这个自恋的花花公子、对于痛苦地忍受着自己在创作上的颗粒无收且自信心非常脆弱的人来说，正如他所承认的那样，是一个打击。除此之外，他还读到了卡夫卡——米莲娜的下一个玩具——的信中的一些段落，对此卡夫卡可能从来就不知道，而仅是语言所表达的强烈的追求也让他相信，这绝对不是一时兴起的心醉神迷。[②]他的婚姻已经受到了破坏——他几乎不知道米莲娜怎样度过她的白天和黑夜，仇恨早已爆发了，甚至出现了激烈的动武。但是，突然，波拉克现在表现出了新的兴趣，他害怕失去，而且他甚至可能开始用卡夫卡陌生的眼光打量他的妻子。

他无疑没有意识到，他自己在那面远方的镜子里投下了什么样的映像。卡夫卡一开始不能清晰地回忆起波拉克："他给我的印象是咖啡馆里最可靠的、最善解人意的、最安静的人，几乎是夸张的父亲一般的人，但是也完全让人捉摸不透。"[③]这是一个错误的判断，这在卡夫卡是非常罕见的。但是，即便那些触目惊心的细节——卡夫卡现在一点点了解了这对夫妇的生活，也无法促使卡夫卡降低对波拉克的评价，或者完全站到他的对立面。相反，一个能够多年来一直束缚一位如此富有活力而且自信的女人的男子，一定拥有卡夫卡自己完全不具备的力量。显而易见，他开始将波拉克理想化，是的，单单是波拉克的存在就被赋予了神秘的特性。他在去维也纳前，只是将波拉克作为情敌来害怕，而现在他将后者拔高了，因为米莲娜一直为做决定而痛苦，这是一个使得面对面的争执变得完全不再可能的领域，在这个领域里自己的妒忌也不再有合理性了。"你爱他，你也愿意这么说，"他评判道，"而且当我们合为一体的时候（我感谢你们，你的肩膀！），那是在另一个层面，不是在他的领域中。"[④]这些非常容易引起误解，而且也**被**误解了，看上去似乎卡夫卡在身体上撤回了，不加战斗地就将这方面留给了波拉克，反正性本来就是属于后者的。但是，卡夫卡指向了更为普遍性的东西：他的目标是在生命的根基

---

①海米托・冯・多德勒后来甚至声称，波拉克和他的几位维也纳朋友在中心咖啡馆掀起了"卡夫卡一崇拜"。《不是一切都指向柏林》（*Nicht alle zogen nach Berlin*），载《马格纳姆》（*Magnum*），1961年，第9期，第61页。

②几十年之后，波拉克碰巧也是所有书信集的读者。米莲娜在1939年的时候将这些信件托付给威利・哈斯，他在1946年——波拉克去世前的一年，向波拉克询问过如果这些信出版会带来什么影响。不是马克斯・勃罗德做出了公开卡夫卡写给米莲娜・波拉克的信的决定，而恰恰是最担心丢脸的那两位——波拉克是因为他作为丈夫的可疑的角色，哈斯则是因为他对贾米拉和约瑟夫・莱纳的命运的影响，这些都在信件中多次而且以露骨的语言加以评论过。共同审阅这些书信的结果是一个经过哈斯自己加以删减的版本（1952年），其中尽管放弃了涉及波拉克的段落，但是哈斯-贾米拉事件仍然完全保留了。"很遗憾，在这个版本中，顾忌到一些尚在世的人们，某些部分只能被删掉了"，哈斯在后记中写道。"更令本书编者感到遗憾的是，他迫不得已在信件的一些段落中，发现自己的名字被反复提起。他个人对这些信件的公开没有异议——这也是事先说给未来的编者的，但是认为编者要将卡夫卡从这个无疑是悲惨的意外事件中抽出去，则是一个古怪而且错误的结论。"哈斯的第一任妻子贾米拉在书信集出版的时候仍然在世；她的职业是记者和翻译，在1990年去世，享年94岁。

③1920年5月25日/29日写给米莲娜・波拉克的信。《1918年—1920年书信集》，第148页。

④1920年7月8日写给米莲娜・波拉克的信。《1918年—1920年书信集》，第212—213页。

上无所畏惧地舞蹈，为这对夫妇而庆祝，是获得某些力量，从而使得他**完全**作为只有钦佩能力的旁观者而生活。

> 我的确不是为了你而和你的丈夫斗争，这场战斗只发生在你自己那里；当决定取决于你的丈夫和我之间的战斗的时候，一切就都早已决定下来了。尽管如此，我完全没有高估你的丈夫，而且非常有可能的是，我甚至低估了他，但是我知道：如果他喜爱我的话，那是一个富有的人对一个穷人的爱（你和我的关系也差不多）。在你和他的共同生活的氛围内，我实际上只是在“大户人家”里的田鼠，它在一年里至多能被允许有一次公开地在地毯上跑过去。①

显而易见的是，卡夫卡在这里已经开始为他所描绘的失败做准备了：他再次展现了他自许多年来已经在想象中驾轻就熟的战略。他知道，他所发现的形象是“被夸大的”，它们是不会被全盘接受的。卡夫卡清楚，米莲娜熟悉《变形记》，她很容易将那个在地上爬来爬去的动物的目光、向上看着没完没了在思考的人类眼睛的目光，误解为文学家突然而至的想象。但是，以对生命力的青睐为目标的形象——无论在文学作品中，还是在现实生活中——都被卡夫卡阐释为决定性的，而且不再会被继续蒙骗的关键：波拉克的家庭将继续生活，爱恋、痛苦，而在这个单身汉的家里则继续思考或者充其量是做梦，如果这里一度存在满足，那么只有通过“许可”才能实现。但是，凭借卡夫卡所允许他的情敌具有的人性的品质，却是什么都做不了的，它们从来都无法赞同或者反对米莲娜的决定。卡夫卡相信，与波拉克的婚姻**对于米莲娜**而言是一个死胡同，仅仅是因为她负担着可怕的记忆，从那里只能产生一个全新的开始。但是，在这里发挥作用的力量则是无法通过思考得到的，更别提具体的建议了：米莲娜一直依赖着波拉克，这是卡夫卡一直想要实现的，慢慢地，他坚定了信念，他所面对的是一个“牢不可破的团结”、一个“永不枯竭的秘密”。②

在维也纳的时候，他对此还没有太多的感觉。但是现在，正是在这个时候，从米莲娜每天写来的信件中，卡夫卡已经越来越清楚了，她是多么痛苦地被做决定所折磨着，在她身体里的那个最冲动、最无顾虑的人——他也曾经遇见过他，是如何不断地堆起性的障碍，这使得现在就连卡夫卡也相信，现在一切都朝向最好的结果发展着。如果她不马上搬到布拉格来——像他私下里所希望的那样，那么她晚些时候还是会来，而且就在不久之后了。其他的在他看来无法与在维也纳的经历统一起来的事情，他就不将它们作为记忆包裹好，而是当作永恒的当下，作为没有间断的能量流，他日以继夜地担负着它们。而且米莲娜认为这样的感觉是正确

---

①1920年7月18日写给米莲娜·波拉克的信。《1918年—1920年书信集》，第231页。

②1920年8月13日写给米莲娜·波拉克的信。《1918年—1920年书信集》，第307页。

的：一切都可能发生，她写道，但是他失去她却是不可能的。难道不能认为，他们两个人自欺欺人吗？在地毯上无声跑过的田鼠难道是根本的真相的化身？正如卡夫卡也清楚的那样，不是在信中做决定，而是在现实中下决心。

实际的尝试比预想中还要早地降临到他的头上。他与米莲娜约定，在特别紧急的情况下，其中一个人要到另一个人的身边去，其中一个人要登上最近的一班列车，而不要有任何顾虑。这种紧急情况，在卡夫卡那边是一个完全能够成为现实的可能性：他许多天里不得不考虑朱莉·沃里泽克会采取绝望的行动，他预防性地请求米莲娜，再不要将他自己独自留在这样的灾难里。但是，形势在几周之内就变得风平浪静了，朱莉最终放弃了，而且在没有发生任何争执的情况下，她在7月底从卡夫卡的生活中消失了，也从他的信件、他的思虑中消失了。"我不相信"，稍后他断言道，"我会因为发现另外一个人的离开——总体而言，只涉及别人，而睡不着。"[①]这个他可能从朱莉——他的未婚妻——身上获得的认识，这个他在一年前还猛烈反驳的认识，现在他正在一步步地从它上面走过。他没有给她留有任何机会，任何站在地毯上的老鼠，对于卡夫卡而言都是想象的形象，而对于她而言，却是她生活中的一个角色。

比起在他周围的任何活生生的人们，在他看来，现在更为生动地出现在眼前的，是开往维也纳的火车的开车时间。他在什么时候、在什么地方将再见到那个心爱的女人？当米莲娜向他声明，他暂时不应该考虑那个在森林里的纯洁无辜的日子的续篇——因为，现在，有**三个**人参与在这里面的时候，卡夫卡妒忌了。不过，很快他就理解了，象征性的亲昵关系——在那里他感觉自己被恳求，的确会在前提条件完全改变的情况下被破坏。

甚至在布拉格也是如此，尽管远离恩斯特·波拉克的强有力的影响。

因而，当米莲娜开始谈到的不是搬家、相反却是**拜访**布拉格的时候，他感到的不安大于喜悦。"我几乎想要请求你：别来"，他回复说。"让我期望，当我什么时候遇到特别的危机而请求你来的时候，你会立即到来，但是现在最好别来，因为你不得不马上再次离开。"[②]

短短几天后**向他**发出的一个呼吁却让卡夫卡陷入了惊骇：米莲娜请求他来维也纳，并不是因为出现了最后的危急关头，而只是来商谈，但所涉及的事情也相当急迫。米莲娜收到了一封她父亲写来的信——这是3年来第一次，在这封信里展示了她现在正从中做出选择的两种生活设想之间的矛盾，这在某一个层面上使得形势变得更为错综复杂。因为杰森斯卡博士认为，米莲娜由于她自己的逆反态度，导致自成一体的婚姻失败了。他"当然"会为她提供帮助，但是是在"某些确定的条件"下，其中首当其冲的就是与波拉克分手，并且回到布拉格。杰森斯卡展示了多

---

①1920年9月27日写给米莲娜·波拉克的信。《1918年—1920年书信集》，第349页。

②1920年7月18日写给米莲娜·波拉克的信。《1918年—1920年书信集》，第234页。

年来已经驾轻就熟的、显然是他标志性的**双重联系**的策略：在诱惑和防御之间来回切换——一方面他承认，他为自己的女儿感到惋惜，他为常年的反目感到“非常悲伤”；另一方面，他的这封信有着明确地体现昨日权威的特色，而且他正是以具有伤害性的一个签名结束了来信——**杰森斯卡**。

怎么办？现在有**两个**男人，他们都叫她回到布拉格，两个人都以他们自己的方式爱着她，两个都以无我的帮助来诱惑着她，而且两个人都是最盼望着她的。但是，一个是犹太人，而另一个是反犹太主义的。“在你的父亲面前，你的丈夫和我完全没有区别”，卡夫卡的评论完全正确，“对于欧洲人来说，我们长着同样的黑鬼的面孔”。[①]但是，对米莲娜来说，回家意味着要么以撒谎为基础，要么是在肯定带来丑闻为前提的条件下才有可能的：告诉父亲自己离开维也纳的一个犹太人，是为了和布拉格的另一位犹太人在一起生活，这无异于宣战，而且杰森斯卡一定觉得这比她坚守这场婚姻还要难以面对。很可能正是因为米莲娜自己无法忍受这封信所带来的绝望的感觉，以及由它所导致的新的、几乎无法承受的、不断增强的决定压力，她才叫卡夫卡过来的：她想知道——面对面地——他在这种情况下会怎么应对。似乎有必要玩捉迷藏的游戏。现在出现了令人不快的会面和见面，这可能导致卡夫卡和父亲之间的对峙。是否可以相信他能够应付这一切？

对于这些问题的回答快得出乎意料，因为卡夫卡拒绝了：在没有有说服力的理由的情况下，他无法从职工工伤保险机构那里得到休假。这样，在他还没有意识到的时候，他已经对摇摆不定的平衡施加影响了：因为米莲娜突然相信自己看得更清楚了，她对于卡夫卡的脱离生活实际的保留看法得到了证实，她怒不可遏。

> 我给他……发电报、打电话、写信，求他看在上帝的分上，到我这边来一天。那对我而言是非常迫切的。我告诉他，这对我是生命攸关的。他整夜都没有睡觉，饱受折磨地写下了一封完全是自我毁灭的信，但是他却不能来。为什么？因为他无法申请假期。他深深地钦佩这位总经理，因为这位总经理用打字机打字非常快（真的！），而就是跟这位总经理，他无法说出要到我这里来。那么说别的原因呢，于是又来了一封吃惊的信——怎么，撒谎？跟这位总经理说谎？不可能。

这是米莲娜后来向马克斯·勃罗德讲述事情经过时切中要害的措辞。[②]卡夫卡的确觉得完全不可能当着奥德斯维尔的面撒谎，这个人是如此耐心地期待着卡夫卡的康复，而且以令人难以置信的信任，允许他完全根据自己的意愿安排回到

---

① 1920年8月4日写给米莲娜·波拉克的信。《1918年—1920年书信集》，第279页。

② 米莲娜·波拉克写给马克斯·勃罗德的信，载杰森斯卡的《如果我要整日整夜地给予答复》，第42页。这封信所标注的日期是“1920年8月初”，这个日期有些可疑，因为在这个时间点上，卡夫卡是否前往维也纳还没有最终确定下来，但是米莲娜却写道：“**那时**对我而言非常必要。”

办公室的日期。但是，米莲娜无法理解这些。她提出反对意见——让一些事情听起来可信并不是那么困难；卡夫卡可以虚构出一个叫奥斯卡的叔叔或者叫克拉拉的姑姑，说他们得了重病，甚至还可以拿出一封伪造的电报，这样，他就能得到几天假期了——**她**就可以这样做，而且不用半分钟去思考。完全不可能，卡夫卡回复道，他不可能在向他的总经理说这个故事的时候不笑出来。但是，他有另外一个、要好得多的主意。

现在整日整夜都听到米莲娜的求救声在耳边响起的卡夫卡找到了一本捷克和奥地利的火车时刻表，他发现，在维也纳见面是可以不需要正式的申请就能实现的：在星期六下午从布拉格出发，23点到达维也纳，在星期天早上的时候返回。这样就有夜里的7个小时可以待在一起。而且，还可以更好，他兴致勃勃地继续设想。究竟为什么要在维也纳呢，为什么不在中间的国界上呢，比如格蒙德（Gmünd）？如果能够接受慢车客车，那么在那里甚至可能一起度过21个小时呢，21，卡夫卡在这个数字下面画了横线，“而且（想想看！）我们至少在理论上可以每周见面”。[①]这就是那个结局方案，是他最终能够为她的无穷无尽的担心所提供的经过深思熟虑、完满无缺、实际可行的解决方案。

当然这也带来了一定的心满意足，这是米莲娜无法分享的。她面对着生死存亡的决定，她身患疾病，她挨饿，而且她被得到即刻拯救的愿望和对提出条件的男性拯救者的憎恶所撕扯着。卡夫卡热情地探寻着尽可能没有风险的妥协方案，它能够不打扰世界的运行，当他找到了一个诸如此类的避难之所的时候，他得到了纯洁无邪的快乐，他不厌其烦地抄下列车时刻表，演算着**留给**他们的小时数，但是所有这些在米莲娜看来都显得小家子气、局促，而且完全是迫不得已的。很可能不仅是由于卡夫卡的顾虑重重和满怀担心，而且同样也因为他的经过深思熟虑所想出来的替代方案强化了人们的推测，他只在文学领域能够成为真正的君主。他称米莲娜是他的“女老师”，而这位24岁的“女老师”甚至一度是被当作“母亲米莲娜”来进行攀谈的。[②]在幻想的世界，他无忧无虑。但是，现在米莲娜必须要问，他是否有能力，事实上是，他是否真的愿意，实现这种转变。

米莲娜已经准备好做出这种尝试；她心平气和下来，最终决定采纳他的建议，约好在格蒙德见面。而且她留给卡夫卡充裕的时间：她找了一个随便什么借口——**她会说谎**，从而使得她能够整个周末都不在维也纳，却不会引起波拉克的怀疑。傍晚的时候，她到达格蒙德，卡夫卡已经在等她了，他们一起散步，相互详细地讲述各自生活的状况，他们一起躺在草地上，并且在同一家旅店过夜。除了充满希望之外，有关这次会面我们不再知道什么了。但是，玛利亚温泉城的奇迹应该不

---

①1920年8月2日写给米莲娜·波拉克的信。《1918年—1920年书信集》，第274页。

②1920年5月31日、7月12日写给米莲娜·波拉克的信。《1918年—1920年书信集》，第154、217页。

会在这里重复。卡夫卡想要的是亲密，这是他从第一次见面以来几乎每天都在盼望的，而米莲娜惦念的是明确性和热情。卡夫卡觉得在格蒙德会立即有决定做出。这是他们第二次秘密地在一起，而且这也是最后一次。

一切都应该是可以成功的，两个人都这样认为，而今天正在阅读着被翻译成全世界各种语言的《致米莲娜的信》的读者，正处于难以忍耐的、充满希望的紧张当中，尽管他们都知道这出戏的结局。提供给两位主角的机会太过昂贵了，以至于人们甚至痛苦地希望，干脆他们抓不住这样的机会算了。这应该成为一对作家的婚姻，在一所公寓里放着两张书桌，两个人面对面坐着，相互从对方的肩膀上望过去，品评着，教导和学习着，构成了一个知识分子的团体，这样的小团体是卡夫卡身边的小圈子中没有人能够拥有的，通过它，卡夫卡得到了所有的所谓生机盎然的喜悦。米莲娜欣赏他的散文，而她的感性的、扣人心弦的、主宰着读者期望的小品文，对于卡夫卡却发挥着毒品般的魅力。在与其余女性交往的过程中，他从来没有体验过这种对于语言表述的尊重；而卡夫卡曾经从作家勃朗宁夫妇充满传奇的通信中推断出来，这种尊重的确是存在着的，人们可以在这种基础上建立起性爱关系，而且这种关系也是可以持久的，尽管这一切都太像童话了。

米莲娜那赫赫有名的直率——虽然她经常因此而懊恼——也绝对没有被经常迷失于暗示和比喻的卡夫卡所吓退。相反，正是如此，才使得不讲究外交辞令的话语脱口而出，似乎没有给任何隐秘的心思留有空间，这些话语产生了凿凿有据的效果，而且进一步增强了卡夫卡的信任感，似乎是米莲娜对即便是匆忙做出的判断也能够做全面的审查一样。这甚至也是他自己应该去学习的。之前，他对于疾病几乎是条件反射般地作出自责的反应，但是现在看来，他也应该以同样开放的眼界做出回答，是的，甚至有时应该要求书面撤回不公正的指控。正是与这位拥有远远超出她的年龄的生活经验，但是仍然是不成熟，并且首先会尝试各种各样可能性的女子的争论中，卡夫卡对于自己没有发挥作用的能力的意识似乎变得敏锐起来了。而且她经常不加掩饰的问题，需要他给予准确的回答，哪怕这些问题涉及对自己内心世界的彻底的探访。卡夫卡从来没有像现在这样，如此具体地表述他的对于生活和对于性的恐惧，但他并不怯于讲述那些狼狈的经历，而且常常当米莲娜承认，她仍然还不能够理解他的时候，当米莲娜批评他对于性爱缺乏真实的概念的时候，卡夫卡并没有陷入沉默，相反他会开始新的尝试。但是，她一而再地要他确信：**尽管如此**我们敢于冒险。而且，在他看来，似乎所有的人类可能拥有的幸福，都只与一个词联系在一起，因为似乎正是**逆反**让他获益匪浅。

但是，渐渐地，他似乎被卷入到陌生人的命运所带来的局面当中了，而这对他提出了过高的要求。波拉克夫妇的婚姻，绝对不是像他们之前所展示的那种生机勃勃的、对全世界提出挑战的紧密关系；相反，这场婚姻有着明显的受虐狂式的依赖性的特征，它早就已经失控了，而且卡夫卡虽然能够感觉到它所带来的压力，但是却对它做出了错误的解释。“我认为眼下的恐惧只是因为一个原因”，在维也纳会面之后的几天里，他写道：“因为你对于你的丈夫的爱恋。”①但是，正是这一点是他最不害怕的。因而，他认为，如果要对米莲娜在两个男人之间独立自主作出选择产生影响的话，可能可以通过唤起她的**另外**一份爱情来实现。就连觉得米莲娜会立即将一切透露给波拉克的触目惊心的确信感，也只让卡夫卡心情黯淡了几个钟头，但是他的信仍然是活泼、温柔的，时而还幽默机智，并自嘲一番，这是一位恋人的来信，他专注于此刻。

过了几个星期之后，卡夫卡才明白过来，在这里是另一种游戏规则在发挥作用。她经常恳请他不要亲自做什么，特别是不要试图去联系她的丈夫，这已经是走错路了，当他几天后返回布拉格时，他甚至已经无路可走了。但是，她——这个无畏的人到底为什么害怕这两位情敌的会面呢？而这并不是唯一的一个矛盾之处。她现在不能离开波拉克，她写信说，因为他生病了。但是，她自己也根本没有展现出从咯血和身体上不断加重的衰弱中恢复过来的迹象——甚至还曾经晕倒过，那么她怎么可能在这种状况下照顾波拉克呢？尽管她没有同意卡夫卡所提出的，由他来支付去疗养院休养的费用的建议——不过这显然是因为她不知道该如何解释这笔突然而来的钱财；但是，她还是收下了卡夫卡随信寄出的一些钱。最终，她与患病的波拉克在沃尔夫冈湖的圣-吉尔根（St. Gilgen）疗养院度过了几周，尽管她清楚波拉克选择这个地方是出于相当龌龊的原因——他的一个来往多年的情人在那里有幢别墅。但是，即便是现在，米莲娜也不敢在她的丈夫的眼皮底下给卡夫卡写信。卡夫卡的来信使用一个他们在维也纳就已经约好了的化名，而且她也一直只是通过存邮局代领的方式接收卡夫卡的来信。

卡夫卡确信，米莲娜所做的一切都是对的，要过去的总是会过去的。在探究那段关系的秘密，并且试图对它作出道德评判的过程中，卡夫卡似乎完全误入歧途。但是，与她竭力回避一切能够威胁到她与波拉克关系的事物同样显而易见的是，这种忧心忡忡的焦虑显然已经成为她自信的对立面了，现在卡夫卡也看清楚了这一点，这种关系完全与独立自主无关，而且米莲娜正在与一种成瘾症的源头作斗争。当她不在身边的时候，谁来给波拉克擦皮鞋呢？有时她对于这个问题的思考比波拉克**本人**是否在身边还要多，这个问题也耗尽了那位最善良的观察者的耐心：“如果你应该离开的话，”卡夫卡痛苦地写道，“他或者会与另外一个女人生活，或者住到一家膳宿公寓里，他的靴子应该能够得到比现在更好的打理。”②

她不允许卡夫卡探测她诸如此类的弱点，甚至这些都是不关**他**的事情，因为

---

①1920年7月9日写给米莲娜·波拉克的信。《1918年—1920年书信集》，第214页。
②1920年8月13日写给米莲娜·波拉克的信。《1918年—1920年书信集》，第307页。

这将带来严重的后果；卡夫卡也完全抗拒尝试用全部的力量融入她的社交世界。但是，当她阻止这种决定性的亲近的时候，她却在创造另一个层面的不断增长的亲密感，因此她将卡夫卡与她在布拉格的朋友，似乎也将卡夫卡与她在布拉格的故事联系起来了。通过一些请求和委托办理一些小事，似乎使得卡夫卡慢慢地认识了她在捷克生活中最重要的一些人：《论坛报》的阿尔尼·劳伦、最亲密的好友斯塔莎和她的丈夫，甚至还有那出灾难性的捷克人—犹太人悲剧的主角贾米拉·莱纳洛娃——这需要卡夫卡必须克服某些恐惧，因为她给他在梅兰流放的岁月带来了极大的震撼。卡夫卡非常希望能够避免这些会面，特别是他对于那两位女性的生硬冷淡的评价——她们在他看来是真正的"死亡天使"——透露出他的强烈的反抗。[①]但是，总是有新的原因使他不得不和这些熟人来往，看上去呆滞并显然受毒品影响的贾米拉，还会毫无来由地去卡夫卡的办公室，甚至还出现在他家门口，有关这些，他都事无巨细地向米莲娜汇报。

卡夫卡对于要接受这种方式的来往感到不满，这并不是因为米莲娜的委托给他带来了负担——他甚至正式要求米莲娜委托他在最炎热的夏日里去寻找她的弟弟的坟墓，给她寄去书籍和杂志，甚至在城里奔波几个小时，以给她买到一件紧身针织衫。但是，第三个、第四个、第五个人的出现扰乱了他的视线，也将人们的注意力从关键问题上引开。他非常愿意与米莲娜**一起**接待这些人，但绝对不让他们非同寻常的命运对他有任何影响。但是，作为布拉格的前哨，他几乎不可能摆脱信使的角色，他的利益没有得到关注，在这样新的环境里，他到底应该扮演什么样的角色，他同样也不清楚。他作为米莲娜爱情的竞争者，在后者的旧交那里很容易招致嘲笑，对于这一点，他一天比一天更加清楚。

人们可以这样猜想，卡夫卡好几个月以来，正陶醉于一个从他的书信爱情中得到的与世隔绝、在一定程度上自给自足的位置，正如他在战争期间所拥有的那个位置一样。或者，更具体地说就是，他逐渐地在书信爱情中变回了这个位置。但是，在女人们的生活的持续不断的牵扯中——那样的生活他又是不允许去共同经历的，他感觉到了社交生活的艰辛劳累。最后，不是等待、渴望和物理上的遥远距离完全耗尽了他的情感上的资本，相反，却是不断出现的委托，以及其中最棘手的那一个，令他筋疲力尽。

在恰恰不是预示着幸福的格蒙德的会面过程中，米莲娜谈到了她渴望与老扬·杰森斯卡达成和解的愿望。如果与自己女儿的分离的确令他痛苦，那么他为

① "死亡天使"这个说法可以在1920年9月3—4日写给米莲娜·波拉克的信中找到。《1918年—1920年书信集》，第334页。卡夫卡在第一次见到斯塔莎之后，就发布了罕见的攻击性的评论："她可能被她的丈夫吸干了。她看上去疲惫不堪，像死去了一样，而且浑浑噩噩。如果让我设想地狱的话，我会想到她和她的丈夫。"1920年7月13日写给米莲娜·波拉克的信。《1918年—1920年书信集》，第221页。卡夫卡似乎没有意识到，斯塔莎·吉洛夫斯卡的职业是教师，而且将多种语言的作品翻译为捷克语，在一些作家、特别是年轻的德语作家中很有名气。

什么再次陷入了沉默呢？他到底在等待什么？他是期待保证吗？希望24岁的她被迫回到父母家吗？米莲娜现在可能在想这些问题；如果他在布拉格那边一度通过造谣者（在那里，**可卡因**这个词扮演着灾难性的角色）来形成有关她的境况的客观印象，也许如果他能够知道她在斗争、她在工作，会有好处。杰森斯卡在他的牙医诊所雇用了一名女助理，她对他的家事很清楚。也许将她作为中间人是一个值得尝试的做法。但是，也必须首先让这个女人知道，维也纳那边和布拉格这里想象的有所不同。也就是说，要有一个全面的**情况通报**，这又需要一个严肃且能言善辩的信使。卡夫卡——除此之外别无他人——是胜任这个角色的人选。而且，他不必很麻烦地写信，米莲娜要求，只是简单地打个电话给科纳波瓦（Knappova）女士，然后约定一次私人会面就可以了。

到卡夫卡终于决定做这件事情之前，用了两个星期。让他放松下来的是，杰森斯卡的助理是一个讲求实际而且容易接受外来事物的女人，因而不需要过于繁杂地解释米莲娜所面对的棘手局面，究竟是自找的还是别的，她自己的父亲也不能长期对此坐视不管。科纳波瓦告诉卡夫卡，米莲娜的放荡出轨行为，在杰森斯卡的家里已经绝对不再有闭口不谈的必要了：这并不是从人们认为她的婚姻反正已经失败了，而且她理所当然地会回到布拉格才开始的。教授严厉地拒绝每月增加给米莲娜的生活费，对于资助治疗（这当然是得在**捷克**的大地上进行的）这个问题，他还一直犹豫不决。做了最充分准备的卡夫卡，立即将证明材料拿了出来，即两封最近从维也纳寄来的非常直观生动的书信，在那里明确地谈到了饥饿和疾病，但是这也没有什么作用。米莲娜在维也纳西站（Westbahnhof）拎箱子，有时还要帮她的丈夫还债，这些新信息似乎也没有什么影响。“寄钱过去完全没有任何意义”，卡夫卡听到科纳波瓦女士这样说，“米莲娜和钱……”当然，卡夫卡一直坚持不放弃。至少也应该给她以实物方面的帮助，因而他建议：“在约瑟夫城市大街（Josefstadterstraße）的白色公鸡餐馆（Weißen Hahn）每天包伙丰盛的午餐和晚餐。”①

他做了所能做的一切，他擅长外交辞令，这在他的上司，还有他的家人那里都是众所周知的，这一次他也发挥得很好。科纳波瓦将和杰森斯卡教授谈论这些，米莲娜也将很快得到有关他们谈话的消息。但是，卡夫卡犹如通过了考试如释重负的感觉没有持续多长时间。因为仅仅在他发出了详细汇报的几天之后，一封米莲娜发来的怒气冲冲的电报就不期而至了：她绝对不是以乞讨者的身份面对她父亲

---

①参见在1920年9月3—4日写给米莲娜·波拉克的信。《1918年—1920年书信集》，第330—333页，在那里描述了与伏拉斯塔（Vlasta）·科纳波瓦的谈话。卡夫卡在通信中多次提到了位于约瑟夫城市大街的、米莲娜经常光顾的饭馆“白色公鸡”，这意味着按照他自己的观点包伙这个做法是可行的。他也谈到了波拉克的债务，有关这一点在1920年9月15日写的另一封信上可以找到证明。《1918年—1920年书信集》，第341—342页。波拉克的经济状况在后来的岁月里也没有得到改善，米莲娜在1924年3月5日写给卡瑞尔·豪奇（Karel Horch）的一封信里谈到了她即将面临的离婚，其中说道：“我搬出了我的公寓，卖掉了我的家具——我的丈夫负债累累，而我愿意在我离开前帮他偿还。”杰森斯卡：《如果我要整日整夜地给予答复》，第68页。

的，不是的！卡夫卡应该“立即”第二次拜访科纳波瓦女士，并且将因为他的疏忽所导致的误解从这个世界上清除出去。

卡夫卡觉得这个委托已经了结了。他撕掉了这封电报。他好像被击溃了。在同一个瞬间，他感觉到了一种冷冰冰的确定性：这种打击一定是最后一次了。“你完全正确”，他简短地回复道，“我笨得无可救药，而且行事粗野，但是这已别无其他可能了，因为我们就是生活在误解当中，通过我们的回答，我们使我们的问题失去了价值。我们现在不得不停下笔来，将未来托付给未来吧。”①

了不起的游泳运动员！了不起的运动员！人们喊道。我在X地参加奥林匹克运动会，我在那里打破了一项游泳纪录。我站在家乡城市火车站的露天台阶上——她在哪儿，看着在傍晚的暮霭中走过的面目模糊的人群。我轻轻地拂过一个女孩的脸颊，她灵敏地为我披上绶带，在那上面用某种外语写着：奥林匹克运动会胜利者。

一种幻觉？一场梦？这位伟大的游泳健儿回来了，但是他却没有回家。那些来参加为他举办庆功宴会的人们都是面目模糊的，他“无法清晰地认出”那些客人们，特别是他还无法与他们交流。女人们背对着桌子坐着，一位悲伤的男子发表了宴会祝词，并且在这个过程中不断地拭去脸上的眼泪。最后，在这里要澄清一些事情的感觉，袭上了这位伟大的游泳健儿的心头。他站了起来，开始对人群讲话：

尊敬的各位来宾！诚然我创造了一个游泳纪录，但是，如果你们问我，我是如何做到的，我无法给你们令人满意的回答。因为事实上我根本不会游泳。很久以来，我一直想去学习游泳，却总没有找到机会。但是，现在我又是如何被我的祖国送去参加奥林匹克运动会的呢？这恰恰也是我所努力地要找到答案的问题。

这个问题直到今天，也一直是卡夫卡的读者致力要得到答案的，因为这个片段就在这里中断了，并没有告诉人们，一个不会游泳的人是如何成功地创造了世界纪录的。这些语句是在1920年8月底写下的，可能就是在卡夫卡得知奥林匹克运动会的游泳比赛正在安特卫普（Antwerpen）举行的同一天。当时伟大的胜利者是来自美国的运动员：诺曼·罗斯（Norman Ross）夺得了三块金牌，夏威夷的杜

①1920年9月10日写给米莲娜·波拉克的信。《1918年—1920年书信集》，第338页，米莲娜·波拉克的电报原文并没有保留下来（除了“立即”这个词之外），但是电报中的语调和内容可以从卡夫卡后面的信件中推断出来。

克·卡哈那莫库（Duke Kahanamoku）获得了两块金牌，并且打破了一项世界纪录。卡夫卡后来将这些过于清晰的印记模糊化了："我在安特卫普参加奥林匹克运动会"，他一开始是这样写的，但是后来用大写的X代替了这个城市名。而且他也将"1 500"这个数字删去了，这是对的，因为在安特卫普的1 500米的自由泳比赛中，**没有**创造新的世界纪录。①

这篇游泳运动员片段属于一系列密集的文学创作尝试，一共有51页，写在分散的纸张上，今天集合为"1920年卷帙"。这些残缺不全的片段，展现了在卡夫卡看来典型的多重助跑模式：开始叙述，通过破折号隔开，通过反复重述主题将不同的内容编织在一起，叙述分为多个阶段展开，大部分都没有标题，经常用附带的资料建议补充——不同的版本、有关继续展开下去的想法，他希望在以后的某个时间将它们整合到片段的主干当中去。但是，所有都指向，卡夫卡在这一年年底的时候，将这摞纸放到了抽屉里，再也没有将它们拿出来：那上面完全没有事后加工修改的痕迹，也没有迹象表明，他曾经读过它们，甚至是考虑过出版事宜。

在这里也有一些文章属于卡夫卡最著名的作品，甚至有的还可以在教科书上找到，这要归功于马克斯·勃罗德的编辑策略。当勃罗德在20世纪30年代开始将从卡夫卡的遗作中发现的短文发表出版的时候，他首先选取的是完整的或者至少显现出完整性的文章，他为这些文章拟定标题，并且以这种方式使之能够收录成册。他就是以这种方式来整理卡夫卡在祖豪写的文章的（例如，他从中精选出《机灵鬼的真相》《终日的迷茫》和《塞壬女妖们的沉默》），他也以同样的方式来整理1920年的那些手稿，但是令后来的编辑感到遗憾的是，他将这些文章完全混在一起，而且还加上了自己的涂鸦。在1920年的那些稿纸中，他首先选出来了《城徽》《小寓言》和《有关法律问题》，在多卷本的作品集的第一卷中还收录了另外5个作品：《海神波塞冬》《贪婪的人》《陀螺》《考验》和《共同体》。②

因而，卡夫卡的第二代读者已经有了相当全面的见解，而且到目前为止，只认为卡夫卡是以印象主义为基调的小说和一些失败了的小说项目作者的人，在这里也会看到一幅完全不同的景象：看上去似乎这位作者暂时对华丽丰富的叙事失去

---

①请参见《遗作Ⅱ》，第254—257页，相应的不同版本请见注释。在存有争议的卡夫卡的作品集中，将这个片段的日期标注为1920年8月28日，请见《遗作Ⅱ》，注释68及后面注释，安特卫普的游泳比赛决赛是在8月24—26日举行的。卡夫卡是如何详细地知道比赛过程的，我们并不清楚，因为由于当地奥林匹克委员会的垮台，捷克的记者们获得的信息是非常不完整的：全面的官方通报从来就没有举行过。德语新闻媒体也非常冷漠地报道这届奥运会，因为无论是德国还是奥地利，都被这场夏季奥林匹克运动会排除在外了。

②弗兰茨·卡夫卡：《中国万里长城建造时：遗作中未付印的小说和散文》，马克斯·勃罗德和汉斯-约阿希姆·肖珀斯编辑，柏林，古斯塔夫·科彭豪伊尔出版社（Gustav Kiepenheuer Verlag），1931年。弗兰茨·卡夫卡：《作品全集》（*Gesammelte Schriften*），马克斯·勃罗德编，第五卷：《一场战争的描述：遗作中的小说、草稿、格言》（*Beschreibung eines Kampfes. Novellen, Skizzen, Aphorismen aus dem Nachlass*），布拉格，海恩里希·梅西·桑恩出版社（Verlag Heinrich Mercy Sohn），1936年。所有这些文章的标题出自勃罗德，只有《有关法律问题》一文例外。

了兴趣，相反，取而代之的是——从《乡村医生》开始就偏离了那条路——开发出了对于更为抽象的形式、对于比喻艺术的偏好，即将哲学问题通过隐喻而使之尖锐化，在这当中，特别是对于似是而非的形式的喜爱——他从中赢得了全新的影响。如果说到目前为止，批评家们首先是对于卡夫卡语言的完美性印象深刻——但是其中也不排斥对他的古怪离奇的苛刻要求的指摘，那么现在被世人所知的这些散文篇章，首先是会促使人们去思考，因为它们清楚地展现着思考的过程，而且不可抗拒地提出了去思考的**要求**。

在这里展现的是无法描述的哲学，是小孩子在玩陀螺的时候所窥见的，这种哲学在第一眼看上去像是具有文学色彩的假人，像是某种思想的苍白的再现：这位作者完全没有费力去搭建一个虚构的舞台布景，只是让整个"故事"映射在一张纸上。陀螺在鞭子的抽打下旋转着，但是一旦当这位哲学家抓住它，想要对它进行研究的时候，它就变成了一块"愚蠢的木头"——我们不理解在这里要表达的是什么意思。但是，在这里面仍然存在着这样的魅力，即在这些批判性认知的启示后面——这仍然不是特别独特的，卡夫卡继续点燃了亮点："……孩子的大喊大叫，这是他迄今为止从来没有听到过的，并且现在突然闯进他的耳朵，向前驱赶着他；他踉踉跄跄地就像被一只不熟练的鞭子抽打着的陀螺一样。"孩子的叫喊声——他们不理解那只陀螺，但是**拥有**它，在这里构成了生死存亡的困境，变成了生命本身的讳莫如深的喧嚣。另外，最后的图景——突如其来地跳出来的小小的场景——以那只看不见的手牵引着读者的思绪，那只手也正挥动着那条**巨大**的鞭子。但是，这只手是谁的？

从勃罗德整理辑纳的选集中就可以看到，卡夫卡数量非常有限的主题，总是一直围绕着同样一些问题展开的。这些主题涉及异化、不可弥合的距离——它不可避免地切割着对于世界的意识。玩陀螺和理解陀螺是两回事，但是卡夫卡在助长着这样的怀疑，即正是玩陀螺的人获得了真正的认识，而不是那个对此进行观察和思考的人。同样变得滑稽可笑的思考者形象，在短文《海神波塞冬》中也有涉及：这个希腊的大海之神在写字台前掌管着他的王国，他没有时间到各地去游历。但是他怎么能够明白他从来没有见过的东西呢？另外，在《城徽》中也类似：在这里讲述了巴比伦通天塔的建造计划，那是一个完美的建筑，将直伸云霄深处。但是完美是需要大量时间的，无穷无尽的时间——就像将被证实的那样。这个计划渐渐地涉及建造这个问题，在对建造进行计划的过程中，不可避免地产生了摩擦，也就是说这涉及了实际操作经验的问题。反复的思考将扼杀**手里**握有第一块砖的人，尽管还没有人走到那一步，而且那些追求圆满的人们，最后既没有建造出什么完美的东西，也没有建造出不完美的东西，相反，是：**什么都没有**。

最早通过勃罗德所展现出来的大量的版本，让打开了通往卡夫卡的通道的读者和批评家们获得了这样的印象，即卡夫卡实际上是一个富有哲理性的作家：在他的教义和比喻的坚硬外衣之下，人们可以猜测出形而上的智慧，而且勃罗德本人也通过不断地挖掘祖豪时代的“格言”的启发性作用，纵容着人们的猜想：似乎卡夫卡在这里正大声说出他的叙事性文章生动地暗示着什么，而且有时也是故意让人们捉摸不透。

当在生活经历方面的文献和文学创作的文本之间、在作品和残缺不全的文稿之间的严格界限最终消失的时候，人们才会发现上述的设想是多么的不充分。自从卡夫卡的“作品”被全部整理在册，并且与它们的原始背景联系在一起以来，我们认识到，我们应该关注语言表达中无与伦比的连续性：卡夫卡自己在挑选值得出版的文章时非常严苛，所有的文章都不言而喻地遵循卡夫卡所创造的一个想象中的血液循环的动态性。在这里，没有产生于密密麻麻的内心体验之网的问题被提出，没有回答被给出。即便在最抽象的问题中，也是敲打着上帝所创造的生物的痛处和神经衰弱者的痛苦。而且，我们越是仔细地将视线投射在这些语言上，我们就越会发现，在“个人的”和“文学性的”表述之间没有本质性的差异。“我也非常反对对可能性的全面思考”，他大概是在维也纳会面后不久写信告诉米莲娜，“是因为我拥有你才会反对的吗？是因为我独自一人吗？是因为我无法阻止全面思考吗——人们现在已经在准备未来的战场了，但是这片皱巴巴的大地怎能承受未来的房屋呢？”如果我们将这里针对收信人的插入语删去，会看到剩下的那句话正是在那个有关巴比伦通天塔的故事中所要表达的主题，甚至可以作为那个故事的结论。[①]

这是一幅图画，一个比喻，它使得循环得以进行。在卡夫卡的作品中，从来没有只是说明某种“说法”的，也就更不要说是关于某个形而上的理论的了，但是，在任何一位作家那里，都不能比在他那里，更容易对这些创造性的过程产生令人发疯的误解。卡夫卡寻找的不是映像，相反：**他追随它**；而且他更愿意他的主题像映像的逻辑一样是颠倒的。有关这一点，一些早期的读者就已经注意到了。“你们不必问这到底是什么意思”，图库夫斯基（Tucholsky）在大概是对《在流放地》的第一篇评论文章中就这样提醒人们。“什么意思都不是。它完全不意味着什么。”当然，诸如此类的呼吁在最开始对于读者的美学感受几乎不会发挥什么作用，读者在卡夫卡的文章中充满挑衅的神秘性那里，一再无法获得美的体验，即便是图库夫斯基也绝对无法避免这样的失败。他后来甚至承认，他不太喜欢《城堡》这部长篇小说，因为这是“一本几乎让人无法理解事情的‘含义’的书”，与此同时，在《审判》中，它的象征意义是不言自明的：“他过着自己的生活。而这是什么样的

① 1920年7月8日写给米莲娜·波拉克的信。《1918年—1920年书信集》，第213页。散文《城徽》是在大约两个月之后完成的。

生活……”[1]

图库夫斯基尚且无法知道，这种生动地设想自己的人生，将作家卡夫卡进一步地送到了某一部作品边界之外，超越了种属的界限，是的，甚至远远地超越了明确的文学创作的边界。他追随着一望无际的联想丛林中的映像，他区分着它们，然后，尽管他不再是有意识地，但是他正在以这种方式创作着文学作品，甚至他自己也已经完全无法把握其中的核心含义和隐喻。正是那篇有关伟大的游泳健儿的不完整文章，为此提供了最有说服力的例证。勃罗德一开始放弃将这个残篇收录到卡夫卡的遗作集中，因为从这篇草稿中几乎读不出来什么意思，而且也完全不清楚卡夫卡将如何解释这个怪异的场景，或者如何回答其中提出的问题。后来出版的手稿和传记性文献，使得一种完全不同的深入辛辣的解释成为可能：这个残篇展示了，卡夫卡绝对还没有完全利用这个对一个不会游泳的游泳者的比喻。因为在1920年炎热的夏末，他经常在莫尔道河游泳，因而甚至可以想象的是，游泳这个行为本身是从生活中得到的一个映像，而卡夫卡打算从中进一步挖掘出其内在的逻辑。大约在写下这个片段后的两个月，他突然产生了这样的想法：

> 我能够像其他人一样游泳，只是由于我比其他人有着更好的记性，不过我没有忘记在此之前的不—会—游泳的状态。但是，我无法忘记那种状态，对于我会——游泳的状态没有任何帮助，而且我确实不会游泳。[2]

毫无疑问，在这里说话的是那位安特卫普的奥运会冠军，而且这番解释是针对他在宴会致辞中的另一句话的（“很久以来，我一直想去学习它”），卡夫卡觉得这完全顺理成章。他提高了他的**情节**之间的内参性，人们现在能够隐隐约约地猜想到，为什么那个人要训练游泳。而且，人们“原本”能够胜任某一项任务，但却在实践中失败了的念头，不再是一个智力游戏，而是一个生死攸关的矛盾，是一个最终完全能够理解的经历。这是一个特别是在**考验**中会遇到的经历。人们不相信自己能做某事，因而人们就无法去做它。当有了这样的恐惧的时候，没有人能够长时间地浮在水上。

米莲娜·波拉克非常迅速地认识到，包围着卡夫卡、对他的意志和实际生活中的决定产生影响的不可抗拒的恐惧，完全占据着他的注意力。他尝试着向她解

---

①彼得·潘特（Peter Panter）[也就是库尔特（kurt）·图库夫斯基]：《在流放地》，载于《世界舞台》（*Die Weltb ü hne*），1920年6月3日；同样是他的《审判》，载于《世界舞台》，1926年3月9日；他的《在床头柜上》（*Auf dem Nachttisch*），载于《世界舞台》，1929年2月26日。参见波恩的《弗兰茨·卡夫卡：生前的批判和欣赏（1912年—1924年）》（*Franz Kafka. Kritik und Rezepiton zu seinen Lebzeiten. 1912–1924*），第96页；以及《弗兰茨·卡夫卡：批判和欣赏（1924年—1938年）》（*Franz Kafka. Kritik und Rezepiton zu seinen Lebzeiten. 1924–1938*），第110、206页。

②《遗作Ⅱ》，第334页。

释、说明，没错，他的确经常像使用一个口号一样谈到“恐惧”，甚至经常将这个概念放在引号当中，但是很可能是在与米莲娜的争执中，他才第一次完全明白了**恐惧**这个概念的含义。“它的内在法则我不清楚”，他首先承认，“我只知道它的手扼住了我的咽喉，而且**这的确是我所曾经历或者能够经历的最可怕的事情了**”。另一方面，在他看来，这种恐惧必须具有某种合理性，它应该是重要的事物，是一种警醒、意识的形式，因而是不能简简单单地与它作斗争的，更不要说通过治疗去消除它了。如果米莲娜在他身上找到了某些可爱之处，难道其中不包括这种恐惧吗？“我的确是由它所构成的，而且它可能是我最好的一部分。”①不过，让他的恋人也理解，当那些内在的力量发挥作用的时候**会是什么样**，这是卡夫卡无法做到的。

1921年初，卡夫卡与马克斯·勃罗德展开了一场讨论，后者并不比米莲娜能够更多地理解，一场充满希望的恋情所带来的幸福，怎么就成了恐惧的导火索。为什么而恐惧？他一再问道，到底因为什么？是的，似乎可以列举很多。但是，卡夫卡突然认识到，很久以来他就已经发现，他愿意将这个关键的映像，即恐惧的**体验**完全看作是一个没有根据的事物，而且他甚至早已将这种想法记录下来了。映像已经在这里了，但是那时他还不能理解它。米莲娜无疑也应该理解它，但是他错过了告诉她的时机。这是一种对死亡的恐惧，他写信告诉勃罗德：

> 就像一个人无法抗拒从大海里游出来的诱惑一样，这样的喜悦也是无法抗拒的——“现在是你了，你是一个伟大的游泳健儿”，然后，他突然站起来，没有特别多的想法，现在，人们只看到天空、大海，而在波浪上只有他的那颗小脑袋，而他突然有了可怕的恐惧感，所有的一切在他都是不重要的，他必须回去——在肺部没炸之前。别无其他。

这就是那位伟大的游泳健儿，奥运会冠军。他的秘密被泄露了。毫无疑问，他已经全面地学会过游泳，游泳大概是一件令人难以置信的事情，他不会忘记。因而，他创造了世界纪录，而且不顾一切地努力从水里游出来。

> 我从几天前开始接受我的“服兵役”的生活，或者更准确地说来是“演习”生活，正如我在几年前就已经发现的那样，这有时对我而言是最好的生活。下午在床上能睡多久就睡多久，然后用两个小时到处走走，之后一直醒着，想待多久就多久、直到困了为止。但是在这个“能多久就多久”中间有一个困难。下午、夜里“不是很长”，而且当我早上去办公室的时候，我完全是无精打采的。而真正的猎物一般都隐藏着，直到深夜的2点、3点、4点才现身；但

① 1920年7月21日和8月9日写给米莲娜·波拉克的信。《1918年—1920年书信集》，第239—230、296页。

是现在我都不会晚于半夜就去睡觉了，因而我失去了黑夜和白天。尽管如此，也没什么关系，上班本来也是一无所成的。没有什么东西是我需要用上半年的时间，才能够让自己“打开话匣子”，然后才能看得清楚，一切已经结束了，可以来上班的许可也已经结束了。[1]

她还不够熟悉他，她还不能认识到，这则消息中包含着威胁。米莲娜还年轻，相反，卡夫卡已经足够年长了，从而能够记住所保存下来的模式。在1914年7月底的柏林审判日之后，他就开始带着心满意足，甚至是救赎的感觉在夜间写作，并且为将它作为一种义务而感到满意。在祖豪也类似，在那里他不再是填满信纸，而是写满笔记本。现在，在1920年8月，在格蒙德的会面让他想起了一项没有完成的任务。“它是第一次挖掘”，当他将这个委托简短地记录下来时，这是最开始的几个词，然后他又立即重复了它们，以便能够再尽情地享受强调的瞬间。的确，他应该努力坚持下去，但是他没有能够继续将这口井深挖下去，使之成为一个多产的矿藏，他只是在前半夜在那里挖掘勘探。他将这个任务推迟了，并且只留下一本“卷帙”。但是，文学写作再一次创造了距离，创造了保证活下去的撤退空间。这些都发生在与杰森斯卡的助理见面，以及米莲娜举起她的鞭子的短短的几天之后。现在他知道，他要告别了，在夜里他不再**为**她而写作。从那之后，再也没有书信了，也没有一封信透露出，不得不停止通信了。

米莲娜·波拉克是否清楚自己对于这段爱情的失败应负的责任，我们并不清楚。她在后来写给勃罗德的信中曾经试图做一个总结，而且请后者给出尽可能不留情面的意见，但是这封信却也充满了矛盾：一方面它强有力地表达了对这样生活机会的消逝的沮丧，另一方面又以可疑的方式，将卡夫卡理想化，由此将他从能够生活和能够爱的人们所结成的共同体里排除了出去。

人们归于弗兰茨的不正常性的事物恰恰是他的优点。他所碰到的女人都是普通的女性，她们过着和平常女人一样的生活。我更愿意认为，我们所有人——整个世界和所有人类都病了，而他是唯一健康的人，并且能够正确的认识，正确的感受，是唯一的一个纯粹的人。我知道，他不是在抗拒生活，而只是阻止某一种生活方式。如果我能够和他一起走的话，那么他和我将会是幸福的。但是，我直到今天才明白这一切。那个时候，我是一个普通的女性，和世界上所有女人一样，是一个卑微、听凭本能的小女人。而他的恐惧正是产生于此。这种恐惧是恰当的。因为这样一个人怎么会有不正当的感觉呢？他对这个世界的认识比世界上所有的人的认识要多上万倍。他的恐惧是恰当的。[……]

---

① 1920年8月26日写给米莲娜·波拉克的信。《1918年—1920年书信集》，第316—317页。

他一直认为这样是有罪的、是软弱的表现。但是在整个世界上不再有第二个人拥有他的那种巨大的力量了：这是走向圆满、纯粹和真实的绝对颠扑不破所必不可少的东西。①

人们是无法与纯粹性的化身共同生活的——无论是作为女人还是女性生物：任何女人都一定会在这样的人身上失败，对于他们，人们除了产生敬意，别无其他。但是，她什么时候明白的，她是与什么样的人在相处？米莲娜谈到了传奇般的过往，在那时她还完全没有发展成为一个有觉悟的女人。但是，事实上，早在决定时刻之前的几个月，她对卡夫卡已经有了很准确的印象，在那个时候，这种印象已经展现出了远比后来的、显然被卡夫卡的自我风格化所影响的圣像"弗兰克"要多得多的侧面。她不仅了解他的恐惧，而且她同样也熟悉他的幽默、他的魅力、他的实际操作和外交能力，此外还包括他对于亲密关系的渴望。

那也是在"过往"，在1920年秋天，她的确定性受到了伤害，但不是因为完满性的要求没有得到实现，而是出于完全与前者不能相提并论的世俗的原因。她已经让卡夫卡等了太久了，而且即便在几个月的通信之后，她也仍然一直不敢从此摆脱来自维也纳的那股力量。因而，她将卡夫卡牵扯到了她的生活中，仿佛幸福的结局完全就在眼前：这是一个对联盟的模仿，他能够看透它，而且它也逐渐为他在与她的捷克朋友们来往的过程中带来了痛苦。总有一天她会和他一起生活，米莲娜甚至在10月中旬还写信这样告诉卡夫卡，这比卡夫卡所预想的要更早，"而且比'从来没有'更早仍然还只是从来没有。"②

米莲娜对她自己的角色的认识是如此模糊，她是如此无法控制自己的那致命性的依赖以及情绪波动，她对于卡夫卡最初的退却是如此敏感。她可能对于卡夫卡重新开始文学创作感到高兴，但是，她却可能是在不久前才明白，文学创作也是生活史的全部剧目、自我救赎战略的一个组成部分，他熟练地掌握着这些剧目和战略，而且眼下他回归到它们的身边。这些印象是准确的，但是就像她所预感到的那样，这种回归的重复却完全是沉重、压抑的：卡夫卡只是挑着读她的信，或者拖了好几天才读她的信，他现在沉浸在强有力的自我指控和自我攻击性的幻想当中（一封信所包含的全都是另一个人的符号，这会令人分心），而且他将自己刻画为一个肮脏、非人性的生物，这样的生物最好是在黑暗中爬行。最后，他将吊桥升了起来，并且在不可辩驳的指控后面构筑起了攻势，因为他不再能够承受进一步的触碰。**她的触碰呢**？来自任何一个女人的触碰呢？"你也是对的"，他承认，"当你

---

①米莲娜·波拉克在1921年1月或2月写给马克斯·勃罗德的信，载杰森斯卡的《如果我要整日整夜地给予答复》，第48页。卡夫卡是否有机会看到过这些话，我们并不清楚；但是需要考虑到的是，勃罗德在保密这个问题上通常是比较松懈的。

②1920年10月15日写给米莲娜·波拉克的信。《1918年—1920年书信集》，第355页。

说我现在做的事情和过去的不相上下的时候，你是对的，而我只能一直是同样的样子，有着同样的经历。”当然，这个时刻他还不是足够清醒。因为他承认，这个女人可能给他带来的全新的体验是，这次的经历同时是性欲的、人性的，还有智力上的相互理解，这是超越性别、年龄、语言、心性等一切限制的相互理解；因为他承认，所有他熟练掌握的行为模式都没有发生改变，他也没有对旧病复发做好防护措施，因而重新确保自己的自主性的目标当然就落空了。此外，随之而来的是一条正式更正：“但是我说错了的是——而且我对此感到非常后悔，我在上一封信里将现在的事情与以往的事情作类比。我们一起将它删去吧。”①

他应该感觉惬意，他绝对没有受凉感冒。这一次的渴望太强烈了，几乎无法克制，而且卡夫卡也没有办法找到一个体面的结局。卡夫卡在几个月里都没有能力去写一封“最后的”信，他也绝对无法排除继续的接触，直到这一年的结束，他都无法作出在心里不再改来改去的决定，也无法采取实际行动，以及真正的分手。也就是说，米莲娜和弗兰克的故事仍然还没有结束。她将再次见到他，而且她也将去悼念他。但是，正像他所期望的，不再去谈任何将来。

毫无疑问，在1920年10月1日，卡夫卡就已经找到了一种结束语。它是对米莲娜的一个问题的回答，我们并不知道它的上下文和具体措辞，但是可以大概猜测得到。不过，这并不是一个可以作为典范的回答，它完全不是一个问题所需要的答案，因为在这个答案中包含了那个问题中的所有疑问：“我是否知道它将逝去？我知道，它将不会逝去。”

① 1920年9月25日、27日写给米莲娜·波拉克的信。《1918年—1920年书信集》，第347、350页。

第二十章
逃避到山中

但是现在我缺乏详细的指导，
告诉我应该如何进行忏悔。

——克里斯蒂安·弗里德里希·丹尼尔·舒巴特（Christian Friedrich Daniel Schubart），《生活与思想》（*Leben und Gesinnungen*）

"您想去兜兜风吗？"卡夫卡觉得自己没有听确切。他再次来到了索菲恩岛（Sophieninsel）的"游泳学校"，成为最后几位游客中的一员，现在已经将近晚上了，他沿着那个大型人工水池心不在焉地散步。就在这个时候，一位游泳救生员走到了他身边，开始和他搭话。兜风？这可能是指就在身旁的、大家都熟悉的划艇吧。但是，所倡议的旅行当然不是免费的。确切地说，这是要送一位贵宾客人——一位捷克建筑商去伏尔塔瓦河另一边的犹太岛（Judeninsel）。这位游泳救生员显然正在找一位划桨手，他应该足够年轻、有力，这样能够轻而易举地驾驭船只，但是也还需要足够老到，这样才能令人放心地将船划回来。在卡夫卡还没有完全明白这是怎么回事的时候，唐卡（Trnka）先生走了过来，他是这个游泳池的承包商。这位年轻人到底会不会游泳？那位游泳救生员要确保一切都没问题。然后，那位捷克客人也来了。他们登上船，卡夫卡划着船，完全是垂直着河流的流向横渡向对岸。当然，毫无疑问，他**会**游泳。

美丽的夜晚，那位先生说。**是的**（Ano），卡夫卡说。但是已经有点凉了。**是的**，卡夫卡说，他现在有点费力，他的肺在努力工作。您划得相当轻松自如，那位捷克先生说。对此，卡夫卡只是笑了一笑。他优雅地将船停靠在犹太岛上。那位先生愉快地道谢，登上了岸，却忘记了给小费。他肯定做梦也想象不到，他竟然让一位37岁的法学博士、部门领导给他划船。但是，当卡夫卡在最短的时限内再次将船停靠在索菲恩岛的时候，他非常自豪地注意到人们的惊讶。这是他的"重要纪念日"，他写信告诉米莲娜。[①]这是星期六，1920年8月初。

---

① 1920年8月10日写给米莲娜·波拉克的信。《1918年—1920年书信集》，第298页。"重要纪念日"这个概念暗示这封信是为米莲娜的24岁生日而写的。

4个月之后，布拉格的街道被烟灰色的半融合的雪泥所覆盖。卡夫卡感觉很虚弱，他几乎一直在发低烧，他时而打寒战，时而大汗淋漓，还忍受着呼吸困难的痛苦，而且，当他被邀请参加一个在户外的讲话而吸入了太多的冷空气的时候，随之而来的是不可避免的猛烈而没有休止的咳嗽。就连在夜里，咳嗽也没有停息下来，有的时候甚至连续咳嗽长达数小时。一定会发生什么，对此所有的人都意见一致——朋友、家人，其中首先是那位最小的妹妹。

奥特拉现在已经结婚了，她的姓也改成了戴维多瓦。卡夫卡并没有真正参与到她人生中的、按照他们的父母的看法是迟到的重大庆典当中去，因为那个时候他所有的心思都在另一个女人身上；但是，至少当他看到戴维的家人的时候——在那些亲戚里他只认识几位，他意识到，在这一天，**对他来说**是某种意义上的结束，尽管奥特拉不想听这样的话。还在蜜月期的时候，奥特拉就向他保证，他完全**不会**失去任何东西。但是，这在卡夫卡看来只是一个如此浮光掠影、否定事实的安慰而已，于是他转头去说一个不冷不热的笑话。[①]

他这样做不公正。对于奥特拉来说，承担家庭妇女这个她多年来一直在回避的角色肯定是不容易的，而且雪上加霜的是，她在婚礼后的几个星期就已经确定自己怀孕了，尽管如此，她与这位兄长的关系几乎和以前没有任何变化。她可能比其他任何人都更为详细地知道，卡夫卡的未婚妻朱莉的命运，和围绕着米莲娜的各种纠葛。由于他就住在她的楼上，因而她每天都会看到他的健康状况是如何随着寒冷天气的到来而迅速恶化。但是，他为什么不采取任何措施呢？他到底打算怎样度过这个即将来临的冬天呢？米莲娜的病恹恹的肺部在他看来比自己的更值得关心，他给了她一小笔钱，以帮助她康复，却没有想过，他在接下来的几个月里同样也需要这笔钱。早在8月底的时候，克拉尔博士就建议卡夫卡在奥地利的下奥地利州（Niederösterreich）去找一个专业疗养院，但是和病人在一起度过一周又一周、一个月又一个月的想法，第一次激起了卡夫卡非常强烈的逆反。“这完全就是肺病医院”，卡夫卡一从医生那里回来就立即写道：“在那些房子里，没日没夜地都有人在那里咳嗽、发烧，在那里人们必须得吃肉，如果有人不想打针的话，会有残暴的刽子手将这些人的胳膊拧脱臼，而且长着一缕小胡子的犹太医生在一旁观看着，他们对犹太人像对基督教徒一样残暴。”[②]他绝对不会自觉自愿地去找这样的酷刑地窖，而且无论是家人的恳求，还是勃罗德完全理性的论据，都丝毫没有发挥作用——勃罗德（可能是在这位病人的背后）也与克拉尔博士聊过卡夫卡的健康问题。

最后是奥特拉奋力解开了这个结。她可能已经说过几次了，要去警告他的上

①“……我完全清楚，我什么都没有失去，难道在婚礼之后，你会失去你的耳朵吗，还是说，尽管你还有耳朵，而却不让我摆弄它们了？这就是了。” 1920年7月25日写给奥特拉·戴维的明信片。《1918年—1920年书信集》，第248页。

②1920年8月21日写给米莲娜·波拉克的信。《1918年—1920年书信集》，第325页。

司，如果他自己最终不去申请病假的话，不过，对于自己工作的机构有着良心上愧疚的卡夫卡请求她别这么做。但是，现在她将这个威胁付诸行动了，她为了卡夫卡获得病假而去拜访了总经理奥德斯维尔，由此带来的直接后果，就是卡夫卡在10月中旬的时候，被职工工伤保险机构的内部医生传唤。检查结果和预料中的一样，科迪姆博士也只能再次重复他在春天就已经查明的病情：肺尖两侧浸润，并且建议至少在疗养院住上3个月。[①]这些诊断未经任何延迟直接呈送给管理委员会，几天之后——在卡夫卡完全没有递交任何申请的情况下——就作出决定，他再次得到了3个月的假期。总经理把卡夫卡叫了去，立即口头通知了他这个决定。这是一个令他非常感激、的确非常简短的程序。

但是，为什么会固执地反对呢？在卡夫卡看来，他在这半年多与米莲娜的争执中已经完全筋疲力尽了，因而，毫无疑问，他首先渴望的是**精神**上的康复再生。在不久前，他开始经常致力文学创作活动，在这个过程中他会感到听凭摆布，甚至是没有尊严，而在疗养院里，这种感觉会带回来双重的冲击力：因为如此“言过其实”的暴力想象，对于他而言却代表着眼下的真实。当然，在很久之前，他就开始打听将要去的疗养院，他仔细研究广告册子，比较价格。但是，他一直以来的理论是，身体永远不可能比心理更健康，他一如既往地坚持这条理论，仅是针对身体状况的措施，在他看来既幼稚，又是毫无用处的——无论这些措施是来自现代医学专家，还是来自自然康复疗法的倡导者，都没有什么差别。“我愿意去乡村”，他写信给米莲娜，“或者留在布拉格，学习一些手艺也可以，而最不想去的就是疗养院。我为什么要去那里？”[②]在他写下这行字的几分钟之后，一条消息匆匆而至——他工作的机构送他去休假。但是，绝不是去祖豪，也更不是布拉格的一家木工车间。

这是一个各方面配合的行动，而且带来了成效：卡夫卡没有在任何地方找到对他的拒绝的共识，最后他也屈服于压力了——他决定前往下奥地利州的格里姆恩斯泰恩疗养院（Sanatorium Grimmenstein），它在维也纳南部，离那里有两个小时的火车行程。在这里，尽管没有退役的刽子手“当值”，但是，由于住在那里的价格要比在梅兰贵好几倍，因而这为继续的抱怨提供了理由。[③]无疑，也有诱惑存在：去格里姆恩斯泰恩使得见米莲娜成为可能——而不必面对任何护照方面的麻烦事，尽管见面显然是“有违规定的”，也没有合理的理由。不过，这样的诱惑总是难以抗拒，虽然有在格蒙德的让人醒悟的经历，但在卡夫卡看来，这种从各方面来看都不会带来共同幸福地在一起，无异于甜蜜的毒药。物理上的近距离唤起了新的、幻想般的愿望，这是不可避免的，其代价是灼热的头脑，它将他的不幸委派给了肺

---

① 1920年10月14日奥道伦（Odolen）·科迪姆博士的诊断。《1918—1920年书信集》。

② 1920年10月15日写给米莲娜·波拉克的信。《1918年—1920年书信集》，第355页。

③ 格里姆恩斯泰恩疗养院一天的住宿费大概是300奥地利克朗起，其中包括护理和医疗费用；在1920年年底大概折合60捷克克朗。因而，卡夫卡在疗养院住一个月不得不花掉整整两个月的工资。

部。但是，如果卡夫卡真的认为，肺结核是超出了自身边界的精神疾病，那么他是否会去回避这样的冲击？

这样的焦虑早在布拉格的时候就出现了：几乎在他刚刚作出去奥地利的决定的时候，就已经开始再次出现一连串的失眠，和在文学方面无生产力的夜晚了，他将这些夜晚用于对在维也纳的会面思前想后。在那里，几个清算性的问题正等着他，这是他完全无法回避的问题：难道不正是他一再唤起那个大**逆反**的吗？难道不正是他在关键时刻通过一个坚决的决定而掉转方向的吗？她是否会没有耐心去倾听、被鼓励、被安慰？完全可以想象，在这样的时候，阿斯肯纳夏霍夫酒店的回忆会在卡夫卡头脑中掠过，在那时，人们也是完全有理由要求他作出他所没有给予的解释的，因为解释本来就不再与生活开放的地平线有关，是已经完全收藏在了过去当中。那是一场审判，在那里要定罪，而且即便在完全不可能宣判无罪的情况下，也要找回没有失去一点光芒的希望。现在与之前的区别就是，卡夫卡这一次设法让审判到来。而且，他为自己创造了机会，以便及时地占领法官的席位，而且尽自己的全力延迟对峙的到来。在12月2日早晨，作出决定：经过另外一个几乎无眠的夜晚，他直接改变了方向，并且开始逃跑。

我没有力气去坐车；我无法忍受去想象站在你面前的景象，也无法承受大脑里的压力。你的来信已经表达了对我的无法遏制、无边无际的失望，那么还能做什么呢。你写道，你不抱希望，但是你有希望完全从我身边离开。

我没法让你，也没法让任何人能够理解我为什么要这么做。正如我应该能够理解为什么会是这样，但是我却从来没让自己明白过一样。不过，这并不是关键问题，最重要的事情很清楚：在我周围不可能有常人一样的生活；你已经看到这些了，难道还不愿意相信吗？①

两个星期之后，卡夫卡坐上火车，向**东**而去。时间太紧迫了，而且在渐入隆冬的布拉格继续探寻那些永远不会消失的问题的答案，也逐渐变得令人厌烦了。所有的人都在催促他，一些人送他到了火车站，其中可能也有奥特拉，她想陪着卡夫卡一起待几天，但是由于她的妊娠（而且可能也因为担心被传染），所以保险起见还是留下来了。他登上了二等车厢，就像春天去梅兰时一样。但是，这一次没有花朵的芬芳，也没有棕榈树等着他。

他到达目的地的时候已经是夜里了。两匹马拉着的敞篷马车等在火车站外面，他上了马车。半个小时的行程，穿过了漆黑的树林，经过了在月光下熠熠生辉

① 1920年12月2日写给米莲娜·波拉克的信。《1918年—1920年书信集》，第373页。

的雪原。然后，疗养院出现了，那是一座看上去很孤立的、宏大的、像一座酒店那样四周被照亮的建筑。不过，马车没有拐弯，几秒钟后卡夫卡又被黑暗包围了，最后马车停在了一个小一些、没有亮光的附属建筑前面。看不到一个人，必须大喊才行，尽管如此，过了好一会儿，一位女服务员才最终出现，她带着卡夫卡穿过冰冷的走廊，到了他的房间。电灯打开了，他惊呆了。他将住在这儿？一个老而破的橱柜，一扇单薄的通往阳台的门，风从门缝里呼呼地吹进来，没有期待中的集中供暖，取而代之的只是一个冒着浓烟、烧着木柴的炉子。最糟糕的是，床是铁质的，那上面的床垫根本没套套子。他根本不可能在这里躺下，他宁可盖着毯子、穿上暖脚套，在圈椅上过一夜。

身材魁梧的女主人出现了，她——弗贝尔格（Forberger）女士是过来和卡夫卡打招呼的。她曾迅速地答复了卡夫卡的临时预订，而且将她的疗养院大大地美化了一番。卡夫卡有权利清楚地表明，与他的期待相差甚远。因而，当她努力通过友好的态度，但却完全不靠谱的承诺让他的客人平静下来的时候，卡夫卡已经在考虑第二天他从哪里搞到一辆马车，以便尽可能迅速地离开这里。

最终是那位女服务员带来了突然想到的援救方法。卡夫卡是自己来的，但是也给他的妹妹预订了房间，并且由于电话线路中断而不能及时地取消预订。那是一间条件要好很多的房间——更大而且更暖和，有木床、新衣橱，但是却没有阳台。不过，卡夫卡还是可以住在这里的，在进行医生所要求的新鲜空气卧疗的时候，可以用旁边那间糟糕的房间的阳台。就这样办吧。当第二天早上他醒来的时候，他确定他是幸运的，而正是奥特拉给他带来了幸运，即便是在此地。

他在塔特拉山（Hohe Tatra）山峰的小村庄里醒来，周围还散落着几座似乎是为外国人提供住宿的建筑，这个坐落在喀尔巴阡德国人居住区的地方，以前的德国名字是玛特拉勒瑙（Matlarenau），后来改成了匈牙利名字——玛特拉哈扎（Matlarhaza），现在则是斯拉夫名字塔特伦斯克・玛特里厄瑞（Tatranské Matliary），这里海拔900米，被针叶林环绕着，可以看到被白雪覆盖的山脊，还有阿尔卑斯山的洛姆尼泽峰（Lomnitzer）。卡夫卡很愉快地确认，他的“塔特拉山别墅”坐落在开阔的林间空地的背风面，太阳可以自由自在地照射到朝向南面的阳台和房间。而且这栋房子周围很安静、几乎空无一人。不错，他现在敢于在这里尝试一下了。他将暂时住下来，他告诉弗贝尔格女士；几周之内应该能够发现更好的地方——不过，这只是他自己内心的想法。

他走进主楼，到那里去吃公共早餐。他对那里的客人感到好奇，但是也害怕进一步的接触——老朋友一般的矛盾心情。他觉得大部分人终归会在什么时候离开。但是，还有他没有想到的。

第二十一章
发烧和大雪：塔特伦斯克·玛特里厄瑞山

英雄的堕落——我的意思是我打心眼里——不相信。
——维特根斯坦（Wittgenstein），《日记》（*Tagebücher*），1931年

"住在您楼下的那位先生，想问问您，您是否想去看看他。"这个问题是卡夫卡从来没有特别考虑过的。他只是匆匆地见过那个男人，和他简短地交谈了几句；那是一位大约50岁的、友好的捷克人，他也整天都在咳嗽，几乎听不到他的房间有偶尔响起的门铃声，显然，这里没有人能够和他进行交流。还有两位捷克疗养客人是两名女性，她们都对他没兴趣；几位捷克军官则更是如此了，他从地势更高的部队医院来到这里，他们只是将这个疗养院当作临时寄宿的客栈，以及建立恋爱关系的地方。一个明确提出来的请求是难以拒绝的。但是，为了表现自己充其量只能做一次礼貌性的拜访，卡夫卡在公共晚饭前短暂的时间下楼去拜访楼下的捷克人，但是这位捷克人却很固执，请求他在这之后再来一次。

这个男人躺在床上，几乎一天中大部分时候都是如此，因为他的肺结核已经发展到晚期了，已经侵袭到了喉头。这背后应该有一个琐碎的病史。卡夫卡已经追踪了足够多的疗养院的饭桌谈话，从而了解到，病人自然而然的（而且很遗憾也有不可避免的道德上的）利己主义是会变得多么令人厌恶，同时，有关最新治疗方法、奇迹疗法，有关医护团体以及随便哪位病人的亲戚的聊天是多么的无聊。此外，他自己反正也正处在这样的阶段，在这个阶段对于自己疾病发展结果的思考是不可避免的。这一次没有能够与卡夫卡告别，因此只能接连用几封信对他加以劝告的马克斯·勃罗德恳求他，把自己当作**病人**，将在塔特拉山上高地的计划中的3个月当作"兵役"来服，在可能是最好的疗养院、在专业人士的帮助下打一场针对肺结核病的战役，由此付出的代价是完全值得的。最后，勃罗德重申了他在1917年所说过的话——这是"有关生与死"的问题。他完全意识到了这一点，卡夫卡的回复令人惊讶地理智，"我甚至看到了更糟糕的反命题，这不是有关生或者死，而是生或者1/4——生活，呼吸或者在慢慢地开始猛烈地扑向空气（但是速度并不比正常的生活快多少）之后最终成为高烧病人"。[①]在这里不再是那个梅兰的

① 马克斯·勃罗德在1921年1月6日写给卡夫卡的信，载《马克斯·勃罗德和弗兰茨·卡夫卡：友谊、书信来往》，第293页。卡夫卡在1921年1月13日写给马克斯·勃罗德的信，同上书，第300页。

漫游者在说话。他在玛特里厄瑞山已经听说了一些。但是，到底会如何发展，他自己尚且不清楚。因为即便是现在，他也还需要**认清**肺结核。

是的，他相当可靠，当卡夫卡在晚饭后再次来到这位好交际的捷克人的床边时，后者这样证明。这位捷克人说，尽管他有两个已经成了年的儿子，但是他已经有几个星期没有听到家人的消息了。喉头上的脓疮是在3个月前长的，他必须定期进行治疗——通过太阳光。为此，需要两面镜子——这位病患边说边演示：一面大一些的，通过它可以看到自己的喉咙里面，另一面小一些，这样可以看到喉咙更深的地方，并且将光线聚集在有溃疡的组织上。此外，他还画下来了溃疡的形状，这样就能监控它的变化。请您看这里！

卡夫卡拿起图画，然后又将小镜子拿在手上。他坐得离这个捷克人远远的，因为后者在咳嗽时可能会不小心溅出来浓痰，卡夫卡确实是看到吐沫星子在空气中飞舞。突然，他周围安静下来了，他感觉到自己快要晕过去了。他费了很大力气站起来，摇摇晃晃走到了外面的阳台上，在寒冷的冬天依靠在栏杆上，就这样待了好一会儿。最后他才有力气向这个捷克人解释自己有一些恶心，然后什么也没说就离开了房间。他一路扶着走廊的墙壁向前走着，然后上了楼梯，终于来到了自己的房门前，接着立即匆忙地跑到洗脸池前。这天夜里他睡着了一会儿，但是那个捷克人则完全没有入睡。

> 当看到那里的那张床的时候，觉得它比处刑的刑具，甚至比施刑拷打还要糟糕很多。这些酷刑确实不是我们自己发明的，而是疾病抄袭而来的，但是它们还没有胆量对任何人施刑。在这里，酷刑常年都在进行，中间有着为了渲染效果的有意识的停顿，以使得一切不要进展得太快，而且在这里，最特别的地方在于，是受刑者自己迫使自己伸出手来长时间地对自己施刑，他们是出于自愿的。这种完全躺在床上的悲惨生活、发烧、呼吸困难、吃药、折磨人而且危险的镜子（人们可能因为笨拙的操作而使镜子很容易点燃什么），没有什么其他的目的，而只是通过延缓溃疡的生长——这些脓疮最终会使人窒息而亡——尽可能长地延续依旧是相当悲惨的生活、发烧，等等。另外，亲属和医生，还有探访者们，已经正式地开始搭建还没有燃烧起来，但是正慢慢变得炙热的火葬器具，这样就可以在拜访、安抚和安慰受刑者，鼓励他们继续受苦的时候不被传染了。[①]

人们似乎感觉到了仅仅是几个小时之前的体验，卡夫卡仍处于惊恐当中，而首先令他激动的是牺牲者没有任何抵御能力，他们的求生愿望在灾难面前显得虚

---

①1921年1月底写给马克斯·勃罗德的信，载《马克斯·勃罗德和弗兰茨·卡夫卡：友谊、书信来往》，第308页。

弱无比。他认识到，尽管如此，疾病还是留下了一扇后门，这是它与酷刑不一样的地方。那个捷克病人也有意识地使用着这个出口：他在这里除了医生和护士、女仆之外，不可能再从别人那里得到诸如此类的探访——卡夫卡可能还会努力地进行几次这样的拜访，但是正是这样的探访，使得他能够继续坚持两个月——“继续受苦的鼓励”则更是如此。在复活节那一天，捷克病人坐上了回布拉格的快车，然后在列车急速行驶中，他从两节车厢之间的接缝处跳下了火车。

克拉尔博士建议卡夫卡到塔特拉山上的高地去旅行，这主要是因为那里有强烈的高原日照：在天气状况平稳的时候，经常会有强烈的暖气流层进入这个地处喀尔巴阡山脉的地区。它的周围是寒冷、云层覆盖的山谷和空气晴朗的有常住居民的丘陵。总而言之，在这里有好几个疗养胜地，包括面向要求苛刻的客人的；在这里无论是舒适度，还是卫生条件，都远远超出其他斯洛伐克疗养院。

因为在战前，塔特拉山上的高地就是布达佩斯人最喜欢的避暑胜地之一，因而渐渐地，人们就通过修建电气火车轨道和坚固的公路，将这里开发成最重要的疗养胜地，在战争结束之后，这些基础设施又被新兴起的从事冬季运动的游客所利用，也因此得以维护。

当然，按照克拉尔博士的想法，一个合格的肺病疗养院应该有着严格的医疗监督和相应的饮食安排，但是这在玛特里厄瑞山的这间疗养院是完全谈不上的。卡夫卡之所以选择住在这里，可能是因为低廉的价格、对于素食厨房的预期，也可能还包括承诺的可以从事菜园劳动的机会。当然，在这里，每个人——也包括滑雪者和狩猎人，都可以按照自己的意愿得到膳食（只是要按照所吃的东西来收费），但是，如果有谁想要医疗方面和护理方面的照料——在冬天大概有30位长期住在这里的客人会有需要，则必须自己和能够提供这样服务的人员私人约定。特别是要和在这里唯一可以找到的医生利奥波德·斯特瑞林格（Leopold Strelinger）博士约好：这是一位已婚的、非常平易近人的犹太裔中年男子，他恰好也住在塔特拉山别墅，就与卡夫卡的房间隔了3个门。卡夫卡与这位所谓的肺病专家约好每天早上去拜访他，但是他也保留了自行决定遵循医生的哪些建议的权利。斯特瑞林格的注射砷剂的建议（经常也是由他来注射）自然被卡夫卡拒绝了，而喝牛奶和吃新鲜奶油的建议也被卡夫卡在执行中将数量减半，不过，他深受无可救药的乐观主义所鼓舞，这和他所接受的相当有限、没有从任何专业文献上获得更新的全部治疗完全不相匹配。

事实上，卡夫卡没有按要求向布拉格寄去详细的医疗报告，因为他认为对于他的医疗护理的操心完全是没有任何道理的。但是各种声音的大合奏促使他，尽可能快地找到一个适合的住处，他的母亲动员自己的兄弟齐格弗里德（Siegfried）——住在梅伦（Mähren）的乡村医生帮卡夫卡去寻找，并且，赫尔曼·卡夫卡甚至考虑了很久,要不要他自己去玛特里厄瑞山,亲自采取行动。在比这里高出1 000米、开车需要一个小时的新斯莫科维克[Novy Smokovec(Neu-Schmecks)],有一家真正的、非常有名的肺病疗养院,卡夫卡手里也有关于那里的广告册子,尽管他一再考虑要搬到那里去,但是就连到那里去做一次体检,也是整整3个月之后的事情了。

对他而言,改变外在生活环境和生活习惯一直是非常困难的;不过,这一次还存在着一个额外的、一直难以克服的障碍。早在1921年1月,卡夫卡就陷入了一种危机当中,这主要是由于折磨神经的对噪音的敏感性所造成的。出于要求安静的意愿,他已经放弃了搬到比自己现在住的房子要舒服很多、装有集中供暖设施的主楼里,因为在那里,仅仅是开放的"音乐大厅"就足够可怕了;在这里,尽管他旁边和楼上的房间几乎都长期没人住,但是他仍然蜷缩在躺椅上,心里不停地抱怨,"几乎要痉挛了":真是受够了,在他的阳台下面有个人在哼歌,在他的上面一层、隔了好几个窗户的地方,发出了不知是什么"奇怪的魔鬼"的虽然不大,但特别有穿透力的声音,或者还有某个手艺人吹的口哨声。令人痛苦的压力不断增大,以至于卡夫卡要立即**逃往**一家更好一些的疗养院去。但是,一个月的思考足以让他明白,他将现在的生活与在新斯莫科维克的生活比较后会得出什么样的结论,在后面那个地方到处都有咳嗽声,在那里,人们能从公共阳台上听到所有电气火车穿过街道的声音。最好的主任医生会起到什么作用呢?卡夫卡对此没有什么遗憾的,他更愿意放弃医生。毫无疑问,他一定在问自己,如果他的神经安定不下来,他将来到底还能住在世界上的什么地方呢。"……目前一切都干扰着我",他向勃罗德抱怨,"几乎所有有生命的事物在我看来,都是在干扰我;对我构成干扰的这一切究竟是什么?"①

主要是人类。从一开始起,卡夫卡就决定,不去有代表性的疗养机构,因为那里会带来无聊而且会被诱骗形成癖好。他感到受了伤害,因为对悲伤的消化将他耗尽了,而且对令人心痛的接触——特别是与女性——的恐惧抵消了其他社交需要。但是,他向女主人弗贝尔格女士展现出最彬彬有礼的微笑,因为这是他在这里站稳脚跟所绝对不可或缺的,而且对于那些工作人员——特别是在厨房里的服务人员,他在那里总有大量特别的要求,他也会通过最恰如其分的小费来保持平衡。单单是餐厅里分配给他的座位,也是一个可能引起争议的边线球,对于这些座位如同上一次在梅兰一样,在任何时候都要预先想到可能会带来致命的麻烦。

例如,这一次是一位喷着香水、涂脂抹粉、神经兮兮而且喋喋不休的"年长的小姐"——她是一名捷克人,一直为战争以来明显地慢慢变得"无罪的"反犹主义

① 1921年1月13日和1月底写给马克斯·勃罗德的信,载《马克斯·勃罗德和弗兰茨·卡夫卡:友谊、书信来往》,第296、306、307页。

辩护，有一个夜晚，她有目的地坐在了卡夫卡身边。这简直令人绝望，卡夫卡几乎感受到生理上的痛苦，在这首次接触后，他非常费力地回到自己的房间休息。他突然想到，无论如何他是有可能以粗暴—阴险的方式去摆脱掉这样的局面的：在一个对他来说可能是最糟糕的时刻，承认自己是犹太人，然后从她身边走开。但是卡夫卡继而又想，这个似乎怀疑所有人都不是捷克人的女人，偏偏对她的这个犹太邻桌特别的友好。当他又想起来，她也病得很重，并且总是因为发烧而不得不整日躺在床上的时候，这个局面就完全被化解了：传染病人之间的团结一致——这是卡夫卡在玛特里厄瑞山第一次感觉到的——弥合了所有的差异，的确，甚至还唤起了做些好事的愿望。这位虚弱的小姐通过强有力的反犹太人的仇恨所做的事情，不正是几周前他在布拉格还"沐浴"在其中的吗？卡夫卡有意识地分辨，他的多愁善感来自于什么地方。

一个仿佛是另外一个世界派来的使者，正好坐在他们两个人的对面，他叫亚瑟·西纳伊（Arthur Szinay），25岁，是一个患有胃病的男子，来自东斯洛伐克的卡绍（Kaschau，他也患有肺病，但当时他并不知道），犹太人，在那位小姐的世界图景中肯定处于最末的位置，而且正如卡夫卡所发现的那样，他"是一个可爱的青年人"。

> 这个东欧犹太人觉得一切都引人入胜。完全的讽刺、不安，心情、安全感，但是也有贫苦。这一切他都觉得"感兴趣、有意思"，但是这并不意味着普普通通的兴趣，而是某种"渴望、热切"。他是一个社会主义者，但是他从童年记忆中唤起了很多希伯来的东西，然后他开始研究《犹太法典》和《犹太典籍》。①

一个"热切的犹太人"，也是一个典型的人物，正如卡夫卡已经在东欧犹太裔的演员、令人无法忘怀的吉茨查卡·罗威的形象那里所遇到的一样。就像他自己反复强调的那样，西纳伊去参加所有向大范围人群公开的演讲和集会，他完全是非常虔诚地回忆着与马克斯·勃罗德在他家乡城市的出场，另外，他还遇到过（当时的）极端正统派人物格奥尔·兰格。而现在他太幸运了，能够与这些著名人物的一位好朋友坐在同一张桌子上。西纳伊非常兴奋，这使得卡夫卡很费力地抵御着他的爱慕。

但是，交流却是相当费力的。因为西纳伊的母语是匈牙利语，他是在玛特里厄瑞山才开始学习德语的，他完全不会说捷克语和斯洛伐克语。他觉得卡夫卡对他

---

①1920年12月31日写给马克斯·勃罗德的信。《1918年—1920年书信集》，第380页。《犹太典籍》（*Talmud*）《摆好餐具的桌子》（*Gedeckter Tisch*）出自16世纪，是对普通信徒所规定的犹太仪式规则和法律要求概要；它的编撰者是拉比、犹太玄学家约瑟夫·本·厄弗瑞姆·卡洛（Josef ben Ephraim Karo）（1488—1575年）。由于在后来的版本上生出了大量的评论，因而从19世纪开始《摆好餐具的桌子》的精简概括版开始广泛流传。

说的话，简直都“妙极了”，但是，他也不得不承认，这对真正的理解“没有任何帮助”。总之他的印象是，还没有任何人能够让他如此专注、如此会意地倾听，然后，就谈到了有关他的胃病的痛苦历史。

匈牙利语在这个小小的国际性社会里是最重要的交流语言，它将玛特里厄瑞山的这家疗养院整合起来，这里的工作人员也说匈牙利语，因而特别喜爱社交的西纳伊绝对不会有孤独的危险。卡夫卡想要消失在他自己的房间里，或者他希望得到不含糊的安静，但是他又因为一位来自布达佩斯的年轻的医科学生而被挽留下来了，这个人也几乎同样的“有意思”，而且知识丰富。他们两个人，西纳伊一再说，他们两个人绝对必须相互认识一下。究竟为什么呢？卡夫卡问道。究竟为什么呢？这位医学院学生也同样不信任地问道，他也对不是必需的聊天没有太多的兴趣。“因为我不理解他，也不理解您。我确信，你们两人可以互相理解。”尽管这个掷地有声的论点花了一些时间才被西纳伊清晰地说出来，明确地表达了这种联系是有根据的。

见面发生在乡间公路上。卡夫卡在散步——人们只能在街上走走，因为森林里的路还被大雪封着，他远远地就认出来那个布达佩斯人正向他走来。那个布达佩斯人腋下夹着一本德语书，卡夫卡好奇地望了过去，向他打了个招呼，并且没有办法拒绝对那本书评论几句。

“您是来自布拉格的卡夫卡先生？”这位年轻人问道。“西纳伊先生几乎每天都在谈论您。”然后他自报家门：罗伯特·克洛卜施托克，医学院学生。①

虚构一项职业，使之真正能够适应卡夫卡所特有的社交能力和社交障碍的独特组合并不容易。毫无疑问，没有一位上司会怀疑，卡夫卡在职工工伤保险机构是最合适的：有责任心、语言精准、善于交涉——是典范职员。相反，在他自己看来，职工工伤保险机构是令人绝望的合法性的阴曹地府。在这个建筑之外没有人，甚至在旁边的各间办公室里的所有同事，也都从来无法准确地说清楚，他在这里的职责到底是什么。最抽象的说法是维系与顾客的关系，这些顾客至少作为在保险法或者统计层面上的重要案例而被关注。

卡夫卡对人的好奇，对陌生人的命运和生命斗争的专注的观察，在这项职业中几乎无法得以实现，他工作的视线往往是朝向一摞摞档案的。但是，那些好奇心随着时间的流逝却在不断增强：他以前曾经通过无节制地阅读传记和自传性文献

① 所有的引语都来自纽约的绍垦（Schocken）出版社所出版的克洛卜施托克回忆录当中简短的口头陈述，载科赫编：《当卡夫卡出现在我面前……》，这一段的标题是《与卡夫卡在玛特里厄瑞山》（*Mit Kafka in Matliary*），第164—167页。克洛卜施托克所说的，他在第一次见到卡夫卡的时候，正在读克尔凯郭尔的《恐惧与战栗》，而卡夫卡正好也在这段时间阅读了这部作品，显然是记忆有误。因为是卡夫卡在大概两周后请人将他自己收藏的《恐惧与战栗》寄到了玛特里厄瑞山，然后将它借给了克洛卜施托克。

来满足他的好奇——而且绝对不只是从作家的命运那里获得身份认同，现在，他却越来越多地将目光转向了他身边的人。随着年龄的不断增长，他越来越迫切地想了解比他年轻的同时代人的命运，以及他们所面对的与自己不一样的、非常有吸引力的选择。什么时候、又是谁改变了生活的路线？人们是否迅速对他人施加影响，甚至插手？这些如同他对教育改革的兴趣一样，都是属于他也致力理论研究的社会问题。但是，在他的社会行动中，一种显而易见的教育方面的冲动，开始变得越来越强烈了。

他与妹妹们之间的关系形成了一种标准模式，尤其是与奥特拉之间的关系。最开始他只是局限在通过朗读和一些临场发挥的小演讲，让她们对众所周知的优秀教育者有所了解，而现在他慢慢地认识到，双方共同成长所带来的满意感，绝对无法仅仅通过传授知识而获得。当奥特拉能够恰当地引用一段柏拉图话的时候，卡夫卡无疑是非常自豪的。但是，更重要的是，她对于获取知识的兴趣，对于不断增强的反思能力，对于自己能力和自身在这个世界上的位置的不断提高的觉悟。不过，这样的成熟过程不是人们所能够操控的，充其量只能推动，而他驶向了没有遇见到的成功。人们能够做得最好的事情，就是对他人的兴趣、能力和界限的尊重，并且最终，他们能够将自己托付给自己，或者说让自己更有力量。卡夫卡遇到了这样的矛盾，即教授者在某种意义上甚至是隶属于学习者的：因为接受和**承认**某些陌生的事物是一种特质，如果自己不具备这种特质，是无法唤起他人在这方面的潜质的。在这里，对于任何一位老师来说，总是有一些要去学习的，卡夫卡从来没有怯于得出这样的结论，即在与东欧犹太儿童的关系中——无论是在布拉格的难民学校，还是在柏林的人民之家，老师都是那个较大的受益者。

这种探明、展现，并且由此发展另外一个人的潜质的教育方面的才能，使得年轻人一再为卡夫卡而着迷。古斯塔夫·雅诺赫和汉斯·克劳斯对于这种与学院式完全不一样的，却令人莫名信服的卡夫卡式权威，简直是崇拜得五体投地。将近20岁、对于农业感兴趣的明茨（薄荷）·艾斯纳（Minze Eisner）——她在塞勒森认识的卡夫卡，她与卡夫卡的零星的通信对多年后的她仍然产生了重要影响，她认为，不断地从卡夫卡那里得到建议非常有意义（她也清楚地知道，他总是会建议工作，从来没有建议过放松）。在玛特里厄瑞山也产生了类似的关系，并且在那之后也再次出现了一小段的通信。卡夫卡和朱莉·沃里泽克之间在教育程度上的差异，无疑使得他不止一次地尝试，在夏日里划着小船郊游时，将一些课程添加在这个过程中，即便是与菲利斯和米莲娜之间的通信，也一再能找到老师—学生—修辞的痕迹，而其中也没有明确地表现出对于卡夫卡在知识和经验上的优势的任何不服气。

但是，他在教育方面的高超技艺却是在与罗伯特·克洛卜施托克的友谊中得到完全的体现，后者完全没有想到，在短短的几天里，他成了卡夫卡的学生。“卡夫卡的本质特点”，克洛卜施托克在十多年后回忆道，“是如此广泛、有力，却完全没有强权和重量，我从来没有对他的特质的外在的资格或者证明产生过怀疑”。[①]那个时候，显然有好几个星期，他都没有意识到他到底在和什么人打交道。这位卡夫卡博士像所有普通的保险机构公务员那样介绍自己，而当他的新朋友们得知，赫赫有名的马克斯·勃罗德因为他的缘故而计划着要来玛特里厄瑞山的时候，都兴奋不已。卡夫卡本人也是作家，对于这一点，最开始无论是热心殷勤的西纳伊，还是勤奋好学的克洛卜施托克都没有意识到。当然，很快就隐瞒不住了；根据一则很遗憾没有得到验证的轶事，卡夫卡突然被问道，他是否就是《乡村医生》的作者，对此他只耳语了三个字：“确实是！”[②]

克洛卜施托克是一个犹豫不决、忧郁伤感的人，他的心理经常处于剧烈的波动中，而且他终其一生都相互矛盾的表现让人困惑。1899年他出生于一个名为多姆波瓦（Dombóvár）的匈牙利小城，位于弗兰肯塔尔湖（Plattensee）的南边，他的犹太裔父亲在那里拥有一个“匈牙利国家铁路两合公司总工程师”的职位。在阿道夫·克洛卜施托克（Adolf Klopstock）英年早逝之后，他的妻子吉塞拉（Gizella，娘家姓斯匹泽Spitz）带着两个儿子罗伯特（罗比Robi）和胡戈·格奥尔格（Hugo Georg）搬到了布达佩斯。关于罗伯特从1912年开始在人道主义高级中学度过的岁月，人们知道得并不多；不过，他从17岁开始就已经非常好地掌握了德语，从而能够阅读古典诗歌，也可以向朋友们朗读那些诗歌。显然，他在那个时候也开始涉猎匈牙利文学作品，但是正如他的高中毕业证书上大量的满分所证明的那样，他的天赋也同样体现在自然科学上。他选择了医学作为大学专业，也正是出于道义上的原因：尽管他受到了犹太法师在宗教方面的指导，但是克洛卜施托克却发展出对于基督教生活理想的强烈偏好，而且面对卡夫卡的时候——他觉得后者看上去像是“天生符合人类需要的医生”，称耶稣是他的榜样。[③]

显然，这些想法通过他的战争经历甚至得以强化了。还在医学院的第一学期学习时，他就被突然征召入伍了，在一个救护队服役，并被送往东部前线和意大利——这段经历在克洛卜施托克的传记里是一个特殊的空白地带，因为这对于只有18岁的他来说一定是非常残酷的经历，因而不想再做任何回忆。他在救护队的临时木棚服役期间染上了肺结核，直到战争结束后才确诊；1920年秋天，他暂时中

---

① 克洛卜施托克：《与卡夫卡在玛特里厄瑞山》，第166页。

② 路德维希·哈特：《作家和他的吟诵者》（*Der Auto und sein Rezitator*），载科赫编：《当卡夫卡出现在我面前……》，第216页。

③ 1921年2月初写给马克斯·勃罗德的信，载《马克斯·勃罗德和弗兰茨·卡夫卡：友谊、书信来往》，第315页。有关克洛卜施托克的早年，请见2003年出版的英里布瑞斯旧书店编目第13号（Katalog Nr.13 des Antiquariats Inlibris）：《卡夫卡最后的朋友：罗伯特·克洛卜施托克的遗作（1899年—1972年）》[*Kafkas letzter Freund.Der Nachlass Robert Klopstock (1899—1972)*]，维也纳，编者：胡戈·魏特施莱克（Hugo Wetscherek），也包括里昂哈德·M.费德勒（Leonhard M. Fiedler）和里奥·A.勒内辛（Leo A. Lensing）的参与（卡夫卡写给克洛卜施托克的信也是尽可能从这个编目中引用的）。在流亡美国期间，克洛卜施托克成为英国圣公会（Episcopal Church）的成员。

断了医学学业，在不同的疗养院一共待了一年，直到治愈之前，他也多次回到塔特拉山。

卡夫卡在玛特里厄瑞山重复了经过多次检验的关系模式：他将当时最信任的人当作中间人和信使，用来缓冲其他的社会世界所带来的冲击。克洛卜施托克立即而且心甘情愿地接受了这个岗位，“我现在真的只和医生来往了”，卡夫卡向布拉格报告说，“其他的一切都放到了一边，如果有人想要跟我说些什么，他就告诉那位医生，如果我想跟某个人说些什么，我也跟那位医生说。”[①]这与所保留下来的集体照看起来是矛盾的，在那张集体照中，卡夫卡很放松，几乎像个青少年一样和亲密友好的病友们待在一起。但是，事实上，他是利用与克洛卜施托克的关系来构建他的社会交往；他现在让工作人员将他的饭端到房间里来，却不必担心会与世隔绝，而且一些琐碎的护理方面的工作，也从现在开始由“这位医生”来完成了。相对应的，克洛卜施托克赢得了一位顾问——现在他理解那位胃病患者西纳伊为什么如此兴奋了，他专注地倾听这位顾问的话，而且后者完全没有受到他的社交上的笨拙和不可理喻的情绪的影响。显然，克洛卜施托克的不稳定的情绪——他长久以来还受着一段没有前景的爱情的折磨——会相对直接地反应在脸上，他经常是闷闷不乐的（这有保留下来的照片为证），毫无疑问，这不仅让朋友，而且就连卡夫卡也很着迷：“我从来没有这么近距离地看过”，卡夫卡写信告诉奥特拉，“一场如此超乎寻常的表演”。人们不清楚，这到底会带来好的还是恶的力量，但是无论如何它都是极其强有力的。在中年的时候，人们认为他是着了魔了。在那时，他还是一位21岁的年轻人，就已经表现出强有力、面颊红润、超级聪明、真正无我、感觉细腻的特性了。“这显然是一种孩子气的忘我，它唤起了卡夫卡强烈的参与意识，很快也为他带来了友谊般的感觉”；当克洛卜施托克带着严肃的表情、半是专注、半是在做白日梦，穿着睡衣、“头发乱糟糟”地在床上咳嗽的时候，卡夫卡觉得他“简直太美了”。两个星期后，奥特拉就不得不为克洛卜施托克包裹上一包书——这些书都是卡夫卡的私人藏书，这是非常罕见的荣誉。[②]

与一个，而且是同一个人长时间并且严肃地谈论犹太复国主义、基督教教义、陀思妥耶夫斯基和爱情，一定对克洛卜施托克产生了深刻的影响。同时，这样的谈话也带来了乐趣，还能够策划出一些恶作剧。他们一起就一位捷克客人打趣，那是一位高级军官，他每天在固定的时间坐在自己的房间里吹笛子，还经常可以看到他在户外素描和画画。这位名叫胡鲁伯（Holub）的独行侠有一天突发奇想，准备在玛特里厄瑞展览自己的作品，那些都是或多或少体现了外行的半瓶子醋特点的作

---

①1921年5月初写给马克斯·勃罗德的信，载《马克斯·勃罗德和弗兰茨·卡夫卡：友谊、书信来往》，第343页。

②1921年3月16日和大约在1921年2月10日写给奥特拉·戴维的信，载《卡夫卡：写给奥特拉和家人的信》，第115、118页。1921年4月底写给马克斯·勃罗德的信，载《马克斯·勃罗德和弗兰茨·卡夫卡：友谊、书信来往》，第339页。

品，一看显然就是在塔特拉山的一家疗养院里的成果，完全不应该指望在真正的艺术欣赏下能够得到任何共鸣。卡夫卡和克洛卜施托克想到，如果这个人如愿所偿看到自己的名字**被印在报纸上**，他会说什么呢？想到就做到。卡夫卡为《喀尔巴阡邮报》撰写了一篇有关这个想法的短小、没有署名的、干巴巴的赞美文章，克洛卜施托克则写了另一篇类似的文章发给了一家匈牙利报纸。而这个玩笑完全以意想不到的方式引起了轰动。因为胡鲁伯无法阅读匈牙利语评论，因而他就跑到一名来自布达佩斯的侍者那里，后者在完全不知情的情况下，让胡鲁伯去找克洛卜施托克——这个人博学，肯定能准确地翻译出来。更为巧合的是，那天克洛卜施托克有些发烧，一整天都躺在床上，当陆军总参谋部上尉胡鲁伯拿着那张匈牙利报纸走进克洛卜施托克的房间的时候，卡夫卡就坐在那里。现在人们自己都可以将那个场景画出来：这半个下午他都是"笑着度过的"，卡夫卡写信给他的妹妹。由于这场恶作剧是如此成功，他马上就开始想下一个：他将布尔诺（Brünn）地区的日报《人民新闻》（*Lidové Noviny*）上的一篇文章寄给了奥特拉，那篇文章援引了德国权威人士的说法，指出爱因斯坦的相对论可能成为治疗肺结核病的全新方法。卡夫卡完全没有否定，他自己一开始也相信了这些胡说八道——这是4月1日的报纸，但是，尽管如此，这篇报道还是引起了全家人满怀希望的兴奋，因而卡夫卡最终必须拉起制动闸："你们太把愚人节的玩笑当真了。"[①]

这是令人舒服的回归，不是别的，正是天真和不用承担责任的愉悦，很久以来一直被卡夫卡看作是最好的药剂。在永葆疗养院——几乎是10年前了，他就作为观察者参与其中；在塞勒森他也是完全忘我的，甚至还有些荒谬可笑；在玛特里厄瑞，他任由自己的性子，沉溺于回忆、白日梦，有时也有对疗养客人的无害的折腾——但是那些人都觉得他令人愉快。卡夫卡在这里几乎什么都没有做：他没有力气长时间地开车兜风，他读书不多——但是仍然很仔细地阅读《自卫》和《火炬》（*Die Fackel*），来信通常都是隔了几天才回复的，文学创作已经停止了，当他没有和克洛卜施托克出去散步的时候，他就躺在自己阳台上的躺椅里，牛奶瓶子常常在伸手就能够到的地方，一连几个小时看着天空中的云，或者在宁静、安详的林间草地上打个盹儿。他让时间流逝，几乎没有任何念想。同时，他保卫着已有的空间、自己已经占有的位置不受来自远方的干扰。"不再写作了"，米莲娜·波拉克在1月初的时候就已经从信中读到，这封信也将她挡在了玛特里厄瑞山的外面，"不再写作，而且也阻止我们之间的再一次的见面"。这已经不再是单纯的请求了，卡夫卡作出决定，过去——即便它还没有能够真正成为过去——要被存放在一个进不去的密室里，并且将钥匙扔掉。当米莲娜出现在布拉格的时候，卡夫卡想到米莲

① 1921年4月和1921年5月6日写给奥特拉·戴维的信，载《卡夫卡：写给奥特拉和家人的信》，第118、122页。那篇发表在1921年4月23日的《喀尔巴阡邮报》（*Karpathen-Post*）的文章题目是《来自玛特里厄瑞》（*Aus Matlarhaza*），《生前出版作品集》（*Drucke zu Lebzeiten*），第443页。

娜或者甚至可能屈服于她父亲的强烈要求而到塔特拉山来疗养，因而他写信给勃罗德，要求得到即时的消息，以防止任何惊奇的出现。[①]

他转身背对着真相。而且，自从他几乎快要昏过去地从他患了重病的邻居的房间慢慢走出来以后，他意识到，他这样做是有**充分的**理由的。卡夫卡的退后不仅是对于1920年的精神上的过度疲劳的休养——那时他陷入了只是围绕着米莲娜转的巨大的旋涡里；而且也是一种全新的、非常具体的疾病表现，他在这当中寻找着出路，逃到了一种半清醒的迷醉状态，他有时会终日陷入这样的状态当中。他觉得自己仿佛生活在这个世界之外，他向勃罗德吐露了这样的感觉。人们至少从字里行间可以读到，他完全没打算回归这个世界，他很久以来就回避详细地汇报他的病情，尽管所有的人都为此而责备他。

勃罗德可能是这几个月以来唯一一个一直指责这种排斥策略的人；其他所有的人，尤其是卡夫卡的父母，完全愿意被卡夫卡一笔带过的"疗养效果"所打动。只要卡夫卡还在汇报说自己正按部就班地增重，他就几乎不用担心怀疑性的质问。第一个月长了8磅，这可以告诉大家，并且他努力继续带来令人印象深刻的数字。虽然备受没有胃口的折磨，而且尽管他很快就觉得玛特里厄瑞的菜谱太单调，但是他还是把他的盘子吃得干干净净，甚至努力克服困难去吃肉。到了3月份——当病假的截止日就在眼前的时候，他不得不承认，肺结核症状仍没有消退，他在每一天的大风中甚至又经历了令人绝望的窒息的状态。斯特瑞林格博士似乎觉得卡夫卡的状况略微有所改善——他的确用听诊器检查了卡夫卡的肺部，不过没有安排对唾液的检查，但是无论如何，他都强烈建议，要继续疗养，甚至还威胁说，如果卡夫卡在3月就回到办公室，可能会出现严重的复发。最终，这位倔强、不驯服的病人也被说服了。虽然他对于来自职工工伤保险机构的指责比对疾病更加恐惧，但是目前的状况是最令人毛骨悚然的：在最后时刻，卡夫卡清晰地向布拉格呼救了，促使奥特拉立即去拜访那位总经理。卡夫卡再次拥有好运气：尽管他最开始没能提交玛特里厄瑞的医生诊断书，尽管他也"忘记"了申请在布拉格的机构中某位内部医生的检查，但是奥德斯维尔还是批准将休假延长两个月，甚至最迟可以再延长一个季度，即到8月，并且保留全薪。这不仅仅是奥特拉的外交技巧就能够解释的——因为卡夫卡很快就会产生这样的想法，他在越来越长的时间里的缺席已经证明了他不是不可或缺的，尽管如此，这位总经理的表现还是令人费解的友善，没错，就像拯救人类的天使一样。

当冬天的大风停息下来，塔特拉山最终迎来春天的时候，卡夫卡第一次感到了巨大的如释重负的感觉。在4月份的时候，他就已经可以向大家汇报，他几乎不

---

①请参见1921年1月底和4月13日/14日写给马克斯·勃罗德的信，载《马克斯·勃罗德和弗兰茨·卡夫卡：友谊、书信来往》，第309、335页。

发烧了，咳嗽和呼吸困难的症状也减轻了很多。这些成果无疑遮掩了一系列的不令人称心如意的情况——卡夫卡再一次需要终日卧床：感冒、疼痛的溃疡、伴随着发热的严重的肠炎，这让他想到了终结。他觉得，身体上已经四分五裂乱了套，他开始回忆在祖豪和梅兰的那些日子，而且他不得不说，他站在了一条下降的窄路上，身体上的痛苦使得他的存在从来没有像现在这样无法控制。就连勃罗德一直用来安慰卡夫卡、他认为是唯一重要的"客观的肺部检查结果"，现在也在衰落的证据下变得苍白无力了。卡夫卡向布拉格发去的消息现在变得越来越零星了，他经过几个月的艰苦努力而达到的65公斤的最高体重——也就是说增加了8公斤，也只是在勃罗德的一张医疗"问卷"上透露出来的。"你一直在谈会恢复健康，"他听天由命地写道，"但是这对我而言的确是完全不可能的。"①

还有什么能够有帮助呢？各方面都建议他换疗养院，其中肯定也包括克洛卜施托克；马克斯·勃罗德甚至提议一起去波罗的海度3个星期的假——在他的新情人的陪同下。不可能，卡夫卡回信说，海边气候是医生严格禁止的。那么，也许和奥特拉及其丈夫一起休暑假？这个想法也被否定了。卡夫卡为自己持续的咳嗽和吐痰感到羞耻，他完全不能想象，如果将肺结核传染给一个身强体壮的人怎么办。而且将奥特拉的第一个孩子、在3月出生的维拉（Vera）好几个星期都放在如此"肮脏的"环境中，也显得他很不负责任。此外，戴维一家将西波西米亚的陶兹［Taus（Domažlice）］选为度假地点，那是在波西米亚森林（Böhmerwalds）的北部侧翼，在离那里30公里远、坐火车就能轻松到达的地方就有一家疗养院，现在**米莲娜**正在那里疗养……完全不可能了。②

卡夫卡留在原地没有动，他深深地扎下了根，就连夏天如潮水般涌来的游客也没有对他产生影响，并且，看起来他在任何时候都不会离开塔特拉山继续向前了，似乎他需要有人来接他，或者最好连躺椅一起抬着离开。毫无疑问，他在这种昏昏欲睡的状态下，对于那些来自布拉格、强有力地插手他的生活的拜访者没有多大反抗的力气，不过，还没有人能腾出时间到玛特里厄瑞山旅行。奥特拉因为她的小宝宝而不能前往，那个永远吃不饱的贪婪的小家伙使她虚弱、沮丧。勃罗德也不行，他尝试了几次靠剧本版税生活，但都失败了，现在他接过了政府新闻部门的一个职位，办公时间并不长，但是安排了大量的捷克音乐演出和戏剧演出的日程。

---

①1921年5月初写给马克斯·勃罗德的信，载《马克斯·勃罗德和弗兰茨·卡夫卡：友谊、书信来往》，第343页。卡夫卡回答勃罗德在1921年6月12日发出的"问卷"时写道："客观的肺部检查结果？医生的秘密，可能还不错。——体温？通常不发烧。——呼吸？不是很好，在寒冷的晚上几乎和在冬天时一样。"同上书，第361页。

②卡夫卡在6月写信给勃罗德："在我还健康的时候，旁边有得肺病的人对我也是很大的干扰，不仅是因为一直存在的传染的可能性，主要是因为长期的生病状态很肮脏，这种龌龊是脸部的外表和肺部的外观之间的矛盾所造成的，一切都很龌龊。"《马克斯·勃罗德和弗兰茨·卡夫卡：友谊、书信来往》，第357页。米莲娜·波拉克在1921年夏天住在爱因斯坦市附近的斯皮兹贝格［Spitzberg（Špivak）］的一家疗养院。

鲍姆和威尔特士就更没有可能了，卡夫卡已经很久完全没有这两个人的音信了，在他看来他们就像失踪了一样。在整整3个月里，没有一位访客。这里只有西纳伊和克洛卜施托克、斯特瑞林格博士和弗贝尔格女士、厨娘和那位犹太裔侍者，还有几位患病的女士和一位活泼的牙科技师，和他们一起远足了两三次。这里充满着欢乐、友好，甚至钦佩。但是，在所有这些日子里，他得到什么人的理解吗？

再一次推迟了回程。在1921年8月14日，大约在回去就任的前一周，卡夫卡从高烧中醒来，而且咳嗽又加剧了，他整个晚上都没睡着。不是很严重，斯特瑞林格博士认为，这样的反复是正常的，肺部的检查结果很好。尽管如此，卡夫卡应该——这是第几次了？——向他的总经理告罪。最终，在8月26日，他登上了火车。不，不需要任何人到塔特拉山来接他，他在几天前告诉布拉格那边，他自己能胜任这次旅途。他现在对此有些后悔。因为整列火车都超载，因而一开始因发烧而很虚弱的他不得不坐在一只箱子上，到了后来甚至是站着。他又一次有些舍不得了，如果买了一等车厢车票，他就不用面对如此困境了，这些回到家后是完全不能谈起的。

在那里，有一个小小的奇迹突然降临到他的头上。一个一等车厢的包厢里可以容纳4名乘客，那里并没有特别的服务，但是至少不用忍受连续好几个小时站着的痛苦。在一个包厢的乘客中有两位是铁路员工——有一个是卡夫卡刚刚认识的一位女士，她说服列车员，鉴于这种糟糕的情况，不如将这个包厢开放，也就是说将一等车厢降级为二等车厢。那位列车员不想拒绝他的同事，就在包厢的门上贴了一个大大的“2”字，不过，他没有考虑到他的乘客的敏感性。因为在这个包厢里还有另外两名乘客，他们的确是买了一等车厢的车票的，因此他们要求换到别的包厢里，不必和那些拿着二等车厢车票的人坐在一起。这样，就空出了两个位置，绝望的卡夫卡被叫了过去，坐上了其中的一个位置——这是奥匈帝国君主制度的社会等级偏见所带来的迟到的享受。

卡夫卡受到什么样的迎接，我们无从得知。他看上去气色不错，晒黑了，而且长胖了，在伏尔塔瓦河边的游泳池里可以看到他。他的咳嗽声并不非常显眼；斯特瑞林格博士一再保证，如果卡夫卡在山里待得足够长，那么他“几乎就完全恢复健康了”，但是对此人们却不得不抱有怀疑态度，因而，当他看到他的5个月大的外甥女维拉的时候——他很快就第一次看到了她，他**没有**抱她，可能这的确是更好的做法。不过，当他讲到他在玛特里厄瑞山受到无微不至的照料后，人们愿意相信，那里可能是合适的地方，而且他的确从漫长的、非常漫长的假期里回来了。

他的体会向来更深，而且随着回到熟悉的世界，随着回忆和讲述的要求，压抑的感觉也紧跟着来报到了。“这是一个错误”，他在冬天的时候就已经向勃罗德承认，“即我到目前为止并没有体验肺病所带来的感觉，我从来没有真正正视我的病，而现在我才开始这样做。”[①] 这样的体验是可怕的，虽然他绝对无法忘记，但是面对父母他必须守口如瓶。在接下来的某个星期或某个月，这个可怕的疾病开始向他进攻了，终于他现在不得不接受教训的想法变得挥之不去。因而他拿起了一张纸，写下了下面几行字：

> 亲爱的马克斯，我最后的请求：放在我所有的遗产（也就是家里和办公室的书箱、衣橱、写字台，或者放在其他什么地方和你能想到的任何家具）中的日记本、手稿、信件——他人写来的和自己写的、笔记等都毫无保留、不经挑选地全部烧掉，所有你或者别人手中的我所写的文章和我做的笔记也同样如此——请你用我的名义请求别人也这样做。那些别人不愿意交给你处理的信件，也请他们至少自己将它们烧掉。
>
> 你的弗兰茨・卡夫卡[②]

①1921年3月初写给马克斯・勃罗德的信，载《马克斯・勃罗德和弗兰茨・卡夫卡：友谊、书信来往》，第320页。卡夫卡也写过类似的内容给他的总经理奥德斯维尔：“面对肺病束手无策，现在我才第一次真正地认识到生活在肺病中到底意味着什么。”信件是用德语写于1921年4月3日，载《卡夫卡：写给奥特拉和家人的信》，第202页。

②马克斯・勃罗德在卡夫卡去世后整理他那些书本的时候，才发现这第一份遗嘱式的指令。这张折叠好的纸张上写有勃罗德的通信地址。《马克斯・勃罗德和弗兰茨・卡夫卡：友谊、书信来往》，第365页。

第二十二章
内部和外部的时钟

那些与我在一起的人并不理解我。

——阿克图斯・弗赛勒内西斯（Actus Vercellenses）

朗诵家路德维希・哈特（Ludwig Hardt）是一个相当繁忙的人。在战后，仅是在他的第二故乡柏林，他每年就要参加几十场广受欢迎的展览，在这期间，他还要在整个德语语言区进行巡回朗诵。1920年4月，他出现在慕尼黑，托马斯・曼在那里也曾经近距离地欣赏了这位大师精湛的朗诵艺术。托马斯・曼请路德维希・哈特去他的别墅做客，并且邀请他朗读自己的小说《衣橱》（*Der Kleiderschrank*），在第二个晚上他感受到了站在演讲台上的哈特。那是一种超越普通的朗读框架的印象。因为哈特能够将音调转换、表情和手势相互协调配合起来，就像有一个总谱在指挥着这一切一样，他的实力和应变性令人着迷，每一篇被朗读的文章——诗歌、童话、小说、戏剧——都从第一行开始就如行云流水般流畅而来。在朗读的过程中，哈特尽可能地放弃过于慷慨激昂的隆重感，没错，他在片刻之间就已经缩小了讲台与听众之间的距离，而且，当他惟妙惟肖、以假乱真地模仿某位著名演员的时候——他可以展现很多风格，有时连他自己都会发笑。托马斯・曼立即声明，他将通过发表评论文章来支持在慕尼黑不是非常成功的哈特，他将选择克莱斯特的《最后一场普鲁士战争中的轶事》（*Anekdote aus dem letzten preussischen Krieg*）中最著名的开场白作为结束语："这样一位好小伙儿，主人说，我这辈子还从来没有见过呢。"①

哈特生于1886年，在柏林接受了演员方面的培训，他身材瘦削，他的那个与众不同的鼻子和明显向里凹的额头构成了独特的反差，他曾被称作是"一个戴着恺撒面具的地精"。②显然，没有人能够夺走他的老师埃米尔・米兰（Emil Milan）

---

① 托马斯・曼：《路德维希・哈特》（*Ludwig Hardt*），载曼的《散文集Ⅱ：1914年—1926年》（*Essays II. 1914–1926*），赫尔曼・库茨克（Hermann Kurzke）编，法兰克福，2002年，第303—305页。这篇文章一开始在1920年4月17日发表在慕尼黑的专业报纸《词与音》（*Wort und Ton*），该文仅在哈特（没有满座的）朗读会的6天之后就发表了，托马斯带着他的儿子Klaus一起出席了这场朗读会。这篇评论于1922年11月17日被布拉格报纸《波西米亚》转载。

② E. 迪特里希斯泰恩（E. Dietrichstein）：《柏林讲台》（*Berliner Podium*），载德语报纸《波西米亚》，布拉格，1920年11月21日。

对这个活力十足的男人的由衷的钦佩之情，这个人丝毫没有假装神圣、引人注目的行为，而例如盖哈特·霍普特曼，就凭借着这些举动而总是在讲台上大喊大叫的。哈特完全发挥词语能够产生效果的潜力，他尽全力去尝试，而且他经常利用摩擦所产生的激情——这是完全从不同种类、不同等级和不同时代的文本之间所发展出来的摩擦。他所表演剧目的数目非常巨大，几乎所有的剧目都是脱稿表演的，而且，由于他用完全没有偏见、如同展现教科书上读物的方式呈现最新的德语文学，因而他的朗诵节目总是包含表演的成分，不确定的结局带来了娱乐的体验。当哈特通过对那些人们早已熟悉的作品的现实意义的表现，而为听众带来困惑的时候，他形成了一种完全是令人害怕的强烈情绪，特别是海因里希·海涅的诗歌为他带来了足够多的机会。如果有谁还没有从哈特嘴里听过海涅的《灰鼠》（*Wanderratten*）的话，托马斯·曼写道，他就完全不了解这首诗。

在1920年和1921年之交的冬季的某个时候，哈特在德国意外地发现了那时还几乎没有什么名气的小说集《乡村医生》——可能是图库夫斯基推荐的，他决定仔细阅读其中的几篇文章。由此所带来的效果是非同凡响的：卡夫卡的短文《十一个儿子》是“这个晚上最令人印象深刻的”——在哈特的一次表演后，《福斯日报》（*Die Vossische Zeitung*）的评论家这样写道；而且可以与罗伯特·瓦尔泽（Robert Walser）、格奥尔格·海姆（Georg Heym）、克里斯蒂安·摩根斯泰恩（Christian Morgenstern）、李里恩克罗恩（Liliencron）、莫泊桑、希尔巴特（Scheerbart）、伯尔纳（Börne）和海涅媲美。[①]卡夫卡本人也一定深受感动（勃罗德立即将这条令人兴奋的消息寄往了玛特里厄瑞），因为哈特除了他的另外两篇作品之外，偏偏选中了《十一个儿子》，这是一个充满修辞的谜题般的文章，在哈特的朗诵中没有明显的动作，也没有宣告和申明，只是**完全**依赖朗诵中所运用的说话方式和由此所带来的精确性。卡夫卡也很清楚这些活动对出版策略所带来的影响：当哈特——这个名字比卡夫卡本人的名字在文学爱好者中间更有知名度——带着精湛大师的技艺作品走遍一个个国家的时候，无异是对这些作品的广告宣传。“在许多城市”，哈特的好友索玛·摩根斯泰恩在几十年后回忆道，“人们是从路德维希·哈特的讲堂中第一次听到弗兰茨·卡夫卡这名字的。在很多报纸上，弗兰茨·卡夫卡的名字是作为路德维希·哈特所朗诵的散文的作者而被提及的”。[②]

当然，哈特很久之前就已经在布拉格小有名气了——大约是在1914年之前。

---

①H.St.:《朗读之夜》（*Vortragsabend*），载《福斯日报》，柏林，1921年3月10日；收录于波恩的《弗兰茨·卡夫卡：生前的批判和欣赏（1912年—1924年）》，第130—131页。哈特于1921年3月9日在柏林的朗诵是经过确证的最早的也包含卡夫卡作品的朗诵会。后来，哈特写道，在他认识卡夫卡本人之前，他已经朗诵后者的作品“数年之久”了——但这毫无疑问是一个记忆错误。哈特：《作家和他的吟诵者》，载科赫编：《当卡夫卡出现在我面前……》，第215页。在1921年1月和2月的布拉格的多场朗诵之夜中，他**没有**朗读卡夫卡的作品。

②索玛·摩根斯泰恩：《弗兰茨·卡夫卡（2）》（*Franz Kafka[2]*），载于《批判、报道、日记》（*Kritikern, Berichte, Tageb ü cher*），英高尔夫·舒尔特编，吕纳堡，2001年，第453—454页。

马克斯·勃罗德曾经一起匆匆地介绍他和卡夫卡认识，[①]但是战争阻碍他们之间的进一步交往。在1921年1月，哈特带着他的新节目回到了布拉格，听众一如既往地兴奋不已，甚至还临时增加了第三天晚上的演出——但是这个时候，卡夫卡正在玛特里厄瑞山的暴风雪中发着烧，而且甚至连媒体报道都无法及时获得。最终在秋天的时候，有消息说，哈特将带着轰动性的演出再次来到布拉格的莫扎特音乐学院。而这一次所有人都应该到场。

哈特背诵了卡夫卡的文章：这次仍然是他自己从《乡村医生》中选出来的3篇短文，其中包括久经考验的《十一个儿子》。在大礼堂里，在哈特面前，坐在这些钻石的创造者——他的目光令人愉快，周围是他的最亲密的朋友圈子，这种场面即便对于这个在全球漫游的艺人来说——虽然他已经对邀请著名的作家到家里做客习以为常了，这仍然不是一个日常的活动。他表演了一部分他在柏林演出的节目，卡夫卡的作品再次紧挨着罗伯特· 瓦尔泽的，但是在那之后，他冒险朗读了《人类的最后日子》中的一段，他的这个做法使得这部作品的作者卡尔·克劳斯本人，还有正坐在**这个大厅**里的布拉格人吓得血液都快要凝固了。[②]不，哈特绝不害怕被比作是文学作品朗读圈子里的另外一位恶魔。他获得了成功，观众们热烈地鼓掌、喝彩，直到哈特再次回到讲台上来朗诵戈特弗里特·凯勒（Gottfried Keller）的韵律宁静的诗歌。他知道一切，他也能够做到一切。[③]

对于卡夫卡而言，这是他第一次通过专业的吟诵家这个媒介听到自己的文章，这是非常罕见的给人带来**幸福**的激动时刻。“……请您接受因为这些心动、愉快、崇敬时刻而产生的感谢之情”，他写信给哈特，而且这里面没有任何夸张之词。[④]因为哈特带来了感性的感受——这对于卡夫卡而言，如同在多年误入歧途后的迷途知返，它使得人们进入了一个巨大的回音谷，在那里创造了文学的传统氛围，让人感到非常愉快，得到了完完全全的回到家中的感觉。在哈特那里，完全不存在生活和艺术之间的矛盾，他强调的语气是真切的，而且哈特本人也是犹太人，他在咖啡馆讲述东欧犹太人的趣闻逸事时，如同在演讲大厅里朗读海涅的诗歌时

---

①这是来自雅诺赫的《与卡夫卡的对话》中的可信信息，第114页。

②1920年6月11日、12日和14日，卡尔·克劳斯的作品都在莫扎特音乐学院朗读，在前面两个晚上都朗读了《人类的最后日子》（*Letzten Tagen der Menschheit*）。那个时候，卡夫卡在梅兰休假。克劳斯非常不满哈特的朗读风格；在他于1922年5月12日看了哈特的一场演出后声明，他通常会拒绝其他人朗读他的作品《由柏林演员的演出所导致的……》（*Durch das Betragen eines Berliner Schauspielers dazu veranlasst*…）；参见《火炬》，第595—600期，第80页。克劳斯通过他的讽刺诗《新吟诵者》（*Der neue Rezitator*）公然指向了哈特。《火炬》，第622—631期，1923年6月，第74—75页。

③马克斯·勃罗德在他写给《布拉格晚报》（*Prager Abendblatt*）的报道《吟诵者路德维希·哈特（莫扎特音乐学院的朗读之夜）》[*Der Rezitator Ludwig Hardt*（*Vortragsabend im Mozarteum*）]上谈到了“令人激动的狂流”，1921年10月4日；摘录于波恩的《弗兰茨·卡夫卡：生前的批判和欣赏（1912年—1924年）》，第133页。在这个晚上也听到了自己最讨厌的对手卡尔·克劳斯的作品（正如在同一天的《布拉格日报》中一篇没有署名的短篇评论文章所指出的那样），自然令勃罗德不高兴；他写道，哈特的节目“可能过于多变”了。

④摘自没有出版的日记选段。马克斯·勃罗德档案（Max Brod Archiv），特拉维夫-雅法。

一样熠熠生辉,这一点尤其扣动了卡夫卡那敏感的心弦。

在哈特第一次登台演出后的那个晚上,卡夫卡找机会与哈特约定第二天在"蓝星星"(Blauer Stern)(但后来定在职工工伤保险机构)就文学作品朗诵的一些细节进行一次长谈。在这里,也顺带展现了哈特式幽默的、无所不在的模仿能力。哈特在约定的时间独自一人坐在卡夫卡办公室的访客椅上,只有那位博士先生的帽子非常显眼地摆在写字台上。当卡夫卡几分钟后走进来、同往常一样对对方等候而礼貌性地道歉的时候,哈特就事论事地回答道:"这顶帽子已经全权代表您了。"[①]这是**卡夫卡一语言**,没有什么能够更精确地反映他在职工工伤保险机构,甚至可能是他在这个世界中的态度了。卡夫卡轻松地大笑起来。但是,在《布拉格日报》上有关他浮华夸张的胡说八道则完全是另一回事,一篇报道说,卡夫卡是"一个有个性的人",因而"他需要哈特这样的调皮鬼做媒介,才能从他自己的孤独中解脱出来"。一定要全布拉格都知道这件事吗?毫无疑问,这篇蹩脚文章的作者有些说得也没错。

因为可能将有几个月会看不到哈特,这令卡夫卡伤感。第二场朗读之夜由于再次发烧,卡夫卡不能出席,对此,他更为难过,因为应他的要求,哈特临时将一篇短文加入到节目表中,这篇文章是两个人同样都很欣赏的《克莱斯特轶事》。幸运的是,这位吟诵家比原定要多待几天,又安排了两次加演,并且卡夫卡利用这个额外的机会,送给哈特一本写了题词的书[所赠的书是黑贝尔(Hebels)的《莱茵家庭之友的小宝盒》(*Schatzkästlein des rheinischen Hausfreundes*),题词为"让它成为友谊的杠杆"]。在这位朗读艺术家离开后,两个人只保持着非常松散的联系。但是,布拉格的这次会面对于哈特来说也如同后来所展示的那样,为他留下了持久的记忆。在他回柏林之前,他还迫切地给库特·沃尔夫打电话,请他照顾好这最终可能是他的最重要的作者。他仍然经常朗读《十一个儿子》,而且正如图库夫斯基兴奋地在《世界舞台》上所报道的那样,哈特很快也要将引起轰动的《致科学院的报告》加入到节目表中了。

马克斯·勃罗德心满意足地记录了卡夫卡以出乎意料的速度回到人类的世界里。但是,他有一个模糊,却完全是无伤大雅的想象——他的这位好朋友在玛特里厄瑞山是滑落到怎样一个心理上的隔绝境地中去的。他能想象到的只是,卡夫卡在那里过于任性挑剔,因而疑病症的幽灵就很容易打开一扇扇门。现在他再次回到了城市,这对他只有益处。

事实上,出现了引人注目的根本性的变化:尽管卡夫卡在秋天开始的时候,再次咳嗽、忍受着持续升高的体温所带来的痛苦,而且在下雨天他几乎不敢出门,但

① 哈特:《作家和他的吟诵者》,第213—214页。

是他还是建立了一些新的社会联系，与诸如魏费尔和朗格这样的老朋友见面，还接待了一些拜访者：恩斯特·魏斯、埃伦斯泰因和他的“女学生”明茨（薄荷）·艾斯纳，以及至少两位来自玛特里厄瑞的熟人，其中有一位就是如春天般有活力的西纳伊。此外，也不要忘记与古斯塔夫·雅诺赫的费神费力的谈话——他现在住在布拉格的郊区，但是仍然相当频繁地出现在职工工伤保险机构。

对克洛卜施托克各种各样的担忧，卡夫卡也付出了相当可观的努力：他（徒劳地）与在海勒劳的雅各布·海格纳（Jakob Hegner）联系，以便使得这位大学生能够暂时在那里获得印刷工人的工作岗位，从而能够在那个花园城市住上一段时间（这当然是卡夫卡出于医疗目的的打算），他还尝试着各种可能性，以帮助几乎身无分文的克洛卜施托克得到一些记者方面的工作，并且能够在布拉格继续他的大学学业。他甚至和威尔特士一起去拜访一位远房亲戚——他本人当然不认识的内科医生艾格蒙特·明茨（Egmont Münzer），询问后者是否需要一位匈牙利裔的“医院助手”。[①]卡夫卡努力帮克洛卜施托克延长他在捷克的居留许可，而且帮他支付了所有的费用，他只要花几个小时等待政府部门的办理就可以了；卡夫卡还到处收集有关是否有大学生因为政治局势的紧张可能遭到匈牙利当局拘留的信息，并且帮助克洛卜施托克再次与他的哥哥胡戈·格奥尔格取得联系——他已经被驱逐到西伯利亚了。[②]

当然，还有其他更令人失望的事情发生。10月初，卡夫卡得知，米莲娜·波拉克结束了在波西米亚森林的疗养，准备回到布拉格，在她父亲的陪伴下进行几天的返乡之旅。米莲娜可能不想错过这个与卡夫卡短暂会面的机会，因而可能是她亲自告诉了卡夫卡这个消息；也可能她的确准备好了向人们声明，她真的不期待看到任何毫不留情的拒绝的表情，哪怕是在那些人自己的领地上。米莲娜第一次走进了卡夫卡在旧城区环形广场上的家，她见到了卡夫卡的父母，可能还有奥特拉。这次接待不可能是特别热情的（“我和他的亲属相处得并不是特别融洽”，她后来评论

---

①从卡夫卡的一则记录中可以看到，克洛卜施托克在他住在玛特里厄瑞山这一年多的时间里，只是通过做一些医疗上的打杂工作来维持在当地的开销：“顺便问一下，您在玛特里厄瑞的那个职位工作得怎么样？它都有什么工作？它是否能长期拥有？”写给罗伯特·克洛卜施托克的信，1921年11月，载魏特施莱克的《卡夫卡最后的朋友》，第26页。在一封1924年5月17日写给朱莉·卡夫卡的未公开的信件中，克洛卜施托克写道：“他大概一共在”“一些大型的肺病医院工作了4年”。

②工程师胡戈·格奥尔格（出生于1891年）被关押在俄罗斯的战犯监狱，并且被流放到西伯利亚的科纳斯诺亚尔斯克（Krasnojarsk）的集中营，但是，后来他自愿地留在俄罗斯，这使得他不得不受到既是反犹太主义的，也是民族主义，而且还是极端反共产主义的匈牙利霍尔蒂（Horthy）政权的怀疑。因而及时提醒他回到匈牙利会遭遇的危险非常重要。但是，在1923年他还是处在了这样的危险之中；在与他的俄罗斯妻子回到布达佩斯的时候，是否真的遭到了报复，我们并不清楚。有关罗伯特·克洛卜施托克逃过了几次拘留也完全是没有根据的。捷克斯洛伐克共和国与匈牙利之间的紧张关系，在卡尔一世大帝在1921年10月中旬的第二次、同样也是再一次失败的叛变之后，就变得更加严重了：在匈牙利的斯洛伐克边界进行了军事演习，而且的确也出现了在斯洛伐克有匈牙利记者被暂时拘留的情况，因为他们被怀疑回到匈牙利是为了建立君主政权。捷克总统贝尼斯10月26日在布拉格议会大楼宣布，这不仅是对于卡尔一世野心的抵抗，而且也是在整个中欧地区对于民主制度的贯彻——这样的声明在匈牙利被解读为战争威胁。

道[①]），但是，她与卡夫卡本人的聊天却非常亲密，并且在接下来的几天，他们又继续见了几次面。最后，他决定采用独特的、进攻性的姿态，这与过去几个月以来的沉默完全相反：他将自己的日记交给米莲娜，那是过去整整10年来的私密文献，而且是非常完整的——直至最后一页：他还将最近正在用的日记本上的已经写上东西的前12页撕了下来一起呈交，以使得这个庞大的卷帙保持完整性。

为什么要这么做？卡夫卡再次找到了力量，使得他能够丢弃对于前面的一个又一个的无眠之夜的恐惧，而且能够敢于面对新出现的对峙，这些毫无疑问都要归功于内心的解放，他因此得以暂时地回到"真正的"生活中来，并且内心的解放也带来了新的、各种各样的相遇。他在玛特里厄瑞山只是住在一种精神空间中，这个空间时刻面临着被米莲娜的任何呼唤所立即填满和封锁起来的危险，因而，他努力将在布拉格的这次相见——这是一年多以来的第一次——变成似乎是安置一间配房，并且将无论是语言方面的还是情绪方面的东西都锁在那里面。"就最重要的事我无法讲太多"，他写信给克洛卜施托克，"即便是对于我自己而言，我也是将这件关键的事情封存在胸中的黑暗之处，在那里，它和疾病一起待在同样的地方"。他回避说出这件最重要的事情究竟是什么，他没有提到有一位女性的拜访，而只是尽最大可能地拉开语言上的距离来暗示这是一件重大的事情："以便让已经过去的那一天得以延长。"[②]正是在这一天，他将自己的笔记永久性地交给了另外一个人。

在1921年的那个秋天，卡夫卡和米莲娜·波拉克谈了些什么，并没有任何记录；米莲娜与她的父亲——倔强的杰森斯卡教授之间出乎意料地和解令卡夫卡难以理解，同时也让他失望，而这件事情无疑扮演着重要的角色。但是，毫无疑问，他也被米莲娜没有说出来的或者是无声的期望所折磨——他被要求对自己的行为做出令人信服的解释，为什么到目前为止，他的许多文章开了个头之后，就都是残缺不全的了。在维也纳与米莲娜共同相处的日子之后，卡夫卡就已经产生了要在道德上获得解脱，并且要将他写的东西托付给值得信赖的她的想法：他多次要将《致父亲的信》交给她阅读，但是他自己却被这种亲密感吓了回去。[③]

---

① 米莲娜·波拉克在1924年7月27日写给马克斯·勃罗德的信，载杰森斯卡的《如果我要整日整夜地给予答复》，第52页。

② 1921年10月4日写给罗伯特·克洛卜施托克的信，载《卡夫卡：1902年到1924年间的通信》，第360页；1921年10月8日写给罗伯特·克洛卜施托克的信，载魏特施莱克的《卡夫卡最后的朋友》，第24页。

③ "我可能应该将它带到格蒙德"，他在1920年8月9日还这样写道。《1918年—1920年书信集》，第292页。卡夫卡一定长时间而且严肃认真地权衡过这个计划，因为在《致父亲的信》的原稿开头还有用铅笔、肯定是写给米莲娜的注释（在那旁边还写道，为什么事后没有可能将它转交；参见《遗作Ⅱ》，注释55）。此外，卡夫卡在1920年夏天，也用打字机誊写了一遍《致父亲的信》，显然这是为了保留一份样稿。这封信并不是他自己用打字机写的，在这里有个典型的拼写错误——"Freunde"（朋友）被错误地打成了"Fremde"（他人），因而，让人觉得很遗憾，他不再能够确定可以将他的作品托付给谁。[朱莉·凯撒（Julie Kaiser）多年来一直为卡夫卡打字，还去祖豪看望过他，但这封信显然不是她打的，因为她已于1920年5月中旬离开职工工伤保险机构了，而那时卡夫卡还在梅兰。]

现在，由于没有什么可以再失去的了，而且反正他也没有力气进行更彻底的修改了，他又重新想到了这个主意。而这些**日记本**比那封写给父亲的信要更好，他自己不再有比这更有说服力的证据了，也没有人能够从他那里要求更多的了。“你在这些日记本中找到什么关键性的反对我的内容了吗？”一段时间之后他问她，并且以此再一次强调，她在阅读的过程中一定会感受到的亲近感，并不是那个悬而未决的过程重新复苏了，相反，而是“决定性的”，这意味着应该结束了。[①]

事实上，对于米莲娜接下来在布拉格的停留——首先是11月底，然后又是1月，卡夫卡的感觉都是，这实际上只是来探望病人的。或者是，她已经仔细研读了他的那些笔记本了？那么，在一个小房间里的探访实际是一种宣判。

“还有很长一段路要走，”卡夫卡写道，“我才能够对她的离开不再伤感，到那个时候，才不会真正地伤感不已，至少不会因为她的离开而无尽地悲伤。当然，悲伤肯定不是最糟糕的。”[②]

1921年下半年只有一些笔记被保留下来了，因而我们无法获得反映卡夫卡日常生活的直观的图像，但是仍然可以清晰地看到，他努力地遵循朋友的建议，并且努力走出衰退的沼泽——不仅是社交方面，也包括智力方面。第一个信号在玛特里厄瑞山的时候就已经出现了：卡夫卡在那里阅读了卡尔·克劳斯对德国人—犹太人文坛最新的评论文章，这篇文章特别针对魏费尔的“不可思议的轻歌剧”《在那儿仍然可以看到文学或人类》(*Literatur oder Man wird doch da sehn*)，并且之后，卡夫卡在躺椅上躺了好几个小时，以构思一封写给马克斯·勃罗德的文艺短评式书信。9月初，在刚刚回来后不久，他就开始读福楼拜的日记，10月中旬，在几乎中断了20个月之后，他决定，再次开始写日记。他两次出现在新德国剧院(Neu deutsches Theater)，为了在事隔很久之后去看喜剧演员马克斯·帕伦贝尔格(Max Pallenberg)的演出。他看了一部有关巴勒斯坦的电影，光临了私人朗读会，而且他很有可能在12月底的时候，再次**全方面**地感受卡尔·克劳斯，后者在座无虚席的莫扎特音乐学院又举办了4次朗诵会。

卡夫卡自己虽然没有清楚地意识到，但是他确实正踏上回归文学的道路。在这个过程中并不缺乏强有力的鼓励；恰恰是在1921年的时候，他的一些短文在报纸和杂志上发表出来了——有3篇文章发表在复活节之后刚刚出版发行的半官方媒体《布拉格新闻界》(*Prager Presse*)上；而一篇较长一些的勃罗德的有关“作家卡夫卡”的文章发表在《新评论》上，这篇文章最终也引起了跨地区的关注；米

---

①这个问题只记录在了1922年1月19日的日记上。《日记》，第882页。但是非常可能的是，他清晰地向米莲娜提出了这个问题。而且，在4天后，日记本中写道，他口头向她“讲述”了些什么，《日记》，第888页。

②1921年12月1日的日记。《日记》，第874页。

莲娜计划出一本卡夫卡作品的捷克语合集[①]；而且最重要的是，路德维希·哈特的出现提醒了卡夫卡，他不仅要为大量的朋友写作，而且他是一名作家。因而，自从在慕尼黑的那次灾难性的朗读会之后，他从来没有像现在这样清晰明确地意识到，他是一个被公众所关注的作家。此外，完全可以想到，令人钦佩不已的托马斯·曼——哈特在此期间为他朗读了《乡村医生》，很快就谈到了卡夫卡，甚至布洛克豪斯出版公司也已经对他产生了兴趣。[②]大概到战争结束的时候，卡夫卡在布拉格的德语圈子里还只是个地方天才，而现在他成为当代的伟大文学家，他在惶恐中确认，现在读者也能够再次认出他来：当他出现在某个演出现场的时候，人们会窃窃私语他的名字，而且在这个冬天一再发生的是，当他在演出之后被朋友劝着走进爱迪生咖啡馆的时候，邻座的人会不加掩饰地观察着他，这使得他"神经紧张"地找远一些的位置；"我现在再也不能忍受人们的目光了"，他在度过诸如此类的一个夜晚之后，写信告诉克洛卜施托克。[③]

就卡夫卡而言，讨厌站在"普遍的"，也就是说错误地被关注的中心，绝对不只是不善于交际才使得他回避公众的视线的。在咖啡馆所接收的任何目光都是充满探寻和要求的。这使得卡夫卡想起他自己已经有多长时间什么都没有写过了。3年，或是4年？在炼金术士巷的那段时间里，是他最后一次不仅整夜都沉浸在创造的极度兴奋当中，而且是满怀幸福和自豪地写着未来将要出版的作品。那是1916年和1917年相交的冬天，是已经离现在远得没有尽头的时光，那是身体健康、对还处于晨曦中的战后时代充满希望的时光。在那之后，就只有祖豪时期的涂鸦，而不再是文学创作了。当他在1921年的圣诞节翻开《布拉格新闻界》，并且在那里第一次看到他的《骑桶者》被刊登在上面的时候，卡夫卡一定难以清晰地在眼前勾勒起那个在布拉格城堡区寒冷的写作小屋里忙着写这写那的那个人。

---

① 我们可以从米莲娜·波拉克在1921年初写给勃罗德的信得知这个计划。布拉格出版社的F.波洛维（F.Borovy）计划在1921年与1922年之交的冬天出版这个合集，其中也将包括《变形记》的翻译版，此外还有马克斯·勃罗德写的前言。由于出版推迟了（并且最终出于未知的原因而被完全放弃了），因此，米莲娜·波拉克建议，勃罗德将已经写好的前言单独在其他地方发表。因而很有可能勃罗德于1921年11月发表在《新评论》上的文章正是那篇前言的拓展版，它最开始是针对捷克读者的。杰森斯卡的《如果我要整日整夜地给予答复》，第49—51页。

② 在托马斯·曼的日记中写道，哈特在1921年8月1日为他朗读了卡夫卡的散文，这是他第一次注意到这位作家。而后，在9月22日的日记中写道："我对朗诵家哈特推荐给我的弗兰茨·卡夫卡的作品非常感兴趣。"托马斯·曼：《日记：1918年—1921年》（*Tagebücher 1918-1921*），法兰克福，1979年，第542、547页。但是，卡夫卡没有机会得知曼在《布拉格日报》上公开推荐人们去阅读"值得高度关注的"《审判》（托马斯·曼在"您在圣诞节会赠送什么书"的问卷上的回答，1925年11月29日，载托马斯·曼：《散文Ⅱ》（*Essays II*），第1053页）。F.A. 布洛克豪斯（Brockhaus）出版公司在一封于1921年11月29日写给卡夫卡的信中请求"出于编撰辞典的需要，请提供有关您的生平和作品的简短的介绍"。《1921年—1924年书信集》。

③ 1921年9月写给罗伯特·克洛卜施托克的信，载《卡夫卡：1902年到1924年间的通信》，第357页。法国作家弗雷德·贝伦斯（Fred Berence）也回忆了在爱迪生咖啡馆的那个夜晚，他在那里与卡夫卡进行了显然是较长时间的谈话；参见贝伦斯的《与卡夫卡在一起的两个夜晚》（*Zwei Abende mit Franz Kafka*），载科赫的《当卡夫卡出现在我面前……》，第168—172页。在路德维希·哈特光临爱迪生咖啡馆后，人们也开始在那里见面了；参见Johannes Urzidil的《卡夫卡去了那里》（*Da geht Kafka*），苏黎世/斯图加特，1965年，第14页。

当卡夫卡再一次极其吃惊地收到他的出版商亲自写来的信时，他痛苦地感受到处于自己的无生产性和公众从他的早先作品而产生出来的期望之间的鸿沟。库特·沃尔夫毫无掩饰地表示，他这一次——如同以往一样——也是出于第三者的提议而写这封信的，而这一次的提议者是路德维希·哈特。当然，沃尔夫没有打算，只是出于礼貌性地询问一下卡夫卡的健康状况。他清楚地指出，在《乡村医生》的出版工作无休止地延期之后，他要赶在这位作者完全背过身去之前，做些好事。并且他成功地显示出在与追求对象的调情方面，他再次超越了自己。

> 我们之间的书信往来很少而且简短。在我们与之保持联系的作者中，没有人像您那样对我们提出愿望和问题，而且也没有人像您那样，让我们觉得他对于图书出版的外在命运如此漠不关心。因为似乎是出版商总是会不断地告诉作者，作者对于图书命运的无动于衷，并不意味着是他对于作品独特质量的信念和信任。凭良心说，我确信，在我们所代表的，并为之出版作品的作者中，几乎只有两三位是我个人像对您和您的作品一样，拥有热烈的发自内心的态度的。
>
> 您不必将我们通过您的作品所期待实现的外部的成功看作是衡量作品的标准，尽管它是我们衡量经营成功的标准。您和我们都清楚，通常来说正是最好的、最有价值的事物才不会立即得到回声，而是需要过些时候才能找到共鸣，但是，我们相信德国的读者阶层，他们会有一天领悟到这本书值得阅读。
>
> 如果您出于坚定不移的信任，愿意给予我们与您和您的作品联系在一起的机会、允许我们在实践中去证明这种紧密联系，即将您的其他作品交由我们出版，那么这对于我们而言是极大的喜悦。所有您决定托付我们的手稿都是我们所欢迎的，而且我们会友好并细心地将它们以图书的形式公之于众。如果在此期间，您在短篇小说集之外，还有其他的伟大的小说集或者长篇小说要托付给我们——我从您和马克斯·勃罗德那里清楚地知道，有多少这样的手稿几乎已经完成或者已经全部完成了，那么我们将向您致以特别的谢意。通常来说，对于相互关联的长篇作品的接收意愿要大于对短篇散文集的接纳。（这是读者乏味老套的，且没有意义的想法；但是现在也的确是事实。这种长篇作品所得到的反响，在任何时候都可能是比我们到目前为止所预期的要更为广泛的传播），而且这样一本书成功的同时，也意味着是对之前出版的图书的生动的宣传。[①]

---

①库特·沃尔夫在1921年11月3日写给卡夫卡的信，载沃尔夫的《一位出版商的书信往来》（*Briefwechsel eines Verlegers*），第54—55页。

可能只有少数几位同时代的作家能够抵挡得住这样一封信，不过，卡夫卡却足够精明，没有将沃尔夫充满魅力的拥抱完全当真。这位出版商一句也没有谈道，他的出版社曾经是如何漫不经心地对待卡夫卡的手稿的，而且也没有承认，可能是他将他的收信人置于这样的境地下，即使后者在此期间不得不遗憾地放弃了作为一名自由——即经济上有保障的作家的梦想。显然沃尔夫是想获得那部在卡夫卡抽屉里打瞌睡的长篇小说，但是为什么偏偏是现在，是在这部手稿已经存在了几年之后他才想起来，这也是显而易见的。马克斯·勃罗德刚刚在《新评论》上公开地为这部小说做广告，而且详细地评价了：《失踪者》是一部"内容相当丰富，而且几乎已经完成了的长篇小说，它温柔而且充满爱意地表现了一名充满梦想的美国人"，如同《审判》一样，"在我看来，它已经完全完成了，而在作者看来它显然是没有完成的、不可能完成的、无法出版的。"勃罗德不仅向公众透露了这部作品的标题，甚至还复述了内容，并且颂扬《审判》是文学作品完美的典范，它使得人们不得不产生在这之后根本就不必再写什么的想法。①这是强有力的证词，即便与勃罗德其他的褒赞之词比起来也是如此，它们如此强而有力，以至于沃尔夫也不得不担心，其他出版商也不会忽略这些话语的影响力。必须紧急采取行动：只是在勃罗德的文章发表一天、充其量两天之后，沃尔夫就开始涂涂写写，然后写下了这封了不起的广告信。

中间的关联很容易看穿，而且卡夫卡知道，重新出现的出版浪潮首先意味着友谊，事实上应该归功于勃罗德无意当中所泄露的秘密。他必须要考虑到，在下次光顾爱迪生咖啡馆的时候，会有人和他讨论约瑟夫·K. 的命运。而开诚布公地反驳出版商的出价是不可能：他要么不得不破坏礼貌的规矩，要么就要破坏自尊的信条。由于他两个都做不到，因而他一周一周地拖延答复，直到最后沃尔夫在最新一次与路德维希·哈特的聊天中得知，暂时从这位既"消沉沮丧"、又"精神上疲惫不堪"的卡夫卡那里不能指望什么了。尽管如此，当他一听说卡夫卡的健康状况有所改善的时候，这位出版商还是发出了进一步的催促："如果您恢复了健康并且愿意实现您朋友的愿望，开始继续您的手稿和创作，请您一定考虑我在上一封信中向您提出的急迫的请求。"②沃尔夫同样也没有得到这封信的回复。当然，他的这封提醒信已经是多余的了。

---

① 马克斯·勃罗德：《作家弗兰茨·卡夫卡》（*Der Dichter Franz Kafka*），载《新评论》，1921年11月，第1210—1216页。尽管卡夫卡肯定是反对这样的褒赞之词的，但是这些话很快就出现在一本文集——《德语文学界的犹太人》（*Juden in der deutschen Literatur*）当中，古斯塔夫·克洛简科（Gustav Krojanker）编，柏林，1922年，第55—62页。

② 库特·沃尔夫在1922年3月1日写给卡夫卡的信，载沃尔夫的《一位出版商的书信往来》，第55页。"非常消沉沮丧"和"精神上疲惫不堪"这些词是沃尔夫在1922年1月30日写给勃罗德的信中用到的，这是在他最近一次见到路德维希·哈特之后的第二天，哈特可能在这段时间里仍然与卡夫卡保持着通信来往。马克斯·勃罗德档案，特拉维夫-雅法。

卡夫卡在这个冬天再次开始阅读、接待访客、做计划、参与到他人的——甚至是布拉格的文化生活中去，这是在他的那个关系密切的、规模不大的朋友圈子中几乎没有人能够料到的。毫无疑问，他仍然重复着他的反馈模式，但是，在长期的缺席之后，他却比之前——从祖豪回来后，更不用说从梅兰回来后——要引人注目得多。而且新赢得的友谊，主要是与克洛卜施托克和哈特的，明显仍然保持着活力。当然，有利于回归到社交世界外部的和内在的先决条件也发生了剧烈的变化，并且不可能更好了。当时，在祖豪的社会化，他也曾成功地获取了主动权，作出分手的决定——这是必要而且理智的，也使得新的开始成为可能。“等着去做的工作非常多”，他在日记中写道，在那里也可以听到一些自豪之情，因为工作在**等待**着他。

4年后，在1921年的秋天，这句话再次生效。但是，他在玛特里厄瑞山所克服的悲伤，并没有带来决心，而是逃避的想法。这一次他的感觉是，不合适的不是女人们，不是共同体，而是从根本上就不合适的生活本身。仅凭意志薄弱、不切实际和“职员一般的行为举止”不再能够解释他所遭遇的一切的，鸿沟越来越深，在那里展示着根本上的疏离，而且还在继续发展，无论他现在是否有意识地朝向这样的疏离走去。他在玛特里厄瑞山的时候，一度将自己描写为非人间的存在，这绝不是一个玩笑，而且从他的感受看来，这也从来不是夸张：“你和他们不是一类”，他在之后的日记中写道。①

卡夫卡忍受着存在性的矛盾，并且被迫向他的朋友们隐藏这些：他在布拉格的这个冬天里，谈话越是精细和高品位，他所维系的关系越是多种多样，他就越是深刻地体会着这个鸿沟，这是一个不会再弥合的鸿沟，无论是他参与了多少人或事的命运，无论他走进了多少家咖啡馆、观看了多少场朗诵会和戏剧演出，都完全不会有任何改变。最能体会到的是孤独感，所有社会的交往都加强了这种感受，即便是诸如与克洛卜施托克和哈特所结交的新友谊，也强化了这种不可阻挡、无法治愈的疏离感。人们必须“在这儿”，以便能够被感知，但是人们却不属“于此”，卡夫卡还从来没有像这几个月里这样，如此强烈、如此集中地体验着这种情境——虽然他表面上回到了人类。他在山区的疗养院感觉到多少脱离了这个世界，这并没有什么特别的，因为其他人也会有这样的感觉。但是，他在布拉格仍然

① 1921年10月30日的日记。《日记》，第872页。1921年5月初他写信给勃罗德说：“当你和她（米莲娜）谈到我的时候，就像在说一个死去了的人，我的意思是那些涉及我的‘在外形’、我的‘治外法权’。”《勃罗德与卡夫卡的通信》，第342页。“治外法权”这个对于卡夫卡而言不同寻常的概念是来自作家阿尔伯特·埃亨斯泰因（Albert Ehrenstein）的一个影射，勃罗德接下来就谈到了那个影射。埃亨斯泰因在1911年发表了《治外法权者的观点》（*Ansichten eines Exterritorialen*），其中的那个拜访地球的滑稽的访客就是所谓的“治外法权者”，载《火炬》，第323期，1911年5月18日，第1—8页。

保留了这样的感觉，而且卡夫卡惊恐地观察到，在这个熟悉的生活世界，在所有人当中，那种疏离感不仅继续存在，而且还不断地加强，一直发展到他从没有如此确定的顶峰。那恰好是在10年前，他在《变形记》中就描写了一个不被接触到的人的命运，是一个家庭中被遗弃者的命运；但是，现在卡夫卡感觉世界的目光接触不到他。

毫无疑问，肺结核病是导致这个剧烈变化的一个重要因素，卡夫卡现在才开始去理解和接受这种疾病的社会维度。卡夫卡不得不说，他的身体状况完全不容他有任何选择，也不给任何形式的，甚至只涉及接下来几个月的“人生计划”有自由发挥的空间。当然，疾病为他提供了多种多样的可能性，去伪装自己的“别样的存在”，并且也使得任何的撤退、任何没有礼貌的不感兴趣都能够被合理地解释。但是，另一方面，通过肺结核病、通过所有可见的症状，使得卡夫卡不再属于一个**客观存在**的人物形象：社会共同体将这样的人疏散走，以便对他们加以保护，将他们流放到候诊室和疗养院特许的自由空间中。这场疾病使得卡夫卡到目前为止只是充满恐惧地、以文学创作的方式想象的东西变成了真实。因而，他对于治疗的抗拒心理不断增强，而且他经常反复提起回到“村庄”里、回到“手工活”的愿望，这个愿望意味着，他要回归到一种**婚姻之外**的任何被承认的社会生活形式中。

卡夫卡在春天的时候就已经清楚地认识到，塔特拉山也无法为肺结核病带来强有力的改善，而且他的担心在布拉格刚刚入秋的时候就得到了证明。在他回到办公室的第三天，潮湿、冰冷的晨间空气就足以使气温急剧下降，这使得他在下午的时候必须卧床几个小时。咳嗽和痰液又再次增多了，而且他觉得自己是如此虚弱，仿佛一个破损的轮椅都能挡住他走出去的路。特别值得注意的是，与他之前通常的做法相比，遭受着呼吸困难折磨的卡夫卡现在走在街上的时候，必须小心翼翼地迈出每一步。“在一个温暖的午后”，他写信给克洛卜施托克，“我走在穿过内城的街道上，走得如此之慢，对我而言就像是当我长时间地待在不通风的房间里，却没有一点力气能够推开窗户去得到空气一样。”①他是如此想要带着他偶尔拜访布拉格的朋友在这个城市到处走走看看，但是这却是不可能的。

早在9月初，卡夫卡就已经意识到，即便是在“客观的”肺部检查结果一直不错的情况下，他无论如何也无法在办公室挨过接下来的这个冬天。他再一次开始着手打听疗养院，并且得到了职工工伤保险机构内部医生科迪姆博士的帮助，后者建议立即开始疗养。科迪姆博士考察了波西米亚的一家疗养院，写信给汉堡附近［可能是盖斯特哈赫特（Geesthacht）］的一家慢性传染病专科医院，并且几乎说

①1921年11月写给罗伯特·克洛卜施托克的信。载魏特施莱克的《卡夫卡最后的朋友》，第27页和1921年9月写给罗伯特·克洛卜施托克的信：“我过于虚弱而没有力气顺便展示一下这个城市了。”载《卡夫卡：1902年到1924年间的通信》，第357页。

服卡夫卡去著名的西里西亚（schlesian）的肺病疗养胜地歌波尔多夫［Görbersdorf（波兰名字是：Sokołowsko）］，在那里患肺结核的病人比当地居民还要多。但是，决定的过程却花了很长时间——如同去年一样。卡夫卡不再有兴趣远离他的精神生活所依赖的一切，不想再连续几个月在某张躺椅上打盹。几个在发烧和咳嗽中度过的夜晚也没有改变什么，只是夺走了家人最后的幻想。对于他的父母而言，凭借他们出租公寓的收入，支付在达沃斯或者地中海一段时间的小住并不困难，即便捷克克朗现在在外国已经不太值钱了。不过，卡夫卡拒绝了。"我不能去海边，"他向克洛卜施托克解释说，"我应该带着钱去哪儿？尽管我想'带着'它，但是我也没有能力花它。那些对我来说也太远了，在健康的时候，我想去世界的尽头，但是在生病的状态下最多只能坐10小时的车。"[①]这位一直留在玛特里厄瑞山的医科学院大学生本人，也发电报询问卡夫卡的身体状况，现在对于这样的论点也只剩下摇头了。但是，卡夫卡的父母却决定进一步施压。

在10月17日早晨，他们告诉弗兰茨，他必须以最快的速度写好交给他的总经理的道歉信。因为他现在不能再去办公室了，而应该去看另一位专科医生——奥托·赫尔曼博士，这位大夫的诊所就在尼可拉斯大街的街角，他们已经在那里预约了体检日期。这对卡夫卡来说当然是一个糟糕的举措，因为这会让那些上司们深入地了解到他家庭中的各种关系，但是，这也带来了意想不到的结果。因为专业水平要比玛特里厄瑞疗养院的大夫高很多的赫尔曼博士使卡夫卡清楚，缺乏旅行的兴致并不是什么也不做的充分理由。包括按摩、照射紫外线和严格的饮食控制在内的系统的疗养，在布拉格也是完全可能的，甚至是在冬天。而且按照他的诊断书，这样的疗养是必需的：两侧肺部均有炎症，左侧是封闭性的（处于第一到第二阶段），右侧是顽固性的（处于第二到第三阶段）。两侧都有肺浊音，左侧一直到克里斯塔肩胛骨，右侧到肺门，左肺部的后上侧有积水，右侧支气管有杂音。肺部有羊鸣音，并且有范围扩大了的震颤。通过X光确定了两侧肺尖上以及肺门腺体上的阴影。痰液中有颗粒。[②]足够了。

尽管这位医生一直没有直接说出有目共睹的这个病症的名字——肺结核病，但是卡夫卡还是立即明白了，新的检查结果是到目前为止最糟糕的。他一直以来都拒绝现代医学的侵入性的治疗方法，但是现在他明确地表示，如果他的健康状

---

①1921年9月23日写给罗伯特·克洛卜施托克的信。载《卡夫卡：1902年到1924年间的通信》，第353页。这一天卡夫卡因为发烧向办公室请了假。在1921年9月，100捷克克朗只能换5到6个瑞士法郎，因而去之前的"敌对的"或者中立的外国事实上已经非常昂贵了（在1919年春天开始使用捷克货币的时候，100捷克克朗还能换30多个瑞士法郎）。

②奥托·赫尔曼（Otto Hermann）博士1921年11月的诊断书，引自：《弗兰茨·卡夫卡：公务文件》（*Franz Kafka: Amtliche Schriften*），克劳斯·赫尔姆斯多夫（Klaus Hermsdorf）编，柏林，1984年。"羊鸣音"是指轻微的震颤而发出的鼻音般的声音，这是肺部的一种症状。"震颤"（可以通过手感觉到）是在说话时可以感觉到的胸腔的震动；范围扩大了的震颤则意味着肺部中的组织被压缩而变得浓密。

况进一步恶化，他愿意接受注射。[1]职工工伤保险机构的内部医生看到卡夫卡所递交的赫尔曼博士的诊断书的时候，他的反应对于卡夫卡而言也应该是如同拉响了警报一般，虽然科迪姆博士在面对他这位病人的时候，用委婉的措辞掩饰了他向职工工伤保险机构非常清晰地汇报的内容：由于右翼的肺病继续发展，因而卡夫卡博士需要再一次的康复休假。科迪姆博士进一步说，其结果是无法预测的。"但是完全的治愈可能性不大，因而这不禁令人们想到：无论对于这位病人还是对于职工工伤保险机构办理退休都是更为有益的。"[2]

因此，"办理退休"这几个词第一次也从官方的口中说出来了，而且凭借着这样的建议，也省得卡夫卡继续在总经理办公室进一步传播他的身体健康状况。总而言之，现在不再需要**请求**了：职工工伤保险机构在10月29日批准了另外3个月的休假。大概在11月4日，卡夫卡收拾了自己的办公桌：这一次并不是完全意义上的离开，因为他这次决定遵从医生的建议，在布拉格接受治疗，因而他还会在大街上偶尔碰到身体健康的同事和上司。"职工工伤保险机构对我而言是一张弹簧床"，他在春天的时候曾经这样写信告诉奥特拉——后者建议他辞职，"沉重而且温暖。当我从那里爬出来的时候，我会立即陷入被冻着的危险当中，这个世界并不发出热量"。而几个月之后似乎又有了矛盾的说法："职工工伤保险机构对于我而言（够到它的钱的话）比月亮还要更遥远"。[3]现在看来，这两种说法都有道理。这是他在这家机构的最后一个工作日，这里折磨、索取、"稳固"了他13年，免于让他服兵役，供养他，而在最后也释放了他。他曾经所梦想的、动用所有感官所渴望的最终变成了真实：他不用再回来了，一切都过去了。不过，这种梦想的满足却已经是没有什么意义的了，而且还伴随着血腥气味。

> 最后一周如同崩溃一般，与大概两年前的某个夜晚完全一样，此外我再也没有经历过类似的情景。一切都像走到了尽头，而且今天看上去也完全如此。我们可以得到两种理解，而且也会同时得到这样的理解。第一个是：崩溃、无法入眠、无法醒来、无法生活，更具体而言，就是去忍受生活秩序的乱作一团。时钟不再协调一致：内部的时钟追求的是魔鬼或者地狱，或者无论如何都是非人类的形式，而外部的时钟犹犹豫豫地走着它通常的步伐。当两个不同的世界分开，而且它们至少是以一种可怕的方式分离或者撕扯开了的时候，还有什么事情会发生。内部的运转的疯狂性应该是有各种各样的理由的，

---

①在一则没有标明日期的写给勃罗德的留言里写道："亲爱的马克斯，我不能来了，我在7点必须吃饭，否则的话我就没法睡觉了，注射的威胁发挥作用了。"写给马克斯・勃罗德的信，载《勃罗德与卡夫卡的通信》，第366页。这里指的可能就是注射砷剂。

②《弗兰茨・卡夫卡：公务文件》，1984年，第438页。

③1921年3月9日、6月中旬写给奥特拉・戴维的信，载《卡夫卡：写给奥特拉和家人的信》，第111、127页。

最显而易见的是自我观察，它使得不可能产生对宁静的想象，任何对自己的向上追赶，都变成了对新的自我观察的设想的追求。第二个是：这些追逐都是选定了离开人类的方向。一向以来大部分是强加给我、部分是从我自身当中所产生的孤独——当然那部分在其他人看来也是强迫的，现在已经非常明确清楚了，而且开始向外走来。它要去哪儿？它能够将那些看上去最有说服力的东西引向毫无理性的疯狂，对此，什么也说不出来了，它的追踪脚步从我身体中穿过，并将我撕碎。但是，或者我能够——我真的能够吗？——即便在最微小的层面上保持自己吗？也就是说，让我自己承受追逐。那么，我来到了哪里？"追逐"只是一个想象，我也可以说"冲破人世间最后的边界"，而且冲击从下面而来，从人类那里由下向上地冲破，由于这只是一种幻想，它代替了从我这里开始从上向下冲的想象。[①]

这是卡夫卡在1922年年初时的心声。它是严肃、清晰的，它由清晰的画面组成，几乎是解析性的。他对于一种精神崩溃的状况用"第一个……第二个"作出回应。他知道，他正处于一种抱怨不再起作用的情境当中。这一点他在祖豪的时候就已经认识到了，但是在那个时候，涉及了尊严和自尊的问题，尤其是涉及了人们是否能够长期地回避生活、人们是否不必拒绝来自生活与自身核心互不协调的要求的问题，而且这些问题在道德层面上仍然是合理的。现在，在患病后的第四年，卡夫卡被迫再向后退一步。由于内部时钟和外部时钟的不协调已经不只是不适当或者性格缺陷的问题了，这中间的缝隙已经直达根基，而且无论是趋向正常化的强有力的意愿，还是倔强的自我声明的姿态，都无法弥合或者跨越这个裂缝。但是，人们却也无法**展示**这个裂缝。在这个冬天里的大量来访者中，没有人——可能米莲娜是个例外——能够意识到，在那副讳莫如深的微笑面具后面，表现得如同自己的社交代理人的卡夫卡，已经发现自己处于万丈深渊当中。以前，他**希望**成为另外一种样子，他在日记中记录过那些想法，而那是一场荒谬的游戏；但是，现在——完全严肃地说——他实现了他的目标。因此他的生活开始了一个新纪元，在这个时代，有关责任的问题让位给更为急迫的问题了，因而卡夫卡能够回避对于其他人而言像法规一样发挥约束力的一切责任，新的问题就是，哪些规则从根本上对他来说是有效的，以及他允许在世界的哪一边继续生活。事实上，罪与罚的问题在卡夫卡后来的作品中不再扮演重要的角色了。他现在似乎认识到，伦理方面的进退维谷似乎可以与奢侈媲美，它们只有在肥沃的土壤上才能茁壮成长，也就是说，在那里意味着受到庇护的生命能够留有余力。但是，被撕裂的危险、精神上的内部危险并不是道德危险，而是精神错乱和死亡的威胁。

---

① 1922年1月16日日记。《日记》，第877—878页。

现在，卡夫卡在进行结算和回顾，他几乎每天都拿着日记本，以便将改变了的情境尽可能精确地展现在眼前。“离开人类的方向”，这是可以想象得到的最孤独的道路，而且没有回头路。但是，他是怎样在不知不觉中走上这条路的呢？是因为不正确的抚养过程？是因为来自父亲的压力——这位父亲一直将他逐出自己的世界边界？或者是由于某个无法进一步解释的“**另外一种样子**”——是它将卡夫卡封锁在人类共同体的外面？卡夫卡摇摆不定，在接下来的几个星期里，他仍然多次回到这些问题上来。将自己定义为几十年前的错误对待的牺牲者并不能令他满意，精神上的清算早就已经通过《致父亲的信》完成了，同时也清点了他的所有的亏损。但是，“成为另外一种样子”一直维护着对一种身份认同的想象，这种身份认同是独一无二的，而且可能正因为如此也是值得捍卫的。“没有任何人的任务是如此艰难的，就我所知”，他在日记中写道。“人们可能会说：这从来都是一项不可能的任务……但是，还有空气，我在其中呼吸，只要我还应该呼吸的话。”①

卡夫卡寻找着正确的形象，他现在完全放弃了隐喻和圣经式的影射，也不再谈论天堂和原罪、被选中性和法规；他最终回归到了感性的、文学性的画面当中：这个没有散发着热量的世界、追逐、高处的稀薄的空气、他人的不属于他的生计、将跟踪者阻挡在外的精美的建筑，以及再一次想到了：排除性、两个世界、等待在两个世界之间的陷阱。

卡夫卡的幻想力量蹒跚着，然后一路急迫地回来了，他发现既是简单的、同时也是无法探明的画面，这些印象将被埋藏在文化记忆当中。当然，这是“任务”的一部分。但是，卡夫卡慢慢地明白了，尽管这些图画是如此的美丽、感人或者令人惊讶，但这项任务的内容并不是按照他自己的意愿去编造图画。这些图画应该说些什么，它们又不同于凭借诗歌的工具所无法言说的东西。当然，如果这些图画获得成功了，那么它们就能够散发出光芒，它们熠熠生辉，但是同时也因此而令人眼花缭乱。这些图画可以是活动的，尽管这样就不真实了。它们可以有着令人心痛的美丽，并且正因为如此而从可怕的真相中离开。他也避免不了这样的教训。

卡夫卡编织着隐喻之网，这些隐喻正逐渐地浓缩为一个极端的想象：有一个人类的世界存在，而他在某个时间会离开这样的世界，并且他徒劳地渴望着重新返回来。此外，还有另外一个、非人类的世界，他一直以来就属于那个世界，而且他必须体面地经受那里的考验。这是一个“悲剧性的”想象，它包含着尊严和神话的说服力，而且正如卡夫卡很快证明的那样，这样的想象从美学的角度来看也是极其可怕的。但是，它也是真实的吗？卡夫卡还没有将这样的画面完全内化，还存在着其他模式，他还在摆弄着它们。

① 1922年1月21日日记。《日记》，第884页。

从我这边来看，我完全没有实现任何被证明有效的生活方式。似乎是我和任何其他人一样被给予了一个圆心，然后，我仿佛和其他任何人一样走出既定的半径，然后画出一个美丽的圆圈。但是，与之不同的是，我不断地确定着半径，然后又立即一而再地推翻它（例如，钢琴、小提琴、语言、日耳曼语言学、反犹太复国主义、犹太复国主义、希伯来语、园艺、木工、文学、结婚尝试、自己的住处）。一切都停滞在想象中的圆圈的圆心上，已经没有位置再进行新的尝试了，没有位置意味着年龄、神经衰弱，而不再有尝试则更多地意味着终结。如果我曾经能够迈出一段半径，而不是完全没有，例如在法学学业或者在订婚方面，那么一切都将在这样的半径下画出弧形，而不会更好。[①]

这听上去也很有说服力，这个有关圆圈和半径的比喻令人信服，但是这是一个凭借于此无法生活下去的回顾，是一个全部拒绝的结算。他是否确实和任何其他人有着**同样的**任务？对于所有人有效的法规，是否没有任何**呈现出某种其他面貌**的可能性？卡夫卡当然清楚，他至少在文学方面不是只走出了“一小段”半径，而是向前迈出了很多，远远超出了“被证明有效的生活方式”的所有要求，但是这也不是完整的真相。那么接下来怎么办呢？卡夫卡继续寻找着那些映像，而且正像他所认识到的那样，似乎在所有微不足道的神话和宏大的隐喻背后，还隐藏着更深刻、更热切的体验层，在这样的层面中，对于真相的兴趣一定会自然而然地消失的。在这个冬天，他第一次成功地将最内在的核心放到了耀眼的光线之下，并且凝固为一种想法、一些独特而且可怕的语句。

一切都是幻想的产物，家庭、办公室、朋友、街道，所有都是幻觉，或者远一些或者近一些的，或者是关于最亲近的女人的，但是，真相只是你将你的头抵在没有窗户，也没有门的小房间的墙上。[②]

因此，卡夫卡站在了通往塞缪尔·贝克特世界的门槛上。这还太早，而且他还不能忍受这些，他今后将要避开这些画面，他似乎在自讨苦吃。因而，他走向并开创着另外一条自己的道路。

① 1922年1月23日日记。《日记》，第887—888页。
② 1922年10月21日日记。《日记》，第869页。

第二十三章
私人的神话:《城堡》

必须允许人们去写,如果他们不能说话。

——格尔特·荣克(Gert Jonke),《远方的声音》(*Der ferne Klang*)

一位异乡人走进了一家乡村旅馆。他事先没有预订就来了,但是,令他惊讶的是,这里为他准备了一间巨大的房间——那间“侯爵房”。他觉得这令人生疑,于是他匆忙地找来店主和女佣询问。后两者都承认,事实上这个村子里的人从几个星期以来就在等待着他的到来了,据说这是因为从城堡里传出了他要来的谣言。但是,这位异乡人对于这个回答并不满意,相反,他认为,那位女佣自己就是在城堡里当差的,并且接受了观察他的任务。他来这里是为了发动一场“战斗”,因而对手可能已经先出一招了。尽管如此,他打算现在留在这儿,并且将战斗进行到底,并且突如其来的虚弱使他需要先休息一下。现在,刚刚被他责备过的那位女佣在为他洗脸。“你想从我们这里得到些什么,而我们不知道是什么,”女佣说。“坦诚地跟我说,我也将坦诚地回答你。”①

1922年1月27日,卡夫卡走进了空气疗养中心施宾德尔米勒(Spindelmühle),它坐落在巨人山脉(Riesengebirge)一个被白雪覆盖的山村里,海拔750米,易北河的上游流经那里,离波兰边境只有几公里的距离。是和他的医生奥托·赫尔曼一起来的,后者带着妻子和女儿到这里度两个星期的假;他们一起坐着双马敞篷马车来到这里。由于卡夫卡事先已经与“皇冠”(Krone)宾馆联系过了,因而那里自然有人在等着他的到来。尽管如此,一开始他也非常不满意:他的箱子在旅途中被弄坏了,在酒店门厅的布告牌上写着的是“约瑟夫·卡夫卡博士”,他的房间里的桌子摇摇欲坠,灯光昏暗,而且整个房子也很嘈杂。但是,他决定不让自己受到这些不顺心的事情的影响。他作了决定,这个决定使他采取行动到了这里——施宾德尔米勒。一向节俭的他这次带来了一沓空白稿纸,这是从半打不同的本子上撕下来的,他将用此来写草稿。在他到达宾馆短短几个小时之后,他就已经将这些纸

① 《城堡》,阅读器文本第115—117页。

张从箱子里取出来，放在桌上。由于墨水和钢笔不能一下子买到，于是他用铅笔来写。他开始写道：一个异乡人的故事，他走进了一个村庄，在那里——如同他已经预料到的那样——人们从很久前就在等他了……

卡夫卡的第三部长篇小说《城堡》，在一个高度专注的时刻中产生了，这部小说是现实和想象力的强有力的相互共鸣。一件稀松平常的事情——一位男子到了一个偏僻的村落——几乎**实时**地变成了文学作品，这是个显然还没有结束的时刻，因而接下来发生的事情也就无法一览无余了。

卡夫卡应该是在等待着这样的救赎的时刻，而且他在日记本上积蓄着力量。几个星期以来，他似乎感觉到，只剩下文学创作是能够抵御迫在眉睫的，而且可能是决定性的精神崩溃；他告诉克洛卜施托克，这个冬天他被“精神错乱的时代”所“鞭打”。卡夫卡不可能用这种有意识的自我治疗开启任何其他形式的文学作品，他对创造性的关注所带来的治愈效果抱有一定的期望，因为创作中的聚精会神，最终可能会让自我观察所导致的耗损神经的空转停下来。而且这个期望似乎得以满足了：几乎在他还没有写完第一句话的时候，他感觉到了新的力量，感觉到了脚下新的大地：

> 写作是引人注目的、神秘的、可能是危险的、可能是解脱性的慰藉：这是从与杀人可以相提并论的罪过中跳了出来——观察、罪过——观察，通过一种更高级的观察方式所实现的观察，更高级，但并不更敏锐，而且越是高级，越是在“序列”中难以企及，观察行为就越是独立，就越是遵循它自己的规则，就越是难以预料、越是愉快、它的道路就越在不断地向上延伸。①

相比起卡夫卡现在呵护任何希望微光时的小心翼翼，这里所用的词语都显得那么强有力。但是，幸运的文学创作是如何从外在的动机和打算中解放出来的，则是他长久以来就已经熟悉了的，而且现在他再一次得到了这样的体验——他从来没有在其中上当受骗过。“写作的救赎**目的**”，他首先想要这样说，但是又立即完善为：“解脱性的**慰藉**”。写作也是内心深处的观察，但是却不会旋转为无用的螺旋。现在**这样的**观察开启了另一个维度，类似于登山一样。而且，写作的外部目的也会顺便实现：4个或者5个令人恢复精力的睡眠，这是长久以来最重要的礼物。

手稿提供了完整的证据，说明当卡夫卡踏入施宾德尔米勒的时候，他对于长篇小说《城堡》的故事情节只有一个模糊的设想，而且甚至是当他在皇冠宾馆听

---

①1922年1月27日的日记。《日记》，第892页。卡夫卡在1922年3月写给克洛卜施托克的信中用到了“精神错乱的时代”这个概念，《1921年—1924年书信集》。

到那个令人不愉快的“约瑟夫·K.”的称呼的时候，他才得到了决定性的提示：“我应该向他们解释”，他对于这个意外事件评论道，“或者我应该等他们向我解释？”[①]也许卡夫卡像其他任何一位客人都会做的那样，礼貌性地抱怨了一下。但是，在他的新的、在同一天开始写作的长篇小说里，那位被无所不知的对手接待的主人公，却完全无法说明自己的身份——这与《审判》中没有什么不同。

《城堡》手稿的最初几页并没有显示出史诗般宽广的草图，它们展现的是一个神经质的、跳跃的措辞，这样的开头似乎更适合一篇简短的叙事。但是，到了第二天、最晚就是过了一夜之后，卡夫卡就放弃了最初的、“印象主义式的”开头；他又一次把轮子转了回来，放弃了仓促的对话，取而代之的是一段经过深思熟虑写下的开场白，这段开场白没有事先引起读者的警惕，让他们注意到这部长篇小说的目标，是形成一幅持续发挥作用的象征性的**画面**：

> 当我到的时候已经是深夜了。这个村子被厚厚的白雪覆盖着。向城堡山望去什么也看不见，浓雾和黑暗包围着它，从这座宏大的城堡中连最微弱的光都看不到。我在通向村子的木桥上站了很久，向上看着这表面上的空旷。
>
> 然后我去找一处可以过夜的地方……

当卡夫卡在这里敲响了原位和弦的时候，与**表面上的**空旷的安静无声的对话就展开了，然后他在接下来的几个月里，在上百页的稿纸上不断地发展、变化和阐释着这场对话。这些语句不仅散发出安宁的光芒，而且也展现着安全感：卡夫卡突然认识到，他想要的是什么，在最初的措辞中，他只是为乐器校准了音，但是，那份慰藉——他在写下第一页、第二页的时候就已经感觉到了的——现在在写作中自己流淌回来了，并且使得所写的语句具有结晶体的纯粹。这是一次令人震惊的演出——我们只看了一眼手稿就会这样想，仿佛是卡夫卡在几年的叙事方面的禁欲之后，几乎没有任何过渡，就直接找回了自己的文学语言，而且也立刻通过了全部的检查。是的，这似乎是卡夫卡在这漫长的时间里，又进一步走进了他的苦行僧式的叙事理想：他现在不仅是在语言中，而且也在情节框架中避免所有那些会被误解为单纯是用来哗众取宠的成分：不再会有像在《变形记》中幻想出来的灾难；不再会有像在《审判》中侦查犯罪般的紧张要素；不再会有像《在流放地》中生理上的恐吓。这里只有一位男人，他以令人费解的执着努力地走进一个村落。这个人为了能有更好的运气而撒谎，冒充是土地测量员。他掺和到女人们当中，以便让她们成为助手，他贪婪地收集信息、偷听任何一个暗示，他被从旅店和饭馆中赶出来，接受了有辱于自己的工作——却对接近他的目标一点帮助都没有。另外，那里有

---

① 1922年1月27日的日记。《日记》，第893页。

那座“城堡”，一个相当复杂、无法走近，也讳莫如深的当局机构，那位“土地测量员”沿着它外面的边线走，远远地观察着它的运转，但是他总是被拒绝给予任何有关这个机构清晰明确的身份信息。所有的一切都是出自这位主人公狭小视野里的叙述，节奏舒缓，有着大段大段的对话，其中还夹杂着对于村庄居民日常生活插曲的平铺直叙，并且这些插曲最后都汇入既是学究式的、同时也没有产生任何成果的反思当中，这些都需要读者有足够的耐心。那座城堡的强有力的影子本身就将一切集合在一起了。

这又是一个按等级构建的外表高雅而实质糜烂的风流社会，它连细节都与《城堡》的这个写在纸张上的地狱有着惊人的相似，后者似乎是前者的延伸和泛化：同样的有关人类的像滚滚而来的雪崩一样的文件堆，同样的权力与性的相互交织，同样的徒劳无功，但又对命运有着决定性影响的咬文嚼字，此外相同的还有光明与黑暗的游戏，无所不在的闹剧，被有权有势的人物所碾压的床铺，尤其还有强迫性的检查，无所不在的、侵扰着任何私密性的目光，还有让读者看不透、但却持久地想起**仓库**的世界的视线。

卡夫卡通过再一次选择了暗号般的“K.”作为主人公的姓，并且通过允许主人公在与城堡的管理机构电话通话时介绍自己是“约瑟夫”——这是唯一的一次他说出自己的名字，从而他本人以讽刺的方式认证了他的小说之间的关联性。此外，卡夫卡后来又决定，放弃我的视角，而是像在《审判》中已经成功地尝试过的那样，用第三人称叙述下去。但是，这个时候《城堡》已经写到第三章了，如果他想使他的草稿不混乱，他就必须将几百处的“我”“我的”、宾格的“我”替换为“K.”“他”“他的”等。如果他坚持这个迟到的决定，就要进行这项枯燥而且机械的工作，正如草稿所显示的那样，他对文本进行了新的校对——这个决定不仅是自发的，而且也是强制性的。卡夫卡又临时决定展开一个文学创作上的冒险行动：对性交活动进行描写。这是他一直以来都经常加以回避的，他在《审判》中甚至为此付出了他的叙事被一个短小、惯用的沉默间隙所打断的代价。这一次他将放弃这种做法。但是，是否可能完全直接地对那些从我的视角看来不能言说的事情加以描述呢？语言上无疑是可能的，但是心理上却是不可能的，正如现在我们看到的，来自心理的阻力一直没有克服，而且直到最后一刻，在最后的句子中，卡夫卡也与叙事者保持着一定的距离。[①]

这是一件引人注意的事情，它对于这样一个问题尤其重要，即土地测量员K.实际上是不是正如他的名字所暗示的那样，是卡夫卡的代表，也就是像卡夫卡——木偶一样，这个人物的创造者，凭借这个人物，像街头艺人一样反复操练着

---

① 参见《城堡》，第67页，第24行，阅读器文本第185页。《审判》中相应的场景，即与被告与“女护士”莱妮（Leni）的见面场景，参见《城堡》，第146页。

自己的命运。这个可疑的异乡人——卡夫卡在《城堡》最初的设计中就加入的人物——毫无疑问并**不是**自我肖像；但是，在第二次修改中，卡夫卡还是弱化了那些至少是与他自己的性格有些重合的性格特征。这位土地测量员在刚刚到达不久，就突然有了一个想要用圆木来保护自己不受这个村子里居民伤害的想法，但是，卡夫卡立即又删去了这句话，因为这个时候另外一个、更人性化的、攻击性较小的主人公形象浮现到了他的眼前。[①]他通过**细节描写**来使行动的理由容易被人理解，而也使它更令人有同感，因此，深不见底的黑暗，在那里战斗**以这种方式**悄悄浮现，会令人更能感同身受些。但是，那位土地测量员在这个村庄里待的时间越长，就和他的创造者更相似一些；伴随着每一个新经历，决断力和乐观主义不断消失了，但是，对自己的行为举止进行批判性地审视的能力却在不断增强。看起来，卡夫卡会和他的未来的读者一样发现：这个主人公正在向他靠拢，而且这位K.所体验到的失望，也变成了连卡夫卡也无法琢磨的自我认同和共同——痛苦，并且这种身份定位从头到尾地将这个主人公与那个村庄和城堡联系起来了。因而，这样的问题自然而然地出现了，即《城堡》难道不是从一开始就是一个自传项目吗？

早在几年前，卡夫卡就养成了一个习惯，而且一直保持着这个习惯，即当涉及他自身的时候，他尽可能采用普通的、不牵扯情绪的言辞，他用“你”或者是第三人称来谈论自己的镜像。这个“你”，甚至是“他”使得卡夫卡能够进行自由自在、彻彻底底无所顾忌的反思。在他看来，这种文学式的无拘无束的语言，在日记中也显得比其他在自我描述中经常出现的心理学措辞要更加有益。尽管如此，他充其量也只让这样的反思作为文学创造的预备阶段，而且他在玛特里厄瑞山的那几个月里写下的少数几篇笔记中，非常明确地提到了这一点。“写作拒绝委身于我”，他评论道。“因而要制订自传式的调查计划。不是传记，而是对尽可能细小的组成成分的调查和发现。由此我将搭建出一所房子，在那个不太结实的房子旁边，尽可能用旧有的材料搭建一所结实的房子。”[②]也就是说字面意义上的**重构**。但是，卡夫卡将这个走向自己的根基的解剖过程宣称为替换行动。这个写作拒绝服从于他的作家被判决，进行自传式的单人纸牌游戏。

在玛特里厄瑞山那里，卡夫卡拥有大量的时间和宁静，他没有执行这个计划，但是大概在回到布拉格之后：在这里，他突然冲破了疗养病人对社交的漠不关心，并且因而觉得有必要重新确定自己的位置，还要从外部再一次审视“自己的房子”的状态。从1921年10月中旬以来，也就是在他将所有的日记本托付给米莲娜后不久，卡夫卡在几十张纸上填满了自我分析式的观察，但是却严格避免陷入早期的抱怨腔调中：这不再是为了暂时的释放，而是为了自传式的审计、是关于借方和贷

---

① “我突然跳了起来，小心慎重离我而去，我现在真的抓起了那个有着很多木结的拐杖……”，《城堡》，阅读器文本第125页。

② 一篇在所谓的“饥饿艺术家——笔记本”（*Hungerk ü nstler-Heft*）上的笔记，《遗作Ⅱ》，第373页。

方的审查。

如果我的根基也如此贫弱……那么我必须自己按照我的想法努力使它变成最好的，而且，所谓的人们只能做到某个地步，因而这个地步也就是最好的了，这种说服完全是空洞的诡辩术，而且是绝望的体现。

卡夫卡呼吁自己回归有序：伴随着自我衰落、自己的“另一种样子”、强加给自己的观察者身份的搔首弄姿，从现在开始都不应该再存在。这中间也涉及与家人和女性们的关系。在经历了所有的战斗之后——鉴于患病的卡夫卡重新处于依赖性之中，现在战斗的确是无从谈起的，因此仅剩的任务就是尽可能准确地将那些战斗的成果记录下来，并且去探寻与不可再更改的结果一起继续生活下去的道路。这仍然是认知的激情，卡夫卡用它来对抗有失尊严的绝望，而且他听到了一个声音，这个声音几乎让他恍然大悟，这个声音比那些各种各样的叹息要强得多，而他正是通过那些叹息，为日常的、最容易预知的干扰和失望伴奏。不，卡夫卡在第一页稿纸上已经写道，“我不再像以前那样，让自己费事地理解这些事情了，我在这些问题上不再像以前那样健忘，我是变得鲜活了的记忆，因而现在也还有失眠。”[①]

事实上，这些卡夫卡在1922年春天定期写下的笔记，体现了一种趋向于抽象，而且也是生动的浓缩性、简短性，甚至是趋向于私人密码的趋势。在这里不再“费事地”叙述和引用任何内容了，卡夫卡也不再描绘他人生的轮廓了——而在祖豪他曾经是那样做的，相反，在这里只是探测这种轮廓，将多年来的体验用生硬而简短的句子汇集起来。“对于乡村的向往？”他大概这样问道。“这并不是理所当然的。是乡村引起了这样的渴望，它是无穷无尽的。”[②]这就是以最简短的形式表现出来的从与朋友们、与奥特拉一起举办的乡村派对中，从有关“生活方式改革”的无数的谈话中，从自己的园艺劳动尝试中，从在祖豪、塞勒森和玛特里厄瑞得到的教义中。这则教义就是：乡村生活不是目标，不是幸福的保证，相反，乡村自身只是一个符号。

卡夫卡通过私人性的影射和类似的密码，使得另外一些段落也充满了神秘性，令读者仿佛待在一扇紧闭的门前，而且只能希望在某种意外的情况下，钥匙落到他的手中。也就是说，在1月18日，在那次令人绝望的“崩溃”日后不久，卡夫卡写道：“那些日子要更安静一些，因而产生了G的救赎，或者——如果人们愿意这么

---

①1921年10月15日、16日的日记。《日记》，第863—864页。

②1922年1月20日的日记。《日记》，第883页。

说的话——G的恶化。”在接下来的两个段落之后写下的是：“这个G夜以继日地催逼着我、折磨着我，我不得不克服害怕和羞耻、可能还有悲伤来满足它”。第二天，他又写道：“没有糟糕的东西；如果你迈过了门槛，一切都是好的。另外一个世界，而且你不必说话。”又过了一天，则是：“被一把抓住领子，被在街道上拖着走，撞到了门上。这是如此老套，在现实情况下，那里会有反作用力，只是为了让琐碎的事——维持生命和持续折磨的微不足道的事——会少一些狂野。我是两者的牺牲品。”这些句子显然是**没有**读者能够确定它们的含义，但是人们或许能够隐隐约约地感觉到它的意思和相互关系，尽管在其他的页面上也找不到有幸被包含进来的暗示：马克斯·勃罗德的一段简短的笔记——是在一次拜访过这个朋友之后写下的，展示了他“深深的震撼”。因为卡夫卡告诉勃罗德，他去了妓院，但是在那里也没有找到所渴望的放松的迹象。“性器官的折磨”，勃罗德意味深长地写到。那么，**G应该是性器官**（Geschlecht）。毫无疑问，卡夫卡出于对家人的好奇心的担心，而无法写下不加密码的内容。[①]但是，他所感受的这种冷漠无情，正从城堡的世界中拂面而来：大概在——可能是最后一次——与一位妓女在一起的8天之后，卡夫卡搬到了施宾德尔米勒的一个房间里，然后开始写作。在他的这部小说里，性爱恰恰是象征了最深刻的人类的疏离，它是通过他人得以拯救的徒劳的希望。而且这是非常临近的、非常令人难以启齿的记忆，它迫使卡夫卡收回他的虚构的“我”，而将这些经历转让给一个“他”、一位土地测量员。

必须**加工处理**些什么的意识和迫切性，肯定是导致卡夫卡第三次努力写作长篇小说的最强烈的动机，这样的动机本身也是清晰可见的，即便我们完全不知道他这部作品与当时背景有关的具体动因。但是，在那一次延误的结算中，“重要的款项”是米莲娜。因为甚至是在他的朋友看来，对于这位女子的爱恋，可能为卡夫卡提供了最后的，而且是最关键性的机会，从而使得他能够尝试着阻挡最终的判决。而阿尔伯特·埃伦斯泰因（Albert Ehrenstein）甚至声称，通过米莲娜，生命甚至向他伸出手表示和解，并且卡夫卡能够在“生与死”之间进行选择。人们可以完全按字面意思进行理解——卡夫卡认为这个说法“从根本上是真实的”[②]，之后，他做出了**拒绝**生活的选择，对它视而不见。但是，为什么会是这样的选择？如果拒绝生活，那么会是**什么**样子，将会抵达**何处**？这是他在那个冬天所致力于思考的最急迫的问题之一，到了现在他才清楚地认识到，将会一再出现这种难以理解的、看上去毫无意义的沉默，而且这绝对不是因为“供应”和“机会”的缺乏，才使得他避开生活的。但是，然后怎么办呢？如果因为那些供应在他看来难以企及或者过于昂贵，而使得他不信任它们，那么手边就没有合适的供应了；或者，如果他等待着某

---

①1922年1月18—20日的日记。《日记》，第879—882页。卡夫卡一开始写的是“Ges”，然后涂掉了这几个字母，而是只用了首字母“G”。

②1921年5月初写给马克斯·勃罗德的信，载《勃罗德与卡夫卡的通信》，第342页。

个不可言明的事物，那么在某一天，所有这样的机会出现的时候，会如何向他透露呢？卡夫卡在日记本里准确地梳理了这些问题，他将它们尖锐化，而在《城堡》这部长篇小说里，他尝试着用丰满形象的语言展现出所发生的事情的逻辑、他自己有关存在的逻辑，并且借此第一次真正地将这些逻辑公之于众。

也就是说，这是一部自传式的长篇小说，这是确定无疑的，但是，从间接的、更为错综复杂的含义入手，这部作品似乎带来了介于小说和现实之间意义单一的解读。**具体而言**，这些解读的数量似乎是无限大的，有关这部作品的公开参考资料和更为隐晦的参考资料数量巨大，而且甚至超过了有关《审判》的参阅资料——哈特穆特·宾德早在20世纪70年代，就几乎用了上百张印刷页才将《城堡》某一个章节的有据可查的生平式背景诠释清楚[①]，而建立在今天的认识基础上相应的评论则可能要多得多：所经历的事情、所阅读的读物、所听到的文字游戏和谈及的人名、十几年里的回忆录和最后时刻的印象，还不要忘记自我引用的游戏，以及与其他作品的暗中联系。

但是，解读从来就不是简单的，而且这样的想象——即创作中的卡夫卡似乎是在精神上的存储室里漫游，并在那里选取最有意思、最需要的片段，从而用它们为他小说中的平行世界布置家具——完全不符合文学创造的本质。那位土地测量员在最开始所通过的那座桥，毫无疑问应该是卡夫卡自己在写下那些语句的一天或者两天前走过的那座桥，即易北河桥（Elb-Brücke），这是人们从腓特烈斯塔尔（Friedrichsthal）地区的施宾德尔米勒到皇冠旅馆所在的地方必经的一座桥。但是，这座桥是石头的，而《城堡》中的桥却是木头的。为什么？也许是因为卡夫卡在这一刻想起了另一座小桥，也就是那座在祖豪居民区入口的小桥，而它的确是木质的。眼下的影响完全有可能激活对于1917年的回忆。但是也完全可能，卡夫卡已经将祖豪的那座桥解读为一种象征——是他现在踏上了**另一个岸**的象征，并且正因为如此，施宾德尔米勒的那座桥在他看来是值得注意的。同样可以想到的第三种可能性则是，这种象征性必须通过**重复**才能揭示出来，或者记忆以颠倒的方式"激活"，并且解读事实。

这个村庄本身也丝毫不是一个简单一些的问题。在厚厚的大雪和刀割般的严寒中——这是卡夫卡在施宾德尔米勒身处其中的，卡夫卡几乎无法忍受下去了，他立刻开始对他的肺部感到担心，也不理解为什么赫尔曼博士恰恰将他带到了这里，在赫尔曼博士禁止他去所谓的气候恶劣的塞默林之后——这个地方是魏费尔建议的，他简直无法理解了："9个月的冬天和3个月的寒冷"，一个流行的笑话是这样说的，这完全不是很夸张的。卡夫卡对那里的风景印象深刻，在他看来，那里

①请参看哈特穆特·宾德（Hartmut Binder）的《对于卡夫卡的小说、文艺评论、格言和〈致父亲的信〉的评论》（*Kafka-Kommentar zu den Romanen, Rezensionen, Aphorismen und zum Brief an den Vater*），慕尼黑，1976年。

比塔特拉山更美、更多姿多彩。但是，在到达此地开始后不久，他就不得不不断地体验到这里有多么恼人：他无法走到几乎离这里有两公里远的白水河，他一直在雪地里跌跌撞撞，而且在天渐渐暗下来的时候，他必须从空无一人的路上折返回去。"一条没有人间终点的无意义的路"，他在日记本中写道：这是一个证据，说明他立即将这段经历与他的小说扯上了关系。很快，土地测量员K.也被困在雪地中了，那是他第一次，也是唯一的一次，试图凭借自己的力量走到城堡的大门前，而且乖张暴躁的雪原成为这部小说的中心密码。卡夫卡努力找到了合适的教科书——有关北极地区考察旅行的报告，而且即便是旅行者所提供的有关天气的说法，也被他改用了讽刺的措辞：这位土地测量员感到，这个村庄的冬天非常漫长而且形式单一，而春天和夏天持续"不超过两天"，无论如何，人们都会记得，即便在夏天也会偶尔下雪……[①]

毫无疑问，如果没有在冬天广袤的巨人山脉的生理体验——卡夫卡立即对它加以利用，《城堡》的世界是无法想象的。但是，那位土地测量员滞留在其中的那座村落并**不是**施宾德尔米勒。因为施宾德尔米勒处在过去几十年来被开发成旅游胜地的过程中：这个地方（从1923年起也开始用捷克语名字Špindleru° v Mlyn）是一个疗养胜地，在许多报纸上做广告，而且与塔特拉山一样，在这里，冬季运动也迅速盛行起来。这里有被很好地维护的滑雪道（卡夫卡也曾站在滑雪板上——那时还叫"滑雪鞋"，但是马上又放弃了），那里有很多滑雪的跳跃助跑斜坡和跳台（卡夫卡是入迷的观众），而且，这里还有一个电力牵引的"雪橇升降梯"，这是一个重要的吸引游客的设施，它使得体力不是很好的游客也能够滑好几个小时的雪，这让卡夫卡赞叹不已。在这里，每六栋建筑物中就有一个是宾馆或客栈，而且大部分家庭都有空余的房间供出租，当地的主要政治团体是"改善旅游党"，它是由犹太裔医生、宾馆所有人和社区领导威廉·匹克（Wilhelm Pick）博士所创立的。

坐落在城堡山（Schlossberg）脚下的那个无名的村子则完全是另一番模样。这里没有人知道体育运动，滑道是被用作运输工具的，滑雪者则根本就没有。有两家客栈或旅店被提到：桥旅社（Brückenhof）提供不了一间能够住人的房间，而所谓的更讲究的，但是事实上同样不整洁的绅士旅店的房间，完全被城堡里的官员所占用。此外，似乎就没有公共的房间了，而且也不需要更多。因为在这里很少有外地人出现，没有人会想到做游客的生意。人们甚至绝对不会觉得有热情待客的责任，K.在被人们赶出木屋之后，他被清楚地告知——**我们不需要顾客**，而这句话在

① 小酒馆女招待帕匹（Pepi）提供的消息，第488页。走向某座桥梁的半途中断的散步在1922年1月29日的日记中有记录［显然那座桥是白水河（Weißwassergrund）上的"庆典桥"（Jubilaumsbr ü cke），根据当地的情况，不再会有其他的桥了］，在小说《城堡》中第一章的相应场景应该是直接在这次散步的基础上产生的。《日记》，第894页。卡夫卡在施宾德尔米勒阅读了Einar Mikkelsen的《北极罗宾逊》（*Ein arktischer Robinson*），莱比锡，1922年。这本书——他的遗物中有它——可能也是他在施宾德尔米勒买的。

施宾德尔米勒简直就是亵渎神明的说法。对于这个村庄的村民来说是不存在外面世界的，从来没有对立面，而且就连书信和电话也只是用来保持与城堡的联系的。**完整性**的感觉，一个简直是头脑狭隘的世界的梦魇，逐渐在读者那里变得栩栩如生了，几乎没有什么其他地方让人觉得如此少见、是被作者遗忘的斑斓的矿石。[①]那么，那座城堡本身呢？它只存在于小说中，不在施宾德尔米勒，这是卡夫卡带来的一个创意，更确切地说，这似乎是在布拉格的生活环境中的经历。布拉格城堡已经在他的视野里屹立了近40年，他仰视着它，如同其他所有人一样被它所遮蔽，而且有时在那里，一扇扇狭长的窗户会反射着太阳的光芒："这有些令人发狂"，正如小说中所说的那样。[②]

卡夫卡用他所塑造的人物形象，在经历、记忆和虚构之间上演了一场几乎不可能更复杂的剧目。当米莲娜·波拉克在20世纪20年代末的某个时候读到《城堡》时，毫无疑问，她将立即明白，她自己也出现在这部长篇小说里。城堡在村庄里的"分店"，以及因此最重要的情节所发生的地方，恰巧就在这个叫作"绅士旅店"的地方，仅仅是这些，已经是卡夫卡式的恶作剧了，这个恶作剧是一则请求，即在小说文本中寻求传记式的影射、为米莲娜寻找确定无疑的秘密消息。那个名为绅士旅店的维也纳咖啡馆曾经是她的舞台，或者更确切地说也曾是她丈夫的舞台。在小说中的这家乡里乡气的绅士旅店里，有一个名叫弗丽达的酒吧女招待，她一开始受有权有势的城堡官员克拉姆的调遣，但是过了几天后却成为那位土地测量员的新娘。**弗丽达**和**米莲娜**，这种元音同音令人生疑。但是，为什么弗丽达被描写为外表并不起眼，甚至完全就是不好看的呢？而且她的主人，那位默不作声、昏昏欲睡地坐在自己的啤酒杯前的克拉姆——K.曾经有一次通过钥匙孔观察过的人，也与忙忙碌碌且能言善辩的恩斯特·波拉克不大相关。

更为暧昧不清的传记式谜题是巴拿巴（Barnaba）的家人，这家人到底姓什么，在小说《城堡》中从未提起过，但是这家人的命运却是时刻可能泛滥出来的故事中的故事。这个家庭有三位兄妹：巴拿巴、奥尔尕（Olga）和安玛丽阿（Amalia），这三兄妹先后都是那位土地测量员所寄予希望的人。巴拿巴年轻、强壮、无忧无虑，他从城堡的办公处带来了不寻常的消息，因而K.总是满怀欣喜和激动地等待着他——可能卡夫卡在这里想到的是罗伯特·克洛卜施托克。奥尔尕同样是高个子、有活力，同时又很温柔，并且她对那位土地测量员有好感，但是在这里显而易见地回避了任何性信号：**奥尔尕/奥特拉**——后者是卡夫卡最小的妹妹——辛勤

---

① 弗丽达（Frieda）谈到过移居法国南部（Südfrankreich）或西班牙，但是K.立即否定了。而且在一次消防队的庆祝宴会上，他知道一度有大量的来自邻村的访客。《城堡》，第24、215页。

②《城堡》，第18页。弗里德兰的城堡是另外一个众所周知的、而且毋庸置疑的模板（而且那里也有一座桥，人们可以从桥上观察这座城堡），还有在沃萨克——他的父亲出生地——的一座城堡。细节请见瓦根巴赫的《弗兰茨·卡夫卡的年轻时代》（*Franz Kafka. Biographie seiner Jugend*）的附录《卡夫卡的城堡在哪里》（*Wo liegt Kafkas Schloss?*），第265—280页。

劳作，同时也热情地照料别人，这些完全与卡夫卡在祖豪所体会到的一样。不过，奥尔尕在城堡中是最低等的工作人员，她是仆人，相当于免费妓女，尽管卡夫卡已经准备好了她的社交方面，甚至是道德方面的地位所带来的耻辱，但是他还是尽可能抹去了妹妹的肖像，而使得奥尔尕这个人物面目全非。最后是安玛丽阿：这是小说中唯一一个公开与城堡对抗的人物，这位女子以蔑视的态度对待城堡官员无耻的跟踪，因此她也付出了不仅是她自己，而且也包括她的哥哥、姐姐和父母都被村庄共同体所排挤的代价。在这里，是否真的有这样的命运在卡夫卡的脑海里萦回，我们不得而知；我们无法在卡夫卡所有的生活圈子里，找到与这个冷冰冰、沉默无语，而且令人捉摸不透的安玛丽阿哪怕远远看上去有些相像的榜样。[①]安玛丽阿的确只是一个虚构的人物，这在卡夫卡是非常罕见的，也许他在梦里曾经与她相遇，或者她甚至可能就是他自己，因为在第二章的时候，她是金色的头发，但是之后就变成了黑色的头发。

卡夫卡演奏了好几卷，他是否打算写一部“自传式小说”，这尚有存疑，《城堡》这部小说肯定不符合这样的打算。让每一个人物都体现出生活中的人们的肖像，但是尽管如此，又严格地控制着他们的人物——他们的**功能**，这体现了高超的艺术，卡夫卡在《城堡》中，首先在女性身上展现了这样的艺术。因而，这也为视线再次转向他的人生，提供了足够的理由。

那是在1920年12月，在那时，马克斯·勃罗德再一次报告了一个令人兴奋的经历：作为客人的勃罗德在柏林的一家旅馆认识了一位叫艾米丽（Emilie）的、27岁的女佣——人们往往叫她艾米（Emmy），而且勃罗德几乎已经“发了狂了”。对于卡夫卡而言，听到这样的冒险故事已经不是什么新鲜事了，它们每隔一定的时间就会重复一次，就在几个月前，勃罗德在布尔诺（Brünn）做巡回演讲期间，与一位（显然是已婚的）女士开始了一段风流韵事，而且他也是用完全一样的调子表达爱慕的。对于勃罗德而言，这样的关系总是被放在最具有特权的位置上，而无论这些关系是多么的不被看好。这些风流韵事使得所有其他的兴趣爱好黯然失色，甚至连工作中的约见，也要根据可能会出现的情人幽会来确定时间——以后者为准，然后他会连续几个小时等候消息，为是否向他妻子坦白这样的问题所折磨，而后，在不可避免的结束到来之后，不仅感到伤心或者失望，简直就是空虚无比。卡夫卡早就已经熟悉这个模式了，而且他也经常作为知心人被要求提供建议，因而，卡夫卡与艾莎·勃罗德的关系也经常是很拘谨的：她意识到，她知道一些，但是卡夫卡知道的要多得多。卡夫卡的同情心在这个领域无疑受到艰涩的考验。勃罗德

---

①波蔡娜·奈姆瓦斯·巴比克卡（Božena Nemcovas Babicka），《小祖母》（*Großm ü tterchen*）可能是一个文学作品方面的启发，这是一部通俗小说，可能卡夫卡在读大学的时候给他的妹妹们朗读过这部小说。在那里也有与安玛丽阿——情节中类似的段落：一位城堡官员被一位愤怒的女村民拒绝了。

也对他在这些年来的性经验有着意识形态高度的认识，他认为，即便“出于最善良的愿望，也不可能完全认真地对待”剩下来的所有人生。是的，他甚至宣称，在这个世界上，“间歇性的—神圣性”“上帝的火焰”在任何地方都没有性爱，特别是私密的性关系那样强烈和纯粹。卡夫卡完全清楚，勃罗德从什么地方产生了这样的想法：这是来自与狂热的保守者格奥尔格·朗格的谈话、一起阅读的回音，后者写一本名为《卡巴拉的情欲》的书，并且因此收集了许多令人大跌眼镜的相关引语。“天堂那边有三样东西：太阳、安息日和性交”。《犹太法典》中这样写道，这一类的最高等级的承认令勃罗德兴高采烈，因而他在自己的宗教历史代表作《异教、基督教、犹太教》中大胆地宣称，对于情欲方面的“人间奇迹”的认识，是“犹太教几千年来熠熠生辉的行动”，借此，它与敌视感性的基督教形成了决定性的对照。[①]

勃罗德显然清楚，这些理论必须加以详细的解释，而且所流传下来的犹太文化**主流**对于个人的恋爱幸福完全没有特别的含义。他意识形态的上层建筑发生了动摇，这些建筑对他只是短暂地通过他自己的强迫症而发挥一些帮助作用而已。勃罗德将情欲方面的体验当作毒品来使用，而且在面对卡夫卡——他几乎不允许他的理性思考的过程出错——的时候，勃罗德不得不承认，他对于这个世界的依赖也是“弱得可怕的”：“对我而言，这个世界必须通过女性这个媒介才有某种意义。如果没有她们，我对世界不再感兴趣，世界对我而言无异于苦恼、阻塞和障碍。这种根据女性来设置的、完全沉迷于她们的天性，使得我在一年多以来一直依靠着在最低的生命水平、过着艰难困苦的生活。”这些概念泄露了很多秘密：显然，勃罗德“从本质上”也无法摆脱文化所设置的精神和肉体之间的等级秩序，在这种秩序中，性欲是作为一种生物性资源的，因而不具备神性，它是人身上的动物性的特征。生命的能量不应该投资在“最低的生命水平”上，否则就是浪费——这从根本上来说也是勃罗德的观点，因此，他一直想要某种借口，从而使得智力上的兴趣、生活实践和性渴望能够相互达成和解。这可能会产生非常滑稽的形式，例如，勃罗德要说服自己，对于一个犹太女子而言，首先是要将她作为“我们民族的女儿”去追求的。性与犹太民族性之间的最为本质的联系，即便是卡夫卡这个同样对犹太女子抱有好感的人，也无法恰当地说明。

卡夫卡之所以对勃罗德的柏林爱情感兴趣，主要是因为后者在很长的时间

① 马克斯·勃罗德在1921年1月6日和19日写给卡夫卡的信，载《勃罗德与卡夫卡的通信》，第294、301—302页。马克斯· 勃罗德：《异教、基督教、犹太教：信仰声明》（*Heidentum Christentum Judentum. Ein Bekenntnisbuch*），两卷本，慕尼黑，1921年，《作为人间奇迹的爱情：歌者的歌曲》（*Liebe als Diesseitswunder. Das Lied der Lieder*），第二卷，第5—65页，这里提到的内容在第11页。卡夫卡已经在1920年夏天读过这部作品的手稿，而且做出了批评性评论——如同他在8月7日的信里所写的那样，《勃罗德与卡夫卡的通信》，第282页；他很久以前就已经知道了勃罗德的有关情欲方面的“人间奇迹”的观点。卡夫卡可能事先也已经读过格奥尔格·朗格的《卡巴拉的情欲》（*Die Erotik der Kabbala*），布拉格，1923年；那句出自《犹太法典》的引文请见《卡巴拉的情欲》的第25页。

里一直通过书信向前者谈论这些（当然那些信件是留邮局待取的，而且用的是化名）。因为与艾米·萨尔维特（Salveter）的恋爱，应该是在卡夫卡将要动身去玛特里厄瑞的时候开始的，因而这段恋情的发展从一开始就有记录，而且卡夫卡的友情参与一直延续到他生命的最后一年，他也见过艾米。但是，恋爱中的勃罗德从这样一位顾问那里能够得到什么呢？卡夫卡表现出来的强烈的恐惧，以及他对女性的普遍的，甚至是在道德上贬低性的表述——正如他在祖豪时期的那些笔记本中所写下来的，最开始似乎令人感到奇怪。但是，这期间的这些通信，却展现了实用主义知识分子的良好形象，卡夫卡正以**另一种**方式来对待这些人生难题。

他的第一反应就已经令勃罗德感到吃惊了，那是非常理性的反应。艾米·萨尔维特**不**是犹太人，而且甚至会说出一些幼稚的反犹太主义的言论，而且这种直言不讳迫使勃罗德在矛盾的心情下，不由得产生了某种尊重之情，尽管这令艾米有些不寒而栗。但是，卡夫卡完全没有接受勃罗德的情爱生活的这个新维度，而是立即转换了视角，并且开始用女性的眼睛观察这种局面：

> 你对于那个女孩的态度是认真的吗？那个女孩自己也是一样吗？[……]你为什么完全没有想到过，你对于那个女孩意味着什么呢？一个是陌生人、客人，而且还是犹太人，一个是上百位酒吧女招待中漂亮的一位，是人们立即会认真地想到可以放心地一起度过一个夜晚的人（或者从来没有认真地想过），但是还会有更多的吗？一段跨国的恋情？通过写信吗？期待着传奇般的2月吗？你渴望的是这样完全的自我毁灭吗？

看起来，卡夫卡似乎为那位年轻女子的处境，比为他这位朋友的男性态度投入了更多的移情能力。而且即便当勃罗德得到了强烈的反对的时候，也没有改变这样的态度：他立即回复，卡夫卡的设想无疑是空中楼阁，因为他在柏林远不只是一位普通的客人。艾米很有音乐天赋，她会拉小提琴，业余时间会去听音乐会，而且她最大的愿望是学习声乐，在歌剧院工作。在这方面，他将全力支持她，无论是专业方面还是经济方面，他已经收到了她写来的“两份浓情蜜意的书信了”（留局待领的），而且下一次在柏林见面的日期也已经约定好了。现在，如果是这样的话……卡夫卡似乎让步了……那么，他将对他自己的错误感到惭愧。“尽管如此，我对于这件事情的基本想法没有发生改变，只是这种想法不再是连傻瓜都能够轻而易举地去证明的了。”[①]

---

①1921年1月13日和1月底写给马克斯·勃罗德的信；马克斯·勃罗德在1921年1月19日写给卡夫卡的信，载《勃罗德与卡夫卡的通信》，第297—298、310、301页。

卡夫卡的感觉应该是对的，但是他拒绝任何胜利的欢呼。勃罗德身上有让女性感到震动的品质，他可以做到人力所能达到的极致，他毫无畏惧，他生活在中产阶级的婚姻里，但他现在也同时在尝试不可能之可能。卡夫卡一再保证他完全没有责备之意：如果这种可能悲惨地失败了，那么究竟会怎么样呢？卡夫卡后来甚至是带着这种模棱两可的钦佩，谈论着他的这位朋友的"过高的估计"[①]，当卡夫卡在这里，坐在他自己的悲观主义的意识形态上面，而且将他投射到其他人的生活之上的时候，勃罗德当然不会感到满意。

而勃罗德所展示的应该是一个错误的结论。卡夫卡在这些年来对于女人的评判能力固然是深深地受到了恐惧情绪的破坏，但是也在不断变得犀利，而且也更为"意识形态化"了，他主要将她们看作是代表者——至少当她们出现在他的人生舞台上的时候：女人们是干扰、是蛊惑、是生命中获得授权的人或者救赎的天使。但是，这样的归类至少阻碍了卡夫卡对于具体的女性生活的感同身受，而且也使得他无法对于女性的社会和精神方面的活动空间做出非常现实的判断。女人们自身会意识到这种尊重——在卡夫卡那里，阿谀奉承与高傲的教训都同样不多，甚至对于批评性评价非常敏感的米莲娜，也觉得她从卡夫卡那里比从她丈夫那里能够得到更好的理解。就连卡夫卡面对比他年轻的女性所展现出来的具有教育色彩的爱神形象，也常常是伴有温暖和友谊，偶尔也会有恭维性的回应。此外，让人觉得古怪可笑的是，甚至就连艾米·萨尔维特，在她收到他的几句富有同情心的话之后，也在她的天主教晚祷告的时候将她还不认识的卡夫卡加了进来。

她和马克斯会怎样发展，卡夫卡从最初的瞬间就已经预见到了。他从自己的经历里，已经对一段依靠邮局和铁路线的布拉格和柏林之间的远程关系有所了解。那时候，与菲利斯在一起的时候，一直存在着一种合情合理的希望——难以承受的现状有一天终究会结束的。但是，尽管勃罗德要求艾米连续几个月忠心耿耿地等着他，却无法展现共同生活的前景。勃罗德没有考虑过离婚，他已经对妻子隐瞒这段恋情一年多了，因此就会出现一些荒诞离奇的局面——这对他来说就相当于命中注定的灾难，而长久看来这是不可避免的。例如，他在1921年秋天说服艾米，到在卡尔斯巴德举办的犹太复国主义大会上去看他（他作为布拉格代表必须到那里短期帮忙），但是他却没法阻止艾莎同时来到这里。因而，已经工作负荷过重的勃罗德，与其说在忙于应付"巴勒斯坦事务"和"犹太人的再生"，不如说在忙于阻止这两个女人的碰面。当然，富有吸引力的艾米还有其他的爱慕者，其中有一位是21岁的大学生，而且致命的是，他是一名"纳粹党徒"（Hakenkreuzler），但是，可能是6岁的年龄差阻碍他催促她结婚。勃罗德再次表现出惊讶和痛苦。所有这些痛苦——卡夫卡在1922年秋天也重复了一遍，都体现在勃罗德想要某些不可能之

①1922年8月16日写给马克斯·勃罗德的信，载《勃罗德与卡夫卡的通信》，第411页。

可能的说法中了，而且他想为此冒着“自我毁灭”的风险。最终，解决方案还是在这里找到的——卡夫卡称他自己的这个建议是“闻所未闻的”，但他确实是完完全全严肃认真的：勃罗德和艾莎，还有艾米组成三个人的婚姻，可能最好是在柏林，远离布拉格人的不可避免的谈论。尽管这可能意味着与朋友的暂时分离。“但是，为什么不应该这样呢？既然在你身边有给两个女人的位置，那么在某个地方也有留给我的位置。”①

对于21世纪的读者来说，他们会常常目瞪口呆、时而释然地体验到，“经典现代”的文学作品是多么强烈地受到了传统的、特别粗糙的对于性别差异的设想的影响。女人是自然的物种，是“被创造之物”，男人是精神和行动的体现——在1914年之前，社会心理学所揭示的真相大抵如此。而随着世界大战的经历，这样的想法完全过时了，女人们在战争中部分出于自愿、部分出于被迫承担着男性化的责任，因此也得到了男性般的自由。而与此同时，男人们——特别引人注意的是他们在扮演父亲这个角色时——则表现出面对命运时的完全无助，完全是听天由命。

从那以后，那些本质特征的描述从道德的层面来看就不够清晰了：那当中对女性的轻蔑，似乎和对她们的仰慕同样有道理，而且有时两者是一样的。这取决于人们将“**自然**”这个概念归于什么样的伦理等级当中。自然是无意识、无历史性，是混乱和不道德，是在那其中没有知识，也没有逻辑，而充其量只存在直觉的王国；但是，自然也可能是——就像在“生活方式改革”中那样——不被异化的生活的乌托邦，它通过自我瓦解了的“我”而得到“救赎”。女性的幸福承诺因而是极其模棱两可的，而且文学作品以完全的变体形式展开着这种矛盾，例如在易卜生和施尼兹勒的作品中，女人们是作为社会改革的牺牲品；在魏德金（Wedekind）那里，女人们是自己天性的牺牲品；在汉姆生和斯特林堡那里，是厄运的象征，女性是小女人、是荡妇、是孩子气的玩伴、是超越尘世的姐妹和坚决果断的母亲……一个表面上的财富，因为被类型化了的母亲往往都是千人一面的：女性人物登场的地方，女人的行为举止就不可避免地成为话题，但是，在并没有被性别化的“人类的”悲剧中，则倾向于找到男性气质的英雄。

在有关性的文学作品的协奏曲奏响的同时，奥托·魏宁格（Otto Weininger）发表了战斗檄文《性别和性格》（*Geschlecht und Charakter*，1903年），在那里，“女性化的”（缩写为W）被定义为腐蚀性的物质，这个概念直接否认了女性的反思能

① 1922年8月16日写给马克斯·勃罗德的信，载《勃罗德与卡夫卡的通信》，第412页。从勃罗德的一篇日记中更可以得知，直到1924年年初他才与他的妻子开诚布公地谈到这件事情，而后者早就知道这个情人的存在。勃罗德和艾米·萨尔维特之间的关系一直持续到20世纪30年代初，艾米·萨尔维特在1925年确实找到了通往戏剧的道路，并且成为一名演员，并以“安娜·马克格拉芙”（Anne Markgraf）这个名字登场（有关于此的详细文献参见里昂哈德·M. 费德勒），“有关霍夫曼斯塔尔”参见《马克斯和胡戈·冯·霍夫曼斯塔尔》（*Max Brod und Hugo von Hofmannsthal. Briefe, Notizen*），载《胡戈·冯·霍夫曼斯塔尔杂志》（*Hofmannsthal-Blätter*），第30期，第23—45页。

力和精神方面的生产力:“绝对化的妇女没有自我。”这些同义反复的、充满了对过去痛苦的记恨和尚有大量事实无法一一诉说的600页的论战手册,在未来的20年里被一次又一次地加印。而且在那个时候,由于心理分析早已成熟,因而它给人们留下了深刻的印象,成为在集体意识中深深扎根的观点。魏宁格是认真的,由于他很极端,而且又是反犹太主义者,因而(特别是在偏僻地区)他显得很时髦。奥斯卡·鲍姆在1921年2月41日举办了有关魏宁格与“情欲和犹太性的衰落”的演讲,那一天,布拉格的缪斯厅(Urania-Saal)座无虚席,《自卫》杂志对此进行了详细的报道。在勃罗德的著作中也有大量活力四射和令人捉摸不透的女性,特别是在他的长篇小说《弗兰奇或者二等爱情》(*Franzi oder eine Liebe zweiten Ranges*, 1922年)——这是他以艾米·萨尔维特为蓝本创作的[①]——里面承载着大量的显而易见的W的烙印。

卡夫卡绝对无法摆脱有关对文化发挥强有力影响的女性的神话:对“女人”所终身抱有的恐惧,与女性是生活的代理人的想法,都同样扎根他个人的神经官能症中。她们是诱惑,也是打动人心的**当局**——她们与掌控生活的力量建立了直接的关系。人们可以屈从于她们,当然也可以向她们发出呼吁。在《审判》中,卡夫卡就已经想到了那个富有成效的文学创意,**逐字逐句**地描写这种双重天性,形成生动形象的画面,一切就像在梦里发生一样:事实上,在这里,女人们走动着,完全不受法庭关闭的大门的阻碍,她们受到性迫害,但是她们从自己那一边也在使这个法庭性欲化和女性化。卡夫卡在长篇小说《城堡》中进一步大大拓展了这个模式。在这里,也存在着对女人们发号施令的“当权者”,他们要求并且得到女人们全心全意地献身。但是,在权力的余晖里,女人们赢得了充满神秘的尊严,这样的尊严使得女人们变得令那位土地测量员无法抗拒,这是一种很少通过言语,而更多的是从姿态和眼神中所展露出来的尊严:“当这样的目光落在K.身上的时候,让他感觉到,这样的目光已经办完了与K.有关的事务,他自己完全没有意识到已经有了这样的结果,但是这样的目光让他信服,的确已经产生了这样的结果。”令他迷上那位不起眼的酒吧女招待弗丽达的目光,并不是会心的目光,却是一旦当她通往城堡官员克拉姆的特权通道被切断的时候,就慢慢失去了光芒的目光。同样神秘莫测的是桥旅社女店主的尊严,她也是克拉姆的前任情人,保守到甚至是狭隘的地步,但是对于K.来说却是一个权威人物。从她那里K.再次认识到,最好还是向这位其貌不扬的女人,而不是向村长求助,这个女人“掌管着一切”,但是当着K.的

① 后来的版本题目为《二等爱情》(*Eine Liebe zweiten Ranges*)。卡夫卡很清楚这部长篇小说的自传式背景,他在1923年的时候将这部小说寄给了米莲娜·波拉克,显然是抱有一定的愿望的。这位前“矿井参观者”想从中得到什么,他应该很清楚,正如他的清晰而且近乎请求原谅的评论中所展现出来的那样。1923年1月/2月写给米莲娜·波拉克的信,载卡夫卡的《致米莲娜的信》,第315页。也收录于《与女神在一起生活》(*Leben mit einer Göttin, 1923*)和《米拉》(*Mira*)。勃罗德在《有关霍夫曼斯塔尔的小说》(*Ein Roman um Hofmannsthal*, 1958年)中再现了艾米·萨尔维特。

面什么也没说。最后，K.梦想着“城堡里的一个女孩的”目光，这是从疲惫的蓝眼睛里发出的目光，只有一次落在他的身上，但是他已经准备好了，为了她**什么**都可以做。[①]

毫无疑问这不是女性的肖像，尽管米莲娜的眼睛应该是蓝色的（只是可能是）。这些是范式般的女性命运吗？是社会心理学的案例分析吗？这是关于那个村庄共同体中的秘密的母系氏族的吗？都不是。卡夫卡的女性人物形象完全都是为功能服务的，她们在这部小说的棋盘上承载着不同的功能。她们是某种权力或者某些知识的代表，这些权力或者知识不是从社会上后天获得的，而是先天**赋予**人类的女性，也就是说，她们是女性神话的映像。但是，这些女性从来没有像男性一样，表现出充满恐惧的幻想和希望救赎的幻想剪影，而是作为有血有肉的生命在行动。卡夫卡究竟如何做到将女性的社会性神话和私人性神话相互融合在一起，并且在一个完完全全是虚构的世界里，**同时**又保留着他的人物的个体性和可信性，这也是卡夫卡的代表作中最难以解释的秘密之一，也是他的长篇小说所实现的完全是独一无二的艺术成就——在这一点上再一次赶超了《失踪者》和《审判》。这是一个语言方面，也是审美方面的成就。它当然与能力的根基有关，这些能力很少在同时，并且以同样的强度被动用：这是象征性的想象能力**和**心理上的移情能力。卡夫卡有能力将米莲娜理想化，而却不需要暂时忘记她现实存在的缺点、不真实性和局限。他将她的女友——夺去其丈夫的性命的——贾米拉看作是一个跨时代悲剧中的缺乏主见的行动者；他写道，她恰恰是按照“一个委托去做了没有人性的事”。[②]但是，他能够以移入感情的方式对贾米拉的境况作出反应，从而能够更深入地认识她。他也能够非常现实地为柏林的那位并没有引起那么大的轰动，但同样具有典型性的酒吧女招待艾米辩护，尽管他只是听闻了艾米的种种，而且将这位女子解释为人生所安排的任务，是不可控制的复杂局面的原因。

卡夫卡的世界是一个神秘事件发生的场所，它是旧约和犹太经中的传奇，它向他提供了裁剪纸样，而且它也是非常具有连贯性的（尽管他没有将这种连贯性呈现出来），卡夫卡自己也开始致力于古希腊罗马时期的教规、给予它们新的解读，并且将它们转化为自己想象世界中的讽刺体形式。例如通过《塞壬女妖们的沉默》《普罗米修斯》和《海神波塞冬》。但是，在这片神秘大地的最高处则戴着《城堡》的王冠，**这场**戏中的人物不再是象征性的英雄，而是活生生的人，他们诱惑着读者

---

①《城堡》，第60、138、25页。K.试图通过一个诡计而迫使那个“城堡里的女孩”来看他，而这个诡计是“弗丽达的责备”的对象［第14章的标题就是《弗丽达的责备》（*Friedas Vorwurf*）］。一项对于卡夫卡的作品中的（以及与魏宁格有关的）女性类型的详细研究，请见莱纳·史塔赫的《卡夫卡的情欲神话：对于女性的美学构造》（*Kafkas erotischer Mythos. Eine ästhetische Konstruktion des Weiblichen*），法兰克福，1987年。

②1920年9月2日写给米莲娜·波拉克的信。《1918年—1920年书信集》，第328页。

去寻求身份认同，并且将读者深深地拖入到神话之中。总之，这里是无意识的逻辑在发挥控制作用，就像我们从梦中所认识的那种逻辑，这是一种使得卡夫卡的语言**从背后**发起进攻的逻辑。读者在能够理解些什么之前，已经沉溺于其中了。这样的效果再次不可避免地招致了有关意义的问题，而且卡夫卡自己通过全套文学方面的技巧——这些手腕第一眼看上去很难被发现——强化了这个挑衅。他再一次让布帘敞开一道缝隙，使得我们能够向里面窥探，然后他立即做出了修正，拉严了帘子，并且调暗了灯光。①不过，他不可能放弃自己神秘的创造活动。

他从来不想去解释他的作品。这里的问题是，他用怎样**高超的技艺**做到了这一点。例如，《审判》和《城堡》中无穷无尽的、让人无法看透的官僚体系意味着什么，为什么要去表现他们？他们像当权者一样可怕，但是他们却没有任何行动。他们反映了，无论发生什么，他们都不会参与到生活中来，也不会去加以管理，而只是充其量将它存档。如果人们去攻击他们或者忽视他们的命令，那么他们就会退缩。他们允许那个异乡人去占有他们的女人，他们没有能力执行自己的命令，而且当人们像安玛丽阿那样对限制做出反抗的时候，他们也毫无反应。②到底什么样的权力是独特的，在世界上的什么地方存在着这样的权力？卡夫卡出于最良好的意愿也无法对这样的权力下一个定义，或者打一个比方来解释它：它可能是我们自身的内心世界，是无意识的力量或者生命的威力，是感性的真相背后的世界，在那里命运被确定下来了……任何用神秘的隐喻对这种力量加以解释的尝试都会被破坏，就像符号被斩首一样。但是，无论如何卡夫卡能够让我们注意到，我们的思想不断地与神秘的流沙携手并进，我们每天都毫无例外地操作着诸如此类的密码。“明天它将会定下来”，例如，我们会这样说，或者“它将会带来恶报……”谁是这

---

①在长篇小说《城堡》的手稿中可以多重证明持续的黑暗化的趋势。但是，特别具有启发性的是围绕着一份记录展开的那段情节——那是克拉姆的秘书莫姆斯对于K.的行为的记录。当莫姆斯拒绝给K.看这份记录的时候，K.略微用了些劲就抢到了它，而没有遇到哪怕是最小的阻力，是的，莫姆斯还特地告诉他，主要应该读哪一页。卡夫卡完全逐字逐句地将那一页抄了下来，包括对K.的斤斤计较的性格特点的指控，而这是他的新娘弗丽达完全没有感觉到的。这是卡夫卡的作品中唯一一次他的主人公得到了文件审查权，是唯一一次直接的视线，使得人们能够审阅官方的行为。但是，卡夫卡马上就注意到了这种不连贯性，然后将整个这一段——在手稿中延伸了好几页完全删去，这令勃罗德感到非常遗憾，他责备卡夫卡，那位土地测量员的罪过正是通过这篇记录而使读者恍然大悟的。可能受到了勃罗德异议的影响，卡夫卡将对于K.的指责几乎又逐字逐句地重复了一遍，不过是通过桥旅社的女店主和弗丽达之口。参见《城堡》，阅读器文本第272—273、243页及其后面若干页，以及马克斯·勃罗德在1922年7月24日写给卡夫卡的信，载《勃罗德与卡夫卡的通信》，第390页。

②政府当局一直是被动的，而且发挥着巨大的回音谷的作用，这在《审判》和《城堡》中都是一样的。在K.到达那里的那个晚上，他的职业——这只是他用来作借口的——就已经被城堡那边通过电话加以核实过了。《城堡》，第12页。“两名帮手也将会来这里”也是K.的迫不得已的谎言，但是城堡方面还是出于补偿给他派了两个人。《城堡》，第31、367页。K.作为欠债人而被解雇的通知，仅仅是因为K.不承认这个通知而变得无效。《城堡》，第239页及其后页。而且虽然他被拒绝去看城堡的文件，但是也没有任何措施阻止他这么去做（参见上一条注释）。在弗丽达·K.离开他，并且重新在桥旅社的酒吧上班之后，K.被一位官员要求将他的新娘送回绅士旅店。《城堡》，第427—428页。对于安玛丽阿和她的家人的“惩罚”也首先来自村民，然后是出于自己的有罪意识；被拒绝的官员消失在村庄的视野之外，而城堡方面完全没有任何作为。参见《安玛丽阿的惩罚》（*Amalias Strafe*）和《忏悔旅行》（*Bittgange*）两个章节，《城堡》，第319—345页。

里的“它”？应该是**它们**。

这个城堡世界是秘密的，所有的缝隙都被填塞上了，而且，自从有了这部小说的手稿和大量的变体版本，这个世界才是可以进入的。我们知道，卡夫卡通过情节的发展而使得人们越来越无法得出结论，但是从第一行起，他就已经清楚地展示了地下世界的远古的规则。毫无疑问一定还存在着其他隐蔽的大门。但是，尤其是卡夫卡在创作《城堡》之前和过程中的日记，不过也包括书信，都更多的是评论性的。这显示出，卡夫卡在这部小说之外也运用着神话的砖石，这些活动布景在文学创作的努力之前就已经存在了，常常是以象征和隐喻，有时也作为突发奇想的情景形式出现，但是它们之间都有着共同的、显而易见的幻想性和逻辑性的相互关联。这些比喻继续培育出多种多样的变体，它们一环扣一环地相互连接在一起，甚至是在卡夫卡考虑对它们进行文学加工之前，就已经从它们中间成长出了一个细织密结的、继续繁茂生长的、从中不断产生新的突发奇想的精心编造的组织：一个私人的神话。

在这个蜘蛛网的中心触碰到这样的确定无疑的认识：**权力**是存在的，而且它们强行夺走了所有的幸福。卡夫卡在此之前就已经引入“幽灵”这个概念，最开始它只是传统的形象，但是之后它不断地摆脱了心灵的控制，而成了有自身规律的想法。“它的每个部分，让你认为是客人的，我都感觉到是幽灵”，他很久以前写信告诉菲利斯，不过，那时这还是个玩笑。但是，不久之后，他详细地汇报了，他在这些年里如何让这些幽灵跑了出来，而且在数量上不断增多：“它们穿过所有的门来到这里，它们挤开锁着的门，它们是巨型的、骨瘦如柴、成群出现却没有名字的鬼怪，人们倒是可以和其中的一个斗一斗，但是和站在那一个旁边的所有的幽灵却是斗不过的。如果人们写作，则那些幽灵就变成了相当好的精灵，如果人们不写作，它们就变成了魔鬼。”在施宾德尔米勒，1922年2月初的时候，卡夫卡已经将这样的想法内化了，从而他完全不再提起“幽灵”这个名字，而只是直接提及：“它们逃走了”，在几个睡得出乎意料好的夜晚之后，他写道。“它们不够小心翼翼。它们在树林里大喊大叫，就好像是人们点亮了油灯，在它的帮助下去找到它们的足迹似的。”最后，在这一年的春天，这些幽灵已经成为一场小型的神话阅读会的对象了，那场朗诵会一定是为米莲娜·波拉克举办的：卡夫卡将这些幽灵提拔为命运的制造者，它们有能力暗中破坏生活，而且将整个人类拉入沉沦的深渊。

从理论上来看，写信一定是最容易将世界上可怕的精神错乱展现出来的方法。这的确也是与幽灵、尽管不只是收信人的幽灵，也是与自己的幽灵进行沟通的方式，这种沟通不仅是通过人们正在写这封信，而且甚至也通过接下来的一系列的信发展起来，通过信件向他人证实，并且用信件作为幽灵的见证人。人们为什么会产生这样的想法，即人类只能通过书信相互交流呢？我们可以想起远方的人，而且我们也可以握住近处的人，其他的一切都超出了人类的力量。但是，写信则意味着，人们在幽灵面前袒露了他们还在贪婪地等待着什么。写下来的吻不能到达收信人的耳朵里，而是半路上被幽灵们喝光了。通过这样丰富的给养，它们正在无休止地繁殖。人们感觉到了这一点，并且开始与之抗争，以尽可能地将这些处在人与人之间的幽灵鬼怪关到外面，当然也将它们阻挡在人类往来的外面，从而得到精神上的宁静，火车、汽车和飞机被发明出来了，但是这些都于事无补，这些显然都是已经导致堕落的发明，而与它们相对立的一面才更为安静和强有力，人们也在邮政之后，发明了电报、电话和无线电。心灵将不会被饿死，但是我们将堕落到深渊。[①]

相对立的一面，卡夫卡提到。这个概念显露出，他的创造神话般的想象力已经又上了一个台阶。而且收信人所不知道的是，他写了一部关于那个相对立的一面的长篇小说。不过，《城堡》里的那些讨厌鬼（他们偏爱夜里工作）不再是杂乱无章的一帮人，而是一个体系的代表，是受到约束的工作人员，他们本身听命于一个玄妙莫测的意志。因为在城堡更深处的某个地方住着一个最高权力机构，那里是格拉芬（Grafen）“威斯特威斯特”（Westwest）的城堡，如果没有他的默许，在那里连老鼠都不敢走动。毫无疑问，这个拥有一个非尘世间姓名的生物，在第20页被最后一次提到，然后就消逝在没完没了的闲谈的浓雾当中了。没有人能够穿越这些围墙，而且那个怪物也从没执拗地等待着这些高墙能够被穿透，如同与卡夫卡的守门人——传奇中一样，他也没有等候着任何演变为战争的挑战——就像那位土地测量员向他发起的那样。最后的权力机构是存在的，但是，它留在极其遥远的地方，因而这就产生了一个关键性的问题，它是否也是充满敌意的，或者根本就是邪恶的呢？对此只能任由猜测。卡夫卡自己绝对不清楚这一点。因而他在开始写这部小说的前几个月写道：

在这些年里我自己的系统性毁灭是令人惊讶的，它就像逐渐发展的决堤，是完全有预谋的行动。实现了这些的心灵现在应该欢庆胜利；它为什么不让我参与进来呢？但是，也许它还没有完成任务，因而还无法想别的任何东西。

但是几天后，卡夫卡又发现了新的解释：“没有——毁灭的现象和保持沉默的现象是值得注意的、不可破解的。”[②]系统地毁灭一个人的一条法规、一个权力机

①1914年4月26日写给菲利斯·鲍尔的信，《1914年—1917年书信集》，第45页；1914年6月8日写给格瑞特·布洛赫的信，《1914年—1917年书信集》，第83页；1922年2月5日的日记，《日记》，第902页；1922年3月底写给米莲娜·波拉克的信，载卡夫卡的《致米莲娜的信》，第302页。

②1921年10月17日、30日日记。《日记》，第866、872页。

构、一种精神力量正默默无语地将他带向最后的深渊边缘，而它们就是施虐狂般的权力。不过，卡夫卡直到最后都拒绝得出结论。他发现，人们更能够忍受解不开的矛盾，而不是最后希望的毁灭。

尽管如此，他还是经常将这样的映像用在书信中，而且他通过强调来证明幽灵的袭击，似乎这些都是确确实实发生在眼前的事件。有关卡夫卡是否"真的"相信幽灵鬼怪这个问题，他可能会承认，他显然是不怕鬼的，只是用它来投射内心的力量，但是他自己最后也时而谈到"内心深处的密谋"。不过眼下，由于他还能够抵御这些精灵，因而对他来说更重要的，是将它们与一种想法联系起来，即对它们的客观现实性程度加以测量。它们是心理事实，它们对他的身后有着极大的影响，因而以"它们仿佛**是**真实的"这样的态度对待是明智的。卡夫卡在他人生的最后几年越来越严密地注意着，不去挑战另一面，他实践着一个防御性的预言——它渐渐染上了一些迷信的仪式特征。的确，出于对反击的恐惧，他甚至避免表达有道理的满意或满足。"在写下什么的时候越来越感到恐惧"，他于1923年在所保留下来的日记本上的最后一页记录道。"这是可以理解的。每一个词都转身落入精灵的手掌——这只手的富有活力的摆动是精灵们的典型动作，然后经过精灵之手，那些词语变成了长矛，转向对付说话者。像这样的评论是完全单独进行的。然后，又陷入了无穷无尽的循环中。"[①]

在一间小室、在一个笼子里的人生，这样的生活本身就足以令人窒息。这私人的神话提供了一个依靠，它提供了自己的历史、自己的本性的理论，这样的理论确确实实**创造了意义**。但是，代价也是高昂的：不再可能有一时冲动的自发行为了，只是无关紧要的迷茫都会唤起"毁灭"的危险感，卡夫卡越来越感觉到自己没有能力去承受新的经历了，哪怕它们看上去如此吉祥如意。例如，如果米莲娜突然来到施宾德尔米勒，想再勇敢地尝试一下，会发生什么呢？这是她有可能会做出来的。卡夫卡不得不承认，在玛利亚温泉城所出现的情爱奇迹，在施宾德尔米勒也是可能的。但是，可能性会小很多，他立即补充，因为"意识形态已经更坚定，经历已经够多了"。[②]

卡夫卡之所以能够及时地意识到危险，似乎是因为那个"意识形态"的铅锤，在短短的时间里比肺结核病还要强有力地控制着他的生活。因而，在这个冬天的日记里可以看到双重的辛劳：卡夫卡在用一只手设计着神话中田园诗般的私人建筑时，同时也用另一只手不断地探寻着紧急出口。然而，这条逃跑的路线并不在野外，也不是通往生活（它确实是处在**相对立一面**的控制之下）；它只能在文学中找

①1923年6月12日。《日记》，第926页。
②1922年1月29日。《日记》，第897页。

到方向。不过，哪怕只是考虑一下这样的出路，也需要视角的根本性改变：卡夫卡似乎是从外部来观察的，正如他所相信的那样，别人正在那样观察着他，因而“写作尝试”只能在他的生命圆圈中的断断续续的半径下进行，而所带来的结果——很少被付印、大量都是失败之作——绝对无法证明、无法估量的精神上牺牲的合理性。但是，从自己的那间小室的细网看出去，这位写作者看到的却是完全不一样的景观，他发现了在其他的法则、在另外一个层面上维护自己的规则的唯一的可能。“冲破人世间最后的边界”，卡夫卡这样描述这种可能性，这绝不是指宗教方面的，因为他继续写道：“冲击从下面而来，从人类那里由下向上地冲破，由于这只是一种幻想，它代替了从我这里开始从上向下冲的想象。”①

这是对于一个边界的想象，这个边界是可以被打破的，而且在它后面打开了另外一个世界，用诸如“解脱”或者“家乡”这样的词语，或者能够让人有所感知，卡夫卡经过几个月发展出了与当局权力机构的世界相对的映像，并将其具体化，最后甚至用乌托邦式的希望使它充实起来。可以从日记本中非常详细地追踪这个发展过程：他一开始尚且怀疑，他“在彼岸”的不幸是否不像在人生这一边的一样大，而很快他就清楚了，他没有选择，他就是“在外面的”，是“另一个世界的公民”，他只能像一个“外国人”那样回头去往常人的普通生活，而且未来他只能“在别样的空气中，从别的根源中汲取他所需要的基本养分”。卡夫卡立即开始寻找感性的认识，他将那个拥有着他的冰冷而清澈的空气的土地设想为**荒漠**，这并不是因为他害怕荒漠，而是因为只有在荒漠上，所有生命的足迹都会被抹去，因而荒漠使得彻底地重新开始成为可能。突然在卡夫卡的句子当中闪耀着根本性的自豪的光芒——这是罕见的、弥足珍贵的瞬间，创造者的雄风所带来的尊严是不需要去证明其合理性的，而且这样的尊严开辟着自己的道路。

> ……我在另一个地方，只是人类世界的吸引力是如此巨大，在某些瞬间它使得一切都被遗忘。但是我的世界的引力也很强大，这个世界是爱我的世界，爱我是因为我是“可信”的……因为这个世界觉得，我在另一个层面上、在幸福的时光里，拥有了在这里完全没有的行动的自由。②

卡夫卡还从没有像用这些语句那样去挑战他的“幽灵”。他相信，现在允许谈论它们了，因为他开始了一部长篇巨作：他的**大作**，在这里，创作冲动、形式和内容都最终地融合到了一起。这位写作者移居到了一个荒漠上，并且他描写了如何抵达一片荒漠，这片大漠是**白色的**。在他的这部长篇小说里所发生的是冲破尘世间

①1922年1月16日。《日记》，第878页。

②1922年1月24日、28日、29日。《日记》，第890、893、895—896页。

的边界，但是，同样对这部小说的创作也是一次赌博，对此卡夫卡现在已经准备好了。其他的人——无论是在现实中的，还是在小说中的——都是目瞪口呆的见证者，他们看到了**傲慢**，尽管如此，他们也察觉到了不可思议的尊重——虽然他们无法理解它。那位土地测量员唤起了希望，特别是在女人那里，似乎这正是人们一直期待的，似乎只有他，一位异乡人，才能够成功地解放大家，解除禁令。当然，他一次都没有成功过。但是，这位作者——虚构了他的那个人，却可能获得了成功。

《审判》和《城堡》，职员的世界和农民的世界，以及一样神秘的宇宙，在那里无论是职业还是资产阶级的等级，无论是受教育水平还是经验，无论是理解力还是对社会的洞察力，都完全不重要。在那里都有同样的程序，遵循同样不可捉摸的规则——尽管不是在同一个阶段。“《审判》的世界和《城堡》的世界，”罗伯托·卡拉索（Roberto Calasso）评论道，“是与任何另外一个世界并行的，而却不会交叉。或者更确切地说，它们是另外一个世界的延续。”[①] 尤其是卡夫卡曾经认证，只有《城堡》了解过去。针对约瑟夫·K.的《审判》是在一个晴朗的日子里开始的，这场审判是**无中生有**的，它就像一道光突然打到了舞台上，而且正规的决定程序——它使得逮捕能够顺利进行——从来没被谈起。相反，围绕土地测量员K.的纠葛都是有前史的，人们可以去研究这些历史，它们储存在那些村民的记忆中，而且在后面也会被谈到。

很久以前，村长收到了城堡官员带来的一则令人惊愕的消息：将会雇用一位土地测量员，因而人们应该准备好所有的规划书和记录，这些都是那个人在工作中所必需的。一位土地测量员？我们非常感谢，这位村长在回信中写道，但是我们不需要土地测量员。然而，这个答复并没有回到最初发出消息的那个部门——我们称之为A，而是到了另外一个部门——部门B，而且那里的文件也不完整，也就是说，只有一个空档案袋，在那上面只是注释着，这是有关雇用一位土地测量员的事情的。几个月、几年过去了，在那个村子里，这件事几乎已经被遗忘了，而部门B寄回来了那个空信封，要求将它补充完整。但是，由于已经找不到最开始的信件了，因而村长只能再一次重申，他们不需要任何土地测量员。由此就发展出了在村长和部门B之间的大量的通信来往，而且部门B中的一位特别疑惑、对所有的答复都无法满意的官员插手到了这件事情当中。尽管如此，部门B还是弄不清楚这些纠葛的起源，因而这个部门没有别的办法，只能将几位秘书送往那个村子，以便查明，现在到底是否需要一位土地测量员。经过长时间的讨论，村委会否定了对土地测量员的需要。但是，在这期间，控制部门C发现，多年前，部门A发出的一封信一直没有得到答复。这封信又再次发出了一遍，而那位村长也同当时那样做了回

① 罗伯托·卡拉索：《K.》，2006年，慕尼黑/维也纳，第16页。

复——现在已经是第三次了：不，我们完全不需要一位土地测量员。又过了几年，直到一个晚上，一位陌生人出乎意料地出现在桥边的旅店里，而且——令人不解的是——他介绍自己是被城堡召唤来的土地测量员。[①]

在卡夫卡写下这个情节之后的几个月，他收到了布拉格齐兹克沃区税务局寄来的一封信，信上的日期是1922年9月25日，文件编号是Rp 38/21，这封信要求他以最快的速度前往税务局并且解释，他所担任法人代表的"布拉格第一石棉厂"什么时候获得了最后一次投资。卡夫卡立即回信说，他病得很重，因而很遗憾不能亲自去谈话，但是他确认，自从1914年以来——那一年，他的妹夫保罗・赫尔曼加入成为共同法人代表，就没有再增过资，而且所涉及的这间公司已经在1917年从商业注册中注销了，也就是说，从5年前就已经不再存在了。过了几天后，卡夫卡又收到税务局的另一封来信：他所发来的这些信息到底是什么意思？在这个税务局里既没有在9月25日发出的问询，也没有一份编号为Rp 38/21的文件。卡夫卡目瞪口呆，但是也感到如释重负；他应该是已经为这家工厂缴纳了足够的附加税，甚至还不得不申请了分期付款和债务免除，因而现在他可以认为这些事务都已经处理好了。因为，如果官方的公务程序消失了，那么肯定也没有哪位官员在等着他的答复。但是后来证明这是一个错误的结论。因为，大概一个月之后，在11月3日，布拉格齐兹克沃区税务局再次发来了信息："您被要求，在8日之内对本局1922年9月25日发出的信函（文件编号Rp 38/21）做出答复，否则，我们将通过布拉格金融管理部征收罚金。"

① 有关村长的这段描述和其他的叙述详细内容请见《城堡》，第96—111页。

第二十四章
领取养老金者和饥饿艺术家

所有稍微大一些的蜗牛壳
都能够充当合适的回音壁……
——布雷姆（Brehms），《动物生活》（*Tierleben*）

“在我办公的地方，一直都是这样的，似乎我的生活从早上才开始，但是，在这个时候我已经要完结了。”[①]毫无疑问，也存在着一个**内心的**办公厅，它像奥匈帝国的政府机构一样令人捉摸不透，而且有时在对现实情况有所认识之前，会浪费掉大量的时间。不过，当卡夫卡在3个星期后从施宾德尔米勒回到布拉格的时候——他在施宾德尔米勒度过了几天他的医生不在身旁的日子，他不得不确信，还存在着另外一个、运转良好的办公厅，例如在职工工伤保险机构内部，在那里，已经理性地计划了他的缺席。

对于卡夫卡而言，在巨人山脉的休假已经使得再次延长病假成为必要了，这一次他除了康复的希望，和“逐渐地”再次承担普通的办公室工作的希望之外，不能再提供更多的东西了。这听上去没有什么说服力，而且，在职工工伤保险机构的内部医生早在几个月前提出了卡夫卡的退休建议之后，所有的参与者都清楚，这种情况要见分晓了。很可能就是在卡夫卡正埋头于他最新的长篇小说的那些日子里，职工工伤保险机构商讨了如何处理他的事情。那位捷克总经理仍然没有做好将他的这位最有能力的职员在38岁的时候就送回家的准备。然而，科迪姆博士从医学角度的应变现在发挥了效用——这位医生在口头表述时更为直言不讳。人们因此不得不想到，卡夫卡在未来的几年里可能不再有工作能力了，而且，甚至有可能他的肺结核已经无法治愈了。

而在他于1922年2月17日回到布拉格的时候，他将面对一个不可思议的决定：职工工伤保险机构提升他为高级秘书，允许每年近21 000捷克克朗的“计划外的工资增长”（也就是说大约11%的增幅），但是增加后的工资的支付，是以他再次回到工作岗位为前提的。这到底意味着什么，卡夫卡有些费解，而且奥德斯维尔没有理由向他隐瞒：这并不是主要涉及他目前的收入的，而是在卡夫卡的健康状况进一

① 1922年2月12日的日记。《日记》，第906页。

步恶化的情况下，保障他得到可以接受的退休金，在只工作了仅仅14年之后所获得的退休金，当然大大低于站在职业生涯顶端、工作了通常年限的公务员所得到的退休金。那位总经理对留下来为数不多的德裔（以及甚至犹太裔）职员中的一位的评价，对于决定采用这个关怀备至的措施发挥了关键的作用，这一点是确定无疑的；另一方面，这项措施也意味着，职工工伤保险机构承认，人们并不真的相信卡夫卡博士会再回来。

这项措施的明智之处很快就会得到证明。有关卡夫卡在那几个月的健康状况的记录少得可怜，他只是在日记本上写下了一些关键词：他仍然经常发烧，而且有时会整天躺在床上。4月底的时候，他再次出现在职工工伤保险机构的内部医生那里，他需要医生的诊断书，为了像几年前那样，能够将他的5个星期的常规休假和病假连起来。没有人对卡夫卡仍然无法上班感到惊讶，科迪姆博士也不再敢唤起任何希望了。他在证明书上写道，肺病尽管没有继续发展；但是“在可以预见的时间里，不能指望健康状况有大幅度的改善，从而使卡夫卡博士先生能够重新出现在职工工伤保险机构”。**在可以预见的时间里**，只有卡夫卡的家庭医生还一直认为，再经过几个月的系统治疗，他有可能重返职场。但是，很容易让人怀疑这是职业性有目的的乐观主义，而且，内部医生的意见显然更有分量。[①]

最终，在4月份的诊断书出炉之后，就连奥德斯维尔也不得不屈服于事实了：在不确定的时间里一直向一位缺席的职员支付全额工资，即便是最好的提携也是不可行的。对于这种情况，可以采用“提前退休”机制，也被称作“部分退休”，根据这个机制，只是支付退休金，而随时重新恢复工作的可能性则一直是开放的。当卡夫卡在5月与他的总经理私人会谈的时候[②]，奥德斯维尔告诉他，现在已经不再是有关退休与否的问题了，而只是涉及退休金的额度，并且奥德斯维尔极有可能建议他，他应该抢在职工工伤保险机构前面采取行动，并且公布他的灾难性的境况。因而，在6月7日，离他的常规休假结束只还有4天的时候，卡夫卡提交了转入提前退休状态的申请，但是，他请求，不要根据他现在的工资计算退休金，而是以高级秘书的较高工资为基础，因为否则的话，这个数额“非常小，特别是在必要时完全不足以支付医生的诊疗费”。[③]

这是一封请求书。这显然是让他感到丢脸的，特别是当他想起来，他在几年前就强烈要求辞职，并且申请不带薪休假的时候。肺结核病当然不再能够允许那

① 这份诊断书的副本参见《弗兰茨·卡夫卡：公务文件》，1984年，第438—439页。在1922年6月7日，科迪姆博士也非常含糊地写道：“在可以预见的时间里，即便不间断地进行康复治疗，也不能期待根本性的改善。再多次重复恰当的治疗可能会出现一定的改善。”

② 在1922年5月初写给汉斯·玛尔德斯泰格（Hans Mardersteig）的信中，卡夫卡提到，他前几天出现在办公室里，这是3个月以来的第一次。《1921年—1924年书信集》。

③ 1922年6月7日写给职工工伤保险机构的信，公务文件CD。参见包含卡夫卡工资额度的“职务表格Ⅱ”（Diensttabelle II），公务文件CD，第871—873页。

样的感情冲动，而且，卡夫卡在他的生命中第一次发现自己身处经济拮据的境地，这迫使他进行长期的打算。仅是1922年上半年给赫尔曼博士的酬劳就需要2 700克朗，此外还有定期做X光检查和药物的开支。卡夫卡能够算出来，即便在最好的情况下，这个病就要吞掉他的退休金的一大半，因而在这种情况下，根本不可能再支付得起住进疗养院的费用。他在万不得已的时候才动用的储蓄也已经所剩无几了。根据卡夫卡在1920年报税的时候记下的一些笔记可以知道，他有一笔定期存款，由此每年为他带来的利息收入相当于半个月的工资，还有一些奥地利和捷克铁路公司（Osterreichischen und Tschechischen Eisenbahnen）的股票，它们基本没有带来什么分红，此外还有奥匈帝国的战争债券，捷克斯洛伐克共和国显然不会去兑现它们，而只是（从1921年以来）可以换成长期的国家债券。由于他已经为不幸的石棉工厂清偿了客观的税金，因而他也许在1922年已经卖掉了石棉工厂的股票。提前退休迫使卡夫卡陷入多年来充满恐慌地努力避免的境地：对于父母财产的依赖。而提前退休所带来的一个微小的安慰是，一个相对有利的计算退休金额度的规则从7月1日开始实施，因而他每年会得到10 608克朗的退休金，再加上1 920克朗的物价补贴，这两项加起来相当于他现在收入的60%。卡夫卡意识到，现在他必须靠这些过日子，而且可能永远如此。[①]

他在最后的岁月里关上了大门，对外联系减少了，尤其是阿道夫・克洛卜施托克感觉到了这一点。这位医学院大学生还一直留在塔特拉山，卡夫卡只是作为疗养病人知道那里，但是并不清楚克洛卜施托克的日常职责；他们之间的关系是真诚的，卡夫卡将克洛卜施托克纳入了密友圈子，而且即便是在有其他客人的时候，前者也表现出是后者专注的听众和顾问。卡夫卡所乐于给予克洛卜施托克的帮助令人惊讶，即便在离开玛特里厄瑞好几个月之后，他还从一个部门跑到另一个部门，为了帮克洛卜施托克争取一些便利，从而使得后者能够移居到布拉格。显然，他的信写得并不像渴望对话的克洛卜施托克所希望的那样频繁和详细，而且尤其是，克洛卜施托克希望当涉及他所关心的问题，也包括健康问题时，人们应该将每个细节都完完全全地写下来。卡夫卡从施宾德尔米勒只寄了一张明信片给克洛卜施托克，而在他回到布拉格的时候，克洛卜施托克的一封要求帮助的电报已经等在那里了，卡夫卡对此有些抗拒，于是让他的母亲代为答复。

克洛卜施托克无法理解这些，他感到失望，为了应对即将出现的疏远，他开始更为猛烈地追求卡夫卡，与此同时，也有些责备的意味。他抱怨说，在玛特里厄瑞

---

① 卡夫卡所提出的将他以高级秘书的工资作为计算基础的要求，被职工工伤保险机构所接受了“例外”（ausnahmsweise），参见公务文件CD，第875页。但是，这在通常的实际操作程序中却被拒绝了，因为除了已经服役的时间之外，这位退休的员工还需要几个月或者几年才能“自动地”到达下一个工资等级；具体到卡夫卡的情况，大概要到1926年1月1日才可能达到那个等级。卡夫卡在1920年的有关报税的笔记被收录到奈库拉的《弗兰茨・卡夫卡的话》，第358—359页。

完全是另一番样子。绝对不是，卡夫卡反驳道，那个理想的幻象——克洛卜施托克现在从他那里所制造出来的——只是在书信里存在。“您也完全没有遗憾地承认，它是不存在的，相反，只是有些难以承受的是让自己埋头在这样的想象中：用一把奇怪的锁将一个人锁住，但是这个人有眼睛，可以去看，而且能够向前走，这应该让您感到非常高兴，而且您也应该为与向您涌来的世界的巨大争执而感到高兴。”[①]这样的泛泛而谈显然无法令克洛卜施托克感到满意，当他在1922年4月终于来到布拉格、注册进入德意志大学、以便继续中断的大学学业的时候，他发现他的担心被证实了：尽管卡夫卡还像以前那样乐于助人，全力为克洛卜施托克的移居做好了准备，让他暂时留宿，甚至为他在赫尔曼博士的实验室找了个小差事，但是他却不想每天都看到他。[②]

克洛卜施托克现在也不得不学习勃罗德在过去的20多年里所努力内化的东西：与卡夫卡的友谊，只有当人们能够在任何时候都无条件地接受他独处的需求的时候，才是可能的，尤其是哪怕当他的撤退看起来出乎意料而且毫无理由的时候。在这位医学院学生明白这样的规则并不只是针对他个人之前，应该还需要一些时间。当有一次卡夫卡毫不退让地敷衍他过几天再说的时候，克洛卜施托克的反应就像是一位被抛弃了的情人，他向卡夫卡的住处寄去了几句伤感而且可能还带有控诉性的话。显然，他认识到，他因此只能保持一定的距离了，因为作家、高级秘书卡夫卡在布拉格不会再指导他了，而且也因为他不再认为他是“势均力敌”的了。这无论如何都离真相出入太大了，以至于连卡夫卡都觉得有必要写信做出回应：“所谓的‘不势均力敌’只存在于，我们两只绝望的老鼠都在倾听主人的脚步声，然后跑向不同的方向。例如，你走向了女人，并选择了某一位，我走向了文学，但是所有的一切都是徒劳的，因为一切已经通过收容院所做出的选择、独特的女人所做出的选择本身，等等，就已经决定了。这是不势均力敌。”[③]

听上去并不是特别和蔼可亲。但是，克洛卜施托克通过卡夫卡的态度——也通过他信里的暗示——产生了糟糕的怀疑：他难道不是完全因为卡夫卡才来布拉格的吗？他不能继续在布达佩斯继续他的学业是有原因的——这已经在玛特里厄瑞详细地讨论过了：那里所煽动起来的反犹太主义的气氛令人难以忍受，而且匈牙利的大学也已经准备——作为欧洲第一——对犹太人进行入学限制。此外，克洛卜施托克还担心，由于他想在没有旅行护照的情况下就在匈牙利安顿下来，因而这甚至可能会要了他的命。但是，在布拉格的德意志大学，面对敌视犹太人的攻

---

①1922年3月底写给罗伯特·克洛卜施托克的信，载魏特施莱克的《卡夫卡最后的朋友》，第43页。

②布拉格的德意志大学（Deutsche Universität）的档案上显示，克洛卜施托克在1922年5月8日注册，他的“临时”住所填的是卡夫卡家在旧城的环形广场的地址。请参见洛特劳特·哈克米勒（Rotraut Hackermüller）的《卡夫卡的最后岁月：1917年—1924年》（*Kafkas letzte Jahre. 1917—1924*），慕尼黑，1990年，第83页。后来克洛卜施托克在克莱恩赛特环形广场（Kleinseitner Ring）的波尔茨安巷（Bolzanogasse）找到了一个房间。

③1922年4月写给罗伯特·克洛卜施托克的信。《1921年—1924年书信集》。

击，人们也绝对不是安全的，正如他很快就会经历的那样，1922年的夏天和秋天，在那里发生了德裔大学生的骚乱，他们拒绝从犹太裔校长的手中接过他们的毕业证书。但是，一名犹太人居然被**选为**校长，还受到政府当局的特别保护，这在校园里是完全不可思议的。[①]最后，一个对于克洛卜施托克而言非常重要的慰藉终于也出现了，他在布拉格遇到了上千名说匈牙利语的同学，一些匈牙利人在战后由于国界的迁移而成为捷克斯洛伐克的国民了，这中间还有在布达佩斯会被拒绝入学的匈牙利犹太人。

有关布拉格说了很多。但是，在玛特里厄瑞却从没谈过，在卡夫卡身边，是制定克洛卜施托克未来人生规划的重要的或者甚至说是唯一的标准。卡夫卡几乎是生硬地反对这样的约定，这样的确定无疑表明，他不再对任何人承担这样的义务。恐惧是巨大的：

> ……眼下的害怕——有关未来我完全谈不上——是无休止的、掷地有声的、非常明显的，它与该死的不可分离性联系在一起（我把悄悄做出的约定排除在外），所害怕的在上天面前不断疯长的义务。你使我对于男人也像对于女人那样无能为力。究竟是为什么使得一个人在学徒旅游期里讨要如此了不起的东西。每一分钟都不可避免地被完全用作为心醉迷离、恬不知耻地自吹自擂的机会，那么为什么还要寻找其他的机会。而且，反正损失可能并不像有时他所感觉的那样大；这让人觉得有点像讲到道路有共同性的时候，人们就将其他的都托付给这个放射形路口了。[②]

这里说得非常清楚了，而且当克洛卜施托克无疑也不是能够与之“悄悄做出的约定”的人的时候，他就应该慢慢地认识到，要去尊重卡夫卡所展示出来的界限，但是在某些特定的前提条件下，还是可以穿过那条界限的。这条边界线似乎就划在“幽灵”的眼皮下面，而这些“幽灵”不是卡夫卡想通过成心提出的对于幸福的要求而去惊动的。但是，即便在隐居的时刻、在谈话的一时兴起中，也有足够的空间可以去挑衅“上天”。

卡夫卡提出的“道路有共同性”完全不是一句陈词滥调，这对克洛卜施托克来说是一种带来安全感的体验。共同的兴趣**曾经存在**，而且克洛卜施托克的角色也绝对不只局限在学生和崇拜者之中。他一直还在维系着与匈牙利首都的知识分子

---

①这涉及历史学家萨缪尔·斯泰恩赫兹（Samuel Steinherz）（生于1857年），但是他只是出于一些形式上的原因（作为服务年头最久的教授）而被选为卡尔斯大学（Karls-Universität）的校长的。德裔学生的攻击一直持续到第二个学期，他们在11月15日占领了大学楼（Universitätgebäude），并且呼吁罢工。斯泰恩赫兹在1923年2月提出辞职，但是却被教育和文化部（Minister fur Schulwesen und Kultur）拒绝。1942年斯泰恩赫兹在特雷津集中营（Theresienstadt）被刺杀。

②1922年4月写给罗伯特·克洛卜施托克的信。《1921年—1924年书信集》。

之间的联系，他个人与当地的一些作家所创办的一本文学杂志《西部》(*Nyugat*)也有联系，而且正是通过这种方式，卡夫卡也了解到匈牙利文学中不断增强的现代性，特别是他还读过有着广泛影响的抒情诗人艾德瑞·阿蒂(Endre Ady)作品的德语翻译版——这是克洛卜施托克送给他的礼物。不过，克洛卜施托克不只阅读匈牙利的文学作品，他也尝试着将那些作品翻译成德语，卡夫卡读过他的翻译全文，并且提出过一些修改建议。克洛卜施托克的语言领会能力非常快地就令卡夫卡信服，因为早在1922年秋天，后者就将自己的作品托付给前者了。卡夫卡得知，在匈牙利的卡绍出版了未经授权的《判决》和《变形记》的译本，因而他请求库特·沃尔夫出版社(显然这家出版社忽略了这些出版物)将今后的翻译权留给罗伯特·克洛卜施托克。由于出版社没有做出回应，因而这个请求在1923年春天又再次提出，而这一次有了效果。显然，在这个时间点，克洛卜施托克不仅在计划着将卡夫卡的文章发表在《西部》杂志上，而且也(值得注意的是与米莲娜·波拉克同时)策划着出一本作品集。他没有来得及及时完成这些事情。但是，克洛卜施托克严肃认真地对待这些项目，并且很快就开始着手去做了，后来在《布拉格匈牙利语报纸》(*Prágai Magyar Hírlap*)上发表的他对卡夫卡作品的翻译就证明了这一点：1925年在那上面发表了《在画展上》《心不在焉的眺望》《树》和《杀兄的人》。[①]

不过，这一切都不能令克洛卜施托克满足，因为他和卡夫卡暂时还谈不上文学圈的友谊——如同马克斯·勃罗德所享受的、一种时刻关注另外那个人作品的友情。尽管卡夫卡有时也会谈道，他在几年的沉默之后再次作为作家做出尝试，但是他勉强做出这样的坦白只是为自己的缺席辩解：写作，他解释说，现在对于他而言“是这个世界上最重要的事情，就像他的空想对于精神错乱的举动……或者就像怀孕对于女人一样的重要”。[②]克洛卜施托克没有办法看到卡夫卡的“车间”，而且这也意味着，卡夫卡不会给他朗读自己的新小说。那是只留给老朋友的特权，特别是勃罗德的特权，他甚至能够将《城堡》手稿带回家，并且允许用熟悉的手法催促续篇。但是，即便是勃罗德，当他发现持续发烧的卡夫卡不仅专注创作着到目前为止篇幅最长的作品——在短短的4个月已经产生了16章，而且还能找到时间做其他事情的时候，也感到非常惊讶。

卡夫卡在战争期间每天都带小开本的笔记本到布拉格城堡区，以便在奥特拉的小房子里，可以找到一个篇幅很长的片段，一个充满异域风情的文学世界就产生于此。卡夫卡为这个片段起了个标题——《中国万里长城建造时》，它在故事、传

---

①有关克洛卜施托克和卡夫卡与匈牙利文学圈的关系的其他细节请见Christopher Frey和里奥·A.勒内辛的文章，载《卡夫卡最后的朋友》，第83—84、275—277页。

②1922年4月写给罗伯特·克洛卜施托克的信。《1921年—1924年书信集》。

奇、政治性反思和虚构的回忆录之间游走着，但却完全没有表明我——叙述者想从中表达什么。显然，它主要是关于皇帝的职能的，皇帝是将数量巨大的中国百姓凝聚起来的符号的化身，无疑上面和下面的直接交流是不存在的，而且那种交流也是不发挥作用的，除非是"上面"希望的沟通。在这篇作品中嵌入了一则寓言，它阐述着这样的理念——卡夫卡后来以《皇帝的谕旨》为题将它单独发表，这个理念是他的最重要的、关于权力机关的等级制度的隐喻的另一个变体：正是那些等级制度，将无法跨越的障碍推到了人类和他们的天职之间。卡夫卡在从《审判》到《城堡》的路上，都一直想着这个隐喻，直到现在他似乎才明白，这个隐喻还有黑暗的反面：大门之所以一直是紧闭着的，并不只是因为守门人拒绝打开它；它之所以一直关着，是因为一个更为糟糕的原因——人们没有**另一边的**钥匙。

但是，《中国万里长城建造时》是从迂回的叙述开始的；最开始并没有谈到皇帝，而是在说那座万里长城，人们花了好几代的时间建造它，而且它的所谓的不以时间为转移的特性也要求有特别的技术：它并不是整体建造的，而是分成单独的、相互分开的、每段大概有几百米长的片段。一段段之间所留下的缺口被慢慢地填补上，但是究竟有多少缺口却是民工，甚至是当地的工头都不清楚的。因为不仅没有人能够听到最高"领导人"确信地说，建造工程已经进展到什么地步，也没有人清楚，在工程结束后，这座大墙是否真的是没有缺口的。在人们的想象中，它从来就没有完成，它一直是片段的，而且作为一个个片段屹立在那里。

在这里，我们会不由自主地想到卡夫卡的创作历程和他写的大量片段，以及他写满笔记本的文字碎片。《审判》是不是恰恰以这种方式产生的呢？卡夫卡写了第一章，写了最后一章。然后他努力地将中间的"缺口"连接起来，但是并不是像建造一座桥梁那样以线性的方式，而是通过连接缺口的章节将文章连贯起来——在这中间似乎又发生了些别的事情，使得这位作者又转向它们，并且事后可能还做了补充。进一步说，卡夫卡一而再地放下《审判》的整体建造工程，以便在一定的距离之外——但是它还是在视野范围内、保持着显而易见的关系的——去展开其他工程，因而在这期间产生了《在流放地》《乡村教师》和《回忆卡尔德班》等附属建筑。如果我们再向后退一步，会看到一个广袤无边，以片段的形式存在的，还展示着大量缺口的人生——作品的轮廓，它是超——建筑，人们可以将它标志为"卡夫卡的世界"或者"卡夫卡的宇宙"。

这个想象世界有时会以压抑的方式表现为封闭的和自涉的。它有着神话的结构：因而读者会从中产生独特的体验，即人们在这里能够找到入口或者找不到，而且仅是找到入口也不一定就能够通向理解。另一方面，这个幻想的世界也是多姿多彩而且向外延伸的：卡夫卡也必定无法将这个世界留在某一部作品中，尽管每部作品都有所体现，他直到最后都紧紧地把握着这个文学创作的乌托邦。这个乌托邦首先面对的是一个工艺上的难题：每篇文章——无论讲述什么——都承载着一个**情节**，具有同样的特征，发生在同样的地点，这个乌托邦的地基只在边界的范围之内有负载力，而不能在事后进行任意地拓展。没有任何单独一部作品可以承载**所有一切**。例如，卡夫卡一定是破坏了小说《审判》中的神妙莫测的、寓言式的或者比喻式的结构，他让他的主人公明确地以犹太人或者作家的身份登场，尽管在围绕着村庄和城堡进行的顽强斗争后面站着的自然是双重的被驱逐的体验：西欧犹太人的疏离感，他们与自己的传统隔断了，而且甚至还被拒绝享有成为客人的权利（“我们不需要顾客”），以及这位作者的自觉自愿的隐居——即从熟悉的生活中出走，并且不惜任何代价追求“更为高尚的世界”，哪怕在必要的时候放弃家人、朋友和恋人。但是，现在——特别是在他的职业生涯，以及某种意义上来说也是作为中产阶级的生涯结束之后，卡夫卡再一次更为有力地驱使着这两个主题，他突然想到了一个解决办法——这是他已经多次屡试不爽的解决方案：他在这部小说之外再开辟另一个工地——万里长城的新的一段，尽管它们之前无法连接起来，但是所有的一切都处在**同样的路线当中**。

《最初的痛苦》是一篇叙事性小画像的题目，卡夫卡为了它，在3月份的时候中断了对长篇小说的创作：这是一个孩子气的、依赖于自己的经济人的艺术家的画像，他用艺术完全替代了生活：他避免站在结实的大地上，而是安静地生活在他的高架秋千上，他的第一个而且也是唯一的遗憾是由他的事业而产生的，它是由一个突如其来的愿望所触发的，即用**两根**高架秋千的支架杆去创作。卡夫卡将这个故事的一份手写的副本寄给了汉斯·玛尔德斯泰格——他是很有珍藏价值的文学及艺术杂志《天才》的主编，曾经在库特·沃尔夫的出版社工作过半年。[①]玛尔德斯泰格曾经多次迫切而且热情地请卡夫卡赐稿，他甚至已经表明，未完成的片段也可以——无论篇幅多长，对此卡夫卡当然无法同意。但是这一次非常不幸，卡夫卡的告别供稿——这应该是这本杂志的最后一期，并不是由玛尔德斯泰格本人来负责的，而是由沃尔夫负责，他从几个月前就欠着卡夫卡一个答复。卡夫卡这一次是否能够强迫自己写几句干巴巴的话感谢这位出版人，我们无从知道，但是想到因为这篇小文章而要重新，并且不断地被《天才》杂志所折磨，卡夫卡感到了极度的不满。当他“从沃尔夫的抽屉里拿出来那篇令人反感的小故事，并且也将它从他的记忆中抹去的时候”，他写信告诉勃罗德说，他感到很幸运，“他的信我没法读”。[②]

这样的事情不应该再发生了。这种敌视生活的艺术——那位艺术家就展现了这方面的典范，在此期间，卡夫卡提供了另外一个更完善的、更连贯而且更为极端

---

①汉斯·玛尔德斯泰格从1917年初开始担任库特·沃尔夫出版社的制作部负责人，他的工作也包括负责卡夫卡的《乡村医生》小说集的书籍印刷技术和排版问题。《天才》（*Genius*）杂志在玛尔德斯泰格的影响下，为高雅艺术和文学提供了更大的空间，它在1919年到1923年年初期间发行［副标题是：“未来的和古老的艺术的杂志”（Zeitschrift für werdende und alte Kunst），第二任主编是卡尔·格奥尔格·海泽（Carl Georg Heise）］。这本杂志一开始的发行量是4 000册，每期杂志的篇幅在145页到185页之间。

②1922年6月26日写给马克斯·勃罗德的信。引自《勃罗德与卡夫卡的通信》，第370页。

的版本，这就是短篇小说《饥饿艺术家》。为了这件珍品，他再次中断了一两天对他的那部小说的写作，卡夫卡自己认为这个短篇小说是“可以忍受的”，而这已经是他能为自己的作品给出的最好成绩了。尽管如此，库特·沃尔夫一开始并不知道这篇作品，相反，这篇小说是通过马克斯·勃罗德交给了沃尔夫的一个竞争对手鲁道夫·凯泽尔（Rudolf Kayser）——他从1922年年初开始担任《新评论》的主编。

这份S.费舍尔出版社的机关刊物，在1914年到1915年之交的民族主义的癫狂之后再一次清晰地赢得了声望，而且随着大量的非常着迷于印象主义的年轻记者逐渐离开之后——席克勒的《白页》也是这种情况，《新评论》建立了共和国和欧洲有思想的知识分子的活动舞台。在勃罗德已经在这里通过一篇长篇散文介绍自己之后，卡夫卡也有机会在上面发表文章，无论如何，这都是一个比库特·沃尔夫所带来愿景的吸引力要大得多的诱惑，尤其是后者总是立刻将手稿占为己有，然后一年又一年以生产技术方面的困难为借口对作者加以敷衍。卡夫卡从他的那位柏林出版商那里得到的几乎全是广告信函，对此他很确定地意识到，这几乎意味着一种辱骂了。尽管如此，1922年10月《饥饿艺术家》发表在《新评论》上之后，影响力不那么大的短文《最初的痛苦》也在1923年初发表在了《天才》上。从沃尔夫的角度来看，这是一个模棱两可的信号。难道不是卡夫卡一再信誓旦旦地说，自己没有什么可以提供给出版社的吗？现在，由于他已经明确地从他原本的职业中撤退了，那么他就要从其他地方收获果实了。在一年前，沃尔夫肯定还会毫不犹豫地建议卡夫卡将这两篇分开发表的文章集成一本薄薄的册子出版。但是这一次他没有作声。

那是卡夫卡现在热爱的一种风景。开阔的山谷，安静的河流，长满树木的河岸和岸边的沙地——邀请着人们前来游泳，从河滩向上是缓缓升高的山坡，宁静的森林环绕在周围。朴实无华的风景，它不在雄壮的山峰的阴影中，而是自由自在地躺在宽广的天空下。这是南波西米亚地区的一处风景名胜区——普拉纳（Planá），它离布拉格只有100多公里，是鲁施尼兹（Luschnitz）附近最受欢迎的度假胜地。

在这里，奥特拉和约瑟夫·戴维从一名工匠那里租了一套简单的公寓，那是在一楼的两个房间：一间明亮而且温暖，有两个窗户，从那里可以看到小河和森林，另一个是间不大、屋顶倾斜的房间，在那里可以看到花园，此外，这套公寓还有个大厨房。奥特拉和现在已经15个月大的维拉将在这里度过夏天，奥特拉的丈夫则会在周末和休短假的时候来普拉纳；这是愉快安逸的田园风景，是对卡夫卡而言无法抗拒的诱惑。这里唤起了对祖豪的回忆，那是他度过的最幸福的时光，他从来没有像在那里那样被关怀备至地照顾着。现在，由于奥特拉从繁重的农活，以及为了获得食品的日常斗争中解放了出来，因而她可能可以在自己孩子之外，也对哥哥加以关照，而且一位女佣也一起来到了普拉纳，因而一切都会比在祖豪农舍那时的情况还要更好。戴维夫妇达成共识，反正也不是一定用得着那间屋顶倾斜的房间，那么就和弗兰茨一起分摊房租好了。

但是，从奥特拉的经验来看，这是一个需要她付出勇气，甚至牺牲的决定。与弗兰茨住在隔壁可以非常有意思——在布拉格他们中间就隔了一层楼，但是，另一方面，这也意味着，人们多少要扮演他的护理者的角色，要管理他的饮食，此外还必须忍受他的敏感——这是从祖豪时期就开始，并且随着发烧和失眠而愈演愈烈的。但是，他该怎么办呢？他应该去哪儿，才能在这个夏天让他病弱的身体得到一些阳光和新鲜的空气呢？像在梅兰那样长时间住在疗养院休养，是他不再能够负担得起的，而这个夏天独自一人在旧城的环形广场度过——父母去了弗兰岑斯温泉、艾丽在波罗的海、威尔特士在塞勒森、克洛卜施托克在学期结束后又去了塔特拉山，既是有违医嘱，也终归是令人绝望的。因而，早在6月23日——在他正式退休前一周，卡夫卡就已经登上了开往南方的快车。这是一列终点站是维也纳的火车，那个目的地现在远远地躲在他的视野之外。仅仅在一个半小时之后，卡夫卡就已经在泰伯（Tábor）下了火车，他又换乘了一辆开往几公里之外的普拉纳的慢车，然后就离他的住所普瑞伏纳・乌里斯（Privna ulice）145号只有几步路了。通往维也纳的铁轨从身边伸向远方，当然长途快车不在这里停站，这些快车在卡夫卡的视野里足足开了3个月，而米莲娜・波拉克是多么频繁地坐在其中，他并不知道。

普拉纳“美得不同寻常”，他写信告诉克洛卜施托克。但是，真的可以这样说吗？这里难道没有唤起**相对立的一面**吗？这里难道不会将幽灵引诱过来吗？这是毋庸置疑的，因为它已经全副武装了。那是件熟悉的兵器，卡夫卡在祖豪、玛特里厄瑞和施宾德尔米勒的时候就已经对它有足够的了解了，但是，在这期间，那些幽灵又有了更好的装备，而且卡夫卡很快已经招架不住它们的狡猾进攻了——毫不留情而且从各个方面同时展开：一个年轻人练习着圆号；一个四口之家直接在他的窗下翻着干草；另一个窗子下是长达数小时的劈柴；数百米处的木材加工厂的电动圆锯；火车站的锤子敲打声和链条发出的叮叮当当声，而且在那里，从夜里三点半就开始有满载着原木的筏子从河上经过；大部分是“理性的马匹”、有时也有愚蠢的公牛踩出的蹄声，而且伴随着“呼哧呼哧的喘气声和该死的拖车声”。[①]另外，最诡计多端的是：一群小孩，有些是邻居家的，有些是女房东的亲戚，他们从早上8点就出现在房子前面的花园里，拖着两侧有栅栏的小车到处奔跑。人们能对这些小东西做什么？他们没有别的游乐场，他们发出来的噪音是最无辜的热爱生命的表达。“玛伦卡（Marenka）！”卡夫卡绝望地喊道，然后他马上就看到了那位13岁

---

① “该死的拖车声”（sakramentská pakáz），请见1922年6月25日写给罗伯特・克洛卜施托克的信，《1921年—1924年书信集》，以及1922年7月12日写给马克斯・勃罗德的信。引自《勃罗德与卡夫卡的通信》，第386页。

的女首领——“你不去采蘑菇吗?”[①]

他可能不止一次地想到，在布拉格的那座宽敞的、整个夏天都非常安静的大房子里过夏天，难道不是更好的解决办法吗?但是，他不想再让奥特拉为难，她已经尽力而为了。有时她会抱着小维拉走到花园，用糖果贿赂那些小孩，以便让他们暂时走开一会儿。但是，卡夫卡也会感到惭愧，特别是当他观察那家邻居的时候，那家男主人是一个在磨坊厂辛苦工作的倒班工人，他更为迫切地需要午睡，因而他除了有时将自己的7个孩子送到卡夫卡窗前的这块有栅栏的小草坪上之外，别无其他的选择。而且，当更愿意在大房间睡觉的约瑟夫·戴维却被奥特拉连哄带劝地一起去了那间阴凉的斜屋顶房间的时候，他就更加羞愧。周末的时候，一家三口挤在那里，而与此同时，这位作家几乎占领了这套公寓剩下的所有的地方。他们不得不放低声音，因为他已经睡得太少了，而当他没有睡觉的时候，他大部分时间都坐在他的笔记本前，咳嗽，耳朵里塞着“耳塞”。

也会有宁静的时刻。几乎每个晚上，在临近黄昏的时候，卡夫卡都会长时间地散步，女房东的那只有黑色斑纹的狗陪着他。他跨过小河，向上面的森林走去，那里有一个崭新而舒适的别墅群的小区，人们可以租这里的别墅度夏，前年的时候，甚至国家总统还来这里住过。这里远离木器加工厂和火车站的装卸台，人们在这里偶尔会遇到贝尼斯总统和其他布拉格政要，甚至还有国家剧院的演员、歌手和导演。卡夫卡穿过别墅群向森林走去，树木下夜晚的宁静，现在在他看来是这个世界所能提供的最好的东西，在森林的边沿处还有一条长椅，可以在那里看到瑰丽的风景;或者向小河的下游走上几公里，观察从田地里收工回家的农民，注视着以前的塞德莱茨(Sedlec)要塞附近的索克尼克(Soukenik)磨坊厂，然后当他掉头往回的时候，他已经走到了泰伯的界内了。在鲁施尼兹的**这**一边居住是多么美好啊，住在那些被精心打理的房子中……卡夫卡通过这样的念头，可能又再次挑衅了那些幽灵，因为有一天，他非常可怕地听到了“地狱般的噪音”，甚至是在森林边上，那里有两百多名来自布拉格的孩子，他们在附近的帐篷里露营，“人类的灾难”。[②]

他夸大其词了，他清楚这点;并不是一直这么糟糕，并且他自己有时也会制造噪音，也会在清凉的夜晚劈柴，而这些他都没有告诉他的朋友们。但是，除此之外他还能用其他什么办法让他们明白那些过度兴奋的状态呢——在这种状态下，从他的经验看来，精神错乱比任何时候都要迫近?勃罗德也在忍受着折磨，他现在也尝到了失眠的滋味，而且夜间不请自来的念头，也是令他产生了充满醋意的谋杀幻想的酷刑。菲利克斯·威尔特士的妻子对他的蹂躏，已经超出了他所能够忍受

---

① 这些以及其他的有关卡夫卡在普拉纳的周围环境的细节来自约瑟夫·维马克(Josef Vermak)的《弗兰茨·卡夫卡前往鲁茨尼西的计划》(*Pobyt Franze Kafky v Plane nad Lužnici*)，莱托(Leto)，1922年，收录于《斯洛伐克文学》(*svetov á literature*)总34期，1989年第1期，第219—237页。

② 1922年7月12日写给马克斯·勃罗德的信。引自《勃罗德与卡夫卡的通信》，第384页。

的边缘。而克洛卜施托克正遭受着自卑感的折磨，这使他陷入了抑郁。当然，这些人的痛苦是因为他们生活着、他们爱着，他们的损失不是别的，而正是他们自觉自愿所进行的冒险的结果——生活的风险，以及爱情的风险。但是，卡夫卡的存在却是相反的，它指向程度越来越大的**避免**，还有他所渴望的死亡的宁静，是他的存在的象征。避免行动、改变，这就像是一名伤员由于害怕疼痛因而只能保持一个姿势，尽管这让他很不舒服。

围绕着米莲娜的战争他失败了，但是，在那时——在两年前，他一直在为“放弃”这个决定而斗争，只要他还有力气，他就一直坚持着这个斗争，而最终他保持着决定的主人的位置。这一点，即便是他的朋友也是尊重的，尽管他们觉得他放弃得太早了。那么，他现在为什么而战呢？奥斯卡·鲍姆建议卡夫卡到图林根的格奥尔根塔尔（Georgenthal）去，在那里和他，以及他的家人一起度过几周；他已经找到了合适的住处，甚至可以为卡夫卡预留一间安静的、带有阳台和躺椅的房间。但是，在最后一刻，在又一个不眠之夜之后，卡夫卡拒绝了：他对旅行有太多的恐惧，他无法经受生活的变化，他已经习惯了待在普拉纳。

“因此就定下来了”，他写信给勃罗德，“我不再能够离开波西米亚，接下来，我会被局限在布拉格，然后是我的房间，然后是我的床，然后是某种姿势，然后就什么都没有了”。[①]

两个月之后，已经开始有秋意了，卡夫卡随意地与女房东尼里夫卡（Hnilivka）女士——她到目前为止表现得不是特别友好——聊了几句。他非常喜欢待在普拉纳，卡夫卡说，他愿意待更长的时间，甚至整个冬天。但是，如果奥特拉不在这里，那么他就不得不连续几个月到餐馆去吃饭，这不太好。您大概是害怕完全一个人待在这里吧，尼里夫卡女士评论道。不是，不是这样，卡夫卡笑着反驳说。那时，女房东说，我也可以为您做饭，另外，您可以想待多久就待多久。您说什么？卡夫卡几乎不相信自己的耳朵，他惊呆了，喜出望外，然后没有片刻的思考就答应了，并且再三道谢。在他看来不会有比这更好的事情发生了，这里不贵，他不必吃肉，这里的环境他已经熟悉了，令人舒适，孩子的喧闹声在冬天也会小一些，而且在冰天雪地的鲁施尼兹也不会再有运原木的筏子经过，连快速运转的圆锯也应该沉默下来。他转过身，走进了房子。还在上螺旋楼梯的时候，就有一阵心悸的慌张突然向他袭来。他知道，在这个一时冲动的决定被收回之前，他一刻都不能入睡。但是，怎么收回？当奥特拉从医疗方面的理由否定了这个想法的时候，卡夫卡感到释然；这里的空气太冷了，冬天的山谷经常起雾。第二天早上，她向女房东谈到了这件事情，三言两语就解决了问题，与此同时，站在一旁的卡夫卡惊讶得目瞪口呆。“当

---

① 1922年7月5日写给马克斯·勃罗德的信。引自《勃罗德与卡夫卡的通信》，第379页。

这些女巨人们谈话的时候，我就像格利佛（Gulliver）一样。”[①]

这样的情况对于卡夫卡来说并不是全新的，他以前也已经经历过激动得几乎在精神上要失去控制的地步。但是，新鲜的是这种他所称之为的“崩溃”，现在是由相对来说微不足道的原因诱发的，而且之后会持续一整天。在这个过程中，它经常会产生不明确的干扰和威胁，对此他会做出恐慌的反应。与此同时，由于这并不需要他作出什么决定，因而所履行的具体的、哪怕是令他自己不愉快的责任，也不能带来进一步的满足感。例如，在7月中旬的时候，他收到了母亲发来的电报要他赶紧回去：他的父亲在弗兰岑斯温泉患上了脐疝，肠子出现了危险的梗阻，他正被送回布拉格，并且将在当天晚上动手术。卡夫卡在病床边度过了几个小时，而且能够毫无怨言地接受他的暑假被打断（因而也包括小说创作被打断），这也使得他能够相当冷静地观察发生在他的家庭中的这个事件的过程，尤其是无助的父亲所表现出的有趣的现象。

马克斯·勃罗德通过详细的来信一直能够得知最新的情况，他当然没有将存心压抑性需求看作是卡夫卡痛苦的原因。“你躲着女人”，他写道，“你努力过没有她们的生活。而却没有成功”。卡夫卡应该承认他回避女人，但是他同样也承认能感觉到性的渴望。但是，勃罗德显然相信，卡夫卡仅是因为他更偏爱于美学式的祈祷练习——也就是说似乎是出于世界观方面的原因，因而已经放弃和驱逐了那些欲望，他应该用防御性的态度去结识新的人、去德国大地上旅行、去拜访出版商、去柏林体验戏剧首演，甚至还可能以这样的态度担当具体的记者式的人物。卡夫卡仍然拥有选择，而这一切只是依赖于他能够振作精神，这是一个美好的幻想，是一个假设。然而，事实上，他的烦躁易怒现在已经是一个没有被包扎的伤口了。就连大城市里穿着轻薄衣裙的女人们——这样的景象的确对他并不新鲜，也会突然让他觉得她们是“半赤裸着的”，她们引起了他额外的、几乎是令人痛苦的不安，使他不得不迅速地躲回到乡下去。[②]

在这里是勃罗德自己，可能的是由于一些清晰易懂的原因而成为被驱逐的牺牲品：他在情欲的痛苦中陷得愈深，他就理所当然地假设，他的这位好友——特别是从米莲娜——事件以来——也是在回避情绪上的痛苦。然而，卡夫卡眼下所面临的，却是完全来自另一个层面的威胁。可以预见的是，压抑他的并不是已经发展到病态的高度敏感、失眠和由于独处所引起的不断增加的恐惧。而是对于不断迫近灾难的预感和担心。他在普纳拉是否能够开诚布公地谈论这些，我们并不知道，但是，可以肯定的是，奥特拉从直觉上更好地捕捉到了，什么将会被拿来做孤注一掷的冒险，因为他的哥哥明显地表现出对于医疗建议的毫无兴趣。她带着这样的

① 请参见1922年9月11日写给马克斯·勃罗德的信。引自《勃罗德与卡夫卡的通信》，第415—417页。

② 马克斯·勃罗德在1922年9月14日写给卡夫卡的信，卡夫卡在1922年8月13日写给马克斯·勃罗德的信。引自《勃罗德与卡夫卡的通信》，第420、407页。

意识照料着他，即这样做的机会可能并不会再有太多了。而且，当她注意到他们所计划的9月初的离开几乎让他陷入绝望的时候，她准备宣布，要在这里再待一个星期。

卡夫卡半年来一直通过《城堡》这部小说，特别是凭借着专注力而加速推进着他的项目，勃罗德也无法对这种严肃认真的局面视而不见。为什么要对出版前景感到绝望呢？对此应该重新与柏林进行联系，已经发表的《饥饿艺术家》可能会带来别的机会。作为一名作家，卡夫卡的自信真的没有增强吗？他一开始几乎感到丢脸，他收回了小说的前几章，因为他觉得它们无聊枯燥而且令人厌倦，勃罗德表示了强烈的反对：这是一本“非常有意思的、有声有色的书”，他写道，在“有声有色”这个词下面画了两条线。于是卡夫卡继续写下去，稍晚的时候——在普拉纳写下的篇章在他自己看来要好了很多。不，勃罗德完全确信，卡夫卡恰恰是在现在，在这段时间，他的创作动力和完全的自由都不会再受到工作上的职责，也不再会受到任何敏感性的阻碍了。即便当卡夫卡在9月11日告诉勃罗德，他已经有两个多星期没有继续写那部小说了，而且它“显然会被永久地搁下了”的时候，勃罗德都没有打算将这看作是一则噩耗。他可能只是将这条消息看作是“骗人的耸人听闻的报道”，他风趣地回复道，而且他请卡夫卡仍然应该多写写这件事情，“也就是说，有关继续创作的事情”。[①]

当我们翻阅《城堡》手稿的最后几页的时候——这些写在“城堡笔记本6”的部分，直到1982年才被完整地发表，显而易见，撞入我们眼帘的是手工辛苦打磨的痕迹。**情节**被拆分开来，不同的发展线索和变体相互竞争，越来越大段而且复杂的删删减减，显然，卡夫卡在写作的过程中抗拒着强大的阻力，似乎他克服着不断增大的重量而跌跌撞撞地向上攀爬。在8月底的某一天，这一切都结束了，而且他不知道接下来将会如何。

到底发生了什么？是因为又一次的令人沮丧的“崩溃”吗——如同他向勃罗德暗示的那样，还是回布拉格探访父母，这令他太长时间分心，并且对文学蜘蛛网造成了不可挽回的破坏？绝对不会是因为不清楚这部小说的发展方向和结局，因为从保留下来的文献可以看到，卡夫卡早就已经瞄准了他要驶向的终点了。有可能他像写《审判》时那样，在完成前面的内容时，已经将最后一章写好了，因为他的主人公的命运已经被确定下来了：

---

① 1922年9月11日写给马克斯·勃罗德的信；马克斯·勃罗德在1922年7月24日和1922年9月14日写给卡夫卡的信。引自《勃罗德与卡夫卡的通信》，第415、390、421页。在1922年5月初写给汉斯·玛尔德斯泰格的信中，卡夫卡还强烈地贬低了这部小说：“可悲地胡说八道，是单调乏味地编织袜子一样的工作，机械地拼接，微不足道的手工作品。”但是在9月11日写给马克斯·勃罗德的信，他承认“在普拉纳写的完全不像你所知道的那样糟糕”。

> 这位所谓的土地测量员至少得到了部分的满足。他没有在战斗中被打败，但是他已经筋疲力尽了。在他临终时，床边聚集着这个村庄的居民，同时，城堡那边也作出决定，尽管K.提出的住在这个村子里的要求不成立，但是，考虑到某些附带的条件，他可以在这里生活和工作。

然而，毫无疑问，这绝不是一个**无条件**的失败：马克斯·勃罗德在他将这部小说本身从遗物中公之于世之前，已经从它的作者所计划的结局中勾勒出了这样的结论。[①]这是一个有说服力的退场，而且也符合卡夫卡思路的典型的环形闪避特征：城堡显然无法给予人们所渴望的合法性，只要这种合法性是赋予那位申请人的，哪怕用于任何用途都不行；同样，那位合法性的守门人也不会让道路畅行无阻的，只要有人想要走到那里，哪怕是孔武有力也不行。但是，卡夫卡不会以显而易见的方式继续反映一个经过长时间透彻思考的主题。因为他——迎着最初的表现，甚至可能迎着他最开始的计划——就已经通过《城堡》开始着手应对叙事技术方面的难题了，这些问题比《审判》所应对的技能上的挑战，又上了一个层次。一直被保留下来的中国万里长城的建筑原理——系统性的部分建造——在这里继续发挥作用，他没有用，或者较少地用到站点式戏剧的线性原则，因而这位作家能够以近乎任意的顺序处理他所计划的各个阶段。尽管如此，《城堡》所讲述的几乎全部是相遇的故事。但是，当被告人约瑟夫·K.的谈话对象和《审判》中其他所有的配角都从雾霭中浮现出来，然后又消失在那里的时候，卡夫卡在《城堡》中则开发了完整的社会关系网络，越来越多的人物被牵扯进来，而且最后甚至将城堡的官僚体系本身也囊括进来了，在那里，每一位公务员都被以独一无二的方式展现出来。所有人物都有着自己的历史，他们结成联盟，并且保持着敌对关系，怀疑或者爱恋对方，由于这些次要情节对那位土地测量员的命运产生着影响，因而使得卡夫卡必须给他们做个了结，并将这一切合理地联系起来。

例如，读者通过好几章得以了解了巴拿巴一家的历史，他们会有怎样的结局呢？弗丽达和前“助手”耶瑞密阿斯之前的关系到底会如何发展？虚荣的酒吧女招待帕匹在弗丽达回到绅士旅店之后，而不得不重新回归下等职位，那么她又会怎样发展呢？那位土地测量员本人，也与他人结成了千丝万缕的联系，有的关系一直是暧昧的，而有一些则通过具体的约定而不断地清晰起来。很有可能，卡夫卡还计划了K.和神秘莫测的安玛丽阿的会面。K.同样也约好了与一位“来自城堡的女佣”、小男孩汉斯的母亲见面。绅士旅店的女老板对K.有所图：这是另一个我们期待能够解开的谜。K.被帕匹劝服，在绅士旅店地下室的一间非常小的房间里过冬，而最后，农夫格尔斯塔克尔一家也参与了进来，因而突然就没有能够提供给K.的

① 马克斯·勃罗德为《城堡》的第一版所写的后记，发表于《柏林日报》，1926年12月1日。

住处了。世界太小了：人们真想送给那位疲惫的土地测量员一本行事日历，因为最后他对局面失去了控制，而且显然这位作家也对他失控了。他就像一位杂耍演员，通过训练，学会让一定数量的物体运动起来，并且停留在空中，但是它们还是都掉到了地上，而他只接到了一个。

这对卡夫卡而言一定是一个令人沮丧，甚至叫人绝望的经历——在大半年的高强度创作后，他的第三部、同时也是——正如他自己所意识到的那样——最后一部长篇小说项目失败了。10年前，在《失踪者》中断之后，他还有一些时间来产生希望，憧憬着重新获得想象力，从而完成那部小说，并且在那时，他对那个故事的结局也已经有了相当具体和形象的想象。即便是《审判》，卡夫卡也能够在同菲利斯·鲍尔就婚姻问题的持续斗争期间、在产生这部小说的人生状况没有发生根本性改变期间里，着手对它的写作。但是，在《城堡》上，卡夫卡作为一个作家破产了：他为自己安排了一项任务，而这些任务对他的叙事技巧提出了过高的要求，而且他也无法将创作过程和想象力的圆满性，与文学创作中运用技艺的必要性协调起来。

但是，在普拉纳期间留下的信件和记录都显示，卡夫卡并没有像他之前所惯常的那样作出抱怨的反应，相反，他立即开始专注于对他自我形象中的事物的反思，并且尝试着去理解它们。还在这一年年初的时候，他就将自己定义为流亡者，这个人背对着人生，被推向未知的外星人的荒漠上去了，在这个过程中，骄傲的声音也同时响起，使得这个人敢于去做其他人一定会拒绝的事情——独自统治着整个王国，那里其他人从来不可能踏入。对于文学创作兴趣的再度苏醒，要归功于这个私人神话般的象征，这种映像还没有确立下来的时候，卡夫卡就已经在他的一些短文中暗示它的存在了。在《最初的痛苦》中的那个高高的，在他的观众头顶上生活、创作的高架秋千艺术家，完全不是一个令人钦佩的形象，尽管从一开始就强调，他的艺术是最艰深的，他是"一位完全不可替代的艺术家"，而且正因如此，他不得不将所有的生活需要都置于对完美性的追求之下。尽管这个伤感的人必须将那个狭小的高架秋千当作他真正的故乡，但是它却不是自由的王国。

那么那位饥饿艺术家呢？他也是流浪民族的一员，是一个无根的存在。卡夫卡在这里一直可疑地使用着"艺术"这个模棱两可的概念——他将这个概念用于马戏团的世界，而且将它与杂耍联系起来。那位艺术家身体上的特殊性具有一些荒诞的色彩，而且从总体上来说是敌视生命的（尽管他在他的表演中存活下来了），正因为如此，他利用任何时机，以艺术家式的存在的特殊气息为自己做证。然而，公众们却很可能清楚如何区分：一位二流的作家、画家或者音乐家，通常会比一位一等的艺术家更有名气，而且享有更高的声望，更不要说表演吞宝剑、掷飞刀、笼中人的人了，这位"饥饿艺术家"——他的艺术实际上只能在不作为中产生，因此很有可能采取欺诈的手段。卡夫卡非常详细地汇报了这位艺术家的工作环境[①]，在这里对一种职业的描写，即便连马戏团专业人士都不会质疑，这个职业不是马戏团的壮丽辉煌的正式节目，而是在黯淡的光线下的“正戏之间的穿插表演”：这种技巧早在19世纪末就被认为是有害而且多余的了，它被掌门人以科学研究目的为借口而被保留下来，但是最终在战争期间和结束的饥荒之后，被看作是伤风败俗的表演。因而卡夫卡绝对不可能要给饥饿艺术家恢复名誉，或者甚至是将其理想化。他充其量也就是引起读者的同情，而且他让这位艺术家说出了为自己辩护的遗言：他恰恰是找不到让他觉得美味的吃的，要不然的话，他不会“惊动视听的”，而会像所有其他人一样大吃起来的。尽管这是真的，然而他的饥饿仍然是无意义的、完全是个体的感受，甚至可能是一个建立在妄想基础上的行为。由于公众对于这位饥饿艺术家的关注，早在他死去之前就已经消失了，而生命也从他身边掠过，因而这可能是令人伤感的，但却不是严格意义上的悲剧性的。在结尾处，卡夫卡将整整一个段落献给了一头年轻的美洲豹，它现在住进了“艺术家”曾经待过的笼子，为它着迷的观众紧紧地围在那个笼子周围。

艺术家式的声名狼藉的特性，不可能比在这里更生动形象地展现出来，在这里也展现了这种可疑性与卡夫卡最大型的文学创作之间的关系。因为他的小说手稿的篇幅越大、越看不到全貌，他就会越强烈地怀疑这部作品的意义，他也强烈地相信，这完全就是一种逃避现实的做法，是对最容易找到的毒品的滥用，和其他任何习以为常的通过止痛剂带来的迷醉没有什么两样。卡夫卡在写下《饥饿艺术家》之后，只用了几个星期，就能够将对作家身份最新的、悲观的解释融入他的私人神话中去了：没有荒漠，没有山峰，只是最深处的旋涡。那就是**相对立的一面**，那就是将他撕裂的**力量**。

当我今天又在失眠的夜晚、在令人痛苦的睡眠之间不停地走来走去的时

---

①《最初的痛苦》和《饥饿艺术家》的真实细节显然是来自一些相关杂志上的文章，卡夫卡熟悉专业杂志《艺术家：马戏团、杂技舞台、大型乐队、歌舞团的中心机关报》（*Der Artistt. Central-Organ der Circus, Variété-Bühnen, reisenden Kapellen und Ensembles*），他还在1917年的时候请人将影响力小一些的《舞台》（*Proscenium*）杂志寄往祖豪。唯一的一个场景——将饥饿艺术家放到笼子里以供观赏是卡夫卡虚构的，这显然是服务于使得在故事结尾美洲豹的登场成为可能。在卡夫卡的手稿本里，在《饥饿艺术家》之前直接就是另一篇有关马戏团的故事的开头。在这里涉及了一个节目编号，它代表一个名为“梦的骑士”的节目，这个节目的发明者在很久以前因为“肺痨病”死去了。《遗作Ⅱ》，第383—384页。卡夫卡在他生命的最后几个月还在继续这个主题。尽管《饥饿艺术家》很早之前就发表了，他在1924年春天的时候还是写下了一个场景，在那里，这名饥饿艺术家的早年的玩伴、现在他的对立极——一个“食人魔”来参观他了。《遗作Ⅱ》，第646—649页。其他的相关细节参见瓦尔特·鲍尔-瓦伯内格（Walter Bauer-Wabnegg）的一篇文章——《弗兰茨·卡夫卡作品中妖怪和机器、艺术家和技术》（*Monster und Maschinen,Artisten und Technik in Franz Kafkas Werk*），以及格哈德·诺依曼（Gerhard Neumann）的《饥饿艺术家和食人魔：弗兰茨·卡夫卡作品中的艺术和文化仪式之间的关系》（*Hungerkunstler und Menschenfresser. Zum Verhaltnis von Kunst und kulturellem Ritual im Werk Frank Kafkas*），这两篇文章都收录于沃尔夫·克特勒（Wolf Kittler）和格哈德·诺依曼编的《弗兰茨·卡夫卡：通信往来》（*Franz Kafka: Schriftverkehr*），弗莱堡，1990年。

候，我再次意识到我在之前的足够宁静的时间里几乎忘记了的事情，即我是生活在一个多么脆弱或者说完全不存在的土地上啊，黑暗笼罩着这里，黑暗的力量按照它们自己的意志显露了出来，而且不等我结结巴巴地说些什么，就直接毁掉了我的生活。我得到了写作，但是并不能说，我通过它就得到了这种人生。我的意思当然不是，如果我不写作，我的人生会更好一些。相反，它可能更加糟糕，而且一定是完全无法忍受的，最后以发疯结束。但是，毫无疑问这一定是以此为前提的，正如实际情况所表现的那样，尽管我不写作，我仍然还是作家，而一位不写作的作家无论如何都是令人发狂的不合理的事情。但是，作家的存在本身是怎么回事呢？写作是一个甜蜜的、奇妙的奖励，但是奖励了什么呢？在这个夜里，我通过像给孩子讲课所采用的那般清晰的实例明白了，写作所奖励的是魔鬼服务。向黑暗的力量的沉沦、通过大自然对于受约束的精神的挑衅、成问题的拥抱，和所有在这个过程中所发生的事情，是在上面的人所不知道的，如果那些人是在太阳下书写历史。可能还有其他形式的写作，但是我知道的是在夜里——当我无法入眠时进行的写作，我知道这种。

勃罗德已经不止一次从卡夫卡那里听到这样的表述了；但是，以前，尤其是在创造性大丰收的时期，他几乎是通过预先提出异议来抵制对于自己将要取得成绩的骄傲，他用——这些成就完全就是不负责任的、自命不凡的自我满足、它本身就会招致惩罚的——这一类的质疑来防止自己可能的骄傲。不过，这一次卡夫卡的重点却不是如此，这次不再与个人的弱点有关，也不再是有关道德方面的问题，而是关于一个致命的人生失误。这位作家不再能够享受他作为一位魔术师所做的一切，但是他唤起了生机勃勃的力量，这是他不能与之匹配的。他既无法与这些力量一起游戏，也无法与之商谈。最后，当这些力量追上他的时候，就将进行清算。但是，这位作家低头看自己的人生资产负债表太晚了，他早就付出代价了——作为预付款，并且是以分期付款的形式。

多么幼稚的人才会时常期望："我想死去，然后看人们如何为我哭泣"，有一位作家就真的一直不断地实现了这个愿望，他死了（或者他没有活着），然后不停地哭泣。因为他的骇人的死亡恐惧降临了，它看上去一定不像是死亡恐惧，相反，登场的仿佛是对于变化的恐惧，对于格奥尔格塔尔（Georgental）的空间。死亡恐惧的原因可以分为两种主要的类型。他非常害怕死亡，是因为他还不曾活过。我的意思并不是，还没有妻子、孩子和田地，还有牛群等生活必需品。为了生活，唯一必要的只有放弃自我放纵；搬进一所房子，而不是赞美它，挂上花环装饰它。有人可能会说，人生是命运的安排，而不是任何人能够亲手控制的。可是，如果是这样，为什么会有人后悔呢，这样的

> 懊悔为什么从不停止呢?难道只是为了让自己更精美、更有品位吗?这也是要放弃的东西。但是,为什么在这样的夜晚总是会产生这样的结论呢:我能够活着,而我没有活着。第二个主要的原因——可能只有一个原因,可能我错误地把它们分成了两个——是这样的一种考虑:我所游戏的确会真的发生。我并没有通过写作得以赎身。我在一生里都是死去的,而现在我将真的死掉。虽然我的人生比其他人的更为甜蜜,但我的死亡也将会比其他人的更为可怕。我身体里的那位作家当然马上就会死去,因为这样的形象是没有土壤的,没有存在,也从来不会化为灰尘;只有在最为美妙的尘世里生活,沉溺于享受的虚构才有一点存在的可能。这都是在说那位作家。但是我自己却不可能再生,因为我没有活过,我一直是一团黏土,我无法将火苗点燃成火焰,而只是用它照亮了我的尸体。它将成为真正的葬礼,那位作家,也就是某个不存在之物,拱手交出了陈腐的尸体,从此以后,尸体就留在了墓穴当中。我受够了作家,他为了在完全的忘我当中——而不是清醒,忘我是作家身份的第一前提条件——享受所有的感官,或者类似的,进行陈述,但是这将不再发生。[……][①]

卡夫卡的这封信几乎可以成为一个短篇的学术论文了,他将对作家这个职业的最详细的反思写在了纸上。勃罗德对此的反应不冷不热,在他看来,卡夫卡在对之前所约定的、去格奥尔格塔尔的旅行这件事上所表现出来的强烈的恐惧是没有什么理由的,而从这些理由当中,卡夫卡得出了过于广泛而且不可信的结论,他甚至将这些说法看作是一种优越性,这说明卡夫卡在声明不幸的过程中,终归还是能继续写作的,而他自己这些天却真的完全陷入了瘫痪。"……我(无论如何)都不觉得你的情况如此令人绝望。"[②]但是,勃罗德在这里混淆了动机和原因,这足以令人失望。因为卡夫卡已经不止一次地说到了"死亡的恐惧",而且他以最清晰的方式指出,这绝对不是一种隐喻。他害怕死于肺结核,而当他与这样的恐惧搏斗的时候,他想出来了一些人物形象,他们代替他接受死亡——一位是饥饿艺术家,一位是土地测量员。这是一个毫无裨益的游戏,它是由这位作家所推动的,但却是徒劳的,而且它会得到应得的报应。没有人能够占到便宜。

1922年9月18日,卡夫卡和他的妹妹奥特拉回到了布拉格。他作为退休人士的第一次远足,是在一个美丽而且宁静的乡村度过的,他几乎从没有过这样美好的体验。而在那座城市里不再有工作,也不再有其他任何职责等着他。那么,为什么还会有犹豫不决,还会有恐怖的神经质?他应该马上再退一次休,奥特拉开玩笑

---

①1922年7月5日写给马克斯·勃罗德的信,引自《勃罗德与卡夫卡的通信》,第377—379页。
②马克斯·勃罗德在1922年7月9日写给卡夫卡的信,引自《勃罗德与卡夫卡的通信》,第380页。

说。她笑得很甜美，推着婴儿车，她的小维拉坐在那里面。

他将他的城堡——笔记本装在了箱子里，这些本子上有很多页面都被涂掉了。他是否被说服朗读其中的某些部分，我们无从知晓——但这很有可能，因为一直与卡夫卡相处得很好的奥斯卡·鲍姆如果想要知道他的这位朋友在写什么，那么他就会要求朗读的。而且，卡夫卡在手稿中插入一个小而令人称奇的关键点，这对于他的这位朋友比起陌生的读者来说更能引起共鸣。

转折出现在第十三章，在这里，那位土地测量员在他尝试通过城堡的某一个偏门进入的过程中，使用了相当成问题的手段。他设计骗了一个无辜的儿童——男孩汉斯·布伦斯维克，他美丽非凡的母亲来自城堡，对那位土地测量员产生了无法抗拒的影响。汉斯将为K.铺平通往他母亲那里的道路。但是，这个体弱多病的女人为什么要接受K.介入她的命运，而且还要冒着与自己的丈夫可能争吵的风险？正是因为她的病，K.大胆地回答道。

因为他对此有一些经验，他——那位土地测量员！——甚至有治病的经历。而且，似乎这还不够，因而他又补充道，医生拒绝的病人有的却被他救活了。在家乡，人们因为他的治病能力甚至叫他“苦甘蓝”。

我们必须对文学界的情况有足够的了解，这样才能明白，那位土地测量员所谈论的是谁，而且他甚至说了一些真实的事情——在某种意义上。在1922年5月，也就是在卡夫卡写下这个场景前不久，弗兰茨·布莱出版了他的引起轰动的《现代文学界的动物寓言》，这是一部讽刺性读物，其中将同时代作家和知识分子描摹为充满情欲的生命。布莱似乎充分了解他作品中的候选人的偏好、脾性和恐惧症，因为在“卡夫卡”这个关键词下的内容是：

“这个卡夫卡是一只很罕见的富丽堂皇的月亮般的蓝色老鼠，他不吃肉，而只靠苦甘蓝为生。它的目光很迷人，因为它有着人类的眼睛。”[①]

---

①弗兰茨·布莱：《现代文学界的伟大的动物寓言》(*Das grosse Bestiarium der modernen Literatur*)，柏林［罗沃尔特(Rowohlt)］，1922年，第42页。这段(后来被卡夫卡添加进去的)引文出现在《城堡》的第229页。虽然只在少数情况下才有《城堡》的每一章写下的时间的记录，但是，与布莱的描写出现在几乎同一时间，这一点是没有错的。1922年4月初卡夫卡开始写第八章，6月初才到了第十六章。因而其中涉及布莱影射的第十三章，很有可能是在5月创作的，而正是在这个月，布莱的那本伟大的寓言出版了——那里面还有卡夫卡的其他熟人，比如他们被称为“这个勃罗德(Das Brod)”和“这个魏费尔(Das Werfel)”(“das”，这个，是德语中的表示中性的定冠词，通常用于指代动物——译者注)。

第二十五章
一个巴勒斯坦人

事情发生了，
之后它们打败了标准和目标，
因而现在只有退潮般的空虚在它们身后。

——海米托·冯·多德勒（Heimito von Doderer），《边界的森林》（*Der Grenzwald*）

亲爱的马克斯，这一次我可能再也起不来了，在一个月的肺热之后可能足以招致肺炎了，而且我写下些什么也从来没有对它有抗击作用，尽管写作拥有某种力量。

这封信是有关我对所有我写的东西的最后的愿望：

首先我所写的只有那几本书是作数的：《判决》《司炉》《失踪者》《在流放地》《乡村医生》，还有短篇小说《饥饿艺术家》（还剩几本《观察》的样书，我不想让什么人费力地将它们捣成纸浆，但是也不要再新加印了）。当我提到那5本书和那篇短篇小说的时候，我的意思并不是说，我希望它们被重新付印，并且会在未来流传下去，相反，根据我的本来愿望，它们应该完全消失。而阻碍我的是至少它们曾经已经存在了，不过，如果人们对它们不感兴趣，就不会有人拥有它们。

相反，除此之外我所写的所有东西（发表在杂志上的、以手稿或者书信形式存在的），只要是你能找到的或者通过请求收信人所得到的[大部分收信人都是你认识的，尤其是与菲利斯·M女士、朱莉·沃里泽克女士（娘家姓）和米莲娜·波拉克女士相关的信件，特别是不要忘记波拉克女士手里的几本笔记本]，所有这些都**无一例外**——而且所有这些**最好都无一例外地不经阅读**（当然我不反对你随便翻一翻，但是，对我而言最好是，如果你不翻阅，无论如何都不要让别人去读到他们），所有这些都无一例外地全部烧掉，而且我请求你尽可能快地这样做。

弗兰茨[①]

① 在这篇遗嘱式的指令上标注的日期是1922年11月29日。它被装在一个信封里，信封上写着“马克斯”。引自《勃罗德与卡夫卡的通信》，第421—422页。

自从在1918年10月西班牙流感将他打倒以来，卡夫卡就认识到了，肺炎意味着什么。这一次他很幸运，发烧没有引起其他并发症。但是，尽管如此，他无法按照约定的那样，到摩拉维亚的特里施［Trešt（Triesch）］、在齐格弗里德舅舅身边再进行一次治疗的尝试——家人们现在特别注意，要让弗兰茨一直处在亲戚的照料之下，虽然这位乡村医生所提出的大家早就熟知的建议究竟能发挥什么样的作用，一直是值得怀疑的。

卡夫卡也没有将他的第二份遗嘱交到他的那位朋友手中，而是将它保存在抽屉里。它并不是非常有可能会被认为是正当合理的。尽管勃罗德也提出过类似的要求，即当出现意外的情况时，他藏在办公室里的一捆信件和笔记也要在不被人看过的情况下销毁，但是这是有着可想而知的理由的——主要会与他的妻子艾莎有关。而卡夫卡所精确描述的他的最后的愿望，被不打任何折扣地执行的可能性却是非常小的，因为在这位作者周围，没有人能够分享他的这个孤高的指令中的如此严峻的观点。不过，即便勃罗德准备保护那3部未完成的长篇小说不被烧掉，可是为什么要怀疑——也许他至少对于通信和日记的看法与卡夫卡的意愿是一样的，这样的尝试是有价值的，对于卡夫卡而言，无疑也是一个涉及自尊的问题，尽管对迫近的终点感到了恐惧，但是至少也要大声地说出自己的愿望，让人们能够清楚地认识到它。相反，一个到今天还一直被提起的质疑是，卡夫卡为什么恰恰将这样一个如此严苛的销毁行动委托给他的朋友和经纪人——假设他从根本上是严肃认真的，从实际操作的角度来看，这样的质疑是站不住脚的。因为除了勃罗德，其他人能够接触到这些要被销毁的文件的可能性微乎其微：他与菲利斯·马拉舍（Marasse）（娘家姓鲍尔）有亲戚关系，米莲娜·波拉克尊重他，他自己也有一些卡夫卡的手稿，而且卡夫卡的家人也不会拒绝将其他的交给他（正如后来所证明的那样）。勃罗德成为卡夫卡遗嘱的全权执行人，因为不存在其他能够执行**这些**意愿的人。的确，由勃罗德所收集起来的信件和手稿的巨大数量，也以一种矛盾的方式证明了卡夫卡的想法。

在下一年或者后年，他最后的愿望是否还同样是这个呢？令人感到惊讶的是，卡夫卡同意出版短篇小说《最初的痛苦》，并且后来他甚至打算将它收录到最后一本书里，但是在这个"作数"的作品清单里却没有它。我们也不知道，他为什么不自己销毁长篇小说《城堡》的手稿，以及几个月前他所使用的另外一些笔记本——或者没有**悉数**销毁。我们可能不得不因此认为，那部长篇小说至少还"活着"，卡夫卡尚在犹豫，他现在可以用在施宾德尔米勒和普拉纳所写下的几百页的东西做些什么：辛辛苦苦写了一年的成果立即就被彻底毁掉，这可能并不符合他的销毁的愿望。相反，《饥饿艺术家》在《新评论》和《布拉格日报》上的发表，毋庸置疑是第一个清晰可见的征兆，预示着卡夫卡终于回归到他自己的真正的事业中了。

在他的家里一定也引起了巨大的震撼——当他们得知，这篇小说甚至被转载到了美国的几家德语报纸上。这简直是难以想象的，也可能是第一次，卡夫卡的家人将这个不通世故的人与所谓的“名望”联系在了一起：在极其遥远的地方，有一些捷克人，他们忙于写故事，而这些故事中就有**我们的弗兰茨**构思出来的。[①]

现在人们可以从卡夫卡那里所观察到的最显著的变化，如果不是心理上的新的形态，也至少是他在社会交往上变得容易接近了。在前几年，在他还行动自由的时候，他也会随自己的喜好去咖啡馆，或者一边聊天一边散上几个小时的步。那时，他将父母的公寓作为撤退空间而小心翼翼地对其加以保护。只有最亲密的朋友才看见过卡夫卡的床铺和写字台，他的房间显得极度冷淡、不好客，连他自己在这里都不经常脱掉西装、摘下领带。但是，公共空间和私人空间的毫不含糊的区分，由于慢性疾病所带来的障碍，从很久以来就无法继续保持了。病人无法出门拜访他人，但是他们却可以**被**别人来探望。最迟从1921年秋天开始，在他从玛特里厄瑞回来之后，卡夫卡的任何活动都变得困难了；在湿冷的天气里，以及在炎热的天气里，卡夫卡都不能离开这间公寓，经常升高的体温，有时长达一星期使他无法外出。渐渐地，人们不经过什么复杂的“手续”到家里看他就变得司空见惯了，有时女佣会为一大群拜访者打开大门，那里面甚至有他之前完全没有见过的人，例如剧作家格奥尔格·凯撒（Georg Kaiser），勃罗德顺便带他来到卡夫卡的床前，并介绍他们认识。

这是一个特别的，但绝不是例外的事件，因为在11月中旬弗兰茨·魏费尔也去卡夫卡父母的公寓拜访了再度发烧的他。魏费尔可能在面对卡夫卡的时候有些胆怯：他长久以来低估了卡夫卡，他后来试图通过心醉迷离的赞美来弥补这个过失，但是，他显然与卡夫卡的作品没有建立起有力的联系，而且在魏费尔的文章里找不到卡夫卡的相应的“影响”。卡夫卡曾是魏费尔在早期最敬佩的人之一，而当他的这种单纯的不偏不倚随着时间消失了的时候——战争在其中发挥了一定的作用，在他看来，卡夫卡这个人似乎是以一种不可琢磨的方式飞走了，而其他人则在所有力量的拉扯下无法起飞。魏费尔似乎完全不了解缺乏良知对等的人生，卡夫卡写作，就像其他人呼吸一样自然。但是，他还是在卡夫卡的眼睛里看到了作家式存在的乌托邦的具体形象，这绝对是无法让步于软弱无力的文学成就的。即便在过分慷慨激昂，并因为措辞适当而变得畸形的剧本《镜中人》（*Spiegelmensch*）（1920年）当中，卡夫卡也发现了“饱满的生命力”，并且他称赞《山羊之歌》（*Bocksgesang*，1921年）的作者是“伟大的游泳者”——在卡夫卡私下的隐喻中这

①《饥饿艺术家》在1922年10月初在《新评论》、10月11日在《布拉格日报》、11月5日在《纽约人民报》（*New Yorker Volkszeitung*）的周日版、11月11日在《纽约人民报》的《周刊》、11月15日在《先锋：为无产阶级利益服务的独立机关报》（*Vorbote. Unabhägiges Organ f ü r die Interessen des Proletariats*）芝加哥上发表。

是最高贵的称呼。[①]

但是，现在他带着明显的神经紧张接待着这位来自维也纳的作家。他已经读过了魏费尔的最新舞台剧剧本《沉默者》(*Schweiger*)，这是谣传和虚构的一个独特的混合物，魏费尔的主题要求过高，但最后却又无法被圆满地表达出来，这使得这样的主题几乎让人无法忍受——它要将唯灵论、神父生活、社会民族主义、反犹太主义、精神病学和精神分析、堕胎、谋杀和自杀、悲剧式的爱情和死亡带到舞台上。这太多了，如果在这里有什么值得赞扬，卡夫卡写信给勃罗德说，充其量就是"蹚过第三幕的淤泥的那种力量"。但是这部作品并没有因此就被搁在一旁。因为卡夫卡不仅对其文学方面感到失望，而且也感受到了一种挥之不去的个人受到委屈的感觉，或者说是一种被冒犯的感觉。

> 如果这只是司空见惯的反感，那么可能较为容易地将它说出来，而且反正也不再会有什么抱怨，我完全能够很好地保持沉默。这太令人惊骇了，很难理解，为什么在人们只是有些不幸的地方，却要表现出顽固不化、强硬、难以驾驭。您肯定是一代人的领袖，这并不是恭维之词，应该没有人将此看作是恭维，因为在泥沼里的社会有时需要领导。但是正因为如此，您也不是领导，而更多的是[……]人们带着不能抑制的焦急心情跟着您走。现在是跟着您这部剧本。它有很多优点，无论是戏剧方面的，还是其他更多的方面的，但是它却是一种从领导者的位置上的撤退，那里不再有领导，而只是对于这一代人的背叛，是一种欺骗，是一种将您的痛苦的趣味化的过程，是对您所承担的苦难的羞辱。[②]

卡夫卡能在多大程度上通过口头表明他的拒绝，我们不得而知——显然他会将这种拒绝用彬彬有礼的措辞包装起来，而且魏费尔会用他惯用的口才来防御。卡夫卡需要通过多次的努力——在第三次尝试下才写出一封信，才能够清晰地指出，他不仅觉得魏费尔的这个剧本是一次文学领域的故障，而且也是道德上的缺陷。钟表匠弗兰茨· 施威格(Franz Schweiger)无法与世界统一步调，这种情况对于人们是陌生的，他既想不起来也无法清晰地表达他所遭受的痛苦，最后他也从来没有得到妻子的无我的爱情——在这种情况下，完全可以将卡夫卡的某篇短篇小说当作模板来使用，但是，魏费尔却通过将这个沉默者贬低为一个心理分析的案例，从而直截了当地肢解了他。因而，沉默者开始遭受间歇性的精神分裂，于是最后发展到，他在精神错乱的时候枪杀儿童——这是来自临床医学教科书的一个

---

①1920年10月20日写给米莲娜·波拉克的信，载卡夫卡：《致米莲娜的信》，第283页。1921年11月写给罗伯特·克洛卜施托克的信，载《卡夫卡：1902年到1924年间的通信》，第363页。

②1922年11月底写给弗兰茨·魏费尔的信，载《卡夫卡：1902年到1924年间的通信》，第424页。

案例。为了做得更过分，魏费尔让一位疯疯癫癫的、名叫奥托卡·格隆德（Ottokar Grund）的讲师登场了，这是赤裸裸的，而且相当恶毒的来自奥托·格罗斯的世界的讽刺画。"您虚构了谋杀孩子的历史"，卡夫卡写道，他几乎无法忍住自己的愤怒了。"我认为这是对一代人所承受的痛苦的侮辱。在这里不再能开口说话的人，不应该再被当作心理分析案例牵扯进来。"①

魏费尔是一个过于敏感，但总体来说是不容易记仇的人，对于他的作品的批判性评论——他的情人阿尔玛·马勒（Alma Mahler）会以完全不一样的声调肆无忌惮地说出她的批评，他完全会根据个人的感觉而加以区分。他明白，最好将拜访卡夫卡向后推迟一段时间②，但是这并不妨碍他邀请这位生病的朋友、批评家一起过暑假，甚至还建议他一起去威尼斯住一段时间。毫无疑问，卡夫卡的指责比起他通常的克制态度来看过于剧烈了，另外，魏费尔很有可能只是拿格罗斯开玩笑，这对他来说却根本不是一个有说服力的解释——尽管他们3个人曾经在几年前聚在一起，甚至还考虑过共同办本杂志的计划。而且，现在，魏费尔对于奥托·格罗斯这个"案例"的想法，在这段时间里恰恰也发生了改变。另外，勃罗德是不是不应该反复强调，卡夫卡的一个最杰出的，也是最值得效仿的习惯就是，他能够发现每一个真挚的追求，即便在失败中他也去寻找良好的意愿，是的，甚至在邪恶中发现善良呢？

一个很容易被误解的习惯。因为卡夫卡作为读者并不只是简单的老好人，相反，他对待文学作品，甚至也包括理论著作都像对待一个活生生的人一样，无论他们的命运是否与他有关，他都会从第一次见面首先就去倾听他们的诉说。他能够做到，即便是第三流的作品也会以友好的态度面对，而且不顾专业上的缺陷继续对其加以推荐，最终——就像他曾经写信告诉勃罗德的那样，所有的艺术最后都应该被理解为只是一场沟通尝试，它"使得人与人之间传递一个真实的词语成为可能"。③这种完全真诚对待文学作品的态度，使得卡夫卡经常做出令人惊讶的宽容亲切的评论，如果他与作者是好友，并且他也参与了这个作品的生产的话。但是，也正是出于同样的原因和同样的因果关系，也完全有可能发生相反的情况，这就是魏费尔现

---

①在1922年11月中之后写给弗兰茨·魏费尔的信。《1921年—1924年书信集》。

②魏费尔回了家乡，没有再去探访卡夫卡。但是，不到两个月之后，他又来到了布拉格，因为恰恰是在这里，在1923年1月6日要在新德国剧院上演他的《沉默者》。卡夫卡回避了这个活动，这一点是确定无疑的；但是，他是否继续了与魏费尔的谈话，我们并不知道。在马克斯·勃罗德的日记选段中的一句评论可以说明一些问题，这段话上清楚地标注的日期是1923年1月："K.不喜欢魏费尔的剧本。"从阿图尔·施尼茨勒的日记中也可以看到，他与阿尔玛·马勒一样认为魏费尔的《沉默者》是一个彻彻底底的失败。在12月12日的日记上记录了魏费尔和施尼茨勒的一次谈话，它的过程与魏费尔在一个月前与卡夫卡的争论非常相似。参照阿图尔·施尼茨勒：《日记：1920年—1922年》（*Tagebuch.1920—1922*），第七卷，维也纳，1993年，第388页。相反，观众的反应却更为令人愉快，有许多人前来观看1923年的演出［特别是在柏林的格拉茨国王大道（Königgratzerstraße）上剧院里的演出大获成功，在那里魏费尔青年时代的朋友恩斯特·德意志（Ernst Deutsch）担任主角］。

③1923年10月22—24日写给马克斯·勃罗德的信，引自《勃罗德与卡夫卡的通信》，第435页。

在的经历。卡夫卡的反应就像是《沉默者》直接针对他、是在他面前立起了一面镜子一样，他在这面镜子里看到了一位男子的面孔，这位男子本身就是一个谜，他一直与他的同伴保持着永恒的距离，正因为如此，一直无法对爱做出回报。他就是沉默者弗兰茨。魏费尔正中靶心，一支利箭射在了未被包扎的伤口中心。

尽管如此，卡夫卡也一直阻挡着总有一天会被证明是完全正确的觉悟。他确信自己的批判性的评价是对的，这可能是前所未有的确信，当魏费尔的剧本也被媒体如此直率地对待的时候，他应该是感觉到了满足。不过，一则诸如此类的评价能够产生多大的效用，则一直是值得怀疑的。当卡夫卡在写给魏费尔书信的草稿中，两次用“一代人”这个词来表明这绝对不是在为他自己说话的时候，在给勃罗德的信里他却没有进一步承认，他对于《沉默者》的感觉是“如此私人化的，它似乎只是针对我的”：“它走到离我很近的地方，令人厌恶地击中我最令人讨厌的地方。”①

在卡夫卡一生中，对于文学方面评价的不确定感绝对不是新鲜事：他能够如此令人印象深刻地描写一部艺术作品的影响力，就像是描述一个人的魅力一样，但是，他也一再无法用有约束力的标准去衡量它们、用公众使用的尺度去校准自己的印象。作为一个无拘无束的作家而存在——就像卡夫卡在他有工作的那些年里一再考虑过的那样，如果缺乏面对现实的能力，这几乎是不可想象的，但是，这样的能力显然也不存在。无论是当批评家、记者、编辑还是自由的出版社编辑，如果没有这些兼职，卡夫卡是无法在布拉格之外立足的。但是，由于他能够做出专业性，而且人们可以理解的评论，因而他得到了比只是做些随口说说的点评多得多的报酬。但是，对于卡夫卡来说，写一篇精耕细作的评论太困难了，他只是非常罕见地冒险尝试一下。他在给汉斯·布吕尔的一篇排斥犹太人运动的战斗檄文《脱离犹太》（*Secessio Judaica*）撰写评论时，仅仅写了三段之后，就不得不最终放弃了——尽管他的所有朋友都熟悉、在讨论这些小册子，尽管他可以从谈话中得到建议和教义，尽管他在任何时候都完全不认为可以听任布吕尔的攻击而不做出回应。②

现在，在所渴望的“暂时退休”的自由中，失败是尤其痛苦的。不过，卡夫卡不

---

①1922年12月写给马克斯·勃罗德的信，引自《勃罗德与卡夫卡的通信》，第422页。

②汉斯·布吕尔：《脱离犹太：犹太文化和反犹太运动历史状况之哲学基础》（*Secessio Judaica. Philosophische Grundlegung der historischen Situation des Judentums und der antisemitischen Bewegung*），柏林，1922年。卡夫卡在1922年6月阅读了这个虽然有着一个浮华的大标题、却只有66页的小册子；他试图做出评论的努力——可能是准备写给《自卫》杂志——发生在启程前往普拉纳的前一个星期。《日记》，第923—924页。在他的这个尝试失败之后，他建议对犹太人历史尚不太熟悉的克洛卜施托克写一篇评论文章，1922年6月30日写给罗伯特·克洛卜施托克的信，载魏特施莱克的《卡夫卡最后的朋友》，第45页。最后，奥斯卡·鲍姆接过了这件事，在《自卫》杂志发表了《哲学式的反犹太主义：评布吕尔的〈脱离犹太〉》（*Philosophischer Antisemitismus. Bemerkungen zu Bluhers 'Secessio judaica'*），《自卫》，第16发行年度，第50期。鲍姆在1923年3月7日也进行了一场有关布吕尔的作品的演讲，卡夫卡可能前往参加了。

必继续长久地寻求作为评论家或者散文作者发表文章的机会，他已经以文学作品作者的身份享有足够的名气，得到了充分的尊重。尽管像马克斯·勃罗德那样，从几个月前就一直为《布拉格日报》不断地提供连载作品和根据委托来写作当然是不可能的，但是在能够自由地决定题目和交稿期限的前提下，为媒体写稿可能使卡夫卡能够决定性地改善窘迫的经济状况。这个机会似乎也是他朋友们偶然讨论的结果。还是在1922年8月的时候，勃罗德和威尔特士就想出了一个古怪的主意，他们推选卡夫卡继马丁·布贝尔之后成为《犹太人》的出版人，布贝尔（暂时）决定放弃这个职位。这可能应该很有意思，卡夫卡回答。“在我对业务几乎完全无所知晓、与人们完全没有什么联系，也缺乏任何坚实的犹太根基的情况下，我怎么能够插足这些事情？不行，不行。”[①]

负责一本杂志对于卡夫卡来说要求过高了，这是绝对毋庸置疑的。仅是疾病和慢性睡眠不足就使得那样的责任无法得以履行，更为要命的是他对待文章的无所顾忌的方式，和对于情绪及外界影响的无法控制的依赖性。但是，犹太文化？卡夫卡在这里所表达的异议听起来完全没有说服力。对于他来说，陌生的只是犹太文化中的各种仪式，他充其量也就对嘉年华般的普林节庆典活动感兴趣，因为那是孩子们的活动。[②]然而，有关犹太民族的政治方面和文化方面，他有着扎实的认识，而且到目前为止，他已经有十多年一直密切关注有关犹太复国主义的讨论，他一直在阅读《自卫》和《犹太人》杂志，他也了解大概自1919年开始发行的《犹太人概览》。虽然不是专家式的知识，但却是广阔的视野。卡夫卡也对哪些犹太文化的题目是至关重要的有着敏锐的嗅觉。他清晰地感觉到，在以犹太复国主义为导向的杂志中，有关“犹太人身份认同”和“犹太民族性”的抽象的讨论将慢慢过时；而现在有前景的是具体的文化政治方面的工作，例如，正像在巴黎的犹太人民之家所做的那些工作一样，还有就是犹太人在巴勒斯坦的定居，这将带来一系列的经济、政治、宗教和伦理方面的难题。卡夫卡所感兴趣的已经远远超出了普通的从文化角度对宗教历史进行观察，而那基本上是勃罗德在他的两卷本“信仰表白书”《异教、基督教、犹太教》（1921年）当中所做的，对于试图证明犹太教信仰要优越于基督教信仰的尝试，卡夫卡的反应甚至是充满讽刺的。

然而，这并没有妨碍卡夫卡立刻捕捉到对犹太集体的正面攻击所产生的影响——就像汉斯·布吕尔所做的那样。真正提醒卡夫卡一度拿起他的笔的，并不是布吕尔理论的思想深度或者他的某些令人吃惊的理论，而是布吕尔公然地从侧

---

① 马克斯·勃罗德在1922年8月6日写给卡夫卡的信；卡夫卡在1922年8月7日写给马克斯·勃罗德的信，引自《勃罗德与卡夫卡的通信》，第397、402页。

② 1922年3月12日卡夫卡参加了儿童普林节（Purim）的庆典活动，他的外甥女玛丽安娜·波拉克（Marianne Pollak）也一起去了。相反，他直到1923年初之前都一直不知道，坚信礼庆典（Bar-Mizwa-Feier，相当于基督教中的新教坚信礼）通常是在安息日举行的；见卡夫卡在1923年1月中旬写给奥斯卡·鲍姆的信，载《卡夫卡：1902年到1924年间的通信》，第428页。

面攻击的这个事实：布吕尔用犹太复国主义者，以及甚至是卡夫卡本人描写**西欧犹太人**特征的同样的诸如“颓废”和“保护色”等词语来描摹犹太民族性[①]，布吕尔写道，每一个犹太人“在本质上都是病人：这是和任何其他民族完全不一样的”。由于布吕尔智力上的局限性，他所运用的完全无法通过实证证明的“本质上”这个概念，当然是从魏宁格那里抄袭来的：反犹太主义者如何通过本能来保护自己将是灾难性的，他们用“世界性大屠杀”威胁着犹太人（“德国是唯一一个不会在这样的杀戮面前退缩的国家”），这样的威胁立即击中了犹太人受过创伤的自信，他们不断地怀疑，在这个星球上是否还会有什么别的地方，使他们能够不像隐忍的转租他人房屋居住的二房客那样生活。[②]

卡夫卡对于所有与犹太民族命运有关的事物的兴趣，在他生命的最后几年曾经极大地增强。来自内部和外部的多种多样的原因相互强化，这些原因完全无法再悉数重构，它们之间的优先次序和年代顺序只能大致得以展现出来。毫无疑问，卡夫卡和其他任何一位犹太人一样，对世界范围内的一直持续蔓延的反犹太主义感到失望和沮丧。人们所承诺的随着战争的结束和独裁的统治体系的消失而带来的新的政治秩序，在反犹太主义方面完全没有产生任何影响，甚至，反犹太主义所到之处，正是民主为其打开新的活动空间的地方，更加显而易见，也更加具有攻击性了。在德国，对于“纳粹党徒”的乌合之众——他们并不是为国会里的权力而战，而是在争夺大街上的权力——的恐惧，以及1922年6月24日的瓦尔特·哈特瑙（Walther Rathenau）的被刺杀，毁掉了最后的希望，即现在的一切只是共和国诞生的阵痛：“人们能够让它存活这么久真是不可思议”，卡夫卡以一种听天由命的冷嘲热讽评论道。[③]被组织起来的反犹太主义者，显然还没有准备好坚定的政治立场，从而去认可国家的独裁权力。这意味着，生活在以民主方式治理的国家中的犹太人，可能并不比处于皇帝统治之下更为安全，相反，可能会更加危险。那么，在布拉格会有根本性的改善吗？在这里，任何人都不必害怕“右翼”的暴动。然而，越来越有可能发生的却是，来自警方的仇视犹太人的力量一定会像病毒一样到处传染，就连德意志大学里的气氛都已经不可逆转地被毒化了——卡夫卡因为克洛卜施托克的原因，忧心忡忡地关注着这些。这是这样一个世界，在这里，人们无论看向哪里，都会看到旧有的、早已熟悉的、强有力的、多声部的威胁再度升起。从这样一个世界逃走也是没有任何意义的，这也很难与真理的追求协调一致。

---

①“保护色”这个概念通过达尔文主义而在反犹太主义者和犹太复国主义者那里都同样广泛流传，用来描写犹太人在他们的“种类上根本不同的”环境中的“用保护色伪装的行为”；马克斯·诺道（Max Nordau）和西奥多·赫尔茨（Theodor Herzl）也轻蔑地提到过“保护色”，参照里特契·罗伯特森（Ritchie Robertson）的《卡夫卡：犹太文化、社会、文学》（*Judentum, Gesellschaft, Literatur*），斯图加特，1988年，第219—220页。

②布吕尔：《脱离犹太》，第20、57页。

③1922年6月30日写给马克斯·勃罗德的信，引自《勃罗德与卡夫卡的通信》，第372页。

一位作家显然不能满足除了读读报纸，就是做着自己的梦的生活。他应该对这个世界上正在酝酿的事物作出反应：应该是多产化的，应该以犀利的目光或者有意识地保持距离来面对世界。处于自己文学创作退休阶段的卡夫卡也密切关注着，其他德语—犹太裔作家是如何表明自己立场的，对他来说典型的现象是，那些作家的吸引力和对他们的钦佩，绝对与他是否与他们意见一致无关。当然，这也是一种颓废的标志，是对文化方面和历史方面的根源的否定，是讽刺或者冷漠地对待这些根基；另外，直接打击被同化了的西欧犹太人的反犹太主义**也是他们应得的**，具体而言，这是勃罗德的观点，很长时间以来也是卡夫卡的观点，只是其形式要更为极端。个体能够做什么，绝对不是改变这种受辱的状况的关键。他们不外乎结成一个犹太复国主义团体，学习希伯来语，经常去犹太教教堂，为巴勒斯坦捐款。这些只是外部行为，能够缓解疼痛，然而，被切断的根基却是绝对无法愈合的。对卡夫卡尤其如此，当他提醒魏费尔这一代人的痛苦的时候，他指出，这种痛苦的根源并不是常见的代际冲突所引起的，而是由更深的断裂所导致的：由所谓的认知带来的，即父辈被同化的犹太文化是完全幻想式的、没有任何支撑的、在历史上缺乏合法性，而且很快要付出被毁灭的代价的事物，这种痛苦也来源于同时产生的最令人不安的体验，人们无法单纯通过做决定，就能够逃离这种“西方式的”犹太性。

> 在这种情况下，有时候能够带来精神给养的父辈综合体，所涉及的并不是无辜的父亲，而是父亲的犹太性，这种认知已经超越了精神分析的范畴。脱离犹太性，这是父亲以最不清晰的方式表达的赞同（这种不清晰性是令人愤怒的），大部分人都想这样，他们开始用德语写作，他们希望如此，但是，他们的后腿还黏在父辈的犹太性上，而且前腿也找不到新的大地。由此所带来的绝望是他们的灵感。[①]

卡夫卡从很久以来就确定，马克斯·勃罗德这位作家所面临的进退两难的境地所带来的结果是，他从自己的作品中所得到的结论，恰恰与他的初衷相反。勃罗德将教训记了下来，他相信，犹太作家已经认识到了同化是一个死胡同，他将这样的认识传递给他人，并且必须展现可能的出路和积极的相反的形象。因而，在勃罗德的长篇小说和短篇小说里，总是一再出现“犹太人”和“犹太的”这样的概念，出现在完全出乎意料的上下文当中——即便在那些地方，只是涉及妒忌这个致命问题，也会出现这些概念。相反，卡夫卡坚持认为，文学写作与宣传是无法统一的。他体验到，作家不应该去讨论，而应该尽可能用纯粹的方式展示——以“忘我的方

① 1921年6月写给马克斯·勃罗德的信，引自《勃罗德与卡夫卡的通信》，第360页。

式”，正如他在给勃罗德的信中写道的，也就是说，排除任何知识分子式的新闻审查，甚至是进一步排除现实性原则。卡夫卡的美学理想指向于——正如在他的一些文章中完全呈现出来的那样——个体性的、犹太性的或者单纯的“人性”的部分，正是因为这样的原因，他将所有的清楚表达的犹太性看作一种禁忌：在他的文学作品中没有出现过这样的概念。尽管如此，他仍然触及到了所有被犹太民族主义所激励的文学作品中广泛思考的焦点。

卡夫卡承认艺术作品的形式优先于作者所说的或者作者的观点，这样的态度带来了矛盾的结果。因为根据这样的标准，一位作家是否努力完成了一部形象生动而且语言有力的展现西欧犹太人悲剧的作品，不再成为评判成功与否的依据了，确切地说，他的作品是否有令人信服的**表达**，并不依赖于他所做的，甚至可能与他的意愿相反。在这里，特别要提一下卡尔·克劳斯的名字，他精确地展现了这一点——正是在这一点上卡夫卡偏离了作为批评家的航道，而开辟了他自己的道路：勃罗德和魏费尔与克劳斯——《火炬》的出版人——的对抗中没有表现出最好的形象，他们逐渐失去了对后者的兴趣。在这里，一次业务上的争执似乎将所有的未来都排除在外了，在这个时候，卡夫卡仍然带着极大的渴望继续阅读这些杂志，他从来没有被这场无与伦比的“舷炮齐射”所吓倒——这是克劳斯通过攻击性的讽刺作品《在那还能看到文学或者人》（*Literatur oder Man wird doch da sehn*）所点燃的，他的炮弹直接落在了卡夫卡身边。这样的文本到底为什么会吸引卡夫卡呢？他试图向勃罗德解释它的合理性。

> 根据那时候的印象——自然这种印象从那以后已经非常淡漠了，对我而言，似乎完全正中下怀，直击心灵。在德语—犹太裔文学圈这个小世界里，他确实或者其实在坚持着他所维护的原则，他是如此令人钦佩地从属于它，以至于他甚至都可以和这项原则混为一谈，而且允许其他人将他们混淆起来。我相信，我能够相当清楚地挑拣出，在那本书中哪个只是一个玩笑，这些充其量只是非常华丽，而那些令人怜悯的悲惨之处，以及那些真实的东西——至少像我的作品一样的真实，却是如此清晰而且形象到令人生畏。那个机智之处主要表现在说犹太德语，没有人能够像克劳斯那样说得如此地道的犹太德语，尽管如此，在这个德语—犹太人的世界中，几乎每个人都是说犹太德语的，如果进一步解释说犹太德语这种现象，仅是稍稍深入一些，就可以看到一个异乡的拥有者的或是大声，或是默不作声，或者也可能是自怨自艾的狂妄自大，我们并不是通过努力而竭力追求，相反，却是通过（相当）仓促的手法偷得了一门语言，因而只能一直都是一个异乡的拥有者，尽管我们能够证明我们从来不会犯一个语言错误，但是在所有的确证过程中，我们都在后悔地扪心自问。

> 我这样说并不是反对说犹太德语，说犹太德语是将书面德语和手势语言的有机结合[……]，它也是细致敏锐的语感所带来的结果，说犹太德语甚至是美妙的；说犹太德语的现象让人们认识到，在德语中，只有方言，而在方言之外，就只有最为个人化的标准德语存在。与此同时，语言上的其他的中间状态也并不是无用的灰烬，它们通过活力过剩的犹太人之手得以流传，由此带来了光彩的生活。这是一个事实，究竟是有意思的或者可怕的，完全按照我们的意愿；但是为什么犹太人会如此无法抗拒诱惑而走向那里呢？德语文学作品在犹太人解放之前也已经存在，很有影响力，特别是——就我所知道的，总体而言它的多姿多彩性绝对不会比今天逊色，甚至在今天它失去了多样性。这两种现象与犹太文化之间是有相关性的，或者更具体地说，是与年轻一代犹太人和他们的犹太性之间的关系相关，与这一代人的可怕的内心状况有关，克劳斯认识到了这样的联系，或者更准确地说，在他看来这些都是显而易见的。①

最后几句话是关键：根据卡夫卡的观点②，卡尔·克劳斯是否真的“认识到了”这个危机，并且能够理解它——他没有理解它，并不重要；克劳斯是否“公正合理”地评价了这场危机中的主人公，也不会带来显著的差别。至关重要的是，他的这部反映西欧犹太人危机的宏大乐章，是以强有力的征服性方式，同时却又是滑稽的语义双关的方式展开的。火炬手克劳斯是卓越的西欧犹太作家，语言的毫不妥协的捍卫者，他对于任何用错宾语第三格的错误都表现出个人的厌恶，这位著名的评论家，对于他的对手作品中的每一个用东欧犹太人的意第绪语所表达的内容，都倾泻以冷嘲热讽——恰恰正是这一切，使得卡夫卡将这位克劳斯誉为说犹太德语的大师。这才是重点，它的穿透力甚至连勃罗德都没能完全领会，它也强调了勃罗德所一遍遍强调的信条，即没有人能够脱离犹太性。③

但是，究竟是否为了理解克劳斯，就有必要容忍他呢？在卡夫卡的书桌上，《火

---

①1921年6月写给马克斯·勃罗德的信，引自《勃罗德与卡夫卡的通信》，第358—359页。

②这是指勃罗德记录下来的卡夫卡的口头表述：“卡尔·克劳斯将犹太作家们关在他的地牢里，严密地监视着他们，对他们严加管束。他只是忘记了，他自己也属于这间地牢。”勃罗德：《有关弗兰茨·卡夫卡》，第70页。

③“说犹太德语”和“行话”这两个概念，在克劳斯那里主要是指标准德语和犹太人以及东欧犹太意第绪语的语言习惯、说话习惯的草率的混合物。《火炬》杂志中的一些说犹太德语的例子：Entschuldigen Sie zur G ü te（道歉通往善）、man fand die Börse ohne dem Geld（发现没有金钱的钱包）、du meinst den, der was immer …（你的意思，这一直……）er hat direkt geweint（他直接哭了）、man fragt sich, wieso solches möglich ist（人们问道，为什么这样是可能的）、was sagt man!（怎么能这么说），第37期，第27页；第37期，第27页；第178期，第18页；第457—461期，第3页；第751—756期，第55页；第876—884期，第158页。但是克劳斯没有在文章里对这样的意第绪语加以攻击。他甚至热衷于有意地使用这些行话的犹太语变体，他认为在维也纳舞台上看到的“布达佩斯人的俄狄浦斯社会”的表演是这种行话变体的最好表现。“在市民剧场里说犹太德语什么都证明不了。在艺术表演中的关键是谁说犹太德语。”《火炬》，第343—344期，第21页。在弗兰茨·布莱的“动物寓言”里，卡尔·克劳斯被表现为“火炬鼠”；克劳斯本人一再排斥这个相当恶毒的画像，并且对此进行了评论。《火炬》，第601—607期，第86页及其后面若干页。

炬》杂志就放在《自卫》杂志旁边，这两份杂志无论在语言上还是在意识形态方面，都属于两个无法调和的世界，卡夫卡用同样的热情阅读这两种杂志，这是他的老朋友们无论如何也搞不明白的。面对一位更为年轻、没有思想负担的读者的时候，例如罗伯特·克洛卜施托克——卡夫卡与他在玛特里厄瑞山一起研究《火炬》杂志，甚至可能还有克劳斯的《文学—歌剧》(***Literatur-Operette***)，卡夫卡能够更加直言不讳地发表看法："我不打算拒绝所有善良和邪恶的本能所制成的甜美点心"，卡夫卡在普拉纳的时候写道。那个时候他正准备阅读几个月前已经出版的新刊；而且稍后的时候，他甚至汇报了"令人不安的狂欢"，即他"整个晚上"一直在读《火炬》，克洛卜施托克应该很熟悉这种情况。而勃罗德却完全不会再知晓这样的罪过。[①]

卡夫卡甚至已经展示出，如何以最感性的方式仔细观察对于文化同化的恐惧，但却不将这样的恐惧明确地表现出来：他的由一位衣冠楚楚的"人猿"所发表的《致科学院的报告》，令即便声称是犹太复国主义者的人也感到战栗。在1922年的秋天，即刚开始写长篇小说《城堡》的时候，卡夫卡为自己设定了一个与之有关的新任务，这是以很微妙的形式：这是一篇经过精心准备的标题为《一只狗的研究》(这是勃罗德后来加上的标题)的文章，这篇文章如果最终全部完成，篇幅与《变形记》相当，或者说甚至达到了一部小型长篇小说的篇幅——尽管几乎完全放弃了一个结构井然有序的情节。[②] 这是一只狗的自传式报告，它用了好几年的时间去研究狗在生活中的各种现象：通过观察和长期不懈的调查，当然还有在自己身上的实验。7只"音乐犬"的令人兴奋的登场引发了求知的欲望，这7只狗以第一人称的方式从儿童时代开始讲起：它们是通过跳舞、跳跃、用后退走路和一些神秘的方式创造音乐的狗。这位年轻的观众很快开始进一步思考与这个物种有关的一系列的问题，思考既涉及日常现象也包括特殊的表现，例如关于狗是如何获得食物的，也有所谓的"空气犬"的传奇——据说它们从来不会接触到地面。

尽管这部作品又只是不完整的片段，但是卡夫卡通过它，成功地完成了一部讲求技巧的作品，它精致讲究的手法，多年来一直迷惑着所有的卡夫卡——研究，它似乎被当作在技巧方面最好的作品。当然，这篇文章首先引起了对于究竟是在说谁的思考。狗是不可能写自传的，卡夫卡绝对没有打算去为行为研究做出贡献，他的这部短篇小说显然属于传统的动物寓言。这是指某一个人类的民族，在这里所研究和所汇报的是人类的习惯，人们也并不是很困难地就能猜测到，这里究竟

---

①在1922年6月30日、1924年2月29日写给罗伯特·克洛卜施托克的信，载魏特施莱克的《卡夫卡最后的朋友》，第45、68页。有关卡夫卡对《火炬》的评论的其他细节，请见里奥·A.勒内辛的《〈火炬〉读者和魏费尔的支持者：卡夫卡写给罗伯特·克洛卜施托克的书信的注释》(*Fackel'-Leser und Werfel-Verehrer. Anmerkungen zu Kafkas Briefen an Robert Klopstock*)，同上书，第267—292页。

②《遗作Ⅱ》，第423—482、485—491页。

指的是谁。“没有任何生物”，这位讲述者惊奇地指出“根据我的知识，像我们狗一样如此分散地在各处生活……我们想让我们团结起来——尽管我们在感情奔放的那些瞬间一再成功地做到了这一点，但是很快，我们又再次远远地分开了”。这是犹太民族，除此之外还会有谁呢？没有哪个民族能更贴切地符合这段描写。所有的一切看起来都是相符合的。空气犬自然是指赫赫有名的“空气人类”，他们的双脚没有接触大地——他们这样是因为在社会上被连根拔起的，他们这样，是因为他们更多地生活在古老的作品中，而不是在现实当中。卡夫卡将萨沃伊咖啡馆（Café Savoy）中的东欧犹太演员描摹成音乐犬的形象——他们也向他讲述过一段信仰复苏的经历，有关这一点也是显而易见的；甚至《一只狗的研究》中的描写，在氛围上也与1911年日记中的相应段落协调一致。在研究中谈到的两种食物也就不令人感到惊奇了，一种食物是人们可以在地球上找到的，另一种则是来自“上面”的，显然这是指来自信仰、艺术和历史的精神食粮，没有它，没有任何民族能够存活，至少犹太人不能。

这样的解读相对来说是最有说服力的。它的缺点也是显而易见的，它只是在大体上进行了解释，但是这部短篇小说中，仍然有很多细节一如既往地神妙莫测。例如，为什么要一再强调空气犬个头小而且虚弱？那位叙述者在他观察音乐犬的时候，所藏身于当中的“纷乱的木头”意味着什么？与另外一只狗的相遇——据说它正在打猎，也正因如此它赶走了那位叙述者，也甚至让狗在这里代表了犹太人的假设变得无法自圆其说了。等式只是大致能成立，剩下的不可解释的部分太大了，无法将它当作只是叙述上次要的内容搁置一旁。

卡夫卡在这里为读者所带来的乐趣在于，在整部作品中没有一个例子。如同卡夫卡的所有文章，《一只狗的研究》呼吁的是理解，在这里，非常清晰地围绕着科学展开，是对这种号召的强调，并且使得它不受阻碍。事实上，人们通过让这位叙述者履行它的诺言，从一开始就完全放弃隐喻式的阐释，从而识别了它的诡计。令人惊讶的是，当人们认为这篇文章里面什么也没有隐含，很遗憾这里讲的只是狗群中的一只狗的生活的时候，它也同样是可读的。因而，高高盘踞在上的空气犬——没有人知道它们是如何繁殖的，不是别的物种，而正是袖珍犬。为了排除障碍，那只捕猎的狗也可以被看作恰恰是一只训练有素的猎犬，它听从命令，它的含糊不清的威胁——因而那位叙述者应该小心翼翼地远离它，否则，它就必须能多快就多快地跑开——也只是意味着，它的主人已经拿着猎枪站在附近了。当我一狗注视着音乐犬表演的时候，在那里面纷乱的木头堆是许多凳子的腿，真正的观众正坐在那些凳子上，另外，它所在的“有些雾气腾腾的”房间，暗示着在它的头顶上有人在抽烟，与此同时，甚至音乐犬也自然不是“魔术变出来的”，而只是被盛装打扮的动物，跟着人类所发出的旋律而动了起来。那么，食物呢？从被驯化的犬类的视角来看，的确几乎所有的食物都是来自上面，因而，这并不是像那位叙述者装腔作势所汇报的那样，是某一个“狗科学家”的观察，而只是一个不言自明的过程：饲料几乎总是被狗跳起来张口接住，有的狗会在空中接住，有的被动的狗则只能从地上捡起来吃掉。卡夫卡对于叙述者所表现的幽默的兴致，在这里几乎是一览无余了。另外，这种幽默首先存在于，这只富有探索精神的狗，根本没有认识到它的神话世界中的关键因素。“……在狗类之外还有什么？”它问道。“在广阔空旷的世界里，我们还能呼唤谁？”此时此刻，可能应该是人类吧？但是在它的报告里却一次都没有提及人类。它在最后是否会感觉到人类的存在，而且能够领悟到，狗是不独立的“客家民族”，生活在一个强有力的“主人民族”的魔力之下，这样，它的小宇宙中的谜题就会迎刃而解，而且它也可以中止自己的研究性活动了。正是将狗迷惑住的各种面纱，使得它们特别无法理解，为什么恰恰是它们，虽然它们最喜欢成群结队地联合起来，但却不得不分散地单独生活。它们这样做是因为它们必须如此。如同犹太人一样。①

1921年秋天，在布拉格的犹太聚集区里发生了一个相当不同寻常的事件，这在几年前是无法想象的：在聚集区中心出现了一位来自耶路撒冷的少女，她18岁，绝对不是回到家乡来观光的访客，相反，她出生在巴勒斯坦，是第一次踏上欧洲的土地。自从战争年代的难民的生活越来越困难以来，布拉格的犹太人隔离被迫开放了，人员流动非常频繁，人们已经习惯了，在这里也会有从世界偏远角落里来的有着同样信仰的同伴，他们举止古怪，大多都是没有受过什么教育的人，他们通过意第绪语、波兰语、俄语和匈牙利语勉强度日。但是，来自耶路撒冷的普阿·本-托维姆却完全是另一种情况。她说现代希伯来语，而且很纯正，这绝对不是从哈士教授的教科书上学来的，而是由埃里泽·本约-胡达亲自教授的，他是新希伯来语（Neuhebräischen）的创始人②，她也可以说一些足够日常交流的德语，这是她在耶路撒冷的一所由德国传教士所管理的高级中学学到的。她也在与胡戈·贝尔格曼相处的过程中学到了一些德语，贝尔格曼是耶路撒冷的大学图书馆（Universitätsbibliothek）的创建人和馆长，是他介绍她来到布拉格；普阿·本-托维姆在德意志大学注册，学习数学专业。贝尔格曼为她向大拉比布洛蒂（Brody）博士写了一封推荐信，并且普阿住到了贝尔格曼母亲家的一间房间里。

她来这里是为了学习。但是，在这里发生了她完全意想不到的事情：布拉格的犹太人——恰恰是受过高等教育的那些人——贪婪地向她学习。她被四处介绍

①里特契·罗伯特森最早对《一只狗的研究》进行了逐字逐句的解释，参见《卡夫卡：犹太文化、社会、文学》，第356页及其后面若干页；《一只狗的研究》的引文请参见《遗作Ⅱ》，第425—426、441页。

②埃里泽·本约-胡达（Eliezer Ben-Jehuda，出生于1858年）是普阿父母的朋友和邻居，他在19世纪80年代就已经从俄罗斯移居到巴勒斯坦。1911年，柏林出版了第一本完整的、由埃里泽·本约-胡达编写的新希伯来语字典。普阿后来没有再见过他，因为她住在布拉格期间他去世了，那是1922年12月16日。

着，有几个晚上是与犹太青年联合会“蓝—白”的年轻人一起度过的，在一家小型的犹太社区学校授课，参加了研究东方学的意西多·波拉克(Isidor Pollak)教授的研讨课，并且被圣约信徒会(B' nai B' rith-Loge)的成员邀请入会，菲利克斯·威尔特士也是那里的成员。所有的人都对她的希伯来语感到兴高采烈，人们到处都在传播，在这里终于不是只能听到古训上的一些单词，也可能亲耳听到正在使用的新希伯来语。之后，她应多方要求，成为一位语言教师。

其中，卡夫卡也提出了这样的要求。有关他在哪里、在什么时候第一次见到了普阿，并没有记录；可能是在他母亲的陪同下，因为她与贝尔格曼夫人很熟，也可能是在勃罗德或者威尔特士的陪同下，这是一个相当珍贵的、从非欧洲人的视角去了解巴勒斯坦的日常生活史的机会，卡夫卡当然不会错过。对于布拉格的犹太复国主义者而言——他们中的绝大多数人只是对巴勒斯坦充满了梦想，他们完全将普阿看作犹太民族未来的化身：她在举手投足之间，不可能表现出更多的犹太人的自信了，对于被迫的同化，她也只是从历史课上有所了解，这片古老的大陆也不是存在于她的忧伤的记忆里，相反，她似乎只用游客的新奇打量着它。卡夫卡也贪婪地问着一个又一个有关巴勒斯坦的问题；人们能够从普阿那里听到的，比起从《自卫》的政治局势报道中得到的要鲜活有力得多，也更具体直观，即便是明智的观察家——例如亚瑟·豪里特舍尔——的报道也不如她的更有权威性、更新鲜，她在几个月前还在犹太人的巴勒斯坦进行了旅行。①最后，这位“小巴勒斯坦人”——这是卡夫卡对普阿的称呼——最终重新点燃了他对新希伯来语的兴趣。在1922年，大概是卡夫卡从普拉纳回来后，普阿就开始在旧城环形广场的公寓里给卡夫卡上新希伯来语课，一周两次。

犹太族、年轻人、女性，这些对于卡夫卡而言是三个同等重要的原因，使得他向普阿投注了最大的同情，他用完全是理想化的眼光看待她。他相当彬彬有礼，而且很自制，这是普阿·本-托维姆在晚年时的回忆；但是，他从来没有想过恭维她的新裙子或者她的长相。“毋庸置疑他被我所吸引，但是更多的是被一个理想化的形象而不是我这个真实的女孩，也就是说，是被遥远的耶路撒冷的映像所吸引，他不断地向我问有关耶路撒冷的问题，而且打算陪我一起回去。”有时她也会觉得他如同一个感情上溺水的人一样，试图抓住任何一根稻草。②这样的感情她当然无法

---

①卡夫卡在1922年6月底为他的妹妹瓦丽列了一份柏林的埃韦尔(Ewer)犹太书店的畅销书清单，其中也有亚瑟·豪里特舍尔(Arthur Holitscher)的有关巴勒斯坦的书，卡夫卡从《新评论》中读到这本书的一部分样书章节。但是，豪里特舍尔的报道中，不会告知有关巴勒斯坦的最新信息，因为他的这本书是两年前写的。

②普阿·门采尔-本-托维姆(Puah Menczel-Ben-Tovim)：《我是卡夫卡的希伯来语老师》(*Ich war Kafkas Hebräischlehrerin*)，载科赫的《当卡夫卡出现在我面前……》，第178页。进一步的细节参见普阿·门采尔-本-托维姆出版的《生活和作用：我们的富有教育意义的作品——纪念约瑟夫·所罗门·门采尔博士(1903年—1953年)》(*Band Leben und Wirken. Unser erzieherisches Werk. In memoriam Dr. Josef Schlomo Menczel, 1903 - 1953*)一书的前言，耶路撒冷，1983年，以及恩斯特·珀韦尔：《弗兰茨·卡夫卡的人生——一本传记》，莱恩贝克，1990年，第480—483页。

做出答复。对于普阿而言，卡夫卡是一个相当令人关注，但同时也是年长她20岁、非常犹豫的绅士；另外，如果她开始阅读《一只狗的研究》了——卡夫卡在学习希伯来语的同时所写的作品，那么，当她看到手稿的时候，她也许会更好地理解，卡夫卡为什么对于某些词语有着如此引人注目的兴趣，例如对于“研究”（lechaker）这个词，对此人们不得不表示怀疑。

卡夫卡有意识地利用提供给他的学习机会。从他的单词本上，我们可以看到，他绝对没有将普阿的登门造访（对此他显然支付了丰厚的报酬）看作是用巴勒斯坦语闲聊的茶歇，相反，在他的遗物中发现了专心做出的用希伯来语写下的书面准备，这些笔记大约共有350页。显然，语法的练习并不多，相反，大量的是希伯来语会话练习，在这些练习当中，卡夫卡试图熟悉能够应付日常交流涉及的所有领域的词汇——与在今天的语言课上常见的、与说母语的人一起进行的练习很相似。此外，他还记下来了大量新出现的或者是在日常口语中常用的表达方式，以便能够在自己的字典中找到它们。格奥尔格·朗格在某种程度上是普阿的前辈，他写道，卡夫卡一定在某个时候能够“流利地”、充满自豪地说希伯来语，这是非同寻常的坚持的结果，尽管咳嗽自然会不断地干扰授课，尽管有发烧迫使的中断，但是，直到1923年年中，卡夫卡还是一直坚持与普阿进行大量的练习。[①]如果不是因为普阿·本-托维姆在布拉格的犹太复国主义舞台上经历了极大的困扰，卡夫卡的希伯来语学习一定还会坚持更长的时间[②]，不断地投身于犹太人的话题是她不会更改的计划：最后她违逆了父母的心愿，也令卡夫卡感到失望的是，她中断了大学学业，前往柏林，以便致力于她对犹太儿童的社会教育使命。

我们很难知道，卡夫卡在多大程度上对于他的巴勒斯坦计划是当真的——因为他后来所认为的各种现实性，在最开始肯定是不存在的。但是，无论如何，这些机会都不是对犹太复国主义深思熟虑的结果，相反，产生于个人关系，而且也一直依赖于此——就像10年前与菲利斯·鲍尔的第一次见面一样。有关在一位年轻的知己的保护下迁入巴勒斯坦的想象，是卡夫卡几个月以来一直不断重温的美梦。当1923年4月，胡戈·贝尔格曼和他的妻子埃尔莎一起出现在布拉格，卡夫卡强调了他的移民计划的时候，这个目标似乎更为接近了。贝尔格曼夫妇可能对卡夫卡改变了的外貌感到震惊：3年前，当他们移民到耶路撒冷的时候，最后一次看到他，

---

①格奥尔格·莫德采（Mordechai）·朗格：《关于弗兰茨·卡夫卡二三事》（*Etwas über Franz Kafka*），载科赫的《当卡夫卡出现在我面前……》，第136页。参照哈特穆特·宾德的《卡夫卡的希伯来语学习：传记式一阐释尝试》（*Kafkas Hebräischstudien. Ein biographisch-interpretatorischer Versuch*），载《德国席勒协会年鉴11》，第527—556页。

②在《与恩斯特·珀韦尔的谈话》（*Im Gespräch mit Ernst Pawel*）中，刊载于1981年8月16日的《纽约时报》（*New York Times*），普阿·本-托维姆解释了离开的原因：“……太多的追求者，太多的求婚。我并不是高傲，但是我必须要说，许多布拉格知识分子的性态度和性行为在我看来似乎都原始得令人震惊，尽管他们的其他方面让我非常钦佩。随便说一下，这种状况保持了很久，因为大部分性态度和行为被移植到以色列了。”

那个时候，他虚弱、瘦削，使得他看上去比实际年龄要年轻很多的年轻人的光芒，现在，逐渐被肺病患者的外貌体征所代替了。埃尔莎・贝尔格曼非常感动，因为卡夫卡邀请他们住在他那里——尽管空间非常狭小，她的丈夫赶紧提出了反对意见，这样的话责任太大了，而且还要担心他们的女儿和两个儿子的健康问题。[①]

卡夫卡是否预见到了，在“艾瑞茨以色列”（Eretz Israel）等待他的是什么呢？在狂热的犹太复国主义者当中一直广泛流传的幻想是，巴勒斯坦是一个有着深刻的犹太生活烙印，或者至少未来会有这样的烙印的地方，但是，卡夫卡肯定不是这样想的。即便是一部诸如《回到锡安》（*Schiwath Zion*）这样的宣传影片——卡夫卡在1921年10月的时候看过这部影片，该片聚焦犹太人的建设业绩，也让人们觉得大部分内容都是真实的，特别是当一幅城市生活画面映入眼帘的时候：东方色彩的、多种族共同生活的舞台布景。[②]在1922年秋天，在巴勒斯坦的75万人口中，只有11%是犹太人，而且有关巴勒斯坦首先通过自己努力的再度复兴的想象——也就是说通过购买和开垦土地——也更多的是一个集体性的神话。事实上，只有3%的土地是属于犹太人的，只有大约上千人住在基布兹（Kibbuzim），而后到来的犹太裔移民都涌到了城市里，甚至经常从事不合适的工作，以避免被送到平淡乏味的农村。[③]在这里所存在的问题和奥斯曼帝国时代没有两样：移民是以购买农村土地为前提的，但是绝大部分移民除了自己的劳动能力之外什么都没有。他们申请犹太民族基金的贷款和“凯伦・哈耶索德”（Keren Hajessod）的贷款（建设基金），这些基金又是通过来自全世界的捐款来运营的。

胡戈・贝尔格曼在1923年春天所进行的巡回演讲的主要目的，也是为建设基金募集款项。他是一个很有才能、令人信服的演说者，卡夫卡早就认识到了这一点；在这个过程中，贝尔格曼也谈到了，他认为由于他是最著名的布拉格人，这使得他敢于尝试巨大的突变，最终逐渐成长为犹太文化的权威。当贝尔格曼在1923年4月26日面对布拉格的广大公众发表“巴勒斯坦的局势”的演讲的时候——勃罗德、威尔特士和鲍姆当然都在现场，卡夫卡非常兴奋，以至于在演讲之后，他匆匆登上讲坛与这位以前的同学握手，并且向他确证：“你的这个演讲只是为我而发表的。”[④]其实，他还可以补充说：普阿小姐也是你为了我而派来的。

贝尔格曼没有理由去抑制他的听众的热情。布拉格人对于巴勒斯坦，尤其是

---

①胡戈在1923年8月初写给埃尔莎・贝尔格曼的信，载贝尔格曼：《日记和书信》（*Tageb ü cher und Briefe*），第1卷，第170—171页。根据马丁・S.贝尔格曼（Martin S. Bergmann）的说法（口头陈述，1997年），在他们家里多次谈到了被传染的危险。

② 有关这部影片的细节请见汉斯・兹舍勒尔（Hanns Zischler）的《卡夫卡走进电影院》（*Kafka geht ins Kino*），莱恩贝克，1996年，第145页及其后面若干页。

③ “特拉维夫—雅法”的发展堪称榜样，这个住宅区在1909年才建立，最开始被规划为花园城市，并且被戏谑为“巴勒斯坦的绿色森林”：在20世纪20年代这里的居民人数从3 000增长到50 000——巴勒斯坦的1/3犹太居民都住在这里。

④胡戈・贝尔格曼：《求学时代和大学学习》，载科赫的《当卡夫卡出现在我面前……》，第29页。

在耶路撒冷的生活状况有着非常乐观的想象，这无疑是他想要的，也会令他的募捐计划受益。尽管如此，在亲密的朋友圈子里的谈话中——贝尔格曼夫妇和勃罗德夫妇也曾经在卡夫卡家度过了一个夜晚，不得不谈到令人心情沉重的局面。最终，每位报纸读者都知道了，阿拉伯人和犹太人之间的紧张关系在进一步加剧，也已经出现了暴力行为——一些犹太复国主义者已经放弃了和平共同生活的期望，尽管没有人愿意公开承认这一点。[①]巴勒斯坦并不像人们所期望的那样由国际联盟或者是联合国接管，相反，它只是被托付给了大不列颠在当地的势力。在近东地区的英国式政治显然并不是按照犹太人的利益设定的，那些利益在1917年的轰动性的《贝尔福宣言》发表之后，就成为一些犹太复国主义梦想家的期待了。取而代之的是，伦敦政府根据历来的殖民强权政策的模式运作，也就是说完全是实用主义，并且要满足实现控制的目标。当地政府让犹太裔和阿拉伯裔雇员提出对当地难题的解决方案，也试图尽可能保持与在这期间组织起来的阿拉伯民族主义者之间的没有冲突的关系——这主要是通过极大地缩小原本要规划给犹太裔移民的地域，通过展示其中立性而实现。[②]犹太人的利益被框定在框架条件下，框架之外的其他方面被授权进行事实上的自治。对于阿拉伯人的进犯，也主要需要犹太人自己加以防备，尽管准军事的训练和武器装备自然都完全不能胜任。英国是占领国，尽管英国人与犹太复国主义的行政机构有密切的合作——甚至第一任大不列颠高级专员赫伯特·萨缪尔（Herbert Samuel）本人就是犹太人，也是温和的犹太复国主义者，但是让人感觉到，对于大量犹太人的要求和抱怨，与对于阿拉伯人的相比，他们感到同样是令人讨厌的累赘。

贝尔格曼自己也为没有什么前景的发展感到痛苦，看上去他绝不是什么成功地实现了自己梦想的幸福快乐之人。他比人们以前看上去时显得更为严肃一些，就像所表现出来的那样，他和家人无论在物质、文化，还是在社会生活方面的条件，都比以前在布拉格的时候更为艰苦。“我们为一个又一个国家、为一种又一种观念而伤脑筋，从充满希望到充满怀疑”，里奥·赫尔曼——《自卫》杂志的早期负责人——在1922年这样写道。“我在这片土地已经两年多了，但是还远远没有看到，怎样找到我的路。我觉得自己完全是异乡人，我没有朋友，没有融入社会，而且

---

①后来成为以色列第一任总理的戴维·本-古瑞恩（David Ben Gurion）在1919年6月就已经指出：“没有任何人承认，这个难题没有解决方案。不存在解决方案！这是一个民族问题。我们想要这个国家属于我们。阿拉伯人想要这个国家属于他们。”引自汤姆·塞格夫（Tom Segev）的《曾经有一个巴勒斯坦：以色列国家建立前的犹太人和阿拉伯人》（*Es war einmal ein Palästina. Juden und Araber vor der Staatsgr ü ndung Israels*），慕尼黑，2005年，第129页。

②在1922年7月24日之前——这一天是国际联盟授权委托政府在巴勒斯坦生效的日子，英国政府就已经做出决定，只将约旦西部的领土向犹太裔移民开放：也就是说大约只有犹太复国主义者所期望的定居空间的一半。相反，同样属于被授权管辖领地的“跨约旦地区”（主要是今天约旦国的领土）则成为半自治的酋长国，它的边界事实上由英国自己决定的。

除了在图书馆里的工作之外,我看不到自己还能做什么。"[①]这是被隔绝的体验,是任何一位来自西方的移民都不可避免会遇到的体验,尤其是当他不在耶路撒冷的时候。人们必须说阿拉伯语,这样才会有这里是家的感觉,资产阶级的来往方式同样对于开展日常活动毫无助益。正因为如此,说德语的"绅士们"的地位尤其更低,他们被浓浓的乡愁折磨着,被数量占多数的东欧犹太人——其中大部分是小市民和无产阶级移民——所嘲笑,甚至是公然地蔑视。而充其量在犹太复国主义文化人的耳朵里听起来庄重严肃的"国家图书馆馆长",实际上只是在修修补补破损的图书、抄抄写写借阅卡片而已。

一般的法学家,卡夫卡写信给克洛卜施托克说,在他被允许去巴勒斯坦之前,必须"首先被磨成尘土","因为巴勒斯坦需要土地,但不需要法学家。"[②]在这期间,卡夫卡退休了,而巴勒斯坦对退休了的法学家的需要更小一些,肺结核病人则是完全不需要的。不过,他现在可以定期地收到一些款项,这使得他不必依赖巴勒斯坦的就业市场和给犹太人的救济,事实上,他的退休金比贝尔格曼微薄,此外也没有比保障的收入高出多少。然而,很难掂量出年轻、身体健康并且具有劳动能力的人是否愿意移民;另外,英国人和犹太复国主义者之间达成的协议宣布,要尽可能地在来源国进行相应的预选,也就是说,很有可能,患有肺结核的犹太裔移民在雅法会被阻止入境,会被原船遣返。[③]显然,卡夫卡愿意冒险尝试一下。他打算学一门最容易的手艺,正像他一直所相信的那样,在巴勒斯坦首先是要得到土地,然后他可能就可以让他的园艺知识派上用场了。他能够负担旅途所需要的费用,完全不需要对此不高兴的父母的资助,他的希伯来语也比大多数德国移民要好,他有一位女伴陪同,而且,在耶路撒冷还有个地方,那里有人在等着他。概率看上去很大,一切都不错,只是还缺一些签证,这是需要去冒险尝试的。然而,巴勒斯坦一直都是一个梦想,是一个最终被他的身体毁掉的梦。1923年7月,当埃尔莎·贝尔格曼在她自己临回去前催促卡夫卡作出决定的时候,他不得不向自己和她供认,现在太晚了:

我知道,我现在肯定不能搭船出发,我如何才能搭船出发呢,除非通过您

---

①胡戈·贝尔格曼在1922年7月19日写给里奥·赫尔曼(Leo Herrmann)的信,载贝尔格曼:《日记和书信》,第1卷,第174页。正如从贝尔格曼写给罗伯特·威尔特士的信中可以发现的。同上书,第171页。他在那个时候正在进行精神分析治疗。

②1921年12月写给罗伯特·克洛卜施托克的信,载魏特施莱克的《卡夫卡最后的朋友》,第30页。

③移民配额是英国人和犹太复国主义秘密商定的,但是,相应的证件——类似于犹太复国主义签证——是由来源国的东欧犹太复国主义联盟签发的。(根据这种做法,卡夫卡应该由布拉格的犹太复国主义地区委员会负责)。对于英国人来说,这样的程序很方便,因为人们就不予颁发证件的人进一步达成了一致:重病患者、妓女、酒精成瘾者和共产党员。但是在有移民意愿的犹太人本人那里——他们大部分都不是坚定的犹太复国主义者,这样的程序却是有争议的。有关这些特别复杂的问题的历史细节,参见塞格夫的《曾经有一个巴勒斯坦》,第243页及其后面若干页。

的信，船完全开到我的房间的门槛边上，然后您站在那里，问我，不厌其烦地问我。[……]这不是前往巴勒斯坦，而从心理意义上来说，这就像一位贪污了很多钱的出纳员前往美国一样，而且，与你们一起进行的旅途，会大大增加精神上的犯罪行为的出现。不，我不被允许出行，尽管我能够——我重申这一点，此外，“所有的位置都已经有人占了，”您补充说。诱惑又将开始，并且再次得到绝无可能的回答，同样也是令人悲伤的回答，但是，这正是最后的结局。把希望留给以后，您很善良，我不该打扰您。

几个月后，贝尔格曼夫妇接收了另外一位移民：年轻的、天才般的盖哈德·舒勒姆。但是，他们再也没有见到卡夫卡，他们只有他的一张肖像照。他们将它放在镜框里，挂在了钢琴上面。①

①1923年7月写给埃尔莎·贝尔格曼的信，载《卡夫卡：1902年到1924年间的通信》，第438页。卡夫卡的父母自然不同意他的移民计划，这一点在这封信上同样做了暗示：卡夫卡讽刺地谈到他的母亲在这个计划中看到的“巴勒斯坦式危险”。从布拉格到雅法（二等舱）需要花大概3 500克朗，这相当于卡夫卡三个半月的收入。人们必须要有英国、意大利、南斯拉夫的签证。有关肖像照的信息来自马丁·S.贝尔格曼的口头陈述。

第二十六章 多拉

当人们催促他继续活下去的时候，
没有人愿意听这些。
——佩特洛尼乌斯（Petronius），《萨蒂利卡》（*Satyrikon*）

一只烫壶，两床被子，弹簧床。旁边是被女佣照看着的点燃的炉子。10年前，卡夫卡即便在冬天也开着窗户睡觉，而现在他将这种场景看作是地狱般的折磨，过于温暖的房间，在他的作品中通常是表示不自由的隐喻，是对生命的放弃。现在，他紧紧地包裹在被子里，打着寒战，对肺部发炎感到恐惧。

在1922年和1923相交的冬天又出现这样的日子，有时还要更糟糕一些，而且卡夫卡还长达几小时地受着胃痉挛和肠痉挛的蹂躏。这可能也是因为肺结核所引起的，马克斯·勃罗德马上跑到卡夫卡的家庭医生那里，向他求证自己的怀疑：是的，这完全可能，不是特别起眼的赫尔曼博士说，炎症已经感染到大肠了。这是一位医生第一次承认，可能已经令人绝望地超出了加以治疗的可能性的边界了。尽管这一点还没有得到验证，但是这些并发症，当然使得卡夫卡治愈的希望变得很小。而且，他同时专注的两项重要的任务也不再给卡夫卡以力量——文学和希伯来语。他决定将最后那部作品——《一只狗的研究》永远地搁置在那里。

不仅是在他的房间里，而且在整个这套公寓里，现在都时常笼罩着医院的氛围。因为卡夫卡的母亲需要很长的时间从——如同卡夫卡所描写的"特别糟糕"、经历了"非常痛苦的过程"的手术中恢复过来。[①]直到春天，这种情况才有所改善，卡夫卡的发烧完全消失了好几个月，尽管重新又遭受失眠的折磨——对此他有时甚至不得不吃药来对付，但是在4月的时候，他又有足够的力气可以外出了。5月初，他决定，独自去布拉格的避暑胜地过几天，即去多布里科维茨（Dobrichowitz），只要坐半个小时的火车就能到达那里，他觉得那里和普拉纳一样好。他当然不指望在这么短短几天里就能够得到彻底的休息；但是，这终归是一个测试，通过它他可以向自己证明，他仍然能够旅行，绝对不是一个需要护理的病

① 1922年至1923年之交的冬天写给明茨·艾斯纳的信。《1921年—1924年书信集》。有关究竟是什么类型的手术并没有记录。

人。在这里可能还有背后的想法发挥着作用，最好不要妨碍奥特拉即将到来的第二次分娩。不过，更长时间地待在乡下是不可能的，因为多布里科维茨太贵了，他写信告诉别人，“人们只能在临死前的最后几天可以在这里度过，然后他就什么都不剩了”。[1]因而，他打算在那里待到他的外甥女海伦娜（Helene）幸福降生之后的一两天就回布拉格。

现在就连奥特拉也需要一些时间来休养了，当然是要在家里才可能，因而在8月前就不必考虑与她和新生的婴儿一起去度暑假了。在那之前，再一次独自旅行对于卡夫卡不太有吸引力，这也是因为会有在某家宾馆突然卧床不起的风险，这样，就又要非常麻烦地将他接回去。与克洛卜施托克一起去塔特拉山，在那里和一群病人们一起生活，卡夫卡对此也没有什么兴致。那么，去哪儿呢？卡夫卡的妹妹艾丽和她的3个孩子——其中包括刚刚3岁的哈娜（Hanna）一起去度假——当然是去波罗的海，但是，北方的温度变化很大的气候却是医生一再反对的。尽管如此，家庭委员会决定，这个解决方案可能是最好的，因而弗兰茨应该一起去。他需要一个亲近的人，这样，在紧急的情况下他可以求助于这个人，对于他的父母来说同样重要的是，他需要一些东西来分散对他的巴勒斯坦计划的注意力——这些规划在与他布拉格的朋友的交流中逐渐具备了危险的形态。但是这番算计落空了——以非常滑稽的方式。因为在波罗的海的某个岸边上，正如后面将要讲到的，可以遇到足够的拥有巴勒斯坦梦想的人，这个家庭恰恰无意中选择了这个地点。

卡夫卡可能不同意这次远行，也因为这要经过柏林。自从在阿斯肯纳夏霍夫酒店的那个不幸的日子之后，他就不想再看到那个城市了，尽管到现在已经9年过去了，但是，那个时候在柏林所遭受的那种无法形容的痛苦、巨大的震撼，对于卡夫卡而言仍然记忆犹新。而且，柏林与维也纳完全不同，维也纳只是他生活世界的曾经的力量中心，在卡夫卡看来，它只是暂时地、只是作为米莲娜生活的地方而显得要明朗一些；相反，柏林是精神上的逃逸之点，也是精神上的定位之点，此外，柏林不像布拉格那么庞大或者显得匆匆忙忙的，因而，它也与布拉格**完全不同**。显然，卡夫卡的热情有些天真，从他的朋友的角度来看——他们通过自身的经历对柏林有着更好地了解——卡夫卡的热情也是令人感动的。如同天空在大地之上一样，他曾经写信告诉菲利斯，对他而言，柏林高挂在布拉格之上。[2]在他那里仍然留着这样一幅图景，只是它并不是来自他的恋人，而是起源于一个回归的梦，就像一名犯人梦想着在巴勒斯坦获得释放一样。现在，柏林在卡夫卡的眼中，就像是孩子眼中的广阔的世界。他产生了一种有着充分理由的感觉，即柏林与凑合实现民主的维也纳不同，它用完全不同的方式展现了未来性的，也就是说突如其来的现代

---

① 1923年5月9日写给米莲娜·波拉克的明信片，载《致米莲娜的信》，第318页。
② 1914年2月9日写给菲利斯·鲍尔的信。《1913年—1914年书信集》，第328页。

性的“世界”，当然，与捷克化的布拉格也完全不同：所有的冲突——社会的、种族的、文化的、知识方面的——在柏林都被公开地、明确地，似乎是以更高的能量水平解决着。这里的脉搏并不只是跳动得更快，也更为强劲：“它令人振奋”，勃罗德曾经这样告诉卡夫卡，在他到柏林停留几天而感到筋疲力尽的时候。当他听到这些的时候，卡夫卡回复说，他非常激动。而且，他承认，来自柏林的如此真挚的“供给”可能是他从来无法抗拒的。[①]

而马克斯·勃罗德不仅接收了这样的呼吁，而且还接受了它，并且自始至终。他非常频繁地去柏林，当然这只是因为他的情人在那里等他的缘故，她要求他过来。卡夫卡应该认识这个女孩，他从两年半前就开始这样念叨，艾米也对卡夫卡非常好奇，但是，由于他不能邀请她前往布拉格，那么只能卡夫卡去柏林了。没有比这更好的了。然而疾病和身体虚弱妨碍着他，使得他的每一次旅行只能越来越短，还需要他有这个心情。尽管如此，现在却是个好机会。卡夫卡仍然是在布拉格庆祝了他的40岁生日。然后，终于，他动身去德国了。那里将有礼物，而他几乎不再期待礼物了。

7月5日下午，卡夫卡在柏林安哈尔特火车站（Berlin Anhalter Bahnhof）与他的妹妹告别：当艾丽带着孩子们继续前往罗斯托克（Rostock）方向，以便在这一天晚上能够抵达波罗的海海滨浴场缪瑞兹（Müritz）的时候，卡夫卡则住进了一家宾馆。他策划出了一个计划，这是从很久之前就打算好的最大的消遣。当然，他最终也想见一见勃罗德的女朋友艾米·萨尔维特，他已经同她偶尔互相寄过几张明信片，后者已经对他有了些了解。而且普阿·本-托维姆也在柏林。她刚刚开始社会教育领域的实习，是在来自波兰和乌克兰的犹太难民孩子所在的一个乡村居住点，他们在那里被安置在一家收容所。艾伯斯瓦尔德（Eberswalde）犹太社区在柏林东北方向，乘火车一小时可以到达，就像普阿已经告诉卡夫卡的那样，儿童们在那里会被收留一个月，而从来没有和孩子打过交道的她在那里是他们的护理员。[②]

现在卡夫卡想亲眼看一看，实际上艾米表明，会和他一起前往艾伯斯瓦尔德——这的确是一个棘手的行动，因为他非常清楚地知道，艾米不仅数月来一直被一名年轻的希特勒追随者所追求，而且她本人也是反犹太人的，特别是激烈地反对东欧犹太人，勃罗德正不断地将这种情绪变得温和。但是，这个计划只令人遗憾地实现了第一部分。因为当卡夫卡和艾米·萨尔维特好不容易走了一半路程的

---

① “我像被柏林挡在外面的懦夫和穷人一样无法得到这样的‘供给’，但是却从来没有什么能够阻挡我被这样的‘供给’所诱惑。”1920年12月31日写给马克斯·勃罗德的信。《1918年—1920年书信集》，第378页；参考马克斯·勃罗德在1920年12月27日写给卡夫卡的信。《1918年—1920年书信集》。

② 相关细节请见普阿·门采尔：《纪念艾玛和所罗门·戈登·施密德：一个德国犹太家庭》（*In memoriam Emma und Salomon Goldschmidt. Eine deutsche jüdische Familie*），载普阿·门采尔-本-托维姆的《生活和作用》，第62—63页。

时候，他们发现，为这次出行所计划的时间太少了，他们可能要半夜才能回来，对于卡夫卡而言，他从一大早就上路，现在已经筋疲力尽了。因此，他们在贝尔瑙就下了火车，在那里散了散步，然后就坐车返回了。

尽管如此，卡夫卡的情绪非常好，为新结识的她而兴高采烈。“她富有魅力”，他写信给勃罗德。“而且完完全全专注于你。你没有理由离开她……她有着实实在在的强有力的本真，坦诚、真挚，孩童一般的率真。”显然，相互之间的信任非常快地增强，因而他们之间也能够谈论一些令人尴尬的问题了。值得注意的是，她几次注意到卡夫卡谈道“人们如何接受所爱的人的观点，哪怕这些观点与自己目前所持有的相反”。艾米·萨尔维特从中有所领悟，因为这已经足够清晰了。“她对我非常好”，卡夫卡总结道。[①]

听起来好像是（而且可能也应该是），他不是和一位年轻漂亮的女子一起出门，而是和一位护理员。不过，勃罗德自然也从艾米那里得到消息——毫无疑问要更为详细，此外，在这里，这次见面和一段短途的共同旅行似乎表现出了不同的色调。“我几乎要吻他了”，艾米孩童一般率真地写信给布拉格。她好像这样做了一般，因为她感觉到自己滚烫的脸颊。因为卡夫卡有些发烧，也是在那个1923年7月5日。

“好运”（Glückauf）旅馆，膳宿酒店，电话号码：29。建于1909。坐落在安静的地段，位于干燥的乔木林，离美丽的波罗的海海岸、码头栈桥、游泳馆以及绵延伸展的露天浴场只有8分钟的路程，不受东风和北风的侵袭。明亮、设施齐备、通风的房间，几乎每间房间都有窗式走廊或者带有屋顶的阳台。不受任何遮挡地眺望大海。以丰富的膳食而闻名。价格合理。就餐在舒适、宽阔的餐厅，客人可以享有独立的小餐桌。配有电灯、自来水和抽水马桶。欢迎垂询任何问题。广告册免费。电报地址：好运酒店。波罗的海缪瑞兹。小卡尔·旭特（Glückauf. Ostseebad Müritz. Karl Schütt jun.）。

卡夫卡已经有10年没有感受过大海了，而且在他看来，大海似乎在这段漫长的时间里变得更加漂亮了。能看到大海让他感觉很幸福，尽管他不再能够像以前那样无拘无束地潜入海里了。是否能够下海取决于温度——也就是说他自己的体温，他每天都习惯性地监控着自己的体温。

卡夫卡到底有多喜欢波罗的海缪瑞兹，我们无法确认——它可能是艾丽推荐的，一年前她曾经在这里以西30公里的布伦斯豪普滕（Brunshaupten）度假，她可能也趁那次机会来这里观光过。或者是家里的什么人看到过“好运”膳宿旅馆的广

①1923年7月10日写给马克斯·勃罗德的信。引自《勃罗德与卡夫卡的通信》，第427页。

告册子，那上面提到了尤其令卡夫卡倾心的独立的小餐桌。决定性的因素可能是缪瑞兹的风景方面的优势，相关的旅游指南证明了这一点，这也能够安慰家庭医生：缪瑞兹既是海滨浴场，也是疗养胜地。因为它就在“罗斯托克松树林”边上，那是一片广阔的林区，几乎一直延伸到海滩上。在极其紧密的空间里的两个截然不同的世界，为卡夫卡提供了一个几乎是最理想的场所：旺季的沙滩，舒适的海滩篷椅，踢足球的男人们，喋喋不休的母亲们和到处奔跑的孩子们；旁边就是古老的混合林的边缘，往那里走上几百米，人们就完全处于宁静当中，越向里面走去，就会看到更为野生的和更为多样化的景致。这片海滨完全可以合情合理地推荐给康复期的病人，因为这里有一家专业人士管理的康复中心。

大部分膳宿旅店和宾馆就紧贴着森林，在典型的世纪之交的海滨建筑当中有别墅式的房屋，这些房屋都带有防护措施很好的、部分被改造成冬天花园的阳台和走廊。卡夫卡在二楼就有着这样一间房间，它背对着街道，可以看到一个小花园，离森林只有几步远。他每天去海滩的路［这条路以前叫浴场路（Badeweg），现在是弗兰茨·卡夫卡路（Franz-Kafka-Weg）］也有橡树和山毛榉遮阳，直到走到沙滩上，人们才像是真正地到了户外，突然身处悠闲地散着步的避暑的人群当中。那后面是“女士浴场”“先生浴场”和“家庭浴场”，在那里当然有最多姿多彩的海滩生活（那个时候这些也还要取决于更衣室的情况）。卡夫卡在这里租了一个海滩筐棚，在那前面有用冷杉球果刻上去的首字母缩写F.K.，这可能是10岁的戈尔蒂和11岁的菲利克斯的“杰作”。

另外，在缪瑞兹还将有一个惊喜出现。卡夫卡开着他的阳台门，他首先听到了孩子们的声音，极其多的孩子。这唤起了他在普拉纳的对在他窗下跑来跑去的一群孩子不愉快的回忆，那简直要让他绝望。但是，这里的吵闹声却完全不一样。这是唱歌声，显然他们在练习同一首歌，而且成年的护理员们也会一起唱上两三句。透过周围树叶的缝隙，卡夫卡可以识别出这群人大概在50米开外的地方，住在几乎是建在树林里的房子中。很快他就应该知道，他所听到的绝对不是德国民歌。那是意第绪语歌曲，那是哈西德教派的旋律简单的歌曲。

卡夫卡在他到达这里之前的那天**差一点**参观了东欧犹太儿童的领地，而在缪瑞兹却偏偏住在柏林犹太人民之家度假营地旁边，这简直是不可能的机缘巧合，他不仅将这看作命运的暗示，更确切地说，他不得不认为这完全就是命运的敦促。曾经有一段时间，他对于柏林的养育院比对布拉格的所有文化项目都感兴趣，他曾要求菲利斯·鲍尔去做无偿服务，他自己也捐献钱物，但是，他做梦也没有想到过会亲眼看到这些地方。在过去的7年里，肯定已经有了很大的变化，那个时代也早已过去——在那时，人们给惊愕的波兰难民儿童讲魏费尔的故事，以便使他们了解欧洲文化的顶点。在这期间，犹太复国主义也在柏林的绍伊纳区找到了大量年轻的追随者，而人民之家则归青年—犹太人移民联合会（Jung-Jüdischen

Wanderbund）管理，在那里儿童不再被培养成有文化的工人和手工艺人，而是成为巴勒斯坦的先锋。所有一切都服务于犹太人的集体感，一起度假和唱歌绝对不只是消遣，而首先是服务于跨越不同的母语和氛围之间的界限。人们之间相互称为"同志"，仿佛他们已经身处基布兹。当然他们也要努力学习希伯来语。

以前卡夫卡还需要前往柏林进行一日游才能看到这些，而现在只要走几步路就足够了。他应该去那里，走到那些孩子中，以便确证这并不是一个梦。一切仿佛都是水到渠成。还有他一直不曾注意的另外一面。可能是菲利克斯和戈尔蒂让海滩上的人都知道，那个个子高高的、温柔、深色皮肤、每天都在这里出现的先生，是他们赫赫有名的舅舅，他就是作家弗兰茨·卡夫卡博士。犹太人养育院的一个女孩，16岁的蒂尔·瑞斯勒向养育院的人们介绍了她是在与什么人打交道：她曾经在书店做学徒，自己就有一本《司炉》，她从第一刻起就围着卡夫卡转。她找到机会单独和卡夫卡说话，卡夫卡也很乐意，并且耐心地听她讲了很长时间的家长里短般的历史。最后，蒂尔说，她会想着在下次的安息日庆祝活动时邀请他。[①]这对所有的人来说都是个了不起的大事件。就在同一天，卡夫卡买到了一本希伯来语的祈祷书——一本《西都尔》（*Siddur*），并且向人们打听，应该先读哪些段落。他打算做些准备工作，以使得他的无知不那么显眼。因为卡夫卡一辈子都没有参加过这种在特别装饰的大厅里举行的庆典活动，在那里有祝福祷告、哈西德教派的音乐以及丰盛大餐。

7月13日晚上，即在他到达后的一个星期，卡夫卡带着祈祷书去参加安息日庆典。通过地下室的窗户他看到了厨房，在那里有一位年轻的女子在忙碌，这是一位有着半长的、浓密而卷曲的头发、圆圆的脸颊和丰满双唇的女子。她的手上拿着一把刀，正用它给大餐上要吃的鱼刮鳞。卡夫卡在这幅景象面前停住了脚步。当她抬起头看过来的时候，他走了进去。"多么纤巧的手"，他说，而它们却必须做如此血腥的工作。[②]

Dymant、Dimont、Dymand、Diament、Dimant、Diamant。名字是Dvojne、Dworja 或Dora。姓氏的模糊不清——以至于在保留下来为数不多的文件中出现了6种不同的写法，意味着疏离和没有归宿的特性：这是希伯来字母被改写为意第绪语和德语。这位年轻的女子属于两个世界：对于德国机构来说，她是多拉·迪亚曼

① 蒂尔（蒂拉，Tilla）·瑞斯勒（Tile Rössler）后来写过多愁善感的对卡夫卡的回忆录，但是并不是完全可靠，她显然将自己的角色放在了中心。回忆录的一部分节选自《你听到吗，蒂尔，弗兰茨叫坏蛋》（*Hörst du, Tile, Franz heißt die Kanaille*）和《蒂尔·瑞斯勒遇到了弗兰茨·卡夫卡》（*Tile Rösslers Begegnungen mit Franz Kafka*）收录于科赫的《当卡夫卡出现在我面前……》，第180—193页。尽管如此，这些文章是非常重要的资料来源，因为卡夫卡自己在缪瑞兹写的信很少。瑞斯勒所强调的卡夫卡非常认真对待青少年的情感困惑和人生困惑的特点，也在其他地方得到了证明，并且被记录下来了，例如在写给明茨·艾斯纳的信中。蒂尔·瑞斯勒从20多岁起开始在德累斯顿舞蹈学院（Palucca-Schule）学习现代舞；之后她在以色列从事舞蹈动作设计工作。

② 多拉·迪亚曼特（Dora Diamant）：《我与弗兰茨·卡夫卡的生活》（*Mein Leben mit Franz Kafka*），载科赫的《当卡夫卡出现在我面前……》，第194页。

特，而后来在一本《乡村医生》的献词上，她的签名是多拉·迪亚曼特–卡夫卡。

“我从东欧来”，她回忆道，“像一个晦暗的生物”①：1898年3月4日出生于帕比亚尼采（Pabianice），那是鲁茨（Łódu）附近的一个工业区。属于波兰人的国家在那个时候已经不存在了，她的父母成为沙皇的臣民：赫谢尔·阿伦·迪亚曼特（Herschel Aron Diamant）和弗拉雅达（Frajda，意第绪语：Friedel），他们在结婚的时候还不到20岁。8个子女陆续出生了；前面两个孩子只活了几个月，在最后活下来的两个女孩和4个男孩当中，多拉排行老二。母亲很早就去世了；可能是在1905年的最后一次分娩夺走了她的性命，也许是因为肺结核病。②

赫谢尔带着孩子们搬到了上西里西亚（oberschlesisch）的贝德岑（Bedzin），那是在矿区的一个以犹太居民为主的小城。他创办了一间工厂，生产背带和吊带袜，并且发了财。不过，当他每天早上去工作的时候，他已经读了几个小时的书籍和经文了。他是博学的哈西德典范，他拥有藏书丰富的图书馆，他不仅能读波兰语的作品，也可以读古希伯来语、意第绪语和德语作品，不仅严格遵守宗教规矩，而且在生活中也实践着极端正统的犹太教的教义——其中包括慷慨资助和招待一文不名的家庭。赫谢尔常年的精神导师是格尔（Ger）（意第绪语名字是Góra Kalwaria）的“神奇拉比”，他是一个在全波兰地区非常具有影响力的、极端保守的哈西德教派“朝廷”的最高领导人。

多拉成长于这样一个世界，在那里，任何充满活力的冲动和任何日常生活中的事情都被提升到象征的高度，被归结到宗教规定所编织的细密的网络当中。在那里不存在个体化的人生规划，至少对于女性是这样的，它要求人们具有极强的意志力和超群的准备，以便能够走上预先规定好的轨道，不会在社会当中堕落。而两件极具代表性的、灾难性的令人震撼的大事件，为多拉打开了走出去的大门。一件事情是母亲的早逝，这使得她在青春期前就被迫独立，这可能也阻止了父亲过早地找媒人牵线：他最终总是需要个人来操持家务。第二件致命性的大事就是世界大战的开始，这使得在贝德岑突然出现了上千张陌生的面孔，因此处于不同的犹太小环境之间的障碍也被打破了。犹太复国主义也在政治上尤其对年轻人产生了广泛的影响，因而，突然之间，来自极端正统的、温和—宗教和完全同化的家庭的女孩，同时出现在一个希伯来语课堂上。

多拉专注于犹太复国主义经典作品，特别是赫尔茨的作品，她学习现代希伯来语（Iwrith），观看东欧犹太人的戏剧演出，甚至自己也参加一些表演。一件轰

① 多拉·迪亚曼特：《我与弗兰茨·卡夫卡的生活》，第195页。有关多拉·迪亚曼特的早年生活，在很长一段时间都没有具体的了解，大部分信息来自凯蒂·迪亚曼特（Kathi Diamant）开拓性作品——《卡夫卡最后的恋人：多拉·迪亚曼特的浮城谜事》（*Kafka' s Last Love. The Mystery of Dora Diamant*），纽约，2003年。

② 有关肺结核，可以在卡夫卡的生命中最后几个月的一张“谈话便条”中找到相应的证据：“讲一讲，你的母亲是怎么酗酒的……她从来没有什么其他的小病而暂时禁止喝酒吗？”《卡夫卡：1902年到1924年间的通信》，第486页。由于卡夫卡在基尔林（Kierling）除了多拉之外，不会称呼其他人为“你”，因而显然这是指弗拉雅达·迪亚曼特。

动的大事将她的父亲带到了非常糟糕的麻烦当中。这是因为一位他认识的最高精神领袖，即拉比格尔，威胁所有的犹太人，如果不尽快将他们的子女从犹太复国主义圈子里带出来，就会被教区开除。这也是富有影响力的赫谢尔所提出的观点。怎么办呢？首先值得考虑的是，将这个女孩带到那个圈子之外，让她离开贝德岑，离开她的那些数量过多的朋友。他带着她去了克拉科夫，将她放在犹太—正教学校，那是被"拉比"赐福的学校，是最早的贝特–雅各布–学校（Beth-Jakob-Schule），用来培养虔诚而且精通法规的女教师。但是，这已经太晚了。多拉已经19岁了，她在波兰的大城市里所感受到的反犹太人的愤怒情绪，绝对无法让她停止巴勒斯坦之梦。她逃离了克拉科夫，一直来到了布雷斯劳，又被她的父亲抓了回去，在多拉的第二次成功逃脱之后，他放弃了追踪，并且像她已经去世了一样为她哀叹。

她在德国西里西亚地区的布雷斯劳——可能是作为登记在册的难民——待了大概一年。她在一家儿童养育院工作，活跃于大学生圈子，非常快地学会了德语。可能是布雷斯劳的一个受过良好教育的、倾向于犹太复国主义的中产阶级家庭——巴德特（Badt）一家最终鼓励她继续前往柏林，因为在那里，她在他们的一个儿子的家中得到了一个职位，这个儿子就是德国社会民主党（SPD）代表、犹太人团体负责人赫尔曼·巴德特（Hermann Badt）。她也参加了政治集会；一位多拉在布雷斯劳的朋友——医生路德维希·内尔肯甚至记得，她曾经在柏林与著名的女共产党员安吉利卡·巴拉巴诺夫（Angelica Balabanoff）一起生活。[①]在1920年，她得知另外一个、目前来看对她生活意义更重大的地址：犹太人民之家。一位会说多种重要语言的年轻女子是那里所急需的，此外，能够过清贫的生活，有与难处的儿童打交道的经验，并且还会做饭。对于人民之家来说，多拉·迪亚曼特是他们不同寻常的机遇。她什么时候带着难民儿童一起出门旅行，我们无从知道。但是，在缪瑞兹她已经是这群人中担负责任的焦点了，她是厨师长、女管家、唱歌和语言老师。

多拉自然也已经注意到了那位住在膳宿旅馆的友好、有些像小男孩的绅士，他大多数时候被一位女子和几个孩子陪同着，当有一次在大街上碰到这个家庭的时候，在她眼中如此引人注目——她甚至想过，这是否是"印第安混血"家庭。[②]直到现在她才知道，他是一位来自布拉格的单身汉，此外，还是被所有人激动地等待的作家。这是一位非常谦虚的作家，正如他所表现的那样，几乎从来不谈自己，相反，他想了解这里其他所有人。她喜欢这一点，并且对此深受感动。从现在开始，他

---

①路德维希·内尔肯（Ludwig Nelken）：《为卡夫卡看病》（*Ein Arztbesuch bei Kafka*），载科赫的《当卡夫卡出现在我面前……》，第211页。

②迪亚曼特：《我与弗兰茨·卡夫卡的生活》，载科赫的《当卡夫卡出现在我面前……》，第194页。

们互相看望对方，只要多拉能从大量的工作中腾出时间。

卡夫卡在很长一段时间里对这次成功的相遇缄口不言，好像是一切如常。他所谈的都是当“我和他们在一起时”，人民之家和“快乐、健康、热情的孩子们”给他带来的兴奋，他甚至写信给贝尔格曼，“我并不幸福，但是站在幸福的门槛前”——这是身份认同的幸福，就像以前在布拉格，他被犹太人议会厅的窗户所吸引，在那里兴奋观察暂时住在那里的难民儿童，对他而言，没有什么比成为这样的孩子更值得渴望。他只是对克洛卜施托克承认过，这样的幸福的美梦并不是没有带来幻想破灭的痛苦的。尽管如此，这里对他来说是度假营地，他现在几乎在那里度过了每一个夜晚，“这是在缪瑞兹最重要的，并且超越了缪瑞兹”。但是，他在那里只是客人，“而且从来不是身份明确的客人，是什么令我痛苦，也不是非常明确的，因为普通的关系中夹杂着个人的成分。”[①]他一直努力保持着其他密切的关系，他与热情的蒂尔·瑞斯勒交谈，甚至后来还给她往柏林寄了一封长而热情的书信。最后他还带给这个养育院一个惊喜，这使得他的声望再一次得到了决定性提高：他的朋友兼老师普阿·本-托维姆，一个真正的巴勒斯坦人，短暂地参观了缪瑞兹，这是缪瑞兹的一个轰动事件。

8月初的时候，艾丽的丈夫卡尔· 赫尔曼也来了，他要在海边休几天假，但是他不走运：天气变坏了，气温大幅度下降，海滩上空荡荡的，许多客人也因此准备收拾行李回家。这对卡夫卡而言，也意味着每天与多拉在一起度过几个小时——他们一起和孩子们在温暖的沙滩上，常常一起读希伯来语读物的日子也突然结束了。赫尔曼一家打算提前离开，无论弗兰茨一起或者不一起走。他们曾经商定好了，他在波罗的海待上几天后，就去玛利亚温泉城，他的父母在那里进行一年一度的疗养。但是，在玛利亚温泉城，夜里也不是很舒服了，他们拒绝让卡夫卡前来会合，而是最好直接回家。因而，卡夫卡自由了。他现在必须好好想想。

从健康的角度来看，在缪瑞兹的海滨度假被证明是一个失败。失眠和头疼并没有消失，持续的疲劳感和虚弱也没有减缓，而且他的体重甚至还减轻了。考虑到其他人在这里都感觉到更加有力了，他清楚地意识到，巴勒斯坦从身体上也是不可企及的了。与多拉一起制订的计划在这样的情况下也很难实现。她现在无法与他一起旅行，因为犹太儿童的假期还没有结束，她非常热情地希望他去柏林，而且她准备尽她所能，让他在那里的生活变得容易。作为一名肺结核患者自愿去柏林过冬——在那个寒冷、遭受着严重的通货膨胀侵扰的、社会失常的百万人口大城

---

① 1923年7月写给胡戈·贝尔格曼的信；1923年8月初写给罗伯特·克洛卜施托克的信，载《卡夫卡：1902年到1924年间的通信》，第436、441页。有关卡夫卡在布拉格犹太人议会厅观察移民儿童的内容，参见1920年9月7日写给米莲娜·波拉克的信：“如果人们让我自由决定我成为想成为的人，那么我想成为一名东欧小男孩。”《1918年—1920年书信集》，第337页。

市，无论如何这肯定是一个在布拉格得不到任何理解的决定，他必须要为此进行斗争。

尽管如此，他还是迈出了第一步。他没有告诉妹妹和妹夫他有什么打算，而只是在柏林与他们道了别，找了一间宾馆订了3个晚上的房间。他想探测一下形势，他可能在《柏林日报》上研究了住房市场，并且参观了多拉推荐的街区。他是否在柏林也拜访了一些朋友，我们不清楚，但是有一则例外。在第一个下午他就找到了夏洛特堡的约罗威茨（Jurovics）书店的大门，那是蒂尔·瑞斯勒上班的地方。他可能注意到了有些商店近来关门非常早，因为没有人在晚上按照像股市收盘前一样的价格卖东西，即便是书也同样。在敲了好几次门之后，吃惊，但是兴高采烈的蒂尔打开了门。您是否有兴趣，卡夫卡边问边递给她一束紫罗兰，今天和他去德意志剧院，那里正上演席勒的《强盗》，她当然也可以带她在度假营的朋友一起去。

晚上，卡夫卡坐地铁到了奥拉宁堡门（Oranienburger Tor），然后和3个半大的女孩坐在剧院里。他非常疲倦，因而他感到很难理解这部他从中学时代就已熟悉的作品。但是，有一次他碰了碰他的邻座，然后俯下身去，小声说："你听到吗，蒂尔，弗兰茨叫坏蛋！"

卡夫卡的体重再次下降，这一点是无法忽略的，他现在又和3年前一样消瘦、纤细。体重秤显示的重量是54.5公斤，也就是说，没有什么从外表可以看出来的疗养成果被保留下来了，那曾是他在梅兰和玛特里厄瑞山的餐厅里努力奋斗的结果，而对于弗兰茨的体重总是抱有一丝希望的父母完全有理由询问，现在为什么会这样。当然，在缪瑞兹监督他的饮食并不是艾丽的任务。这个难题现在必须有人来接手，最终，物品短缺和"黑市交易"的时代早就已经过去了，在波西米亚的市场上与德国的完全不同，在那里什么都有，他在那里只需要大量地吞咽就可以了，而不应该考虑价格问题。最后，又一次是奥特拉来临时救急：她已经好几次帮他摆脱困境了，即便是在最糟糕的环境下，她的表现就像是"养胖"大师一样，反正她是充满干劲的，而且前一段时间，由于第二次怀孕她也还没有休假。因此，家人决定，卡夫卡应该像一年前那样，和奥特拉一起去度一段时间的暑假，这一次是去塞勒森，那里足够近，这样约瑟夫·戴维也能时常去看看。

卡夫卡在另外一种环境下、与另外一位妹妹、在一位商人的房子里度过了5个星期。在眼下这段时间，他不可能过得更好了。其中一个原因是，他很久之前就已经熟悉塞勒森了，这里对卡夫卡而言没有什么惊喜，有的是踏实感，尽管会有与朱莉·沃里泽克愉快散步的令人心痛的回忆，也会想起围绕着《致父亲的信》的内心的挣扎——这一切都离现在很遥远了，但是这些都强化了他和多拉会遇到迟来的奇迹，以及他的新计划将比他在几年前苦苦地捍卫的一切都要现实得多，也更有自主性的想法。另一原因则是,奥特拉是唯一一个他能够完全开诚布公地坦白涉及面如此广的决定的人。对于这些"心绪"方面的事情,她也表现出理解,尽管与她自己的体验完全相悖,此外,她明白并且接受这一事实,即她的哥哥会完全放弃家人通常会给予的、尽管是善意的建议。

卡夫卡和多拉约定,她在柏林帮他找一个合适的住处,并且在移居之后,帮他采办所有生活必需品(作为"女管家",他也这样称呼蒂尔)。永久性的移民的可能性,以及从共同的操持家务中,可能会产生的从很久以来每根神经就渴望着与一个女人真正共同生活的前景,在卡夫卡看来如此令人可怕,他完全不敢用词语触碰它们:"我一定是相反力量的昂贵的拥有者",他写信给勃罗德,"这些力量像魔鬼一样战斗,或者它们就是魔鬼。"[①]然而,即便是勃罗德暂时也不知道,卡夫卡正计划着真正地离开布拉格和他的家人,只有奥特拉一个人随时了解相应的准备,以及在塞勒森与柏林之间的几乎每天都有的通信来往。多拉在8月底找到了符合卡夫卡支付能力的住处,那是一间带家具的房间,在比较偏僻的施特格利茨(Steglitz),卡夫卡极其秘密地发出了决定性的赞同意见。

正如我们知道的那样,他直到最后一刻才告知父母他的离开,这样,他们就完全没有机会进行漫长的讨论了。由于奥特拉在塞勒森租的房子到10月中旬才到期,卡夫卡的家人自然认为,弗兰茨会在那里一直待到天气允许的时候。然而,突然在9月21日,他出现在布拉格,告诉大家,他将在后天去柏林,而且独自一人——违背了所有的医疗上的考虑。他确实在妹妹的照料下长胖了一些,如果非常仔细观察,人们可以发现这一点,这首先是新鲜的乡下黄油"行善"的结果。但是,在柏林买不到这样的黄油,只能用高得吓人的价格买到完全不同的东西,他在那里吃什么呢?卡夫卡似乎完全没有操心他未来的治病费用,相反,他花了好几个小时整理他的箱子,那里面的东西尽可能少地透露了他真实的打算。例如,没有冬季的用品,这的确可能只是一次远足。家里反正也只有够用一两个星期的现金。这个终归可以让父母寄去的。现在只是离开。

这是巨大突变的前夜。卡夫卡醒着度过了这一夜,因为布拉格的幽灵已经商定了要进行最后一次大规模袭击。安眠药不起任何作用,他必须斗争,恐惧却是压倒性的。不,他不去了。多拉会理解这个决定,但是他得通过电报退掉施特格利茨的房子。还缺什么呢,一个可行的理由。卡夫卡沮丧地开始草拟电文,但是,他总是完成不了。最后,天亮了,"女佣"开始准备早饭,他的行李已经都收拾好了。奥特拉的丈夫上楼了,来道别,他无法理解,在这样的时光人们为什么要去柏林。父亲

① 1923年8月29日写给马克斯·勃罗德的信,引自《勃罗德与卡夫卡的通信》,第429页。

责骂了几句，但是他这次显然没有什么恶意，也许他甚至被儿子的突如其来的决断力而打动。母亲看着他的儿子，充满悲伤。卡夫卡想起他向奥特拉所承诺的，她是多么全心全意地帮助他为这次大型出行做准备。不，不再退缩了，也没有电报。他转过身去，上了电梯，门关上了，而这是第一次，他没有说什么时候回来。

第二十七章
柏林郊区

许多事情让我痛苦，
而另外一些只是令我遗憾。
——利希腾贝尔格（Lichtenberg），《碎片集》（*Sudelbücher*）

在我看来，两个人因为他们在一起能够幸福，这是这两个人结婚的时机，在幸福的可能会被夺走和被阻碍的时刻……两个人可能只有一条决定结婚的合理的理由，但是这条理由使得两个人不可能不结婚。这条理由就是没有对方就不可能活下去。没有所有的浪漫、多愁善感、悲伤，而只有这一条理由。

米莲娜·波拉克在1923年年初发表了这些并不多愁善感的文字，这些文章引自一篇标题为《炉灶边的魔鬼》的文章。卡夫卡不仅读了这篇文章，而且仔细研究它，并且详细地评论它，几乎是逐字逐句地。[1]显而易见，米莲娜从自己的婚姻中得到了教训，特别是从多年的对重大信仰及重大信仰的误解当中，以及从通常是因为微不足道的理由而引起的耗尽精力的争吵当中。相互作出承诺是没有意义的，她写道，因为没有人能够信守；更好——但是也更为困难的是，接受对方原本的样子，在日常生活的沼泽里保持"人类的尊严"。这也是卡夫卡长久以来形成的观点：正如永远相爱和永远保持热情的誓言，是完全不足以代替婚姻和家庭义务习俗的——他的父母认为这是不言而喻的，永无止境地寻找"理想"的伴侣，同样也绝对不是一个解决办法。在面对菲利斯的时候，他就一再指出，仅是深深的相互归属感觉就能够承载起婚姻，也完全同样能够正确地决定以什么样的形式共同生活。这里面包括存在的激情，卡夫卡对于发自内心的浪漫辞藻的放弃，也是实用主义的关键，也就是客观化，而这是菲利斯最终一定会赞成的。遗憾的是，他倒是能够列举出一些资产阶级的已婚伴侣的榜样，反之，能够超越于常规的只是在幻想和文学作品中存在。

近10年来，一切都发生了变化。卡夫卡结识了一些具有自我意识的捷克女性，

---

①米莲娜·杰森斯卡：《炉灶边的魔鬼》（*Der Teufel am Herd*），《国民日报》，1923年1月18日，第1版。库尔特·克劳洛普（Kurt Krolop）翻译的德语译文作为附件发给了卡夫卡。《致米莲娜的信》，第390—401页，这一段引文请见第394—395页。卡夫卡在1923年1月或2月所做的评论参见该书的第309—313页。

奥特拉多年来也走在自己的道路上；不成文的有关“名望”和“好名声”的法规也变得越来越宽容了。最终，战争和社会生活的紊乱也令他相信，市民生活规划中的不可触摸的程序，不仅是敌视生活的，而且也不再符合时代的特征：可以预见，在10年之内或者在这一代就已经不再具有意义了。卡夫卡也老了。即便根据父母的标准——卡夫卡虽然清楚地意识到，但却一再任其影响他，一个40岁的人已经不再有“订婚考察”的义务了，也不再用委托侦探事务所去打探未来新娘的家庭情况了——这种做法即便在中等阶层的市民家庭里，现在也越来越被看作是不体面的。

在卡夫卡看来，这样的发展带来了某种缓和的形式，而这在一两年前都是不可想象的。毫无疑问，在赢得婚姻的战斗中，他失败了，同样，在**反对**婚姻的战斗中——也就是说米莲娜的那场婚姻，他也失败了；而且，如果婚姻是一种代表着人生的机制，那么，他作为永远的单身汉，不仅是一个失败者，更为糟糕的是，他还是某种类型的社会生活的离职者。一段时间以来，卡夫卡的确已经决定，接受由此带来的结果，从生活中移居出去——并不是前往真正的死亡，反正肺结核已经用这一点威胁他了，而是移民到文学当中。他也一定问过自己，这个逃跑的冲动，是否甚至确定了他的巴勒斯坦计划，是否最终也只是指向很快会承认失败的地方。

但是，现在，在很晚的时候，他才开始明白，有些可能之所以在他一直是不可能的，是因为他操之过急了。“结婚的努力”这个概念就很清楚地表明了这一点：这个词绝对没有讽刺的含义，它更容易让人们联想起一位跳高运动员或者参加考试的人的成绩，而不是一个私密性的社会活动，仅是从这样的相信中就可以证明，他在所交付给他的义务目录中走了多远，尽管没有将这些内化。但是，如果不这样做——就像奥托·格罗斯所展示的那样，会有什么其他的选项能够导向社会生活中的无责任性呢？矛盾的是，正是对于诸如此类的考试的恐惧——对于任何“不及格”的逐渐加剧的担心——最终为卡夫卡指明了出路。他决定，从现在起改变，不再建立人类的关系：不再有“该死的永不分离”，不再有“长到天上去的伟大的连接”。他这样对克洛卜施托克说过，以便能够抑制友谊的狂风骤雨。当将这样的规则应用于与一位女子的生活中的时候，他所说的正是米莲娜在她的文章中提出的挑衅：最终的结局迫使对自己和对他人提出破坏性的要求。

卡夫卡没有和某位恋人在共同的公寓里度过一天，对这样的日子几乎不会有感性的认识，他也不知道自己是否有一天，不只是对自己，而且也能够在与一位女子的联盟当中确实采取一种放松的、完全活在当下的姿态。然而，这的确实现了，还就是在同一年——1923年。与多拉·迪亚曼特在一起，人们不必讨论结婚计划，家庭计划或者父母的角色，甚至也绝对不用考虑如何以及用哪个姓氏向外人介绍这个新的共同体。一切都会在某个时候水到渠成。两个人都希望在一起度过许多时间，两个人都知道，这要在三个前提条件得到满足的情况下才是可能的：卡夫卡必须离开布拉格，并且也因此离开他家庭的魔力区；多拉必须为他的日常需要操心；而且，最后，也是最小的障碍，他必须和她分享他的退休金。这就是他们的约定。

在这样的基础上，他们将这样的问题，即一位25岁的东欧犹太女子和一位40岁的患有肺结核的西欧犹太男子是否会“顺利发展”，安心地交给了未来去回答。这时，如同他们所感觉的那样，一个不同寻常且幸福的状况。多拉凭借开拓她的道路的能量，和她尽管如此也允许另一个人的命运参与进来的果断性，影响着，也打动着卡夫卡，这无疑让他想起了自己最小的妹妹。多拉挣脱了犹太正统的社会束缚，她甚至为了自由付出了与家庭决裂的代价，但是，她仍然忠实于她的家庭，悲伤，但同样也是充满自豪的，这样的态度是卡夫卡曾经也在吉茨查卡·罗威那里惊讶地发现，并且非常敬佩的。反之，在多拉看来，卡夫卡代表着一个人类的理想：这是一位完全赞同自己的犹太身份的男子，除此之外，他的教养、个人主义、深思熟虑的幽默和对自身集体的社会感觉，这一切令她特别着迷、努力吸收而且最大程度精细化。多拉甚至对于不引人注目的东西、日常琐事、任何一个哈西德教义里所布道的或者她已经神圣内化了的生活中的“神圣”的事物越来越关注，她通过卡夫卡重新发现了这些：一切都逃不过他的眼睛，他对最简单的东西充满热情，哪怕会引起他的反对和批判，微不足道这样的感觉对他来说完全是陌生的。

最终，可以看到，甚至是他对于文学的态度，也是完全从属于对直接性的追求的态度之下的。在缪瑞兹的假期休养所的最开始的几个晚上，他就是被作为作家、作为一位有着特别荣誉的名人加以介绍的。但是，卡夫卡想要的完全不是这些。对他而言，重要的是写下来的词语，他总是为这样的想法感到非常恐惧，即正是文学能够将他变成一个公开的，也就是说站在社会讲台上的人物。因而，他意识到——即便是他忘记了，他的朋友们也会提醒他，他创造着艺术作品，总有一天，会在世界上发挥影响，影响力无论在空间上，还是在时间上，都远远超出了他自己的生活的地平线。但是，这样的想法却一如既往地无法与写作的私密性协调一致。

“当涉及文学的时候，”多拉·迪亚曼特回忆，“他不容讨价还价，也不接受任何妥协，因为在这里触及了他所有的存在。他不只是对事物探根究底，他自己就在根基上。”①这一语中的，它甚至是卡夫卡的一个说法。多拉的观点也得到了验证，即这些文学性的语言不会离开他的创造者，同样含义深刻的手势或者面部表情也同样不会。多拉阅读和倾听卡夫卡的文章如同私人的交流，她从中寻找所谈及的事物，因为这是出自她所爱恋的男人之手的文本，这同样是发给她的消息。在很晚的时候，已经太晚了，然而，多拉·迪亚曼特要将这样的观点相对化，即这些作品只是属于她的（这应该给马克斯·勃罗德在出版遗作时带来了极大的困难），她坚持认为，仅是通过卡夫卡所出版的作品，或者是在没有他本人在场的情况下通

---

①多拉·迪亚曼特：《我与弗兰茨·卡夫卡的生活》，载科赫的《当卡夫卡出现在我面前……》，第199页。

过他的作品去理解他，这对于一个局外人来说是完全不可能的。作家首先是心灵历史上的伟大人物，他们附带地开展物质生活和私人生活，这样的想法对于多拉来说是荒谬的，而一切证明，不仅卡夫卡的文学成就，单单只是卡夫卡的个人的影响，就对她充满吸引力。

这一定是一个安静的住所，远离城市的喧嚣，通风顺畅，附近就有商店，通过并不烦琐的公共交通也很方便去市中心。这并非简简单单就能找到的，而是多拉精挑细选的结果。当卡夫卡第一次参观这间位于施特格利茨的新住处时——在此之前，他只是通过多拉在书信里的描写了解它，他感到的只有轻松愉快：一间宽敞、舒适摆放着家具的房间，房间还向外突出，租客可以按照自己的意愿将它当作阳台；房东是一位商人和他的妻子，他们自己也住在密奎尔大街（Miquelstraße）8号［现在的穆特休大街（Muthesiusstraße）］，埃科・罗腾堡大街（Ecke Rothenburgstraße）。这样的小市民安详的气氛，在城市的近郊区是相当典型的：一位银行职员、一位工匠、一位工程师、另外一位商人和三位退休者，这些就是同住这栋房子的人。首先令卡夫卡感到兴奋的是周围的环境，这让他立即想到要在这里过冬：这里位于柏林城边缘，有着安静、大树林立的林阴大道，几乎从施特格利茨还是村庄社区的那个时代以来没有发生什么变化。在过去的20年里，直到柏林城的扩张延伸到了这里，施特格利茨才被吞并为一个城区，但是，密奎尔大街，卡夫卡写道，实际上是最后有着城市特点的地段了，当他继续往城外的方向走的时候，没走几步就被园圃和乡村别墅包围了。“在温暖的夜晚，我走出这栋房子，迎面感受从古老而繁茂的园圃所散发出来的气息，我相信从来没有感到这种温柔和力量，在塞勒森没有，在梅兰没有，在玛利亚温泉城也没有。”[①]再向城外继续走——步行不到半个小时，就到了格林瓦尔德森林（Grunewald），而且，当接着走下去的时候，卡夫卡就可以在达勒姆（Dahlem）的新植物园（Neu Botanischer Garten）休息一会儿，那里离住处还不到1 000米。城堡大街（Schloßstraße）就在街角，在那个时候，这里开始发展成为零售商人们的地区交易中心，施特格利茨的地区市政厅和地铁6号线车站也在这里，乘坐这条线路的地铁可以到内城。到各处都不远，这里既有大城市的方便舒适，又像是地中海疗养胜地——卡夫卡为了安慰在布拉格的家人们而应该是有些夸张了，但是这里确实比他带着微薄的经费所期待的景象要好得多。

我们从卡夫卡写的家信里了解不到任何有关多拉的情况，很有可能，他的父母完全不知道她的存在。[②]因而，这就使得施特格利茨住处的一个最大的优点没有被提到，也就是说，事实上，在这里是可以容忍“女士拜访”的。肯定不是过夜。当

①1923年10月2日写给奥特拉・戴维的信，载《卡夫卡：写给奥特拉和家人的信》，第134—135页。

②在卡夫卡12月寄给奥特拉的几张明信片中从来没有提到过多拉，也说明了这一点，尽管他向这位妹妹透露过多拉的存在；显然，卡夫卡确信这些明信片也会给父母看。

然，卡夫卡反正也还不敢去考虑与多拉真正地生活在一起，毫无疑问，他肯定不能**同时**实现双重的、抗争多年的《出埃及记》——离开家乡的城市来到一个陌生的大都市，从自给自足的单身汉生活变成与一位女子的生活共同体。多拉在绍伊纳区有一个房间或者一个睡觉的地方，她几乎每天都大老远地来到施特格利茨，为她的朋友提供日常必需的照顾。卡夫卡自己可以完成一些零碎物品的购买——他每天早上拿着牛奶罐子出门，穿着西装、打着领带排在队伍里，第一顿早饭是其他租客帮着料理的。其他的一切都由多拉来负责，由于一个月之内只去得起一次或者两次饭馆，因而她也要为卡夫卡准备热腾腾的午饭和晚饭：通过两只酒精炉和一个保温的"食物保暖箱"——做好的饭菜可以一直放在里面。然后，他们一起散步，卡夫卡在下午的时候要午睡，在晚上较晚的时候，当她躺在长沙发上的时候，他经常给她朗读《格林童话》、霍夫曼·E.T.A.（E.T.A. Hoffmann）或者克莱斯特的作品。房间里光线有些暗，这里没有电，只能凭借煤气灯的灯光，但是多拉通过借来和买来的部件成功地做了一盏大煤油灯，这样卡夫卡可以在能够忍受的照明下读书和写作了。只有一个，但却是危险的匮乏，是施特格利茨的田园诗无法解决的，也是即便多拉也无法帮助走出困境的：这里一个月的租金是500 000 000 000马克。

"都好吧？""只是指数很糟糕。"——柏林人几乎对一切都以调皮话来应对。[①]但是，自从1921年秋天以来，在他们的市场上、商店里、食品店里和银行里所发生的事情，对于即便是口齿伶俐的"柏林嘴巴"来说也是艰难的考验。每天公开的指数——反映了真正的实际收入的外汇交易价格和批发价格——不断下滑，最后开始加速，然后崩溃。尤其是兑换美元的汇率，人们每天早上仿佛像是祈求神谕一样打听，即便是那些从自己的工资袋里拿钱去花、在一辈子当中从来没有碰过外汇的人，也同样会去打听。24马克兑换1美元，这是人们在战前知道的汇率。在1922年1月，是200马克，8月为1000马克，从1923年7月开始，已经到了百万，之后到了10亿。

这是史无前例的事件，即便经济学家在战后已经开始警告将会出现马克的崩盘，但是他们却无法描绘出，在什么样稀奇古怪的条件下，这样的灾难会真的发生。相反，倒是每一位报纸读者能够说出崩溃的原因：这是因为德国国家的巨大的债务，这个国家的侵略战争并不是通过高昂的税收，而是凭借款展开的。而且，这也是因为欧洲取得胜利的各国所提出的巨额战争赔款所导致的——其中最不留情面的就是法国，要求清偿长期以来他们所遭受的损失。无论是斯帕大会（Konferenz von Spa，1920年6月），还是不断地忏悔，德国政府都没有实现值得一提的债务减免，或者至少是对分期偿还期的延长，充其量是接受了可以用实物资

① 卡夫卡将这段对话引用到了在1923年11月12—15日写给瓦丽·波拉克的信中，载《卡夫卡：1902年到1924年间的通信》，第463页。

产作为替代品。“我们愿意支付，但是我们无法支付”，外交口号这样说。

“如果没有收到战争赔款，那么我们自己来拿”，巴黎方面这样回答。几乎没有人能够想象，如何拿这样的威胁当真，无论是否被军事占领，在经济上已经成为废墟的德国每年到哪里去找20多亿的金马克[1]？然而，法国人现在已经决定惩一儆百，他们在1923年1月真的将军队开进了鲁尔地区，把煤炭和工业产品运走，还向德国政府开出军事占领的费用账单。这是一个有悖于任何经济学专业知识的错误决定。因为人们几年来一直指责德国的——有意让自己的货币贬值——现在真的发生了，而且是到了自我毁灭的程度。为了弥补损失，也为了支持鲁尔地区的百姓“消极反抗”占领者，帝国银行（Reichsbank）印发了海量的纸币，除了漂亮话之外没有任何东西能够为这些纸币做担保。价格再次急剧上涨，相反上涨的工资和薪水——政府借此来安慰这套货币政策的愤怒的牺牲者——却如同废纸一样，虽然刚刚从纸币厂印出来。从1923年7月开始，这架旋转的木马不再能够停下来了，现在，马克每天都在贬值，8月的时候，德国货币系统已经完全失控，在9月21日，就是卡夫卡到达柏林的两天前，第一批票面价值为10亿马克的纸币开始流通。这尚且还不是结局。

难以想象还有比这个更不利的迁入德国首都的时间点了。在这里，社会对立也最为尖锐，超级通货膨胀带来了最具灾难性的后果。柏林陷入了如同君主政权在位的最后几个星期一样的饥荒，唯一的区别，这一次是人们需要的商品，有时候还挑衅性地躺在橱窗里。那些依靠战争债券、存折或者退休金生活的人，实际上什么都没有了，无论他的收入有多高；相反，那些为了保值而将实物资产换成美元的人，可以在商店里拥有所有的东西。这种显而易见的不平等，导致了公众生活残忍的局面，这是人们即便在战争年代也从未经历过的。不断有人就极富攻击性的乞讨、光天化日之下的抢劫、突发性的聚众闹事和掠夺、暴力性争执报警，此外，还有每天自发的罢工活动和游行示威，从几个月前开始实施的禁止聚会的条令，根本不再发挥作用了。从10月中旬开始，局势急剧恶化，在这个时候，柏林城市里停止了面包马克（Brotmark）的发放（面包马克不再能够支付自身的生产和分配），这意味着，人们最后还能买得起的食品——“地方面包卷”也没有了。在内城的城区里，许多商店根本就不再开业了，或者至少在警察的保护下、装甲车来回巡逻的情况下才开门。只有通过动用武器，才能够阻挡大批民众涌向柏林的市政厅。

在卡夫卡看来，他似乎是将家安置到了雷区边上。在那里，外面就是这个不久前刚刚成为“大柏林”城区的地方，相对来说要平静多了；对于城里面发生了什么，卡夫卡更愿意从《施特格利茨广告报》（*Steglitzer Anzeiger*）上获知，这些报纸公开贴在城堡大街上，他一周进城一趟，至多两趟，经常会担心不能承受自己的弱不禁风、外面的匆匆忙忙和暴乱。他与勃罗德去过约斯提咖啡馆（Café Josty），他

① 金马克（Goldmark），这是德国第一次世界大战前的货币。——译者注

拜访过普阿，后者在女孩寄养院工作，他在威尔特海姆商场（Kaufhaus Wertheim）照了证件照，然后他“虚弱地回来了，深深地感谢，我住在施特格利茨”。[①]但是，即便是现在，也忠实地保持着他的习惯，尽可能地不抱怨，尽管**一切**都发生了。就连在写给勃罗德的信中——他肯定通过艾米随时了解到柏林的局势，卡夫卡也只是做一些暗示，从他的信中完全不会想到，他就生活在一个处于社会生活无政府状态，或者一场内战边缘的大都市中。卡夫卡一直以来只是向家人们讲述实际生活中的担忧，从来不提及政治方面的担心，但是，家人自然会关注《布拉格日报》上的报道，对于家人来说，柏林的局势已经足够形象了。幸运的是，他们并不知道，他恰恰还牵扯到了最糟糕的地方，即绍伊纳区，他与那里有着特殊的关系。不过，那些例如由阿尔弗雷德·都柏林（Alfred Döblin）等人写的、被布拉格人当作令人沮丧的谈资的报道，已经足够恐怖的了，因而，家人们毫不怀疑，卡夫卡这一次在所有的山区、度假胜地、疗养院之外，挑选了一个炼狱般的地方。

> 这样的景象对于一位柏林人来说也是难以置信的。格伦纳蒂尔大街（Grenadierstraße）和龙大街（Dragonerstraße），还有东欧犹太人的聚集地被大批警察戒严了；这些街道完全是阴森森的。在街角挤满了强有力的、急迫的人们；一些橱窗和商店被砸。怒骂声和暗地里说话的声音。警车不断在明茨大街（Münzstraße）来回巡逻已经成了日程，要不然的话，这里就成了危险的恶棍们的活动中心了。现在，在这里出现的显然还是上层社会的、戴着领带和时髦的有檐帽的绅士们。但是，也有肥胖的奇怪男人出现，他们看上去像是普通的市民，此外，也有很多女人。一眼望去：反犹主义是最冷漠的；它将开始掠夺。[②]

很难有人能够乐观地面对这样的目击者报告，但是卡夫卡的父母有一个弱点——对此卡夫卡心知肚明，他几乎是经常对此加以利用，这就是他们随时准备进行排解。他们很难解决宏观的难题，但是却善于用切实可行的手段解决一些实际问题，他们会迫不及待地投入所有能量，而且会在一段时间里，忘记其他更为严峻的问题的解决，是不在他们的能力范围之内的——可能根本就不在所有人的能力范围之内。这一次的情况同样如此。

共有19封书信和明信片保留下来了，这是卡夫卡从柏林寄给他父母的，几乎都是与物价和汇率、对于服装和日用品的需要，当然还有担心和食品有关的，但是，不可否认的是，根据他的描绘，似乎一切都还是完全可以承受的。吃的东西足够，他声称，面包甚至比布拉格的还要好；只是黄油不太好吃——是否可以给他寄来一点

---

①1923年10月22—24日写给马克斯·勃罗德的信，载《勃罗德与卡夫卡的通信》，第435页。

②阿尔弗雷德·都柏林：《缪斯在战争中歌唱》（*Während der Schlacht singen die Musen*），载《布拉格日报》，1923年11月11日，第3版及后面的版面。

点？这里也有鸡蛋，只是特别贵，按最新的价格折算，一只鸡蛋需要半克朗，现在突然又变成了1.6克朗了。一只鸡蛋实际上的票面价格是30亿马克，这完全不需要卡夫卡来进行演算；显然，尽管外界的环境是这样的，但是他还是能够保证一个健康人的饮食需要的，但却不是一位肺结核患者的需要。对于他的母亲而言，现在的情况足以让她在奥特拉的陪伴下，定期给卡夫卡寄去包裹，一开始是食品，然后还有冬天的衣物和一些日用品。从他的信里，完全看不到他父母询问他医疗方面的护理情况，只有唯一的一次，他的父亲提起了一个容易让人想到整个这个行为的意义的问题：那么，弗兰茨，他想知道，在柏林是否有**“对今后的未来”**的打算。

事实上，卡夫卡不仅有金钱方面的困难——这样的局面他早已从不再领取全额工资的时候就已经熟悉了，他在柏林的生活已经接近贫困的边缘了，他比以往任何时候都想解释这样的经历，抢在完全的毁灭之前采取行动。为了节省邮资，他不再寄信，取而代之的是写得密密麻麻的明信片（尽管如此，寄出一张也需要360亿马克）。他买不起报纸，也看不起电影，付不起剧院的门票，也不能随心所欲地乘坐有轨电车。当然也买不起药品。在昂贵的酒精用完的时候，多拉就会用蜡烛头热食品，把衣服送到洗衣作坊也被取消了，只要还能对付过去。卡夫卡没有任何应对不时之需的储备；当他的退休金没有及时从布拉格寄来的时候，他只能——可能是人生中第一次——请求朋友借些钱给他。买书也完全是不可能的了；他的柜子里的东西，几乎全部是从布拉格带来的箱子里所装的东西：一幅悲惨的景象。另外，恰恰是电话——一种令卡夫卡比以往任何时候都感到更为困惑的机器——这种被认为没有给生活带来太多舒适的东西，它的价格在普遍的通货膨胀的环境下却回落了，这完全是命运的一次特殊的背信弃义。最有意思的是，《福斯日报》从经济滑坡之初就已经建议人们，尽可能多打电话，这可能是物有所值的。而对于卡夫卡而言，这并不是一个特别有益的建议。哪怕他在施特格利茨的少得可怜的预算能够打电话，但是，如果有人打给他的话，主要会听到多拉的声音。

在1923年9月到12月初，卡夫卡也处于超级通货膨胀的顶峰上，但是他一直还有支付能力，至少没有忍饥挨饿，对此，首先要归功于他的收入是以捷克货币支付的这个事实。而矛盾的是，也正是因为同样的原因，使得他的状况并不比一个德国退休人员要好多少。

他大概每月有1 000克朗的收入，但这是在布拉格支付的。为了能够动用它，不仅需要转账到柏林，这是与巨额的手续费联系在一起的，而且，更为糟糕的是，还需要兑换成纸马克（Papiermark），因为不允许用外汇结算在德国的交易和房租（人们可以用它在柏林商店交易，但不能作为最终的结算币种）。这一切都需要时间，时间现在意味着，可以确切计算出来金钱的损失。当卡夫卡得知，对于货币知识一无所知的父母将价值几百克朗的支票寄往柏林，但是却会按寄出日期的外汇牌价换成马克的时候，他简直无法自已了。3天后，当卡夫卡收到汇款的时候，已经因为急速的通货膨胀而损失了1/3的价值了，这中间的差价就是汇出银行的盈利。“……我宁愿自己丢掉钱”，卡夫卡愤怒地写道，“也不愿意辗转地通过银行来丢掉。”[①]因而，更为保险的是将捷克纸币简单地随信寄来；后来，卡夫卡夫妇也一再请恰好要去柏林的朋友和熟人，将金额较大的钱款带给他们的儿子，只是后者之后就得坐有轨电车去某个地方取一下。这对于那些被托付的人来说是麻烦、烦琐的，卡夫卡也绝对不会觉得这是令人高兴的事情，因为除了黄油包裹之外，他捉襟见肘的经济状况还要一直依赖父母。

但是，将退休金直接支付给他的家人，从来就不是理所当然的。严格地说，卡夫卡并不是提前退休的人，他只是处在“暂时退休”的状况中，这意味着，职工工伤保险机构仍然如同以前一样，是可以支配他的劳动力的。肺结核的突然痊愈，对于他意味着要返回办公室，或者是退休金被取消。而且，职工工伤保险机构也绝对没有义务没有任何条件地接受在国外的居住地，在那里他们不再有审查权了。卡夫卡完全没有考虑过这个问题，的确，在他匆匆离开布拉格的时候从来就不知道，相关的法规是怎么规定的，也根本不知道他应该做什么才能保证退休金一直支付下去。他不必进行一次短途旅行去向什么人做出辩解。

3个月之后，当卡夫卡决定要在柏林过冬的时候，就不得不向总经理和盘托出这件令人不愉快的事情了。先是由奥特拉采取了最直接的做法，她亲自走访了职工工伤保险机构，并且得到了亲切的接待。然后，卡夫卡在一封详细的信件中，描述了他的健康状况和经济状况，为了使奥德斯维尔不会因为任何语言上的错误而产生猜疑的情绪，他先让妹夫约瑟夫·戴维将这封信改编成完美的捷克语。

首先，他自然要解释，恰巧选定在柏林居住，对于恢复工作能力有多大的作用，解释这种行为不是一个半退休人员故意破坏自己的健康，从而能够长期不回职工工伤保险机构。不是的，卡夫卡写道，他的这个决定应该是经过深思熟虑的、是理性的。他列举的一个原因是环境的改变有望对他的“神经疾病”带来有益的影响（这是对“幽灵”的官方的说法）；另一个原因是施特格利茨，正如医生也向他保证过，这个地方对于他的肺病“不是无益的”，相反，这里是“花园一般的郊区”，而且在这里他能得到朋友的帮助。只是财务方面比预期得要困难，因而他请求从现在起将退休金直接支付给他的父母。人们可以想到那位总经理在面对这封外交辞令的信件时，将会做出的会心微笑的表情。柏林作为疗养胜地，这在他来说是个新鲜的说法，尽管卡夫卡成功地在一句话中5次用到“花园”这个词，也没有让事情显得更为可信一些。在布拉格的确让卡夫卡的健康状况变得糟糕了，这在这封信中表现得已经足够清楚了，最好的可能就是让他在一定的范围内自己做决定。在12月31日，卡夫卡在国外居住得到了正式的批准。只要卡夫卡给他的“父母”的全权

① 1923年11月22日写给奥特拉·戴维的信。《1921年—1924年书信集》。

委托书和警察局一个月签发一次的“生活证明”寄来，就足够了，奥德斯维尔慷慨地回复。“但是，如果您打算长期住在德国或者在外国的其他地方定居，请务必让我们知道，并且请您就继续支付足额的膳食补贴提出申请。”[①]

他因为特别有幸才能住在此地的花园城市——施特格利茨，也是一个充满纷争的地方，对于这一点，卡夫卡缄口不提。这主要是指他住的地方的费用，或者更准确地说是指女房东，她逐渐让卡夫卡感到绝望。在8月份租金换算过来是28克朗，而等到他到了柏林的时候，价格已经翻了三番。10月份的时候，则已经是6倍到7倍了，此外还要付取暖费，这笔费用随着秋天寒凉的气温和不严实的门窗而迅速提高，最后几乎已经和房租一样高了。房租多久涨一次，我们无从知道，但是可以猜想，至迟从10月底开始，就一定不断地重新商定房租：仅是从10月31日到11月1日，德国马克就贬值了一半，在接下来的那个夜里又再次失去了一多半的价值。他现在支付的房租是5 000亿马克，卡夫卡在这些日子里写道（遗憾的是没有标注具体日期），但是，这并不是升级的通货膨胀的尾声，在11月7日的时候，山一样的马克只能换来几个美元。[②]

房东的怨声载道是德国经济类报纸的日常话题，这也证明了，租金在很长时间是滞后于其他生活必需品价格的通货膨胀式上涨的，因为房租是预先支付的，是按照当天的相应的货币价值支付的，通常对于租客来说，他们就占有优势了。由此而迫不得已产生的纷争多得数不胜数，这样不愉快的谈话，也是卡夫卡在密奎尔大街不得不越来越频繁地面对的，绝对不能得出结论，他在这里占有绝对优势。不过，显而易见的是，那位女房东对这位退休的、拥有博士头衔的公务员的生活标准有着不同的想象，而且这位租客还有外汇，经常穿得如此体面。在第一次聊天的时候，她就已经向卡夫卡打听他的收入了，也得到了真实的回答。这可能是一个致命性的错误——卡夫卡后来猜测，因为每个月1 000克朗的收入在9月份是一个客观的数额，这简直就是邀请涨租金。导致紧张局面可能还因为多拉的经常出现。气氛突然急转直下，11月初的时候，冲突终于爆发了，卡夫卡被告知他得离开这个住处。

他感到心情轻松。但是，却不应该不做任何复仇就离开。因为，卡夫卡正想办法

---

①请参见1923年12月中旬写给奥特拉和约瑟夫·戴维的信，在那里，卡夫卡写给贝德瑞奇·奥德斯维尔的信是用德语写的，载《卡夫卡：写给奥特拉和家人的信》，第149—151页。对于他的居住地，卡夫卡在这里是这样描述的：“施特格利茨是柏林的一个半乡村风格、花园城市一般的郊区，我住在一栋带有花园和玻璃走廊的小别墅里，在花园之间的小路上走半个小时就到了格林瓦尔德森林，那里离大型植物花园也只有10分钟的路程，其他公园设施也在附近，从我所在的街道去任何街道都要穿过花园。”（同上书，第150页）但是，对于卡夫卡的家庭医生事先已经对这里做出好评，看起来却不是那么可信。因为卡夫卡是住在塞勒森期间才做出迁居施特格利茨的决定的，之后他在布拉格只待了一两天。总经理在1923年12月31日的回信被翻译成了德语，载《弗兰茨·卡夫卡：1922年—1924年写给父母的信》（*Franz Kafka, Briefe an die Eltern aus den Jahren 1922—1924*），约瑟夫·斐马克（Josef Vermák）和马丁·斯伐妥斯（Martin Svatoš）编，法兰克福，1990年，第103页。

②1923年10月底或11月初写给赫尔曼和朱莉·卡夫卡的信，《弗兰茨·卡夫卡：1922年—1924年写给父母的信》，第35页。卡夫卡在11月22日写给奥特拉的信，他一定要在进一步贬值前“尽可能迅速地花掉31万亿”。《1921年—1924年书信集》。

将来自密奎尔大街8号的赫尔曼（Hermann）女士写进文学作品中。“一个矮小的女人”（Eine kleine Frau）是这个充满讽刺的肖像画的标题，卡夫卡在这一年快要结束的时候，将它印在了纸上：描绘了一个对于任何安抚都持对抗态度的愤怒的人，其愤怒没有确定的原因。“这个小女人对我非常不满，她总是要指责我些什么，她总是认为我做错了，我处处都会惹她生气……”他甚至为了让这个女人平静下来，自己做出了“某些改变”，我—叙述者用滑稽的听天由命，并且以同样滑稽的不确定汇报着，但是，这一切都是徒劳。“她对我的不满，正如我现在已经明白的那样，的确是根深蒂固的；没有办法消除这种不满，就连把我自己消灭了也从来不可能消除；即便她听说我自杀的消息，她也一定会勃然大怒。”也就是说，这位匿名的女士，根本不会因为一位最坏的牺牲者的离开世界而感到遗憾，因而人们还是应该同样好端端、没有任何良心不安地生活下去。“无论我从哪个角度看，”这篇不同寻常的散文结尾是这样的，在那里什么都没有发生，“都一再显示出，而且我也一直这么看，如果我可以用手轻而易举地将这件小事遮盖，那么，我就可以继续长时间、不受这个世界干扰地继续将我现在的生活安静地过下去，而不管这个女人如何折腾不休”。①

卡夫卡也是持这样的态度。他找到一个新住所，离这里只有两条街的距离，他直到最后一刻，也向那位怒气冲冲的女房东隐瞒着搬家日期。11月15日下午，他离开了这栋房子，去了内城。他大约在18点从城里回来，这比计划要晚得多，然后他按响了新住所、位于格林瓦尔德大街（Grunewaldstraße）13号的一栋别墅的花园大门门铃，走进了一层楼的两个布置得很舒适的房间。多拉完全是自己搬好了家，将他不多的物品带了过来，没有任何需要他再去做的事情了。就像是在梦里搬了家一样。而吃亏的是那个“矮小的女人”。

对于卡夫卡在柏林的日常生活，我们只有一幅相当模糊的画面，在写给家人的非常讲究策略的信件里打满了马赛克，我们只能通过单纯的猜测来填补这中间的空当。有关卡夫卡和多拉·迪亚曼特是否“在一起生活”这个问题，无法以简单的方式加以回答。因为在多拉的回忆里，她与卡夫卡一起在柏林的那几个月，融合成了独一无二的、似乎是永恒的状态，成为她生命中的一个新纪元：**我们**住在施特格利茨，她说，“一开始是在一间房间里，后来我们有了两间房间”。但是，她一直是住在精神体验的内室里的；而事实上，外在的局面绝对不是所谓的“疯狂的婚姻”。对于她与卡夫卡的性关系，她也是逐步透露出来的，尽管卡夫卡自己面对朋友们极其保密，使得后来的人几乎找不到什么线索。有关这方面的信息是在1924年1月初的一封信里找到的，那上面有出自多拉之手的附言，从中可以推断出，她

① 《生前出版作品集》，第322、328、333页。多拉·迪亚曼特在她的回忆中证实了这里确实是对施特格利茨的那位女房东的素描；请参照《我与弗兰茨·卡夫卡的生活》，第198页。

现在也在施特格利茨过夜。[①]但是，在两个月前，也就是将要搬到格林瓦尔德大街之前，卡夫卡曾非常认真地考虑过，出于费用的原因，将两个房间中的一间转租出去，而且恰恰是租给他的舅舅齐格弗里德——那位乡村医生。卡夫卡在强烈的情欲激情的高峰，应该是无法忍受这个布拉格家庭的前哨就在他身边的。此外，他就要搬进去的这两个房间中间，就是女房东的卧室，这即便是在宽容的柏林也意味着一个不同寻常的安排。这些蛛丝马迹非常暧昧不明：多拉直到1月中旬在柏林也还拥有自己的一个住处，另一方面，卡夫卡在给父母的信件中——尽管他们现在已经知道了这位柏林恋人的存在——理所当然地指出，他未来将在某个地方永久地与多拉住在共同的公寓里。这段生活发展出了什么样的情欲浓度，或者未来可能发展成什么样，多拉是否也认识到了他的"恐惧"，以及卡夫卡越来越虚弱的身体对于发生性关系的可能性是否有限制——所有这些我们都不得而知。多拉是"一个令人称奇的人"，卡夫卡写信告诉蒂尔·瑞斯勒[②]——这是已经超越界限的爱的宣言，但是，在这里他也没有向她透露更多。多拉和他共同生活着，在某种意义上说，他们是生活在一起的，这恰恰符合米莲娜公开宣布的标准，而且卡夫卡肯定也意识到了，他第一次、出乎所有人预料地满足了这样一条标准。

他们与世隔绝，但是却绝不孤独。卡夫卡之所以没有参与柏林的文化生活，首先是出于经济方面的原因，此外也有健康方面的因素，但是他住在柏林，甚至可以打电话找到他的消息却很快传开了。一批又一批的文学圈子里的使者们开始前往施特格利茨：《新评论》的鲁道夫·凯泽尔、威利·哈斯、作家恩斯特·布拉斯(Ernst Blass)、同样一贫如洗的恩斯特·魏斯、路德维希·哈特的朋友和崇拜者、埃根·艾文·克什和贾米拉·哈斯(他们在此期间有着密切的关系)，甚至还有魏费尔——他一直不愿意承认卡夫卡的拒绝，并且这一次他在与之分别时落了泪。[③]

---

①1924年1月3日或4日写给奥特拉·戴维的信，载《卡夫卡：写给奥特拉和家人的信》，第154页。多拉写的那行字是："只是非常、非常衷心的祝福。太累了！我要睡了。晚安"。

②1923年8月3日写给蒂尔·瑞斯勒的信，载《卡夫卡：1902年到1924年间的通信》，第439页。

③"魏费尔曾经过来为了给卡夫卡读他最新出版的一本书里的内容。在他们一起待了很久之后，魏费尔流着泪走开了。当我走进房间里的时候，卡夫卡筋疲力尽地坐在那里，喃喃自语了好几遍：'可怕的事情将会发生。'他也哭了。他让魏费尔离开，没有对他的书评论一个字。"多拉·迪亚曼特：《我与弗兰茨·卡夫卡的生活》，第202页。有关魏费尔朗读的是哪一段并没有任何记录。卡夫卡与克什和贾米拉·哈斯的会面在荷兰记者尼柯·罗斯特(Nico Rost)的回忆录中有记录，这位记者那个时候生活在柏林，是这次见面的见证人。《与弗兰茨·卡夫卡及他的捷克朋友的私人会面》(*Persoonlijke ontmoetingen met Franz Kafka en mijn Tsjechische vrienden*)，载《佛兰德指南》(*De Vlaamse Gids*)，1964年2月，第48期，第75—97页。但是，卡夫卡并未将这3个人请到家里，而是和他们约定在施特格利茨的一个公园长椅上碰头，多拉不在场。其他可能的访客是律师、小说家、记者曼弗里德·格奥尔格(Manfred Georg)，他后来创办了纽约移民杂志《建设》(*Aufbau*)。多拉·迪亚曼特在波兰布雷斯劳认识了格奥尔格，那时他是《福斯日报》的驻外记者。他从1923年开始，再次来到了柏林，并且为《柏林人民报》(*die Berliner Volkszeitung*)写戏剧评论。卡夫卡与达戴施腾·拉欧尔·豪斯曼(Dadaisten Raoul Hausmann)的偶然相遇应该不是虚构的，豪斯曼后来讲述了这段经历。参见《1923年在柏林遇到弗兰茨·卡夫卡》(*Begegnung mit Franz Kafka 1923 in Berlin*)，载科赫的《当卡夫卡出现在我面前……》，第206—210页。

勃罗德也好几次到卡夫卡的家中拜访，他对于后者房间既非常简陋，也几乎毫无个人特色绝没有感到惊讶，因为这与以前在布拉格的房间一样，他也没有谈到这里令人难以忍受的寒冷。相反，在多拉身上——她抛掉繁文缛节直接称呼勃罗德为“你”，他恰恰找到了人类的“理想形象”：她对卡夫卡有着一种“自我牺牲式的全心全意的崇拜”，她也正是以这样的方式照顾着又再度持续发烧的卡夫卡，勃罗德在日记中写道，尽管经济困难，她还是成功地将炖肉、鸡蛋和沙拉端上餐桌招待这位来自布拉格的客人。

比起勃罗德自己，卡夫卡现在有更多的机会与艾米·萨尔维特聊天——勃罗德不能长达一个星期离开布拉格，而且总是不得不以工作上的原因为借口，这一点也多少有些奇怪，而且是任何人无法预见到的。局面曾经暂时变得紧张，因为艾米到卡夫卡这里来不是出于别的目的，是为了得到建议和肯定。勃罗德向她宣传，婚姻对于他来说不是别的，而是“义务”——当卡夫卡得知这一点的时候非常惊愕。如果有人愿意是应该这样想的。艾米就是这样的态度，她一直对情人的一个月一次的拜访感到满意，但是，现在她突然要求勃罗德离婚，因而，信件和电报被急急忙忙地从柏林发往布拉格，因为卡夫卡严肃地建议勃罗德（正如后来所显示的那样，这是唯一理性的建议），只是简单地保持沉默，将解决这个难题的方案放到下次见面时再说。①

当然，卡夫卡的“小书商”也出现在拜访人群之列，直到一段时间之后，这位痴迷的蒂尔才明白，那位充满妒忌和非常不友好的多拉在这里扮演的是什么角色；她多次带着一位年轻的朋友一起来，那是一位画家，她想向他介绍一位真正的作家。对于多拉而言，令人舒适而且富有教益的来访无疑是丽萨·威尔特士，卡夫卡很早以前就在布拉格认识她了，现在她与丈夫齐格蒙德·卡茨内尔森（Siegmund Kaznelson）生活在柏林。②卡茨内尔森是一位著名的犹太复国主义分子，直到1918年前都是《自卫》杂志的出版人，他也是犹太出版社（Jüdisch Verlag）成功的经营者，他亲手帮助卡夫卡稍稍地扩大了一些他那座非常小的“图书馆”。

只有一位女友不知道该如何与之相处：普阿·本-托维姆。卡夫卡和她约定，在他离开布拉格之后，将继续上被中断了的希伯来语课；而事实上，她在最初的几周的确去了几次施特格利茨。但是，突然她就不再出现了，即便是通过明信片的一再邀请，也再没得到她的回复。“对她，我该做什么呢？”卡夫卡悲伤地问道，但

---

①1923年11月5日写给马克斯·勃罗德的信，引自《勃罗德与卡夫卡的通信》，第443页。

②有一张著名的照片上面是丽萨·威尔特士（Lise Weltsch）和卡夫卡一起站在飞机模型旁边（维也纳，1913年），参见莱纳·史塔赫的《卡夫卡：关键年代》，图片39。

是，就连这年的年底在布拉格碰到普阿的克洛卜施托克也无法回答这个问题。[①]在此期间，他认识了她后来的丈夫，教育者约瑟夫·S. 门采尔，因而可以想见的是，她放弃了与卡夫卡的友谊——这对他来说是非常罕见的经历，而是投入了新的一段、感情更为浓烈的关系中去了。对此，并没有证据可以证明。

自从卡夫卡意识到巴勒斯坦是他无法企及的之后，他在学习新希伯来语上所付出的努力也显而易见地减少了。尽管在缪瑞兹的时候，他就已经能够读希伯来语的作品了，但是他已经放弃了系统地背单词。在柏林，他也不再有显著的进步，多拉的语言能力完全无法与普阿的媲美，尤其是流利对话的能力。留下来的只是共同的梦想，这将被任何可以想见的未来慢慢地销蚀，最后成为个人的游戏。因而，卡夫卡满足于勾勒出一个巴勒斯坦风格的小咖啡馆，他们有一天会开一间这样的咖啡馆——多拉是厨子，他是服务生，而在现实的生活中，他准备一杯咖啡就像举办一场仪式一样烦琐，他用他的哑剧表演天赋向多拉展示了他会如何让这个完全属于他们的小酒馆完蛋的。当然，这样的玩笑并不适合一起阅读希伯来语读物：约瑟夫·哈依姆·伯伦纳的一部长篇小说，这是一部非常压抑的作品，描绘了令人惊愕的图景。卡夫卡每天费力读上一页，最终也没有读完这本书。[②]

但是，他对于犹太民族的历史和文化的兴趣没有改变，而且当多拉讲述她童年和青少年时代的哈西德教式的日常生活时，他全神贯注地倾听着，简直新奇得发抖。卡夫卡也认为《自卫》杂志的恰逢其时的创办非常有意义：这几乎是他最后的、带着思乡之情的感觉所维系着的与布拉格犹太复国主义舞台的联系。最终，他发现在柏林也有研究犹太民族起源的机会：风气自由的“犹太文化学高等学校”（Hochschule für die Wissenschaft vom Judentum），那是一座坐落在阿提勒瑞斯大街（Artilleriestraße）的建筑［今天的图霍夫斯基大街9号（Tucholskystraße）］里奥拜克大楼（LeoBaeck-Haus），在一所犹太教堂附近：在多拉看来，这里是她通往犹太知识的巨大宝库的入口，而对于卡夫卡而言，这里是在疯狂的柏林之中和在内心的狂野地带里面的一个宁静太平的地方，这是这几个月以来他拜访过的唯一的公共机构。[③]他参加了这里的一个介绍性课程，他们一起去听有关《犹太法典》的讲座，卡夫卡对那里面的叙事性记录更感兴趣（《阿嘎达》，*Aggada*），相反，多拉则

---

①1923年12月19日写给克洛卜施托克的明信片，载《卡夫卡：1902年到1924年间的通信》，第470页。在恩斯特·帕维尔对她的一次采访中，《纽约时报》，1981年8月16日，普阿·本-托维姆解释说，她甚至有几次去到施特格利茨帮助卡夫卡做家务：“多拉不太会操持家务，因而我为他们做了些缝缝补补和洗洗涮涮的工作。”由于那一年多拉·迪亚曼特在一家犹太孤儿院做厨师，因而普阿的说法就有些不可能；而且，与她的说法相反的是，其他证人都指出，多拉非常擅长料理家务。

②约瑟夫·哈依姆·伯伦纳（Josef Chaim Brenner）：《无果和失败或者摔跤的书》（*Unfruchtbarkeit und Scheitern oder Buch des Ringens*），特拉维夫—雅法，1920年。有证据表明卡夫卡读了前三章内容，参见宾德的《卡夫卡的希伯来语学习》（*Kafkas Hebräischstudien*），第550页。伯伦纳于1921年5月在阿拉伯暴乱中被雅法（Jaffa）杀害；当时只有40岁，这个事实卡夫卡无疑应该是知道的。

③1923年12月19日写给罗伯特·克洛卜施托克的明信片，载《卡夫卡：1902年到1924年间的通信》，第470页。

对有关法规的解释有兴趣（《哈拉查》，*Halacha*）。正如他兴奋地汇报的那样，在那个漂亮的大厅里什么都有，是免费提供的，那里也有个入口通向宽敞的、供暖很好的图书馆。很有可能卡夫卡在一些非常简单的研讨课上也结识了几个新朋友①，只要他的身体情况允许，他就会参加研讨课，但是，他也和这所高校的启蒙式的、遥远的宗教式的精神保持着某种讽刺性的距离。这种精神就是犹太教的核心，在这里，人们无法通过几千年流传下来的文献而完全理解它。在外面的施特格利茨，当多拉谈到安息日结束的祷告时，能够背出那些祷告词的卡夫卡慢慢地随着节奏晃动着头。②

一个新的词开始流传：地产抵押马克（Rentenmark）。一开始人们以为这又是与以往一样的金融技术上的魔术。难道只是划掉12个零就足以成为一种稳定的货币了吗，这难以想象。1万亿马克（在柏林人的行话里叫“万亿马克”，Billmark）等于1个地产抵押马克，等于1个金马克，也就是通过一种地产债为所有的德国组织做担保。具体如何运作，在德国充其量只有一打的人能够明白，但是，奇迹确实出现了，地产抵押马克保持稳定，对此，则没有人能够完全理解。这个休克疗法肯定是非常痛苦的，它不留情面地整顿着公共的现金体系，通过紧急法令延长了工作时间，每座城市都解雇了成千上万的职员，甚至是公务员（仅在柏林就有39 000名）。尽管如此，轻松的感觉占了上风。自由落体被止住了，现在人们又有了度过这样的日子的决心，而且这种决心足以使得经济上的混乱局面进入某种程度上说得过去的、具有实践意义的秩序当中，这又保证了人们对新货币必要的信任。大众心理学的小伎俩也在这里发挥了作用：现在4.20马克可以再次兑换1美元，与1914年时完全一样。

对于生活在德国的外国人来说，1923年12月的货币改革，首先意味着他们的特权被消除了。尽管这次改革使得他们没有损失地兑换了手中的外币，并且能够立即使用，但是这也意味着，即便是他们私下里用坚挺的美元交易，他们也不再对手里拿新马克的人拥有任何优势了。他们与本乡本土人一样，同现在开始稳定，但高昂的食品价格作斗争，这里的价格比起诸如奥地利或者捷克斯洛伐克的价格来说相当可观。商品在几周之内变得丰富了许多，柏林商店门口长长的队伍几乎在一夜之间就完全消失了，这对卡夫卡来说同样没有什么帮助。虽然这样一来气氛上轻松了很多，但是，新的价签让他飞快地明白过来，如果没有外部的援手，他不

---

①1923年12月21日，卡夫卡通过写给他的妹妹艾丽的明信片向布拉格的一家犹太妇女联合会——这个组织负责向德国邮寄食品包裹——转达了一份贫困犹太人的名单。在这个名单上，除了恩斯特·魏斯之外，也有这所犹太高等学校的一名听众，在旁边还写着备注“符合犹太教规的洁净食物”。卡夫卡在这所高校里听过课的老师只有一位是留下姓名的，即拉比朱利乌斯·格林特哈尔（Julius Grünthal）。里奥·拜克（Leo Baeck）在那段时间也曾是这所院校的讲师，但是他与卡夫卡的私人会面没有被记录下来。

②来自多拉·迪亚曼特的笔记，载凯蒂·迪亚曼特的《卡夫卡最后的恋人》，第77—78页。

再能够在这里继续挺下去。事实上，卡夫卡对于来自布拉格的援助的依赖已经越来越强烈了，尽管他在1月初的时候还在反驳这一点；他的父母为他寄来了未来一个月的退休金的预付款，此外，他也从奥特拉和艾丽那里得到几百克朗。《布拉格日报》上的一篇短文的标题是《在柏林的穷外国人》，而卡夫卡夫妇恰恰是用这张报纸包裹着寄给卡夫卡和多拉的一块黄油，这简直是致命的滑稽。[①]而他在柏林的那个"双胞胎"境况却得到了决定性的改善，第二个弗兰茨·卡夫卡，他恰恰也在1923年搬到了柏林，但是，他住的那个房子是他刚刚买下的。职业："业主"，柏林的地址黄页上这样写着。值得妒忌。[②]

现在，他的父母适时地提醒他：**对未来**，无论怎样，都应该作出决定。这是个棘手的话题，卡夫卡回复他们说。因为"赚钱的机会到目前为止没有向我做出哪怕是最小声的暗示"。[③]这是一个干巴巴的、不出所料的、尽管如此却也是非常令人不安的回答。难道弗兰茨以前不是一再谈道，如果作为作家工作，他哪里都不去，而只能在柏林吗？难道这意味着现在他放弃了自己的文学计划了吗？毫无疑问，更加无法理解的是，为什么偏偏要去这个经济上混乱不堪而且残暴的大都市，在那里，就像可以看到的那样，他完全被死死地咬住了。

不再抱有不切实际的希望，可能是卡夫卡夫妇的一个明智的决定，为了家庭的安宁，卡夫卡非常频繁、非常仓促地帮助他的父母做出这样的决定。纠缠到令人不快的问题中，实际上是为人父母的天性，它恰恰属于那些不坦诚、精神上受约束的活动，最后这些活动会突然不了了之。最终，连人们自己也会相信自己的那些暧昧不明的承诺。因而，打折扣的汇报，甚至连一些好的事情也不加以汇报，也可能是更好的。也就是说，一个有关未来收入的"暗示"是完全存在的，尽管在他写给布拉格的很多信件中，他一次也没有提到。

几个月前，卡夫卡已经与一家年轻的，但显然有支付能力的出版社"史米德"出版社（Die Schmiede）建立了联系。这样的关系是怎样建立的，我们并不清楚：马克斯·勃罗德写道，是他将出版社社长格奥尔·萨尔特（Georg Salter）介绍给卡夫卡的，但是事实上，这家出版社在1923年8月1日就已经寄出了书面合同，而在这个时间点，卡夫卡正途经柏林，在那里停留了一两天，然后去了缪瑞兹。更为可能的是，他已经在布拉格通过信件来往建立了这个联系。

卡夫卡得到了别的出版社的报价，他时不时地会接受这样的报价，不知什么时候就会真的在那里出书，对此，连库特·沃尔夫也几乎不再感到惊讶。这并不是

①海拉·洛姆（Hella Rohm）：《在柏林的贫穷外国人》（*Die armen Ausländer in Berlin*），载《布拉格日报》，1923年12月21日，第3版。

②这是与卡夫卡的同名同姓的人，他在1924年第一次登记在柏林地址簿中，住在勋恩贝尔格（Schöneberg）区魏尔茨堡（Würzburger）大街4号。

③1923年11月30日写给赫尔曼和朱莉·卡夫卡的信。《1921年—1924年书信集》。

特别有利可图的结合。沃尔夫无疑承认卡夫卡独特的地位，在那些赫赫有名的读者中，一些人——绝对不只是来自布拉格的——已经在《审判》上证实了这一点。“我从这位读者那里读到任何一行文字，它的独特性都重重地撞击我，令我感到惊愕”，里尔克在1922年的时候写信给沃尔夫，并且他要求“完全特别地”预约卡夫卡将要出版的所有作品。[①]路德维希·哈特也向沃尔夫强调，他应该以完全特别的方式对待卡夫卡的作品。然而，沃尔夫从来没有努力与卡夫卡进行私人性的、持久的交流，对于他的作品的出版，总是会出现长达数年的中断，而这不断地扯断他们之间脆弱的细线。在20世纪20年代初，沃尔夫显而易见已经失去了兴趣：勃罗德不断地，甚至是在公开场所充满爱慕地谈起卡夫卡的令人惊叹的长篇小说，却没有一部是完成了的，而且没有一部长篇小说让这位作者是“立得住脚”——可悲的销售量不允许得出其他的答案。

最后在《乡村医生》小说集漫长而又痛苦的出版工作开始的时候，卡夫卡也问过自己，沃尔夫那里是否是一个恰当的地方。这位出版商的热情洋溢的话与持续的、令人费解的疏忽形成了特别的对比。这家出版社坚定不移——尽管多次收到退信——向卡夫卡之前的办公室地址寄信；罗伯特·克洛卜施托克申请出版匈牙利语译本的版权许可，也长期没有任何人给予答复。1923年秋天，卡夫卡收到了两封来自这家出版社的信——它们只是进一步强化了他的决定：两封信是有关版税的问题，一份版税是来自某家“克洛卜施托克公司”的，信函通知他，由于销售量极低，因而出版社关闭了他的版税账户，这样就不再能够转账给他了，取而代之的办法是，将给他寄几本书。卡夫卡反正可以自己选择这些救济品，只是必须以让他们白白等候一个星期作为警告。[②]

在这期间，也已经有许多别的作者离开沃尔夫，这在文学圈子里并不是秘密。这位出版商对于新兴的德语文学作品，已经不再有如同战前那样的热情和活力了，在他看来，印象主义的创造推动力已经倦息了。“我越来越强烈地感觉到”，他给魏费尔写道，“您这一代人，如果可以的话，也是我这一代人，没有年轻、有创造力的后辈；至少尽管我努力关注，也在周围没有看到什么……”[③]事实上，他在文学领域里占据了非常重要的部分，这个部分十多年来一直是以库特·沃尔夫的名字来定义的，他的“新小说”系列开启了欧洲文学的先河，而具有先锋性的“年少时光”系列图书的结束，则带来了特别的标志性的影响：这个系列在1920年出版了4

① 赖内·马利亚·里尔克在1922年2月17日写给库特·沃尔夫的信，载库特·沃尔夫：《一位出版商的书信来往》，第152页。里尔克从沃尔夫那里收到了一摞新出版的书，并且是首批阅读卡夫卡的《乡村医生》小说集的人。

② 请见卡夫卡在1923年11月底写给格奥尔格·海恩里希·梅耶的信中所附的愿望清单，以及在1923年12月31日发出的投诉（这是所保留下来的他写给这家出版社的最后一封信），载库特·沃尔夫：《一位出版商的书信来往》，第59—60页。

③ 库特·沃尔夫在1921年8月24日写给弗兰茨·魏费尔的信，载库特·沃尔夫：《一位出版商的书信来往》，第344页。

本书，1921年只有3本，而且都不是文学领域的扛鼎之作，第86本书则是最后一册，单独出版的《饥饿艺术家》则不再受到这个论坛的关注。沃尔夫越来越强的雄心壮志指向了美术作品，这也并不令人吃惊。

在德国，主要是飞速增长的通货膨胀，使得德国的出版机构在20世纪20年代初陷入混乱之中。出版社破产、成立新出版社和并购，使得作者的版权从一家出版社转向另外一家，地方的文学圈子解散了，资深团队不再发挥作用了。甚至核心作者都经常倾向于换到经济实力强的出版社，有关支付方式和迟到的稿费（因而只有之前的一部分的购买力了）的争执是通信的主要内容，而且，几乎没有哪家出版社能够逃脱他们通过牺牲作者来渡过危机的指责。虽然图书的销售价格翻了好几倍，但是作者的实际收入却急剧下降，就连在全国范围内有名的作者，也有可能出现版税什么也带不来的情况，它无法在人们可承受的范围内，保证弥补通货膨胀带来的损失。"所有的参与者可能都会一致赞同"，著名的剧作家赫尔贝特・奥勒恩贝尔格这样写道，"在战后的所有德国企业中，出版社是最会掠夺的了"。库特・沃尔夫出版社也被普遍怀疑参与到这样的营私舞弊的活动当中，甚至卡夫卡都认为，沃尔夫应该通过通货膨胀"确确实实地赚了一大笔钱"。①

外汇牌价也经常会点燃这样的争端，因为在奥地利和捷克斯洛伐克生活的德语作家都不喜欢转给他们的纸马克。就连在沃尔夫那里作品销量很好的魏费尔的收入也非常少，这使得他决定，取消与这位最早的指导人的合作，并且与兹索尔内出版社（Zsolnay Verlag）签订了合同，这家出版社支付奥地利克朗。另外，在德国，通常的稿酬预付金额与食品开支相比也非常低，因而作者必须计算好从合同签订的下一个月起、到他的书确实开始销售之间怎么过。卡夫卡亲耳听说了这样的经历：一开始是马克斯・勃罗德，他从慕尼黑那里只能得到少得和没有差不多的版税，恩斯特・魏斯也是如此，他在1921年将出版权从S.费舍尔出版社转到了库特・沃尔夫出版社。

1922年秋天，魏斯告诉他的新出版社，他没有完成任何长篇小说，但是，为了至少能够买一件冬天的衣服，他被迫请求支付7万到8万马克的预付金，基本上其他出版社也会支付给他这样的额度。②但是沃尔夫却不同意这样做：魏斯从他那里索要的应该相当于预先结算几千本样书的版税，看起来魏斯几乎不可能真正得

---

① 贝特・奥勒恩贝尔格（Herbert Eulenberg）：《我们的出版商》（*Unsre Verleger*），载《世界舞台》，第20发行年度，第2期，1924年1月20日，第48页。这种情况的一个典型案例就是阿图尔・施尼茨勒和他的出版商萨缪尔・费舍尔（Samuel Fischer）之间的长达数月的争吵，其中所涉及的问题包括用外汇结算的问题，这些争吵几乎导致他们之间关系的破裂。费舍尔甚至要给施尼茨勒出到柏林的火车票钱，以便后者能够审阅公司的账本。参照萨缪尔・费舍尔和海德维希・费舍尔（Hedwig Fischer）：《与作家们的通信》（*Briefwechsel mit Autoren*），迪尔克・罗德瓦尔德（Dierk Rodewald）和科林娜・费德勒（Corinna Fiedler）编辑，法兰克福，1989年，第134—135页。卡夫卡的话摘自1923年11月2日写给马克斯・勃罗德的信，载《勃罗德与卡夫卡的通信》，第441页。

② 恩斯特・魏斯在1922年9月11日写给库特・沃尔夫的信，载库特・沃尔夫：《一位出版商的书信来往》，第381—382页。

到这么多版税。但是，似乎现在已经绝对不再是通常的版税游戏，而是一位人们不得不认真对待的竞争对手插手进来了：这就是柏林的史米德出版社。事实上，恩斯特·魏斯的长篇小说《火刑验罪》(*Die Feuerprobe*)在这家出版社出版了一个版次，这本书即便对于擅长鉴定图书的库特·沃尔夫来说，也一定令他大为感动：全书675页，插图是路德维希·迈德纳(Bekenntnisse des Hochstaplers Felix Krull)制作的，手扳印刷机印刷，纸张精良。怎么做到的，这家年轻的出版社从哪里弄来了这些资金？

史米德出版社成立于1921年秋天，在第二年里就已经通过广泛的，而且文学性较高的项目显得分外显眼；最重要的是这家出版社悉数接管了慕尼黑的罗兰德出版社(Roland Verlag)的赫赫有名的作家：阿尔弗雷德·沃尔芬斯泰恩、格奥尔格·凯撒、奥斯卡·吕尔克、阿诺德·茨威格、海因里希·曼等人，他们一起形成了令人一下子就会想起库特·沃尔夫的侧面像。这促使沃尔夫的一些作者主动地转向"史米德"，其中包括卡尔·斯特恩海姆，甚至还有沃尔夫的同伴、临时审稿编辑瓦尔特·哈森克勒弗尔(Walter Hasenclever)。文学评论者们善意地评价道，这是一个疾驰的扩张，这样的扩张令作者们带着最大的希望追随，这也很快为史米德出版社赢得了支付版税慷慨的名声。

但是，人们过了很久才发现，收购战略和"偷猎"作者策略，将从根本上是与混乱的经营有关的。史米德出版社是作为一家盈利前景良好的剧院运营企业的分支机构而创立的。现在，企业所有人一再地为这家出版社注入资金，以覆盖图书出版带来的亏空。这样的过程是不可能再完全复制的，当然，显而易见的是，这两个领域不清晰的界限，带来了大手笔的错误核算：只要剧院代理业务那边有利润流出来，人们就不需要为单独的图书出版项目的命运担心。首先收购、"联结"作者、喊响口号，其他的一切会自然而然产生。

这些背景一直被隐藏着，卡夫卡自然也不知道。与许多其他人一样，这些具体的报价也诱惑着他，不再考虑与没有经验的出版商继续长期合作了。一开始卡夫卡只提供了两篇短篇小说——《饥饿艺术家》和《最初的痛苦》，但是《一个矮小的女人》已经被收录在一本短篇小说精选集里准备出版，他在2月份就与此出版社签订了新的合同，这将会为他带来8 000克朗的预付金[①]：即便在他父母眼里无疑也是一笔数目可观的收入，尽管到来得太晚，使得卡夫卡无法用它来为自己在柏林的前哨辩护。卡夫卡后来清楚认识到，史米德出版社是一个令人沮丧的地方：书籍的出版非常拖拉，有些询问也一直得不到回答。但是，他的遗产管理人马克斯·勃罗德才

---

① 根据史米德出版社在1924年3月7日签订的合同，将分两笔支付给卡夫卡750金马克，在那个时间点上相当于6 300克朗。卡夫卡在3月中旬写信告诉他的妹妹艾丽、多拉，他将按照勃罗德的建议重新商讨预付金，提高到8 000克朗。《1921年—1924年书信集》。卡夫卡很可能得到了提高后的预付金。因为根据合同，出版社将预付2 000本《饥饿艺术家》的版税，但是最后印刷了3 000本。

是这家出版社迅速倒塌的见证人。不按时支付稿费的抱怨声很快从方方面面响了起来，到1925年的时候，史米德出版社已经没有支付能力了。著名作者名单上——这份名单令史米德出版社短暂地名噪一时——没有任何一个人在出版合同到期后还继续留在这家出版社。勃罗德必须要为他自己，也为卡夫卡寻找新的出路。

1923年12月24日下午，多拉从市中心回来，她在那里为过节采购了一些东西。几天来，天气非常寒冷，多拉已经完全冻僵了，她很渴望喝一杯热茶。然而，在格林瓦尔德大街等待她的却是一个可怕的惊奇：在上午还身体状态良好的卡夫卡正发着高烧躺在床上，不停地打着寒战。从来没有出现过这样的情况，尽管他向她讲过好几次，他曾经有过长达数周的发烧期，但是她还是无法及时做好预防措施、预约好医生。现在——在圣诞夜应该到哪儿去找医生呢？陷入恐慌的多拉首先给丽萨·威尔特士打了电话，后者保证马上给予帮助，她动员了一位亲戚——一位肺结核病专家来探访。但是，必须要想到的是，这位有着不同寻常的教授头衔的男子意味着高昂的医疗费用。怎么办呢？多拉清楚地知道，卡夫卡对于他的家人的插手会有多么敏感的反应，尽管如此，她也看不到除了给布拉格打电话、请求艾丽马上寄钱过来还有什么其他的办法。在晚上较晚的时候，的确有一位医生从城里跑了很远的路来到了这里，感谢上帝的是，这位教授派来的是一位价格较为低廉的助手，医生的检查并没有带来切实可行的结果：保持卧床，继续观察，这是这位医生的建议。这次出诊需要20马克。尽管多拉后来成功地在电话里使这笔费用降到了一半，但是这个晚上却意味着一个深深的切口：卡夫卡必须认识到，他艰辛争取到的独立性现在已经命悬一线了。①

这种独立首先是独立于这个家庭的评判，卡夫卡在最开始的书信中，全心全意地保持着距离感，这些几乎都是不可能被误解的。因而，他在几个月前已经请求奥特拉尽可能单独来柏林看他：

> 你知道，显然是在父亲的影响下，人们有时会用什么样的腔调谈论我的事情。那里面并没有任何恶意的成分，而更多的是同情、理解和教育，以及其他类似的，它不是可恶的，但是它是布拉格的，我不仅不喜欢它，而且还惧怕它。亲眼看到、亲耳听到诸如此类的、如此富有同情心、如此友好的评论，对我而言，就像是无所不在的布拉格现在延伸到了柏林，这令我痛苦，扰动得我

---

①与丽萨·威尔特士有亲戚关系的这位医生是奥根·克什（Eugen Kisch）教授，他在柏林教书，也在霍恩里岑（Hohenlychen）肺病疗养院工作，出版了有关肺结核的专业作品。多拉过了几天后才向卡夫卡承认，她给艾丽打了电话，她显然没有告诉他，是有关要钱的事情。因为当艾丽在1月份寄来500克朗（大约折合60马克）的时候，没有附带任何说明，这让卡夫卡对这份礼物表示不解。请见卡夫卡在1923年12月28日写给艾丽·赫尔曼的信。《1921年—1924年书信集》，以及1924年1月28日写给赫尔曼和朱莉·卡夫卡的信，载《弗兰茨·卡夫卡：1922年—1924年写给父母的信》，第54页。

夜里无法安眠。[1]

这里指的是“佩帕”，是奥特拉的丈夫，他因为孩子的缘故，非常不愿意让奥特拉出门。但是，奥特拉自己已经有过类似的经历——她对于承载着意愿良好的建议、寄往祖豪的食品包裹有着最美好的记忆，她完全能够理解她哥哥所惧怕的：因而在11月底的时候，她真的只身前往柏林了，而且，在她认识了多拉之后，她就更加理解卡夫卡了。她是这个家庭中唯一一位对卡夫卡现在所过的生活有具体认识的人，她也是第一个告诉（震惊不已的）父母，卡夫卡和一位年轻的东欧女子生活在一起，并且女孩对他照料得很好。这对父母也不断地谈起过未来的柏林之行，但是却一直没有具体的约定，可能正因为如此，卡夫卡不止一次地非常关注罗伯特·克洛卜施托克的拜访，后者经常出入卡夫卡父母家，正因为如此，他几乎已经属于“布拉格”了。

这一切完全不是针对某一个具体的个人，卡夫卡所惧怕的绝对不是什么具体的影响；他认为他所做的是正确的，他生活在一个陌生的城市，他捍卫着疾病所允许他能够享受的一定的自由。但是，他害怕的正是在布拉格聚集在一起的旧日的幽灵，害怕它们“延伸”到他的新生活中来，出现在自从多拉出现后再次安静下来的夜晚，卡夫卡用尽所有的力量禁止这一切发生。因而，他在1月中旬写信给勃罗德说，他的父母表现得“完全令人喜悦”，也就是说他们在物质上非常慷慨，但是，他紧接着就拒绝了搬到塞勒森、住在“温暖富足的波西米亚”的建议，“塞勒森不在考虑之列，塞勒森是布拉格，而且在40年里我一直拥有着文化和富足，这样的结果不再吸引我去继续尝试了。”就连前往维也纳的想法他也否定了，那是通往布拉格的方向，而且相隔也只有一站，在这里，如果去倾听其中的弦外之音，可以发现，让多拉面对他的家人和他的可怕的生活，目前对他来说是“冒险”。[2]

主要害怕的是家人的再次插手，这使他将病情的可怕的进展情况又隐瞒了几个星期。在圣诞夜折磨卡夫卡的突如其来的寒热发作，尽管暂时没有复发，但是这一次他对于根本性的改善的期待却是徒劳的。现在他几乎天天发烧，由于持续的严寒天气，使得集中供暖发挥的作用相当有限，因而他有半天都是待在床上的。咳嗽也逐渐回来了，在夜晚尤其令人不愉快——隔着一道墙就是熟睡的女房东，而且就像以前在玛特里厄瑞的时候那样，他将痰液放在一个可以密封的小瓶子里，以防止传染。1924年1月，卡夫卡的身体状况明显迅速恶化，他的体重又轻了一些，在这个月的月底，他甚至放弃了去那所高校。

要命的是，女房东偏偏在这个时候，打算不再只出租第一层的两个房间，而是

① 写给奥特拉·戴维的信，载《卡夫卡：写给奥特拉和家人的信》，第137页。
② 大概在1924年1月14日写给马克斯·勃罗德的信，载《勃罗德与卡夫卡的通信》，第450页。

将整个这一层租出去，通过这种方式来提高收入。但是，卡夫卡和多拉・迪亚曼特需要3间房间做什么？他们付不起，因而他们必须马上，而且是第二次作为“穷困、没有支付能力的外国人”——正如他讽刺地写信告诉勃罗德的那样——退掉房子。①自从房东不再收许多“万亿马克”（它还一直正式流通着），而要求支付金马克以来，空置的住宅在柏林无疑到处都是；在一张被多拉丢弃的广告单上，那上面有一位所谓“年长的绅士”寻找一处新的栖身之处，也可以找到相应的共鸣。尽管有着大量的房屋，卡夫卡在解约期限的短短几天里，还是没有能够找到价钱合适的住处，他没有其他的选择，只能将价格过高的房子也纳入考虑，然后让多拉的谈判技巧发挥作用。

在1月28日晚上较晚的时候，布兹（Busse）博士夫人从坐落在柏林西南部的策勒恩多夫（Zehlendorf）别墅区打来电话：她房子的顶层可以出租，那里有一间大房间和一间小房间，有供暖的炉子和阳台，地址是海德大街（Heidestraße）25-26号。卡夫卡翻开电话本：布兹，卡尔（Busse, Carl）。他知道这个名字。这是一位作家，他以前被称为是利利恩克龙（Liliencron）一仿制品，但他主要是一位有些幼稚单纯的批评家，他对文学的现代性，尤其是德语—犹太裔作家并没有特别的好评。卡夫卡在经受所有的折磨之后，是否也应该蒙受**这样**的烦扰呢？他决定，先不管这些，去这个住处参观一下。当他在第二天见到女房东的时候——他预想的一开始可能只见房东先生本人，而没有他的“女管家”在场的打算完全破灭了。他了解到，这位期待中的对手，实际上也是一个同呼吸共命运的同伴。卡尔・布兹在1918年年底染上了西班牙流感，那时他46岁，但是与卡夫卡不同的是，他**没有**存活下来。保拉・布兹（Paula Busse）女士是一位寡妇，带着一个未成年的女儿住在一起。

3天后，也就是2月1日，已经到了告别和可怕的搬家时间了：这对多拉来说是极其辛苦的，卡夫卡无法自己背着自己的物品，她必须将它们装在提包里，然后多次独自坐火车将它们运到策勒恩多夫。在傍晚前后，狂风和大雨也降临了，因而别无选择，最后一趟只能通过出租车来完成。新的住处不仅令人遗憾地离柏林的市中心更远，而且公共交通也比在施特格利茨住的地方远很多。从海德大街（今天的布兹大街，Busse-Allee）走到策勒恩多夫火车站至少需要15分钟，这对于卡夫卡而言已经是一个非常严峻的障碍了，所以，他是否能够按职工工伤保险机构的要求，提交警察局开具的2月和3月的生活证明，就很成问题了，同样值得怀疑的是，他是否到布兹别墅周围转过。

正好在他搬家那天，他在布拉格的家人参加了路德维希・哈特的一场朗诵

① 大概在1924年1月14日写给马克斯・勃罗德的信，载《勃罗德与卡夫卡的通信》，第450页。这个说法也出现在1924年1月28日写给菲利克斯・威尔特士的明信片上，载《卡夫卡：1902年到1924年间的通信》，第475页。

会，对于卡夫卡而言，这是一个意味深长的机缘巧合；而两天后，他自己不得不拒绝去波兹坦广场（Potsdam Platz）的柏林大师厅（Berlin Meistersaal），听这位朗诵家朗读自己的《致科学院的报告》。卡夫卡发着烧，几乎每个晚上都是如此，多拉只能自己去听朗诵。但是，她最终成功地说动了哈特到策勒恩多夫看望卡夫卡，哈特可能正是趁这个机会，为这位朋友做了小小的私人表演。哈特正打算去意大利旅行，面对卡夫卡的令人伤感的境况，他有些无助地建议卡夫卡一起前往。这只是一种姿态，仅此而已。对于卡夫卡而言，火车站已经太远了，出租车也太贵了，他怎么可能考虑前往南方数周的旅行呢？这个时候如同大部分时候一样，他没有只是简单地说“不”，而是也带着一种姿态做出了答复：他送给哈特一本描写西伯利亚的书，这是他不久前读过的，并且写上了题献：“作为对共同的意大利旅行的准备。”[①]西伯利亚、意大利、巴勒斯坦：所有这些震撼世界的地方，都在无边无际的柏林的地平线后面，都一样遥远，不可企及。

布兹对于她的这位特殊的租客的态度，比所担心的要好很多，这可能与一个小秘密有关：她也出生于一个犹太家庭，但是后来皈依了基督教。她在策勒恩多夫半乡村的环境中，害怕邻居在背后的流言蜚语，甚至担心卡夫卡本人议论她——她的女儿克莉丝汀娜（Christine）后来说，他表现得像个“雅利安人”，这应该是极其不可能的：尽管卡夫卡碰巧能够给她造成这个假象，但是多拉的东欧犹太裔血统是无论如何都隐藏不住的，同样也不太可能掩盖的是她情人的身份，另外，两人的艺术家的形象也与严肃的化学家“凯波诺博士”（Dr. Kaesbohrer）——卡夫卡在这里所用的身份——完全不相符。相反，保拉·布兹对于与一位显而易见是严重的肺病患者共同生活在一起而感到有些担心，则是更为可信的。人们从早到晚都能听到他的咳嗽声，有时长达数小时，他不断地吐出大量痰液，这是他几乎无法避免的。卡夫卡曾经从露台上向花园里吐了一口痰，恰恰落在一个小亭子上，克莉丝汀娜和她的一位女朋友正安静地、悄悄地坐在那个亭子里面：这是一个太倒霉的意外了，在那之后，女孩们很久都不被允许待在那个亭子里。[②]

发烧、咳嗽、吐痰——卡夫卡从多年前就熟悉这些症状了，根据他的经验，随着春天的开始，这些症状都会减缓一些，因而这一次他也相信，可以放弃医生的治疗。那么现代医学还能做什么呢？当这位病人的确已经等来了柏林寒冷冬天的结束，而且他一直躺在床上，或者正像卡夫卡现在偶然尝试的那样，穿得暖暖和和地在摇椅上坐一会儿，并且打开窗户通风的时候。诸如此类的建议不需要医生来

---

① 由于哈特记录了，他这是最后一次见到卡夫卡，因而这份题词可能写于1924年2月。有关他在卡夫卡的“病床”边读马蒂阿斯·克劳狄乌斯（Matthias Claudiu）的诗歌的回忆，也证明了是这个时间。参见哈特的《作家和他的吟诵者》，第213—214页。

② 请参照Heike Faller报道《寻找》（*Die Suche*）中的克莉丝汀娜·盖尔（Christine Geier，娘家姓氏为布兹）的回忆，载《时代》（*Die Zeit*），2001年，第2期，“生活”栏目（Leben），第4页。卡夫卡的女房东保拉·布兹后来在特雷金集中营（Konzentrationslager Theresienstadt）幸存下来。

给予。相反，多拉则因为卡夫卡日渐虚弱而感到害怕，她想要寻求帮助。她与助理医生路德维希·内尔肯进行了沟通，她是在布雷斯劳认识他的，他在柏林的犹太人医院工作，她请求他尽快到家里出诊。“当我走进他房间的时候，他没有躺在床上”，内尔肯后来回忆。“但是他的状态非常糟糕。”内尔肯除了开一些退烧药和止咳药，并且使卡夫卡从中证实了，医生的诊疗费是不值得的投入之外，无疑也做不了其他什么了。[①]

一个夜晚又一个夜晚，都是38度的高烧：不能再继续这样了。就连上一次在即将搬家之前来看过卡夫卡的勃罗德也特别不安，正如他在日记里写到的那样，应该让卡夫卡的父母“高枕无忧”，他催促奥特拉最终必须做些什么了。几个星期以来，朱莉的弟弟齐格弗里德·罗威一直住在卡夫卡那里，这位乡村医生也已经出钱资助卡夫卡了。现在更为急迫的是让人们知道目前局面的不经粉饰的样子。因而可能又是多拉打了一个秘密的求救电话，可能是打给勃罗德的，也可能是打给卡夫卡妹妹们的，从而导致了这个决定的做出：原本有着别的旅行计划的罗威现在被派到柏林来了，由于这个举动肯定会引起卡夫卡的疑心，因而人们尽可能临到跟前再告诉他。这是令卡夫卡非常生气的一种干涉行为：尽管他很久以前就提议过，让这位舅舅和他的母亲一起来看他，但是肯定不是在零下10摄氏度的气候条件下——这一年的寒冷一点也没有减弱，在晚些时候的春天，那个时候他又能下床了，可以表现出一副令人愉快的面目。然而，当卡夫卡在2月21日为了躲开这次“入侵”拿起电话的时候，他应该听到，这位舅舅已经坐上了前往柏林的火车了。

齐格弗里德·罗威没有留下有关他的这个外甥的书面回忆，有关柏林的日子，他也只是写下了几行干巴巴的文字，那是写在一张风景明信片上的：卡夫卡在这里“恢复得还不错”。[②]但是，事实上，罗威一定非常震惊。即便从卡夫卡在柏林照的那张著名的最后的肖像照片上，也可以看到严肃冷酷、已经完全不再年轻的面貌，使得不断加重的病情被展现得清晰无余，根据推测，这张证件照应该是他在1923年10月就照好的；而在2月份的时候，在一个又一个发烧的夜晚和体重继续下降之后，他看上去应该要糟糕很多。罗威指出，卡夫卡在这样的身体状况下，完全不能继续待在柏林、继续只由私人护理。他需要更新鲜的空气、更好的食物、专业人士的照料，所有这些只有在专业的疗养院才可能。这是一个令卡夫卡非常沮丧的前景，他第一次长时间地回避哪怕只是公众场合。“安静、自由、阳光充足、通风良好的住处”，他写信给父母，“令人愉快的家庭主妇，漂亮的地方，柏林的近郊，

① 但是内尔肯拒绝寄账单给卡夫卡，因而卡夫卡送给他格奥尔格·西美尔（Georg Simmel）的文章《伦勃朗》（*Rembrandt*），这是他自己从库特·沃尔夫那里免费得到的。有关这位医生出诊的日期是存疑的。内尔肯说是在1924年3月初，但是多拉·迪亚曼特不太可能在这个时候才寻求她自己私人认识的医生的帮助，因为这个时候卡夫卡就要离开柏林了。参照内尔肯的《为卡夫卡看病》，第211—212页。

② 1924年2月23日写给朱莉·卡夫卡的明信片，载《卡夫卡：1902年到1924年间的通信》，第63页。

刚刚到来的春天，所有这些我都应该离开，只是因为我在不平常的冬天体温有些高，而且只是因为舅舅来这里的时候天气是最不好的，看到我只有一次躺在太阳地里，我也只有几次躺在床上，就像前年我在布拉格的时候一样。我非常不愿意离开，取消租约对我而言是一个困难的决定。"[①]

有关气候的解释毫无疑问已经不再能够安慰他的父母了。尽管卡夫卡不再继续卧床不起，但是从几个星期前，他也无法离开住处，而且，当齐格弗里德·罗威稍稍地到处走走以了解一下柏林的文化生活的时候，卡夫卡却没有办法陪他，甚至连正巧这些日子在柏林举行的卡尔·克劳斯的朗读会也没能参加。这似乎是对卡夫卡移动性的最后的考验：人们有4个晚上可以一起去感受克劳斯，但是卡夫卡在哪个晚上都没有能力乘车进城。因而，罗威是在多拉的陪同下去的，当他们为"卡尔·克劳斯戏剧"（这是社会民主主义杂志《向前》起的标题）的修辞激动的时候，卡夫卡只能躺在床上，以最新一期《火炬》做消遣，这是他刚刚从克洛卜施托克那里收到的。不，天气本身肯定不是关键。[②]

在这里待了一个多星期的罗威，让他的医生的权威发挥了举足轻重的作用，并且也说服了多拉——或者说至少吓到了她。卡夫卡最终听从了他的建议，并且保证，尽管他千般万般地不愿意，还是会遵守可怕的"饮食义务"、努力寻找疗养院。他的家人无论如何都已经筹措到了这笔费用，多拉也保证，她将在他身边，无论他决定去什么地方。只是面对卡夫卡的父母让这两个人都感到害怕。这将唤醒布拉格的幽灵们，还有对东欧犹太人的否定性的评论——尤其是卡夫卡的父亲，会非常轻而易举脱口说出这些，这一定会带来让卡夫卡感到难以应付的激烈争吵。那么就完全避开布拉格，他的舅舅建议，直接去疗养院。但是，距离卡夫卡的父母上一次见到他，已经半年过去了[③]，因而最后决定，他在布拉格停留两三天，在此期间，多拉在柏林处理家务。然后，他们又会再见面，在另外任何一个、当然是中立的土地上。

由于卡夫卡无法胜任独自一个人回布拉格，因而必须等找到了同行者才能出发。马克斯·勃罗德在3月14日来到了柏林，多拉交给他一只装着卡夫卡家当的箱子。当策勒恩多夫那边正在收拾行李的时候，勃罗德一边照顾着艾米·萨尔维特，此外也关照着亚纳切克（Janávek）的歌剧《耶奴发》（*Jenufa*）的演出，这部歌剧的剧本是由他翻译成德语的，首演即将在柏林国家歌剧院（Berlin Staatsoper）举行。3

①1924年3月1日写给赫尔曼和朱莉·卡夫卡的明信片，载《卡夫卡：1902年到1924年间的通信》，第64页。

②从1924年2月21日到3月21日，卡尔·克劳斯在柏林乐趣剧院（Berlin Lustspielhaus）一共举办了12次朗读会。节目表在《火炬》杂志列了出来，第649—656期，第74—75页。有关卡夫卡阅读《火炬》杂志，参见他在1924年2月29日写给罗伯特·克洛卜施托克的明信片，载魏特施莱克的《卡夫卡最后的朋友》，第68页。

③鉴于这么长时间的分离，齐格弗里德·罗威的建议就会让人感到不可思议，而且很容易让人们想到，卡夫卡是不想让人们看到疾病为他的外貌带来了巨大的改变。参照卡夫卡在1924年3月初写给罗伯特·克洛卜施托克的信，载《卡夫卡：1902年到1924年间的通信》，第479页。

月17日所有的人在安哈尔特火车站碰头：卡夫卡、多拉·迪亚曼特、勃罗德，此外令人非常惊讶的还有罗伯特·克洛卜施托克——人们无法拒绝他在这个困难的日子陪在自己导师身边的迫切要求。

卡夫卡曾经让他的父母确信，在柏林城内迁居对他来说没有什么大不了的；在布拉格的时候，这对他来说非常可怕，但是在柏林却不是。[①]这意味着，他仍然是灵活、可移动的，但是他不会立即将已经被剪断的根基替换成新的，新的住处如同在小型旅途中一样提出挑战，并且生机勃勃地从一个旅馆房间换到另外一个。但是，这次搬家则完全不同，直到最后几个星期，卡夫卡都很抗拒，无论人们建议他去哪里，毫无疑问都会遭遇失败。"我的人生中非常艰难的日子"，勃罗德在他的日记本上写道。卡夫卡什么都没有写。他拥抱了多拉，他离开了这个城市，这个大世界。

卡夫卡在柏林的足迹烟消云散了。写给普阿的几张明信片都丢失了。与史米德出版社签订的两份合同在1931年失效，并且相关的文件都下落不明了。留下来一些写给艾米·萨尔维特和蒂尔·瑞斯勒的纸条。还有在警察局表格上和银行兑换窗口、3份租房合同，以及犹太文化学高等学校登记表格上的签字。无疑还有别的，但是对此我们一无所知。

丢失的还有卡夫卡在柏林写下笔记和草稿的笔记本。他一直将一个本子带在身边，哪怕是散步的时候，如果他在半路上发现，他没有带本子，他会买本新的。这些本子大概应该有20本，根据卡夫卡的要求、当着他的面被烧掉了——多拉·迪亚曼特后来是这样对吃惊的勃罗德解释的，后者全力以赴地努力保证着文稿遗产的安全。卡夫卡是否因为意识到，他的这位朋友会拒绝为他最后效力，而自己执行了自己的遗嘱要求了吗？这是非常有可能的，因为最后在布拉格也找到了四开大笔记本的空白的封套，这意味着，他自己将大量的、可能是几百页的写满字的纸张，在他前往德国前就销毁了。但是，尽管如此，这并不是真相。事实上，卡夫卡在柏林用的笔记本，或者其中的大部分，都完好无缺地放在多拉的衣柜里。她将它们看作是自己的私人财产，而且绝对不是法律意义上的私产；此外，她知道卡夫卡不会在任何情况下同意出版这些笔记的。这种辩解也是一种幻觉，或者确切地说，难道勃罗德不应该早一些向她解释自己所采取的措施吗？当然。不过，多拉在很久之后，在已经迟了的时候，她才承认，她自己也站在更深的道德困境当中。1933年3月，盖世太保彻底搜查了她在柏林的住处，这次搜查是为了找到针对她丈夫的证据，她的丈夫是共产党人路德维希·拉斯克（Ludwig Lask）。所有写着字的纸张都被没收了，其中包括她所收到的卡夫卡的一些信件，还有她秘密保管的他的一摞

① 1924年1月5—8日写给赫尔曼和朱莉·卡夫卡，以及奥特拉·戴维的信，载《弗兰茨·卡夫卡：1922年—1924年写给父母的信》，第52页。

笔记本。所有的这些再也没有出现。[①]

而且,还有另外一个、可能也是同样意义重大的损失:卡夫卡的第四部长篇小说,他的书信体长篇小说。我们再一次从多拉的回忆中知道了它的存在;她也向勃罗德讲过一个故事,它属于他们的生活的神话:

> 当我们住在柏林的时候,卡夫卡经常去施特格利茨的公园。我有时会陪他去。有一天我们遇到一个小女孩,她在哭泣,而且看上去非常沮丧。我们和小女孩说话。弗兰茨问她为什么哭,我们得知,她丢了自己的布娃娃。很快,他找到了一个可信的故事,来解释娃娃的消失。"你的娃娃只是去旅游了,我知道这件事,因为它给我写了一封信。"这个小女孩有点不相信。"你带着信了吗?""不,我把它放在家里了,但是,我可以明天给你带来。"变得很好奇的女孩已经将她的烦恼忘掉了一半,而弗兰茨立即回到了家,开始写那封信。
>
> 他非常认真地在写那封信,仿佛是在创造一件作品。他处于一种精神高度集中的状态,就像他一旦坐到了自己的书桌旁,就经常所处的那种状态一样[……]第二天,他带着那封信去找那个小女孩,她正在公园里等着她。由于这个小家伙不认识字,因而他给她朗读那封信。那个娃娃解释道,它已经受够了总是生活在同样的家庭里,它表达了自己要换换环境的愿望,总而言之,它希望离开它非常喜欢的小女孩去旅行一段时间。它保证,每天都会写信——因而,卡夫卡的确每天都写一封信,在那里他不断地汇报新的探险,并且那个娃娃的特别的生活节奏就非常迅速地发展起来了。几天后,这个孩子忘记了她的玩具的确是丢掉了,而只想着这个我们作为替代品提供给她的虚构的故事。弗兰茨写的这部小说的每个句子都是非常生动详细、也非常幽默形象,完全展示了那个娃娃的情况:娃娃长大了,去上学了,结识了其他人。娃娃一再向这个小孩保证对她的爱,但是,由于它的生活中的复杂情况,由于它还有其他的责任和其他的兴趣,因而目前它还不能再次与她生活在一起。它请求这个小姑娘要去想念它,而且要为这个不可避免的放弃做好准备。
>
> 当想到应该如何收尾的时候,会让人感到害怕。[……]他寻找了很久,最终决定,这个娃娃结婚了。他首先描写了那个年轻的新郎、订婚仪式、婚礼的准备工作,然后,非常详细地描写了这对新婚夫妇的家:"你自己也会认识

---

① 在多拉·迪亚曼特1933年4月向勃罗德承认,这些笔记本在这次抄家的时候才丢失了之后,勃罗德寻求作家卡米尔·霍夫曼(Camill Hoffmann)的帮助,后者当时是捷克驻柏林大使馆的文化参赞。霍夫曼努力从盖世太保那里要回卡夫卡的资料,但是却没有成功。路德维希[卢茨(Lutz)]·拉斯克(生于1903年)被怀疑参与了被禁的《红旗》杂志(Roten Fahne)的出版和分发活动;他与他的母亲和他的两个兄弟一样在1933年都被关进盖世太保的监狱。他在那里遭到了酷刑拷打,并且在一处集中营被关押了几个月。1934年他途经布拉格逃到苏维埃共和国(Sowjetunion),在那里,4年后,他因为有间谍的嫌疑而被逮捕,被宣判关进西伯利亚的监狱。他1973年的时候在东柏林去世。

到，我们不得不放弃未来的再见了。”弗兰茨将一个小孩的小小的内心冲突通过艺术化解了，通过这个最有效的手段，通过他的个人化的补充，从而使得世界重新恢复了秩序。[①]

一个感人的、又苦又甜的故事，是一个被经常讲到，而且愿意被讲到的故事；而且，事实上，正如勃罗德所评论的，这让人想到了宝藏库的开关：一个充满道德色彩的故事，它展现了什么是人类的爱的例证，并且，它将晚年的卡夫卡表现为一个有寓意的、同样也似乎是永恒的形象。无疑，这也是一个从他的文学作品的特性来看并不典型的故事：他通过这个故事，在自己所虚构的情节中被自己对游戏和创造的兴趣、被连续性和责任感所打动，同样也被将现实的影响力赋予想象的翅膀的能力而打动。但是，卡夫卡认识到，这里有别的东西暗中守候着，另外，幻想的尝试也需要付出代价。失去的痛苦通过这封信所展现的想象力而得到麻醉，他让那个孩子感到轻松，但是，他自己却不会长久地拥有这种轻松感。因而，我们可以确定，这部出自施特格利茨的、可能已经永远丢失了的书信体小说，包含着没有任何伪装的、而却无法实现的愿望。[②]

卡夫卡在柏林的日子里还创作了另外一个故事，对此更是罕为人知，但是即便如此，它也是感人至深的。这个故事的缺陷在于，它没有道德高尚的主角，因而也起不到陶冶情操的作用。它的伟大的优点在于，我们可以得到第一手的讲述。卡夫卡在一封信里亲自向他的妹妹艾丽讲述了这个故事，而在1923年的时候，艾丽还无法了解这封信的重要性，但是尽管如此，她却从来没有忘记它：

不久前，我有了一次爱情冒险。我坐在植物园的阳光中……一队女学生走了过来。在那些女孩里，有一个长着长长的金色头发、男孩一般的女孩向我妩媚地笑着，她张着小嘴，向我这边喊着什么。后来，当她和女友们总是围在我周围的时候，我当然喜出望外地向她微笑致意。直到后来，我才慢慢地明白过来，她到底在对我说什么。“犹太人，”她对我说。[③]

---

①迪亚曼特：《我与弗兰茨·卡夫卡的生活》，第196—198页。马克斯·勃罗德留下来的版本与之有一些出入：卡夫卡在这里声称，他看到那个娃娃，并且与之交谈（这比收到来信的故事更为可信），而且，他通过自己离开柏林前送了那个小孩一个作为替代的娃娃，而结束了这个事件（因为他完全不可能在离开策勒恩多夫之后，继续保持与这个施特格利茨女孩的联系）。参见勃罗德的《有关弗兰茨·卡夫卡》，第338—339页。

②早在1959年的时候，就在施特格利茨出现了号召人们去寻找公园里的那个女孩，并且尽可能地找到卡夫卡所创作的娃娃的信的呼吁。卡夫卡作品的德语翻译马克·哈曼（Mark Harman）在2001年再次进行这种尝试，但是同样没有成效。

③1923年10月4日写给艾丽·赫尔曼的信。《1921年—1924年书信集》。

第二十八章 最后的痛苦

当我死了的时候，
让唱片继续放着。
——吉米·亨德里克斯（Jimi Hendrix）

"我搭好了这个地洞，它似乎很不错。"这是一只动物，它很自信地说出了这句话，它讲述着，也研究着自己的故事，它是一个迷失在自己的故事中的生物——在卡夫卡的作品中有很多这样的形象：效仿人类的人猿红彼得、需要救赎的豺狼和热爱研究的狗。这是短篇小说《地洞》的开头，它写于1923年，是用黑色的墨水笔写在平常使用的细格稿纸上的。

卡夫卡后期的文学风格，离他的长篇小说的风格越来越远了，《地洞》尤其明显：这应该是一篇叙事文章，但是，通过看起来完全不轰动的故事，不慌不忙地展开独白的语调，读者一步一步被牵扯到一个偏执狂的逻辑中来了。这是思考性散文、是探讨性散文，在这里面，每一个被抛出的问题、每一次对多种选择的权衡，甚至是偶尔出现的以坚定的方式所表现的普遍的怀疑，都起到理智交谈的作用，与此同时，所有这一切所涉及的前提条件的荒谬性，也越来越清晰地在眼前展现出来了。在《一只狗的研究》中，读者也有这样的体验，即当他赞同这个引人注目、能言善辩的我—叙述者的理性时，我—叙述者的问题就在这一刻变成了他自己的问题，因而他也开始去尝试着探寻意义，而且这几乎成了压倒性的任务。人们为了打破这种鬼魅的迷惑，就需要来自外面的钥匙。人们需要认识到，叙述者在自欺欺人，并且也认识到，他因此也欺骗了我们。

《地洞》也是按照这种模式展开的，但是在这里，摘掉面具却要困难得多。首先，这只生活在地底下的动物（地面应该是它的房顶）几年来主要忙于一件非常辛苦的工作，即挖出四处延伸的、保证对外通路的通道系统，并且用各种各样的措施对这个系统加以伪装，同时，还要不断地使地洞内部具有能够抵御入侵的能力，而且通过对紧急情况的策略性的规划，也将精神武装起来。这位建筑师小心翼翼地不让别人在无意中听到他的自我满足，不过它似乎一直要躲避与同类的联系，另外，它的头脑完全是围绕着他自己的各种计划在转的。一个如此与世隔绝的叙事者难道不值得信赖吗？这个地洞的井然有序和安静一再被赞颂，但是，事实上，这个地洞只是一个散发着这个小动物的体味和它掠夺来的肉腐烂后所发出臭味的地狱，这些是专心致志的读者不会忽略的；不过，现在一切都是动物叙事的逻辑，人类对于整洁干净的想法在这里并不重要。这只动物对于安全性的显然过高的要求，在这里也不会让人们认定，这只是它的一个偏执的妄想；但是，不管怎么样，这个地洞的创造者自己也承认，它可能对自己的财产操劳太多了，哪里也不会存在绝对的安全。它甚至梦想着，和某个在这里冒出头来的敌人进行交流、容忍这个敌人，这个令人想到坟墓的隐秘的地洞，当然不能忍受"可怕的邻居"。最后，可以看到，安全性并不是这个地洞的唯一意义，可能也从来不是。

> 当我站在周围堆积着高高的肉类储藏品的城堡广场的时候，我可以看到从眼前伸展出去的10条通道，每条通道都根据这个中央广场的地势或者下坡或者上坡，或者笔直或者弯曲，或者宽阔或者狭窄，但是每条通路都同样是安静、空旷和平坦的，以各自的方式将我带到其他的许多广场上去，那里也都一样是安静而空旷的——因而，我的安全观念有些淡漠了，但是，我清楚地知道，这里是我的城堡，是我通过用手抓、用嘴咬、用脚踩和用头撞的方式，从坚硬的地面上成功地搭建起来的，我的城堡无论如何都不能归任何其他人所有，它完全就是我的，我最终会安静地在这里受到我的敌人致命的一击，但是我的血会渗透在我的土地上，因而我不会失去我的城堡。[①]

大略地看一下这篇手稿就可以看到，卡夫卡甚至在最开始在谈"家乡"的，这个概念后来才被"城堡"所替换。在这里也涉及了归属性、身份认同，这些问题是如此深刻而且持久，因而甚至这只动物都没有离开它的某种集体性——这是最方便实现身份定位的方式，而不是通过展示自己所获得的成就。"我"存在于这里：某种程度的人类的自豪，这种自豪当然不会被任何人评判为是妄想出来的。这只动物展示着它的毕生事业，而对于所有非常滑稽的细节，读者会说，一个得以完成的毕生事业在人生所遭遇的事件中是最无可厚非的。

当它的做法成功地通过了现实意义的考验时，这只动物对于它的古怪的事业产生了某种尊敬，这个片段属于这篇叙事最纯粹的部分。这个地洞的安静突然被一些声音打破了，这个声音日日夜夜不再停止，"总是能够听到这个毫无变化的细小的声音以固定的间隔响起，好像是嘶嘶声，有时又更像是哨子声"。是某一个强大的敌人从什么地方向下挖洞吗？这个声音会慢慢变得更大，还是只会这样？这个事件所导致的雪崩一般的猜想产生了难以理解的结果，但是，现在读者们无论如何也有了一些观测点，这使得他们能够克服担忧，而紧紧地跟随着我—叙述者

①《遗作Ⅱ》，第600—601页。手稿中的这篇小说没有题目。

的视角。正如我们看到的那样，当在巨大的地洞的各个地方，都可以听到同样音量的令人恐惧的声响的时候，这样的猜测就不由形成了：这是这只动物自己发出的声音。这是一个自然而然会得到的想法，这不是突发奇想，而是有证据证明的。有着固定间隔的嘶嘶声和哨子声：这就是自己生命的声音，是这只动物自己发出的呼吸声，这只动物自身就是不安的最终的源头，它打破了这只动物所创造的完美宁静。

卡夫卡为这种惊恐固守在自己地洞里的动物带来了什么样的结局，我们无法知道。这篇手稿在一个句子中中断了，这个句子是在一张已经几乎写满的纸的最下面，因而这篇小说应该是完成了的。[①]但是，这篇故事完全不需要一个真正的结尾，它的真正的、令人惊骇的关键是，这是一篇传记性故事，它并不是在文本上结束，而结局就在产生的情境中。因为是否有外部的敌人威胁地洞的安全、是否持续的声响向内部预示着危险的到来，这些问题对于一个肺结核患者来说毫不重要。自己的、越来越短促的呼吸的声音，一直都在，却被这个病人第一次充满恐惧地听到的象征生命的声音，就是那个敌人的声音。[②]卡夫卡在这里也没有创作这个隐喻，他感受到了它，故事先到了他的身边，然后将它逐字逐句地写了下来。

卡夫卡最后的作品《女歌手约瑟芬或耗子民族》(*Josefine, die Sängerin oder Das Volk der Mäuse*)也是如此，在这里，那个熟悉的化名"约瑟芬"赫然出现在标题上。报道者再次是一只动物——这一次是一只表现非常客观、有些博学—郁郁寡欢的老鼠，再次涉及某种声音的真实含义；约瑟芬是老鼠中的女明星，它所精通的艺术实际上是"低声的、发出嘶嘶声的口哨"，是"典型的生命的表达"，此外，任何其他老鼠也能够如此优美而且完整地发出这样的声音，确切地说就是一个"什么都没有的声音"，一个"什么效果都没有"的声音。[③]因而这里就产生了这样的疑问，究竟为什么她还有观众(在这里指出，有些观众是被组织而来的)，为什么约瑟芬的艺术家式的专横无礼在一定界限内还被容忍。这些谜题为讲述者提供了广阔的空间。它给出答案，这并不是艺术，相反，这种表演如同暂时将一个群体迷惑住的某种氛围，老鼠民族完全拒绝任何超越这个受到空间和时间限制的表演的要求。艺术或者非一艺术：没有任何人处在这些规则之外。约瑟芬直截了当地要求

---

① 多拉·迪亚曼特在后来的回忆中认为，《地洞》很可能是没有完成的。因为卡夫卡在当时的情况下急需钱用，如果完成了，他会将这篇小说出版，而且肯定会与史米德出版社签订合同。从手稿可以推测，《地洞》是在1923年12月发高烧的情况下，卡夫卡仍然不间断地写下来的，请见《遗作Ⅱ》，第142—143页。

② 这甚至也与《城堡》中的对声音的不连贯的描述相符。一开始这个声音是："它并不是持续的，而是它一去注意那个声响，它就隔很长时间才响起来"，但是后来谈到了"很短的间隔"，《遗作Ⅱ》，第607、624页。

③《日记》，第352、362页。卡夫卡这一次选择了离人类很远的动物，可能与他非常关注《火炬》上的文章有关。自从1922年以来，卡尔·克劳斯就经常用[从梅契蒂尔德·里契诺夫斯基(Mechtilde Lichnowsky)那里借用的]有挑衅性的概念"耗子"，他对这个概念做出了如下的定义："当它们要做出某些姿态的时候，却总是彻底地失败，无法表现出它们想要展现的，人们只能抱着臂站在一旁，任它表演，仔细看着，小声议论着，不去打扰，除了'耗子'之外什么都不说！"《火炬》，第608—612期，参见勒内辛的《〈火炬〉读者和魏费尔的支持者》，第280—281页。

社会生活的特权——主要是免于体力劳动，并且，它威胁说，这会对它的艺术**表演**构成限制，这些都产生了对它实际身份的虚幻的错误认识。在这里，卡夫卡第一次涉及他晚年时的两个中心主题：对绝对真相的要求——它只能通过自主个体的本领得到满足，但是毫无疑问却是要付出生命的代价，以及对于共同体的要求，也就是说与自己的集体真正的、在社会层面，也在身体层面联系在一起的要求。

这两个主题交织在一起，总是卡夫卡的私人神话的无畏的核心。现在，在路的终点，他似乎找到生命的位置，他一生的战斗在讽刺中散发着光芒。那位女明星最终也离开了人群，而无论它究竟是否会继续为自己维护它的艺术要求：它的艺术同人们可以在没有它的情况下继续很好地生活下去，它的表演会在很长一段时间里成为逸事一样的遗产，当然，后人会将它遗忘，仿佛就像约瑟芬根本没有存在过一样。

很难想象，忍受着肺结核折磨的卡夫卡，如何从文学中继续发现了这样的关键点。马克斯·勃罗德认为，这更可能意味着完全的沉默，以及决定过一种在社会层面做好牺牲准备的生活："我从他的嘴里听到的许多东西都指向这样的方向。"[①]另一方面，约瑟芬—小说的最后一句话，表现出的是清晰可辨的悲伤，而绝不是对终于可以摆脱仇视生活的妄想而感到的轻松愉快。这部作品——正如卡夫卡在他的人生终点所认为的那样——是一次尝试，它使得"人与人之间说句真话"成为可能，因而约瑟芬应该不是他最后的话。也许这是他对单打独斗的斗士神话的告别，与所有的被压制的儿子们、被告们和土地测量员们，他们的自我陶醉是如此令人津津乐道，但也是如此的孤独。

正如卡夫卡所认为的那样，他将在布拉格停留一两天，然后立即去一家疗养院。疗养院是在瑞士的达沃斯，那里的疗养院可能是最好的，但肯定是最贵的，这是舅舅的建议，显然，家人已经预订好了那里的房间，因为在3月19日，当卡夫卡仅仅在布拉格待了两天之后，他就向他的总经理汇报了这个突然决定的旅行。但是，出于某些原因，这个计划失败了（可能是由于没有及时得到入境许可），必须重新寻找其他的疗养院。保险起见，卡夫卡申请了一本护照，从而他有资格去多个国家旅行：德国、奥地利、意大利和瑞士，这说明，他首先考虑了多种可行的可能性，但是眼下他打算在布拉格住下来。

正如我们将看到的，一场灾难即将来临。在3月20日，正好是他刚刚完成了约瑟芬—小说的时候，一直在发烧的卡夫卡发现，他的嗓子也不太对劲了。他感觉喉头有轻微的烧灼感，特别是在喝果汁的时候，还有说话的时候也比平时要费劲，好像嗓子开始嘶哑了。"我相信"，他对克洛卜施托克说，通过有时嗓子会嘶哑的约瑟

①马克斯·勃罗德的《有关弗兰茨·卡夫卡》，第339页。

芬，“我也许已经及时开始了对动物的吱吱叫声的调查研究”。[①]这可能是一次平常的嗓子发炎，但是症状却越来越严重，而且也影响到了进食。卡夫卡是否在这个时刻意识到危险已经走近了他，我们不得而知；但是，他从与病友和医生的谈话中自然已经知道，肺结核经常会导致二次感染，尽管如此，他还是一如既往地压抑着这个威胁。马克斯·勃罗德也要求声音特殊的卡夫卡去做日常检查，他对卡夫卡的糟糕的外部状态和偶尔出现的发出呼哧呼哧声音的呼吸，比一开始几乎不太被注意的音量变化，要更为担心。但是，令人费解的是，到家里出诊的医生，居然没有一次查看一下卡夫卡的喉头：这位男子，卡夫卡写道，就是懒得带喉头镜出门。[②]这个时候，在布拉格也有真正的喉科学了。但是，家人并没有作出送卡夫卡去一位专业医生那里进行检查的决定，而是打算让他去下奥地利的“维也纳森林”（Wienerwald）疗养院进行系统性休养。罗威在那里是两位主治医生之一，这两位医生同时也是这家疗养院的所有者，因而卡夫卡可以得到庇护，还有10%的折扣。

有关他与布拉格和他的家人分别的情况，我们一无所知。这应该是他的最后的告别，因为无论是他的父母，还是他的家乡城市，他都不会再见到。所有留下来的只是一个记忆的碎片，它描述了一个小小的场景，这是记者、田园诗人迈克尔·马瑞斯保留下来的，他是卡夫卡多年的熟人，在卡夫卡离开布拉格的几天前，在一个美丽的春日，他曾经在街道上碰到过卡夫卡。卡夫卡手上拿着一个大大的彩球，正将它抛给他的外甥女维拉，奥特拉站在一边，看着他们玩耍。“您难道不和我们一起吃午饭吗？”卡夫卡微笑着问。但是，很遗憾，由于马瑞斯还有其他的安排，于是他们就相互告别了。那是在旧城的环形广场，在便道上，一个殡仪馆的入口前面。[③]

维也纳森林肺部疗养院在全球都享有盛名，它位于一幢5层楼的建筑里，拥有一个大酒店的规模，是仿照达沃斯的建筑典范设计建造的，里面有新鲜空气卧疗室、社交室、阅读室、音乐室，还有紫外线治疗室，甚至有一间手术室。这座建筑坐落在视野开阔的朝南的山坡上，周围是宽阔的公园，环绕着公园的有绵延几公里的森林。由于这间疗养院孤零零地处于一个狭小的山谷的尽头，因而离最近的村子——奥特曼村（Ortmann，今天是佩尔尼兹，Pernitz的一部分）也要足足走一个小时。这次旅途非常辛苦，从维也纳到这里的70公里的距离需要多次换乘，最后还要在美丽，但慢得令人绝望的艰难前进的古藤斯泰恩火车（Gutensteinerbahn）里坐上一个多小时。卡夫卡是否能够自己完成这场如同他所描写的“没有尽头的旅行”，

---

①《卡夫卡：1902年到1924年间的通信》，第521页，参照《日记》，第367页。

②1924年4月13日写给赫尔曼和朱莉·卡夫卡的明信片，载《弗兰茨·卡夫卡：1922年—1924年写给父母的信》，第71页。

③迈克尔·马瑞斯（Michal Mareš）：《卡夫卡和无政府主义者》，科赫：《当卡夫卡出现在我面前……》，第90页。

是不确定的。[①]

多拉迫不及待地想再次见到她的恋人：她原以为只有几天的分离，但是分离的时间却几乎长达3个星期。他经常给她写信，但是，卡夫卡一如既往地害怕多拉与他的家人见面，害怕由此不可避免地带来的激动和摩擦，因而，恳请她坚守在柏林。但是，几乎在他刚刚确定出发时间的时候，多拉就已经出发去奥地利了。她用了一天时间到达维也纳，在那里，她在一家旅馆住下来，可能是通过电话询问了卡夫卡要去的疗养院的具体地址。当卡夫卡还在尝试着写信告诉多拉如何到疗养院的时候，她已经在走向他的路上了：4月8日她进入了奥特曼村，在疗养院附近的一家农舍里找了住处，然后就出现在卡夫卡的病房里了。

他在"维也纳森林"感觉非常不舒服，他后来谈道，对疗养院甚至留下了"可恶的印象"。可能是忽然换了一个完全与他不协调的护理人员让他感到痛苦，这和他几个月来所适应的完全不同，此外，完全与国际公众——他在奥特曼到处可以看到来自全世界的人——在一起共享匿名的疗养一机制对他也是折磨。他从被两位主任医师所推崇的治疗当中，完全看不出什么好的办法，他对这两位医生也没有感到特别信任："一个暴君一般，一个善良富有同情心，但是两个人都只迷信药物，在关键的时候，都没有什么帮助。"[②]卡夫卡大部分时候都躺在床上，听着周围的阳台上传来的闲谈声，由于他嗓子越来越嘶哑，因而无法参与到其中。但是，最糟糕的是，没有人愿意告诉他，这是一个长期的过程，而且治疗也仅局限于缓解症状：液体状的氨基比林用来退烧，一种不太起作用的药是为了缓解咳嗽的，还有一种有麻醉功效的糖果是为了让吃东西容易一些。"关键可能正是喉头"，卡夫卡写信给克洛卜施托克，这一点现在应该是确定的。"总而言之，人们现在无疑不知道什么是可以确诊下来的，当人们谈到喉头结核的时候总是会用羞涩、躲躲闪闪、目光呆滞的谈话方式。'后面红肿''积水''不是恶性的'，但是'却没有人给出明确的结论'，与非常糟糕的疼痛联系在一起已经足够了。"[③]这次是卡夫卡第一次抱怨强烈的疼痛，而这意味着什么，克洛卜施托克与任何其他医生是同样心知肚明的。尽管这可能并不是真的癌症症状，但是"维也纳森林"的医生在没有做组织切片检查的情况下是怎么知道的呢？无论如何，迅速增强的疼痛、呼吸困难和积水，都说明卡夫卡的肺结核已经扩散到喉头了。

他可能对于将自己如此无助、令人生厌的状态展现出来而感到羞愧，甚至绝

① 1924年4月7日写给赫尔曼和朱莉·卡夫卡的明信片，载《弗兰茨·卡夫卡：1922年—1924年写给父母的信》，第67页。原本打算带卡夫卡去达沃斯的齐格弗里德·罗威已经在两个星期前去了威尼斯，因而不能陪同卡夫卡了。根据多拉·迪亚曼特的回忆，卡夫卡的一位妹妹陪着卡夫卡一起去了维也纳森林疗养院，但是无法理解的是，为什么卡夫卡多次向他的父母指明，在维也纳和疗养院之间有很远的距离，好像这对他们来说是个新信息。

② 1924年4月20日写给马克斯·勃罗德的信，引自《勃罗德与卡夫卡的通信》，第454页。1924年4月21日写给赫尔曼和朱莉·卡夫卡的明信片，载《弗兰茨·卡夫卡：1922年—1924年写给父母的信》，第74页。

③ 1924年4月7日写给罗伯特·克洛卜施托克的信，载《卡夫卡最后的朋友》，第69页。

对不愿意让多拉看出他的真正的窘迫。她在柏林有工作，她不能在没有收入的情况下在国外生活，他对她的探访感到非常高兴，但是，他也完全不让她只是因为他而离开她的生活环境。已经从卡夫卡的眼神里清楚了一切的多拉却相反，她必须要在这里尽可能地待更长的时间。在这期间，卡夫卡的体重低于50公斤，他的声音完全变了，柏林那个时候的轻松，甚至是明朗的声音，已经在疼痛的压力下消失了。仅仅在3个星期里，她的朋友就成了必须有人护理的人了，这使得多拉无法将他丢下不管，尽管卡夫卡一直持另一种观点。他在4月9日写信告诉父母，多拉在这里陪了他几天，之后，她将回家；但是，多拉则补充道："我是否回家还没有定下来。"在卡夫卡同一天写给勃罗德的一张明信片上则表现得更为清楚：他请求他，将约瑟芬一短篇小说寄给《布拉格新闻界》，之后也寄给史米德出版社，他急需钱用。"显然是因为喉头的问题。"多拉在下面写道："如果你要安排过来，我也在这里，而不是在维也纳。我们会见面。"然而，之后她在卡夫卡不知道的情况下又补充了第二条附言："马克斯，请你变卖所有可能卖掉的。我必须不惜代价待在这里。我需要的东西少到令人吃惊，因而这是有可能的。情况非常、非常严峻。"①

现在，连"维也纳森林"的医生也最终承认这一点了。也是在同一天，他们以完全无辜的态度告诉卡夫卡，他所需要的治疗超出了一家肺病疗养院所能够提供的，如果不切除喉头部位的神经，那么他的疼痛就不会消失。因此，他必须求助喉科专业医生，而这只在维也纳才有。这完全是扫地出门，尽管解释了相关的原因，但也是一个足以令人晕倒的消息。第二天——仅仅是他到达这里的第六天，卡夫卡和多拉·迪亚曼特上了一辆敞篷车。尽管刮着风，下着雨，但是眼下这家疗养院没有别的交通工具可以使用。"所有可怕的事情"，马克斯·勃罗德在他的日记中写道，"都通过这些消息到来了，卡夫卡被'维也纳森林'疗养院赶了回来。维也纳医院。确诊为喉结核。最可怕的灾难日"。②

为让卡夫卡存活下来而展开的战斗开始于1924年4月11日。在这个日期之前，所有的医疗和卫生措施的目标往往都还是"康复"，即便是到目前为止，在1918年10月的最严峻的阶段里，那个时候家里人只是安静地等候，什么也没有做，直到严重的西班牙流感转成了肺结核。然而，今天的情形与那个时候有了根本性区别。无所作为的等候意味着确定无疑的死亡，在康复之前，要考虑的只有最终必须请最高医学权威做出诊断、用所有可以使用的手段预防他的状态进一步恶化。对于卡

---

① 1924年4月9日写给赫尔曼和朱莉·卡夫卡的明信片，载《弗兰茨·卡夫卡：1922年—1924年写给父母的信》，第67—68页。1924年4月9日写给马克斯·勃罗德的信；引自《勃罗德与卡夫卡的通信》，第453页。

② 马克斯·勃罗德的《有关弗兰茨·卡夫卡》，第178页。勃罗德所到处传播的，在一起去维也纳的几个小时的路途中，多拉·迪亚曼特一直站在车上，以帮助卡夫卡遮雨，可能是一个传说：著名的维也纳森林疗养院应该不会允许这样对待病人的。很有可能的是，卡夫卡乘坐敞篷车去了5公里远的奥特曼火车站，当然，这在他的身体条件下也已经相当不舒服了。

夫卡来说，这是完全不同的体验，是深刻的存在性的断口。因为，他到目前为止还一直自己决定着对他的疾病所采取的全部措施，尽管在社会依赖性越来越强的时期。然而现在，第一次，这种自由被从他身边拿走了。他住在一家医院里，他周围有很多与他的情况类似的人，他的身体被观察、谈论和治疗，而且其他所有的生命要求，特别是心理方面和社会方面的，都被严格地置于医疗措施之下。

他暂时在一家综合医院的喉咙疾病诊所得到了一个床位［喉科诊所，拉扎瑞特大街（Lazarettgasse）14号］，这是一位在维也纳的远亲帮助安排的。这是一家很不错的医院，是欧洲最好的医院之一，这家医院的名望主要拜它的董事长所赐，他是耳鼻喉专家马库斯·哈耶克教授。“……他去哈耶克那里，几乎是治疗的前提条件”，罗伯特·克洛卜施托克感到轻松，他写信告诉奥特拉：“哈耶克是这个领域的神奇人物，他的神奇性完全不是因为客观的学识，而是在于……当我想到哈耶克的时候，首先会……”[①]哈耶克无疑是第一选择，西格蒙德·弗洛伊德也在一年前由哈耶克为他动过手术。然而，那些将要进行外科手术的病人们，才可能优先享受这位主任医师亲自治疗，而为了针对卡夫卡的情况做出是否手术的决定，首先需要的是他详细的既往病历，以及切实的诊断。

卡夫卡一到维也纳的这家医院，就进行了全面检查，检查结果是保留下来的有关他的肺结核情况的最详细的一份。[②]一开始是由一位内科医生对他进行检查，他听了肺部，确定支气管呼吸时发出咔嗒咔嗒声，还有肺部双侧的“衰减”，以及组织积液稠密。在询问了卡夫卡的既往病史后（卡夫卡显然忘记了他患过西班牙流感），在他的病例上有一页是这样写着的：

> 6年前开始咯血，被诊断为肺结核。肺病在这些年里逐渐严重。病人有气色非常好、感觉相对舒适的阶段。在最后7个月里，病人大概轻了6公斤，现在感觉比过去的那些年要糟糕。两星期前病人声音嘶哑。从5天前，在吞咽的时候出现烧灼般的疼痛，尤其是右边通常在没有吞咽的时候也会疼痛，有时会使病人在睡眠中疼醒。病人完全没有食欲，而且感觉非常虚弱。

最后是通过喉镜对关键部位进行细致的检查：“喉头：两侧水肿。后壁轻微浸润。声带红肿。诊断：喉结核。”因此，最后的怀疑被确定了。即便是坐落在气候条

① 罗伯特·克洛卜施托克在1924年4月中写给奥特拉·戴维的信。《批判性卡夫卡作品档案》(*Archiv Kritische Kafka-Ausgabe*)，伍伯塔尔（Wuppertal））。马库斯·哈耶克（Markus Hajek，1862年—1941年）是著名的喉科专家约翰·施尼茨勒（Johann Schnitzler）的门生，后者是阿图尔·施尼茨勒的父亲。哈耶克同时与阿图尔·施尼茨勒一样，也作为助手在维也纳波兰医院（Wiener Poliklinik）工作，后来他成了阿图尔·施尼茨勒的姐夫。哈耶克最开始是阿特拉斯喉科医院（Klinischen Atlas der Laryngologie）的工作人员（1895年），是鼻内手术的先驱。在维也纳的喉科医院，他为语言障碍和声音障碍者开设了一个专门的门诊。

② 参见洛特劳特·哈克米勒的《卡夫卡的最后岁月：1917年—1924年》，慕尼黑，1990年，第111—113页。

件最好的地方、最为舒适的疗养院，也不可能再有任何帮助了。卡夫卡多年来将其工具性思想看作一种专横表现的现代医学的诊断和治疗，现在是仅剩的最后一根稻草了。

毫无疑问，在1924年的时候，还不存在能够直接对抗早已确定的肺结核病原体的有效药品，而且哈耶克完全不赞同尝试使用结核菌素，因为他已经不断地看到，病人在注射后比之前的情况更为糟糕。[①]但是，进行手术也还没有那么迫切，充其量也只有克洛卜施托克一再建议的“人工气胸法”被纳入考虑，这主要是通过让肺叶获得休息，从而帮助康复。然而，由于卡夫卡非常恶劣的整体状况，这个措施已经是有危险的了。因而，医生决定，首先要缓解疼痛和咳嗽，这可以通过向喉头注射薄荷脑在一定程度上实现，这个办法在“维也纳疗养院”也能够想到。事实上，吞咽困难在短短的几天内已经有所减轻，卡夫卡又能够吃足够的东西了。他可能在一段时间里出于感谢，已经听命于严厉的医生统治了，而且他对于医药的怀疑也没有通过其他方式，或者通过极其残酷无情的事实得到证明。

这是在他的人生中，第一次不得不与完全陌生，而且陷入重病的人共用一间房间。并且，这也是第一次，他的最基本的需求——睡觉、吃饭、谈话——都要服从于一个严格的时间表。在早晨5:30的时候，病人们会被叫醒，他们先后用小盆和流动的热水洗漱，然后去吃早饭，到了6:30，他们又再次躺到刚刚换过床单的床上，等候医生的查床。访客只能在14点到16点之间进行探访。尽管如此，多拉无视这项规定，她经常提前一个小时就出现了，这对卡夫卡来说是一个难以忍受的局限。即便是这样，他仍然对父母开玩笑说，这些是“对我所缺乏军队生活的一个非常小而且不充分的事后替代品”。[②]

这是最大程度的轻描淡写，如果卡夫卡之前仔细查看过在宽敞、阳光充足的摆着多张床铺的房间里都有什么，那么他肯定愿意一直免去营房的生活。邻床躺着的是一位已婚的鞋匠，他来自林区，同样也患有喉结核，医生只能通过气管切开术来预防窒息。尽管这位约瑟夫·施拉姆尔（Josef Schrammel）的嗓子里插了一个呼吸管，但是这对他不是件坏事，因为他可以大口大口很香地吃饭，不过，显然也因为没有人来探望他——因为他家太穷了——而感到痛苦。卡夫卡沮丧地想起了那个用可怕的镜子照喉咙的孤独的捷克人，也想起来在玛特里厄瑞山的另外几位熟人。克洛卜施托克已经告诉过两次以前的病友去世的消息了，而令卡夫卡吃惊的是，逝者恰恰是最乐观、看上去最有活力的人。友好随和的鞋匠施拉姆尔在得病

① 请参照马库斯·哈耶克：《喉头、气管和支气管疾病的病理和治疗》（*Pathologie und Therapie der Erkrankungen des Kehlkopfes, der Luftröhre und der Bronchien*），莱比锡，1932年，第263页。

② 1924年4月16日写给赫尔曼和朱莉·卡夫卡的明信片，载《弗兰茨·卡夫卡：1922年—1924年写给父母的信》，第73页。

之前这辈子从来没有和医生打过交道，现在也绝对不清楚自己的情况有多严重，卡夫卡愤怒地观察到，他完完全全地将自己的命运交付给了医院的医护人员。“他们杀死了住在我旁边的人”，卡夫卡后来写道。“人们听任他因为肺部感染发烧到41度多也不管。更了不起的是，在这个晚上，所有的助手都来到他的床边，而只是给予他精神上的安慰。”[①]第二天施拉姆尔的病床空了，卡夫卡很难平静下来，他不断流下眼泪，第一次，他从白天起就开始发高烧了。

在此之前，人们就已经预料到，在这样给心理带来极大负担的环境中，他是不可能得到休养的，即便他寄给父母的明信片语调欢快，也无法向任何人隐瞒这一点。所有的帮助者都开始采取行动了：艾丽的丈夫卡尔·赫尔曼被家人作为使者派来解决财务上的问题；正好来看望的菲利克斯·威尔特士开始着手寻找附近的疗养院。马克斯·勃罗德最终向生活在维也纳的魏费尔发出了警报，而魏费尔再次拿着一封信去找哈耶克教授。此外，他还请求他的一位医生朋友，为卡夫卡预约一家医院；他给这位病人送去了玫瑰花和写有他的献词的刚刚出版的威尔第（Verdi）一长篇小说。“有一个魏费尔写信告诉我”，哈耶克教授冷嘲热讽地写道，“我应该对某个卡夫卡特别做些什么。我知道谁是卡夫卡。他是12床的病人。但是，谁是魏费尔？”一个很有创意的逸事。事实上，哈耶克同意在几天之内将卡夫卡安置到一个单人病房，他严厉拒绝了让他出院的建议：这里，在他的医院里，“拥有所有的治疗、帮助和康复措施”，这是卡夫卡“唯一的机会”。[②]但是，这已经太晚了，卡夫卡已经决定离开医院了。4月19日，多拉在阳光下，开着窗户收拾他的几件家当。他一再阻挡了魏费尔到这个死亡房间的探视。“离开，家庭护理”，这是他的病历卡上最后的记录。这并不完全正确。

霍夫曼（Hoffmann）博士的私人肺部疗养院的门口没有写着“疗养院”的标牌，这家疗养院坐落在克洛斯特新堡（Klosterneuburg）附近的基尔林村，离维也纳15公里，与朴素的膳宿酒店很像：乡间公路旁边的一栋完全没有装饰的建筑，地下一层、地上两层，房子的后面有长廊，还有一个小花园。只有12个房间，部分也可供

① 这明显是在一张谈话便条上写给克洛卜施托克的话，载《卡夫卡：1902年到1924年间的通信》，第487页。有关约瑟夫·施拉姆尔请见哈特米勒的《卡夫卡的最后岁月》，第114页及其后面若干页。一年前西格蒙德·弗洛伊德在哈耶克的手术后几乎大出血，这也同样是由于医护人员的疏忽，对此，卡夫卡当然不知道。请参照彼得·格瑞（Peter Gay）的《弗洛伊德：我们这个时代的人生》（*Freud. Eine Biographie für unsere Zeit*），法兰克福，1989年，第471页。

② 弗兰茨·魏费尔大约在1924年4月27日写给马克斯·勃罗德的信。《批判性卡夫卡作品档案》，伍伯塔尔。哈耶克所说的话引自勃罗德的《有关弗兰茨·卡夫卡》，第178页。哈耶克不知道在维也纳赫赫有名的魏费尔——而且他的妹夫阿图尔·施尼茨勒经常提到这个人——是不可能的。根据施尼茨勒的日记，哈耶克至少有一次陪同施尼茨勒去歌剧院，而且他在另外一天——在他们去看魏费尔的《镜中人》演出的不久前——也看见过施尼茨勒，施尼茨勒在1922年5月25日和1923年3月10日的日记，阿图尔·施尼茨勒：《1920年—1922年日记》（*Tagebuch 1920–1922*），第311页；《1923年—1926年日记》（*Tagebuch 1923–1926*），第32—33页。

访客使用,胡戈·霍夫曼(Hugo Hoffmann)博士、他指导的一位助手,以及一位护士可以为病人提供医疗方面的护理。一个氧气吸入装置、一只人工紫外线灯,这就是技术设备,而且完全没有病历档案,因为仅有的几个病人的信息都在脑袋里装着。也就是说,这是一个家庭疗养院,但是比哈耶克教授所说的“家庭护理”要专业得多,这里所提供的东西也是没有被估计到的。

但是,在卡夫卡看来,霍夫曼的疗养院有着不可低估的优点,这远远抵消了医疗方面的落后条件:多拉现在可以一直随心所欲地待在这里,甚至还可以使用厨房。个人的愿望会被完全考虑,离医生只有几步之遥,即便在夜里也是如此,如果想要完全安静,在这里也是可能的。卡夫卡搬进了二楼的一间简朴、完全刷成白色的单人间,这个房间带有一个朝阳的阳台,可以看到漂亮的种满玫瑰的花坛、小溪、葡萄园和森林。在这几个月的被禁闭的生活之后,他感受到了无与伦比的轻松愉快,充满芬芳和五彩缤纷的春天乡野的景象,也使得在维也纳最后几天的打击逐渐消失了。卡夫卡尽可能像是在休假一样度过每一天,他甚至可以在周围短暂地散散步,多拉还想到了一个主意,她租了几个小时的单驾马车,乘坐着它,人们可以舒舒服服地依靠在靠枕上,浏览基尔林村周围的风景——这对卡夫卡而言,是一个他从离开普拉纳就再也没有体验过的享受。

现在的问题是,这样的安排从医疗的角度来看是否也是最有利的。在同样棘手的情况下,富裕的奥地利人会怎么做?如果他们也无法旅行,那么他们会住进维也纳范围内的一家私人疗养院里,会请最好的专科医生前来给予治疗。克洛卜施托克紧急提出的建议正是如此:离开医院,但是绝对不是离开哈耶克。不进行其他的医疗方法的尝试。再次住在塔特拉山的克洛卜施托克通过书信表明了他的这个态度,但是,当他听说,多拉与一位自然疗法的医生建立了联系的时候,他非常惊慌。多拉为这个疾病操心,真是太好了,但是,这个家庭务必不要走上这条歧途。幸运的是,这个担心马上就变成不必要的了,因为霍夫曼博士完全反对自然疗法,不容忍在他的小疗养院里有平行开展的行动。

他当然——至少是——没有对请维也纳著名的专家到基尔林的做法提出异议。最终只剩下酬劳和良好关系的问题了。那些帮手们再次行动起来,为多拉指出通往正确的道路:魏费尔告知了他的好友坦德勒(Tandler)教授,后者是维也纳负责健康和福利事务的市议会议员;马克斯·勃罗德写了好几封介绍信,请求喉病专家库尔特·切阿斯尼(Kurt Tschiassny)在紧急情况下为卡夫卡提供治疗,鲁道夫·斯泰因的一位崇拜者格拉斯(Glas)博士也被恳请前往基尔林;菲利克斯·威尔特士认识奥斯卡·贝克(Oscar Beck),他是大学附属医院的(Universitätsklinik)的耳科医学的讲师,最后甚至动员了他的上司海恩里希·诺依曼(Heinrich Neumann)教授——他是“维也纳肺病医生之王”,让卡夫卡惊讶不已、完全预料不到的是，他乘坐深夜出租车来到了基尔林。[1]这一群一等的医生——他们可能都没有来过像霍夫曼疗养院这样的小型机构——首先要回答这样的问题：针对越来越剧烈的、通过薄荷脑不再起作用的疼痛，可以做些什么，喉头的疼痛已经使得吃饭对于卡夫卡来说是一种折磨了，在这期间连喝水也越来越困难了。完全没有胃口——他必须克制地吃下每一口饭——已经够糟糕的了。现在就连多拉烹制的、特别可口、看上去很诱人的饭菜——面条、甜米粥、鸡蛋——他也不再能咽下去了，他怎么能够有结实的身体状况呢，而这一切是救命性手术实施的前提条件？另外，对于日益加剧的疼痛，连最美丽的春天也已无能为力。

诺依曼教授和切阿斯尼教授所写的诊断书都没有保留下来。但是，贝克的详细看法留存下来了，这是他在拜访过卡夫卡后，为了告诉菲利克斯·威尔特士而写下来的。在家人和朋友们之间的通信中都有着明显的策略性顾及、回避的痕迹——因而，就连克洛卜施托克都抱怨，无法知道卡夫卡的不令人放心的客观情况。与此相反，贝克的信是唯一的完全不加粉饰地描绘了当时情况的文献。很有可能，威尔特士除了马克斯·勃罗德，没有给其他任何人看过这封信。他做得没错。

> 昨天迪亚曼特小姐打电话请我去基尔林。卡夫卡先生的喉头非常疼，尤其是在咳嗽的时候。在吃饭的时候，疼痛也会加剧，使得吞咽几乎是不可能的。我可以断定喉头出现了结核化过程，也扩展到了喉咙的其他部位。在这种情况下，任何手术都是完全不必考虑的，我向喉头炎最严重的部位注射了酒精。今天迪亚曼特小姐再次打来电话，告诉我，注射效果只是暂时的，因为疼痛又很剧烈了。我建议迪亚曼特小姐将卡夫卡博士先生带回布拉格，因为诺依曼教授也估计他只能活大概3个月。迪亚曼特小姐拒绝了这个建议，她认为，如果这样病人就会意识到自己病得很严重了。当她毫无保留地告诉他的亲人情况的严峻性的时候，一切都会让病人察觉。我明白了，正是迪亚曼特小姐以一种自我牺牲、令人感动的方式对待着这位病人，才召唤许多专业人士纷纷前往基尔林去做诊断。因而，我必须告诉她，无论是卡夫卡博士的肺部状况，还是他的喉头的状况，都是任何一位专家无法继续采取更多的措施的，而只能通过鸦片全碱或者吗啡缓解疼痛而已。[2]

多拉·迪亚曼特从这份根除所有希望、最权威的医疗判决中感受到的紧张感

---

①请参照1924年4月25日写给赫尔曼和朱莉·卡夫卡的明信片，载《弗兰茨·卡夫卡：1922年—1924年写给父母的信》，第76页。魏费尔请来参与到这件事情里的市医院朱利乌斯·坦德勒（Julius Tandler），可能在下奥地利州的格里姆恩斯泰恩疗养院为卡夫卡提供过打折扣的，甚至是一个免费的位置。但是，卡夫卡拒绝了，因为他既不能再承受旅行，也不愿意去大型的疗养机构。

②奥斯卡·贝克在1924年5月3日写给菲利克斯·威尔特士的信，引自勃罗德的《有关弗兰茨·卡夫卡》，第179页。

是相当巨大的。对于迫在眉睫的失去的痛苦也非常深刻，她在这样的命运中毫无反击之力，而且，在基尔林，她没有任何可以开诚布公地谈论这些的人。绝对不能告诉卡夫卡，根据医生的观点，他没有存活下来的可能了：她的信念是，卡夫卡有着自我愈合的能力，这种力量可能一直还在什么地方打着瞌睡，而这样的消息会最终摧毁这种能力，宣告这样的判决无异于同时执行了这个判决。现在的局面变得更加复杂了，卡夫卡越来越多地让她代表他与他的家人交流。以前在他从维也纳寄往布拉格的明信片上，多拉只用写一两句话或者至少补充一句问候，而现在的做法完全相反了：多拉写明信片给卡夫卡的父母，如果还有地方，弗兰茨也写一两句话。同时她还要给艾丽和奥特拉写信——这些信是卡夫卡看不到的，她也经常、有时每天都会接到来自布拉格的电话，打电话的人是她从来没有见过面的，她只能困难地盘算着如何做出回应。奥特拉曾经到基尔林待了几个小时，有些严厉的齐格弗里德舅舅也来过一次，这是几个与卡夫卡的亲人进行细致沟通的机会。在多拉努力地鼓励她自己和她的恋人的时候，她还要策略地对待他的家人——因为这个家庭的每个成员对于真相的承受能力不一样。在5月19日的时候，她还写信给他的父母说，卡夫卡的嗓子疼“完全无关紧要”，“绝对不应该引起不安”，与此同时，她在两周前已经不得不向艾丽透露，她的哥哥只能在注射止痛剂的情况下才能入睡，而这对他的帮助也越来越小了。[①]

难以谈论的绝对不仅仅是医疗措施的问题，经济问题也变得越来越重要了，并且再次只能以外交上的小心翼翼来应对。因为，如果是“绝对不应该引起不安”的话，那么为什么还需要大量的专科大夫呢？这样的医生，基尔林的疗养院就应该有的，为什么还总是需要大量的麻醉类药品，以及大量的昂贵的夜间观察呢？此外，多拉自己的日常需要——她现在已经完全没有收入了——也完全依赖卡夫卡夫妇的资助。所有这些都难以启齿相告。尽管这个家庭在布拉格有着足够的存款，甚至由于“马德里舅舅”阿尔弗雷德·罗威的去世，他们还得到了一小份财产，[②]现在的费用也是卡夫卡的父母之前完全预料不到的。有与肺结核病人打交道经验的罗伯特·克洛卜施托克迫切希望最终来到卡夫卡身边陪着他，多拉首先向卡夫卡的妹妹们表明了他的这个愿望，克洛卜施托克根本没有钱买火车票，无论如何也需要来自布拉格的资助。

---

①多拉·迪亚特曼大约在1924年5月19日写给赫尔曼和朱莉·卡夫卡的明信片，载《弗兰茨·卡夫卡：1922年—1924年写给父母的信》，第78页。多拉·迪亚特曼在1924年5月5日写给艾丽·赫尔曼的信，《批判性卡夫卡作品档案》，伍伯塔尔。

②阿尔弗雷德·罗威于1923年2月28日在马德里去世，此后，在布拉格流传着卡夫卡一家继承了巨额遗产的流言。在阿尔弗雷德的姐姐朱莉·卡夫卡于1923年9月初到巴黎解决法律和税务方面的问题之后，卡夫卡写信告诉勃罗德：“真相是，遗产总额大约为60万克朗，除了我的母亲，还有3个舅舅也有权继承。这无疑也是非常好的，但是，遗憾的是，主要部分归法国和西班牙政府，以及马德里的公证处和律师了。”1923年11月2日写给马克斯·勃罗德的信，引自《勃罗德与卡夫卡的通信》，第441页。最后这份遗产什么时候支付的，以及额度是多少，我们都不知道。

一切很快就安排妥当了，在贝克博士的可怕的坦白之后没过几天，克洛卜施托克就出现在基尔林了，他搬进了疗养院的一间小房间，自己接受了一些医疗方面的日常工作，令多拉最感到轻松的是，他也接管了部分的与布拉格通信和通电话的工作。

卡夫卡被保护着不去面对所有的难题，也要防止他出于节省的考虑而尽可能地拒绝医生的咨询和药品。当他提出疑问的时候，多拉只给他含糊不清的回答，而且她也不害怕根据自己的判断去粉饰局面。她向他解释说，他的家人寄来了很多钱，足够他们度过接下来的5个月的。一个令人吃惊的礼物——如果人们愿意相信。卡夫卡不仅相信，而且将他的命运完全交付到多拉的手中，从现在起，克洛卜施托克也一起提供帮助，简直是不分昼夜地照顾着他，这让卡夫卡感到了安全，仿佛是在一个“小家庭”的怀抱中——这是他非常需要的感觉。可能在这种孩童般无助的局面下仍然保持镇静，并不是卡夫卡的意愿，而且正是这种姿态，直到最后都阻碍着他用“你”称呼目前与他已经几乎亲密无间的克洛卜施托克。

在一间安静、洒满阳光、白色的病房里柔和的景象是非常特别的，在这里似乎一切都不再运动，在这里和几个月以前一样，留下了丰富的书写的痕迹，这是卡夫卡和多拉一起留下的。其原因却是似是而非地因为医疗，以及之后的治疗方面的要求：医生建议卡夫卡应该尽可能少说话，最好是只与医生说话，而且以耳语一般的声音。这种“沉默疗法”可以让红肿、大部分已经发炎的喉头得到休息，这在结核治疗中是一个常见的（尽管也是无效的）方法，它需要病人有极大的自治能力。卡夫卡也做不到完全保持沉默，他经常将他要说或者要问的以关键词和简短句子的形式写下来。克洛卜施托克收集了这些纸条，勃罗德后来挑选了一部分将它们出版了。[①]这是些感人至深的文件：首先是因为它们将那些瞬间的冲动几乎不经过滤地再现出来，的确可以看作是谈话的片段，在这里面，卡夫卡的意愿是用与他的书信中不同的语言形式表现出来的。第二个原因是，从这些谈话便条上可以发现，卡夫卡收回了对世界的兴趣——疗养院之外的天地，这对于他来说已经成为过去了，但是他对于周围环境的关注却也有了同等程度的提高。正如人们所预料的一样，这些便条里许多是有关身体状况的，有关吃饭、喝水和药物。但是，他也操心，可能会有人踩到遗落在地板上的碎玻璃片；他也记挂——尽管他和这家疗养院的其他病人没有过任何来往——他的访客可能会打扰邻居阳台上人的休息。他喜欢人们经常给他送来的鲜花，他要将这些花重新摆放，以使每一朵能同样地展现出来，他想要保证，这些花得到了恰当的对待：“您是否有一点时间？那么，请您给这些芍药浇些水。”

但是，即便是这些谈话便条，毫无疑问也并没有反映基尔林的真实情况，而只

①参见《卡夫卡：1902年到1924年间的通信》，第484—491页，以及《日记》附录，第395—396页。

是其中的一些片段。与多拉的关系几乎都保持在隐没状态下:卡夫卡没有写下只是与她有关的事情(至少不在克洛卜施托克所收集的那些纸条里),可以猜测到的是,他在最后几个星期对多拉的依赖,比这些片段式的记录中所透露的要深得多。从保留下来的几张有关共同生活的问题的便条中可以发现,卡夫卡完全清楚,他从她那里需要的是什么。"你将能够坚持多少年?我对你能忍受这一切的状况又能忍受多久?"但是,却没有关于他们在柏林还在编织的大量计划的只言片语,也没有提到一个共同未来的可能的地点:维也纳、布尔诺、波西米亚的某个小城市、意大利的嘎达湖(Gardasee)。没有任何一个字是关于在这个"小家庭"中构想出来的、对于那个"大"家庭仍然保密的其他的、最为重要的计划。只有勃罗德第一手得知了那个故事,在他的回忆录里,他这样记述卡夫卡:

> 他想和多拉结婚,并且给她的虔诚教徒父亲寄去了一封信,在信里他表示,尽管他还不是在她的父亲的理解上的虔诚犹太教徒,但是他是一个"忏悔的人"、一个"迷途知返的人",因而可能还有希望被这个虔诚的男人的家庭所接受。多拉的父亲带着这封信去找一个人,那是他最崇拜的人,对于他来说是最权威的人,即"吉拉拉比"(Gerer Rebbe)。这位拉比读了这封信,将它放到了一边,除了一个简短的"不行"之外什么都没有说。没有任何进一步的解释。他不给予任何解释。①

这是第三次卡夫卡向一位女士求婚,这一次,他也是从"尽管……但是"开始的,这一次,他也不想做出违逆亲属意愿的决定。但是,这是第一次,他得到了"不行"的答复。在吉拉拉比看来,忏悔和迷途知返不够深刻,因而深深信服着这位拉比的赫谢尔·迪亚曼特(Herschel Diamant)自己也做出了"不行"的回答。卡夫卡对此很伤心。但是,这也令他很有感触。如果他身体健康,他可能会说这个"不行"是心胸狭窄的体现。然而,在他目前的状况下,他不得不将它解读为一个征兆,它预言了不幸。

5月3日,卡夫卡的妹妹艾丽拜访了马克斯·勃罗德。贝克博士的信并没有到达布拉格,但是艾丽已经从多拉那里知道了这些。不可抑制的,勃罗德在日记中写道。他必须去基尔林。他之前从来没有走这么远,只是为了专门去看卡夫卡,就连卡夫卡在玛特里厄瑞山住了好几个月的时候都从来没有过,如果这次他这样做,会夺走他的这位朋友的最后希望的。勃罗德决定在迫不得已的情况下撒个谎:他

---

① 勃罗德的《有关弗兰茨·卡夫卡》,第181页。从卡夫卡的一句戏谑的评语中,可以看到有关这个结婚计划的隐秘的线索,写有这句评论的谈话便条被保留下来了:"我们将要住在那里,而且你已经引起流言蜚语了。"这应该是指她的父亲的居住地或者是布雷斯劳。

受邀去维也纳演讲，这也是顺道来看卡夫卡的好机会。

他准备好了在基尔林去面对一位垂死者带来的精神上和身体上的折磨。卡夫卡对再次相见表现得很愉快，全心全意地投入这次见面，看上去完全没有特别糟糕的情绪，尽管他还在发烧，并且不允许说太多，恰恰是在这一天，他刚刚经受了多拉父亲粗暴的回复。这位如此生机勃勃的朋友，却在医学上被看作是毫无希望的病例，这让勃罗德觉得完全不可思议，眼前的景象使得他几乎已经说服自己了，他开始谈论他们下次的见面，也就是他为即将到来的夏天安排的意大利之行。他试图欺骗卡夫卡。然而，现在他在欺骗他自己。

在卡夫卡的眼里，出现在他病床前的并不只是一位多年的知心好友，马克斯·勃罗德代表着一个世界，这是个他自己尽管用尽努力，但是也对他关闭了的世界。勃罗德结婚了，他是一位政治家、记者、作家，他能够在公众面前讲话，经常出差，他的工作能力看上去也没有边界。一年前，他开始创作一部新的、长篇历史小说——《犹太人的君主雷本尼》（*Reübeni. Fürst der Juden*），这将在《蒂科·布拉赫走向上帝之路》之外给他带来最大的成功，这些都是卡夫卡到目前为止所知道的，这让他印象深刻，而且“兴高采烈”。无论如何勃罗德都会给予帮助，他已经给予了大量的帮助，他拥有很多关系，这使得他能够较为容易在复活节的时候，有两部短篇小说《一个矮小的女人》和《女歌手约瑟芬或耗子民族》同时刊登在《布拉格日报》上。[①]勃罗德除了是《布拉格日报》雇用的固定编辑之外，几个月以来，每两三天就会有一篇文章从他的钢笔下产生，大多数是有关戏剧演出或者音乐会的报道——他在前一个晚上观看了这些演出。现在，这个人来到基尔林的疗养院来看他。这难道不是不言自明的吗？这难道不是故作镇静吗？当他们最后一次相互告别的时候，他们的想法则进一步地分道扬镳了；勃罗德创造了一些希望，而卡夫卡则对他扮演出来的形象感到沮丧。“糟糕透了”，他如此评价这次“阴郁”的拜访，他写信给这位惊恐不安的朋友。他应该表现得更加“像人一些”。[②]

卡夫卡的最后一周充满痛苦。他从在玛特里厄瑞山的时候就意识到，并不是所有患肺结核的人都像文学作品里的刻板描写那样，在回光返照中死去，而是每个人会有着完全不同的结局；当他在旁边的一个房间里，亲眼见证了一个悲惨的

---

①这是这两篇小说的第一次发表：《女歌手约瑟芬或耗子民族》在1924年4月20日的《布拉格日报》；《一个矮小的女人》（缩略版）在1924年4月20日的《布拉格日报》。《犹太人的君主雷本尼》1925年由库特·沃尔夫出版社出版。勃罗德在1923年5月的时候就已经给卡夫卡读过这部长篇小说的开头部分，并且之后在日记上写下：“他兴高采烈的。”

②1924年5月20日马克斯·勃罗德写给卡夫卡的信，引自《勃罗德与卡夫卡的通信》，第456页。勃罗德在1924年1月从半官方的《布拉格新闻界》转到了《布拉格日报》，在那里，直到1939年之前，他每年发表上百篇文章。参见彼得·多勒扎尔·G.马萨里克（Peter Doležal, Tomáš G. Masaryk）的《马克斯·勃罗德和〈布拉格日报〉（1918年—1938年）》[*Max Brod und das〈Prager Tagblatt〉(1918—1938)*]，法兰克福，2004年，第131页及其后面若干页。

命运之后，他得到了年轻的克洛卜施托克的保证：与其人为地延长这样的折磨，不如注射吗啡。卡夫卡在这期间，从他在维也纳疗养院的最新的经历里，才开始担心他自己可能感受到比那个最后跳下火车的病友还要剧烈的愤怒，克洛卜施托克尽管已经得到大量的令人沮丧、高度一致的诊断，但是无论如何还是恳请哈耶克教授来到基尔林，然而，即便是哈耶克教授，也对肌体毁灭得如此迅速而感到震惊——距离上次见到卡夫卡刚刚过了大约4个星期。他也与贝克博士一样，通过注射酒精来封闭上喉头的神经。他并没有成功，注射的效果没有保持多长时间。不进行这种非常不舒服的注射——卡夫卡现在经常会对此抱怨（当然最好是在没有见证人的情况下）——是根本不可能的：喉头仅仅是最轻微的活动都会导致刀割般的疼痛，咳嗽完全就是酷刑。喝水只能喝非常小的一口，卡夫卡一直忍受口渴的折磨，梦想着所有可能的饮料，津津有味地看着在他眼前喝下一整杯水的人。他每天强迫自己喝下一小杯葡萄酒，有的时候是一些啤酒，就连白水也必须是在他能够小口抿下之前加热。“你也亲自尝过今年新酿的酒了吗？”他问他的父亲。“想起来和你一起大口大口地喝下我特别高兴。尽管喝水能力并不是特别伟大，但是我在口渴的时候，也不会把它让给任何人。我的酒鬼的心却已经完全散出去了。”在做出这样风趣幽默的评论之后的一两天，卡夫卡不得不听到克洛卜施托克告诉他，他的生存现在只能通过人工喂养得以保障了。“他对这样的措施绝望极了”，克洛卜施托克写道，“我无法说出这在精神上对他来说是多么难以接受”。[①]

“他原本需要很多对自己的尊重”，多拉后来这样谈到卡夫卡。“当人们对他充满尊重的时候，一切都将很顺利，他对形式不太重视。但是，如果人们不这样做的时候，他会非常不高兴。”[②]这是一个提示，这样，许多突如其来的粗暴生硬因此才能够得到解释：即便是他对自己的最毁灭性的评判，也没有给任何人以高高在上对他评头论足的权利。卡夫卡的这个特点也有一个同样意味深长的反面：必须得到尊重的意识，直到他的生命的尽头也没有离他而去，因而他对此产生了强烈的怀疑，即一个40岁的人，当他已经不再能够支配最自然的反射，而只能通过人工喂食来维持生命的时候，他是否还能扮演一个令人尊重的形象。

这个疑问同样适用于他的精神创造的能力。卡夫卡在一段时间以来，一直只能消解他所储备的东西来得到满足。疾病、虚弱、对疼痛的忍耐、在恐惧与希望之间的抗争：所有的一切令人疲惫。“闭合是我的眼睛的自然的状态”，他写信给勃罗德，后者寄给他雷克拉姆出版社（Reclam Verlag）的几本文集，“但是，与图书和笔记本一起游戏令我幸福。”他只能很缓慢地对抗着内心的强烈阻力去读魏费尔

① 大约在1924年5月19日写给赫尔曼和朱莉·卡夫卡的信，载《弗兰茨·卡夫卡：1922年—1924年写给父母的信》，第79页。罗伯特·克洛卜施托克大约在1924年5月20日写给艾丽·赫尔曼的信，《批判性卡夫卡作品档案》，伍伯塔尔。

② 引自勃罗德的《有关弗兰茨·卡夫卡》，第185页。

的威尔第一长篇小说[①]，他更愿意翻阅《布拉格日报》——他的家人定期给他寄来；对于多拉和罗伯特进一步减轻了他的日常通信的负担，他非常感谢。但是，他对药物所带来的精神上的副作用表现出了另一种看法、非常不能接受，“即便我真的从所有的药物中有了一点点恢复，但是肯定不是从那些麻醉剂里”，他写道。尤其是越来越频繁地反复注射酒精引起了他的反感，这使得他头晕眼花，削弱了他清晰表达的能力：人们能够尊重一个疲惫的人，甚至是一个医生宣判必须沉默的人——但是绝不是一个酒精成瘾者。卡夫卡有时甚至会想，宁可忍受疼痛，也比失去控制、失去自尊要强。

他烦躁不安地等着有关《饥饿艺术家》文集的校样：只要他意识清醒，他会亲自进行修改，而且以一如既往的仔细谨慎完成校对工作，这都是不言而喻的。勃罗德催促出版社，尽可能开始着手排版，也告诉了出版社卡夫卡危急的现状。但是，史米德出版社还要等第四篇短篇小说《女歌手约瑟芬或耗子民族》的到来。最终，在5月中旬，卡夫卡收到了第一稿长条校样，这个时候，由于他的工作负荷进一步减小了，他经常整天在睡觉。“现在我要阅读它，”他写道。“它令我非常兴奋，但是也许，我必须重新体验它一遍。”这是第一次、也是唯一一次，卡夫卡对于自己的文章充满了某种焦虑不安的感情。尤其是面对**一篇**文章的时候：《饥饿艺术家》，这是讲一个人不**愿意**再吃饭的故事，而这却是一个不**能够**再吃饭的人写的。对于卡夫卡而言，在他的这部作品里，经常涉及饮食和拒绝饮食的隐喻，现在正是一个难以承受的残酷的矛盾，他在阅读这篇故事的时候，忍不住落下了眼泪，甚至是克洛卜施托克——他在卡夫卡最后的日子里一直将全部身心献给他，也觉得这个场景“真的如幽灵般非常恐怖”。[②]尽管如此，卡夫卡一直坚持进行校对，也包括校对了5月底寄来的拼版校样，他一直工作到去世前的那一天。

这意味着，他一直拒绝接受任何精神上的“折扣”，而且即便是面对死亡，他也努力保持高度的认知能力，保持一种智者的尊重态度。从谈话便条上可以清晰地发现，他努力保持镇静、努力鼓舞自己，拒绝事实上不合理的事物。“我们总是这样谈论着喉头”，他写道，“似乎它只会向好的方面发展，这实际上不是真的”。另外一次：“如果这是真的，那么真实情况可能就是，我现在的饮食不足以从内部带来身体的改善，因而预想奇迹的发生是完全没有希望的。”在有一次克洛卜施托克弄断了一个压舌片的时候，卡夫卡写道：“如果我还将继续活下去，那么您将会

① 在克洛卜施托克的遗物中的一张便条上有卡夫卡的评论：“您也读读魏费尔的小说中的这个片段。它让我再次又像一个沉默寡言的人一样，对此我什么也说不出来。”魏特施莱克的《卡夫卡最后的朋友》，第74页。魏费尔的威尔第显然不是卡夫卡读的最后的书。因为根据马克斯·勃罗德的说法，他也从史米德出版社收到了一小包书，这个包裹可能是5月初到达基尔林的。参见《日记》，第393页。另外一本书（具体是什么我们不知道）是卡夫卡自己选的，并且通过勃罗德的转达由布拉格的一家书店寄来，卡夫卡在5月20日收到这本书。请见《勃罗德与卡夫卡的通信》，第456页。告知勃罗德这本书的信件写于1924年4月28日，同上书，第455页。

②《卡夫卡：1902年到1924年间的通信》，第520页。

在我这里弄断10个。"克洛卜施托克自然向他保证,他毫无疑问还会继续活下去的,对此卡夫卡回答说:"我很愿意听到这话,尽管如此,我不相信。"

卡夫卡如同任何一个处于这种情况下的人一样渴望得到安慰,他存活下去的意志在5月中旬也还是百折不挠的,任何**真正**唤起他的希望的征兆,都使他想要忘记眼下的状况。"我怎样吃东西",卡夫卡写道,"才能把喉头往下压一压,这样我就会获得神奇的自由,开始想象所有可能的奇迹,但是喉头却在同时又浮了上来。"切阿斯尼教授每个星期都会来基尔林,有一次他惊奇地观察到,卡夫卡的喉咙比上一次的时候有所改善。当后来多拉走进房间的时候,卡夫卡在哭泣,一再拥抱她,向她发誓,他从来没有像现在这样渴望生命和健康。[①]另外一张纸条——"我们什么时候启程去做手术?"——甚至显示出,卡夫卡在5月份的时候,还在相信外科手术可能会有所帮助。

一切转瞬即逝。这样的认知一直占有主导地位,即未来的地平线——在他最后留下的字条中不再出现这个未来——不可阻挡地关闭了。这样的恐惧也一直占主导地位:并不是对生命结束的恐惧,也不是对过渡到未知黑暗的恐惧,而是对充满痛苦的死亡过程的恐惧。卡夫卡知道是什么在威胁着他,尽管所有与他交流的人都严格避免谈及这个话题。但是,诊断结果已经一清二楚了,卡夫卡在维也纳的疗养院所观察到的也同样如此。喉头肿胀,特别是在声门裂部位的肿胀意味着窒息而死。如果他不愿意再次在哈耶克教授的照料下进行不可避免的气管切开手术,那么他就会在基尔林窒息。

> 亲爱的父母大人,对于你们好几次在信中提起的探望,我每天都在考虑,对我来说是一件非常重要的事情。这将多么美好啊,特别是我们已经有很久没有聚在一起了,我不是指在布拉格的那次团聚,那是对日常起居的干扰,我是指安安静静地在一起待几天,在一个风景优美的地方,只是如此,曾经在弗兰岑斯温泉有这样的几个小时,但是我已经完全想不起来到底是什么时候。然后,一起喝"一大杯啤酒",正如你们在信中所写的那样,我从信里看到,父亲对今年新酿的葡萄酒不是特别感兴趣,但是我也同意他提议的喝啤酒。现在,我经常在这样的炎热天气里想起来,曾经经常一起去喝啤酒的情景,那是好多年前,父亲带我去市民游泳学校(Civilschwimmschule)的时候。
>
> 这个,还有许多其他一些是赞同你们来访的理由,但是也有许多反对你们来访的理由。第一条就是可能父亲因为办理护照的困难而来不了。这当然会打消他的很大一部分的探访的兴致,特别是这会使得一直习惯于有父亲陪伴的母亲将过多的注意力放在我的身上,过于关注我,而我一直都不是特别

① 勃罗德的《有关弗兰茨·卡夫卡》,第182页。

好看，完全不值得观看。你们知道在维也纳的最初一段时间所经历的各种困难，使得我的身体有些衰弱；阻碍发烧的退去，继续在我身体上的其他薄弱部分做文章；但是，在最初那段时间，喉头所带来的震惊使得它产生的削弱作用比它实际的要大，现在我才在多拉和罗伯特的帮助下（没有他们我该怎么办）——这是以前根本想象不到的帮助——来与我的虚弱作斗争。现在也有干扰，例如，最近几天患上的腹泻一直没有好。这一切共同交织产生了作用，尽管我的令人称奇的助手，尽管新鲜的空气和良好的饮食，尽管每天都进行的空气浴，但是我还是一直没有康复，的确，总体来看，还不如上次在布拉格那样有能力恢复。此外，你们还要考虑到，我现在只允许用耳语般的声音说话，而也不能经常说，因此，你们最好推迟来访。所有的都在开始向最好的方向发展了——最近，一位教授诊断发现喉头有了很大的改善，这个特别和蔼可亲、无私的人，每周开着自己的汽车来看我一次，什么费用都不收取，他的话对我来说是最大的安慰——正如我所提到的那样，一切在开始向最好的方向发展了，但是这个最好的开始却是完全看不见的；如果人们希望这个拜访完全是自己所期望的拜访，能够通过睁大的眼睛看到有目共睹的可观的进步，那么最好还是要等一等。我们难道不应该先暂时搁置一段时间吗，我亲爱的父母大人？①

卡夫卡在他去世前一天写下这封信。他擅长处理事情，而且语言——他的生命的媒介——一直到最后都在为他服务。他要为自己带来安宁，甚至与他的父亲一起进入到安静祥和之中，因此他想起了过去的那个光线不太充足的瞬间，他已经给多拉讲述过，他是多么真诚地希望能够与父亲一起喝一杯啤酒。但是，只有人们让他安静，他才能够为自己创造安宁。有关母亲的来访以前就已经谈过，现在，不久前，父母又写信表示他们两个要来。其中的原因他不会想到。朱莉·卡夫卡请求克洛卜施托克告诉她，对于她的儿子，医生的估计。克洛卜施托克对于这样的请求作出沉默的答复。

卡夫卡一定与多拉谈过父母拜访这个问题。父母住在疗养院的客房里：这是一个可怕的想法。也许，当他们打算休暑假的时候，在附近找一家疗养院，然后他们可以散步到这里，只是顺便、每天来这里看看？看来几乎已经打算同意这个做法了。但是，当他们不可避免地相互从对方的眼睛看到自己的时候，不仅是他自己，而且父母的震撼也都是过于强烈的。不，这样不行。“这一切都在开始向最好的方向发展”。

---

① 1924年6月2日写给赫尔曼和朱莉·卡夫卡的明信片，载《弗兰茨·卡夫卡：1922年—1924年写给父母的信》，第80—82页。

1924年6月2日,晴朗而且温暖的一天。卡夫卡躺在阳台上,阅读他的最后一本书的拼版校样。后来,克洛卜施托克从维也纳回来了,他去采购了,带回来了草莓和樱桃,卡夫卡一直在闻着它们散发的香气,然后才开始慢慢吃。再后来,在某个时候,他给父母写信。他写了太久的时间,他一直无法结束这封信,他太累了。"我从他手中拿走了这封信",多拉在同一张纸上继续写道。"这已经是了不起的成绩了。只还有一行,从他的请求来看,这对他来说非常重要:"然而,在冒号之后什么都没有。可能他睡着了。

对于第二天——6月3日——所发生的事情,我们只有间接的证据:这是克洛卜施托克的叙述,勃罗德在他对卡夫卡的回忆录中将它引用了进来,此外,还有威利·哈斯所记录的护士的口述。这些回忆并不是完全一致的,但是它们相互补充。

清晨4点左右,多拉急匆匆地走进了克洛卜施托克的房间叫醒了他:卡夫卡呼吸非常吃力。克洛卜施托克穿上衣服,去看他的这位朋友,然后立即去找医生——他在这个晚上也在疗养院值班。大夫给卡夫卡打了一针樟脑注射液,这可以刺激呼吸中枢神经,并且在他的嗓子上放了一个冰袋。毫无用处,卡夫卡忍受着呼吸困难和疼痛的折磨。就这样过了几个小时。

在上午的某个时候,卡夫卡向护理人员做了一个粗暴的手势——让她离开这个房间。他要求克洛卜施托克给他注射致命剂量的吗啡:"4年来,您一直答应我的。"几个星期以来一直对这个责任感到恐惧的克洛卜施托克反对这样做,提出了异议。但是,卡夫卡在做出前所未有的决定的这个时刻,出乎意料地非常具有攻击性:当克洛卜施托克拒绝为他最后效劳时,克洛卜施托克成了一个谋杀者。"您折磨我,您一直在折磨我。我不再与您说话了。我就这样死去好了。"克洛卜施托克为卡夫卡注射了鸦片碱—— 一种鸦片剂,能够像吗啡一样很快发挥麻醉作用。卡夫卡却一直怀疑:"您不要骗我,您给我的是解毒剂!"然而,当他感觉到疼痛减轻了,似乎他要求更多。克洛卜施托克一直给他注射——注射了多少,我们并不知道。

人们找了一个借口打发多拉去村子里,以便不让她亲眼见证这场战斗,这是克洛卜施托克和卡夫卡之间的约定。但是,在最后一刻,他开始想念她了,一位女佣被派去将多拉带回来。她来了,上气不接下气,坐在卡夫卡的床边,与他说话,将几朵花放在他的面前,他可以闻到花香。看上去已经失去意识的卡夫卡,甚至抬了一下头。

卡夫卡,40岁零11个月。在社区的死亡档案上,所写的死因是"心脏麻痹"。齐格弗里德·罗威和卡尔·赫尔曼立即动身前往基尔林,他们填写了各种表格。两天后,装在被焊接封上的金属棺材里的卡夫卡的遗体被运往布拉格;在同一列火车上,多拉·迪亚曼特和克洛卜施托克、罗威和赫尔曼坐在包厢里,她现在将第一次踏上卡夫卡的故乡。卡夫卡的父母和妹妹们接纳了她——她是当之无愧的。“认识多拉的人，只有认识她的人才会知道，什么是爱情”，在卡夫卡去世后的第二天，克洛卜施托克写信告诉艾丽。

在接下来的几天里，讣告在多家布拉格媒体上刊登，是由最亲密的朋友写的：马克斯·勃罗德所写的刊登在《布拉格日报》上，鲁道夫·福克斯的在《布拉格晚报》上，奥斯卡·鲍姆的在《布拉格新闻界》上，菲利克斯·威尔特士的在《自卫》上，米莲娜·杰森斯卡的在《国民日报》上。所有的人都感到震惊，都在寻找着最高级的词汇来将这种失去的痛苦表达出来，用最高的声音来表达对逝者的尊重。①

卡夫卡被安葬在布拉格城边上斯特拉斯尼斯（Strašnice）的新犹太公墓（Neu jüdischer Friedhof），离旧城只有几公里远。根据犹太习俗举办的安葬仪式在6月11日下午4点左右举行，那天天气闷热潮湿。送葬的队伍不足百人，布拉格的政治方面和文化方面的机构没有派代表参加，既没有德国人，也没有捷克人来。

8天之后，6月19日，在布拉格的德意志剧院礼堂（Prager Deutschen Kammertheater）举办了卡夫卡的悼念活动，这是马克斯· 勃罗德和布拉格德国剧场（Prager Deutschen Bühnen）的戏剧顾问汉斯·德梅茨所发起的。观众席座无虚席，勃罗德和28岁的作家、记者约翰尼斯·乌茨迪尔（Johannes Urzidil）发表了演讲。之后，一位演员朗诵了卡夫卡的文章，其中包括《梦》《法的门前》和《皇帝的谕旨》。

乌茨迪尔的演讲被保留下来了，因为演讲很快发表了。他曾经见过卡夫卡几次，也在咖啡馆里的较大的圈子聚会时观察过卡夫卡。但是，他的纪念演讲并没有透露出他与卡夫卡的任何私人之间的亲密关系，而只是充斥着诸如“内心真实的狂热追求者”“高贵纯洁的作家”和“令人惊叹的天才”之类的套话。毫无疑问，乌茨迪尔所说的一句话，可能使得他成为在卡夫卡去世后第一个将注意力放在了一个最具有决定性的问题上的人：“如果在什么地方存在着完全始终如一的人生和艺术家本性，那就是在弗兰茨·卡夫卡那里。”②

后来，在乌茨迪尔对布拉格的德语文学舞台回忆中，他再次回到了这个神秘的始终如一的问题上。卡夫卡的文章非同寻常地“深刻”，乌茨迪尔写道，在卡夫卡的所有的朋友那里，这一点达成了共识，无论是以文学领域为主战场的马克斯·勃罗德和奥斯卡·鲍姆，还是具有哲学家色彩的菲利克斯·威尔特士，或者专注于宗教历史的胡戈·贝尔格曼。但是，他们所有人在寻找最后的大门的钥匙

---

① 米莲娜·杰森斯卡的讣告的德语翻译，请见哈克米勒（Hackermüller）的《卡夫卡的最后岁月：1917年—1924年》，第158—159页。德语版的讣告收录在波恩的《弗兰茨·卡夫卡：评论和理解（1924年到1938年）》，第16—17页。

② 同上，第57页。

中徒劳无功。“他们充其量可以解释，卡夫卡想表达的意思是什么，然后，人们可以赞同他们的阐释，或者提出自己的一些反对意见。但是，他们当中却完全没有人能够解释，卡夫卡为什么会说他所说的那些，他为什么会用所说的方式说出那些，为什么人们与他所说的，以及与他本人从来没有产生直接的冲突。”[①]

这些是怎么回事。从一开始便是如此。

① 乌茨迪尔：《卡夫卡去了那里》，第74页。

后 记

在卡夫卡的名声开始在全世界传播的早年，他的作品和他作为作家的成就，主要是被冠以“预言”的头衔的。也就是说，卡夫卡是最早预见20世纪的匿名性暴力，并将它形象地描写出来的人之一，而这正是他能够产生强有力的影响的主要原因。人们至少可以看到，完全非个人化的、技术化的暴力所带来的蹂躏，在1914年8月就席卷而来，之后成为这个世纪的“原始灾难”。卡夫卡作为时代的见证人，经历着这样的历史过程，并且他在有生之年，就已经找到了这种暴力和管控的致命的牺牲品。没有哪场世界大战是没有打字机、文件夹、索引卡片、公章的，有关这一点，他比所有的作家朋友有更清楚的认识。仅仅在他去世15年后，他周围的社会环境，甚至他周围的最个人化的环境变成了怎样的地狱，这完全不是他能想象的，也是任何人没有能力想象到的。

卡夫卡的3个妹妹都死在毒气室，艾丽和瓦丽是在切米诺（Chelmno）集中营，奥特拉是在奥斯维辛（Auschwitz）集中营。卡夫卡的舅舅齐格弗里德·罗威，那位乡村医生，以自杀的方式摆脱了迫在眉睫的驱逐。艾丽的儿子菲利克斯可能死在一个法国集中营。常年在卡夫卡家当女管家的玛利亚·沃纳洛娃（Marie Wernerová）也被驱逐出境，再没有回来。

与卡夫卡有着最为深刻的情感关系的4位女性，有两位死于集中营：朱莉·沃里泽克在奥斯维辛集中营被杀害，米莲娜·杰森斯卡因为政治原因被逮捕，并且死在拉文斯布吕克（Ravensbrück）集中营。格瑞特·布洛赫也在奥斯维辛集中营被杀害。卡夫卡的好友吉茨查卡·罗威死于特雷布林卡（Treblinka）灭绝营，马克斯·勃罗德唯一的弟弟奥托·勃罗德（Otto Brod）死在奥斯维辛集中营。恩斯特·魏斯在巴黎自杀，因为在德军进入巴黎后他不再有逃跑的可能。卡夫卡中学时代的好友诶瓦尔德·菲利克斯·布瑞勃拉姆（Ewald Felix Pr̆ibram）死在一条遭到德军轰炸的船上。

这个清单并不完全。如果可能，还需要将卡夫卡的其他熟人圈子纳入其中：大学时代的朋友、犹太复国主义者圈子里的熟人、职工工伤保险机构的同事、东欧犹太裔演员、为他治病的医生、卡夫卡在疗养院结交的朋友、布拉格的艺术家、作家和记者，最后还有多拉·迪亚曼特周围的人，那么牺牲者的名单要长很多。例如，诗人恩斯特·费戈尔(Ernst Feigl)的命运就非常具有典型性:由于他的非犹太裔妻子,使得他得以在布拉格活下来,但是他的3个姐妹却在集中营被杀害了。

并不像费戈尔那样拥有救命稻草的布拉格犹太人,只有通过两条途径可以逃脱被杀害:要么是及时地死去,要么是及时地逃走。赫尔曼·卡夫卡一定不想与纳粹的"蒸蒸日上"共处,卡夫卡的母亲朱莉比她的丈夫多活了3年、在1934年9月去世,因而她还是感受到了威胁。奥斯卡·鲍姆如果不是在1941年因一次手术后的并发症而去世,他可能也会遭到驱逐。相反,他的妻子玛格丽特·鲍姆(Margarete Baum)则是在特雷津集中营度过了她的最后岁月。

卡夫卡身边的许多其他人因为逃跑而幸存。菲利斯·鲍尔和她的丈夫莫里茨·马拉泽(Moritz Marasse),还有两个孩子移民去了美国,她的两个妹妹埃娜和埃尔莎也同样(相反,菲利斯的两个姨妈则在驱逐即将开始之前自杀了)。勃罗德夫妇和威尔特士夫妇在德军进军布拉格的最后一刻逃走了,并且成功地抵达巴勒斯坦。多拉·迪亚曼特最开始与她的丈夫路德维希·拉斯克一起生活在苏联;在她的丈夫被判刑之后,她成功地离开了苏联,在战争期间她在英国被短暂拘禁,之后一直生活在伦敦,直到1952年早逝。卡夫卡的外甥女玛丽安娜·斯泰恩纳(Marianne Steiner)也逃到了英国。作家奥托·匹克和鲁道夫·福克斯,以及米莲娜的第一任丈夫恩斯特·波拉克也都是同样的情况。罗伯特·克洛卜施托克移民到了美国,在那里成为肺病专业医生。格奥尔·兰格、普阿·本-托维姆和蒂尔·瑞斯勒去了巴勒斯坦。卡夫卡所认识的许多著名的移民分散在各个大洲:弗兰茨·魏费尔、威利·哈斯、埃根·艾文·克什、约翰尼斯·乌茨迪尔、阿尔伯特·埃伦斯泰因、马丁·布贝尔,以及其他人。

卡夫卡成长于斯,他在几十年里从来没有把它作为家乡,而只是作为熟悉的环境和存在的中心的那个世界遭受了两波破坏。首先是第一次世界大战,尽管卡夫卡的家人和他的朋友没有从中遭受身体上的伤害,但是却受到了社会方面、文化方面,甚至是道德方面的巨大变化的影响,因而卡夫卡被迫完全重新调整。他觉得自己的根基被拔掉了,作为犹太人受到了威胁,这个以捷克人为主的20世纪20年代的布拉格,已经很难和他记忆中的布拉格重合在一起了。

第二波武力是从德国的纳粹统治开始的,卡夫卡逃脱了这一劫。但是,捷克斯洛伐克和德国恐怖统治、对犹太人的种族灭绝和第二次世界大战的全体登场,最终完全打碎了他的生活世界。不仅是他周围的无数人的命运遭受了无可挽回的打击,而且卡夫卡的生活世界在集体记忆中留下的数不清的足迹也完全消失了。书信、照片、遗作,甚至是全部的档案都被销毁了:这似乎是反作用于过去的暴力,它使得在大量情况下都无法确定损失了什么,但是,这些损失却是完全可以感知的。如果卡夫卡拥有双重幸运——首先逃脱了肺结核、然后逃脱了集中营,那么,他可能在人类文明的浩劫之后,什么都认不出来了。他的世界已不复存在,活下来的,只有他的语言。

鸣 谢

这部传记式作品产生于与乌瑞克·格雷伯（Ulrike Greb）、乌苏拉·科勒（Ursula Köhler）、约亨·科勒（Jochen Köhler）和安娜·波斯凯姆（Anna Boskamp）的不断的交流当中。他们多年来的耐心的审读和合作，使得这本书的很多地方在语言和内容上得以完善，也为许多难题找到了解决办法，特别是在非常困难的阶段给我以鼓励。

我要特别感谢汉斯-戈尔德·科赫。他提供了大量的资料、信息和研究结果以供使用，没有这些材料，有些生平关联或者无法“讲述”出来，或者还完全处于未知当中。

我也要感谢哈姆特·宾德（Hartmut Binder）、格拉斯·道布勒斯基（Klas Daublebsky）、西奥多·格奥尔格乌（Theodor Gheorghiu）、迈克尔·海德（Michael Haider）、简·金德拉（Jan Jindra）、瓦尔特劳德·约翰、维拉·考波娃（Veˇra Koubová）、里奥·A.勒内辛、纳德茨达·马库洛娃（Naděžda Macurová）、亨利·D.马拉舍（Henry D. Marasse）、朱莉塔· 马蒂阿索娃（Judita Matyasová）、迈克尔·K.纳特汉（Michael K. Nathan）、莱恩哈德·帕普斯特（Reinhard Pabst）、沃尔夫-德特莱夫·舒尔茨（Wolf-Detlef Schulz）、瓦克拉娃·维纳洛娃（Václava Vyhnalová）和克劳斯·瓦格巴赫（Klaus Wagenbach），他们与我交谈、给我指导，并且给予我业务上的帮助。

为了完成这本卡夫卡传记所进行的海量的检索工作，无论在时间上还是在材料上都超出了最初设定的框架，尽管如此，在这里要对S.费舍尔出版社的慷慨支持表示感谢，是他们最终使得这部作品能够呈现出最完整的内容。

文献和索引

本书对弗兰茨·卡夫卡的作品、信件和日记的引用摘自格哈德·诺依曼、马尔科姆·帕斯雷(Malcolm Pasley)和约斯特·席勒迈特(Jost Schillemeit)所编撰的评注性著作系列,它们由位于法兰克福(美因河畔)的S.费舍尔出版社出版。只要条件允许,信件都引自原件,但通常也会标注出相应信件在上述评注性著作系列中书信集里的出处。

对原文的引用的一个例外是,卡夫卡一直用“ss”来代替字母“ß”(这个字母从1907年开始通用),而本书的引用也追随评注性著作系列中所使用的正字规则——这个著作系列从最初的版本(1982年版)就一直是这样做的,即使用字母“ß”、而不是卡夫卡原文中的“ss”。尽管这条规则后来发生了改变,现在卡夫卡写做的“ss”又称为符合语法规则的写法了。

对于评注著作系列的引用通常包括文献名称和页码两方面的信息(例如:“B2 416”表示《1913年—1914年书信集》,第416页)。如果文献名称后面附有缩写“App”则意味研究该文献的参考卷本[例如:“V App 153”表示对小说《失踪者》(*Der Verschollene*)的研究作品,第153页]。

1921年至1924年的书信尚未收录到评注著作系列,因而相关内容引自原稿,即完整的书信手稿集(标识为B5)。这段时间内的某封书信如果有在其他地方完整地出版了的,将会在注释中标注相应的出版信息。卡夫卡与马克斯·勃罗德、罗伯特·克罗珀斯托克、妹妹奥特拉以及与父母的信件往来都将被特别注明。

本书索引了下列文献:

AS: 公务文章(Amtliche Schriften),克劳斯·赫尔姆斯多夫和本诺·瓦格纳(Benno Wagner)编辑,法兰克福(美因河畔),2004年。

AS Mat: 公务文件CD(Materialien auf CD-ROM),有关公务文章的评注性作品所附带的CD。

B1:《1900年—1912年书信集》(*Briefe 1900—1912*),汉斯-格尔德·考赫编辑,法兰克福(美因河畔),1999年。

B2:《1913年—1914年书信集》(*Briefe 1913—1914*),汉斯-格尔德·考赫编

鸣 谢

这部传记式作品产生于与乌瑞克·格雷伯（Ulrike Greb）、乌苏拉·科勒（Ursula Köhler）、约亨·科勒（Jochen Köhler）和安娜·波斯凯姆（Anna Boskamp）的不断的交流当中。他们多年来的耐心的审读和合作，使得这本书的很多地方在语言和内容上得以完善，也为许多难题找到了解决办法，特别是在非常困难的阶段给我以鼓励。

我要特别感谢汉斯-戈尔德·科赫。他提供了大量的资料、信息和研究结果以供使用，没有这些材料，有些生平关联或者无法“讲述”出来，或者还完全处于未知当中。

我也要感谢哈姆特·宾德（Hartmut Binder）、格拉斯·道布勒斯基（Klas Daublebsky）、西奥多·格奥尔格乌（Theodor Gheorghiu）、迈克尔·海德（Michael Haider）、简·金德拉（Jan Jindra）、瓦尔特劳德·约翰、维拉·考波娃（Veˇra Koubová）、里奥·A.勒内辛、纳德茨达·马库洛娃（Naděžda Macurová）、亨利·D.马拉舍（Henry D. Marasse）、朱莉塔· 马蒂阿索娃（Judita Matyasová）、迈克尔·K.纳特汉（Michael K. Nathan）、莱恩哈德·帕普斯特（Reinhard Pabst）、沃尔夫-德特莱夫·舒尔茨（Wolf-Detlef Schulz）、瓦克拉娃·维纳洛娃（Václava Vyhnalová）和克劳斯·瓦格巴赫（Klaus Wagenbach），他们与我交谈、给我指导，并且给予我业务上的帮助。

为了完成这本卡夫卡传记所进行的海量的检索工作，无论在时间上还是在材料上都超出了最初设定的框架，尽管如此，在这里要对S.费舍尔出版社的慷慨支持表示感谢，是他们最终使得这部作品能够呈现出最完整的内容。

文献和索引

本书对弗兰茨·卡夫卡的作品、信件和日记的引用摘自格哈德·诺依曼、马尔科姆·帕斯雷（Malcolm Pasley）和约斯特·席勒迈特（Jost Schillemeit）所编撰的评注性著作系列，它们由位于法兰克福（美因河畔）的S.费舍尔出版社出版。只要条件允许，信件都引自原件，但通常也会标注出相应信件在上述评注性著作系列中书信集里的出处。

对原文的引用的一个例外是，卡夫卡一直用“ss”来代替字母“ß”（这个字母从1907年开始通用），而本书的引用也追随评注性著作系列中所使用的正字规则——这个著作系列从最初的版本（1982年版）就一直是这样做的，即使用字母“ß”、而不是卡夫卡原文中的“ss”。尽管这条规则后来发生了改变，现在卡夫卡写做的“ss”又称为符合语法规则的写法了。

对于评注著作系列的引用通常包括文献名称和页码两方面的信息（例如：“B2 416”表示《1913年—1914年书信集》，第416页）。如果文献名称后面附有缩写“App”则意味研究该文献的参考卷本［例如：“V App 153”表示对小说《失踪者》（*Der Verschollene*）的研究作品，第153页］。

1921年至1924年的书信尚未收录到评注著作系列，因而相关内容引自原稿，即完整的书信手稿集（标识为B5）。这段时间内的某封书信如果有在其他地方完整地出版了的，将会在注释中标注相应的出版信息。卡夫卡与马克斯·勃罗德、罗伯特·克罗珀斯托克、妹妹奥特拉以及与父母的信件往来都将被特别注明。

本书索引了下列文献：

AS: 公务文章（Amtliche Schriften），克劳斯·赫尔姆斯多夫和本诺·瓦格纳（Benno Wagner）编辑，法兰克福（美因河畔），2004年。

AS Mat: 公务文件CD（Materialien auf CD-ROM），有关公务文章的评注性作品所附带的CD。

B1:《1900年—1912年书信集》（*Briefe 1900—1912*），汉斯-格尔德·考赫编辑，法兰克福（美因河畔），1999年。

B2:《1913年—1914年书信集》（*Briefe 1913—1914*），汉斯-格尔德·考赫编

地名索引（后边页码为原版书页码）

作品索引（后边页码为原版书页码）